Über dieses Buch

Bei Arnheim am Rhein scheiterte der Versuch der Alliierten, durch das größte Luftlandeunternehmen des Zweiten Weltkriegs schon im September 1944 den Weg nach Berlin freizuschlagen. Es war zugleich der letzte große Sieg der Deutschen. Mit dieser fesselnden historischen Reportage setzt der international erfolgreiche Schriftsteller und Zeithistoriker Cornelius Ryan den Bestsellererfolg seines dokumentarischen Kriegsromans *Der längste Tag* fort.
Der ehemalige Kriegsberichterstatter hat seine Informationen von britischen, amerikanischen und deutschen Teilnehmern dieser militärischen Aktion bei Arnheim. Seine detaillierte Schilderung des Kriegsschauplatzes ist eine faszinierende Verbindung von Fakten und erzählerischer Wirklichkeitsnähe. Planung, Ausführung und Scheitern dieses Unternehmens sind sachkundig und aufregend beschrieben. Der Autor gibt ein erschütterndes Bild von einem düsteren Panorama des Leidens und Sterbens im letzten Weltkrieg, in dem er auch die Frage nach der Verantwortung nicht umgeht.
Die Brücke von Arnheim wurde mit den Spitzenstars Hardy Krüger, Maximilian Schell, Sean Connery und Liv Ullmann verfilmt.

Der Autor

Cornelius Ryan wurde 1920 in Dublin geboren. Als Kriegsberichterstatter beobachtete er den Krieg in Europa bis zur Kapitulation Deutschlands. 1973 wurde er von der französischen Regierung in die Ehrenlegion gewählt. Er starb im November 1974 in Connecticut/USA.
Seine Bücher *Der längste Tag* (Fischer Taschenbuch Bd. 1727) und *Der letzte Kampf* brachten ihm als Schriftsteller Weltruhm.

Cornelius Ryan

Die Brücke von Arnheim

Fischer Taschenbuch Verlag

Fischer Taschenbuch Verlag
November 1977
Ungekürzte Ausgabe
Umschlagentwurf: Eberhard Marhold
Titel der Originalausgabe: ›A Bridge too far‹
Erschienen bei Simon and Schuster, New York 1974
Übersetzt von Emil Bastuk
Fischer Taschenbuch Verlag GmbH, Frankfurt am Main
Lizenzausgabe mit freundlicher Genehmigung des
S. Fischer Verlages GmbH, Frankfurt am Main

Karten: Rafael Palacio (dt. Bearb. P. W. Schmidt)
Fotos im Besitz des Verfassers
Gesamtherstellung: Hanseatische Druckanstalt GmbH, Hamburg
Printed in Germany
880-ISBN-3-596-21956-6

Für alle,
die dabeigewesen sind.

In dem engen Korridor, durch den die Panzer vorstoßen sollten, waren vier wichtige Brücken zu nehmen, und zwar unbeschädigt, durch den Einsatz von Fallschirmjägern. Es war die fünfte, die Brücke über den Niederrhein bei einer Ortschaft namens Arnheim, etwa hundert Kilometer hinter der deutschen Front, derentwegen General Browning, stellvertretender Kommandeur der 1. Alliierten Luftlandearmee, Bedenken hatte. Er legte den Finger bei Arnheim auf die Karte und sagte: »Wie lange werden die Panzer bis hierher brauchen?« Feldmarschall Montgomery erwiderte forsch: »Zwei Tage.« Browning wandte den Blick nicht von der Karte, als er sagte: »Vier Tage können wir halten.« Dann fügte er hinzu: »Aber ich fürchte, Sir, es ist eine Brücke zuviel.«

Aus: General Roy E. Urquhart, Arnheim.
Letzte Konferenz in Montgomerys Hauptquartier
am 10. September 1944.

Inhalt

Vorwort

Unternehmen »Market-Garden«
17. bis 24. September 1944

Kurz nach 10:00 Uhr früh, Sonntag, den 17. September 1944, erhob sich von Flugplätzen in Südengland die größte Transportflotte in die Luft, die jemals für ein einzelnes Unternehmen zusammengestellt worden war. Der Oberbefehlshaber der alliierten Truppen, General Dwight David Eisenhower, entfesselte in der 263. Woche des Zweiten Weltkrieges das Unternehmen »Market-Garden«, eine der kühnsten und phantasievollsten Operationen des Krieges. Erstaunlicherweise war der Initiator dieses Unternehmens, bei dem Luftlandetruppen mit Bodentruppen zusammenwirken sollten, einer der vorsichtigsten aller alliierten Kommandeure, Feldmarschall Montgomery.

»Market«, jener Teil der Operation, der den Luftlandetruppen zugewiesen wurde, war gigantisch: es waren daran beinahe 5000 Flugzeuge und mehr als 2500 Lastensegler beteiligt. Um 13:30 Uhr wurde mit dem Absetzen einer ganzen alliierten Luftlandearmee begonnen, erstmals im hellen Tageslicht. Ziel dieser verwegenen, epochalen Invasion aus der Luft war das besetzte Holland.

Die Streitkräfte von »Garden« standen entlang der belgisch-holländischen Grenze: die massierten Panzerverbände der 2. englischen Armee. Um 14:35 Uhr, nach vorangegangenem Feuerüberfall und angeführt von Jagdbombern, begannen die Panzer ihren Vorstoß auf jener strategischen Straße, um deren Besitz die Fallschirmjäger schon kämpften.

Montgomerys ehrgeiziger Plan hatte zum Ziel, Panzer und Infanterie durch Holland über den Rhein nach Deutschland hineinzuwerfen. Montgomery war der Meinung, die Operation »Market-Garden« sei jener Blitzschlag, der das Dritte Reich in die Knie zwingen und 1944 dem Krieg ein Ende machen könne.

Teil 1

DER RÜCKZUG

1

In dem tausend Jahre alten holländischen Dorf Driel spitzte man die Ohren. Unruhige Schläfer erwachten schon vor Morgengrauen, und hinter geschlossenen Fensterläden gingen die Lichter an. Anfangs spürte man nur, daß etwas Unbestimmtes irgendwo außerhalb der nächsten Umgebung vor sich ging, doch nach und nach nahmen diese vagen Eindrücke festere Form an. Aus der Ferne drang gedämpftes, unablässiges Grollen herüber.

Es war zunächst nur schwach vernehmbar und kam in Wellen über das Dorf. Unfähig, sich einen Reim darauf zu machen, lauschte man gespannt. Ging das Geräusch vom nahe vorbeiziehenden Niederrhein aus? War die Strömung verändert? Für Holland, das zur Hälfte unterhalb des Meeresspiegels liegt, ist Wasser der stets gegenwärtige Feind, sind Deiche die Waffe im nie endenden Kampf, den man seit fast 1000 Jahren hier kämpft. Auch Driel, südwestlich von Arnheim, der Hauptstadt der Provinz Gelderland, in einem weiten Bogen des Niederrheins gelegen, hat ein Mahnmal an diesen Kampf aufzuweisen. Wenige hundert Meter nördlich erhebt sich, stellenweise mehr als sieben Meter hoch, ein massiver, von einer Straße gekrönter Deich, der Dorf und Region vor dem tückischen, vierhundert Meter breiten Strom schützt. An diesem Morgen jedoch gab nicht der Rhein zu Befürchtungen Anlaß. Der Neder Rijn strömte friedfertig mit seiner normalen Geschwindigkeit von dreieinhalb Kilometern pro Stunde der Nordsee zu. Was da als Echo vom Steinbelag des Deiches widerhallte, wurde von einem anderen, einem grausameren Feind verursacht.

Als es hell wurde, und die Sonne den Nebel aufsog, nahm das Grollen zu, und es kam, wie die Dörfler nun deutlich ausmachen konnten, von den Straßen im Osten von Driel. Dort wälzten sich offenbar Fahrzeuge in ständig wachsender Zahl entlang. Aus Beklemmung wurde Angst, denn was das Getöse bedeutete, war nicht mehr mißzuverstehen: in diesem fünften Jahr des Zweiten Weltkrieges und nach 51 Monaten der Besetzung kannte hier jedermann das Geräusch von deutschen Kolonnen.

Noch angsterregender war die Größenordnung dieser Prozession. So mancher erinnerte sich, erst ein einziges Mal solches Grollen gehört zu haben, nämlich im Mai 1940, als die Deutschen in den Niederlanden eingefallen waren. Damals waren 20 oder 30 km vor Driel Hitlers motorisierte Armeen aus dem Reich hervorgebrochen und hatten sich rasch aller Straßen des Landes bemächtigt. Und auch jetzt hörte es sich an, als wälzten sich neuerlich endlose Kolonnen über die Straßen. Von der nächstgelegenen Hauptstraße, die das auf dem Nordufer des Niederrheins gelegene Arnheim mit der aus dem 8. Jahrhundert stammenden Stadt Nimwegen am Ufer des Waal 16 km südlich verbindet, hörte man sonderbare Geräusche. Über dem gedämpften Brummen der Motoren unterschieden die Drieler deutlich noch andere Geräusche, die nicht zu dem Lärm von marschierenden Fahrzeugkolonnen passen wollten – das Knirschen von Wagenrädern, das Surren zahlloser Fahrradreifen, das Schlurfen von Füßen.

Was mochten das für Kolonnen sein? Und vor allem: in welche Richtung bewegten sie sich? Bei der gegenwärtigen Kriegslage konnte Hollands Schicksal sehr wohl von der Antwort auf diese Fragen abhängen. Die meisten Lauscher meinten, es handele sich um mächtige Verstärkungen, die ins Land strömten, um die deutschen Garnisonen aufzufüllen oder sich dem alliierten Vormarsch im Süden entgegenzustellen. Alliierte Truppen hatten Nordfrankreich mit staunenswerter Schnelligkeit befreit, sie kämpften bereits in Belgien, und es hieß, sie stünden vor Brüssel, rund 150 km entfernt. Gerüchte wollten auch von starken Panzervorstößen gegen die holländische Grenze wissen. Doch in Driel vermochte niemand mit Sicherheit zu sagen, in welcher Richtung die Kolonnen marschierten, dazu waren die Geräusche zu fern und zu undeutlich. Und wegen des nächtlichen Ausgehverbotes durften die Drieler ihre Häuser nicht verlassen, konnten sich also kein Bild von der Lage machen.

Von Ungewißheit gequält, blieb ihnen nichts übrig, als zu warten. Daß bereits kurz vor Morgengrauen die aus drei jungen Soldaten bestehende Garnison von Driel auf gestohlenen Fahrrädern im Nebel das Weite gesucht hatte, ahnten sie nicht. Eine Militärbehörde, die auf Einhaltung des Ausgehverbotes geachtet hätte, gab es nicht mehr. Gleichwohl blieb man nichtsahnend in den Häusern und nur die ganz Ungeduldigen wagten es, telefonisch Nachrichten einzuholen. So rief die junge Cora Baltussen, die unmittelbar neben der Marmeladenfabrik ihrer Eltern in der Honingveldsestraat 12 wohnte, bei Bekannten in Arnheim an. Sie traute ihren Ohren nicht, als sie vernahm, daß die Kolonnen keineswegs nach Süden, an die Front rückten, sondern daß an diesem nebligen Morgen des 4. September 1944 die Deutschen mit ihrem gesamten Anhang aus Holland flüchteten, und zwar auf allem, was Räder hatte.

Die Schlacht, die wir erwartet haben, dachte Cora, wird uns zum Glück erspart bleiben. Doch da irrte sie. Für das unbedeutende Dörfchen Driel, das bislang verschont geblieben war, hatte der Krieg gerade erst begonnen.

2

Fünfundzwanzig Kilometer weiter im Süden, in den Ortschaften nahe der belgischen Grenze, herrschte Jubel unter den Holländern. Ungläubig sahen sie zu, wie die Reste von Hitlers Armeen aus Nordfrankreich und Belgien an ihren Fenstern vorüberzogen. Der Zusammenbruch schien geradezu ansteckend: nicht nur das Militär, auch Tausende von deutschen Zivilisten und holländischen Nazis machten sich auf den Weg zur deutschen Grenze.

Da der Rückzug tropfenweise begonnen hatte – anfangs kamen nur einzelne Stabsfahrzeuge und hin und wieder ein Lkw über die Grenze aus Belgien –, wußte kaum jemand den Beginn der eigentlichen Auflösung mit Sicherheit anzugeben. Manche meinten, sie habe am 2. September begonnen, andere meinten, am dritten. Am vierten jedenfalls befanden sich die Deutschen und ihr Anhang in voller Flucht, und am fünften nahm diese so groteske Formen an, daß der Tag bei den Holländern seither der Dolle Dinsdag heißt.

Die Flucht der Deutschen war gekennzeichnet von Angst und dem Fehlen jeder Organisation. Sie benutzten alle nur erdenklichen Fuhrwerke. Auf den nach Norden führenden Straßen bis Arnheim und darüber hinaus drängten sich Lastwagen, Busse, Kübelwagen, Halbkettenfahrzeuge, Panzerspähwagen, bespannte Bauernwagen und zivile Holzgaser untermischt mit müden, staubbedeckten Soldaten auf requirierten Fahrrädern.

Es gab auch noch ausgefallenere Transportmittel. In Valkenswaard, unweit der belgischen Grenze, sah man schwer bepackte deutsche Landser auf Kinderrollern dahinkeuchen, und durch Arnheim passierte ein schwarz-silberner von zwei strammen Ackergäulen gezogener Leichenwagen, in dem sich eine Handvoll völlig erschöpfter und abgerissener Soldaten niedergelassen hatte.

Alle Waffengattungen waren in diesem Trubel vertreten; Panzerbesatzungen in ihren schwarzen Uniformen, doch ohne Panzer; Luftwaffenangehörige, vermutlich die Reste der in Frankreich und Belgien zerschlagenen Einheiten; Wehrmachtsangehörige aller im Westen stehenden Divisionen und Soldaten der Waffen-SS, an ihren Totenkopfabzeichen erkennbar. Beim Anblick dieser offenbar führerlosen, benommenen Soldaten, die wie im Schlaf dahinzogen, kam der jungen Wilhelmina Coppens in St. Oedenrode der Gedanke: »Die meisten wußten wohl weder wo sie waren noch wohin sie marschierten.« Zur bitteren Belustigung der holländischen Zuschauer erkundigten sich manche dieser Soldaten sogar noch nach dem nächsten Weg zur deutschen Grenze.

In Eindhoven, wo der Elektrokonzern Philips beheimatet ist, hatte man bereits seit Tagen von Belgien her Artilleriefeuer gehört. Als man nun den Bodensatz der geschlagenen deutschen Armeen durch die Straßen kriechen sah, erwartete man stündlich das Eintreffen alliierter Truppen, und auch die Deutschen erwarteten nichts anderes. Frans Kortie, 24 Jahre alt, Angestellter beim städtischen Rechnungsamt, hatte den Eindruck, diese Soldaten seien unfähig, noch Widerstand zu leisten. Vom nahegelegenen Fliegerhorst hörte man Explosionen, dort sprengten Pioniere Rollfelder, Munitionsdepots, Benzinlager und Hangars; trotz des herüberwehenden Qualms konnte Kortie beobachten, daß auf den Dächern der Philipswerke die schwere Flak abgebaut wurde.

Von Eindhoven bis Nimwegen waren deutsche Pioniere eifrig am Werk. Cornelis de Visser, Volksschullehrer in Veghel, sah, wie auf dem Zuit Willemsvaartkanal ein mit Flugzeugteilen schwer beladener Schleppkahn in die Luft flog und nicht weit davon entfernt, im Dorf Uden setzten die Deutschen eine holländische Kaserne in Brand, die keine 300 Meter vom Hause des 45 Jahre alten Karosseriebauers Johannes de Groot stand, der mit Frau und Kindern dem Rückzug zuschaute. Minuten später detonierten schwere Fliegerbomben, die in den Kasernen gelagert waren, und töteten vier seiner Kinder im Alter von fünf bis achtzehn Jahren. Wo die Deutschen, wie in Eindhoven, Schulgebäude in Brand steckten, wurde die Feuerwehr am Löschen gehindert, und ganze Häuserblocks brannten nieder. Anders als die flüchtenden Truppen ließen die Pioniere erkennen, daß sie nach einem festgelegten Plan vorgingen.

Am eiligsten hatten es die Zivilisten, deutsche, holländische, belgische und französische Nazis, und die waren auch am verwirrtesten. Von den Holländern konnten sie kein Mitgefühl erwarten. Bauer Johannes Huelsen in St. Oedenrode fand sie »starr vor Entsetzen«, und dazu hatten sie auch allen Grund, dachte er befriedigt, »denn jetzt, wo die Alliierten ihnen auf den Hacken sitzen, merken diese Verräter endlich, daß Bijltjesdag ist.«

Das Zeichen zur Flucht hatten der berüchtigte Reichskommissar in Holland, der 52jährige Dr. Arthur Seyss-Inquart und der ehrgeizige, brutale Anton Mussert, Führer der holländischen Nationalsozialisten, gegeben. Seyss-Inquart, der mit größter Nervosität das Schicksal der Deutschen in Frankreich und Belgien verfolgt hatte, befahl am 1. September die Evakuierung aller deutschen Zivilisten in den Osten von Holland, näher ans Reich. Der 50jährige Mussert folgte diesem Beispiel und alarmierte die Mitglieder seiner Partei. Zu den ersten, die sich verdrückten, gehörten Seyss-Inquart und Mussert persönlich – sie übersiedelten vom Haag nach Apeldoorn, 25 km nördlich von Arnheim[1]. Mussert beförderte seine Angehörigen in aller Eile noch näher ans Reich, nämlich in die Provinz Overijssel, nach Twente. Anfangs bewegten die deutschen und holländischen Zivilisten sich noch recht gemächlich, doch dann traten Ereignisse ein, die zu einem wüsten Durcheinander führten. Am 3. September eroberten britische Truppen Brüssel, tags darauf Antwerpen. Jetzt standen Panzer und Infanterie nur noch wenige Kilometer von der holländischen Grenze entfernt.

Unmittelbar nach diesen verblüffenden Siegen ließ die alternde Königin Wilhelmina ihr Volk über den Londoner Rundfunk wissen, daß die Befreiung vor der Tür stehe. Ihr Schwiegersohn, Seine Königliche Hoheit Prinz Bernhard, sei zum Oberkommandierenden der niederländischen Truppen ernannt worden und werde auch die Führung der Widerstandsgruppen übernehmen. Es handelte sich dabei im wesentlichen um drei Organisationen, die in ihren politischen Anschauungen von der Linken bis zur extremen Rechten reichten, die aber nunmehr zusammengefaßt werden und den Namen *Binnenlands Strijdkrachten* erhalten sollten. Der 33 Jahre alte Prinz Bernhard, verheiratet mit der Thronfolgerin Prinzessin Juliana, gab ebenfalls eine Erklärung ab. Er forderte die Widerstandsgruppen auf, sich mit Armbinden zu versehen, »auf denen deutlich das Wort ›Oranje‹ zu sehen sein muß«, diese aber »erst auf meinen Befehl anzulegen«. Er bat, sich »auch in der ersten Begeisterung aller voreiligen, selbständigen Aktionen zu enthalten, die nur zur eigenen Gefährdung und zur Gefährdung der eingeleiteten militärischen Operationen führen könnten«.

Anschließend wurde eine Ansprache General Dwight D. Eisenhowers ausgestrahlt, des Oberkommandierenden der Alliierten Streitkräfte, der ebenfalls bestätigte, daß die Befreiung unmittelbar bevorstehe. »Die Stunde der Befreiung, welche die Niederlande so sehnlich erwartet haben, ist jetzt sehr nahe«, versprach er. Und schon Stunden später folgte die optimistischste Verlautbarung von allen, nämlich die des Ministerpräsidenten der holländischen Exilregierung, Pieter S. Gerbrandy. Dieser rief seine Hörer dazu auf, »den alliierten Armeen, die auf ihrem unaufhaltsamen Vormarsch

[1] Seyss-Inquart verzog sich in seinen Befehlsbunker in Apeldoorn, dessen Bau mehr als 1 Million RM verschlungen hatte und der außer einer Flucht von Privatzimmern auch Konferenzräume und ähnliches aufwies. Man kann ihn noch immer sehen. Nahe dem Eingang ist in den Beton eingeritzt: *6 ¼*, der holländische Spitzname des verhaßten Reichskommissars. Seyss-Inquart klingt für holländische Ohren wie *zes en een kwart*.

die Grenze zu den Niederlanden überschritten haben, einen herzlichen Empfang auf unserem Heimatboden zu bereiten«.

Die Holländer waren außer sich vor Freude, nur die heimischen Nazis rannten um ihr Leben. Anton Mussert hatte seit langem geprahlt, seine Partei zähle mehr als 50 000 Nationalsozialisten, und den Holländern schien es jetzt so, als hätten sie sich alle gleichzeitig auf die Straßen ergossen. In zahllosen Ortschaften überall im Lande bereiteten die von den Nazis eingesetzten Bürgermeister und Verwaltungsfunktionäre sich plötzlich auf die Flucht vor, nicht jedoch ohne in zahlreichen Fällen ausstehende Gehälter zu kassieren. So forderten Bürgermeister und Stadtverordnete von Eindhoven energisch ihre Löhne, und der Stadtkämmerer Gerardus Legius zahlte sie ihnen anstandslos aus, obwohl er dieses Begehren höchst albern fand. Als er zusah, wie sie »mit allem, was Räder hatte, aus der Stadt zu entfliehen versuchten«, fragte er sich: »Wie weit mögen sie kommen? Und wohin können sie überhaupt fahren?« Auch die Banken wurden belagert. Als am Montag, dem 4. September, Nicolaas van de Weerd, ein 24jähriger Bankangestellter, zur Arbeit kam, sah er bereits eine ganze Schlange holländischer Nazis vor dem Gebäude warten, die es eilig hatten ihr Geld abzuheben und ihre Schließfächer zu leeren.

Die Bahnhöfe wurden von verängstigten Zivilisten überrannt, und die nach Deutschland abgehenden Züge waren überfüllt. Als der junge Frans Wiessing in Arnheim aus dem Zug stieg, wurde er fast von der Menge erdrückt, die in den Zug drängte. Der Andrang war so groß, daß Wiessing nach Abfahrt des Zuges auf dem Bahnsteig bergeweise zurückgelassenes Gepäck sah. In der Ortschaft Zetten, westlich von Nimwegen, sah der Student Paul van Wely unzählige holländische Nazis auf einen Zug nach Deutschland warten, der nie eintraf. Frauen und Kinder plärrten, und van Wely fand, »der Warteraum sah aus wie das Lager von Landstreichern«. Solche Bilder boten sich dem Betrachter in allen Städten. Holländische Kollaborateure flüchteten auf allen erdenklichen Fahrzeugen. Stadtbaumeister Willem Tiemans sah von den Fenstern seines Büros nahe der großen Brücke in Arnheim zu, wie holländische Nazis »sich wie die Verrückten« in einen Kahn drängten, der Richtung Deutschland abgehen sollte.

Der Verkehr nahm stündlich zu und ließ auch während der Dunkelheit nicht nach. Die Deutschen waren so darauf versessen, sich in Sicherheit zu bringen, daß Soldaten in den Nächten des 3. und 4. September entgegen allen Verdunkelungsvorschriften und in völliger Mißachtung alliierter Luftangriffe an einigen Straßenkreuzungen Lampen installierten; überladene Fahrzeuge krochen mit voll aufgeblendeten Scheinwerfern über die Straßen. Niemand hörte auf die Offiziere. Dr. Anton Laterveer, praktischer Arzt in Arnheim, sah Soldaten ihre Waffen wegwerfen; manche versuchten gar, sie noch rasch an Holländer zu verkaufen. Joop Muselaars, ein Halbwüchsiger, beobachtete wie ein Leutnant einen leeren Militärlastwagen anzuhalten suchte, dessen Fahrer jedoch nicht bremste. Daraufhin feuerte der Offizier in höchster Wut seine Pistole ab.

Überall versuchten Soldaten zu desertieren. Adrianus Marinus, Angestellter, 18 Jahre alt, sah in Eerde einen Soldaten von einem Lkw springen und in einem Bauernhaus verschwinden. Marinus erfuhr später, daß es sich um einen zwangsweise eingezogenen russischen »Hilfswilligen« gehandelt hatte. In Lent, unweit Nimwegen, auf dem Nordufer des Waal sah Dr. Frans Huygen, als er die Runde bei seinen Patienten machte, Soldaten um Zivilkleidung bitten, die ihnen aber nicht gegeben wurde. In Nimwegen waren Deserteure weniger zaghaft; man verlangte mit vorgehaltener Schußwaffe Zivilkleidung. Wilhelmus Peterse, 40 Jahre alt, Karmeliter, sah wie Soldaten sich die Uniform vom Leib rissen und zu Fuß in Zivilkleidung der Grenze zustrebten. »Die Deutschen hatten den Krieg bis oben hin satt«, erinnert sich Garrit Memelink, Arnheims Forstinspektor. »Die taten, was sie konnten, um der Feldpolizei zu entwischen.«

Da niemand mehr auf die Offiziere hörte, war es mit der Disziplin rasch vorbei. Marodierende Soldaten stahlen Pferde, Wagen, Autos und Fahrräder. Bauern wurden mit vorgehaltener Pistole gezwungen, Soldaten auf ihren Pferdefuhrwerken nach Deutschland zu kutschieren. Immer wieder erblickten die Holländer Lastwagen, Bauernfahrzeuge, Handwagen – ja sogar Kinderwagen! – hoch beladen mit Beutegut aus Frankreich, Belgien und Luxemburg. Von Standbildern über Möbel bis zu feiner Damenwäsche war da alles zu haben. In Nimwegen boten Soldaten Nähmaschinen, Stoffballen, Gemälde und Schreibmaschinen zum Kauf an – ein Landser wollte sogar einen Papagei samt Käfig verkaufen.

An Alkohol fehlte es den zurückflutenden Soldaten ebenfalls nicht. In Groesbeek, keine zehn Kilometer von der deutschen Grenze entfernt, beobachtete Pfarrer Herman Hoek mit Wein und Schnaps beladene Pferdewagen. In Arnheim sah der Reverend Reinhold Dijker lärmende Wehrmachtssoldaten auf einem Lastwagen direkt aus einem mächtigen Weinfaß schöpfen, das sie augenscheinlich aus Frankreich mitgebracht hatten. Die sechzehnjährige Agatha Schulte, Tochter des Apothekers vom Stadtkrankenhaus Arnheim, hielt fast alle Soldaten für betrunken, die ihr begegneten. Sie warfen den Kindern französische und belgische Geldmünzen zu und boten den Erwachsenen Wein und Kognak zum Kauf an.

Hendrina Schulte, Agathas Mutter, erinnert sich noch lebhaft an ein Gefährt mit ganz anderer Beute: ein großes Doppelbett und darauf ein Weib[2].

Nicht nur vom Süden strömten die Kolonnen heran, auch aus dem westlichen Holland und von der Küste setzte starker Zivil- und Militärverkehr ein, der durch Arnheim in Richtung Osten, nach Deutschland strömte.

In dem wohlhabenden Arnheimer Vorort Oosterbeek hatte sich bei seinem Schwiegervater Jan Voskuil verborgen, ein Chemiker von 38 Jahren, der auf der Liste jener Holländer stand, die als Geiseln von den Deutschen verhaftet werden sollten, und der darum aus seiner Heimatstadt Geldermalsen mit seiner Frau Bertha und seinem neunjährigen Sohn geflohen war. Er langte gerade rechtzeitig in Oosterbeek an, um Zeuge der Evakuierung zu werden. Der Schwiegervater sagte: »Mach dir der Deutschen wegen keine Gedanken, du brauchst nicht mehr unterzutauchen.« Voskuil erblickte auf der Hauptstraße »ein wildes Durcheinander«. Dutzende deutscher Lkw standen da dicht an dicht, »allesamt überladen«. Er sah »Soldaten, die auf ihren Fahrrädern wie die Verrückten strampelten, mit Koffern und Bündeln an der Lenkstange.« Voskuil bezweifelte keinen Moment, daß der Krieg in wenigen Tagen vorbei sein werde.

In Arnheim selbst sah der Küster der Grote Kerk – der aus dem 15. Jahrhundert stammenden Kirche St. Eusebius mit dem berühmten, hundert Meter hohen Turm – »die *Moffen* in Viererreihe Richtung Deutschland marschieren«. Viele der Soldaten waren alt und krank. Im nahegelegenen Ede bat ein ältlicher deutscher Soldat den jungen Rudolph van der Aa, seinen Angehörigen in Deutschland auszurichten, daß er ihn lebend gesehen habe. »Ich habe ein krankes Herz und mache es nicht mehr lange.« Lucianus Vroemen, ein Halbwüchsiger, fand: »Die Deutschen waren erschöpft, sie hatten keinen Stolz und keinen Kampfgeist mehr.« Er beobachtete, wie Offiziere sich vergeblich bemühten, Ordnung in die Kolonnen zu bringen. Die Soldaten reagierten nicht einmal auf das Hohngelächter der Holländer, die ihnen zuschrien: »Schert euch nach Hause! In

[2] In seinem Buch *Der deutsche Generalstab* schreibt Walter Goerlitz darüber: »Szenen ereigneten sich, welche niemand in der deutschen Armee für möglich gehalten hatte. Marinesoldaten zogen von Boulogne die Kanalküste aufwärts, ohne Waffen, ihre Extrauniformen . . . verkaufend, mit den Worten auf den Lippen: ›Der Krieg ist aus, wir gehen heim ins Reich!‹ Kraftwagen, beladen mit Offizieren und ihren französischen Maitressen, Champagner- und Kognakvorräten, gelangten auf der Flucht bis ins Rheinland. Sonderstandgerichte für pflichtvergessene Offiziere und Wehrmachtsbeamte mußten eingerichtet werden.«

ein paar Stunden sind die Engländer und Amerikaner hier!«

Dr. Pieter Graaf, Arzt, 44 Jahre alt, war überzeugt, »dem Zusammenbruch der deutschen Wehrmacht zuzusehen, dem endgültigen Ende«. Suze van Zweden, Mathematiklehrerin, erinnert sich dieses Tages aus einem ganz besonderen Grunde. Ihr Mann Johan, ein bekannter und allseits geachteter Bildhauer, saß seit 1942 im Konzentrationslager Dachau, weil er Juden versteckt hatte. Nun war mit seiner baldigen Befreiung zu rechnen, denn der Krieg schien ja so gut wie vorbei zu sein. Suze wollte diesen historischen Augenblick – den Abzug der Deutschen und die Ankunft der alliierten Befreier – mit wachem Bewußtsein erleben. Ihr Sohn Robert war noch zu klein, um zu verstehen, was sich da ereignete, also nahm sie ihre neunjährige Tochter Sonja mit in die Stadt. Als sie die Kleine anzog, sagte Suze zu ihr: »Du mußt unbedingt dabeisein; was du heute siehst, wirst du dein Lebtag nicht vergessen.«

Die Holländer jubelten, holländische Fahnen kamen zum Vorschein, gewitzte Händler boten orangefarbene Abzeichen und Bänder an. In Renkum wurde dem Kurzwarenhändler Johannes Snoek das orangefarbene Band buchstäblich aus den Händen gerissen, und er sah verblüfft, daß die Dörfler an Ort und Stelle Schleifen daraus fertigten, die sie auch gleich stolz an die Brust hefteten. Johannes, der zum Widerstand gehörte, fand »dies ging etwas weit«, und um die Dörfler vor den Folgen solcher Unüberlegtheit zu bewahren, erklärte er sich für ausverkauft. Seine Schwester Maria wurde ebenfalls von der herrschenden Aufregung angesteckt und vermerkte in ihrem Tagebuch: »Es herrscht eine Stimmung wie am Koninginnedag.« Die Menge brüllte: »Es lebe die Königin«, man sang den »Wilhelmus«, die holländische Nationalhymne, und »Oranje Boven!« Mit fliegenden Gewändern radelten die Schwestern Antonia Stranzky und Christine van Dijk vom Elisabethhospital in Arnheim zur Velperplein, wo alle Welt bei Kaffee und Kartoffelpuffern auf den Caféterrassen saß und die Deutschen samt ihren holländischen Parteigenossen an sich vorüberziehen ließ.

Im St. Canisiushospital von Nimwegen sah Schwester M. Dosithée Symons das Personal vor Freude in den Korridoren tanzen. Versteckte Rundfunkempfänger wurden hervorgeholt; zum erstenmal seit vielen Monaten hörte man ganz ungeniert die für Holland bestimmten Sendungen der BBC und schaute dabei durchs Fenster den fliehenden Okkupanten zu. Der Obstzüchter Johannes Hurkx in St. Oedenrode lauschte den Übertragungen so hingerissen, daß er gar nicht merkte, wie mehrere Deutsche sämtliche Fahrräder der Familie stahlen.

An vielen Orten wurden die Schulen geschlossen und die Arbeit eingestellt. Arbeiter der Zigarrenfabrik in Valkenswaard hielten die Maschinen an und gingen auf die Straße. Im Haag, am Sitz der Regierung, stellte die Straßenbahn den Betrieb ein, und in der Hauptstadt Amsterdam herrschte eine höchst gespannte, unwirkliche Stimmung. Büros wurden geschlossen, ebenso Banken. In den Hauptstraßen sah man plötzlich keine Militärformationen mehr, statt dessen wurde der Hauptbahnhof von Deutschen und ihren holländischen Gesinnungsgenossen überrannt. An den Ausfallstraßen von Amsterdam, Rotterdam und Den Haag drängten sich Menschen mit Fähnchen und Blumen, die als erste die von Süden erwarteten britischen Panzer begrüßen wollten.

Selbstverständlich gingen die wildesten Gerüchte um. In Amsterdam glaubten viele, die britischen Truppen hätten bereits den Haag befreit, das ja nur gute 50 km südwestlich nahe der Küste liegt. Im Haag wiederum meinte man, die Hafenstadt Rotterdam sei bereits befreit worden, und wer mit der Eisenbahn reiste, bekam auf jedem Bahnhof etwas anderes zu hören. Ein solcher Reisender, Henri Peijnenburg, 25 Jahre alt, in führender Stellung im Widerstand und auf der Fahrt vom Haag nach Nimwegen, hörte zu Beginn der Reise, die Briten seien in der alten Grenzstadt Maastricht einmarschiert. In Utrecht hieß es, sie seien bereits in Roermond. In Arnheim schwor jedermann, sie hätten Venlo nahe der deutschen Grenze genommen. »Als ich zu Hause ankam, hoffte ich lauter Engländern zu begegnen, aber außer abrückenden Deutschen war überhaupt keiner auf der Straße.« Dieser Anblick verwirrte ihn und machte ihn etwas benommen.

Auch anderen war nicht wohl zumute, insbesondere der Führung des Widerstandes, die im Haag eine geheime Zusammenkunft abhielt. Sie, die die Lage mit größter Aufmerksamkeit beobachteten, meinten, daß die Befreiung ihres Landes unmittelbar bevorstehe, denn die Panzer der Alliierten konnten unbehindert von der belgischen Grenze bis zur Zuider Zee durchstoßen, und die Widerständler zweifelten keinen Moment daran, daß das Einfallstor von Holland über den Rhein nach Deutschland hinein weit offenstehe. Man wußte, daß die Deutschen über keine Verbände mehr verfügten, die einen entschlossenen alliierten Vorstoß hätten aufhalten können. In den Betonbunkern an der Küste saßen seit 1940 lauter alte Männer, die nie einen Schuß abgegeben hatten, und im übrigen bestand die Besatzungsarmee aus allen möglichen Truppenteilen von geringem Kampfwert, darunter holländische SS, Genesende und Dienstuntaugliche – letztere in »Magenbataillone« und »Ohrenbataillone« unterteilt, weil aus Kranken bestehend, die entweder an Magengeschwüren litten oder so gut wie taub waren.

Die Holländer rechneten jede Stunde mit dem Einmarsch der

Alliierten und hofften, daß der Vorstoß aus dem Süden schnell erfolge. Doch gerade hier standen die Führer des Widerstandes vor einem Rätsel: nirgendwo waren Vorausabteilungen der Alliierten festgestellt worden.

Es war nicht schwer gewesen nachzuprüfen, ob Ministerpräsident Gerbrandy mit seiner Behauptung recht hatte, die alliierten Truppen hätten die holländische Grenze überschritten. Holland ist ein kleines Land, aber dicht bevölkert, und es war den Deutschen daher nicht leichtgefallen, die Untergrundtätigkeit wirkungsvoll zu bekämpfen. Der Widerstand hatte in allen Städten und Dörfern seine Zellen, allerdings war es gefährlich, Nachrichten zu übermitteln. Der dafür am meisten benutzte Weg – und zugleich der riskanteste – war das Telefon. Falls erforderlich konnte die Führung des Widerstandes ihre verschlüsselten Mitteilungen an praktisch jeden Anschluß im ganzen Land durchgeben, und so wußte man denn schon Minuten nach Gerbrandys Verlautbarung, daß er übereilt gesprochen hatte: nirgendwo hatten britische Truppen die Grenze überschritten.

Weitere Meldungen von »Radio Oranje« vergrößerten noch die Verwirrung. Zweimal innerhalb von etwas mehr als zwölf Stunden (um 23:45 Uhr am 4. September und am Vormittag des 5. September) gab BBC in holländischer Sprache bekannt, Stadt und Festung Breda seien befreit. Diese Nachricht verbreitete sich rasch, und die Untergrund-Zeitungen brachten bereits die Schlagzeile »Breda gefallen«. Pieter Kruyff, mit 38 Jahren Abschnittsführer der Widerstandsbewegung in Arnheim und Chef einer der diszipliniertesten und geschicktesten Untergrundorganisationen, bezweifelte die Richtigkeit dieser Meldung von Radio Oranje und ließ sie durch seinen Nachrichtenmann Johannes Steinfort, einen jungen Techniker der Telefongesellschaft, überprüfen. Steinfort stellte Verbindung zu einer Sprechstelle des Untergrundes in Breda her und erfuhr so als einer der ersten die bittere Wahrheit: Breda war noch in deutscher Hand und von den Alliierten nichts zu sehen, von den Amerikanern so wenig wie von den Briten.

Angesichts der sich jagenden Gerüchte traten viele Widerstandsgruppen hastig zu Beratungen zusammen. Zwar hatte Prinz Bernhard ebenso vor übereilten Aktionen gewarnt wie SHAEF (Supreme Headquarters Allied Expeditionary Force), doch war so mancher Widerständler am Ende seiner Geduld. Man meinte, es sei nun an der Zeit, dem Feind offen entgegenzutreten und den vordringenden Alliierten zu Hilfe zu kommen. Auch war nicht zu übersehen, daß die Deutschen einen allgemeinen Volksaufstand fürchteten. Man bemerkte, daß jedenfalls die Militärfahrzeuge jetzt von Soldaten gesichert wurden, die auf den Kotflügeln saßen und die MP im

Anschlag hielten. Gleichwohl brannten viele Widerständler darauf, loszuschlagen. In Ede, einem Dorf nordwestlich von Oosterbeek, mühte sich der 25 Jahre alte Menno »Tony« de Nooy, den Führer seiner Gruppe, Bill Wildeboer, zu einer Aktion zu überreden. Es sei doch seit langem ausgemacht, im Falle einer Invasion der Alliierten die Macht in Ede zu übernehmen. Die Kasernen, in denen deutsche Marinesoldaten ausgebildet worden waren, lagen praktisch verlassen, und de Nooy wollte sie unbedingt besetzen. Wildeboer, ein älterer Mann, ehemals Hauptfeldwebel im holländischen Heer, war anderer Meinung. »Ich traue der Sache nicht«, sagte er. »Die Zeit ist noch nicht reif. Man muß warten.«

Doch nicht alle Widerstandsgruppen konnten sich bezähmen. In Rotterdam besetzten sie die Büros der Wasserwerke, und in Axel ergaben sich mehrere hundert deutsche Soldaten den Zivilisten vom Widerstand, die das alte Rathaus besetzt hatten. In vielen Orten erwischte man die zur Flucht ansetzenden holländischen Nazifunktionäre, so in Wolfheze, das hauptsächlich wegen der dort befindlichen Anstalt für Geisteskranke bekannt ist, den Polizeichef. Vorsorglich wurde er in der Anstalt verwahrt, bis zur späteren Auslieferung an die Briten, »gleich nach deren Eintreffen«.

Doch blieben das Ausnahmen, und man kann sagen, daß die Widerstandsgruppen sich im allgemeinen ruhig verhielten. Immerhin machten sie sich die allgemeine Verwirrung zunutze, um den Empfang der Alliierten vorzubereiten. Charles Labouchère, 42 Jahre alt, Abkömmling einer alten französischen Familie und aktiv im Widerstand, hatte überhaupt keine Zeit, auf Gerüchte zu hören. Von einem gut gewählten Fenster aus beobachtete er in Arnheim Stunde um Stunde durch ein Fernglas die mächtige, dreibögige Brücke aus Beton und Stahl, über die deutsche Militärkolonnen ostwärts und nordwärts in Richtung Zevenaar und Zutphen marschierten. Labouchère hatte den Auftrag, die Zahl der Truppen und wenn möglich ihre Einheiten auszumachen. Diese äußerst wichtigen Informationen gingen per Kurier nach Amsterdam und von dort über Funk nach London.

Im Vorort Oosterbeek radelte der junge Jan Ejkelhoff unauffällig durch die Menge und verteilte gefälschte Lebensmittelkarten an Landsleute, die sich vor den Deutschen versteckt hielten. Der 57 Jahre alte Johannes Penseel, genannt »Der Alte«, Anführer einer Widerstandsgruppe in Arnheim, machte einen jener schlauen Schachzüge, denen er seinen Ruf verdankte. Er fand nämlich, dies sei der geeignete Augenblick, sein Waffenversteck auszuheben. Mit einem Bäckerwagen und einigen Vertrauten fuhr er beim Stadtkrankenhaus vor, wo die Waffen versteckt waren, packte sie in Papier und transportierte sie vor den Augen der Deutschen zu seinem Haus, dessen Kellerfenster auf den großen Platz gingen, was, wie Penseel und sein Freund Toon van Daalen meinten, sehr nützlich sein würde, weil man von dort im gegebenen Augenblick das Feuer auf die Deutschen werde eröffnen können. Jedenfalls waren sie entschlossen, dem Namen ihrer Gruppe Ehre zu machen: Landelyke Knokploegen (»Harte Burschen«) nannten sie sich. Überall machten sich die Männer und Frauen der Untergrundarmee zum Kampf bereit, und im Süden traten die Menschen, die Teile Hollands schon befreit glaubten, vor ihre Häuser, um die Befreier zu begrüßen. Es lag eine gewisse Tollheit in der Luft, wie Pater Tiburtius Nordermeer von den Karmelitern bemerkte, als er die jubelnden Menschen in den Straßen von Oss (südöstlich von Nimwegen) beobachtete. Indem er die demoralisierten Deutschen mit den jauchzenden holländischen Zuschauern verglich, kam er zu dem Ergebnis, daß »auf der einen Seite wilde Angst, auf der anderen eine verrückte, grenzenlose Freude herrschte«. Und der gesetzte holländische Priester fügte hinzu: »Normal benahm sich überhaupt niemand.«

Als die Zeit verging, nahm die ängstliche Erwartung zu. Karel de Wit machte sich in seiner Apotheke an der Hauptstraße von Oosterbeek schwere Sorgen. Zu seiner Frau und seinem Ersten Gehilfen sagte er, er könne nicht begreifen, warum die Flugzeuge der Alliierten die deutschen Kolonnen nicht angriffen. Frans Schulte, Major im Ruhestand, fand die allgemeine Begeisterung verfrüht. Während sein Bruder und seine Schwägerin angesichts des offenkundigen Debakels der Deutschen ganz aus dem Häuschen gerieten, blieb Schulte skeptisch. »Es kann auch wieder anders kommen«, warnte er. »Die Deutschen sind noch längst nicht geschlagen. Falls die Alliierten über den Rhein wollen, gibt es sicher noch eine schwere Schlacht.«

3

Unterdessen organisierte Hitler seine Gegenmaßnahmen. Der 69 Jahre alte Feldmarschall Gerd von Rundstedt wurde am 4. September im Führerhauptquartier in Ostpreußen zu seiner großen Verblüffung erneut mit dem Kommando an der Westfront betraut. Vier Tage zuvor war er überraschend nach Rastenburg beordert worden. Am 2. Juli hatte Hitler ihn als Oberbefehlshaber West ablösen lassen und in Pension geschickt, gerade als er den Versuch machte, die größte Krise zu bewältigen, welche der Krieg für Deutschland bisher gebracht hatte: die Invasion der Alliierten in der Normandie.

Darüber, wie der drohenden Invasion am besen zu begegnen sei, waren sich der Führer und Deutschlands fähigster Befehlshaber, der bislang noch keine Schlacht verloren hatte, niemals einig gewesen. Von Rundstedt hatte vor der Invasion beim Oberkommando der Wehrmacht (OKW) Verstärkungen mit der Begründung angefordert, die Alliierten seien an Truppenstärke, Ausrüstung und Flugzeugen so überlegen, »daß sie landen können, wo sie wollen«. Hitler war ganz anderer Meinung. Der Atlantikwall, jener nur teilweise fertiggestellte Festungsgürtel von Kirkenes an der norwegisch-finnischen Grenze bis zu den Pyrenäen, machte in seinen Augen »diese Front für jeden Angreifer uneinnehmbar«. Rundstedt wußte jedoch nur zu gut, daß die 3000 Kilometer Atlantikwall mehr aus Propaganda bestanden als aus Beton. Er kennzeichnete ihn mit einem einzigen Wort: »Humbug.«

Auch der legendäre Feldmarschall Rommel, berühmt durch seine Siege in Nordafrika zu Beginn des Krieges und von Hitler mit dem Kommando über die Heeresgruppe B unter Rundstedt betraut, war entsetzt darüber, daß der Führer so sehr auf den Atlantikwall baute. Rommel meinte, was den Atlantikwall angehe, so sei der ein Teil »von jenem Wolkenkuckucksheim«, in dem Hitler lebe. In dieser Beziehung also waren der traditionsbewußte, aristokratische Rundstedt und der junge, ehrgeizige Rommel ganz einer Meinung, vermutlich zum ersten und letzten Mal. Denn schon was die Abwehr der Invasion betraf gingen ihre Ansichten scharf auseinander. Rommel konnte die vernichtende Niederlage nicht vergessen, die das Afrikakorps 1942 durch Montgomery bei El Alamein erlitten hatte, und hatte eine deutliche Vorstellung davon, was von einer Invasion der Alliierten zu erwarten war; deshalb war er der Ansicht, der Feind müsse bereits bei der Landung zurückgeworfen werden. Rundstedt hingegen lehnte diese Auffassung seines Untergebenen, den er sarkastisch Marschall Bubi zu nennen pflegte, strikt ab. Die alliierten Truppen sollten erst nach der Landung vernichtet werden. Hitler stellte sich hinter Rommel, aber am Tage der Landung gelang es den alliierten Truppen trotz Rommels glänzenden Improvisationen in wenigen Stunden, »die uneinnehmbare Festung« zu überrennen.

In den darauf folgenden schrecklichen Tagen konnten Rundstedts Truppen der Übermacht der Alliierten, die fast totale Luftüberlegenheit in der Normandie besaßen, nirgends standhalten, um so weniger als sie durch Hitlers Befehl: »Jeder kämpft und fällt, wo er steht« am taktischen Manövrieren verhindert waren. Rundstedt mühte sich verzeifelt, die aufgerissenen Löcher zu stopfen; der Ausgang der Schlacht aber stand von vornherein fest, einerlei wie tapfer seine Leute kämpften. Weder konnte er den Gegner »ins

Meer werfen« noch ihn »vernichten«, wie Hitler verlangt hatte.

Auf dem Höhepunkt der Schlacht in der Normandie, in der Nacht zum 1. Juli 1944, rief Feldmarschall Keitel, der Chef des OKW, bei Rundstedt an und fragte: »Was sollen wir jetzt machen?« Mit der für ihn bezeichnenden Barschheit erwiderte Rundstedt: »Schluß machen mit dem Krieg, ihr Idioten, was sonst?« Als Hitler davon hörte, reagierte er sehr milde. »Der alte Herr hat den Mut verloren, er wird mit der Lage nicht mehr fertig. Er muß abtreten.« Und tatsächlich entband der Führer vierundzwanzig Stunden später in einem Handschreiben den Marschall von seinem Kommando, »mit Rücksicht auf Ihre Gesundheit und in Ansehung der Tatsache, daß die nahe Zukunft äußerste Anstrengungen erfordert«.

Rundstedt, der dienstälteste und verläßlichste Feldmarschall der Wehrmacht, traute seinen Augen nicht. In fünf Kriegsjahren hatte sein militärisches Genie dem Dritten Reich wertvollste Dienste geleistet. Als Hitler 1939 kaltblütig Polen überfiel und damit den Zweiten Weltkrieg entfesselte, erreichten Rundstedts Panzer in weniger als einer Woche den Stadtrand von Warschau, und das Rezept für die deutschen Eroberungen, der »Blitzkrieg«, war gefunden. Als Hitler im Jahre darauf fast ganz Westeuropa mit unvorstellbarer Geschwindigkeit überrollte, kommandierte Rundstedt eine Panzerarmee, und auch 1941, beim Einfall nach Rußland, war er wieder ganz vorn. Nun jedoch sah er seine Karriere und seinen Ruf gefährdet und beklagte sich bei seinem Stabschef General Blumentritt, »der Amateurstratege« habe ihn »in Schanden davongejagt«. Zornig fuhr er fort: »Der böhmische Gefreite nimmt mein Alter und meine schlechte Gesundheit zum Vorwand, um mich zum Sündenbock zu machen.« Rundstedt hatte beabsichtigt, langsam und geordnet auf die deutsche Grenze zurückzugehen »und für jeden Meter Boden, den wir aufgeben, einen hohen Preis zu fordern«, wie er zu Blumentritt sagte. »Leider werden wir aber von oben so gegängelt, daß der OB-West bestenfalls über die Wachablösung am Tor selbst bestimmen darf.«[3]

Seit Rundstedt Ende August auf Einladung Hitlers in Rastenburg weilte, nahm er täglich an der Lagebesprechung beim Führer teil.

[3] Der verstorbene General Blumentritt sagte mir dazu: »Daß Hitler in seinem Brief andeutete, Rundstedt selbst habe um seine Beurlaubung gebeten, hat ihn sehr gekränkt. Auch im Führerhauptquartier war diese Annahme verbreitet, doch entsprach sie nicht den Tatsachen. Rundstedt hat bestritten, jemals um seine Beurlaubung ersucht oder das auch nur erwogen zu haben. Er war so wütend, daß er sich schwor, nie wieder ein Kommando unter Hitler anzunehmen. Allerdings wußte ich, daß es ihm damit nicht Ernst war, denn den Gehorsam betrachtete er als oberste Pflicht.«

Der stellvertretende Chef des Wehrmachtführungsstabes, General Warlimont, berichtet, Hitler habe den Feldmarschall sehr herzlich empfangen, »ihn mit ungewohnter Ehrerbietung und Achtung behandelt«. Warlimont fiel auf, daß Rundstedt während dieser Lagebesprechung »reglos dasaß, fast ohne jemals den Mund aufzumachen«.[4]

Der aufs Praktische bedachte, sachverständige Kommandeur fand nichts zu sagen. Die Situation erfüllte ihn mit Entsetzen. Bei den Lagebesprechungen wurde deutlich, daß die von den Russen gehaltene 2500 Kilometer lange Front von Finnland über die Weichsel bis zu den Karpaten in Rumänien und Jugoslawien verlief, daß russische Panzer Ostpreußen erreicht hatten und zirka 150 Kilometer von des Führers Wolfsschanze entfernt standen. Im Westen waren die schlimmsten Befürchtungen Rundstedts Wirklichkeit geworden. Eine Division nach der anderen wurde vernichtet, die deutsche Front befand sich in voller Auflösung. Wichtige Häfen wie Dünkirchen, Calais, Boulogne, Le Havre, Brest, Lorient und St. Nazaire wurden noch von ihren Besatzungen gehalten, was die Alliierten zwang, ihren Nachschub weiterhin über die Landezonen nach Frankreich zu bringen, doch seit ganz überraschend Antwerpen gefallen war, einer der größten europäischen Tiefseehäfen, würden ihre Nachschubschwierigkeiten mit einem Schlag behoben sein. Rundstedt mußte feststellen, daß seine Taktik des Blitzkrieges von Eisenhowers Armeen außerordentlich wirkungsvoll gegen ihn selbst gekehrt worden war. Es wurde auch deutlich, daß Feldmarschall Walter Model, der neue OB-West (der am 17. August das Kommando übernommen hatte), nicht in der Lage war, dem Chaos zu steuern. Im Norden war seine Front von den Panzern der 2. englischen Armee und der 1. US Armee aufgebrochen worden, die jetzt durch Belgien nach Holland vorstießen, während die Panzer von General Pattons 3. US Armee südlich der Ardennen auf Metz und die Saar drängten. Für Rundstedt nahm die Lage sich nicht mehr bedrohlich aus, sondern verheerend.

Man ließ ihm genügend Zeit, über den unvermeidlichen Ausgang nachzudenken, denn es vergingen vier Tage, ehe der Führer ihn empfing. Die Wartezeit verbrachte der Feldmarschall in einem ehemaligen Landgasthaus auf dem Gelände des Führerhauptquartiers, das für höhere Offiziere reserviert war. Rundstedt ließ seine schlechte Laune unterdessen an Keitel aus. »Warum hat man mich geholt? Was wird hier überhaupt gespielt?« Keitel konnte ihm das nicht sagen, denn Hitler hatte sich ihm gegenüber auf nichtssagende Bemerkungen über den Gesundheitszustand des Feldmarschalls

4 Warlimont: *Im Hauptquartier der deutschen Wehrmacht 1939–1945*. S. 509

beschränkt. Offenbar glaubte er inzwischen selbst daran, daß er Rundstedt im Juli »aus Gesundheitsgründen« entlassen habe. Jedenfalls hatte er zu Keitel nichts weiter gesagt als: »Ich will sehen, ob der alte Herr sich wieder besser fühlt.«

Zweimal erinnerte Keitel den Führer daran, daß der Feldmarschall warte. Am Nachmittag des 4. September wurde Rundstedt endlich zu Hitler befohlen, und dieser kam, was bei ihm selten genug geschah, unverweilt zur Sache. »Ich will Ihnen wieder das Kommando über die Westfront geben.«

Rundstedt, in strammer Haltung, den Marschallstab fest in beiden Händen, nickte nur. Wider besseres Wissen und alle Erfahrungen und trotz seiner tiefen Abneigung gegen Hitler und die Nazis lehnte Rundstedt, ganz in der preußischen Tradition des Dienens befangen, das Kommando nicht ab. Er sagte später: »Proteste hätten auch nichts genützt.«[5]

Hitler gab Rundstedt eine recht flüchtige Beschreibung dessen, was von ihm erwartet wurde. Er improvisierte wieder einmal. Vor der Landung in der Normandie hatte er den Atlantikwall als unüberwindlich gepriesen, jetzt behauptete er zu Rundstedts Entsetzen das gleiche vom Westwall, jenen zwar immer noch eindrucksvollen, aber doch seit langem vernachlässigten und nicht bemannten Festungswerken, die von den Alliierten als Siegfriedlinie bezeichnet wurden. Hitler befahl nun, Rundstedt solle die Alliierten nicht nur so weit im Westen aufhalten wie möglich, er solle vielmehr auch Gegenangriffe führen, denn die gefährlichsten Vorstöße der Alliierten schienen ihm weiter nichts zu sein als »Aufklärung mit Panzerverbänden«. Daß Antwerpen gefallen war, setzte Hitler allerdings sichtlich zu. Dieser lebenswichtige Hafen müsse den Alliierten gesperrt werden, koste es, was es wolle. Da die übrigen Häfen immer noch in deutscher Hand seien, dürfe man erwarten, daß der alliierte Vormarsch zum Stehen kommen müsse, weil die Nachschubwege zu lang seien. Ganz sicher könne die Westfront stabilisiert werden, und im Winter werde man die Initiative zurückgewinnen. Er versicherte Rundstedt, daß »die Lage im Westen mich nicht übermäßig beunruhigt«.

Das war nur eine Variation des Monologs, den Rundstedt schon von früher her kannte. Nun war der Westwall zu Hitlers fixer Idee

[5] In den von Walter Goerlitz herausgegebenen Memoiren des Feldmarschalls Keitel heißt es, Rundstedt habe zu Hitler gesagt, »Mein Führer, ich werde meine Pflicht bis zum letzten Atemzug erfüllen, einerlei auf welchen Platz Sie mich stellen«; ich halte mich aber hier an die mir von General Blumentritt gegebene Version, derzufolge Rundstedt ihm berichtet hat: »Ich habe kein Wort gesagt, denn wenn ich den Mund aufgemacht hätte, hätte Hitler drei Stunden lang auf mich eingeredet.«

geworden, und wieder einmal bekam Rundstedt den Befehl, »keinen Zentimeter zu weichen und die Front unter allen Umständen zu halten«.

Indem er Rundstedt zum Nachfolger von Model ernannte, wechselte Hitler innerhalb von zwei Monaten zum dritten Mal seinen Oberbefehlshaber im Westen – erst Rundstedt, dann Kluge, dann Model und nun wieder Rundstedt. Model, der sein Kommando nur achtzehn Tage innegehabt hatte, solle fortan unter Rundstedt die Heeresgruppe B führen, meinte Hitler. Rundstedt war Model seit je nicht besonders freundlich gesonnen; er hatte, wie Rundstedt fand, den Marschallstab nicht mühsam genug errungen, Hitler hatte ihn zu schnell befördert. Rundstedt hielt ihn für »einen guten Kompaniefeldwebel«. An Models Dienststellung war jetzt allerdings nicht viel gelegen. Die Situation war hoffnungslos, die Niederlage ohnedies unvermeidlich. Als Rundstedt am Nachmittag des 4. September die Reise in sein Hauptquartier bei Koblenz antrat, sah er keine Möglichkeit, die Alliierten daran zu hindern, nach Deutschland einzudringen, den Rhein zu überqueren und in wenigen Wochen den Krieg zu beenden.

Am gleichen Tag wurde der 54 Jahre alte Generaloberst Kurt Student, Schöpfer der deutschen Luftlandetruppen, von dem Abstellgleis, auf dem er drei Jahre gestanden hatte, wieder in den Vordergrund geholt. Der Krieg hatte recht verheißungsvoll für ihn begonnen, denn seine Fallschirmjäger konnten sich, wie er fand, das größte Verdienst an der Eroberung Hollands im Jahre 1940 zuschreiben, als etwa 4000 von ihnen über den Brücken von Rotterdam, Dordrecht und Moerdijk absprangen und diese lebenswichtigen Übergänge für die deutschen Invasionstruppen offenhielten. Dabei hatten sie unwahrscheinlich geringe Verluste gehabt, 180 Männer insgesamt. Bei der Luftlandeoperation gegen Kreta im Jahre 1941 sah es schon anders aus. Die Verluste waren hier mit mehr als einem Drittel der 22 000 Männer so hoch, daß Hitler für die Zukunft jede Luftlandeoperation untersagte. »Die Tage der Fallschirmjägertruppe sind vorüber«, verkündete der Führer, und das war das Ende der Karriere von General Student. Dieser ehrgeizige Offizier saß fortan am Schreibtisch und bildete Fallschirmjäger aus, die, ebenso wie seine Veteranen, nur noch als Infanteristen eingesetzt wurden. Doch nun, genau um 15:00 Uhr an diesem ereignisreichen 4. September, bekam Student wieder einen Platz auf der Bühne zugewiesen. General Jodl, Chef des Wehrmachtführungsstabes, befahl ihm telefonisch, unverzüglich eine Armee aufzustellen, für die der Führer bereits die passende Bezeichnung erdacht hatte: »1. Fallschirmjägerarmee.« Dem erstaunt lauschenden Student kam der Gedanke, »dies ist eine ziemlich großartige Bezeichnung für eine Armee, die es überhaupt nicht gibt«.

Seine Truppen waren über ganz Deutschland verstreut, noch dazu waren es, abgesehen von einigen wenigen fronterfahrenen und voll ausgerüsteten Einheiten, in der großen Mehrzahl grüne Rekruten, die keine anderen Waffen hatten als die, an denen sie ausgebildet wurden. Für seine insgesamt 10 000 Mann besaß er weder Fahrzeuge noch Panzer, noch Artillerie, ja nicht einmal einen Chef des Stabes.

Jodl setzte ihm auseinander, daß seine Leute gleichwohl dringend im Westen benötigt würden. Sie sollten »ein gigantisches Loch in der Front« zwischen Antwerpen und dem Abschnitt Lüttich-Maastricht stopfen, »indem sie am Albertkanal eine Front eröffnen«. Student müsse daher seine Leute im Blitztempo nach Holland und Belgien schaffen. Waffen und Gerät würden an den Entladebahnhöfen an sie ausgeteilt. Zu seiner neuen »Armee« sollten nicht nur die Fallschirmjäger gehören, sondern noch zwei weitere Divisionen. Wie Student sehr bald erfuhr, bestand eine davon, die 719., »aus alten Männern, die bislang an der holländischen Küste gelegen und keinen einzigen Schuß abgefeuert hatten«. Die 176. Division war noch schlimmer. Sie bestand »aus Invaliden und Genesenden, die man praktischerweise nach ihren Symptomen zu Bataillonen zusammengefaßt hatte«. Es gab bei ihnen immerhin Diätküchen für Magenkranke. Darüber hinaus durfte er noch auf einen aus Soldaten der Luftwaffe, der Marine, aus Flakbedienungen und 25 Panzern bestehenden buntgemischten Haufen rechnen. Student, Experte für Luftlandeoperationen und gewohnt, mit Elitetruppen zu operieren, konnte in dieser zusammengestoppelten Armee nichts anderes sehen als »eine groteske Improvisation im großen Maßstab«. Immerhin war er nun wieder am Krieg beteiligt. Den ganzen Nachmittag hindurch brachte er mit Hilfe des Telefons und des Fernschreibers seine Leute auf die Beine. Er schätzte, daß es mindestens vier bis fünf Tage dauern werde, bis alle seine Soldaten an die Front gelangten, seine tüchtigsten Leute jedoch, die er mit Sonderzügen nach Holland warf, konnten schon innerhalb von vierundzwanzig Stunden als Teil von Models Heeresgruppe B am Albertkanal stehen.

Der Anruf von Jodl und die Informationen, die ihm seither zugegangen waren, alarmierten den General. Augenscheinlich war es so, daß sein kampferprobtes 6. Fallschirmjägerregiment und ein weiteres Bataillon, zusammen etwa 3000 Mann, die einzige im gesamten Reichsgebiet vorhandene Eingreifreserve darstellten. Das war nun wirklich bedrohlich.

Feldmarschall Model, OB-West, suchte verzweifelt, die östlich von Antwerpen klaffende Lücke in der Front zu schließen und den ungeordneten Rückzug aus Belgien und Holland zum Stehen zu bringen. Daß Rundstedt sein Nachfolger geworden war, wußte er noch nicht. Seine Truppen waren so desorganisiert, daß von Führung nicht mehr gesprochen werden konnte. Mit der Heeresgruppe G im Süden hatte er keine Verbindung mehr. War es General Blaskowitz, ihrem Kommandeur, gelungen, sich aus Frankreich abzusetzen? Model wußte es nicht. Es scherte ihn im Augenblick auch nicht, denn die Krise war im Norden eingetreten.

Die Heeresgruppe B war durch englische und amerikanische Panzerverbände rasch und hart gespalten worden. Von den zwei Armeen, welche die Heeresgruppe B bildeten, stand die 15. etwa zwischen Calais und einem Punkt nordwestlich von Antwerpen mit dem Rücken zur Nordsee. Die andere, die 7. Armee, war beinahe aufgerieben und wurde auf Maastricht und Aachen zurückgeworfen. Zwischen diesen beiden Armeen klaffte eine 120 Kilometer breite Lücke, durch welche die Briten auf Antwerpen vorgestoßen waren. In die gleiche Richtung strömten Models eigene demoralisierte Truppen zurück. Model versuchte ihre Flucht aufzuhalten, indem er einen pathetischen Aufruf erließ.

An die Soldaten des Westheeres!

Aufruf Generalfeldmarschalls Model

Mit dem Vordringen des Feindes und dem Zurücknehmen unserer Front ist ein breiter Strom von Truppen in Bewegung geraten. Mehrere hunderttausend Soldaten bewegen sich rückwärts, Heer, Luftwaffe, Panzereinheiten, Truppen, die sich planmäßig und befehlsgemäß wieder sammeln und neue Stützpunkte oder Linien bilden müssen.

Zwischen ihnen strömen mit nunmehr überflüssig gewordenen Dienststellen diejenigen Kolonnen mit, die zersprengt sind, die aus der Front herausgebrochen wurden und die im Augenblick kein festes Ziel haben und keine klaren Befehle erhalten konnten. Die Kommandanturen und Leitstellen der rückwärtigen Städte stehen oftmals daher vor Aufgaben, die ein Feldwebel und drei Mann zum Beispiel nicht bewältigen können. So zieht, während die geschlossenen Kolonnen von der Marschstraße abbiegen, sich wieder bereitstellend, der Strom der übrigen weiter. Mit ihren Wagen rollen die Parolen, die Gerüchte, die Hast, die Unüberlegtheit, die grundlose Unordnung und der rücksichtslose Egoismus mit. Sie könnten eine Stimmung in das Hinterland und in die völlig intakte Masse der kämpfenden Truppen tragen, die in diesen Augenblicken der höchsten Anspannung mit schärfsten Mitteln verhindert werden muß.

Ich richte daher, als Euer neuer Oberbefehlshaber, den Appell an Eure Soldatenehre.

Wir haben eine Schlacht verloren, aber ich sage Euch: Wir werden diesen Krieg doch gewinnen! Mehr darf ich jetzt nicht sagen, obwohl ich weiß, daß der Truppe mehr Fragen auf den Lippen brennen. Laßt Euch trotz allem, was geschehen ist, den festen zuversichtlichen Glauben an Deutschlands Zukunft niemals erschüttern oder etwa nehmen.

Ihr müßt Euch dabei des Ernstes dieser Stunden und Tage bewußt sein. Dieser Augenblick will und soll die Waschlappen von den Männern scheiden. Jeder einzelne Soldat trägt jetzt die gleiche Verantwortung, jeder muß bei Ausfall sofort seine Führer vertreten und in ihrem Sinne handeln.

Ich verlange von Euch kategorisch:

1. *Meldet Euch* ohne jede Verzögerung bei der nächsten Kommandantur oder Sammelstelle. Haltet Euch dort bei Euren Angaben über Euren Rückmarsch, über gegebene Befehle, Marschziel und Aufträge auf das genaueste an die Tatsachen.
2. *Erwartet nicht,* daß die Kommandanturen oder Sammelstellen Euch ohne *Euer eigenes Dazutun* so schnell und zweckmäßig leiten oder einsetzen können, wie es jetzt notwendig ist. *Überlegt selbst mit, was* in dieser Lage *das Beste* und Richtigste ist . . .
4. *Zeigt* vermehrt auch nach außen hin eine *tadellose Disziplin.* Ich habe festgestellt, daß Eure innere Haltung untadelig ist. Vergeßt nicht, daß auch die geringste Geste, jedes Wort, jede Ehrenbezeigung der Bevölkerung beweist, daß der Geist und der Zusammenhalt in der Deutschen Wehrmacht in Ordnung ist. Bringt also bewußt auch innere Haltung nach außen zum Ausdruck, also Kopf hoch bei allen Schwierigkeiten, den Körper straff, frisch und zuversichtlich der Gruß.
   Auch von den Franzosen und Belgiern wird der Kampfwert einer Truppe und jedes einzelnen Soldaten zuerst nach der äußeren Haltung bewertet. Selbst der Terrorist, unser feigster Gegner, denkt so; er wird sich an einen schlappen, unmännlich wirkenden Soldaten eher heranwagen, als einen, der straff und sicher auftritt und das z. B. durch seine soldatische Haltung, wie etwa einen korrekten Gruß, zum Ausdruck bringt.
5. *Laßt Euch durch nichts irritieren,* besonders nicht durch dummes Geschwätz, ängstliche Gerüchte und unkontrollierbare Parolen, die der Gegner an Euch heranzubringen versucht. Tretet allen derartigen Panikmachern sofort entgegen. Der Feind hat vier Jahre lang Schlachten verloren. Er hat zum ersten Mal eine Schlacht gegen uns gewonnen. Er hat sie nicht gewonnen, weil er klüger, tapferer und besser ist. Er kann auch nicht zaubern. Er ist auch nicht überall da. Wenn man alle Panzer zusammenzählen wollte, die manche Gerüchtemacher zu sehen behaupteten, dann hätte der Feind hunderttausend haben müssen. In Wahrheit waren es zunächst oft nur kleine Spitzen. Sie können durch Abwehrsperren aller Art vermehrt aufgehalten werden. Mehr geschadet als diese Panzerspitzen haben uns oftmals die Gerüchte. *Unterbindet durch Mut und Besonnenheit überstürzte Maßnahmen,* verhindert, daß wichtige Stellungen unnötig aufgegeben, notwendige Ausrüstung, Waffen, Geräte und Bestände voreilig in die Luft gesprengt werden. Denn jede Handgranate, jedes Gewehr, jeder Liter Benzin wird jetzt zur

Ausrüstung der neuen Auffangstellen gebraucht. Es ist wichtiger als ein Koffer oder unnützer Plunder.

6. Denkt daran, daß in diesem Augenblick alles darauf ankommt, die Zeit zu *gewinnen*, die der Führer braucht, um neue Truppen und neue Waffen zum Einsatz zu bringen.

Sie werden kommen!
Soldaten, wir müssen dem Führer diese Zeit schaffen!

Da er außer Funk kaum über Nachrichtenmittel verfügte, konnte Model nur hoffen, daß der Tagesbefehl seine Truppen erreichte. Die Verwirrung war allerdings derart, daß er nicht einmal ahnte, wo seine in Auflösung begriffenen und aufgeriebenen Verbände sich gerade aufhielten, und ebensowenig wußte er, wie weit Panzer und Infanterie des Feindes schon vorgestoßen waren. Vor allem fragte er sich, wo denn der Schwerpunkt des alliierten Vormarsches liege. Bei den Briten und Amerikanern im Norden? Wollten sie durch den Westwall über den Rhein und an die Ruhr? Oder lag der Schwerpunkt weiter südlich, und wollte Patton mit der 3. US Armee über die Saar durch den Westwall und über den Rhein nach Frankfurt vorstoßen?

Daß Model in dieser Klemme saß, war das Ergebnis von Maßnahmen, die fast zwei Monate zuvor ergriffen worden waren, als Hitler in größter Eile Rundstedt durch von Kluge hatte ersetzen lassen. Dieser war nach längerem Krankheitsurlaub von der Ostfront zufällig gerade in jenem Augenblick zu einem Höflichkeitsbesuch beim Führer erschienen, als dieser sich entschlossen hatte, Rundstedt zu entlassen. Ohne jede Vorrede, möglicherweise nur weil Kluge der einzige gerade anwesende hohe Kommandeur war, ernannte Hitler den erstaunten Marschall zum OB-West.

Kluge, der große Fronterfahrung hatte, übernahm sein Kommando am 4. Juli und hatte es vierundvierzig Tage inne. Die Alliierten brachen aus dem Landekopf aus, ganz wie Rundstedt vorhergesagt hatte. »Im Westen ist die gesamte Front aufgerissen«, ließ Kluge seinen Führer wissen. Von der alliierten Flut überwältigt, die sich über Frankreich ergoß, waren Kluge ebenso wie seinem Vorgänger Rundstedt durch Hitlers hartnäckiges »Keinen-Schritt-zurück« die Hände gebunden. Folgerichtig wurden die deutschen Armeen in Frankreich eingekesselt und praktisch vernichtet. Um eben diese Zeit traf das Dritte Reich auch noch ein weiterer Stoß, nämlich das mißlungene Attentat auf Hitler.

Im Laufe einer der endlosen Konferenzen im Führerhauptquartier explodierte eine von Graf Stauffenberg unter dem Tisch abgestellte Bombe und tötete und verletzte mehrere der Anwesenden. Der Führer kam mit geringen Verletzungen davon. Zu den eigentlichen Verschwörern zählten zwar nur wenige Offiziere, doch nahm Hitler barbarische Rache. Wer auch nur irgendwie in Verbindung zu den Verschwörern stand, wurde verhaftet, mitsamt den Angehörigen, und viele der Verhafteten, ob schuldig oder nicht, wurden hingerichtet[6]. So kamen etwa 5000 Menschen ums Leben. Von Kluge war nicht nur mittelbar beteiligt, der Führer argwöhnte auch, daß er mit dem Feind eine Kapitulation aushandeln wolle. Er wurde also durch Model ersetzt und zum Rapport ins Führerhauptquartier befohlen. Von Kluge richtete einen verzweifelten Brief an Hitler und nahm auf der Fahrt nach Deutschland Gift.

Mein Führer, ich glaube, den Anspruch erheben zu können, alles, was in meiner Macht lag, getan zu haben, um die Lage zu meistern. Sowohl Rommel wie ich, aber wahrscheinlich alle Befehlshaber hier im Westen, die über Kampferfahrung gegenüber den Anglo-Amerikanern mit ihrer Materialüberlegenheit verfügen, sahen die gegenwärtige Entwicklung voraus. Man hat nicht auf uns gehört. Unsere Ansichten waren nicht von Pessimismus diktiert, sondern einfach durch die Kenntnis der Tatsachen. Ich weiß nicht, ob der bewährte Feldmarschall Model die Lage noch meistern kann, wünsche es aber von Herzen. Sollte das aber nicht der Fall sein, und sollten Ihre neuen Waffen . . . nicht durchschlagen, dann, mein Führer, entschließen Sie sich, den Krieg zu beenden . . . es ist Zeit, dem Greuel ein Ende zu machen . . . Mein Führer, ich habe immer Ihre Größe bewundert und Ihre Haltung in diesem gigantischen Kampf und Ihren eisernen Willen, sich selbst und den Nationalsozialismus zu behaupten. Wenn das Schicksal stärker ist als Ihr Wille und als Ihr Genie, so liegt das im Willen der Vorsehung. Sie haben einen ehrenhaften und großen Kampf gekämpft. Dieses Zeugnis wird Ihnen die Geschichte ausstellen. Zeigen Sie sich jetzt auch so groß, dem hoffnungslosen Kampf, falls es notwendig ist, ein Ende zu setzen.

Hitler fühlte sich keineswegs veranlaßt, den Alliierten den Sieg zu überlassen, wenn auch das tausendjährige Reich nur noch auf schwachen Füßen stand. An allen Fronten stemmte er sich gegen die Niederlage, und jede Maßnahme, die er ergriff, war verzweifelter als die vorherige.

Es hatte nichts geholfen, daß er Model zum OB-West ernannte. Rommels Genie, auf das Rundstedt und für ein Weilchen auch von Kluge sich stützen konnten, fehlte Model. Nachdem Rommel am 17. Juli bei einem Tieffliegerangriff schwer verwundet worden war,

[6] Hitler benutzte Rundstedt, seinen ranghöchsten Offizier, als Vorsitzenden jenes Ehrengerichtes, das über verdächtige Offiziere zu urteilen hatte. Auch da fügte er sich widerspruchslos dem Ansinnen seines Führers. »Hätte ich abgelehnt«, so sagte er später, »wäre ich ebenfalls des Verrates verdächtigt worden.« Die Generalität fand diese Begründung unbefriedigend; so mancher General machte ihm insgeheim einen Vorwurf daraus, daß er Hitler nachgab.

hatte man keinen Ersatz für ihn gefunden[7]. Anfangs scheint er Model freilich nicht gefehlt zu haben, denn dieser übernahm voller Selbstvertrauen auch noch Rommels Befehlsbereich, war also nicht nur OB-West, sondern auch Befehlshaber der Heeresgruppe B. Model war zwar ein tüchtiger Truppenführer, aber der vorgefundenen Lage wäre wohl überhaupt kein Kommandeur gewachsen gewesen.

Zwischen der belgischen Küste und der französisch-luxemburgischen Grenze kämpfte die Heeresgruppe B um ihr Leben. Die Heeresgruppe G unter General Blaskowitz, die den anderen Teil von Models Befehlsbereich ausmachte, stand südlich dieser Linie bis zur Schweizer Grenze und war praktisch abgeschrieben. Nach der zweiten Invasion der Alliierten am 15. August, im Raum von Marseille, war die Heeresgruppe Blaskowitz vor französischen und amerikanischen Streitkräften in aller Eile aus Südfrankreich zurückgegangen und wurde nun, schon in Auflösung begriffen, gegen die deutsche Grenze gedrängt.

An der zerbröckelnden Nordfront, wo alliierte Panzer die 120 Kilometer breite Lücke gerissen hatten, öffnete sich nun der Weg von Belgien nach Holland hinein und von dort aus gegen die verletzliche, unbefestigte Nordwestgrenze Deutschlands. Von Holland aus konnten alliierte Verbände den Westwall umgehen, der zwar im Süden bis an die Schweizer Grenze reichte, im Norden jedoch bei Kleve an der deutsch-holländischen Grenze endete. Wenn die Alliierten um dieses nördliche Ende von Hitlers Westwall schwenkten und den Rhein überschritten, konnten sie ins Ruhrgebiet vorstoßen, in das industrielle Herz des Reiches. Ein solches Manöver konnte den völligen Zusammenbruch Deutschlands herbeiführen.

Zweimal innerhalb von 72 Stunden wandte sich Model verzweifelt an Hitler und bat um Verstärkungen. Die Lage seiner Truppen in der unverteidigten Lücke war chaotisch. Es galt, Ordnung herzustellen und die Lücke zu schließen. In seinem letzten Bericht, aus den Frühstunden des 4. September, kündigte Model seinem Führer an, daß die Krise unabwendbar sei, es sei denn, er bekomme unverzüglich mindestens »25 frische Divisionen und eine Eingreifreserve von fünf bis sechs Panzerdivisionen«; andernfalls müsse die Front zusammenbrechen, »und das Tor nach Nordwestdeutschland

[7] Rommel, den Hitler ebenfalls verdächtigte, am Attentatsversuch beteiligt gewesen zu sein, starb ein Vierteljahr später; Hitler stellte den Genesenden vor die Wahl, entweder Selbstmord zu begehen oder angeklagt zu werden. Rommel nahm am 14. Oktober Zyankali, und der Führer gab bekannt, Deutschlands populärster Heerführer sei »den auf dem Schlachtfeld erhaltenen Verwundungen erlegen«.

wäre aufgestoßen«.

Models größte Sorge betraf die Besetzung Antwerpens durch die Engländer. Er wußte nicht, ob dieser zweitgrößte europäische Hafen unbeschädigt in Feindeshand gefallen oder zuvor von den Deutschen zerstört worden war. An die Stadt Antwerpen selbst, die weit im Binnenland liegt, verschwendete er weniger Gedanken. Wenn die Alliierten den Hafen benutzen wollten, mußten sie die Zufahrt von See her beherrschen, in diesem Falle die etwa 75 Kilometer lange und an der Mündung fünf Kilometer breite Westerschelde, die sich von der Nordsee südlich der Insel Walcheren und der Halbinsel Südbeveland hinzieht. Solange deutsche Geschütze die Scheldemündung beherrschten, konnte man die Alliierten daran hindern, den Hafen von Antwerpen zu benutzen.

Leider hatte Model außer einigen Flak- und schweren Küstenbatterien auf Walcheren so gut wie keine Truppen auf dem Nordufer der Schelde. Auf der anderen Seite jedoch, praktisch abgeschnitten in der flandrischen Niederung, stand die 15. Armee unter Gustav von Zangen, mehr als 80 000 Mann. Sie war zwar eingeschlossen – im Norden und Westen stießen sie an die See und vom Süden und Osten drängten Engländer und Kanadier heran –, doch beherrschten sie gleichwohl den größten Teil der südlichen Scheldemündung.

Model nahm an, daß englische Panzer die Situation nützen und das Nordufer der Schelde von deutschen Truppen säubern würden. Über kurz oder lang mußten sie die Halbinsel Südbeveland in die Hand bekommen und sie etwa 25 Kilometer von Antwerpen entfernt nördlich der belgischen Grenze an ihrer engen Basis abschneiden. Um den Hafen öffnen zu können, würden sich die Engländer dic eingeschlossene 15. Armee vornehmen und das südliche Ufer säubern. Also galt es, Zangens Truppen aus dem Kessel zu holen.

Am späten Nachmittag des 4. September gab Model in seinem Hauptquartier in La Chaude Fontain südöstlich von Lüttich die entsprechenden Befehle. Über Funk wies er Zangen an, das Südufer der Schelde zu halten und die unbedeutenderen Häfen Dünkirchen, Boulogne und Calais zu verstärken, die, wie Hitler früher befohlen hatte, »mit fanatischer Entschlossenheit als Festungen« gehalten werden mußten. Mit dem Rest seiner Truppen sollte der unglückliche Zangen in nordostwärtiger Richtung in die vorwärts drängenden englischen Panzer hinein angreifen. Das war ein verzweifelter Ausweg, Model sah jedoch keine andere Möglichkeit. Hatte von Zangen mit seinem Angriff Erfolg, konnte er die Engländer in Antwerpen isolieren und Montgomerys Panzerspitzen abschneiden, die nach Norden vorstießen. Selbst wenn der Angriff fehlschlug, konnte er Zeitgewinn bringen und den alliierten Vorstoß so lange aufhalten, bis man Reserven herangeführt und am Albertkanal eine neue Front aufgebaut hatte.

Mit welchen Verstärkungen er wirklich rechnen durfte, ahnte Model nicht. Bei Dunkelwerden erreichte ihn schließlich Hitlers Antwort auf seine Bitte um neue Divisionen: Er sollte als OB-West durch von Rundstedt abgelöst werden. Von Kluge hatte dieses Kommando 44 Tage innegehabt, Model gerade 18 Tage. Während er sonst temperamentvoll zu reagieren pflegte, blieb der ehrgeizige Model in diesem Fall ganz gelassen. Er kannte seine Mängel als Stratege besser, als seine Kritiker ihm zubilligten[8]. Jetzt konnte er sich doch mit einer Tätigkeit befassen, auf die er sich gründlich verstand: hinfort war er Frontkommandeur und einzig zuständig für die Heeresgruppe B. Immerhin befand sich unter den zahllosen Weisungen, die Model an diesem letzten Tag als OB-West herausgab, eine von außerordentlicher Bedeutung. Sie betraf die Verlegung des II. SS-Panzerkorps.

Dessen Kommandeur, der 50 Jahre alte Obergruppenführer Wilhelm Bittrich, hatte seit über 72 Stunden keine Verbindung mehr zu Model. Seine Verbände, seit der Landung in der Normandie fast ununterbrochen im Einsatz, waren schwer angeschlagen. Die Verluste an Panzern waren atemberaubend, seinen Leuten fehlte es an Munition und Treibstoff. Durch den Ausfall der Nachrichtenverbindungen waren die wenigen Befehle, die ihn über Funk erreichten, meist überholt, wenn er sie bekam. Im unklaren über die Bewegungen des Feindes und entschlossen, endlich brauchbare Anweisungen zu bekommen, machte sich Bittrich zu Fuß auf den Weg zu Model. Er fand ihn schließlich in der Nähe von Lüttich. »Das letzte Mal war ich ihm 1941 in Rußland begegnet«, erinnerte sich Bittrich später. »Model stand vor der Karte, das Monokel im Auge, wie üblich in seinem kurzen Ledermantel, und bellte einen Befehl nach dem anderen heraus. Für Konversation war keine Zeit. Er befahl mir, meinen Stab nach Holland zu verlegen, eine schriftliche Bestätigung dieser Weisung würde folgen.« Er erhielt den Auftrag, »die 9. und 10. SS-Panzerdivision so schnell

[8] Model unterrichtete Hitler zweimal davon, daß er unmöglich als OB-West gleichzeitig die Heeresgruppe B befehligen könne. Blumentritt, Stabschef des OB-West, erinnert sich: »Wir bekamen ihn kaum zu Gesicht. Er verabscheute den Papierkrieg und war fast ständig unterwegs.« General Zimmermann, Chef der Operationsabteilung beim OB-West, berichtete nach dem Kriege bei seiner Vernehmung durch die Alliierten: »Model war zwar ein sehr fähiger Soldat, doch verlangte er zuviel, und das auch noch zu rasch; er hatte nicht mehr den Blick für das, was möglich war. Überdies neigte er dazu, seine Verbände zu zersplittern. Die Arbeit des Stabes litt darunter, daß er zu oft abwesend war, unsystematisch arbeitete und mal dies, dann gleich wieder das Gegenteil forderte.«

wie möglich einsatzbereit zu machen«. Diese angeschlagenen Einheiten, befahl Model, sollten sich »vom Gegner lösen und sofort nach Norden marschieren«[9].

Der weithin unbekannte Bittrich konnte nicht vorhersehen, wie entscheidend die Rolle sein würde, die seine 9. und 10. SS-Panzerdivision in den beiden folgenden Wochen zu spielen hatten. Model hatte für Bittrich einen ruhigen Auffrischungsraum gewählt, etwa 100 Kilometer hinter der Front. Die Ironie der Geschichte wollte es, daß auch die Stadt Arnheim innerhalb dieses Raumes lag.

4

Die Flucht der Deutschen aus Holland verlangsamte sich, was allerdings von nur wenigen der jubilierenden Holländer gleich bemerkt wurde. Die Straßen von der belgischen Grenze nach Arnheim waren immer noch verstopft, doch machte sich ein Unterschied bemerkbar. Charles Labouchère, der die Brücke in Arnheim beobachtete, sah nur, daß die Flut der Fahrzeuge, der Truppen und der Zivilisten nicht nachließ, doch ein wenig nördlich von Labouchères Posten stellte der Antiquar Gerhardus Gysbers Veränderungen fest. Die von Westen nach Arnheim gelangenden deutschen Truppen verließen die Stadt nicht mehr. Der Hof der Willemskaserne und die Straßen der unmittelbaren Umgebung füllten sich mit bespannten Fahrzeugen und abgekämpften Soldaten, unter denen Gysbers Flakbedienungen, holländische SS, ältere Leute der 719. Küstendivision und Soldaten der Luftwaffe erkannte. Pieter Kruyff, Chef des Widerstandes in Arnheim, begriff, daß es sich nicht um einen vorübergehenden Halt handelte. Diese Truppen

[9] Begreiflicherweise sind die deutschen Akten aus dieser Zeitspanne ungenau und häufig unverständlich. Befehle gingen heraus, wurden widerrufen, kamen nicht an, wurden geändert. Auch Models Befehl ist nicht klar. Laut Kriegstagebuch der Heeresgruppe B wurde der Marschbefehl für die 9. und 10. SS-Panzerdivision abends am 3. September herausgegeben. Empfangen wurde er nicht. Ferner steht verzeichnet, daß Bittrich 48 Stunden später nicht nur Befehl bekam die 9. Panzerdivision aufzufüllen und umzugruppieren, sondern auch die 2. und 116. Sonderbarerweise ist von der 10. nicht die Rede. Dafür, daß die 2. oder die 116. jemals im Abschnitt Arnheim eingetroffen sind, habe ich nirgendwo einen Anhaltspunkt gefunden. (Offenbar sind sie in den Frontabschnitten verblieben). Aus Bittrichs eigenen Unterlagen geht hervor, daß er von Model am 4. September mündlich einen Befehl bekam und daraufhin die 9. und 10. nach Norden in Marsch setzte. Deren Kommandeure berichten, daß ihre Einheiten sich am 5. und 6. September allmählich vom Feind lösten.

waren nicht auf dem Weg nach Deutschland, vielmehr waren sie in der Umgruppierung begriffen; bespannte Fahrzeuge der 719. marschierten bereits nach Süden. Kruyffs Nachrichtenmann, dem 33 Jahre alten Henri Knap, der unauffällig mit dem Fahrrad durch die Gegend streifte, entging diese Veränderung ebenfalls nicht. Sie war ihm rätselhaft, und er fragte sich, ob die optimistischen Rundfunkdurchsagen aus London falsch sein könnten. Das wäre eine grausame Täuschung gewesen. Überall sah er den Jubel seiner Landsleute. Alle Welt wußte, daß Montgomerys Truppen Antwerpen genommen hatten, also mußte Holland innerhalb von Stunden befreit werden. Knap beobachtete jedoch, daß die Deutschen sich sammelten. Und er wußte: jetzt sind sie noch schwach, aber wenn die Engländer nicht bald kommen, werden sie schnell stärker.

Knapp 20 Kilometer südlich, in Nimwegen, sperrten deutsche Feldgendarmen die zur Grenze führenden Straßen. Der Weinimporteur Elias Broekkamp sah noch Truppen Richtung Arnheim marschieren, die Mehrzahl jedoch wurde schon angehalten und aussortiert. Der flüchtige Beobachter bemerkte hier ebensowenig davon wie in Arnheim, und Broekkamp mußte auch feststellen, daß seine holländischen Landsleute nach wie vor über das augenscheinliche Desaster der Deutschen spotteten und lachten. Dabei hatte dieses Desaster bereits einiges von seiner Bedrohlichkeit verloren. Nimwegen verwandelte sich in ein Aufmarschgebiet und war wieder fest in deutscher Hand.

Noch weiter südlich, in Eindhoven, knapp 15 Kilometer von der belgischen Grenze, war der Rückzug praktisch zum Stehen gekommen. Was jetzt noch nach Norden drängte, waren nicht mehr Truppen, sondern Zivilisten. Frans Kortie, der zugeschaut hatte, wie die Deutschen ihre Flak von den Dächern der Gebäude von Philips herunterholten, erlebte eine Überraschung. Eine Lokomotive rangierte nahe dem Bahnhof offene Güterwagen mit schwerer Flak. Kortie bekam es mit der Angst.

Noch entmutigender für die aufmerksamen Holländer war die Entdeckung, daß Verstärkung aus Deutschland kam. In Tilburg, Eindhoven, Helmond und Weert wurden Truppen ausgeladen, die sofort zur holländisch-belgischen Grenze marschierten. Es handelte sich nicht um die vertrauten Besatzungstruppen, sondern um fronterfahrene, gut gerüstete und disziplinierte Mannschaften, die an ihren anders geformten Helmen und den Tarnjacken als Fallschirmjäger zu erkennen waren.

Am späten Nachmittag des 5. September gruben sich die ersten Fallschirmjäger von General Student am Nordufer des Albertkanals ein. Student, der mittags eingetroffen war, hatte entdecken müssen, daß die »neue deutsche Hauptkampflinie« von Feldmarschall Model nichts weiter war als der 25 Meter breite Kanal selber. Von vorbereiteten Stellungen keine Spur, es gab weder Gräben noch Befestigungen, noch Stützpunkte, und um die Situation für die Verteidiger vollends hoffnungslos zu machen, war das Südufer fast überall höher als das Nordufer, wie Student bemerkte. Sogar die Kanalbrücken waren noch intakt, und erst jetzt gingen Pioniere daran, Sprengladungen anzubringen. Offenbar hatte in dem allgemeinen Wirrwarr niemand befohlen, die Übergänge zu zerstören.

Students Aufmarschplan war erstaunlich gut eingehalten worden, insbesondere die Heranführung seiner Fallschirmjäger hatte glänzend geklappt. »Wenn man bedenkt, daß diese Leute überall in Deutschland zusammengetrommelt werden mußten, von Güstrow in Mecklenburg bis Bitsch in Lothringen«, erinnerte er sich später, »und daß die ebenfalls an allen möglichen Orten zusammengesuchten Waffen und Geräte wirklich an den Ausladebahnhöfen auf sie warteten, dann war das schon beachtlich«. Noch im nachhinein bewunderte er »die außerordentliche Präzision der Arbeit des Stabes und die ganze Organisation«. Auch die 719. Küstendivision von General Sievers hatte sich beeilt, und Student hörte erfreut, daß sie sich ihren Stellungen nördlich von Antwerpen näherte; »ihre Artillerie und der Troß wurden von schweren Zugpferden bewegt«[10]. So wuchs denn Stunde um Stunde seine hastig gebildete 1. Fallschirmjägerarmee. Und von ganz unerwarteter Seite wurde ihm nun noch willkommene Hilfe zuteil.

Die regellose Flucht der Deutschen von Belgien nach Holland hinein war dank der Hartnäckigkeit und Geschicklichkeit eines einzigen Mannes zum Stehen gekommen, und dieser Mann war General Kurt Chill. Chill, dessen 85. Infanteriedivision fast gänzlich aufgerieben war, sollte die Reste seiner Einheit sammeln und nach Deutschland zurückführen, doch als er sah, welche Panik auf den Straßen herrschte, hielt er sich lieber an Models Tagesbefehl. Er erkannte, daß eine Katastrophe nur abgewendet werden konnte,

[10] Der Pferdeliebhaber Student vermerkte trotz der herrschenden Verwirrung immerhin in seinem Tagebuch: »Diese mächtigen Tiere waren Dänen, Friesen, Clydesdale und Percheron.« Entgegen der herrschenden Meinung waren Hitlers Armeen, anders als die der Alliierten, niemals voll motorisiert, und selbst in ihren besten Zeiten waren die Transportfahrzeuge der Wehrmacht zu mehr als 50 Prozent bespannt.

wenn man am Albertkanal eine Front aufbaute, und zu diesem Zweck sammelte er die Reste der 85. Division sowie die zweier weiterer Divisionen und ließ sie an geeigneten Punkten auf dem Nordufer des Kanals in Stellung gehen. Sodann richtete er an den nördlichen Zugängen der Brücken »Sammelstellen« ein. Innerhalb von vierundzwanzig Stunden griff er auf diese Weise Tausende von Soldaten aller Waffengattungen auf[11], einschließlich Bodenpersonal der Luftwaffe, Schreiber der Militärverwaltung, Kanoniere der Küstenbatterien und Soldaten von einem Dutzend verschiedener Divisionen, meist Versprengte, die bestenfalls mit Karabinern ausgerüstet waren, aber immerhin am Kanal standen, als Student dort ankam. Student nannte Chills virtuose Bändigung der Massenflucht später »eine wahre Wundertat«. Es waren also Leute vorhanden, wenn auch noch keine brauchbare Stellung. Bis dahin würden noch mehrere Tage vergehen. Überdies zählte die zusammengewürfelte 1. Fallschirmjägerarmee bestenfalls 18000 bis 20000 Mann, dazu einige Artillerie und Flak sowie 25 Panzer, war also kaum so stark wie eine amerikanische Division. Und diesem unzulänglichen Kontingent, das so schwach war, daß Student damit die 120 Kilometer breite Lücke zwischen Antwerpen und Maastricht nicht durchgehend besetzen, geschweige denn schließen konnte, standen die weit überlegenen Panzerkräfte der 2. englischen Armee und Teile der 11. US Armee gegenüber. Student war an Menschen und Material weit unterlegen, und nur der Albertkanal lag zwischen ihm und der sicheren Vernichtung.

An welchem Punkt würde der Feind angreifen? Die deutsche Front war überall verwundbar, an einigen Stellen mehr als anderswo. Am meisten Sorge machte Student der Frontabschnitt nördlich von Antwerpen, wo die schwache 719. Division eben erst in Stellung ging. Würde es ihm gelingen, die Alliierten so lange am Kanal aufzuhalten, bis Verstärkungen eintreffen konnten? Das hoffte er inbrünstig.

Er erwartete stündlich den Angriff, und doch erreichten ihn keine Meldungen über Panzervorstöße des Feindes. Besonders überraschte ihn, daß nördlich von Antwerpen keine Feindberührung stattfand, denn er nahm an, daß die englischen Panzer nach der Einnahme der Stadt nordwärts vorstoßen, die Halbinsel Südbeve-

[11] Charles B. MacDonald: *The Siegfried Line*, S. 124. Dieses Buch und Martin Blumenson: *Breakout und Pursuit*, beide in der amtlichen *US Army History*, geben das treffendste Bild des Zusammenbruchs der deutschen Streitkräfte im Westen und der folgenden Ereignisse. Eine weitere, sehr brauchbare Darstellung, auch lebendiger wirkend, weil kurz nach dem Krieg geschrieben, ist Milton Shulman: *Die Niederlage im Westen*.

land abschneiden und nach Holland einbrechen würden. Es kam ihm vor, als habe der Vormarsch der Engländer sich verlangsamt. Warum aber?

Das Oberkommando West hatte innerhalb von achtzehn Tagen viermal umziehen müssen. Bombardiert, beschossen und von alliierten Panzern beinahe überrannt, hatte der OB-West sich schließlich hinter die Grenze des Reiches zurückziehen müssen. Um 14:00 Uhr am 5. September traf der neue Oberbefehlshaber in seinem Hauptquartier Aremberg bei Koblenz ein.

Feldmarschall von Rundstedt, müde und gereizt nach seiner langen Reise, verzichtete auf das übliche militärische Zeremoniell der Befehlsübernahme und setzte statt dessen sogleich Besprechungen an, die bis weit in den Abend dauerten. Offiziere, die ihn noch nicht kannten, waren verblüfft über die Schnelligkeit der Kommandoübernahme; anderen, die ihn von früher kannten, schien es, als sei er nie fortgewesen. Seine bloße Gegenwart erweckte Vertrauen und wirkte beruhigend.

Rundstedt sah sich vor ungeheueren Schwierigkeiten. Es galt, so rasch als möglich für einen 700 Kilometer langen Frontabschnitt von der Nordsee bis zur Schweizer Grenze einen strategischen Plan zu entwickeln, eine Aufgabe, der Feldmarschall Model, wie er offen zugab, nicht gewachsen war. Obwohl Rundstedt nur zwei schwer angeschlagene Heeresgruppen zur Verfügung hatte – im Norden die Heeresgruppe B und im Süden die Heeresgruppe G –, erwartete man von ihm nicht nur, daß er die Front überall hielt, sondern daß er nach Hitlers Weisungen zum Gegenangriff überging. Nicht nur sollte er den Einmarsch des Feindes ins Reich verhindern, er sollte auch Hitlers »unbezwinglichen« Westwall instand setzen, jene längst veraltete, unfertige Befestigungsanlage, die seit 1940 nicht mehr bemannt und überdies ohne Waffen war. An diesem Nachmittag konnte er sich allerdings nur der dringlichsten Aufgaben annehmen, und er mußte erkennen, daß die Lage noch weit schlimmer war, als er vermutet hatte.

Bevor ihn Hitler entließ, hatte Rundstedt 62 Divisionen kommandiert. Jetzt erfuhr er von seinem Chef der Operationsabteilung, Generalleutnant Bodo Zimmermann, daß seine zwei Heeresgruppen »aus 48 ›Papierdivisionen‹, 15 Panzerdivisionen und vier Panzerbrigaden ohne Panzer« bestanden. Zimmermann zufolge stellten die 48 Divisionen bestenfalls 27 kriegsstarke Divisionen dar. Dies sei nicht einmal die Hälfte der Stärke der Alliierten. Rundstedts Stab schätzte, daß Eisenhower wenigstens 60 kriegsstarke, vollmotorisierte Divisionen zur Verfügung hatte. (Diese Schätzung war falsch, Eisenhower befehligte zu jener Zeit in Europa

49 Divisionen.)

Was die Panzerkräfte betraf, so waren sie so gut wie nicht vorhanden. Entlang der gesamten Front standen geschätzten 2000 Feindpanzern keine 100 deutschen Panzer gegenüber. Die Luftwaffe war praktisch vernichtet, die Alliierten hatten im Kampfgebiet unangefochten die Luftüberlegenheit. Rundstedt kam zu dem Ergebnis, daß seine abgekämpften und demoralisierten Soldaten zwei zu eins unterlegen waren; jedem seiner Geschütze standen zwei bis zweieinhalb feindliche gegenüber, jedem seiner Panzer 20 Feindpanzer und jedem Flugzeug 25 der Alliierten[12]. Hinzu kam, daß es ihm an Treibstoff, Transportmitteln und Munition fehlte. Rundstedts neuer Stabschef General Westphal erinnerte sich später: »Die Lage war verzweifelt. Ein einziger schwerer Rückschlag irgendwo entlang der Front, die so voller Löcher war, daß sie diesen Namen gar nicht verdiente, mußte zur Katastrophe führen, falls der Feind seinen Vorteil nutzte.«

General Blumentritt stimmte mit Westphal überein[13]. Falls die Alliierten »irgendwo einen starken Vorstoß führen, ist der Zusammenbruch unausbleiblich«. Die einzigen brauchbaren Truppen, über die Rundstedt verfügte, kämpften gegen die 3. US Armee, die auf Metz und das saarländische Industrierevier vorstieß. Diese Verbände konnten den Vormarsch von Patton verlangsamen, aber nicht aufhalten. Blumentritt meinte, die Alliierten würden nun nicht mehr kostbare Zeit verschwenden, sondern dort zuschlagen, wo die Deutschen am schwächsten waren. Er erwartete einen kraftvollen Vorstoß nach Norden, Übergang über den Rhein und Besetzung des Ruhrgebietes. Er nahm an, daß die Alliierten einem solchen Manöver den Vorzug geben würden, »denn wer im Besitz von Norddeutschland ist, beherrscht ganz Deutschland«, wie er später sagte.

12 Die Deutschen hatten furchtbare Verluste an Menschen und Material erlitten. In den 92 Tagen seit Beginn der Invasion betrug die Zahl der Gefallenen, Verwundeten und Vermißten rund 300 000; weitere 200 000 standen auf verlorenem Posten in den Häfen und auf den Kanalinseln. Etwa 53 deutsche Divisionen waren aufgerieben worden und hatten in Frankreich und Belgien mindestens 1700 Panzer, 3500 Geschütze, Tausende von gepanzerten Fahrzeugen, Trosse und Berge von Nachschub und Gerät verloren. Sie büßten zwei Feldmarschälle und mehr als 20 Generäle ein.

13 Zum Ärger Rundstedts wurde sein Stabschef Blumentritt am 5. September durch General Westphal abgelöst und in die Heimat befohlen. Rundstedt widersprach – erfolglos. Blumentritt nahm aber an den ersten Besprechungen in Aremberg noch teil, er verließ das Hauptquartier erst am 8. September.

Rundstedt war zu der gleichen Einsicht gelangt. Ohne Zweifel hatten es die Alliierten auf die Ruhr abgesehen. Engländer und Amerikaner gingen im Norden gegen die Grenze bei Aachen vor und was sollte sie daran hindern, den unbemannten, veralteten Westwall zu durchstoßen, das letzte natürliche Hindernis, den Rhein, zu überqueren und das industrielle Herzland des Reiches zu besetzen?

Auch ein weiterer Umstand war Rundstedt nicht entgangen: Eisenhowers gut ausgebildete Luftlandetruppen, die bei der Invasion mit solchem Erfolg operiert hatten, wurden von der deutschen Feindaufklärung nirgends mehr gemeldet. Offenbar waren sie nicht als Infanterie eingesetzt, sondern zur Vorbereitung weiterer Luftlandeoperationen zurückgenommen worden. Doch wann und wo sollten solche Operationen stattfinden? Vermutlich doch gleichzeitig mit einem Vorstoß gegen die Ruhr. Rundstedt argwöhnte, daß Angriffe aus der Luft entweder hinter dem Westwall oder östlich des Rheins zum Zwecke der Bildung von Brückenköpfen erfolgen würden. Übrigens hatte Feldmarschall Model schon einige Tage früher Hitler gegenüber die gleiche Vermutung ausgesprochen und von einer »akuten Bedrohung« gesprochen. Rundstedt konnte aber auch nicht ausschließen, daß die Luftlandetruppen zugleich mit einem breiten Vorstoß auf der ganzen Front gegen Ruhr und Saar eingesetzt werden würden. Gegen diese Bedrohung wußte der Feldmarschall kein Mittel. Die Alliierten konnten zwischen zu vielen Möglichkeiten wählen; seine einzige Perspektive bestand darin, das Chaos einigermaßen zu ordnen, Zeit zu gewinnen und nach Möglichkeit die Pläne der Alliierten zu durchkreuzen.

Rundstedt wußte, daß Eisenhower über die Misere der deutschen Truppen im Westen gut unterrichtet war. Doch, so überlegte er, wissen die Alliierten wirklich, wie verzweifelt unsere Lage ist? Es war doch so, daß er mit erschöpften alten Männern kämpfen sollte und daß die Bunker des Westwalls gegen einen alliierten Angriff überhaupt keinen Schutz boten. Es sei Wahnwitz, diese Mauselöcher aus Prestigegründen zu verteidigen, sagte er. Und doch lautete der Befehl an ihn, die Festungen zu besetzen und herzurichten, das Gespenst des Westwalls zum Leben zu erwecken. Deshalb erklärte er: »Wir müssen uns mindestens sechs Wochen halten.«

Eine genaue Prüfung der Lage und ein Abwägen aller ihm bekannten Fakten ergab, daß der stärkste Druck immer noch von General Patton ausging, der sich der Saar näherte. Im Norden wurde das Drängen der Engländer und Amerikaner merklich geringer, und Rundstedt glaubte hier und da ein Nachlassen, wenn nicht gar einen Stillstand des Vormarsches zu bemerken. Besondere Aufmerksamkeit widmete er, wie Blumentritt sich später erinnerte, der Lage bei Antwerpen. Er wunderte sich, daß die Engländer 36 Stunden nach Einnahme der Stadt weder einen Vorstoß nach Norden gemacht noch die Halbinsel Südbeveland abgeschnitten hatten. Der Hafen von Antwerpen konnte das Nachschubproblem für die Alliierten mit einem Schlag lösen, doch nützte ihnen der Hafen nichts, solange beide Ufer der Westerschelde in deutscher Hand blieben. Der Feldmarschall sah seine Vermutung bestätigt: die Alliierten waren hier merklich langsamer geworden, besonders in Montgomerys Abschnitt.

Rundstedt hatte im Laufe seiner Karriere Strategie und Taktik der Engländer gründlich studiert und zu seinem Unglück Gelegenheit gehabt, die amerikanische Kriegskunst aus erster Hand kennenzulernen. Er fand, daß die Amerikaner einfallsreicher und verwegener mit Panzern operierten, während die Stärke der Engländer bei der Infanterie lag. In jedem einzelnen Fall jedoch gab der Charakter des Befehlshabers den Ausschlag. Rundstedt hielt General Patton für einen viel gefährlicheren Gegner als Montgomery. Blumentritt zufolge beurteilte Rundstedt den englischen Feldmarschall als »übermäßig vorsichtig, ein Gewohnheitsmensch und Systematiker«. Jetzt suchte er den Grund für das Zaudern Montgomerys. Da die Kanalhäfen noch in deutscher Hand waren, war Antwerpen für Eisenhowers weiteres Vordringen so nötig wie die Luft zum Atmen – warum also rührte Montgomery sich seit 36 Stunden nicht von der Stelle und brachte nicht den zweitgrößten Hafen Europas in seine Hand? Dafür konnte es nur einen Grund geben: Montgomery fühlte sich noch nicht bereit, den Angriff fortzusetzen. Rundstedt war davon überzeugt, daß Montgomery seinen Gewohnheiten treu bleiben werde. Die Engländer würden nie angreifen, ehe der pedantische, alle Kleinigkeiten bedenkende Montgomery nicht über den nötigen Nachschub verfügte und alle Vorbereitungen getroffen hatte. Der Schluß lag nahe, daß die Engländer sich zu weit vorgewagt hatten.

Es handelte sich hier nicht um eine Marschpause, erklärte Rundstedt, vielmehr sei Montgomery fürs erste zum Stehen gekommen. Rundstedt nahm sich nun Models Weisungen aus den letzten 24 Stunden vor. Falls er recht hatte, eröffnete sich die Möglichkeit, nicht nur den Hafen von Antwerpen zu sperren, sondern auch die 15. Armee mit ihren mehr als 80 000 Mann zu retten, Soldaten die Rundstedt dringend benötigte. Er ersah aus Models Befehlen, daß von Zangen nicht nur Weisung hatte, das Südufer der Schelde zu halten und die Kanalhäfen zu verstärken, sondern auch mit seinen restlichen Truppen nordostwärts in die Flanke des englischen Vormarsches hineinzustoßen, und daß der Beginn des Angriffs für die Morgenstunden des 6. September befohlen war. Rundstedt ließ diesen Angriff unverzüglich abblasen, denn unter den gegebenen Umständen konnte er nichts einbringen. Außerdem hatte er einen kühneren, einfallsreicheren Plan. Der erste Teil von Models Befehl sollte ausgeführt werden, denn es war jetzt wichtiger denn je, die Kanalhäfen zu halten. Der Angriff nach Nordosten sollte jedoch unterbleiben, statt dessen wurde Zangen angewiesen, die ihm verbleibenden Truppen auf der Schelde nach der Insel Walcheren überzusetzen. Auf dem nördlichen Ufer des Mündungsgebietes angelangt, sollten von Zangens Leute sodann ostwärts von Walcheren über die Halbinsel Südbeveland marschieren, bis sie das holländische Festland nördlich von Antwerpen erreichten. Der Luftlage wegen mußte das Übersetzen auf der fünf Kilometer breiten Scheldemündung zwischen den Häfen Breskens und Flushing bei Nacht stattfinden, doch mit etwas Glück könnte man innerhalb von vierzehn Tagen einen guten Teil der 15. Armee zurücknehmen. Es war ein gewagter Schachzug, das wußte Rundstedt, doch eine andere Möglichkeit sah er nicht. Im günstigsten Fall würde er beinahe eine ganze deutsche Armee zur Verfügung haben und überdies trotz allem noch den lebenswichtigen Hafen Antwerpen beherrschen. Erfolg konnte diese Operation aber nur haben, wenn Rundstedts Annahme richtig war und Montgomery tatsächlich zum Stehen gekommen war.

Rundstedt glaubte fest daran, und er war ferner der Ansicht, daß Montgomerys Stillstand noch größere Bedeutung zukam: die Nachschub- und Verbindungslinien der Alliierten waren offensichtlich übermäßig ausgedehnt und konnten den halsbrecherischen Vormarsch der Alliierten nicht mehr ausreichend unterstützen. Blumentritt erinnerte sich später, daß »Rundstedt am Ende der Besprechung zu verstehen gab, Hitler, so unglaublich das auch klingen möge, könne mit seinen Vermutungen recht haben«.

Hitlers und Rundstedts Lagebeurteilung war zwar nur teilweise richtig, immerhin aber sehr viel zutreffender, als sie ahnen konnten. Die kostbare Zeit, die Rundstedt brauchte, um seine Front zu befestigen, wurde ihm von den Alliierten selbst zur Verfügung gestellt. Die Deutschen hatten schneller verloren, als die Alliierten gewinnen konnten.

6

Während Rundstedt noch verzweifelt nach einem Ausweg für die eingeschlossene 15. Armee suchte, meldete General Roberts, Kommandeur der 11. englischen Panzerdivision, aus Antwerpen an seine Vorgesetzten, daß seine Leute zur allgemeinen Überraschung nicht nur die Stadt, sondern auch den riesigen Hafen genommen hätten. Gemeinsam mit den Gardepanzern hatte Roberts in nur fünf Tagen fast 400 Kilometer hinter sich gebracht. Als Kommandeur der Panzerspitze der 2. englischen Armee unter General Dempsey hatte Roberts vom kommandierenden General des XXX. Korps, Brian Horrocks, die Weisung, »wie verrückt« nach vorn zu preschen. Roberts überließ es der Garde, Brüssel einzunehmen, er umging die Stadt mit seiner Division und drang in den Frühstunden des 4. September mit Unterstützung belgischer Widerstandskämpfer in Antwerpen ein. 36 Stunden später hatte er auch den riesigen Hafen von den völlig überraschten und verängstigten Deutschen gesäubert und meldete nun, daß er ihn völlig unversehrt in Besitz genommen habe. Lagerhäuser, Krähne, Brücken, Molen, Kais, Schleusen, Trockendocks und Transportmittel, ja sogar die wichtigen elektrisch gesteuerten Schleusentore, nichts war beschädigt.

Die Deutschen waren nicht dazu gekommen, den Hafen zu zerstören. Größere Brücken und sonstige wichtige Anlagen waren zwar zur Sprengung vorbereitet worden, doch die kopflose deutsche Garnison wurde von den schnellen Aktionen der Engländer und der Widerstandskämpfer (unter denen sich belgische Ingenieure befanden, die genau wußten, wo die Sprengladungen angebracht waren) völlig überrascht und kam nicht mehr dazu, die Anlagen zu zerstören.

Der 37 Jahre alte General Roberts hatte seinen Auftrag glänzend ausgeführt, bedauerlicherweise hatte ihm aber niemand gesagt, daß er die Gelegenheit nutzen müsse, in den nördlichen Vororten Brückenköpfe jenseits des Albertkanals einzurichten und den keine 30 Kilometer entfernten Zugang zur Halbinsel Südbeveland abzuriegeln – eine der gravierendsten Unterlassungen in diesem Feldzug. Hätte Roberts die gut drei Kilometer breite Landenge abgeriegelt, wären die deutschen Truppen dort eingeschlossen gewesen, und man hätte sie später vom Nordufer der Schelde vertreiben können. Daß dies unterblieb, war ein folgenschweres Versäumnis[14]. Der Hafen Antwerpen war zwar in Händen der Alliierten,

[14] Der bekannte englische Historiker Liddell Hart schreibt in seiner Geschichte des Zweiten Weltkrieges: »Hier machten gleich vier Kommandeure, angefangen bei Montgomery, einen Fehler . . .«, und der amerikanische Historiker Charles B. MacDonald stimmt ihm in *The Mighty Endeavor* darin zu: ». . . es war einer der verhängnisvollsten Führungsfehler des Krieges.« Am ausführlichsten rechnet R. W. Thompson in *The 85 Days* vor, was Antwerpen die Alliierten kostete, und ich stimme ihm darin zu, daß einer der Gründe für die folgenschweren Unterlassungen »Erschöpfung« war. »Die Männer der 11. Panzerdivision schliefen im Stehen ein, sie waren total erledigt.« Unterstellt man, daß dies zutraf, muß

aber die Zufahrt wurde nach wie vor von den Deutschen beherrscht. Die Hafeneinrichtungen, die es erlaubt hätten, den gesamten Nachschub für die alliierten Armeen umzuschlagen, konnten nicht benutzt werden, doch in der Begeisterung des Augenblicks hielt das jedermann für einen vorübergehenden Schönheitsfehler. Es gab keinen Grund mehr sich zu beeilen. Die Deutschen hielten sich kaum noch auf den Beinen, man konnte ihnen jederzeit den Gnadenstoß versetzen. Die 11. Panzerdivision hatte ihren Auftrag erfüllt, sie erwartete jetzt neue Befehle.

Der glanzvolle Panzervorstoß von General Dempsey, der sich mit dem von Patton im Süden sehr wohl vergleichen konnte, war an sein Ende gelangt, obwohl das in diesem Augenblick nur wenige begriffen. Roberts' Soldaten waren erschöpft, sie hatten keinen Treibstoff mehr und keinen Nachschub. Das gleiche galt für die übrigen Einheiten von Horrocks' XXX. Korps. Am Nachmittag des 5. September hörte deshalb der Druck, dem die Deutschen im Norden gewichen waren und der sie demoralisiert hatte, ganz plötzlich auf, und der Fehler bei Antwerpen wurde noch dadurch verschlimmert, daß die Engländer sich zu einer ihrer bekannten Teepausen niederließen.

Der fähige und dynamische Kommandeur des XXX. Korps, General Horrocks, verschwendete an Antwerpen keinen Gedanken[15], vielmehr galt seine Aufmerksamkeit ebenso wie die von Montgomery, dem Befehlshaber der 21. Heeresgruppe, ausschließlich einem anderen Ziel: dem Übergang über den Rhein und der raschen Beendigung des Krieges. Erst vor wenigen Stunden hatte ein von dem Schwung und der Verwegenheit seiner Truppen befeuerter Montgomery General Eisenhower gemeldet: »Wir ha-

man bezweifeln, daß die 11. Panzerdivision unter Roberts ihren Vormarsch überhaupt noch hätte fortsetzen können. Thompson meint aber: »Antwerpen und seine Zugänge hätten mühelos genommen werden können, hätte die oberste Führung den Verlauf der Kämpfe nur aufmerksam genug verfolgt, um die sich bietende Möglichkeit zu erkennen.«

15 Horrocks gibt in seinen Erinnerungen eine sehr offenherzige Erklärung. »Meine Entschuldigung lautet, daß meine Aufmerksamkeit ganz und gar dem Rhein galt; alles andere erschien mir unwichtig. Es kam mir gar nicht in den Sinn, daß die Schelde vermint sein könnte und daß wir Antwerpen erst würden in Betrieb nehmen können, nachdem die Deutschen von beiden Ufern vertrieben waren . . . Napoleon hätte das zweifellos bedacht, Horrocks tat es nicht.« Er gibt auch ohne weiteres zu, daß er nur geringen Widerstand erwartete, »und wir hatten auch noch Treibstoff für weitere 100 Meilen und hätten uns gut noch einen weiteren Tag selbst versorgen können.« Zwar wäre »das Risiko erheblich gewesen, doch wäre der Krieg in Europa wohl anders verlaufen, wenn wir es riskiert hätten und weiter vorgestoßen wären, anstatt in Brüssel haltzumachen.«

ben jetzt das Stadium erreicht, wo ein mit allen Kräften geführter Vorstoß auf Berlin gelingen und das Ende des Krieges bringen kann.«

Unterdessen beriet sich in London Prinz Bernhard mit Königin Wilhelmina und bat anschließend telefonisch seine Frau, Prinzessin Juliana, sogleich von Kanada nach England zu fliegen, damit sie im Augenblick der Befreiung in Holland anwesend sein könne. Das lange Exil sei nun zu Ende, die Befreiung werde sehr rasch vor sich gehen, und man müsse darauf vorbereitet sein. Dennoch war der Prinz unruhig.

72 Stunden lang hatte der Widerstand unverändert von Panik bei den Deutschen berichtet; der am 2. September begonnene fluchtartige Rückzug sei nach wie vor im Gange. Am 5. September jedoch hieß es, der Rückzug verlangsame sich, wenn die Deutschen auch immer noch desorganisiert wirkten. Bei einer Besprechung mit dem Ministerpräsidenten der Exilregierung gab Gerbrandy zu, daß seine Rundfunkansprache vom 3. September eine voreilige Ankündigung enthalten habe: bislang stünden alliierte Truppen nirgendwo auf holländischem Boden. Prinz Bernhard und der Ministerpräsident versuchten vergeblich zu ergründen, warum die Engländer sich nicht rührten. Soweit man das nach Meldungen des Widerstandes beurteilen konnte, war die Lage in Holland doch absolut eindeutig.

Prinz Bernhard hatte keine nennenswerte militärische Ausbildung und war insofern von seinen Beratern abhängig, doch kam ihm das alles bedenklich vor[16]. Falls die deutschen Truppen wirklich in der Auflösung begriffen waren und, wie die Führer des Widerstandes behaupteten, »ein Vorstoß mit einigen Panzern« das Land in wenigen Stunden befreien konnte, warum rührten sich die Engländer dann nicht? Vielleicht glaubte Montgomery den Berichten des holländischen Widerstandes nicht, weil er die Untergrund-

[16] Der junge Prinz, von der Königin zum Oberkommandierenden der Streitkräfte der Niederlande ernannt, beantwortete die Fragen des Verfassers hinsichtlich seiner militärischen Ausbildung sehr offen. »Außer der Teilnahme an einem Lehrgang der Kriegsakademie noch vor dem Krieg fehlte mir jegliche Erfahrung. Ich habe später in England weitere Lehrgänge besucht, doch meine Kenntnisse habe ich mir durch Lektüre angeeignet und dadurch, daß ich Offiziersbesprechungen beiwohnte. Ich habe mich nie für qualifiziert gehalten, größere Entscheidungen zu treffen, vielmehr mich in dieser Hinsicht ganz auf meinen Stab verlassen, der dazu durchaus imstande war.« Prinz Bernhard nahm seine Pflichten sehr ernst. Sein persönliches Tagebuch für 1944, das er mir freundlicherweise überließ, hält, in seiner winzigen Handschrift, auch kleinste Einzelheiten fest. Nach seinen Vermerken zu urteilen, dürfte er damals täglich 16 Stunden gearbeitet haben.

kämpfer für unzuverlässige Amateure hielt? Eine andere Erklärung fiel Bernhard nicht ein. Was sonst konnte die Engländer hindern, unverzüglich die Grenze zu überschreiten? Er war zwar ständig in Kontakt mit seinen Ministern, mit dem amerikanischen Sonderbotschafter Biddle und Eisenhowers Stabschef Bedell Smith und mithin darüber unterrichtet, daß die Lage an der Front sich von Stunde zu Stunde änderte, jetzt aber fühlte er das Bedürfnis nach Informationen aus erster Hand. Daher bat er SHAEF um Erlaubnis, so bald wie möglich Feldmarschall Montgomery in Belgien aufsuchen zu dürfen. Er setzte größtes Vertrauen in das alliierte Oberkommando, ganz besonders in Montgomery, doch wollte er sich selbst davon überzeugen, daß alles seine Richtigkeit hatte.

Unterdessen erwartete Feldmarschall Montgomery in seinem spartanischen, aus Zelten bestehenden Hauptquartier im Garten des königlichen Schlosses in Laeken, wenige Kilometer außerhalb Brüssels, ungeduldig die Antwort auf sein an Eisenhower persönlich gerichtetes Telegramm. Sein dringendes Ersuchen um Genehmigung für einen machtvollen Vorstoß auf Berlin war spät am 4. September abgegangen. Seit dem Mittag des 5. September wartete der zur Schroffheit neigende, drahtige, 58 Jahre alte Held von El Alamain auf die Antwort und legte ungeduldig in Gedanken den weiteren Kriegsverlauf fest. Acht Wochen vor der Landung in der Normandie hatte er gesagt: »Falls wir unsere Sache ordentlich machen und Fehler vermeiden, müßten wir Deutschland noch in diesem Jahr besiegen können.« Er war immer noch überzeugt, daß die Alliierten bei der Einnahme von Paris und dem Übergang über die Seine einen großen strategischen Fehler gemacht hatten. Eisenhowers »Politik der breiten Front« mochte im Zeitpunkt der Planung berechtigt gewesen sein, doch nachdem der deutsche Widerstand so überraschend zusammengebrochen war, hielt Montgomery sie für überholt. Diese Strategie war »ausgefranst«, wie er sich ausdrückte, und seine militärische Erfahrung sagte ihm, »sie ist jetzt unbrauchbar, denn wenn wir ihr folgen, bedeutet das einen langen Winterfeldzug mit all seinen schweren Nachteilen für das englische Volk«.

Am 17. August hatte er dem Kommandeur der amerikanischen 12. Heeresgruppe, General Bradley, einen Plan vorgelegt, der auf einem einzigen Vorstoß basierte: Seine und Bradleys Heeresgruppen sollten »als eine solide Masse von 40 Divisionen beieinander bleiben; in dieser Stärke hätten wir nichts zu fürchten und könnten unbedenklich nach Nordosten vorstoßen«. Montgomerys 21. Heeresgruppe sollte die Kanalküste säubern, Antwerpen und Südholland nehmen, während Bradleys 12. Heeresgruppe sich mit der rechten Flanke an die Ardennen anlehnen und auf Aachen und Köln vorgehen sollte. Ziel dieses Vormarsches sollte es sein, »vor Eintritt des Winters Brückenköpfe über den Rhein zu errichten und das Ruhrgebiet rasch in die Hand zu bekommen«. Damit dürfte dann auch der Krieg beendet sein. Montgomery brauchte hierzu drei von Eisenhowers vier Armeen: die 2. Englische, die 1. Amerikanische und die 1. Kanadische. Die 3. US Armee unter Patton, die zu diesem Zeitpunkt mit ihrem spektakulären Vormarsch überall auf der Welt Schlagzeilen machte, brauchte er nicht. Vielmehr schlug er vor, sie einfach anzuhalten.

Zwei Tage später erfuhr Montgomery, daß Bradley, von dem er geglaubt hatte, er werde sich für diesen Plan einsetzen, in Wirklichkeit einen amerikanischen Vorstoß befürwortete, den Patton gegen den Rhein und Frankfurt führen sollte. Eisenhower jedoch war nicht bereit, sein strategisches Konzept zu ändern, und lehnte beide Pläne ab. Der Oberkommandierende wollte sich genügend Spielraum bewahren, um zugleich gegen Saar und Ruhr vorzugehen, falls sich Gelegenheit dazu bot. Montgomery sah darin nicht mehr die »Politik der breiten Front«, sondern einen Angriff mit zwei Schwerpunkten. Er hatte jetzt den Eindruck, »jeder suche sich seinen eigenen Weg«, womit er insbesondere Patton meinte, dem bei seinem Vorstoß gegen die Saar offenbar alles erlaubt war. Nach Montgomerys Meinung zeigte Eisenhowers Festhalten an seinem ursprünglichen Konzept, »daß der Oberkommandierende den Kontakt mit dem Schlachtfeld völlig verloren hat«.

Diese Ansicht wurde bestimmt durch eine Zurücksetzung, über die Montgomery sich ärgerte, weil er glaubte, daß sie seiner Rolle abträglich sei. Seit Eisenhower am 1. September persönlich die Führung übernommen hatte, war Montgomery die Koordinierung sämtlicher Landstreitkräfte aus der Hand genommen worden. Der Oberbefehlshaber hielt Montgomery für einen hervorragenden Strategen, wenn eine klar umrissene Schlacht zu schlagen war, und hatte darum den englischen General mit der Leitung der Operationen bei der Invasion und auch noch bei den anschließenden Kämpfen beauftragt. So unterstand die 12. US Heeresgruppe von General Bradley dem Kommando Montgomerys. Als Ende August in der amerikanischen Presse zu lesen war, daß Bradley immer noch Montgomery unterstand, erregte das in der Öffentlichkeit einen solchen Zorn, daß General Marshall, der Chef des Stabes, Eisenhower anwies, »unverzüglich den Befehl über alle Landstreitkräfte zu übernehmen«. Die amerikanischen Armeen unterstanden also wieder dem eigenen Kommando. Montgomery traf dieser Schlag unerwartet. Sein Stabschef General Francis de Guingand sagte später: »Montgomery hat wohl nicht geglaubt, daß dieser Tag so bald kommen würde, er hat vielleicht gehofft, daß die ursprüngliche Kommandostruktur lange Zeit unverändert bleiben würde. Er hat wohl nicht bedacht, wie stark Prestige und Nationalgefühl sich auswirken, und auch nicht, welche Folgen es haben mußte, daß die Amerikaner einen wachsenden Beitrag leisteten, sowohl was Menschen als was Material angeht . . . die meisten von uns sahen durchaus ein, daß es unmöglich war, die wachsende Zahl amerikanischer Truppen noch länger dem Kommando eines englischen Generals und seines Stabes zu unterstellen.«[17] Seinem Stab mag dies klar gewesen sein, Montgomery war es nicht klar. Er fühlte sich öffentlich gedemütigt[18].

Daß Montgomery und sein Vorgesetzter, der Chef des Generalstabs Sir Allen Brooke, ständig an Eisenhower herumnörgelten, war kein Geheimnis. Sie hielten ihn für unentschlossen und zwiespältig. Am 28. Juli meinte Brooke in einem Schreiben an Montgomery, Eisenhower habe »nur eine nebelhafte Vorstellung vom Krieg«. Bei anderer Gelegenheit bezeichnete er den Oberkommandierenden als »eine reizende Persönlichkeit, nur, vom strategischen Standpunkt her gesehen, leider sehr beschränkt«. Montgomery, der nie ein Blatt vor den Mund nahm, sah »von Anfang an, daß Ike für seinen Job keine Erfahrung mitbringt«; die Geschichte, so glaubte er, »wird Eisenhower als einen ausgezeichneten Oberkommandierenden erwähnen, als Truppenführer jedoch taugt er überhaupt nichts«[19]. Der verärgerte Montgomery versuchte nun Unterstützung für ein Projekt zu gewinnen, das die Bestellung eines »Befehlshabers der Landstreitkräfte« vorsah, der irgendwo zwischen den Heeresgruppen und Eisenhower angesiedelt sein sollte. Er wußte auch schon einen geeigneten Kandidaten für diesen Posten: sich selber. Eisenhower war über diese Wühlarbeit im Bilde, blieb aber ruhig. Der Oberkommandierende war auf seine Art ebenso verbohrt wie Montgomery. General Marshalls Befehle waren eindeutig, und er beabsichtigte nicht, einen zweiten Befehlshaber der Landstreitkräfte neben sich zu dulden.

Erst als am 23. August der Oberkommandierende beim Stab der 21. Heeresgruppe zum Frühstück erschien, hatte Montgomery Gelegenheit, mit ihm seinen Plan für einen einzigen geballten Vorstoß und das Projekt eines Befehlshabers der Landstreitkräfte zu besprechen. Der gereizte Montgomery beharrte bei dieser Gelegenheit mit außerordentlicher Taktlosigkeit darauf, den Oberkom-

[17] Francis de Guingand: *Generals at War*, S. 100–101.

[18] Montgomery und die gleichfalls empörte englische Öffentlichkeit ließen sich einigermaßen beschwichtigen, als George VI. auf Drängen von Churchill, am 1. September Montgomery zum Feldmarschall ernannte.

[19] Interview des Verfassers mit Feldmarschall Montgomery.

mandierenden unter vier Augen zu sprechen; er verlangte rundheraus, daß Eisenhowers Stabschef General Bedell Smith von der Unterredung ausgeschlossen bleibe. Smith ging aus dem Zelt und während der folgenden Stunde ließ Eisenhower, der mit Mühe seine Fassung bewahrte, sich von seinem Untergebenen darüber belehren, daß man einen »soliden, vernünftigen Plan« machen müsse. Er verlangte, Eisenhower solle »endlich den Schwerpunkt festlegen, damit man mit raschen und entscheidenden Ergebnissen rechnen kann«. Wieder und wieder verlangte er die Versammlung aller Kräfte zu einem einzigen Vorstoß und stellte dem Oberkommandierenden dringlich vor, daß »der Vormarsch unvermeidlich zum Stehen kommen wird, wenn wir fortfahren, auf breiter Front vorzurücken und alle Verbände unentwegt in Kämpfe verwickelt sind«. Trete dies ein, so warnte er, »geben wir den Deutschen Zeit sich zu erholen, und der Krieg wird den ganzen Winter und noch einen guten Teil des Jahres 1945 andauern. Wenn wir den Nachschub aufteilen und weiter in breiter Front vorgehen, sind wir an allen Seiten so schwach, daß wir keinen Erfolg haben werden.« Seiner Ansicht nach gab es nur eine einzige Strategie: »Wir müssen rechts stehen bleiben und mit der Linken zuschlagen oder links stehen bleiben und mit der Rechten zuschlagen.« Es könne nur ein einziger Schlag geführt werden und für diesen solle der gesamte Nachschub bereitgestellt werden. Eisenhower sah in diesem Vorschlag Montgomerys ein gewaltiges Risiko. Wenn er darauf einging, konnte er schnell und entscheidend siegen, es mochte aber auch eine Katastrophe daraus resultieren. Auf dieses Risiko wollte er sich nicht einlassen. Allerdings bedrängte ihn nicht nur Montgomery in diesem Sinne, sondern Bradley und Patton verlangten ganz das gleiche, nur mit dem Unterschied, daß sie den Hauptstoß selbst führen wollten.

Montgomery galt als langsamer, wenn auch erfolgreicher Truppenführer, und er mußte erst noch beweisen, daß er eine günstige taktische Gelegenheit mit der Schnelligkeit eines Patton nutzen konnte, der in diesem Augenblick allen anderen weit voraus die Seine überschritten und den Marsch auf Deutschland begonnen hatte. Eisenhower stellte Montgomery sehr nachdrücklich vor, daß er unmöglich Patton mit seiner 3. US Armee an die Kette legen könne, einerlei was er selbst von Montgomerys Plan halten mochte. »Das amerikanische Volk würde das niemals hinnehmen, und Kriege gewinnt man nur, wenn man die öffentliche Meinung hinter sich hat.« »Kriege gewinnt man durch Siege«, widersprach Montgomery. »Wenn man den Leuten Siege zu feiern gibt, fragen sie nicht danach, wer sie erkämpft hat.«

Eisenhower blieb unbeeindruckt. Er sagte das damals zwar nicht, fand aber, daß Montgomery »ein viel zu beschränktes Blickfeld hatte« und »die Gesamtlage überhaupt nicht begriff«. Eisenhower sagte zu Montgomery, er wolle Patton weiter nach Osten vorgehen und die Verbindung zu den vom Süden heraufstoßenden amerikanischen und französischen Verbänden herstellen lassen. Kurz gesagt, er machte ganz deutlich, daß an seiner »Politik der breiten Front« nichts geändert würde.

Montgomery brachte nun seinen Befehlshaber der Landstreitkräfte aufs Tapet. »Jemand muß für Sie ein Auge auf die Operationen zu Lande haben.« Eisenhower, so meinte Montgomery, solle »eine sehr hohe Warte einnehmen, um den Gesamtüberblick über die Operationen zu Lande, zu Wasser und in der Luft zu behalten«. Von Arroganz wechselte er nun zu Bescheidenheit und meinte, »wenn es sich um die öffentliche Meinung in Amerika handelt, will ich mich gerne dem Kommando von Bradley unterstellen und ihm die Leitung überlassen«.

Auch diesen Vorschlag lehnte Eisenhower ohne weiteres ab. Das englische Volk würde eine Unterstellung Montgomerys unter Bradley ebensowenig akzeptabel finden wie die Amerikaner das Umgekehrte. Was seine eigene Rolle betreffe, so fuhr er fort, könne er unmöglich den Befehl über die Landstreitkräfte aus der Hand geben. Immerhin wolle er Montgomery soweit als möglich entgegenkommen. Da die Alliierten des Nachschubs wegen dringend die Kanalhäfen und den von Antwerpen benötigten, solle seine 21. Heeresgruppe bei ihrem Vorstoß nach Norden den Hauptteil des Nachschubs bekommen. Auch wolle er Montgomery die derzeit in England befindliche 1. Luftlandearmee zur Verfügung stellen, die einzige verfügbare Reserve. Überdies solle er an seiner rechten Flanke durch die 1. US Armee verstärkt werden.

General Bradley meinte, Montgomery habe »das Vorgeplänkel gewonnen«, der Engländer war aber alles andere als zufrieden. Er blieb fest davon überzeugt, daß Eisenhower »die ganz große Chance« verpaßt habe. Als Patton vom Ergebnis der Unterredung hörte, war er der gleichen Ansicht, wenn auch aus anderen Gründen. Nicht nur hatte Eisenhower auf Kosten der 3. US Armee Montgomery die Priorität bei der Versorgung eingeräumt, er hatte auch Pattons Vorschlag abgelehnt, an die Saar durchzubrechen. Patton meinte, dies sei »der verhängnisvollste Fehler des Krieges«. In den zwei Wochen, die seit diesem Zusammenprall von ausgeprägten Persönlichkeiten und einander widersprechenden militärischen Denkweisen vergangen waren, hatte sich eine Menge ereignet. Montgomery operierte jetzt ebenso schnell wie Patton. Am 5. September standen seine Vorausabteilungen in Antwerpen, und er war fester denn je davon überzeugt, seine Theorie des einen Vorstoßes sei richtig. Er war daher entschlossen, die Entscheidung des Oberkommandierenden umzustoßen. Ein neuer Wendepunkt war erreicht, denn die Deutschen standen seiner Meinung nach unmittelbar vor dem völligen Zusammenbruch. Mit dieser Ansicht stand er nicht allein. Die Auswertung der Nachrichten erbrachte auf allen Ebenen das gleiche Ergebnis, nämlich das unmittelbar bevorstehende Ende des Krieges. Die optimistischste Bewertung kam vom Combined Allied Intelligence Committee in London. Die Situation der Deutschen sei so schlecht, daß mit einer Erholung nicht gerechnet werden müsse: »Organisierter Widerstand unter Leitung des Deutschen Oberkommandos kann über den 1. Dezember 1944 hinaus nicht mehr erwartet werden und endet möglicherweise schon früher.« SHAEF teilte diesen Optimismus; eine Zusammenfassung der ausgewerteten Nachrichten besagte schon Ende August: »Die Schlachten dieses Monats sind entscheidend gewesen, der Feind hat im Westen nichts mehr zu bestellen. Zweieinhalb Monate schwerer Kämpfe haben das Ende des Krieges in Europa in Sichtweite, wenn nicht gar in Reichweite gerückt.« Jetzt, eine Woche später, hieß es: »Die deutsche Armee ist keine zusammenhängende Streitmacht mehr, sondern besteht nur noch aus versprengten, desorganisierten und sogar demoralisierten Gruppen, denen es an Waffen und Gerät fehlt.« Sogar der konservative Chef der Operationsabteilung im englischen Kriegsministerium, General John Kennedy, notierte am 6. September: »Wenn wir im gleichen Tempo weitermachen wie in jüngster Zeit, müßten wir am 28. September in Berlin sein.«

In diesem Chor optimistischer Propheten war nur eine abweichende Stimme zu vernehmen, nämlich die von Oberst Koch, dem Nachrichtenoffizier der 3. US Armee, der meinte, daß der Feind durchaus noch fähig sei, Widerstand zu leisten, und darum behauptete: »Wenn es im Heimatgebiet nicht zu schweren Unruhen kommt oder die Wehrmacht meutert, werden die deutschen Armeen weiterkämpfen, bis sie vernichtet oder gefangengenommen werden.«[20] Diese Einschätzung seines eigenen Nachrichtenoffiziers focht den Kommandeur der 3. Armee, General Patton, nicht im geringsten an. Er stand jetzt, ebenso wie Montgomery im Norden, nur noch 150 Kilometer vom Rhein entfernt und teilte Montgomerys Auffassung, es sei nun »an der Zeit, daß wir uns zu einem einzigen tiefen Vorstoß ins Feindesland hinein entschließen

20 Eine ausführlichere Zusammenfassung der Ergebnisse der alliierten Feindaufklärung findet sich bei Forrest C. Pogue: *The Supreme Command*, S. 244–245.

und den Krieg beenden«. Meinungsverschiedenheiten gab es nur darüber, wer von beiden den Vorstoß unternehmen solle, denn beide Befehlshaber, berauscht von ihren Siegen und durstig nach Ruhm, gönnten einander diese Gelegenheit nicht. Montgomery sah in seinem Eifer nur noch Patton als Rivalen: ein englischer Feldmarschall und Befehlshaber einer ganzen Heeresgruppe versuchte einen amerikanischen Generalleutnant auszustechen, der nur eine einzige Armee kommandierte. Der Siegestaumel erfaßte aber auch die Frontkommandeure. Nach dem glänzenden Vormarsch durch Frankreich und Belgien und angesichts des gänzlich geschlagenen Feindes glaubte jedermann zuversichtlich, daß man den Westwall durchstoßen und in das deutsche Kernland vordringen könne. Um den Feind nicht wieder zu Atem kommen zu lassen und im Laufen zu halten, hätte es jedoch eines keinen Augenblick nachlassenden Druckes der Alliierten bedurft, und eben dieses Bestreben hatte jene Krise herbeigeführt, die nur wenigen bewußt war. Der berauschende Optimismus grenzte bereits an Selbsttäuschung, denn Eisenhowers Armeen, jetzt mehr als 350 Kilometer von der Seine entfernt, sahen sich einem ungeheuerlichen Versorgungsproblem gegenüber. Sechs Wochen war der Vormarsch praktisch ohne Widerstand verlaufen und nirgendwo zum Stehen gekommen, doch jetzt, als die ersten Panzer sich der deutschen Grenze näherten, ja, stellenweise schon gegen den Westwall vorfühlten, verlangsamte sich das Tempo. Die Verfolgungsschlacht war zu Ende, sie war an ihrem eigenen Erfolg erstickt.

Was den Vormarsch vor allem behinderte, war der Mangel an Häfen. An Nachschub fehlte es nämlich nicht, doch türmte dieser sich in der Normandie, wo er immer noch in dem einzigen brauchbaren Hafen umgeschlagen wurde, nämlich Cherbourg, etwa 700 Kilometer hinter den Angriffsspitzen. Vier große Armeen versorgen zu müssen, die in vollem Tempo den Feind verfolgten, konnte einem Angstträume verursachen. Die schleichende Lähmung wurde noch verstärkt durch den Mangel an Transportraum. Die Eisenbahnlinien, die vor der Invasion bombardiert und vom französischen Widerstand zerstört worden waren, konnten nicht schnell genug repariert werden. Erst kürzlich war man darangegangen, Benzinleitungen zu legen. Noch mußte alles, von der Verpflegung bis zum Benzin, auf der Straße transportiert werden, wobei sich herausstellte, daß man nicht genügend Lastwagen zur Verfügung hatte.

Um der Kampftruppe auf den Fersen zu bleiben, die jeden Tag weiter nach Osten vordrang, bediente der Nachschub sich aller erdenklichen Fahrzeuge. Geschütze und Panzer wurden von ihren Schleppern gehoben und zurückgelassen, während die Lastfahrzeuge Nachschub transportierten. Ganze Divisionen wurden ihrer Transportkompanien beraubt, und die Engländer hatten sogar ein ganzes Armeekorps westlich der Seine zurückgelassen, dessen Fahrzeuge die vorrückenden Divisionen versorgten. Daß 1400 nagelneue englische Dreitonner wegen fehlerhafter Kolben unbrauchbar waren, trug auch nicht dazu bei, Montgomerys Lage zu erleichtern.

Um die Versorgung aufrechtzuerhalten, rollten also Tag und Nacht sämtliche nur greifbaren Fahrzeuge mit Nachschub nach Osten. Doch obwohl alle Transportmittel rund um die Uhr an der Arbeit waren und die Kommandeure strengste Sparmaßnahmen vorschrieben, konnten die dringendsten Bedürfnisse der Truppe nicht mehr befriedigt werden. Das improvisierte Nachschubnetz war so überlastet, daß es zu zerreißen drohte.

Außer den akuten Nachschubproblemen machte sich auch bemerkbar, daß die Truppe seit dem Ausbruch aus dem Landekopf in der Normandie keine Ruhe gehabt hatte; Waffen und Geräte waren übermäßig strapaziert. Panzer, Halbkettenfahrzeuge und Transportmittel aller Art waren ohne Wartung so lange gefahren worden, daß sie jetzt am Ende waren. Das »schlimmste allerdings war, daß es an Benzin mangelte«. Eisenhowers Armeen brauchten täglich etwa vier Millionen Liter Benzin, bekamen aber nur einen Bruchteil davon.

Das hatte nun ernste Folgen. In Belgien blieb ein ganzes Korps der 1. US Armee, das den fliehenden Feind verfolgte, vier Tage stehen, weil die Panzer keinen Treibstoff hatten. Pattons 3. US Armee, dem Gros mehr als 150 Kilometer voraus und kaum auf Widerstand stoßend, mußte aus dem gleichen Grunde an der Maas fünf Tage stehen bleiben. Zu seiner Wut mußte Patton erfahren, daß er nicht wie angefordert anderthalb Millionen Liter Benzin bekommen hatte, sondern nur 130 000, weil die Priorität geändert worden war. Er befahl seinen Kommandeuren: »Ihr fahrt jetzt weiter, bis das Benzin verbraucht ist, dann steigt ihr aus und geht zu Fuß!« Vor seinem Stab beklagte er lautstark, er habe »gegen zwei Feinde zu kämpfen, die Deutschen und unser Oberkommando. Mit den Deutschen werde ich schon fertig, aber ob ich es mit Eisenhower und Montgomery aufnehmen kann, bezweifle ich.« Immerhin versuchte er es. Überzeugt, daß er seinen Weg nach Deutschland innerhalb von Tagen erkämpfen könne, bestürmte er unablässig Bradley und Eisenhower. »Meine Leute können ihre Gürtel fressen, aber meine Panzer brauchen Benzin!«

Der Zusammenbruch der Deutschen in der Normandie zusammen mit der systematischen und raschen Vernichtung ihrer Streitkräfte nach dem Ausbruch aus dem Landekopf hatte zu der logistischen Krise geführt. Bei der Planung der Invasion war man davon ausgegangen, daß der Feind sich an den aus der Geschichte bekannten Flußläufen festsetzen und diese halten werde, und hatte infolgedessen mit einem Vormarsch herkömmlicher Art gerechnet. Es war vorgesehen, nach Einrichtung der Brückenköpfe in der Normandie und der Besetzung der Kanalhäfen eine Pause einzulegen zwecks Umgruppierung der Truppen und Massierung des Nachschubs. Dies sollte noch westlich der Seine geschehen, die man am 4. September zu erreichen gedachte. Dieser Plan war jedoch völlig umgeworfen worden, weil die Streitkräfte des Feindes nach ihrer Zerschlagung kopflos die Flucht nach Osten antraten. Wer konnte schon vorhersehen, daß an diesem 4. September alliierte Panzer fast 400 Kilometer östlich der Seine und in Antwerpen standen? Eisenhowers Stab hatte geschätzt, daß man die deutsche Grenze bei Aachen nach etwa elf Monaten erreichen würde. Man war dem eigenen Plan also um sieben Monate voraus. Daß der Nachschub, dessen Transport auf einen viel langsameren Vormarsch abgestimmt war, dem hektischen Tempo überhaupt hatte einigermaßen angepaßt werden können, war bereits ein Wunder.

Dennoch wollte niemand zugeben, daß die Armeen demnächst zum Stehen kommen müßten und die Verfolgung zu Ende war. Eisenhower schrieb später darüber: »Vom Divisionskommandeur aufwärts war jeder General von der Vorstellung besessen, daß er eigenhändig den Krieg gewinnen könne, wenn er nur noch einige wenige Tonnen Nachschub mehr in die Hände bekäme . . . jeder Kommandeur verlangte darum, vorrangig versorgt zu werden, und es war ja auch nicht zu bestreiten, daß jeder von ihnen Ziele vor sich sah, die solche Forderungen ganz logisch erscheinen ließen.« Der Optimismus hatte schließlich auch den Oberkommandierenden ergriffen. Auch er glaubte augenscheinlich, der Angriffsschwung reiche hin, den Westwall zu durchstoßen, ehe die Deutschen Zeit fanden ihn zu bemannen; auch Eisenhower sah Anzeichen dafür, »daß die gesamte deutsche Front zusammenbricht«. Am 4. September erließ er die Weisung: »Die 12. Heeresgruppe unter Bradley nimmt die Saar und das Gebiet um Frankfurt. Die 21. Heeresgruppe unter Montgomery nimmt die Ruhr und Antwerpen.«

Diese Weisung versöhnte sogar Patton, denn jetzt zweifelte er nicht mehr daran, daß seine starke 3. US Armee mit ausreichendem Nachschub ganz allein das saarländische Industrierevier erreichen und bis zum Rhein vorpreschen könnte[21]. In Siegesstimmung

21 Pattons wöchentliche Pressekonferenz war stets hörenswert, hauptsächlich wegen der freimütigen Randbemerkungen des Generals, die seiner rüden Ausdrucksweise wegen ohnehin nicht für den Druck geeignet

unterbreitete Montgomery am 4. September noch einmal hartnäckig Eisenhower seinen alten Plan eines einzigen Vorstoßes, allerdings ging er diesmal sogar noch weiter als in seinem Vorschlag vom 17. August und in der Besprechung vom 23. August. Überzeugt, daß der deutsche Widerstand endgültig gebrochen sei, machte sich der Befehlshaber der 21. englischen Heeresgruppe anheischig, nicht nur die Ruhr zu erreichen, sondern bis nach Berlin vorzudringen.

In seinem neun Punkte umfassenden Funkspruch an Eisenhower legte Montgomery noch einmal die Gründe dar, die ihn glauben ließen, nun sei der Moment gekommen, »mit allen Kräften einen Stoß zu führen«. Die Alliierten hätten strategisch gesehen zwei Möglichkeiten. »Eine führt an die Ruhr, die andere über Metz an die Saar.« Er legte dann dar: »Da wir nicht über genug Nachschub verfügen, können nicht beide Vorstöße unterstützt werden.« Es sei nur einer durchführbar, selbstverständlich der seine. Der Vorstoß nach Norden an die Ruhr und weiter »verspricht die besten und schnellsten Ergebnisse«. Erfolg könne er aber nur haben, »wenn mir der gesamte Nachschub ohne Ausnahme zufließt«. Einwände wollte er nun offenbar nicht mehr gelten lassen und gab deutlich zu verstehen, daß er einzig seinen eigenen Plan für akzeptabel hielt und sich selbst für den einzigen Menschen, der ihn ausführen konnte. Sämtliche anderen Operationen sollten sich, was die Versorgung anging, behelfen, so gut sie konnten. Ein Kompromiß sei ausgeschlossen, ließ er den Oberkommandierenden wissen. Nachdrücklich lehnte er einen gleichzeitigen zweiten Vorstoß ab, »denn der würde unseren Nachschub so zersplittern, daß keine der beiden Bewegungen mit ausreichenden Kräften geführt werden kann, was den Krieg verlängern muß«. Montgomery sah »ein ganz schlichtes, eindeutiges Problem« vor sich. »Dabei ist ausschlaggebend, daß sofort eine Entscheidung fällt.«

Dieser bissige und autokratische, seit Wellington populärste Soldat Englands war von seinen eigenen Überzeugungen geradezu besessen. Sein Plan eines einzigen Vorstoßes erschien ihm in Anbetracht der Versorgungsschwierigkeiten als einzig mögliche Lösung. Unzugänglich, wie er war, und ohne auch nur einen Gedanken daran zu verschwenden, wie eine solche barsch formulierte Forderung aufgenommen werden würde, machte Montgo-

waren. In der ersten Septemberwoche nahm ich als Berichterstatter des *Daily Telegraph* an einer solchen Konferenz teil, auf der er sich über seine Absichten äußerte. Er klopfte mehrfach auf die Karte und sagte mit seiner schrillen Stimme: »Die Dritte Armee hat vielleicht 5000 Nazischweine in ihren Bunkern vor sich, vielleicht auch 10000, doch wenn Ike endlich mal aufhören würde, Monty das Händchen zu halten, könnte ich durch den Westwall flitzen wie Scheiße durch die Gans.«

mery seinem Oberkommandierenden nicht einen Vorschlag die Kriegführung betreffend, sondern diktierte ihm geradezu sein weiteres Verhalten. Eisenhower hatte gefälligst alle anderen Armeen, insbesondere die von Patton zu stoppen und den gesamten Nachschub Montgomerys Aktion zur Verfügung zu stellen. Er schloß seinen Funkspruch Nr. M-160 mit einer typischen Probe seiner Arroganz: »Sollten Sie zufällig hier vorbeikommen, könnten wir ja darüber sprechen. Ich wäre entzückt, wenn Sie morgen zum Frühstück kämen. Kann derzeit das Schlachtfeld nicht verlassen.« Daß diese Formulierungen an Unverschämtheit grenzten, scheint Montgomery nicht eingefallen zu sein, denn er dachte nur noch daran, diese Gelegenheit, die Deutschen endgültig zu schlagen, nicht zu verpassen. Wie eine Schnecke klebte er an seinem Plan des einen Vorstoßes. Und er war überzeugt, daß jetzt sogar Eisenhower begriffen haben müsse, daß die Zeit gekommen sei, den entscheidenden Schlag zu führen.

Der Oberkommandierende las Montgomerys Funkspruch Nr. M-160 im Schlafzimmer seiner Villa in Granville an der Westküste der Halbinsel Cotentin und traute seinen Augen nicht. Eisenhower fand den Vorschlag »unrealistisch und fantastisch«. Mit seiner Idee eines einzigen Vorstoßes hatte Montgomery ihn nun schon dreimal bis aufs Blut gereizt, und Eisenhower glaubte, er habe den Konflikt am 23. August endgültig aus der Welt geschafft. Doch siehe da, Montgomery trug nicht nur von neuem seine Theorie vor, er wollte auch gleich in einem Zuge nach Berlin marschieren. Eisenhower, für gewöhnlich ruhig und verbindlich, bekam einen Wutanfall. Vor seinem Stab explodierte er: »Kein einziger Mensch weit und breit außer Montgomery glaubt, daß das möglich ist.« Eisenhower hatte in diesem Augenblick andere Sorgen, die vordringlichste davon war die Öffnung der Kanalhäfen insbesondere des Hafens von Antwerpen. Warum nur konnte Montgomery das nicht begreifen? Der Oberkommandierende wußte nur zu gut, welch verlockende Ziele sich boten, doch sagte er seinem Stellvertreter, dem Luftmarschall Tedder und dem stellvertretenden Chef des Stabes General Morgan: »Es ist einfach aberwitzig, daß Montgomery davon redet, eine Armee nach Berlin zu führen, die ihren Nachschub aus Cherbourg bezieht.«

Der Funkspruch des Feldmarschalls hätte kaum ungelegener kommen können. Der Oberkommandierende lag nämlich zu Bett, das rechte Knie in Gips, denn er hatte, was Montgomery nicht wußte, einen Unfall gehabt. Allerdings war dies nicht das einzige, was ihn gereizt stimmte. Erst vor vier Tagen, am 1. September, war er aus London aufs Festland gekommen, wo er ein völlig unzureichendes Stabsquartier vorfand. Wegen des rasanten Vormarsches seiner Truppen fand er sich fast 700 Kilometer hinter der Front, noch dazu ohne Telefon- und Fernschreibverbindung. Mit seinen Frontkommandeuren konnte er nur über Funk und durch Melder verkehren. Die Verletzung, die zu seinem unbehaglichen Zustand beitrug, hatte er erlitten, als er am 2. September von einer Kommandeursbesprechung in Chartres zurückkam. Sein Flugzeug konnte wegen schlechten Wetters nicht auf dem Flugplatz des Hauptquartiers landen und setzte statt dessen nahe seiner Villa am Strand auf. Als er dem Piloten half, das Flugzeug weiter auf den Strand zu ziehen, verrenkte sich Eisenhower das rechte Knie. So kam es, daß in diesem entscheidenden Stadium des Krieges der Oberkommandierende gerade in dem Augenblick körperlich unbeweglich war, als er daranging, die Operationen zu Lande in die Hand zu nehmen, und als die Ereignisse schnellste Entscheidungen notwendig machten.

Montgomery meinte ebenso wie Bradley und Patton, daß Eisenhower »den Kontakt mit dem Schlachtfeld verloren« habe, doch war dies nur insoweit richtig, als es sich auf die räumliche Entfernung bezog. Eisenhowers vorzüglicher anglo-amerikanischer Stab war über die Lage an der Front viel besser auf dem laufenden, als seine Generale glaubten. Eisenhower verlangte von seinen Frontkommandeuren Initiative und Kühnheit, war aber überzeugt davon, daß nur der Oberkommandierende und sein Stab die Gesamtlage richtig einschätzen und die angemessenen Entscheidungen treffen könnten. Es stimmt aber, daß in der hier zur Rede stehenden Übergangsphase, als Eisenhower im Begriff war, die Leitung der Operationen persönlich zu übernehmen, klare Direktiven fehlten, was zum Teil in der Komplexität der Rolle des Oberkommandierenden begründet war. Eine Koalition zu befehligen war nämlich alles andere als einfach. Eisenhower, der stets auf das Gleichgewicht bedacht war und sich peinlich genau an die Weisungen der Vereinigten Stabschefs hielt, brachte dieses Kunststück immerhin zustande. Im Interesse des guten Einvernehmens zwischen den Alliierten war er zwar bereit, gewisse Änderungen in der strategischen Planung zuzulassen, doch war er nicht gewillt zu erlauben, daß Montgomery seinen Vorstoß auf Berlin unternahm[22].

22 Man muß gerechterweise zugeben, daß Montgomery selbst sich nicht so ausgedrückt hat. Er beabsichtigte vielmehr, mit 40 Divisionen auf Berlin vorzugehen – was man gewiß nicht einen Keil nennen kann – doch wurde dieser Ausspruch ihm nun einmal zugeschrieben und meiner Ansicht nach hat ihm das bei vielen Besprechungen im Obersten Hauptquartier geschadet.

Er hatte gegenüber Montgomery große Nachsicht bewiesen, ihm Zugeständnis um Zugeständnis gemacht, und sich damit oft genug den Zorn der amerikanischen Generale zugezogen. Dennoch schien es, als ob »Montgomery immer alles verlangte, dabei aber nie etwas schnell bewerkstelligte«[23]. Eisenhower sagte, er begreife Montgomerys Eigenheiten besser, als dieser glaube. »Ich weiß, was er für eine Kindheit gehabt hat, und kann mir vorstellen, wie den jungen Offizieren zumute ist, die nicht in Eton oder Harrow zur Schule gegangen sind. Die haben natürlich einen Minderwertigkeitskomplex, und darum hat er sein Leben lang versucht zu beweisen, daß er auch wer ist.« Allerdings muß man bedenken, daß Montgomery in seiner Meinung darüber, wie der Krieg am besten zu führen sei, von seinen Vorgesetzten in England gestützt wurde.

Dennoch war es unvermeidlich, daß Montgomery durch die Arroganz, mit der er solche Ansichten vortrug, die amerikanischen Kommandeure unerträglich reizte. Eisenhower lag vor allem daran, die Alliierten zusammenzuhalten und den Krieg so rasch wie möglich zu beenden. Im Stab von SHAEF gab es genügend Offiziere, darunter viele Engländer, die Montgomery einen unleidlichen Menschen nannten, doch Eisenhower äußerte sich nie in diesem

[23] So äußerte Präsident Eisenhower sich in einem aufgezeichneten Interview gegenüber dem Verfasser, in dessen Verlauf er den erbitterten Streit mit Montgomery sehr anschaulich darstellte. Als ich sagte, ich habe mit dem Feldmarschall gesprochen, unterbrach er mich: »Ich weiß schon, was er Ihnen gesagt hat – ich verstünde nichts von der Kriegsführung, stimmt's? Na schön. Mir liegt einzig daran, diese Angelegenheit richtig und der Wahrheit entsprechend darzustellen . . . der Historiker muß immer Abstriche machen . . . Ich persönlich würde auf die Erinnerung von Generälen nicht viel geben, auch nicht auf meine eigenen, denn das Gedächtnis trügt . . . Ich weiß nicht, was man Ihnen in England vorgeschwafelt hat, Tatsache ist, daß die Engländer die amerikanische Kommandostruktur nie begriffen haben . . . Als der ganze Kram vorbei war (der 2. Weltkrieg), habe ich aus England kein einziges anerkennendes Wort gehört. Und jetzt kann man das überhaupt nicht mehr erwarten, schon gar nicht von Leuten wie Montgomery . . . Dabei haben seine engsten Mitarbeiter Sachen über ihn gesagt, die ich mich nicht trauen würde zu wiederholen. Soll er doch meinethalben als der größte Heerführer aller Zeiten in die Geschichte eingehen. Das ist er weiß Gott nicht, aber wenn es so dargestellt wird, soll es mir recht sein . . . er hat persönlich alles darangesetzt, daß den Amerikanern und besonders mir jedes Verdienst am Sieg abgesprochen worden ist; ich habe schließlich nicht mehr mit ihm geredet . . . was soll man sich mit einem Menschen unterhalten, der einfach nicht die Wahrheit sagen kann!« Ich weise eigens darauf hin, daß der Oberkommandierende während des Krieges niemals öffentlich den Feldmarschall kritisierte; seine Meinung wird hier zum erstenmal offenbar.

Sinne, ausgenommen unter vier Augen zu seinem Stabschef Smith. Dabei ging die Abneigung des Oberkommandierenden gegen Montgomery viel tiefer, als irgend jemand ahnte. Eisenhower hielt den Feldmarschall »für einen Psychopathen, für einen Egozentriker, der in seinem ganzen Leben alles immer nur richtig und nie einen Fehler gemacht hat«. Daß er jetzt einen machte, wollte Eisenhower nicht zulassen. Zu Marschall Tedder von der RAF, dem Stellvertretenden Oberkommandierenden, sagte er: »Dadurch, daß wir den Amerikanern ihren Nachschub beschneiden, kommen die Engländer noch lange nicht nach Berlin.«

Die wachsende Entfremdung zwischen ihm und dem beliebtesten englischen General machte Eisenhower jedoch zu schaffen, und er beschloß, Montgomery schon in den nächsten Tagen aufzusuchen, um aus der Welt zu schaffen, was er für ein Mißverständnis hielt. Er wollte seine Strategie noch einmal darlegen und hoffte auf Zustimmung, so widerwillig sie auch gegeben werden mochte. Unterdessen wies er in aller Deutlichkeit Montgomerys Vorschlag ab, einen Keil nach Berlin vorzutreiben. Am Abend des 5. September ließ er in einem verschlüsselten Funkspruch den Feldmarschall wissen: »Ich billige Ihren Plan eines kraftvollen Vorstoßes nach Berlin, bin aber nicht der Meinung, daß man ihn jetzt unter Hintanstellung aller anderen Operationen ausführen soll. Das Gros der deutschen Armeen im Westen ist vernichtet, und der Erfolg muß dazu genutzt werden, unverzüglich den Westwall zu durchstoßen, den Rhein auf breiter Front zu überqueren, das Saargebiet und das Ruhrgebiet zu besetzen. Dies beabsichtige ich mit möglichster Schnelligkeit zu tun . . . damit sind Deutschlands Industriegebiete in unserer Hand, und es kann keinen Krieg mehr führen . . .« Bevor man diesen Vorstoß unternehmen könne, müßten aber die Häfen von Le Havre und Antwerpen zur Verfügung stehen. Im Augenblick, so betonte Eisenhower, »kann ein Vorstoß auf Berlin nicht versorgt werden, einerlei wie wir unsere Mittel verteilen . . .«

Montgomery erfuhr von dieser Entscheidung Eisenhowers erst 36 Stunden später, und auch da bekam er nur den zweiten Teil des Funkspruchs. Die letzten beiden Abschnitte erhielt er um 9:00 Uhr früh am 7. September, die anderen Abschnitte erst am 9. September. Montgomery sah in Eisenhowers Weisung nur eine Bestätigung seiner Ansicht, daß der Oberkommandierende »den Kontakt zum Schlachtfeld verloren« habe.

Dem letzten Teil von Eisenhowers Weisung mußte Montgomery entnehmen, daß sein Plan abgelehnt war, denn hier findet sich der Satz: »Ein Vorstoß auf Berlin kann nicht versorgt werden, einerlei, wie wir die Mittel verteilen.« Montgomery setzte sofort einen

Funkspruch ab, in dem er schroff widersprach. Tatsächlich verwirklichten sich mit der Verlangsamung des Vormarsches seine schlimmsten Befürchtungen. Der deutsche Widerstand versteifte sich. Montgomery behauptete in seinem Funkspruch, er bekomme nur halb soviel Nachschub, wie er brauche, und drohte an, »so kann ich nicht mehr weitermachen«. Den Vorstoß nach Berlin wollte er sich nicht ausreden lassen, die Öffnung des Hafens von Antwerpen, im Augenblick wichtiger als alles andere, erwähnte er mit keinem Wort, sagte statt dessen aber: »Sobald ich im Pas de Calais einen Hafen in Betrieb nehme, brauche ich weitere 2500 Dreitonner, dazu täglich 1000 Tonnen Nachschub durch die Luft, damit ich das Ruhrgebiet und schließlich Berlin erobern kann. Das alles ist sehr schwierig zu erklären, deshalb wäre es gut, wenn Sie mich besuchen würden.« Unerschütterlich davon überzeugt, daß der Oberkommandierende einen schweren Fehler machte, und im Vertrauen darauf, daß er seinen eigenen Plan würde verwirklichen können, weigerte sich Montgomery einfach, Eisenhowers Ablehnung als endgültig hinzunehmen. Er hatte aber auch keinerlei Lust, selbst nach Granville zu fliegen und Eisenhower zu überreden. Diplomatie war nicht seine Stärke, und er war nicht willens, sich darauf zu verlegen, obgleich er wußte, daß nur ein Gespräch mit dem Oberkommandierenden dazu führen konnte, daß sein Plan angenommen wurde. Statt dessen wartete er ungeduldig und wütend auf Eisenhowers Antwort. Als Prinz Bernhard ihn aufsuchte, war er nervös und aufs höchste gereizt.

Prinz Bernhard war am Abend des 6. September in Frankreich angekommen, mit kleiner Begleitung, drei Jeeps, seinem Terrier Martin und einer dicken Aktenmappe voller Berichte des holländischen Widerstandes. Drei Dakotamaschinen, von denen er eine selbst steuerte, und zwei Jagdmaschinen hatten ihn nach Amiens gebracht. Von hier fuhr er im Jeep nach Douai und von dort früh am 7. September weiter in Richtung Brüssel. Im Hauptquartier von Laeken wurde der Prinz von General Horrocks empfangen, Montgomerys Stab vorgestellt und schließlich zum Feldmarschall selbst gebracht. »Er war schlechter Laune und offensichtlich nicht erfreut mich zu sehen«, erinnert sich Bernhard. »Er hatte einen Haufen Sorgen, und daß jemand von der königlichen Familie in seiner Umgebung erschien, belastete ihn mit einer Verantwortung, auf die er sicher gerne verzichtet hätte.«

Montgomerys Ruf als bedeutendster englischer Soldat dieses Krieges hatte ihn, wie Bernhard sagte, »zum Idol von Millionen Engländern gemacht«. Auch der 33jährige Prinz näherte sich ihm mit Ehrfurcht. Montgomerys Auftreten, das sich sehr von Eisenhowers gelockerten, beinahe lässigen Umgangsformen unterschied, machte es Bernhard schwer, ein Gespräch mit ihm zu führen. Montgomery ließ ihn mit ziemlich schroffen Worten wissen, daß Bernhards Anwesenheit an diesem Ort ihn »besorgt« mache. Er eröffnete ihm, durchaus zu Recht, doch ohne jede taktvolle Erläuterung, daß es unklug wäre, dem Stab der holländischen Brigade Prinzessin Irene – die der 2. englischen Armee unterstellt war – einen Besuch zu machen, der keine 15 Kilometer von der Front entfernt in der Nähe von Diest stand. Als Oberkommandierender der Niederländischen Streitkräfte war Bernhard entschlossen, einen solchen Besuch zu machen, und entgegnete deshalb zunächst nichts darauf, vielmehr versuchte er, das Gespräch auf die Berichte des holländischen Widerstandes zu lenken. Montgomery ließ das nicht zu, sondern wiederholte noch einmal: »Sie dürfen sich keinesfalls in Diest aufhalten, das kann ich nicht zulassen.« Bernhard erwiderte gereizt, er sei schließlich »Eisenhower direkt unterstellt und nicht dem Feldmarschall«. So begann denn diese Unterhaltung, wie der Prinz sich erinnert, »von vornherein auf dem falschen Bein«. (Eisenhower hat später Montgomerys Anordnung Diest betreffend gebilligt, Bernhard aber zugestanden, er dürfe sich »in der Nähe des Hauptquartiers der 21. Heeresgruppe aufhalten, wo Ihre Gegenwart nützlich sein kann«.)

Bernhard hielt nun Vortrag über die Lage in Holland, wie sie sich auf Grund der Berichte des Widerstandes darstellte. Er setzte Montgomery darüber ins Bild, daß die Deutschen seit dem 2. September in voller Auflösung begriffen seien, und erläuterte den Aufbau der Widerstandsgruppen. Die ihm zugegangenen Berichte halte er für unbedingt zutreffend. Montgomery erwiderte darauf: »Ihre Widerstandsleute können uns meiner Ansicht nach nichts nützen, und ich finde das alles vollkommen überflüssig.« So jedenfalls erinnert sich Prinz Bernhard. Von dieser Äußerung überrascht, »wurde mir klar, daß Montgomery augenscheinlich von den Berichten unserer in Holland befindlichen Agenten nicht das geringste hielt. In gewisser Weise konnte ich ihm das nicht verdenken. Er hatte wohl noch genug von den irreführenden Informationen, die ihm während des Vormarsches vom französischen und belgischen Widerstand geliefert worden waren. Was aber meine eigenen Berichte anging, so kannte ich die holländischen Gruppen genau, von denen diese Berichte stammten, ich kannte die Leute, welche die Leitung hatten, und ich wußte, daß diese Informationen wirklich zutrafen.« Er blieb also hartnäckig, legte dem Feldmarschall einen Bericht nach dem anderen vor, zitierte jeweils die wesentlichen Stellen und fragte schließlich: »Meinen Sie nicht, daß Sie in dieser Lage sofort angreifen sollten?«

»Auf diese Berichte kann man nichts geben«, entgegnete

Montgomery. »Daß der holländische Widerstand behauptet, die Deutschen seien seit dem 2. September auf der Flucht, heißt noch nicht, daß sie immer noch auf der Flucht sind.« Bernhard mußte zugeben, daß der Rückzug »sich verlangsamte« und daß es »Anhaltspunkte dafür gab, daß der Feind sich sammelte«. Gleichwohl sah er noch genügend gute Gründe dafür, sofort anzugreifen.

Montgomery blieb unerschütterlich. »Im übrigen kann ich Holland weder angreifen noch befreien, auch wenn ich wollte, weil mir der Nachschub fehlt. Wir haben keine Munition, unsere Panzer haben keinen Treibstoff, und wenn wir jetzt vorgehen, bleiben sie einfach liegen.« Bernhard war verblüfft. In England hatten seine eigenen Berater und auch SHAEF ihm zu verstehen gegeben, daß die Befreiung Hollands nur eine Sache von Tagen sei. »Ich nahm natürlich an, daß Montgomery als örtlicher Befehlshaber die Lage besser beurteilen könne als jeder andere«, sagte Bernhard später. »Und doch wußten wir über jede Einzelheit Bescheid, über die Stärke der deutschen Truppen, die Zahl ihrer Panzer und gepanzerten Fahrzeuge, die Stellungen der Flak, und ich wußte, daß abgesehen von geringem Widerstand entlang der dünnen Front, mit bedeutenden Kräften nirgendwo zu rechnen war. Das alles machte mich ganz krank, weil mir klar war, daß mit jedem Tag die Kraft der Deutschen wieder zunehmen mußte. Überreden konnte ich Montgomery nicht, ja, es schien, als sei alles, was ich sagte, völlig wirkungslos.«

Da machte ihm Montgomery eine erstaunliche Eröffnung. »Ich möchte die Niederlande ebensogerne befreit sehen wie Sie, wir haben aber die Absicht, das auf eine andere, sehr viel bessere Weise zu bewerkstelligen.« Er verstummte und sagte nach einem Augenblick fast widerwillig: »Ich will vor meinen Truppen Luftlandeeinheiten absetzen.« Bernhard war wie vom Donner gerührt. Sofort kamen ihm eine Menge Fragen in den Sinn. Wo sollten diese Luftlandetruppen abgesetzt werden? Wann sollte das geschehen? Wer bereitete das vor? Er hielt diese Fragen aber zurück, denn er sah Montgomery an, daß dieser weiter nichts verlauten lassen würde. Augenscheinlich war das Unternehmen noch im Stadium der Planung, und der Prinz hatte den Eindruck, daß außer dem Feldmarschall nur sehr wenige Stabsoffiziere eingeweiht waren. Obwohl ihm Näheres nicht mitgeteilt wurde, schöpfte Bernhard wieder Hoffnung, daß die Befreiung Hollands in allernächster Zeit zu erwarten sei, einerlei was Montgomery über den Mangel an Nachschub sagte. Man mußte nur Geduld haben und abwarten. Der Ruhm des Feldmarschalls war erdrückend. Bernhard glaubte daran, und er hatte auch Vertrauen zu Montgomery. Darauf beruhten seine Hoffnungen, »denn wenn Montgomery etwas unternahm, dann machte er seine Sache gut«.

Unterdessen kam Eisenhower der Forderung Montgomerys entgegen und bestimmte den 10. September, einen Sonntag, für ihre Zusammenkunft. Er freute sich nicht besonders auf dieses Treffen und die gereizten Argumente, die er von dem Feldmarschall zu hören gewohnt war. Immerhin interessierte es ihn, zu erfahren, welche Fortschritte Montgomery bei der Planung der Luftlandeoperationen gemacht hatte. Als Oberkommandierendem oblag es ihm, alle derartigen Operationen persönlich zu genehmigen, doch hatte er Montgomery für den taktischen Einsatz der 1. Alliierten Luftlandearmee freie Hand gegeben und ihm aufgetragen, den Plan dafür ausarbeiten zu lassen. Er wußte, daß Montgomery mindestens seit dem 4. September in aller Stille die Möglichkeit prüfte, aus der Luft einen Brückenkopf jenseits des Rheins zu bilden.

Seit sechs Wochen zuvor die 1. Alliierte Luftlandearmee unter dem Kommando des amerikanischen Generalleutnants Brereton gebildet worden war, suchte Eisenhower nach einem geeigneten Ziel und der passenden Gelegenheit, diese Kräfte einzusetzen. Zu diesem Zweck hatte er Brereton und andere Armeekommandeure dazu angehalten, kühne und phantasievolle Projekte unter Verwendung massierter Luftlandetruppen hinter den feindlichen Linien auszuarbeiten. Es waren mehrere solche Projekte vorgeschlagen und auch angenommen, dann jedoch wieder abgesagt worden, weil in fast allen Fällen die ungehindert vorstoßenden Bodentruppen bereits die Ziele erreicht hatten, welche für die Luftlandung ausersehen worden waren.

Montgomery hatte ursprünglich vorgehabt, Brereton einen Übergang westlich von Wesel gleich hinter der deutsch-holländischen Grenze sichern zu lassen, war aber davon abgekommen, weil dort zuviel Flak konzentriert war. Die nächste Stelle, die er wählte, befand sich weiter westlich, noch in Holland: die Brücke über den Niederrhein in Arnheim, das zu diesem Zeitpunkt mehr als 100 Kilometer hinter der deutschen Front lag.

Am 7. September war die Planung für die Operation Comet, wie sie genannt wurde, abgeschlossen, doch schlechtes Wetter und Montgomerys Bedenken wegen des zunehmenden deutschen Widerstandes führten zu einer Verschiebung. Was am 6. oder 7. September noch hätte gelingen können, schien am 10. September bereits gewagt. Auch Eisenhower hatte Bedenken, nicht zuletzt, weil er meinte, der Beginn einer Luftlandeoffensive zu diesem Zeitpunkt könne dazu führen, daß die Öffnung des Hafens von Antwerpen sich verzögerte. Dennoch faszinierten ihn die Möglichkeiten, die ein Luftlandeunternehmen bot.

Daß die vorgesehenen Projekte mehrmals in letzter Minute hatten abgesagt werden müssen, war für Eisenhower nicht angenehm. Jedesmal hatten Transportflugzeuge, die Treibstoff an die Front flogen, für den Transport von Truppen bereitgestellt werden müssen, was für Bradley und Patton das Ausbleiben dringend benötigten Nachschubs bedeutete. Die beiden Kommandeure hatten sich bitter darüber beklagt. In diesem Stadium einer Verfolgungsschlacht sei der Transport von Treibstoff wesentlich wichtiger als irgendwelche Luftlandeunternehmen, erklärten sie. Eisenhower hingegen, der seine Fallschirmtruppen einsetzen wollte und auch von Washington dazu gedrängt wurde – sowohl General Marshall als auch General Arnold, der Kommandierende General der US Luftwaffe, wollten sehen, was die Alliierte Luftlandearmee leisten könne –, hatten nicht die Absicht, diese gut ausgebildeten Divisionen einfach untätig zu lassen. Vielmehr beharrte er darauf, sie bei der ersten Gelegenheit einzusetzen[24]. Tatsächlich mochte dies ein Weg sein, seine Truppen gerade in dem Moment über den Rhein zu katapultieren, wo sich die Verfolgung verlangsamte. Als er aber am Morgen des 10. September nach Brüssel flog, waren das alles nur Überlegungen zweiten Ranges, die zurücktraten vor der Dringlichkeit, den Hafen von Antwerpen zu öffnen.

Montgomery war anderer Ansicht. Erregt und entschlossen wartete er am Flugplatz, als Eisenhowers Maschine in Brüssel landete. Mit der für ihn typischen Präzision hatte er seine Argumente geprüft und geordnet und mit General Dempsey von der 2. englischen Armee und mit General Browning vom 1. englischen Luftlandekorps besprochen, der gleichzeitig stellvertretender Kommandeur der 1. Alliierten Luftlandearmee war. Browning wartete das Ergebnis der Besprechung im Hintergrund ab. Dempsey, der besorgt über den zunehmenden Widerstand des Feindes und von seiner Aufklärung über das Eintreffen neuer feindlicher Verbände unterrichtet war, forderte Montgomery auf, den Plan einer Luftlandung an der Arnheimer Brücke aufzugeben. Man solle statt dessen versuchen, den Übergang bei Wesel zu erzwingen. Die 2. Armee sei auch mit Unterstützung von Luftlandetruppen nicht stark genug, nordwärts bis Arnheim durchzubrechen, behauptete Dempsey. Er halte es daher für besser, zusammen mit der 1. US Armee nordöstlich auf Wesel zu stoßen.

Der Vorstoß nach Holland war unterdessen unausweichlich geworden. Das Kriegsministerium hatte Montgomery darüber unterrichtet, daß am 8. September deutsche V-2-Raketen auf

24 Pogue: *The Supreme Command*, S. 280.

London niedergegangen waren, deren Abschußrampen im westlichen Holland vermutet wurden. Montgomery jedenfalls änderte seine Pläne, ob nun vor oder nach Erhalt dieser Informationen. Das Unternehmen Comet erforderte in seiner usprünglichen Form nur anderthalb Divisionen – die 1. englische Luftlandedivision und die 1. polnische Fallschirmjägerbrigade; diese Kräfte hielt er nun für unzureichend und sagte das Unternehmen ab. Statt dessen entwikkelte er einen viel ehrgeizigeren Plan. Bislang wußten nur wenige hohe Stabsoffiziere davon, und da sie General Bradleys Einfluß bei Eisenhower fürchteten, waren sie sehr darauf bedacht, daß den amerikanischen Verbindungsoffizieren im englischen Hauptquartier nichts davon zu Ohren kam. General Browning und der Stab der 1. Alliierten Luftlandearmee in England wußten in diesem Augenblick von Montgomerys neuestem Luftlandeprojekt daher ebensowenig wie Eisenhower.

Wegen seiner Knieverletzung konnte Eisenhower das Flugzeug nicht verlassen, und die Besprechung fand an Bord statt. Wie schon am 23. August bestimmte Montgomery, wer anwesend sein durfte. Der Oberkommandierende hatte seinen Stellvertreter, Luftmarschall Tedder, mitgebracht, dazu seinen Versorgungsoffizier, General Gale. Montgomery verlangte, Eisenhower möge Gale von der Besprechung ausschließen, bestand aber darauf, daß sein eigener Nachschub- und Versorgungsoffizier, General Graham, teilnehme. Ein weniger friedlicher Vorgesetzter als Eisenhower hätte sich das nicht gefallen lassen, der Oberkommandierende aber gab nach. General Gale stieg aus, und sofort begann Montgomery, die »Politik der breiten Front« heftig zu kritisieren. Indem er unablässig auf einen Stapel Funksprüche und Weisungen Eisenhowers verwies, die im Laufe der Woche eingegangen waren, hielt er dem Oberkommandierenden vor, daß diese voller Widersprüche seien, weil nicht ersichtlich werde, was unter »Priorität« zu verstehen sei. Seine 21. Heeresgruppe werde nicht, wie Eisenhower versprochen habe, vorrangig versorgt; man gestatte Patton auf Kosten der Versorgung Montgomerys an die Saar vorzustoßen. Eisenhower erwiderte ruhig, er habe nie beabsichtigt, Montgomery »uneingeschränkte Priorität« derart zu geben, daß Montgomery alles, die anderen aber nichts bekämen. Montgomery wiederholte, Eisenhowers Strategie sei falsch und werde ihn »teuer zu stehen kommen«. Wenn man »diese ruckartigen und unkoordinierten Vorstöße an zwei Stellen fortsetze« und den Nachschub zwischen ihm und Patton teile, »dann hat keiner Erfolg«. Eisenhower müsse nun unbedingt sich entweder für ihn oder Patton entscheiden. Montgomerys Ausdrucksweise war so grob und unbeherrscht, daß Eisenhower ganz unerwartet eine Hand auf Montgomerys Knie legte und sagte:

»Immer langsam, Monty, so können Sie mit mir nicht reden, schließlich bin ich Ihr Boss.« Montgomerys Wut verrauchte. »Entschuldigen Sie, Ike«, sagte er kleinlaut[25].

Diese uncharakteristische, aber doch wohl aufrichtige Bitte um Verzeihung beendete die Auseinandersetzung jedoch keineswegs. Unermüdlich, wenn auch weniger scharf verlangte Montgomery nach seinem »einen Vorstoß«. Eisenhower hörte sich das aufmerksam und teilnehmend an, änderte seine Meinung aber nicht. Er wollte weiter auf breiter Front vorstoßen und erläuterte Montgomery ausführlich, warum. Eisenhower erinnerte sich später (gegenüber dem Verfasser), er habe Montgomery etwa folgendes gesagt: »Sie meinen also, Sie wollen ohne weiteres bis Berlin vorstoßen, wenn ich Ihnen sämtlichen Nachschub überlasse, nicht wahr? Sie sind verrückt! Das kann man nicht machen. Wenn Sie einen so langen Keil vorschieben, müssen Sie rechts und links eine Division nach der anderen als Flankenschutz absetzen. Nehmen Sie mal an, Sie haben eine Brücke über den Rhein. Über die können Sie doch unmöglich Ihren ganzen Nachschub führen. Nein, nein, das geht nicht, Monty.« Montgomery habe darauf entgegnet: »Das mache ich schon. Geben Sie mir, was ich brauche, und ich fahre nach Berlin, und der Krieg ist zu Ende.«

Eisenhower beharrte auf seiner Ablehnung. Bevor man an einen tiefen Vorstoß nach Deutschland auch nur denken könne, müsse der Hafen von Antwerpen geöffnet sein. Nun spielte Montgomery seine Trumpfkarte aus. Die jüngste Entwicklung – die V-2-Angriffe auf London von Basen in Holland – mache es notwendig, sofort nach Holland vorzustoßen, und er wisse auch schon, wie das zu machen sei. Und nun schlug er vor, als ersten Schritt nach Deutschland hinein mit fast der gesamten 1. Alliierten Luftlandearmee einen massierten Angriff zu unternehmen.

Bei seinem Plan handelte es sich um eine erweiterte, ins Gigantische vergrößerte Variante des Unternehmens Comet. Nun wollte er drei und eine halbe Division einsetzen, die 82. und 101. US Division, die 1. englische Luftlandedivision und die 1. polnische Fallschirmjägerbrigade. Die Luftlandetruppen sollten unmittelbar vor seinen Bodentruppen mehrere Flußübergänge in Holland in die Hand

[25] Montgomery bemerkt dazu in seinen Memoiren: »Es war ein gutes Gespräch.« Immerhin räumt er ein: »Im Laufe der strategischen Erörterungen habe ich ihn wohl ein wenig stark mit meinen eigenen Vorstellungen bedrängt und nicht bedacht, welch schwere politische Verantwortung er trug . . . Im Rückblick will mir scheinen, daß ich Eisenhowers Vorschlägen häufig schon widersprochen habe, bevor ich sie richtig geprüft hatte . . . Wie dem auch sei, seine Geduld und seine Nachsicht erfüllen mich auch heute noch mit Staunen.«

nehmen, wobei das Hauptziel die Brücke über den Niederrhein in Arnheim war. Weil die Deutschen vermutlich erwarteten, er werde auf dem kürzesten Wege nordöstlich an den Rhein und die Ruhr vorstoßen, hatte Montgomery mit Vorbedacht den Weg nach Norden und durch die »Hintertür« ins Reich gewählt. Der überraschende Angriff aus der Luft sollte den Panzern der 2. englischen Armee einen Korridor sichern, durch den sie mit größter Geschwindigkeit über die besetzten Brücken bis nach Arnheim, über den Rhein und weiter vordringen würden. Danach wollte Montgomery nach Osten eindrehen, den Westwall umgehen und ins Ruhrgebiet stoßen.

Eisenhower war fasziniert und beeindruckt. Das war ein kühner, phantasievoller Plan, ganz von der Art, wie er ihn für seine untätigen Luftlandedivisionen wünschte. Aber damit saß der Oberkommandierende in der Klemme: stimmte er dem Projekt zu, mußte sich die Öffnung des Hafens von Antwerpen verzögern, und er mußte Pattons Versorgung kürzen. Andererseits bot Montgomerys Plan die Aussicht, den Vormarsch wieder zu beleben und womöglich die Verfolgung über den Rhein und ins Ruhrgebiet fortzusetzen. Von der Kühnheit des Plans fasziniert, stimmte Eisenhower nicht nur zu[26], sondern bestand auch darauf, das Unternehmen so schnell wie möglich beginnen zu lassen.

Gleichzeitig betonte er aber, daß es sich bei diesem Angriff um eine »begrenzte« Aktion handle, und sagte nachdrücklich, er sehe in der kombinierten Luft- und Bodenoperation »nichts weiter als eine Fortsetzung unseres Vormarsches an den Rhein und an die Ruhr«. Soweit Eisenhower sich erinnerte, sagte er zu Montgomery: »Sie können haben, was Sie brauchen, um über den Rhein zu kommen, denn ich möchte einen Brückenkopf haben, doch wollen wir erst mal über den Rhein sein, bevor wir weitere Pläne machen.« Montgomery wollte sich noch immer nicht zufriedengeben, Eisenhower blieb aber hart. Der frustrierte Feldmarschall mußte sich mit etwas abfinden, was er »halbe Maßnahmen« nannte, und auf diesem Ton endete die Besprechung.

Als Eisenhower abgeflogen war, erläuterte Montgomery General Browning seinen Plan. Der elegante Browning, einer der ersten englischen Offiziere, die Luftlandeunternehmen befürwortet hatten, sah auf der Karte, daß die Fallschirmjäger und Besatzungen der Lastensegler fünf große Brücken nehmen sollten, darunter jene

26 Stephen E. Ambrose läßt Eisenhower in *The Supreme Commander*, S. 518, sagen: »Ich billigte den Plan nicht nur, ich bestand auf seiner Ausführung. Wir brauchten unbedingt einen Brückenkopf jenseits des Rheins, und falls der auf diese Weise gewonnen werden konnte, war ich durchaus bereit, alle sonstigen Operationen zu bremsen.«

über Maas, Waal und Niederrhein, und das auf einer Strecke von mehr als 100 Kilometern zwischen der holländischen Grenze und Arnheim. Nicht genug damit, sollten sie einen Korridor für die englischen Panzer offenhalten, der fast nichts als eine einzige in Nordsüdrichtung verlaufende Chaussee war. Damit der Panzervorstoß gelingen konnte, mußten sämtliche Brücken unversehrt genommen werden. Das Risiko war nicht zu übersehen, doch gerade für solche Überraschungsangriffe waren die Luftlandetruppen eigens ausgebildet worden. Trotzdem war Browning nicht wohl. Er deutete auf die Brücke von Arnheim, die nördlichste von allen, und fragte: »Wie lange brauchen die Panzer bis hierher?« Montgomery erwiderte forsch: »Zwei Tage.« Browning, immer noch aufmerksam die Karte betrachtend, sagte: »Vier Tage könnten wir halten.« Dann fügte er langsam hinzu: »Mir scheint, Sir, es ist eine Brücke zuviel.«

Montgomery befahl, das soeben geborene Projekt (das hinfort den Codenamen »Market-Garden« tragen sollte, wobei »Market« die Luftlandung bezeichnete, »Garden« den Panzervorstoß) sei mit größter Schnelligkeit auszuarbeiten. Der Angriff solle bereits in den nächsten Tagen stattfinden, anderenfalls sei es zu spät, wie er zu Browning sagte. »Wie schnell können Sie bereit sein?« fragte er, und Browning schätzte über den Daumen: »Frühestens am 15. oder 16.«[27]

Browning flog unverzüglich nach England, Montgomerys skizzenhafte Weisungen in der Tasche und zu äußerster Eile bei der Vorbereitung des umfangreichen Unternehmens gedrängt. Nachdem er auf einem Golfplatz am Stadtrand von London gelandet war, unterrichtete er telefonisch den Kommandeur der 1. Alliierten Luftlandearmee, General Brereton, und dessen Stabschef, General Parks. Es war jetzt 14:30 Uhr und Parks notierte sich, daß er in diesem Augenblick zum erstenmal den Codenamen »Market« hörte.

General Brereton und seine Stabsoffiziere waren nicht die einzigen, die überrascht waren. Montgomerys kühner Plan machte auch auf seinen schärfsten Kritiker, den General Bradley, solchen Eindruck, daß er sich später erinnerte[28]: »Ich hätte nicht verblüffter sein können, wenn der gottesfürchtige Antialkoholiker Montgo-

27 Protokoll der ersten Planungskonferenz. Tagebuch der 1. Alliierten Luftlandearmee, S. 1014–1017.

28 Omar N. Bradley: *A Soldier's Story*, S. 416. Der Autor fügt hinzu: »Mir hatte man nichts von diesem Plan gesagt, vielmehr hatte Montgomery ihn allein ausgedacht und Eisenhower auch schon aufgenötigt, ehe ich, Tage später, von unserem Verbindungsoffizier bei der 21. Heeresgruppe davon hörte.«

mery beschwipst im Hauptquartier aufgetaucht wäre ... ich war zwar mit seiner Unternehmung nie einverstanden, gebe aber zu, daß sie zu den phantasievollsten des ganzen Krieges gehörte.«

So war es. Montgomery war damit aber nicht glücklich. Er verwandelte sich wieder in den vorsichtigen Perfektionisten, als der er während seiner gesamten militärischen Laufbahn bekannt gewesen war, und stellte unentwegt neue Forderungen an den Oberkommandierenden. Falls die 21. Heeresgruppe für den »vorgesehenen Stoß« nicht weitere Transportmittel und mehr Nachschub erhalte, könne »Market-Garden« allerfrühestens am 23. September stattfinden, müsse aber wahrscheinlich bis zum 26. verschoben werden. Zwar hatte Browning geschätzt, die Luftlandung »Market« könne am 15. oder 16. stattfinden. Montgomery machte sich aber Sorgen wegen »Garden«, dem Vormarsch am Boden. Nun verlangte er wieder, was er immer verlangt hatte, nämlich die absolute Priorität, von der er sich die Garantie seines Erfolges versprach. Am 12. September vermerkte Eisenhower in seinem Tagebuch: »Monty verlangt nur eins, nämlich alles.« Eisenhower, der unbedingt vermeiden wollte, daß »Market-Garden« verschoben würde, gab nach. Er schickte seinen Stabschef zu Montgomery und dieser sagte dem Feldmarschall täglich tausend Tonnen Nachschub samt Transportmitteln zu, ferner versprach er, Pattons Vormarsch an die Saar zu bremsen. Montgomery war über diese »elektrische« Reaktion, wie er das nannte, höchst befriedigt und glaubte bereits, den Oberkommandierenden zu seinen Ansichten bekehrt zu haben.

Obschon Montgomerys Truppen jetzt auf mehr Widerstand stießen, nahm er an, daß die Deutschen, abgesehen von ihren Truppen unmittelbar an der Front, in Holland keine nennenswerten Kräfte mehr besaßen. Die Feindaufklärung bestätigte das. Eisenhowers Hauptquartier sah »nur geringe Reserven an Infanterie« in den Niederlanden und diese wurden als »Truppen von geringer Kampfstärke« eingestuft. Der Feind »ist nach seinem langen, übereilten Rückzug immer noch desorganisiert; es sind zwar noch zahlreiche kleine Verbände in diesem Gebiet«, diese könnten aber kaum organisierten Widerstand leisten. Montgomery nahm jedenfalls an, er könne die deutsche Gegenwehr schnell brechen. War er erst über den Rhein und auf dem Weg an die Ruhr, würde Eisenhower es schwer haben, ihn zu bremsen. Er würde dann gar nicht anders können, als ihn auf Berlin marschieren und den Krieg »einigermaßen rasch« beenden zu lassen. So bestimmte Montgomery voller Zuversicht Sonntag, den 17. September, zum Tag D der Operation »Market-Garden«. Sein brillanter Plan sollte die größte Luftlandeoperation des gesamten Krieges werden.

Montgomerys Zuversicht wurde nicht überall geteilt, und mindestens einer seiner hohen Offiziere hatte begründete Bedenken. Anders als der Feldmarschall zweifelte General Dempsey, Kommandeur der 2. englischen Armee, nicht daran, daß die Berichte des holländischen Widerstandes zutrafen. Dempseys Feindaufklärung hatte daraus ein Bild zusammengesetzt, auf dem sich zwischen Eindhoven und Arnheim, genau dort, wo die Luftlandung erfolgen sollte, deutsche Kräfte zusammenzogen. Ein holländischer Bericht sagte sogar, »angeschlagene Panzerverbände werden zur Auffrischung nach Holland verlegt«, und zwar ebenfalls in den Bereich der vorgesehenen Luftlandung. Dempsey gab diese Lagebeurteilung an das 1. englische Luftlandekorps von General Browning weiter, doch fehlte die Bestätigung von Montgomery oder seinem Stab. Die bedrohlichen Details fanden sich in keiner Zusammenfassung der Feindaufklärung. Die optimistische Stimmung beim Stab der 21. Heeresgruppe bewirkte, daß dieser Bericht überhaupt nicht beachtet wurde.

7

Das Risiko, das Feldmarschall von Rundstedt mit der Evakuierung der 15. Armee vom Südufer der Schelde eingegangen war, machte sich allmählich bezahlt. Seit dem 6. September kreuzte unermüdlich im Schutz der Dunkelheit eine eilig zusammengestellte Armada bestehend aus zwei alten holländischen Frachtern, etlichen Rheinkähnen, kleineren Booten und Flößen in der fünf Kilometer breiten Scheldemündung und setzte Soldaten, Artillerie, Fahrzeuge und sogar Pferde über.

Die Deutschen wurden von ihren Küstenbatterien auf der Insel Walcheren gegen Angriffe von See her geschützt, wunderten sich aber doch darüber, daß die Alliierten überhaupt keine Anstalten machten einzugreifen. General Poppe erwartete, daß man ihn und die Reste seiner zerschlagenen 59. Infanteriedivision »vom Wasser wegpusten« würde, und die eine Stunde Fahrt zwischen Breskens und Flushing »in abgedunkelten Schiffen, im übrigen aber als perfekte Zielscheibe und völlig hilflos, gehört zu meinen unangenehmsten Erinnerungen«. Man kam zu der Ansicht, daß die Alliierten den Umfang dieser Evakuierung unterschätzten. Unbekannt war sie ihnen nicht, denn weil der Führer der Heeresgruppe B, Feldmarschall Model, dringend Verstärkung brauchte und auf äußerste Eile drängte, hatte man mehrere Versuche bei Tageslicht unternommen, die sogleich Jagdbomber anlockten. Das Übersetzen bei Dunkelheit war zwar nicht angenehm, aber sehr viel sicherer.

Der riskanteste Teil des Unternehmens war der Marsch am Nordufer der Schelde. Hier mußten sich die Truppen, ständig von alliierten Jagdbombern angegriffen, auf der einzigen Hauptstraße fortbewegen, die von der Insel Walcheren über die Halbinsel Südbeveland nach Holland hineinführte. Die Landenge, welche die eigentliche Verbindung zum Festland darstellt, endete nur wenige Kilometer von Antwerpen und den englischen Stellungen am Albertkanal entfernt. Doch auch jetzt machten die Engländer unerklärlicherweise nicht den geringsten ernsthaften Versuch, nach Norden vorzugehen, die Falle zu schließen und die Landenge abzuriegeln. Der Fluchtweg blieb offen. Von Zangens Armee wurde zwar unentwegt aus der Luft angegriffen, doch erreichte sie Holland schließlich doch noch, und das ausgerechnet in einem Augenblick, in dem es für Montgomery und seine Luftlandetruppen besonders unangenehm war.

Während die 15. Armee durch überlegtes Kalkül aus dem Kessel entkam, mischte sich nun der blinde und unberechenbare Zufall zugunsten der Deutschen ein. Das II. SS-Panzerkorps von Obergruppenführer Bittrich traf im Raum Arnheim zur Auffrischung ein, schwer angeschlagen, doch immerhin ein Eliteverband mit großer Fronterfahrung. Dem Befehl Models vom 4. September folgend, hatte Bittrich die 9. und 10. SS-Panzerdivision allmählich vom Feind gelöst und aus der Front gezogen. Das Gebiet um Arnheim war ihm von Model zugewiesen worden, und die stark reduzierten, doch immer noch kampffähigen Divisionen ließen sich im Norden, Osten und Süden der Stadt nieder. Der 9. Division wies Bittrich ein großes Rechteck im Norden und Nordosten von Arnheim zu, wo Männer und Fahrzeuge auf erhöhtem Gelände in einem dicht bewaldeten Naturschutzgebiet willkommene Deckung fanden. Die 10. Division lag in einem Halbkreis von Nordosten über Osten bis Südosten. So standen beide Divisionen gut getarnt unter Bäumen, in Dörfern und Städtchen – Beekbergen, Apeldoorn, Zutphen, Ruurlo und Doetinchem – in Reichweite von Arnheim, mit einzelnen Verbänden nicht mehr als einen oder zwei Kilometer außerhalb der Vorstädte. Bittrich erinnerte sich später: »Model hatte keinen besonderen Grund, uns gerade nach Arnheim zu legen, außer daß es damals dort ruhig war.«

Augenscheinlich kam kein Mensch auf den Gedanken, daß gerade diese ruhige Gegend für die Alliierten von besonderem strategischen Reiz sein könnte, und am Vormittag des 11. September machten sich einige Offiziere von Models Stab auf der Suche nach einem neuen Hauptquartier für die Heeresgruppe ausgerechnet nach Arnheim auf den Weg. Models Verwaltungsoffizier, der 35 Jahre alte Leutnant Sedelhauser, berichtete später: »Wir schauten beim Stab der 9. und 10. SS-Division in Beekbergen und Ruurlo und auf Bittrichs Gefechtsstand in Doetinchem herein, anschließend fuhren wir nach Arnheim. Da sah es vielversprechend aus: gute Straßenverbindungen und vorzügliche Unterkünfte. In dem nach Westen gelegenen Oosterbeek fanden wir dann, was wir suchten.« In dieser wohlhabenden Vorstadt, die etwa vier Kilometer vom Zentrum entfernt liegt, standen mehrere Hotels, darunter das elegante Hotel Hartenstein, dessen halbmondförmiger Rasen in eine parkähnliche Anlage überging, in der auch Wild gehalten wurde, ferner das kleinere, zweistöckige, von Bäumen beschattete Hotel Tafelberg mit einer verglasten Veranda und getäfelten Räumen. Von diesem Luxus beeindruckt, empfahl man Oosterbeek dem Chef des Stabes, General Krebs, »als ideal geeignet für die Heeresgruppe B«. Model war einverstanden. Ein Teil seines Stabes sollte im Hartenstein wohnen, er selbst wollte in dem eher versteckten, weniger großartigen Hotel Tafelberg unterkommen. Leutnant Sedelhauser war entzückt. Seit er zum Stab gehörte, war das Hauptquartier nie mehr als wenige Tage an der gleichen Stelle geblieben, und er freute sich »auf ein paar ruhige Tage, damit ich endlich meine Wäsche waschen lassen konnte«. Model verfügte, das Hauptquartier der Heeresgruppe müsse am 15. September voll arbeitsfähig in Oosterbeek etabliert sein – etwa fünf Kilometer von jenen windigen Heide- und Weideflächen entfernt, auf denen am 17. September die 1. englische Luftlandedivision abgesetzt werden sollte.

Teil 2

DER PLAN

1

Am frühen Abend des 10. September, wenige Stunden nach der Besprechung zwischen General Browning und Feldmarschall Montgomery, hielt General Brereton seine erste Planungskonferenz im Zusammenhang mit der Operation »Market« ab. In seinem Hauptquartier unweit des eleganten Rennplatzes Ascot, 50 Kilometer von London entfernt, hatte er 27 hohe Offiziere in seinem Kartenraum versammelt. Nachdem General Browning die Offiziere mit Montgomerys Plan bekannt gemacht hatte, sagte Brereton, es sei so wenig Zeit, daß »auf der Stelle wesentliche Entscheidungen getroffen werden müssen, die nicht mehr umgestoßen werden können«.

Das Unternehmen zu planen, war außerordentlich schwierig, um so mehr als man keinen Präzedenzfall kannte. Eine Luftlandung dieses Umfanges, komplett mit Fahrzeugen, Geschützen und Ausrüstung tief hinter der Front hatte noch nirgendwo stattgefunden. Verglichen mit »Market« waren frühere Luftlandungen klein gewesen, und doch hatte man sie monatelang vorbereitet. Zur Vorbereitung der weitaus größten Landung von Fallschirmjägern und Infanterie mit Lastenseglern, die jemals geplant worden war, standen Brereton und seinem Stab aber nur knapp sieben Tage zur Verfügung.

Nun fürchtete Brereton aber nicht so sehr den Termin als die Möglichkeit, daß auch diese Operation abgeblasen werden würde wie alle ihre Vorgängerinnen. Seine seit langem unbeschäftigten Luftlandetruppen brannten darauf, zum Einsatz zu kommen; ihre Moral war bereits entsprechend beeinträchtigt. Seit Wochen standen seine Eliteeinheiten müßig herum, während die verbündeten Heere siegreich durch Frankreich und Belgien stürmten. Man sah den Sieg schon so nahe, daß man fürchtete, der Krieg könne zu Ende gehen, ohne daß die 1. Alliierte Luftlandearmee im Gefecht gewesen war.

Der General zweifelte nicht an der Fähigkeit seines Stabes, die Operation innerhalb einer Woche vorzubereiten. Seine Offiziere hatten so häufig ähnliche Pläne gemacht, die im letzten Augenblick ins Wasser fielen, daß man sowohl in seinem wie in dem Stab der beteiligten Divisionen bereits eine erhebliche Fertigkeit darin besaß. Übrigens konnte ein guter Teil der Planungsarbeit für »Comet« und andere unterbliebene Operationen für »Market« verwendet werden. So hatten zum Beispiel in Vorbereitung für »Comet« die 1. englische Luftlandedivision und die polnische Brigade, die daran teilnehmen sollten, eine gründliche Analyse von Arnheim und Umgebung gemacht. Immerhin mußte man für »Market« in sehr viel größerem Maßstab planen, und das verlangte Zeit.

General Brereton gab sich zuversichtlich und gelassen, immerhin bemerkten einige seiner Offiziere, daß er eine Zigarette nach der anderen rauchte. Auf seinem Schreibtisch stand ein gerahmtes Zitat, auf welches der General seine Offiziere gerne aufmerksam machte: »Welcher Herrscher kann sein Land so mit Soldaten füllen, daß nicht zehntausend aus den Wolken herabfallende Männer vielerorts Schaden anrichten würden, bevor man sie vertreiben kann?« Das hatte 1784 Benjamin Franklin geschrieben, und Brereton war fasziniert von dem Weitblick dieses Staatsmannes und Wissenschaftlers. »Daran hat sich auch nach 160 Jahren nichts geändert«, pflegte er zu sagen. Allerdings wäre Franklin wohl einigermaßen verwirrt gewesen angesichts der Kompliziertheit und des Umfangs der Operation »Market«. Für die Invasion Hollands aus der Luft wollte Brereton fast 35 000 Mann verwenden, also beinahe doppelt so viele Fallschirmjäger und Infanterie in Lastenseglern wie bei der Invasion in der Normandie.

Dreieinhalb Luftlandedivisionen sollten überraschend die Brükken besetzen und einen engen, einbahnigen Korridor für die englischen Verbände von »Garden« offenhalten, die von ihrer Ausgangsstellung nahe der holländisch-belgischen Grenze etwa 100 Kilometer nach Norden auf Arnheim vorstoßen sollten. Zwei davon sollten amerikanische Divisionen sein. Unmittelbar vor den Panzern des XXX. englischen Korps von General Horrocks sollte die 101. US Luftlandedivision unter General Taylor auf der rund 23 Kilometer langen Strecke zwischen Eindhoven und Veghel Brücken über Flüsse und Kanäle nehmen. Nördlich davon war der kampferprobten 82. US Division unter General Gavin das Terrain zwischen Grave und Nimwegen zugewiesen worden, in einer Länge von etwa 17 Kilometern. Gavin sollte die großen Flußbrücken über Maas und Waal nehmen, insbesondere die Bogenbrücke von Nimwegen, die zusammen mit ihren Zufahrten fast einen Kilometer lang war. Das wichtigste Angriffsziel war Arnheim mit dem Übergang über den 400 Meter breiten Niederrhein. Die große, aus Beton und Stahl gefertigte dreibahnige Straßenbrücke, mit ihren betonierten Auffahrten über sechshundert Meter lang, war das Ziel der Engländer und Polen, der 1. englischen Luftlandedivision unter General Urquhart und der 1. polnischen Fallschirmjägerbrigade unter General Stanislaw Sosabowski. Das am weitesten nördlich gelegene Arnheim war das eigentliche Ziel, denn ohne den Rheinübergang mußte Montgomerys kühnes Vorhaben, Holland zu befreien, den Westwall zu umgehen und ins Ruhrgebiet vorzudringen, mißlingen.

Um von England aus eine so große Streitmacht über eine Entfernung von 500 Kilometern zu befördern, galt es, einen brauchbaren Flugplan auszuarbeiten. Vorgesehen waren drei getrennte Operationen, der Transport, der Begleitschutz und der Nachschub. Mindestens 24 Flugplätze wurden allein für den Start benötigt, denn Brereton plante, jeden einzelnen zur Verfügung stehenden Lastensegler zu benutzen, und das waren mehr als 2500. Mit diesen sollten nicht nur schweres Gerät wie Jeeps und Geschütze transportiert werden, sondern mehr als ein Drittel der 35000 Mann zählenden Streitmacht; die übrigen sollten mit dem Fallschirm abspringen. Alle Maschinen mußten überprüft werden, der Laderaum war zuzuteilen, Ausrüstung zu verladen, die Besatzungen einzuteilen.

Die Lastensegler waren aber nur ein Posten in der Ausarbeitung des Flugplanes. Transporter, welche die Fallschirmjäger aufnehmen und Schleppflugzeuge, welche die Lastensegler schleppen sollten, fielen vorübergehend für die Versorgung aus und mußten für die Operation »Market« vorbereitet werden. Bomberbesatzungen bekamen Kampfaufträge für »Market-Garden«, die sie vor, während und nach dem Angriff ausführen sollten. Als Begleitschutz dienten Jagdgeschwader aus ganz England, insgesamt über 1500 Maschinen. Das alles war nicht zu bewältigen, ohne daß zuvor getrennte Luftstraßen festgelegt wurden. Zwischen England und Holland galt es, dem schweren feindlichen Flakfeuer auszuweichen, ohne daß es zu Zusammenstößen in der Luft kam. Seenotrettungsdienste, Versorgungsflüge und ein vorgetäuschter Fallschirmjägerangriff in einem anderen Teil Hollands zur Irreführung des Feindes waren ebenfalls vorgesehen. Insgesamt sollten beinahe 5000 Flugzeuge aller Typen beteiligt sein, und man brauchte mindestens 72 Stunden, um die Pläne auszuarbeiten und diese umfangreiche Luftflotte startklar zu machen.

Nach Breretons Ansicht war es besonders wichtig, daß in dieser ersten Besprechung darüber entschieden wurde, ob das Unternehmen bei Tag oder bei Nacht stattfinden sollte. Bislang waren Landungen stets nachts bei Mondschein erfolgt, doch das dabei herrschende Halbdunkel hatte dazu geführt, daß man Landezonen verfehlte, daß die Truppe nicht rasch genug zusammengefaßt werden konnte und daß es zu unnötigen Verlusten kam. Der General ordnete daher an, daß die Landung am hellen Tage stattfinden solle. In der Geschichte der Luftlandeunternehmen war nie zuvor eine Tageslandung solchen Umfangs ausgeführt worden.

Brereton wollte damit nicht nur ein Durcheinander vermeiden; in der Woche, in der die Operation ausgeführt werden mußte, war ohnehin kein Mondschein zu erwarten und eine nächtliche Landung großen Umfangs deshalb ohnehin ausgeschlossen. Abgesehen davon, entschied sich Brereton auch deshalb für den Tagesangriff, weil ein solcher zum erstenmal in diesem Krieg überhaupt durchführbar war. Die Alliierten hatten die absolute Luftüberlegenheit, bei Tage war ein Eingreifen der deutschen Luftwaffe nicht zu erwarten. Hingegen besaßen die Deutschen noch Nachtjäger, die sie gegen langsam fliegende Truppentransporter und Lastensegler mit verheerender Wirkung einsetzen konnten. Überdies hatten sie eine starke Luftabwehr, und auf den Spezialkarten für »Market« wimmelte es nur so von Flak-Stellungen. Diese Karten, basierend auf Ergebnissen der Luftaufklärung und Berichten der Bomberbesatzungen, die über Holland nach Deutschland einflogen, sahen ziemlich schreckenerregend aus, besonders für die Lastensegler die, ausgenommen am Cockpit, keine Panzerung aufwiesen, und ebenso für die Truppentransporter vom Typ C-47 und Schleppflugzeuge, die nicht über kugelsichere Benzintanks verfügten. Brereton meinte jedoch, die feindliche Flak könne durch konzentrierte Luftangriffe vor und während der Landung niedergehalten werden. Im übrigen wurde das Flakfeuer in den meisten Fällen ohnehin elektronisch geleitet, war also im Dunkeln ebenso wirkungsvoll wie bei Tage. Mit Verlusten war in jedem Fall zu rechnen. Schloß man schlechtes Wetter und starken Wind aus, bot der Tagesangriff den Vorteil, daß man die Truppe mit fast absoluter Genauigkeit in der Landezone absetzen konnte, was wiederum möglich machte, sie mit größter Schnelligkeit in dem vorgesehenen Korridor zu konzentrieren. »Die Vorteile eines Tagesangriffes überwiegen die Nachteile bei weitem«, ließ Brereton seine Verbandsführer wissen.

Abschließend machte er bekannt, daß sein Stellvertreter, der penible 47 Jahre alte General Browning, Chef des 1. englischen Luftlandekorps, die Operation befehligen solle. Das war eine sehr gute Wahl, wenn sie auch für den Kommandeur des anderen Luftlandekorps, General Ridgway, eine schwere Enttäuschung darstellte. Browning war jedoch bereits als Kommandeur der abgeblasenen Operation »Comet« vorgesehen gewesen, die zwar weniger umfangreich war und nur englische und polnische Beteiligung vorsah, in der Anlage jedoch »Market-Garden« glich. Nach dem erweiterten Plan Montgomerys sollten amerikanische Fallschirmjäger zum erstenmal unter dem Kommando eines Engländers in Aktion treten.

Browning gab vor den versammelten Kommandeuren eine optimistische Zusammenfassung und gebärdete sich mit jenem pittoresken Selbstvertrauen, das ihm in den Augen seiner Untergebenen einen heldischen Anstrich verlieh. Sein Chef des Stabes, General Walch, erinnerte sich: »General Browning war bester Laune und geradezu entzückt davon, daß wir endlich zum Zuge kommen sollten. Er sagte, wir hätten die Aufgabe, einen Teppich von Luftlandetruppen auszurollen, über den die Bodentruppen vorgehen könnten. Er glaubte, mit dieser Operation die Dauer des Krieges entscheidend verkürzen zu können.«

Brownings Begeisterung wirkte ansteckend, und als die Konferenz auseinanderging, um sie in kleineren Stabsbesprechungen während der restlichen Nachtstunden fortzusetzen, wußten nur wenige Offiziere von dem schlechten Verhältnis zwischen Brereton und Browning. Als die 1. Alliierte Luftlandearmee aufgestellt wurde, hatten die Engländer gehofft, Browning, der englische Experte für Luftlandetruppen, werde zum Kommandeur ernannt werden, doch da die Zahl der amerikanischen Truppen und der amerikanischen Ausrüstung in dieser neu aufgestellten Armee überwog, wurde der begehrte Posten mit einem Amerikaner besetzt, eben mit General Brereton.

Browning war um sechs Monate dienstälter als Brereton. Der Amerikaner war zwar ein verdienstvoller Offizier der taktischen Luftwaffe, hatte aber nie zuvor Luftlandetruppen kommandiert. Außerdem waren die beiden Männer persönlich denkbar verschieden; Brereton war im Ersten Weltkrieg Flieger gewesen und hatte sich im Zweiten Weltkrieg anfangs im Fernen und Mittleren Osten und später als Kommandierender General der 9. US Luftflotte in England glänzend bewährt. Er war zäh und zielstrebig, verbarg seinen Ehrgeiz jedoch hinter einer stets ausdruckslosen Miene. Er widmete sich dem erhaltenen Auftrag mit Entschlossenheit und der bulldoggenhaften Zähigkeit, die für viele amerikanische Berufsoffiziere bezeichnend war.

Browning, ehemals von den Gardegrenadieren, war ebenfalls ein Perfektionist und fest entschlossen, den Wert seiner Fallschirmjäger unter Beweis zu stellen. Doch ein Luftlandekorps hatte er ebenfalls noch nie befehligt. Anders als Brereton war Browning eine ausnehmend elegante Erscheinung, stets sehr gepflegt und von einem lässig selbstbewußten Auftreten, das häufig als Arroganz gedeutet wurde, und zwar nicht nur von den Amerikanern, sondern auch von seinen eigenen Kommandeuren. Zwar war er temperamentvoll und gelegentlich überaus ungeduldig, doch sein Ruf als Theoretiker der Luftlandetruppe war unter seinen Bewunderern geradezu legendär. Immerhin fehlte ihm die praktische Erfahrung, die einige andere Offiziere aufzuweisen hatten, etwa General Gale von der 6. englischen Luftlandedivision und auch die erfahrenen amerikanischen Kommandeure Gavin und Taylor. Überdies mußte Browning erst noch beweisen, daß er das Organisationsgenie des erfahrensten aller Kommandeure der Luftlandetruppen besaß, des Generals Ridgway.

Nur wenige Tage zuvor waren die Meinungsverschiedenheiten zwischen Brereton und Browning zum Ausbruch gekommen. Am 3. September hatte Browning nachdrücklich auf die Gefahr hingewiesen, die damit verbunden war, ein Luftlandeunternehmen innerhalb von 36 Stunden zu befehlen und auszuführen. Seit der Landung in der Normandie waren 17 derartige Operationen vorbereitet und wieder abgeblasen worden, und in den 33 Tagen, seit Brereton die Armee führte, hatte er in seinem unerhörten Tatendrang praktisch jede Woche ein neues Unternehmen planen lassen. Keines kam zur Ausführung. Browning konnte diese Massenproduktion von Luftlandeplänen nicht ohne Sorge betrachten, der Eile ihrer Ausarbeitung und der in ihnen enthaltenen Risiken wegen. Als am 2. September die Operation »Linnet I« aufgegeben wurde (ein Absprung vor der englischen Armee in Belgien), sah Brereton sogleich neue Ziele vor den verfolgenden Armeen und brachte ersatzweise die »Operation Linnet II« in Vorschlag, die am Morgen des 4. September stattfinden sollte. Brereton erinnerte sich später: »Browning war wegen ›Linnet II‹ geradezu außer sich, weil es an Informationen, Luftbildern und besonders an Karten fehlte. Er behauptete, er könne seine Truppen nicht ausreichend einweisen und überhaupt sollten Luftlandeoperationen nicht so kurzfristig angesetzt werden.« Brereton stimmte ihm darin grundsätzlich zu, sagte aber: »Die Verwirrung beim Feind rechtfertigt, daß wir ein solches Risiko eingehen.« Geendet hatte es damit, daß Browning kühl erklärte, er werde seinen Protest schriftlich niederlegen, und tatsächlich traf ein Brief von ihm schon Stunden später ein. Hierin hieß es: »Angesichts unserer schweren Meinungsverschiedenheiten kann ich nicht mehr als stellvertretender Kommandeur der 1. Alliierten Luftlandearmee im Amt bleiben.« Auf Brereton machte das wenig Eindruck, und er sah sich bereits nach einem Nachfolger für Browning um, wofür er General Ridgway ins Auge faßte. Die Widrigkeiten wurden dadurch behoben, daß die Operation »Linnet II« nicht zustande kam; Brereton veranlaßte Browning, sein Rücktrittsgesuch zurückzuziehen.

Derzeit waren diese Meinungsverschiedenheiten vergessen, und beide Männer befaßten sich mit der vor ihnen liegenden komplizierten Aufgabe. Browning mochte noch Vorbehalte haben, doch der ihm zuteil gewordene Auftrag war jetzt wichtiger.

Auf der ersten Beratung war eine Frage offengeblieben, nämlich wie die Luftlandetruppen zu ihren Zielen gebracht werden würden. Ehe diese Frage nicht beantwortet war, konnten die Kommandeure keine Einzelheiten festlegen. Die Beweglichkeit einer Luftlandearmee ist von den Transportflugzeugen abhängig, und abgesehen von den Lastenseglern besaß Brereton keine eigenen Transportmaschinen. Wollte man das Überraschungsmoment voll ausnützen, mußten möglichst alle dreieinhalb Divisionen zur gleichen Stunde des gleichen Tages über den Landezonen abgesetzt werden, doch der immense Umfang des Unternehmens machte das unmöglich. Es fehlte sowohl an Flugzeugen wie an Lastenseglern, mithin mußten die Maschinen mehrmals fliegen. Auch andere Faktoren legten es nahe, den Verlust der Überraschung in Kauf zu nehmen. Jede Division hatte ihre ganz speziellen Bedürfnisse. So war es beispielsweise wichtig, daß zu Beginn des Angriffes für die 101. US Division mehr Mannschaften als Gerät eingeflogen wurden, damit die Division schon in den ersten Stunden die Verbindung zu den Bodenverbänden herstellen konnte. Auch mit der 82. Luftlandedivision im Korridor nördlich von ihnen sollten die Leute von Taylor möglichst schnell Berührung haben. General Gavins 82. Division hatte nicht nur die Brücken über Maas und Waal zu besetzen, sondern auch den Höhenrücken bei Groesbeek weiter südöstlich, der die ganze Gegend beherrschte und den man deshalb den Deutschen nicht lassen durfte. Die 82. Division würde länger im Kampf stehen als die 101., bevor die Verbindung hergestellt werden konnte, und darum benötigte Gavin nicht nur Truppen, sondern auch Artillerie.

General Urquhart und seine 1. englische Luftlandedivision hatten wieder andere Probleme. Sie sollten in Arnheim die Brücke halten, bis sie entsetzt wurden. Hatte man Glück, würde die deutsche Reaktion so langsam einsetzen, daß die Erdverbände die nur leicht bewaffneten englischen Truppen in Arnheim erreichten, bevor der Feind genügend erstarkt war. Bis zum Eintreffen der Panzer von Horrocks mußten sich Urquharts Leute aber behelfen, so gut sie konnten. Urquhart selbst war nicht stark genug, Gavin nach Süden entgegenzugehen, folglich mußte die 1. Division, die das nördliche Ende des schon erwähnten Teppichs aus Luftlandetruppen bildete, länger aushalten als alle anderen Beteiligten. Darum hatte man Urquhart auch die meisten Leute gegeben, seine Division durch polnische Fallschirmjäger verstärkt und ihm auch die 52. Infanteriedivision zugeteilt, die eingeflogen werden sollte, sobald bei Arnheim ein geeigneter Landeplatz hergerichtet sein würde.

Am Morgen des 11. September, nachdem man die ganze Nacht über beraten hatte, wie die vorhandenen Flugzeuge eingeteilt werden sollten, ließ General Williams, der Kommandeur des 1. US

Truppentransportkommandos, der den Befehl über die Luftoperationen im Zusammenhang mit »Market« hatte, Brereton das Ergebnis wissen. Es mangele so sehr an Lastenseglern und Flugzeugen, daß auch beim besten Willen am ersten Tag des Angriffs nicht mehr als höchstens die Hälfte von Brownings Truppen abgesetzt werden könne. Geschütze, Jeeps und anderes schweres Material könnten nur in sehr begrenztem Umfang mitgeführt werden. Brereton verlangte, es sollten zwei Flüge am ersten Tag unternommen werden, doch das erwies sich als undurchführbar. »Es ist nicht lange genug hell, die Entfernungen sind zu weit, als daß man mehr als einen Transportflug pro Tag ins Auge fassen kann«, sagte General Williams. Das sei zu riskant. Man habe keine Zeit eingeplant für etwaige Reparaturen, und überdies »kommt es dann bestimmt zu Ausfällen, weil Piloten und Besatzungen übermüdet sind«.

Behindert durch den Mangel an Flugzeugen und an seinen Termin gebunden, machte Brereton eine überschlägige Rechnung auf. Ein Tag würde vergehen, bevor man von der Aufklärung Luftbilder von den holländischen Brücken und dem umgebenden Gelände bekam; zwei Tage würde es dauern, bis Landkarten der Gegend vorbereitet und verteilt waren; die Feindaufklärung mußte intensiviert und ausgewertet, Gefechtspläne mußten vorbereitet werden. Am schlimmsten war, daß Brereton seine Pläne dem vorhandenen Transportraum anpassen mußte. Seine Streitmacht konnte nur ratenweise befördert werden, die dreieinhalb Divisionen brauchten für den Transport zu ihren Zielen drei Tage. Dies bedeutete ein großes Risiko: deutsche Verstärkungen konnten schneller als erwartet im Landebereich eintreffen; das Abwehrfeuer der Flak konnte intensiver sein als vermutet, und darüber hinaus mußte man immer mit schlechtem Wetter rechnen. Nebel, Stürme, plötzliche Unwetter, in dieser Jahreszeit durchaus üblich, konnten eine Katastrophe herbeiführen.

Schlimmer noch – waren Fallschirmjäger und Infanterie erst einmal gelandet, waren sie – ohne Unterstützung durch schwere Artillerie oder Panzer – im höchsten Grade verwundbar. Die Panzer von General Horrocks' XXX. Korps, die nur eine einzige schmale Chaussee zur Verfügung hatten, konnten den Keil nach Arnheim nur vortreiben, wenn Breretons Leute sämtliche Brücken in die Hand bekamen und den Vormarschweg offenhielten. Die Luftlandearmee wiederum mußte mit größter Schnelligkeit entlastet werden, denn abgeschnitten hinter der feindlichen Front und abhängig von Versorgung durch die Luft, mußte sie damit rechnen, daß die deutschen Verstärkungen sich von Tag zu Tag mehr auswirkten. In einem solchen Fall konnte die belagerte Truppe in ihren Landeköpfen nur wenige Tage standhalten. Wurde der englische Panzervorstoß aufgehalten, ja war er nur nicht schnell genug, mußten die Luftlandetruppen überrannt und vernichtet werden.

Es konnte auch anderes mißlingen. Falls es General Taylors »Screaming Eagles« nicht gelang, die Brücken unmittelbar vor den Panzerspitzen der 2. englischen Armee in die Hand zu nehmen, dann war es schon einerlei, ob General Gavins oder General Urquharts Leute bei Nimwegen und Arnheim Erfolg hatten, denn sie würden dann abgeschnitten sein.

Hinzu kamen die Risiken, von denen jede Luftlandung begleitet wird: Truppen werden an der falschen Stelle abgeworfen oder von Lastenseglern abgesetzt; Brücken werden vom Feind zerstört, sobald der Angriff erkannt ist; schlechtes Wetter macht die Versorgung aus der Luft unmöglich; und im vorliegenden Fall konnte es überdies noch geschehen, daß der Korridor irgendwo eingedrückt wurde, auch wenn sämtliche Brücken genommen werden konnten. Das also waren einige der Unbekannten. Die Planung ging davon aus, daß die Operation überraschend, schnell, kühn und genau ausgeführt werden würde, sie stützte sich dabei auf das perfekte Zusammenspiel von Luft- und Erdverbänden und rechnete damit, daß die Deutschen mit unzureichenden Kräften mehr oder weniger kopflos in der Gegend standen. So hatte bei »Market-Garden« ein Zug notwendig aus dem anderen zu folgen, und falls auch nur einer fehlging, konnte dies für alle das Verderben bedeuten.

Brereton fand, daß man sich auf solche Risiken einlassen müsse. Am Ende mochte sich eine solche Gelegenheit nie wieder ergeben. Überdies nahm man bei seinem Stab auf Grund der Nachrichten von Montgomerys 21. Heeresgruppe an, daß Breretons Streitmacht »auf einen schlecht organisierten Feind von sehr unterschiedlichem Kampfwert treffen wird. Mobile Verbände in Brigadestärke (etwa 3000 Mann) mit sehr wenigen Panzern und Geschützen sind das äußerste, was der Feind gegen die Luftlandetruppen aufbieten kann, ehe diese von eigenen Landverbänden entsetzt werden . . . Lufttransport und Landung sind von den üblichen Risiken begleitet, doch die Besetzung der unversehrten Brücken dürfte mehr eine Frage der Überraschung als des eigentlichen Kampfes sein.« Alles hatten die Planer bedacht und die abschließende Wertung dieser Zusammenfassung schien beinahe überflüssig: »Der Vormarsch der Bodenverbände kann rasch geschehen, falls die Luftlandeoperation erfolgreich durchgeführt wird.«

Major Brian Urquhart war von dem Optimismus, der in Brownings Stab herrschte, zutiefst betroffen. Dieser 25 Jahre alte Nachrichtenoffizier hielt sich für das einzige Mitglied des Stabes, das an der Durchführbarkeit von »Market-Garden« zweifelte. Urquhart (nicht verwandt mit dem General und Divisionskommandeur) glaubte nicht an die optimistische Einschätzung der Feindstärke, die fast täglich von Montgomerys 21. Heeresgruppe durchgegeben wurde. Am Morgen des 12. September, also fünf Tage vor dem Angriff, verstärkten sich seine Befürchtungen. Grund dafür war eine behutsam formulierte Meldung von General Dempsey. Dempseys Nachrichtenoffizier zitierte einen holländischen Bericht, in dem es hieß, daß sich im Bereich von »Market-Garden« die Deutschen merklich verstärkten und Grund zu der Annahme bestehe, angeschlagene Panzerverbände seien zur Auffrischung nach Holland verlegt worden. Zugegebenermaßen war diese Information etwas unbestimmt, und weil es keine Bestätigung dafür gab, war sie auch nicht in die Zusammenfassung der Feindlage aufgenommen worden, die Montgomery und Eisenhower vorgelegt wurde. Urquhart begriff nicht, warum das so war. Er hatte ähnlich lautende beunruhigende Hinweise von holländischen Verbindungsoffizieren beim Stab des Armeekorps bekommen und hielt sie für ebenso zutreffend wie der Stab von General Dempsey. Wenn er seine eigenen Informationen und die von Dempsey zusammenzählte, kam er zu dem Ergebnis, daß wenigstens Teile zweier deutscher Panzerdivisionen irgendwo bei Arnheim standen. Die Bestätigung dafür war dürftig. Die Verbände waren noch nicht identifiziert, man kannte ihre Stärke nicht und vor allem wußte man nicht, ob sie wirklich dort aufgefrischt werden sollten oder nur auf dem Durchmarsch waren. Trotz alledem war Urquhart, wie er später berichtete, »wirklich ziemlich beunruhigt«.

Seit aus der Operation »Comet« die Operation »Market-Garden« geworden war, waren auch Urquharts Bedenken gewachsen, und er hatte sie wiederholt »jedem vorgetragen, der mir zuhören wollte . . . ich war geradezu entsetzt über dieses Projekt, dessen größte Schwäche darin bestand, daß es von der Annahme ausging, die Deutschen würden keinen Widerstand leisten«. Urquhart selbst hatte den Eindruck, daß die Deutschen rasch wieder zu Kräften kamen und sehr wohl mehr Truppen und Material in Holland haben mochten, als derzeit vermutet wurde. »Man ging doch von der ganz unwahrscheinlichen Annahme aus, daß nach Einnahme der Brükken die Panzer des XXX. Korps ungestört durch diesen scheußlich engen Korridor rollen würden, der ja kaum mehr war als ein Dammweg, auf dem man nicht manövrieren konnte, um dann nach Deutschland hineinzuschwänzeln wie die Braut in die Kirche. Ich konnte mir einfach nicht vorstellen, daß die Deutschen sich auf den Rücken legen und kapitulieren würden.«

Bei den Planungskonferenzen beunruhigte Major Urquhart mehr und mehr »der geradezu verzweifelte Wunsch aller Teilnehmer, um jeden Preis die Luftlandearmee zum Einsatz zu bringen«. Immer wieder verglich man die derzeitige Lage mit dem Zusammenbruch der Deutschen im Jahre 1918. Urquhart erinnert sich, daß General Browning »offenbar von einer großen Durchbruchsschlacht träumte«, womit er wohl Montgomerys Anschauungen und auch die anderer englischer Kommandeure teilte. Dem besorgten Nachrichtenoffizier kam es vor, als glaubten alle Offiziere um ihn her, der Krieg werde zu Beginn des Winters vorbei sein, »und der Angriff auf Arnheim stellte für uns die letzte Gelegenheit dar, ins Gefecht zu kommen«. Die Art, wie man von »Market-Garden« sprach, entsetzte ihn. »Man sagt nur ›die Party‹.« Besonders empörte er sich über General Brownings Feststellung, Ziel des Angriffes sei es: »Einen Teppich aus Luftlandetruppen auszurollen, über welchen unsere Bodentruppen vorgehen können.« Urquhart meinte: »Diese Methapher hatte die Wirkung, daß so mancher Kommandeur sich in falscher Sicherheit wiegte und erwartete, daß die Deutschen sich schlimmstenfalls um das Gesicht zu wahren ein bißchen zieren würden.« Er fand die Atmosphäre beim Stab so unrealistisch, daß er auf einer Besprechung die Frage stellte, »ob denn der Teppich aus lebenden Fallschirmjägern bestehen sollte oder aus toten«.

»Es war einfach unmöglich«, sagte er später, »ihnen klarzumachen, wie die Lage in Wirklichkeit war. Ihr Wunsch, noch persönlich etwas vom Krieg zu haben, bevor er endete, machte sie blind.«

Der junge Urquhart glaubte Dempseys Warnung, er glaubte, daß deutsche Panzer bei Arnheim standen, brauchte aber Beweise für diese Annahme. Wie ihm bekannt war, lag ein mit Spezialkameras für Schrägluftbilder ausgerüstetes Jagdgeschwader ganz in der Nähe, in Benson; es war damit beschäftigt, die holländische Küste nach V-2-Rampen abzusuchen. Am 12. September nachmittags ersuchte Urquhart um Luftaufklärung über Arnheim. Falls hier feindliche Panzer standen, waren sie vermutlich gut getarnt und auf aus großer Höhe gemachten Luftaufnahmen nicht zu erkennen. Man versprach Urquhart, über Arnheim im Tiefflug aufzuklären und ihm die Ergebnisse so rasch als möglich zukommen zu lassen. Falls dort wirklich Panzer standen, würden die Aufnahmen erweisen, daß Urquharts Befürchtungen gerechtfertigt waren.

Den Kommandeuren der Luftlandedivisionen blieb jetzt keine Zeit mehr, die Richtigkeit der Feindnachrichten persönlich zu überprüfen. Sie mußten sich auf das verlassen, was ihnen vom Korps oder vom Stab der 1. Alliierten Luftlandearmee mitgeteilt wurde. Die Kommandeure wußten aus Erfahrung, daß solche Informationen bereits mehrere Tage alt waren, wenn sie sie bekamen, doch war man allgemein der Ansicht, daß kein Anlaß bestand, starken feindlichen Widerstand zu erwarten. Aus diesem Grunde betrachtete man das mit der Operation »Market-Garden« verbundene Risiko als akzeptabel.

Nachdem die Generale Brereton und Browning die großen Umrisse festgelegt, die Ziele bestimmt und den vorhandenen Transportraum zugeteilt hatten, blieb es den Kommandeuren überlassen, ihren Gefechtsplan selbst aufzustellen. Dabei ging es vor allem um die Wahl der Absprung- und Landezonen. Die erfahrenen Kommandeure wußten von früheren Operationen her, daß der Erfolg davon abhing, wie nahe am Ziel die Truppe abgesetzt werden konnte. Im Idealfall sollte sie direkt ins Ziel springen, mindestens aber so nahe wie möglich landen, insbesondere wenn es galt, eine Brücke zu besetzen. Das war auch deshalb besonders wichtig, weil es den gelandeten Truppen zunächst an Fahrzeugen mangeln würde.

Besonders General Taylor mußte den am besten geeigneten Platz für die Landung finden, denn er hatte am D-Day zwar fast alle seine Fallschirmjäger zur Verfügung, Pioniere, Artillerie und Fahrzeuge würden aber erst am D-Day plus 1 und D-Day plus 2 eintreffen. Ein Blick auf den südlichsten Teil des Korridors zwischen Eindhoven und Veghel, den die 101. Division halten sollte, zeigte ihm, daß er in diesem Abschnitt zwei große Kanalbrücken und nicht weniger als neun Straßen- und Eisenbahnbrücken zu nehmen hatte. Bei Veghel gab es allein vier Brücken über die Aa und den Willemskanal, davon einen Hauptübergang über den Kanal. Acht Kilometer südlich, in St. Oedenrode, mußte eine Brücke über die Untere Dommel genommen werden, sieben Kilometer südlich von dieser Brücke gab es einen zweiten Hauptübergang über den Wilhelminakanal bei Son und westlich davon eine Brücke nahe dem Weiler Best. Acht Kilometer südlich von Eindhoven waren vier Brücken über die Obere Dommel zu besetzen.

Nachdem er das flache Terrain zwischen Eindhoven und Veghel mit seinen Deichen, Gräben, Wasserläufen und Alleen studiert hatte, beschloß Taylor, die Hauptlandung fast genau in der Mitte seines Angriffsbereiches vorzunehmen, nämlich am Rande eines Waldes etwas mehr als zwei Kilometer von Son entfernt, etwa auf der Mitte zwischen Eindhoven und Veghel: Dort wollte er sein 502. und sein 506. Regiment absetzen. Das 502. sollte Angriffsziele in St. Oedenrode und Best zugewiesen bekommen, das 506. in Son und Eindhoven. Sein drittes Regiment, das 501., sollte in zwei Partien nördlich und westlich von Veghel herunterkommen, und zwar jeweils nur wenige 100 Meter von den wichtigen vier Brücken entfernt. Daß seine Leute dies alles ohne weitere Unterstützung am D-Day schaffen sollten, war eine ziemliche Zumutung, Taylor meinte jedoch: »Mit etwas Glück packen wir das schon.«

Die Aufgabe der 82. Luftlandedivision war noch komplizierter. Der ihr zugewiesene Abschnitt war 16 Kilometer lang und wesentlich breiter als der der 101. Er umfaßte den mittleren Teil des Korridors und damit die mächtige 500 Meter lange, neun Bogen zählende Brücke über die Maas bei Grave und vier kleinere Bahn- und Straßenbrücken über den Maas-Waalkanal, von denen mindestens eine genommen werden mußte. Die große Waalbrücke in Nimwegen, fast im Zentrum der von 90 000 Menschen bewohnten Stadt, war ebenfalls ein Hauptziel. Von diesen Brücken konnte jedoch keine als gesichert gelten, solange nicht der Höhenzug bei Groesbeek drei Kilometer südwestlich von Nimwegen fest in Gavins Hand war, der die Gegend beherrschte. Im Osten zog sich überdies entlang der deutsch-holländischen Grenze der Reichswald hin, aus dem die Deutschen Gegenstöße führen konnten. Als General Gavin seinem Stab erklärte, was von ihm erwartet wurde, meinte sein Chef des Stabes, Oberst Wienecke: »Dazu brauchen wir mindestens zwei Divisionen.« Gavin erwiderte schroff: »Da ist jetzt nichts zu machen, wir schaffen es schon mit einer.«

Da seine Truppen bei Angriffen in Sizilien und Italien manchmal bis zu 50 Kilometer vom Ziel entfernt abgesetzt worden waren (der stehende Witz in der Division lautete: »Wir benutzten immer blinde Piloten.«), war Gavin entschlossen, seine Leute diesmal unmittelbar aufs Ziel abzusetzen. In der Rangfolge ihrer Bedeutung legte er die Angriffsziele folgendermaßen fest: erstens der Höhenzug bei Groesbeek; zweitens die Brücke von Grave; drittens die Übergänge über den Maas-Waalkanal; viertens die Waalbrücke von Nimwegen. Gavin erinnerte sich später: »Ich erwartete eine schnelle Reaktion des Feindes und ließ den größten Teil meiner Fallschirmjäger deshalb zwischen den Höhen bei Groesbeek und dem Reichswald abspringen.« In der Gegend von Groesbeek sah er zwei Landezonen vor, etwa zwei Kilometer von dem Höhenzug und fünf bis sechs Kilometer südwestlich von Nimwegen. Dort sollten sein 508. und 505. Regiment sowie die Regimentsstabskompanie landen. Das 504. Regiment sollte westlich der Höhen von Groesbeek in einem Dreieck zwischen Maas und Maas-Waalkanal herunterkommen, anderthalb Kilometer von der östlichen Auffahrt der Brücke bei Grave und drei Kilometer westlich der Maas-Waalkanal-Brükke. Um die Besetzung der besonders wichtigen Brücke bei Grave zu garantieren, die möglicherweise schon zur Sprengung vorbereitet sein mochte, war vorgesehen, daß eine Kompanie des 504. Regimentes einen knappen Kilometer vom westlichen Ende der Brücke abspringen sollte, damit diese von beiden Seiten angegriffen werden konnte, bevor der Feind sich zur Wehr setzte.

Die große Brücke von Nimwegen war das wichtigste aller seiner Angriffsziele und von entscheidender Bedeutung für den Erfolg der gesamten Operation. Gavin wußte andererseits, daß diese Waalbrücke für sich allein keinen Wert hatte, wenn es ihm nicht gelang, seine anderen Ziele zu erreichen. Dies war auch die Ansicht von General Browning. Falls die ersten Brücken nicht genommen werden konnten oder wenn sich der Feind auf dem Höhenzug von Groesbeek festsetzte, war es unmöglich, den Korridor für den Panzerkeil zu öffnen. Browning befahl daher ausdrücklich, daß Gavin die Brücke von Nimwegen erst angreifen solle, wenn die anderen Ziele erreicht waren.

Gavin hatte zwar Bedenken, weil er seine Truppe so weit auseinanderziehen mußte, doch war er mit dem Plan einverstanden. Ein Aspekt allerdings beunruhigte ihn, wie er auch schon Taylor beunruhigt hatte. Seine Division war nicht komplett, bevor nicht am D-Day plus 1 und D-Day plus 2 seine schweren Waffen und Gerät nachgeführt wurden, und er fragte sich, wie seine Leute, die bislang überhaupt noch nichts von »Market-Garden« wußten, darauf reagieren würden. Andererseits war die Moral der fronterfahrenen 82. Division glänzend, und viele seiner Männer hatten bereits drei Einsätze hinter sich. Gavin, mit 37 Jahren der jüngste Brigadegeneral der amerikanischen Armee, zweifelte nicht daran, daß seine »Flüchtlinge vor dem Gesetz des Durchschnitts«, wie sie sich nannten, dieser Aufgabe gewachsen waren.

Die schwierigste und auch gefährlichste Aufgabe war einem bescheidenen, zurückhaltenden Berufsoffizier übertragen worden, General Robert »Roy« Urquhart, dem 42jährigen Kommandeur der 1. englischen Luftlandedivision, dem auch die polnische Fallschirmjägerbrigade unterstellt war.

Anders als General Browning und seine amerikanischen Kollegen hatte Urquhart, der sich bei den Kämpfen in Nordafrika, Sizilien und Italien ausgezeichnet hatte, keine Erfahrung in der Kriegführung mit Luftlandetruppen, sondern sollte zum erstenmal eine Luftlandedivision ins Gefecht führen. Browning wählte ihn, »weil er noch nach Pulverdampf roch«. Für Urquhart selbst kam das überraschend, weil er stets geglaubt hatte, Luftlandeverbände seien »exklusive Vereine, mehr so was wie eine Familie«. Immerhin traute er sich zu, einen solchen Eliteverband zu führen, denn schließlich würden seine Leute, waren sie erst einmal gelandet, auf die übliche Weise kämpfen müssen, und er sah in seiner Luftlandedivision nichts anderes als »besonders gut ausgebildete Infanterie«.

Immerhin stimmte ihn eines doch bedenklich, nämlich daß er trotz aller sonstigen Kampferfahrung selbst nie mit dem Fallschirm abgesprungen war und auch nie in einem Lastensegler gesessen hatte. »Ich neige sogar zur Luftkrankheit«, sagte er später. Als er im Januar 1944 sein Kommando übernahm, hatte er General Browning vorgeschlagen, daß er als Kommandeur dieser Division doch eigentlich eine Ausbildung als Fallschirmspringer brauche. Browning, dessen Äußeres Urquhart sehr beeindruckte (»ein sehr schlanker, außerordentlich gepflegter Mensch, der den Eindruck eines unruhigen Falken machte«), entgegnete ihm, es sei Urquharts Aufgabe, seine Truppe auf die Invasion vorzubereiten, und fügte dann mit einem abschätzenden Blick auf den beinahe zwei Meter großen und zwei Zentner schweren Schotten hinzu: »Die Fallschirmspringerei überlassen Sie getrost jüngeren Leute. Sie sind dazu nicht nur zu massig, Sie werden auch schon alt.«[1]

Während der folgenden Monate der Vorbereitungen fühlte Urquhart sich »häufig wie ein Außenseiter, eine Art Badegast«. Er spürte, wie man ihn »aufmerksam beobachtete; nicht geradezu feindselig, wenn auch einige Offiziere Vorbehalte hatten und sich keinerlei Mühe gaben, das zu verbergen. Ich hatte mich zu bewähren, alles, was ich tat, wurde vermerkt. Es war keine angenehme Situation, doch fand ich mich damit ab.« Die zuversichtliche, sichere Art, in welcher Urquhart seine Division handhabte, überzeugte seine Offiziere schließlich, und bei den Mannschaften war er viel beliebter, als er wußte. Jäger Sims von der 1. Fallschirmjägerbrigade erinnert sich daran, »daß der General immer zuversichtlich und ruhig war«. Sergeant Rate von der Stabskompanie meinte: »General Urquhart hat immer selbst erledigt, was zu erledigen war, er hat seine Arbeit nie auf andere abgewälzt. Von Formalitäten hielt er nichts.« Funker Pearce nannte ihn »einen wirklich wunderbaren Kerl. Meist redete er uns beim Vornamen an.« Und Sergeant Hatch, Pilot eines Lastenseglers, machte ihm das größte Kompliment: »Der war ein General, dem es nichts ausmachte, mal die Arbeit eines Sergeanten zu tun.«

Zu Urquharts Bedauern war seine Division nicht für den Absprung über Frankreich ausgewählt worden, »und der Sommer verging damit, daß wir eine Operation nach der anderen planten und jedesmal zusehen mußten, wie sie abgeblasen wurde«. Seine »Roten Teufel« konnten es »gar nicht erwarten, ins Gefecht zu kommen«. Sie hatten die Hoffnung fast aufgegeben. »Wir nannten uns schon die totgeborene Division«, erinnerte sich Major Powell von der 4. Fallschirmjägerbrigade. »Wir glaubten, man hielte uns in

[1] Bei der ersten Besprechung mit Browning trug Urquhart noch seine alten Rangabzeichen, ferner enge, karierte Schottenhosen und die Gamaschen der Hochländer. Browning deutete auf Urquharts Hosen und bemerkte: »Sie könnten sich übrigens mal anständig anziehen und diese Dinger da wegschmeißen.«

Reserve für die Siegesparade.« Urquhart meinte: »Nach und nach entstand ein gefährliches Gemisch von Langeweile und Zynismus bei uns. Wir waren unerhört scharf ausgebildet worden, und falls wir nicht bald ins Gefecht kamen, mußte die Moral schwer leiden. Wir waren daher auch willens, jedes Risiko auf uns zu nehmen.«

Urquharts Hauptziel, und das eigentliche Ziel des Unternehmens »Market-Garden« überhaupt, war die aus Stahl und Beton gebaute Straßenbrücke über den Niederrhein bei Arnheim. Es gab dann noch zwei weitere Ziele: eine nahegelegene Pontonbrücke und eine vier Kilometer westlich der Stadt flußabwärts befindliche zweispurige Eisenbahnbrücke.

Urquhart sah sich einer Reihe von Schwierigkeiten gegenüber, von denen zwei besonders gravierend waren. Zum einen berichtete die Feindaufklärung von einer Konzentration der Flugabwehr bei Arnheim, was darauf schließen ließ, daß sich in der nächsten Umgebung der Brücke feindliche Kräfte sammelten. Zum zweiten machte es Urquhart große Sorgen, daß es drei Tage dauern sollte, bis alle seine Truppen einschließlich der polnischen Fallschirmjäger herangeschafft waren. Diese beiden Faktoren waren mitbestimmend für die Wahl seines Landeplatzes. Anders als die 82. und 101. Division konnte er nicht in unmittelbarer Nähe der Hauptziele landen. Ideal wäre gewesen, wenn er in nächster Nähe der Brücke auf beiden Ufern des Flusses hätte herunterkommen können, doch war das nicht zu verwirklichen. Die nördliche Brückenrampe führte direkt in das dicht bevölkerte und bebaute Arnheim selbst, und die südliche Zufahrt verlief durch frisch eingedeichte Marschen, die der Aufklärung zufolge weder für den Absprung von Fallschirmtruppen noch für das Niedergehen von Lastenseglern geeignet waren. »Von meinen Kommandeuren wären die meisten ohne weiteres am südlichen Brückenausgang gelandet, obwohl es dort sumpfig war«, erinnert Urquhart sich, »es gab sogar welche, die am Nordausgang abspringen und dabei Knochenbrüche riskieren wollten.«

Im Lauf der vergangenen Wochen hatten Bomberbesatzungen gemeldet, daß sie beim Überfliegen des Abschnittes Arnheim um 30 Prozent mehr Flakfeuer erhielten als gewöhnlich, und zwar aus der nächsten Umgebung der Brücken und vom Flugplatz Deelen, rund 12 Kilometer nördlich. Die Verbandsführer der englischen Luftwaffe, deren Piloten Urquharts Lastensegler schleppen sollten, widersprachen daher entschieden einer Landung in der Nähe der Brücke. Eine Landung am Südende würde zur Folge haben, daß die nach dem Ausklinken der Schleppseile nördlich abdrehenden Flugzeuge in das schwere Abwehrfeuer von Deelen gerieten. Drehten sie nach Süden, gab es ebenfalls Probleme, weil sie hier den Maschinen in die Quere kommen würden, welche die 82. Division bei Nimwegen absetzten. Urquhart stand daher vor der Wahl, entweder darauf zu insistieren, daß die RAF seine Truppen nahe der Brücke absetzte oder Landezonen zu wählen, die außerhalb von Arnheim lagen, und alle Gefahren in Kauf zu nehmen, die damit verbunden waren: Verzögerungen, Verlust des Überraschungsmomentes, möglichen deutschen Widerstand. Diese Gefahren wurden dadurch vergrößert, daß er am D-Day nur einen Teil seiner Division zur Verfügung haben würde. »Für mich ging es darum, mit der ersten Welle so viele Leute wie möglich heranzubringen, und zwar nicht nur, um die Brücke in der Stadt anzugreifen, sondern auch um die Landezonen für die nachfolgenden Transporte zu besetzen und zu sichern. Für den Angriff auf die große Brücke am ersten Tag stand mir überhaupt nur eine Fallschirmjägerbrigade zur Verfügung.«

Angesichts solcher Behinderungen erbat Urquhart mehr Transportraum von Browning. »Die Amerikaner bekommen doch augenscheinlich alles, was sie brauchen«, sagte er zu seinem Korpskommandeur. Browning widersprach. Die Zuteilung der Flugzeuge sei »ausschließlich nach dem Gesichtspunkt der Prioritäten und nicht amerikanischem Druck folgend« vorgenommen worden. Das Unternehmen sei von Süden nach Norden angelegt, gewissermaßen von unten nach oben; die Ziele im südlichen und mittleren Abschnitt des Korridors »müssen zuerst erreicht werden, denn wenn unsere Bodentruppen nicht durchkommen, ist die Luftlandearmee geliefert«.

Urquhart setzte sich schweren Herzens wieder über seine Karten. Nördlich von Arnheim gab es in einem Naturschutzgebiet einige Lichtungen, die waren aber zu klein, und das Gelände war überhaupt ungünstig. Hier konnte man bestenfalls Fallschirmjäger absetzen, nicht aber Lastensegler. Die einzige Möglichkeit hierfür sah er auf einem weiten Heideland und Weiden, die westlich und nordwestlich von Arnheim etwa 80 Meter über dem Meeresspiegel lagen und an einen Kiefernwald grenzten. Besonders die Heide war fest und flach, ein guter Landeplatz für Fallschirmspringer und Lastensegler. Dieses Gelände war überhaupt in jeder Weise ideal. Nur lag es zwischen zehn und dreizehn Kilometern von der Arnheimer Brücke entfernt. Angesichts der beharrlichen Weigerung der RAF, die Landung in unmittelbarer Umgebung der Brücke zu ermöglichen, entschied Urquhart sich widerwillig für diesen abgelegenen Ort. »Mir blieb nichts übrig, als das Risiko einzugehen und meine Planung, so gut es ging, darauf einzurichten.«[2]

[2] Oberst Chatterton, der Kommandeur des Regimentes der Gleiterpiloten, erinnert sich, gefordert zu haben, »mit fünf oder sechs Gleitern unmittelbar an der Brücke niederzugehen und diese im Handstreich zu nehmen. Ich

Am 12. September war sein Plan fertig. Auf seiner Karte hatte Urquhart rechts und links der von Arnheim nach Amsterdam führenden Eisenbahnlinie etwa sieben Kilometer nordwestlich von Arnheim in der Nähe von Wolfheze fünf Lande- und Abwurfplätze markiert. Drei davon lagen nördlich von Wolfheze und zwei südlich, wobei letztere ungefähr ein Rechteck bildeten, das in der Breite anderthalb Kilometer maß. Alle fünf waren nicht weniger als neun Kilometer von der Brücke in Arnheim entfernt, der Platz nordwestlich von Wolfheze sogar dreizehn Kilometer.

Am D-Day sollten zwei Brigaden transportiert werden – die 1. Luftlandebrigade von General Hicks, die das Landegebiet sichern sollte, und die 1. Fallschirmjägerbrigade von General Lathbury, die so rasch als möglich auf die Straßenbrücke von Arnheim, auf die Eisenbahnbrücke und die Pontonbrücke vorstoßen mußte. Die Spitze sollte die aus Jeeps und Motorrädern bestehende Aufklärungsabteilung von Major Gough übernehmen, dessen in vier Zügen gegliederte 275 Soldaten die Straßenbrücke besetzen und halten sollten, bis das Gros der Brigade eintraf.

Am D-Day plus 1 sollte die 4. Fallschirmjägerbrigade unter General Hackett zusammen mit dem Rest der Luftlandebrigade eintreffen und am dritten Tag General Sosabowskis 1. polnische Fallschirmjägerbrigade. Für die Polen hatte Urquhart auf seiner Karte eine sechste Landezone markiert, und zwar auf dem Südufer des Niederrheins nahe der Ortschaft Elden, etwa anderthalb Kilometer südlich der Arnheimer Brücke, weil er davon ausging, daß die Brücke zu diesem Zeitpunkt bereits in seiner Hand und die Flakbatterien vernichtet sein würden.

Trotz der Gefahren, die er sah, war Urquhart zuversichtlich. Seiner Ansicht nach hatte er »einen guten Plan für eine durchführbare Operation gemacht«. Verluste erwartete er in der Höhe von »so um die 30 Prozent«, und in Anbetracht der schwierigen Aufgabe fand er das nicht zuviel. Am frühen Abend des 12. September hielt er eine Kommandeursbesprechung ab, »und alle Anwesenden waren mit dem Plan einverstanden«, wie er sich erinnert.

Auf einen Kommandeur traf das nicht zu. General Sosabowski, der straffe 52jährige Führer der 1. polnischen Fallschirmjägerbrigade hielt es für ausgemacht, »daß wir ein erbittertes Gefecht vor uns hatten«. Dieser ehemalige Lehrer an der Polnischen Kriegsakademie hatte bereits anläßlich des Unternehmens »Comet« bei den Generalen Urquhart und Browning protestiert und von Urquhart

fand, daß dagegen nichts einzuwenden sei, doch von den anderen Anwesenden hielt es keiner für nötig, man schimpfte mich vielmehr einen Blutsäufer, weil ich mir erlaubt hatte, diesen Vorschlag zu machen.«

verlangt, er solle ihm den Angriffsbefehl schriftlich geben, »weil ich für die Katastrophe nicht verantwortlich gemacht werden wollte«. Er war mit Urquhart zu Browning gegangen und hatte diesem vorgestellt, »daß das Unternehmen unmöglich Erfolg haben kann«. Auf Brownings Frage warum, erwiderte er: »Mit den uns zur Verfügung stehenden Kräften ist es glatter Selbstmord, so etwas zu versuchen.« Worauf Browning erwiderte: »Aber mein werter Herr Sosabowski, den Roten Teufeln und den tapferen Polen ist doch nichts unmöglich!«

Nun jedoch, als er eine Woche später Urquhart zuhörte, dachte Sosabowski: »Die Engländer unterschätzen nicht nur die deutschen Kräfte bei Arnheim, sie begreifen auch überhaupt nicht, was Arnheim für die Deutschen bedeutet.« Sosabowski war der Ansicht, die Deutschen sähen in Arnheim »das Tor zu ihrem Vaterland, und ich konnte nicht glauben, daß sie es offenstehen lassen würden«. Ebensowenig glaubte er, »daß es dort nur Truppen von geringem Kampfwert und ein paar halbzerschossene Panzer gab«. Als er Urquhart sagen hörte, die 1. Luftlandedivision »wird mindestens neun Kilometer von ihrem Ziel entfernt abgesetzt«, war er außer sich. Das Gros würde ja mithin, um die Brücke zu erreichen, »fünf Stunden marschieren müssen. Wo blieb da die Überraschung? Auch der dümmste Deutsche mußte erkennen, welche Absicht wir verfolgten.«

Es gab noch einen weiteren Aspekt der Planung, der Sosabowski nicht gefiel. Munition und schweres Gerät für seine Brigade sollten schon mit einem früheren Transport nach Holland gebracht werden, sie würden sich also auf einem Landeplatz nördlich des Rheins befinden, während seine Leute auf dem Südufer absprangen. Gesetzt den Fall, die Rheinbrücke wäre noch nicht in englischer Hand, wenn er landete? Als er Urquhart aufmerksam zuhörte, erfuhr Sosabowski zu seiner Verblüffung, daß in einem solchen Fall von den Polen erwartet wurde, sie würden den Deutschen die Rheinbrücke wegnehmen.

Trotz aller Vorbehalte blieb Sosabowski bei dieser Konferenz am 12. September stumm. »Urquhart fragte, ob noch etwas unklar sei, doch meldete sich keiner. Alle saßen höchst lässig mit übergeschlagenen Beinen herum und taten, als langweile sie das ungeheuer. Ich hätte zu diesem aberwitzigen Plan gern etwas gesagt, brachte es aber nicht fertig. Ich war ohnehin unbeliebt, und wer hätte mir schon zugehört?«

Als später beim Stab von General Browning der Gesamtplan noch einmal erörtert wurde, hatten mehrere Anwesende hinsichtlich des englischen Teils des Unternehmens schwere Bedenken, doch auch sie schwiegen. General Gavin, der Kommandeur der 82. US Luftlandedivision war sehr erstaunt, als er hörte, wo Urquhart seine Landeräume gewählt hatte, und bemerkte zu seinem Operationsoffizier Oberstleutnant Norton: »Das kann er doch nicht im Ernst meinen.« Norton war ebenfalls entsetzt. »Doch«, sagte er düster, »das ist sein Ernst. Ich möchte aber nicht in seiner Haut stecken.« Gavin war der Meinung, es sei besser, »bei etwa 10 Prozent Verlusten unmittelbar auf oder neben die Brücke zu springen, als das Risiko auf sich zu nehmen, auf entfernten Plätzen zu landen«. Es überraschte ihn, daß General Browning keine Einwände gegen Urquharts Plan vorbrachte, er sagte aber ebenfalls nichts, »denn ich nahm an, daß die Engländer mit ihrer großen Kriegserfahrung genau wußten, was sie taten«.

2

SS-Sturmbannführer Krafft hatte nicht die geringste Lust, schon wieder sein Quartier zu wechseln. In den vergangenen Wochen war sein noch längst nicht aufgefülltes SS-Panzergrenadier-Ausbildungs- und -Reservebataillon kreuz und quer durch Holland gejagt worden, und nachdem er nun endlich seit fünf Tagen hier im Quartier lag, sollte er neuerlich das Feld räumen, und zwar nicht etwa vor seinen eigenen Vorgesetzten, sondern ausgerechnet vor einem Major der Wehrmacht.

Krafft protestierte nachdrücklich. Seine drei Kompanien lagen bis auf einen in Arnheim untergebrachten Rest in Oosterbeek, und er erwartete hier jeden Augenblick tausend Mann zur Ausbildung. Der Major blieb hartnäckig. »Das ist mir einerlei, Sie müssen Oosterbeek räumen.« Krafft wollte sich darauf nicht einlassen. Dieser ehrgeizige Offizier von 37 Jahren nahm Befehle überhaupt nur von seinen Vorgesetzten in der SS entgegen. »Kommt nicht in Frage«, sagte er daher, was aber auf den Major keinen Eindruck machte. »Sie verschwinden von hier, denn Models Hauptquartier kommt nach Oosterbeek.«

Das wirkte Wunder. Krafft hatte keine Lust, dem Feldmarschall ins Gehege zu kommen. Immerhin, gerne räumte er nicht das Feld, und er blieb auch ganz in der Nähe. Er verlegte seine Kompanien in den Wald und auf die Bauernhöfe nordwestlich von Oosterbeek nahe der Ortschaft Wolfheze. Der von ihm ausgesuchte Bereich erstreckte sich neben der Straße nach Wolfheze fast genau zwischen den auf englischen Karten markierten Landezonen für die 1. englische Luftlandedivision und blockierte die Straße nach Arnheim.

3

Der Nachrichtenmann des Arnheimer Widerstandes, Henri Knap, fühlte sich in seiner neuen Rolle ganz sicher. Um Frau und beide Töchter nicht in seine Aktivitäten zu verwickeln, war er schon vor vier Monaten ausgezogen und wohnte einige Häuserblocks entfernt. Als Zentrale diente ihm die Praxis von Dr. Breebaart. Im weißen Mantel agierte Knap hier als »Gehilfe« des Arztes, und einige der »Patienten« waren Kuriere und Melder seines Informantennetzes: vierzig Männer und Frauen und einige Halbwüchsige.

Knap hatte eine mühsame und häufig enttäuschende Arbeit zu tun, die darin bestand, die an ihn gelangenden Informationen zu bewerten und telefonisch weiterzugeben. Pieter Kruyff, der Chef des Widerstandes in Arnheim, hatte ihm drei Telefonnummern angegeben, die jede aus zwölf bis fünfzehn Zahlen bestanden. Wen er unter diesen Nummern erreichte, wußte er nicht, er war nur angewiesen, jeweils eine der Nummern so lange zu wählen, bis er Verbindung bekam[3].

Das Sammeln von Nachrichten war noch komplizierter. Er gab seine Anfragen über das Netz der Informanten weiter und wußte nie, von wem er endlich die gewünschte Information erhielt. Kamen ihm Zweifel an der Richtigkeit, versuchte er sie selbst nachzuprüfen. Im Augenblick beschäftigten ihn mehrere Berichte über erhöhte Tätigkeit des Feindes in Oosterbeek.

Ein deutscher Generalstabsoffizier hatte angeblich in Ladengeschäften von Renkum, Oosterbeek und Arnheim für das Hotel Tafelberg in Oosterbeek alle möglichen teuren und raren Sachen bestellt, darunter Delikatessen und Genever – Dinge, die die holländische Bevölkerung kaum noch zu sehen bekam.

Weiter hieß es, Nachrichtentruppen hätten auffallend viele Telefonverbindungen zwischen Hotels in den Vororten verlegt, insbesondere Leitungen zum Hotel Tafelberg. Das ließ, wie Knap meinte, nur einen Schluß zu: in Oosterbeek zog ein höherer Stab ein. Welcher aber? Wer war der General? War er schon angekommen?

Noch wichtiger für Knap war es, über die Stärke des Feindes in Arnheim und Umgebung Bescheid zu bekommen. Er wußte, daß in jeder Ortschaft jemand saß, der solche Nachrichten sammelte, daß

[3] Knap weiß auch heute nicht, wer seine Verbindungsleute waren, er weiß nur, daß die Informationen per Ferngespräch an eine »Gruppe Albrecht« gingen. Damals hatten die holländischen Telefonnummern jeweils vier Zahlen; dank dem Erfindungsgeist des Fernmeldetechnikers Nicolaas Tjalling de Bode war es den Widerständlern jedoch möglich, mit Hilfe bestimmter Zahlenkombinationen unter Umgehung der Fernämter jeden Ort in Holland anzuwählen.

er »nur ein Rädchen in einer riesigen Sammelmaschine« war, und daß es aus diesem Grunde unvermeidlich war, »daß die Arbeit doppelt und dreifach getan wurde«. Trotzdem war jede Nachricht wichtig, »denn was dem einen entging, das meldete vielleicht ein anderer«.

Er erinnerte sich später: »Noch zwei Wochen vorher waren in der Gegend um Arnheim so gut wie keine Deutschen.« Seither hatte sich das leider geändert, und Knap sah mit Sorge, wie die Deutschen sich sammelten. Sieben Tage lang gab er nun schon Informationen weiter, aus denen zu ersehen war, daß »die Reste mehrerer Divisionen, darunter Panzerverbände, in Arnheim und Umgebung zur Neuaufstellung eingetroffen sind oder weiter nach Deutschland marschieren«. Jetzt hatte er noch präzisere Neuigkeiten. Seine Informanten berichteten über die Anwesenheit von Panzern nördlich und nordöstlich von Arnheim, und Knap glaubte, »Teile wenigstens einer oder sogar zweier Panzerdivisionen« in der Gegend vermuten zu dürfen, nur wußte er noch nicht, wo sie lagen und um welche es sich handelte. Diese Einzelheiten brauchte er dringend und forderte sie von seinen Leuten an. Besonders über die Panzerverbände wollte er Näheres wissen und über die Identität »des neuen Gastes« im Hotel Tafelberg.

Der 25jährige Wouter van de Kraats kannte Henri Knap nicht. Sein Verbindungsmann im Widerstand war jemand, den er als »Jansen« kannte, der irgendwo in Arnheim wohnte. Jansen gab ihm einen neuen Auftrag, der das Hotel Tafelberg betraf. Dort sei ein hoher deutscher Befehlshaber eingetroffen, und van de Kraats sollte sehen, ob er an einem der Fahrzeuge des Stabes irgendwelche Markierungen oder Stander feststellen könne. In diesem Fall solle er Farbe und Symbole sofort durchgeben.

Van de Kraats hatte selbst gemerkt, daß um das Hotel herum ein lebhaftes Treiben begonnen hatte. Feldgendarmerie und Wachtposten waren aufgezogen. Die Schwierigkeit bestand darin, an diesen vorbei jene Straße zu begehen, welche am Hotel vorbeiführte, der Pietersbergweg. Er wollte das mit einem Trick versuchen.

Bei der Annäherung ans Hotel wurde er sogleich angehalten. »Ich muß hier aber vorbei, denn ich arbeite da vorne an der Tankstelle.« Der Deutsche ließ ihn passieren, und drei weitere Posten musterten ihn nur flüchtig. Als er am Hotel vorüberkam, bemerkte er in der Einfahrt mehrere Fahrzeuge, von denen keines Markierungen aufwies, doch vor der Hoteltür war ein Stander aufgepflanzt, der in schwarzweißroten Farben ein schachbrettartiges Muster aufwies – das Abzeichen eines deutschen Heeresgruppenführers.

Am Nachmittag des 14. September liefen die Nachrichten bei

Henri Knap ein. Mehrere Berichte erwähnten zahlreiche Panzersoldaten, Panzer und gepanzerte Fahrzeuge in halbkreisförmiger Gruppierung nördlich von Arnheim. Solche Einheiten wurden in Beekbergen, Epse und entlang dem Ijssel gemeldet. Ein Bericht wußte sogar von 20 bis 30 Tigerpanzern. Um wie viele Einheiten es sich handelte, war nicht festzustellen, identifiziert hatte er nur eine einzige, und die mehr zufällig. Einer seiner Agenten berichtete von »Panzern mit merkwürdigen Abzeichen – seitenverkehrte F über einer Kugel«. Knap befragte ein deutsches Handbuch. Ohne zu zögern, gab er per Telefon durch, daß die 9. SS-Panzerdivision »Hohenstaufen« bei Arnheim liege. Aus seinem Agentenbericht entnahm Knap, daß ihre Quartiere etwa zwischen Arnheim und Apeldoorn lagen und von dort weiter in südöstlicher Richtung bis Zutphen.

Bald darauf erfuhr er die Neuigkeit vom Hotel Tafelberg und gab auch die weiter. Der Stander mit dem Schachbrettmuster war eindeutig. An diesem Teil der Westfront gab es nur einen einzigen Heeresgruppenführer, und obwohl Knap diesen Teil der Meldung unbestätigt weitergab, nahm er an, daß der neue Gast Feldmarschall Model sei.

4

In einem kleinen Schloß am Rande von Doetinchem, etwa 40 Kilometer von Oosterbeek, führte Obergruppenführer Bittrich vom II. SS-Panzerkorps eine Besprechung mit den Divisionskommandeuren, die ihm verblieben waren. Bittrich war wütend, denn die Aussichten für seine angeschlagene Truppe waren schlechter als eine Woche zuvor. Von dem angeforderten Ersatz an Soldaten und Material war nichts gekommen, im Gegenteil, er hatte jetzt noch weniger Leute, denn zwei Kampfgruppen hatte er an die Front abgeben müssen. Eine war der 7. Armee unterstellt, die sich bemühte, die Amerikaner bei Aachen aufzuhalten, die andere war der 1. Fallschirmjägerarmee von General Student zugeteilt worden, nachdem englische Panzer über den Albertkanal und den Maas-Schelde-Kanal vorgestoßen waren und bei Neerpelt fast an der holländischen Grenze standen. Ausgerechnet jetzt, als die Engländer zu einer neuen Offensive antraten – eine Offensive, die die Feindaufklärung der Heeresgruppe B als »unmittelbar bevorstehend« bezeichnete –, bekam Bittrich durch Feldmarschall Model »wieder verrückte Anweisungen von den Irren in Berlin«. Eine seiner angeschlagenen Divisionen sollte Fahrzeuge und Ausrüstung zurücklassen und in Deutschland anderen Einheiten zugeteilt werden.

Bittrich, ehemals begeisterter Nationalsozialist, schäumte. Er hatte »es satt, wahnwitzige Befehle aus Berlin zu bekommen, von Leuten, die um Hitler herumschwänzelten und den größten Blödsinn machten«. Mutig und tüchtig, hatte Bittrich fast sein ganzes Leben als Erwachsener in Uniform verbracht. Im Ersten Weltkrieg diente er als Leutnant bei den Fliegern und wurde zweimal verwundet. Nach ein paar Jahren bei einem Börsenmakler trat er in die Reichswehr ein und bildete in Rußland acht Jahre lang Flieger aus. Als Hitler an die Macht kam, ging er zur Luftwaffe, doch Mitte der dreißiger Jahre trat er zur Waffen-SS über, wo die Aussichten auf Beförderung besser waren[4].

Seit den Kämpfen in der Normandie hatte Bittrich kein Vertrauen mehr zu Hitlers Führungskünsten. Ebenso wie Rommel lehnte er es ab, an Ort und Stelle bis zum letzten Mann zu kämpfen. Zu Rommel sagte er einmal: »Wir werden so miserabel geführt, daß ich sinnlose Befehle nicht mehr befolge. Ich bin nie ein Roboter gewesen und will auch jetzt keiner werden.« Als er erfuhr, daß sein ehemaliger Kommandeur, Generaloberst Hoepner, nach dem 20. Juli als Verschwörer zum Tod durch den Strang verurteilt worden war, sagte er vor seinem versammelten Stab: »Dies ist der schwärzeste Tag für das deutsche Heer.« In Berlin erfuhr man von seiner offenen Kritik an Hitlers Führungskunst, und »was ich sagte, wurde dem Reichsführer SS hinterbracht. Der Name Bittrich wurde in Hitlers Umgebung nicht mehr erwähnt.« Bis jetzt hatte ihn nur der Zusammenbruch der Front im Westen davor bewahrt, abberufen zu werden: Bittrichs Fähigkeiten wurden gebraucht; außerdem schützten ihn seine Vorgesetzten. »Allerdings lag Himmler sehr daran, daß ich zu einer kleinen Unterhaltung mit ihm nach Deutschland kam.« Was das bedeutet hätte, wußte Bittrich recht gut, doch Model wußte es auch und war entschlossen, Bittrich nicht gehen zu lassen. Folglich lehnte er alle Ersuchen Himmlers ab, Bittrich nach Berlin zu schicken.

4 Bittrich ist nach dem Zweiten Weltkrieg als mutmaßlicher Kriegsverbrecher acht Jahre in Haft gewesen, wurde am 22. Oktober 1953 freigesprochen und entlassen. Während Offiziere der Waffen-SS im allgemeinen nicht leicht aufzuspüren und zu befragen sind, haben Bittrich und einige seiner ehemaligen Mitarbeiter mir bereitwillig geholfen, viele bis dahin unaufgeklärte Vorgänge bei der Schlacht um Arnheim aufzuhellen. Bittrich hat mich gebeten, eine Kleinigkeit richtigzustellen, die ihn persönlich angeht: »Man hat mich in einigen englischen Veröffentlichungen als Musiker bezeichnet, der eigentlich Dirigent habe werden wollen; das ist eine Verwechslung. Es handelt sich um meinen Bruder Dr. Gerhard Bittrich, einen sehr begabten Pianisten und Kapellmeister.«

Jetzt also machte Bittrich seine Divisionskommandeure, den SS-Brigadeführer Harmel von der 10. SS-Divison »Frundsberg« und den Obersturmbannführer Harzer von der 9. SS-Division »Hohenstaufen«, mit den neuesten Berliner Plänen bekannt. Harzer hatte von Models Stabschef schon einiges gehört und erfuhr nun von Bittrich, daß seine 9. Division umgehend nach Siegen verladen werden sollte. Harmels Division sollte bleiben, wo sie jetzt lag: südöstlich von Arnheim. Sie sollte neu ausgerüstet, auf volle Stärke gebracht und wieder an die Front geführt werden.

Harmel, 38 Jahre alt, munter und jovial und von seinen Leuten »der alte Frundsberg« genannt, war unangenehm überrascht. Er hatte den Eindruck, »daß Bittrich mal wieder die 9. Division bevorzugte, vielleicht weil er sie früher selbst kommandiert hatte, vielleicht aber auch weil Harzer sein Stabschef gewesen war. Bittrich war zwar nicht bewußt parteiisch, aber es ergab sich immer so, daß die 9. Division die angenehmeren Aufträge bekam.«

Harzer, 32 Jahre alt, war recht erfreut, wenn er auch nicht glaubte, daß bei dieser Gelegenheit ein Heimaturlaub für ihn herauskommen könnte. Er stellte sich vor, daß er nach der Neuaufstellung eine funkelnagelneue Division kommandieren würde, und insgeheim hoffte er, seinen Ehrgeiz befriedigt zu sehen, nämlich zum Brigadeführer befördert zu werden, ein Rang, der dem Kommandeur einer SS-Division eigentlich zukam. Immerhin gab es an dem von Bittrich fixierten Plan einiges, was Harzer nicht gefiel.

Seine Division war zwar ebenfalls dezimiert, aber immer noch stärker als Harmels. Statt der üblichen 9000 Mann hatte die Division Hohenstaufen noch knapp 6000, die Frundsberg etwa 3500 Mann. Harzer besaß 20 Panzer vom Typ Panther, von denen aber nicht alle gefechtsklar waren. Er verfügte jedoch über eine beträchtliche Anzahl gepanzerter Fahrzeuge: Sturmgeschütze, Panzerspähwagen und gepanzerte Mannschaftswagen, die alle mit schweren Maschinengewehren ausgestattet waren. Harmels Division hingegen hatte so gut wie überhaupt keine Panzer mehr und auch keine gepanzerten Fahrzeuge. Beide Divisionen verfügten noch über starke Artillerie, vor allem mehrere Granatwerfer und Flak. Bittrich sagte nun, Harzer solle von seinen Fahrzeugen alles, was er nicht unbedingt brauche, der Division Frundsberg überlassen. Das paßte Harzer nicht. »Ich wußte doch genau, daß ich für meine Panzer und Schützenpanzer nie Ersatz bekommen würde, wenn ich sie Harmel überließ.« Er widersprach nicht, dachte aber auch nicht daran, alle seine Fahrzeuge herzugeben.

Harzer wußte seit langem, wie wichtig es war, die Ausrüstung seiner Division zusammenzuhalten. Er besaß mehr Fahrzeuge, als Bittrich ahnte, darunter auch amerikanische Jeeps, die er während des Rückzuges durch Frankreich erbeutet hatte. Durch einige Tricks in seinen Bestandslisten gedachte er den neuen Befehl zu umgehen. Er brauchte nur die Raupen von einigen Panzern, Räder oder Geschütze von anderen Fahrzeugen zu entfernen, damit sie vorübergehend »reparaturbedürftig« wurden, bis er in Deutschland damit war.

Bittrich fuhr fort, die Division Frundsberg sei aber auch dann nicht stark genug, wenn sie über Harzers Fahrzeuge verfüge; aus diesem Grunde müsse man in Berlin die Dringlichkeit der Anforderungen unmittelbar an höchster Stelle vortragen. Vielleicht würde dann endlich Ersatz beschafft. Da Bittrich selbst nicht die Absicht hatte, in Berlin zu erscheinen, wurde zu seiner Überraschung Harmel damit beauftragt. »Warum er mich und nicht Harzer schickte, weiß ich nicht, aber wir brauchten wirklich dringend neue Leute und Panzer, und er glaubte wohl, daß ein General mehr ausrichten würde. Model durfte nichts davon erfahren. Da wir in der Gegend von Arnheim nicht mit Feindtätigkeit rechneten, sollte ich am 16. September abends losfahren.«

Die Übergabe der Ausrüstung und der Fahrzeuge Harzers an Harmel und die Verladung der Division Hohenstaufen nach Deutschland solle sogleich beginnen, befahl Bittrich. Feldmarschall Model hatte verlangt, daß aus beiden Divisionen sogenannte Alarmeinheiten gebildet und für Notfälle bereitgehalten werden sollten. Daraufhin beschloß Harzer, »meine besten Einheiten als letzte zu verladen«. Bittrich ordnete an, daß Übergabe und Verladung am 22. September zu beenden seien. Da täglich sechs Züge nach Deutschland fuhren, nahm Harzer an, dies könne sehr viel schneller erledigt werden, in etwa drei Tagen sah er sich mit seinen letzten und besten Einheiten auf dem Weg in die Heimat, vermutlich am Nachmittag des 17. September.

Demoralisierende Gerüchte machten die Runde. Am 14. September hieß es bei höheren deutschen Offizieren in Holland, die Alliierten planten eine Luftlandung. Diese Gerüchte gingen auf ein Gespräch zwischen General Jodl, dem Chef des Wehrmachtführungsstabes, und Generalfeldmarschall Rundstedt, dem OB-West, zurück. Jodl fürchtete, die Alliierten würden von See her in Holland einfallen, und wenn Eisenhower seine gewohnte Taktik beibehalte, würden zur Vorbereitung auch Luftlandeverbände eingesetzt werden. Rundstedt glaubte zwar nicht daran (er nahm vielmehr an, daß Luftlandetruppen vor einem Angriff auf das Ruhrgebiet abgesetzt werden würden), gab Jodls Hinweis aber an den Kommandeur der Heeresgruppe B weiter. Model war der gleichen Ansicht wie Rundstedt, konnte Jodls Warnung aber nicht ganz außer acht lassen und befahl darum dem Befehlshaber der deutschen Truppen in Holland, dem nervösen General der Luftwaffe Christiansen, einen seiner aus Heer, Marine, Luftwaffe und holländischer Waffen-SS gemischten Verbände an die Küste zu schicken.

Seit Jodls Anruf vom 11. September waren die Gerüchte von oben nach unten durchgesickert, insbesondere bei der Luftwaffe. Die Invasion hatte noch nicht stattgefunden, und die Angst vor einer Luftlandung nahm deshalb zu. Alle Welt stellte Vermutungen darüber an, wo sie stattfinden könnte, und bei manchen Kommandeuren galt das offene Gebiet zwischen der Nordküste und Arnheim als das wahrscheinlichste. Andere, die eine Fortsetzung der englischen Offensive aus dem Brückenkopf bei Neerpelt erwarteten, fragten sich, ob nicht Fallschirmjäger dabei verwendet und in der Gegend von Nimwegen abgesetzt werden würden.

Am 13. September hörte der Fliegergeneral Dessloch, Kommandeur der 3. Luftflotte, in Rundstedts Hauptquartier in Koblenz von diesen Vermutungen und war davon so beeindruckt, daß er tags darauf mit Model telefonierte. Model jedoch meinte, die Angst vor einer Invasion sei »purer Unfug«. Der Feldmarschall machte sich so wenig Sorgen, »daß er mich zum Essen in sein neues Hauptquartier im Hotel Tafelberg in Oosterbeek einlud«. Dessloch lehnte ab. »Ich habe keine Lust, in Gefangenschaft zu geraten«, sagte er zu Model und fügte abschließend hinzu: »Ich an Ihrer Stelle würde machen, daß ich dort wegkomme.« Darauf lachte Model nur. Auch der Fliegergeneral Grabmann hörte auf dem Flugplatz Deelen davon und fuhr nach Oosterbeek, um sich mit Models Stabschef, General Krebs, zu beraten. Als er seine Sorgen vortrug, sagte Krebs: »Reden Sie doch um Gottes willen nicht von so etwas. Wo sollten die Burschen übrigens landen?« Grabmann trat an die Karte, deutete auf die Gegend westlich von Arnheim und sagte: »Irgendwo hier. Die Heide eignet sich für Fallschirmspringer ausgezeichnet. Krebs lachte nur und sagte, daß ich mich lächerlich machen würde, wenn ich weiter so redete.«

Der berüchtigte Polizeichef von Holland, SS-Gruppenführer Albin Rauter hörte ebenso davon, möglicherweise von General Christiansen. Rauter hielt alles für möglich, also auch einen Angriff aus der Luft. Dieser eigentliche Motor des Naziterrors in den Niederlanden rechnete jeden Augenblick mit einem Angriff aus dem Untergrund und einem Aufstand der Bevölkerung. Er war entschlossen, jeder Art von Aufruhr mit Geiselerschießungen zu begegnen: für jeden getöteten Nationalsozialisten sollten drei holländische Bürger sterben. Gleich nach Beginn des deutschen Rückzuges und der Flucht holländischer Nazis nach Deutschland hatte Rauter den Ausnahmezustand verhängt, und seine Polizei ging brutal gegen jedermann vor, der im Verdacht stand, mit der Widerstandsbewegung Kontakt zu haben. Männer und Frauen wurden verhaftet, erschossen oder in Konzentrationslager verschickt. Der Reiseverkehr zwischen den holländischen Provinzen wurde untersagt und weitere Beschränkungen eingeführt. Wer nach Eintritt der Sperrstunde auf der Straße war, wurde ohne Warnung erschossen. In Erwartung einer englischen Offensive wurden in ganz Südholland die Einwohner gezwungen, Feldstellungen für die Wehrmacht auszuheben. In Nimwegen bedrohte Rauter zu diesem Zwecke ganze Familien mit Überführung in Konzentrationslager. Versammlungen aller Art waren verboten. »Wo mehr als fünf Personen zusammenkommen, wird von der Wehrmacht, der SS oder der Polizeitruppe das Feuer eröffnet«, hieß es auf einem von Rauters Plakaten.

Angesichts der unmittelbar bevorstehenden englischen Offensive im Süden und der von Berlin ausgehenden Warnung vor einem möglichen Angriff von See her und aus der Luft verstand Rauter die Welt nicht mehr. Er war entsetzt[5]. Als er hörte, daß Model in Holland war, wollte er sich von ihm beruhigen lassen und fuhr zum Hotel Tafelberg. Am 14. September abends kam er mit Model und dessen Stabschef Krebs zusammen. Er sagte zu ihnen: »Ich bin überzeugt davon, daß die Alliierten jetzt in Südholland Luftlandetruppen einsetzen . . ., denn das ist der geeignete psychologische Augenblick.« Model und Krebs waren anderer Ansicht. »Solche Eliteverbände«, sagte Model, »sind viel zu kostbar, ihre Ausbildung ist auch viel zu teuer als daß man sie wahllos verwenden kann.« Der Feldmarschall erwartete, daß Montgomery von Neerpelt aus nach Holland vorstoßen werde; die Lage sei keinesfalls so kritisch, daß sie den Einsatz von Luftlandetruppen rechtfertige. Er hielt einen englischen Angriff auf Arnheim auch darum nicht für möglich, weil die angreifenden Truppen drei breite Flüsse überwinden mußten. Sowohl Nimwegen als auch Arnheim seien für die englischen Verbände zu weit entfernt, und im übrigen »ist Montgomery ein sehr vorsichtiger Taktiker. Nie wird er Luftlandetruppen in solch ein tollkühnes Abenteuer verwickeln.«

5 In seiner Kerkerzelle hat Rauter den holländischen Vernehmern nach dem Krieg zugegeben: ». . . ich war damals sehr nervös . . . der holländische Widerstand mußte unbedingt ausgeschaltet werden.« Am 12. Januar 1949 verurteilte ein holländisches Gericht ihn u. a. wegen »Verfolgung von Juden, Deportierung von Einwohnern zur Zwangsarbeit, Plünderung, Beschlagnahme von Vermögen, Freiheitsberaubung . . . der Tötung ziviler Geiseln zwecks Vergeltung von Maßnahmen gegen die Besatzungsmacht« zum Tode; am 25. März 1949 wurde er hingerichtet.

Als der Gefangene am 15. September Major Kieswetter, dem stellvertretenden Chef der Abwehr in Holland vorgeführt wurde, wußte dieser schon allerhand über ihn, denn der 28 Jahre alte Christiaan Antonius Lindemans, der wegen seiner Größe und seines Gewichts auch »King Kong« genannt wurde, hatte bereits ein dickes Dossier. Lindemans war von einer Streife nahe der holländisch-belgischen Grenze im Niemandsland zwischen der englischen und der deutschen Front aufgegriffen worden. Seiner englischen Uniform wegen hielt man ihn anfangs für einen Soldaten, doch als er auf dem Bataillonsgefechtsstand bei Valkenwaard vernommen wurde, verlangte er, dem deutschen Chef der Abwehr in Holland und Kieswetters Vorgesetztem vorgeführt zu werden, dem General Giskes. Nach mehreren Telefongesprächen bekamen Lindemans Vernehmer zu ihrem Erstaunen den Befehl, den Gefangenen sogleich nach Driebergen (westlich von Oosterbeek) zu fahren. Nur Lindemans war nicht überrascht. Manche seiner Landsleute hielten ihn für einen aufrechten Widerstandskämpfer; die Deutschen kannten ihn als Spion. »King Kong« war Doppelagent.

1943 war er zum Verräter geworden, als er sich erbot, für Giskes tätig zu werden, falls dieser seine damalige Freundin und seinen jüngeren Bruder Henk freiließ, der von der Gestapo wegen Zugehörigkeit zum Untergrund verhaftet worden war und auf seine Hinrichtung wartete. Giskes war einverstanden, und Lindemans hatte die Deutschen seitdem gut bedient. Ihm war es zu danken, daß die Abwehr viele Zellen des Widerstandes unterwandern konnte, was zur Festnahme und Hinrichtung zahlreicher holländischer und belgischer Patrioten führte. Lindemans war ein prahlerischer, ungehobelter Mensch, neigte zu Exzessen, wenn er betrunken war, und hatte eine unstillbare Gier nach Frauen; trotzdem war er bislang unentdeckt geblieben. Allerdings betrachtete man ihn im Widerstand bereits mit Mißtrauen, wohingegen er bei gewissen alliierten Offizieren in Brüssel so hoch im Kurs stand, daß er auf Anraten eines kanadischen Hauptmanns für den englischen Nachrichtendienst verpflichtet worden war.

Da Giskes nicht anwesend war, befaßte Kieswetter sich mit Lindemans – zum erstenmal. Dieser übergroße Kraftprotz, der sich jedermann als »der große King Kong« vorstellte, ekelte ihn an. Lindemans berichtete von seinem letzten Unternehmen. Der kanadische Nachrichtenoffizier hatte durch ihn den Führern des Widerstandes in Eindhoven ausrichten lassen, abgeschossene alliierte Flieger sollten nicht mehr nach Belgien weitergeleitet werden; die Engländer würden demnächst von Neerpelt nach Eindhoven vorstoßen, und bis dahin sollte man die Flieger verborgen halten. Lindemans hatte sich fünf Tage an der englischen Front herumgetrieben und konnte einiges über den Aufmarsch berichten. Der Angriff selbst, so erklärte er fest, werde am 17. September stattfinden.

Daß die Engländer etwas vorhatten, war nichts Neues, und Kieswetter rechnete wie jedermann täglich damit. Lindemans wußte aber noch etwas: gleichzeitig mit dem Angriff der Engländer sollten Fallschirmjäger jenseits von Eindhoven abspringen, um bei der Einnahme der Stadt zu helfen[6]. In dieser Mitteilung sah Kieswetter keinen Sinn. Wozu sollte man Fallschirmjäger einsetzen, wenn man Eindhoven ebensoleicht mit Heeresverbänden erreichen konnte? Vielleicht weil er Lindemans' Information nicht glaubte, eher aber weil er King Kong nicht ausstehen konnte, wies er ihn an, nach Erledigung seines Auftrages zu den Engländern zurückzugehen. Im übrigen unternahm er nichts. Von Lindemans' Informationen hielt er so wenig, daß er sie nicht weitergab, sondern nur eine Notiz für den Sicherheitsdienst machte. Für Giskes diktierte er ein kurzes Protokoll seiner Unterredung mit Lindemans. Dieses Protokoll bekam Giskes, der King Kong stets für sehr zuverlässig gehalten hatte, erst am Nachmittag des 17. September.

6 Nach dem Kriege konnte man in englischen Zeitungen lesen, Lindemans habe den Deutschen das Landevorhaben bei Arnheim verraten, und deshalb seien die Panzerdivisionen bereit gewesen. Das stimmt aber nicht, denn Bittrichs Korps hatte bereits Aufstellung genommen, bevor Eisenhower und Montgomery am 10. September den Plan für ›Market-Garden‹ endgültig verabschiedeten. Lindemans konnte von dem Angriff und dem Umfang der Operationen bei Arnheim auch darum nichts wissen, weil die entsprechenden Beschlüsse der Alliierten erst getroffen wurden, als Lindemans längst aus Brüssel weg war. Eine zweite, häufig gehörte Version besagt, Lindemans sei von General Student ausgefragt worden, der dann auf Grund der erhaltenen Aussagen ein genaues Bild der Lage bekommen und Alarm ausgelöst habe. Student bestreitet dies. »Das ist eine faustdicke Lüge«, sagte er zu mir. »Lindemans habe ich nie gesehen, und zum erstenmal habe ich davon in der Haft gehört, nach dem Krieg. In Wahrheit hat kein Mensch beim deutschen Oberkommando von der Landung etwas geahnt.« Lindemans wurde von den Holländern kurz nach Beendigung des Unternehmens ›Market-Garden‹ verhaftet und rechtfertigte bis zuletzt seinen Ruf als großer Herzensbrecher. Im Juli 1946, kurz vor der Verhandlung gegen ihn, fand man ihn in Gesellschaft einer Krankenschwester bewußtlos im Gefängnislazarett. Beide hatten einen ›Liebespakt‹ geschlossen und Gift genommen. Lindemans starb daran, das Mädchen hat überlebt.

Bis zum Beginn des Unternehmens »Market-Garden« waren es nur noch 48 Stunden. General Smith, Eisenhowers Stabschef, ließ sich in seinem Büro vom Chef des Nachrichtendienstes bei SHAEF, dem englischen General Strong, über den neuesten Stand ins Bild setzen, und dieses Bild war beunruhigend. Strong berichtete, daß man mit Sicherheit deutsche Panzer im Bereich von »Market-Garden« festgestellt habe. Tagelang hatten Strong und sein Stab auf der Suche nach der 9. und 10. SS-Panzerdivision jeden einzelnen Bericht durchgesehen, denn seit der ersten Septemberwoche waren diese Einheiten wie vom Erdboden verschwunden. Beide waren schwer angeschlagen, doch mit Sicherheit nicht aufgerieben. Es war möglich, daß sie nach Deutschland zurückverlegt worden waren, doch jetzt kamen aus dem holländischen Untergrund anderslautende Meldungen – die verschwundenen Divisionen waren aufgetaucht.

Die 9. und wahrscheinlich auch die 10. Panzerdivision »stehen in Holland, wahrscheinlich um neue Panzer zu übernehmen«, meldete General Strong dem Stabschef. Man wisse nicht, wie stark diese Verbände noch seien, es stehe aber fest, wo sie sich befänden, nämlich in der unmittelbaren Umgebung von Arnheim.

In tiefer Sorge um »Market-Garden« und, wie er selbst sagt, »beunruhigt darüber, daß es hier einen Mißerfolg geben konnte«, beriet Smith sich umgehend mit dem Oberkommandierenden. Die 1. englische Luftlandedivision, die in Arnheim abgesetzt werden sollte, »kann es unmöglich mit zwei Panzerdivisionen aufnehmen«, sagte Smith zu Eisenhower. Es sei zwar ganz ungewiß, wie stark diese Verbände seien, sicherheitshalber müsse man aber die Streitkräfte für »Market-Garden« verstärken. Allein bei Arnheim müßten zwei Luftlandedivisionen abgesetzt werden. (Smith dachte hierbei vermutlich an die 6. englische Luftlandedivision unter General Gale, die mit Erfolg an der Invasion teilgenommen hatte, für »Market-Garden« aber nicht vorgesehen war.) Anderenfalls müsse man die Planung ändern. »Ich war der Meinung«, sagte er später, »daß wir die Engländer mit einer der amerikanischen Luftlandedivisionen verstärken mußten, falls wir bei Arnheim nicht eine zweite Division absetzen konnten.«

Eisenhower überdachte die Angelegenheit und erwog das Risiko. Smith erwartete von ihm, daß er auf Grund dieser Meldung und praktisch am Vorabend des Angriffes in Montgomerys Planung eingriff, eine Planung, die er selber genehmigt hatte. Das würde bedeuten, Montgomerys Führungsqualitäten anzuzweifeln und eine ohnedies delikate Situation noch weiter zu komplizieren. Als Oberkommandierendem blieb ihm noch eine andere Möglichkeit:

er konnte das Unternehmen abblasen mit dem Hinweis auf diese Meldung der Feindaufklärung. Indessen mußte er davon ausgehen, daß niemand besser als Montgomery die Lage des Feindes an seiner Front beurteilen und in seine Pläne einbeziehen konnte. Eisenhower sagte folglich zu Smith: »Ich kann Monty nicht vorschreiben, wie er über seine Truppen disponieren soll und kann auch das Unternehmen nicht absetzen, weil ich ihm schon grünes Licht gegeben habe.« Falls noch Änderungen vorgenommen werden sollten, müsse sie Montgomery selbst veranlassen und zu diesem Zwecke sei er bereit, Smith zu erlauben, zur 21. Heeresgruppe zu fliegen und Montgomery seine Bedenken vorzutragen.

Smith machte sich sogleich nach Brüssel auf den Weg, wo er Montgomery in zuversichtlicher Stimmung, ja geradezu euphorisch vorfand. Smith erklärte, welche Befürchtungen er in Anbetracht der Anwesenheit von Panzereinheiten bei Arnheim hegte und riet zu einer Überarbeitung der Pläne. »Montgomery machte sich darüber nur lustig. Schwierigkeiten würde höchstens das Terrain bieten, nicht aber die Deutschen. Wenn er nur von SHAEF die nötige Versorgung erwarten könne, würde alles glänzend gehen, wiederholte er mehrmals. Deutsche Panzer machten ihm keinerlei Sorgen. Er versicherte, die Operation würde abrollen wie geplant.« Die Besprechung verlief ergebnislos. »Wenigstens habe ich versucht, ihn umzustimmen. Es ist mir nicht gelungen. Montgomery wischte meine Einwände einfach beiseite.«[7]

Während Montgomery und Smith dieses Gespräch führten, lagen auch dem Stab des 1. englischen Luftlandekorps neue Hinweise vor. Auf dem Rückweg von Den Haag hatten die mit Kameras ausgerüsteten Jagdflugzeuge im Tiefflug über Arnheim aufgeklärt, und Major Urquhart betrachtete nun mit dem Vergrößerungsglas fünf Schrägluftbilder. In den vergangenen 72 Stunden hatte er Hunderte von Luftbildern ausgewertet, doch nur diese fünf Aufnahmen ließen erkennen, was Urquhart befürchtet hatte – die Anwesenheit deutscher Panzer. »Das war der Tropfen, der das Faß zum Überlaufen brachte«, sagte Urquhart später. »Auf diesen Fotos waren deutlich Panzer zu erkennen, zwar nicht unmittelbar in den Lande- und Abwurfzonen von Arnheim, aber jedenfalls ganz in der Nähe.«

Urquhart legte die Bilder unverzüglich General Browning vor,

[7] Sämtliche in diesem Abschnitt enthaltenen Informationen verdanke ich General S. L. A. Marshall, der als Historiker die amtliche Geschichte des 2. Weltkrieges in Europa aufgezeichnet hat und mir die vorhandenen Monografien über ›Market-Garden‹ sowie sein 1945 aufgezeichnetes Interview mit General Bedell Smith über dessen Besprechung mit Eisenhower und die mit Montgomery zugänglich machte.

und dieser prüfte sie selbst. Urquhart erinnert sich zwar nicht mehr wörtlich an Brownings Antwort, aber dem Sinne nach sagte dieser: »Ich an Ihrer Stelle würde mir darüber nicht den Kopf zerbrechen.« Auf die Panzer deutend fuhr er fort: »Die Dinger liegen wahrscheinlich fest.« Urquhart staunte. Er erlaubte sich den Hinweis, daß Panzer »immer noch Panzer sind, auch wenn sie nicht mehr fahren können. Schließlich haben sie noch Kanonen.« Im Rückblick meinte Urquhart: »General Browning wollte meine Bewertung der Luftaufnahmen vielleicht darum nicht akzeptieren, weil er andere Informationen hatte, von denen ich nichts wußte. Das änderte aber nichts an meinem Eindruck, daß jedermann völlig verrückt war und sich durch nichts vom Losschlagen abhalten lassen wollte.«

Urquhart wußte nicht, daß er bei einigen Offizieren von Brownings Stab als übereifrig galt. Die »Show« sollte endlich losgehen, die Mehrzahl der Offiziere brannte darauf. Urquharts pessimistische Warnungen reizten sie nur; ein höherer Stabsoffizier drückte das so aus: »Er war nervlich erschöpft, und das wirkte sich auf sein Urteilsvermögen aus. Er neigte ein bißchen zur Hysterie, ganz sicher war er überarbeitet.«

Nach seiner Vorsprache bei Browning erhielt Urquhart Besuch von einem Arzt. »Man sagte mir, ich sei erschöpft. Wer war das schließlich nicht? Ich sollte mal auf Urlaub gehen. Das war das Ende. Ich erregte beim Stab so viel Anstoß, daß man mich am Vorabend der Offensive beiseite schieben wollte. Man sagte einfach, gehen Sie nach Hause. Darauf konnte ich nichts erwidern. Ich fand den ganzen Plan abwegig und hatte die schlimmsten Befürchtungen, doch es sollte nun einmal ›die große Show‹ werden, und da wollte auch ich dabeisein. Sonderbar, nicht wahr?«

6

Samstag, den 16. September, konnte man an allen Anschlagtafeln von Arnheim eine deutsche Bekanntmachung lesen:

»Auf Befehl der Sicherheitspolizei gebe ich bekannt: In der vergangenen Nacht wurde ein Sprengstoffanschlag auf die Eisenbahnbrücke bei Schaapdrift ausgeführt.

Die Bevölkerung wird aufgefordert, bei der Fahndung nach den Verbrechern zu helfen.

Sind diese bis 17. September 1944, 12:00 Uhr, nicht gefaßt, werden Geiseln erschossen.

Ich fordere jedermann zur Mitarbeit auf, um zu verhindern, daß unnötig Opfer gebracht werden.

Der amtierende Bürgermeister, LIERA.«

Die Mitglieder des holländischen Widerstandes versammelten sich in einem Keller in Arnheim. Der Anschlag auf die Eisenbahnbrücke war mißlungen. Henri Knap, der Nachrichtenmann, war von Anfang an über dieses Unternehmen nicht glücklich gewesen. Seiner Ansicht nach »waren wir allesamt Amateure, was Sabotage angeht. Ich hielt es für viel gescheiter, die Alliierten mit Nachrichten zu versorgen und Sprengungen Leuten zu überlassen, die was davon verstanden.« Pieter Kruyff, der 38 Jahre alte Anführer, fragte die Anwesenden nach ihrer Meinung. Nicolaas Tjalling de Bode war dafür, daß man sich stellen solle. Knap fand, »für ein kleines Loch in der Brücke sollten unschuldige Geiseln ihr Leben geben – das war wohl doch ein recht hoher Preis«. Gijsbert Jan Numan machte sich Gewissensbisse. Er, Harry Montfroy, Albert Deuss, Toon van Daalen und andere hatten den Sprengstoff beschafft und die Sprengung geplant. Keiner wollte, daß Unschuldige dafür leiden sollten. Aber was sollte man tun? Kruyff ließ jeden reden, dann entschied er: »Die Organisation muß intakt bleiben, auch wenn es das Leben Unschuldiger kostet.« Nicolaas de Bode erinnerte sich, daß Kruyff einen nach dem anderen ansah und befahl: »Keiner stellt sich den Deutschen. Das ist ein Befehl.« Henri Knap war dabei nicht wohl. Er wußte: falls die Deutschen wie üblich vorgehen, werden am Sonntagmittag auf dem Marktplatz von Arnheim zehn oder zwölf führende Bürger – vor allem Ärzte, Rechtsanwälte und Lehrer – öffentlich hingerichtet.

7

Die Auswertung der Meldungen über die Anwesenheit deutscher Panzer in der Umgebung von Arnheim wurde auf jeder Befehlsebene großspurig vernachlässigt. Die Zusammenfassung Nr. 26 der Nachrichten über die Feindlage, die von SHAEF am 16. September herausgegeben wurde und jene Passagen enthielt, die bei General Smith solche Besorgnis ausgelöst hatten, blieb unbeachtet. Im Wortlaut heißt es dort unter anderem: »Es wird gemeldet, daß die 9. SS-Panzerdivision und vermutlich auch die 10. in die Gegend von Arnheim zurückgenommen wurden, vermutlich um dort mit Panzern ausgerüstet zu werden, die von einem Depot in der Nähe von Kleve herangeführt werden.«

Nachdem Montgomery in seiner Besprechung mit Smith von dieser Information keine Notiz hatte nehmen wollen, wurde sie nun auch beim Stabe von General Dempsey abgetan, eben jenem Stab, der noch am 10. September über die Anwesenheit »angeschlagener Panzerformationen in Holland« so besorgt gewesen war. Den Vogel schossen am 14. September Dempseys Nachrichtenoffiziere ab, welche die Deutschen im Bereich von »Market-Garden« als »schwach und demoralisiert« bezeichneten und behaupteten, »der Feind wird vollständig zusammenbrechen, wenn er sich einem Angriff aus der Luft gegenübersieht«. Weil man in Dempseys Stab auf den Luftbildern keine Panzer erkennen konnte, vertrat man plötzlich den entgegengesetzten Standpunkt und behauptete, es seien keine da.

Auch General Breretons Erster Nachrichtenoffizier, der englische Oberstleutnant Tasker, war nicht bereit, den Bericht von SHAEF ernst zu nehmen. Nach einem Überblick über alle vorhandenen Informationen kam er zu dem Ergebnis: »In der Gegend von Arnheim ist außer von der schon bekannten Flak kein nennenswerter Widerstand zu erwarten.«

Es schien, als werde die optimistische Einschätzung von Montgomerys Stab überall geteilt. Der Chef des Stabes des 1. englischen Luftlandekorps, General Walch, erinnert sich: »Nachrichten über die Lage beim Feind bekamen wir im wesentlichen von der 21. Heeresgruppe, und selbstverständlich hielten wir die für zutreffend.« General Urquhart, Kommandeur der 1. englischen Luftlandedivision, drückte es anders aus. »Es wurde dafür gesorgt, daß der in England herrschende Optimismus durch nichts gestört wurde.«

Es gab aber, abgesehen von der Zusammenfassung Nr. 26, auch andere Hinweise darauf, daß die Deutschen ihre Truppen verstärkten, und auch diese wurden kaum beachtet. Es war nicht zu übersehen, daß vor den »Garden«-Streitkräften, dem XXX. Korps von General Horrocks, mehr und mehr deutsche Truppen die Front verstärkten. Der zehn Tage zuvor in Antwerpen begangene strategische Fehler wirkte sich nun aus und bedrohte den Erfolg des Unternehmens »Market-Garden«. Die deutschen Truppen, die jetzt die Front von General Student verstärkten, waren Teile jener Divisionen, die sich über die Scheldemündung gerettet hatten, nämlich die angeschlagenen Truppen der 15. Armee, die von den Alliierten bereits abgeschrieben war. Die Feindaufklärung bemerkte: »Die Deutschen haben zwar zahlenmäßig zugenommen, die Fronteinheiten sind aber nicht imstande, einen entschlossenen Vorstoß aufzuhalten.« Jeder englische Frontsoldat entlang der belgisch-holländischen Grenze hätte es besser gewußt[8].

[8] In seinem ausgezeichneten Buch *The Battle for Germany* schreibt der pensionierte englische General Hubert Essame auf Seite 13: »Ende August und in der ersten Hälfte September befand sich die Feindaufklärung der Alliierten auf einem Tiefstand, der nur noch von jenem übertroffen wird, den die englische Feindaufklärung 1917 in Flandern erreichte.« Der damalige Ministerpräsident Lloyd George hat später behauptet, »Brigade-

Die holprigen Straßen der Bergwerkstadt Leopoldsbourg im nördlichen Belgien, keine 20 Kilometer von der Front entfernt, waren verstopft von Jeeps und Stabsfahrzeugen. Alles drängte sich vor dem Kino gegenüber dem Bahnhof, das nie zuvor derartiges Publikum gesehen hatte. Die Offiziere des XXX. Korps drängten sich in den engen Straßen und vor dem Eingang zum Kino, wo sie von rotbemützten Militärpolizisten kontrolliert wurden. Es war eine bunte, übermütige Versammlung, die General Essame, Kommandeur der 214. Brigade der 43. Infanteriedivision (Wessex), »an das Publikum bei einem Hindernisrennen« denken ließ. Der farbenprächtige Aufzug der Offiziere faszinierte ihn ebenso wie die verschiedenartigen Kopfbedeckungen. Stahlhelme wurden nicht getragen, statt dessen aber Barette in vielen Farben mit den Abzeichen berühmter Regimenter, darunter die irische, schottische und walisische Garde, die Coldstreams und die Grenadiere, die Royal Horse Guards, das Royal Army Service Corps und die Royal Artillery. Es herrschte eine wahrhafte königliche Lässigkeit in der Kleidung. Die Kommandeure trugen meist »Scharfschützenjacken, Kampfanzüge der Fallschirmjäger oder kurze Übermäntel zu Hosen aus farbigem Tuch oder Cordsamt oder Reithosen. Statt des vorgeschriebenen Schlipses sah man viele Plastrons, auch grellfarbige Halstücher.«[9]

Der weithin bekannte Oberstleutnant »Joe« Vandeleur, der stämmige, rotgesichtige, 180 cm große Kommandeur der Panzerabteilung der Irischen Garde, personifizierte am besten die von den Gardeoffizieren zur Schau gestellte verwegene Eleganz. Er trug wie üblich ein schwarzes Barett, eine Tarnjacke, darunter Samthosen und hohe Gummistiefel. Wie stets hatte er eine amerikanische Pistole umgeschnallt, und im Ausschnitt seiner Jacke erstrahlte ein smaragdgrüner Schal. General Browning hätte bei diesem Anblick Zustände bekommen, sogar Horrocks hatte ihn einmal ermahnt: »Wenn die Deutschen Sie jemals fassen sollten, werden sie glauben,

general Charteris berücksichtigte einzig solche Daten, die seinen eigenen Wunschvorstellungen entsprachen, und gab ständig optimistische Lageberichte ab.« So behauptete er während der Kämpfe in Flandern im Jahre 1917 mehrmals, der Feind sei »am Zusammenbruch«, »völlig aufgerieben«, »ohne Reserven«, ja, »bereits in voller Flucht«. Derweil beliefen sich die amtlichen Verlustziffern für die Kämpfe bei Passchendaele für die Zeit vom 31. Juli bis 12. November auf 244 897.

[9] In seiner Geschichte der 43. Infanteriedivision (Wessex) im Kriege schreibt Essame: »Künftige Kommißköpfe mögen sich merken, daß zur Zeit der höchsten Kampfmoral Offiziere der britischen Armee an Bekleidungsstücken genau das trugen, was ihnen am bequemsten zur Hand und den Kampfbedingungen am meisten angemessen war.«

einen Bauern gefangen zu haben.« An diesem 16. September bot aber nicht einmal Horrocks den Anblick des makellos gekleideten englischen Stabsoffiziers. Statt eines Hemdes trug er ein Pololeibchen und über der Kampfjacke eine ärmellose Lederjacke.

Als der allseits beliebte Horrocks den Mittelgang des Zuschauerraumes hinunterging, wurde er lebhaft von allen Seiten begrüßt. Man erwartete viel von dieser Besprechung, denn man brannte darauf, die Offensive fortzusetzen. Von der Seine bis nach Antwerpen hatten Horrocks' Panzer so manchen Tag ihre 80 Kilometer hinter sich gebracht, doch seitdem man am 4. September jene fatale dreitägige Pause eingelegt hatte, ging es nicht mehr voran. Die englische Offensive verlor an Schwung, und der Widerstand des Feindes versteifte sich. In den seither vergangenen 14 Tagen war der englische Vormarsch nur noch im Kriechtempo fortgesetzt worden. Vier Tage hatte die Irische Garde unter Vandeleur gebraucht, um 15 Kilometer voranzukommen und die wichtige Brücke über den Maas-Scheldekanal bei Neerpelt zu nehmen, von wo aus tags darauf der Vorstoß nach Holland beginnen sollte. Horrocks machte sich über den zu erwartenden Widerstand keine Illusionen, nahm aber an, daß er mit seinen Kräften die Front durchstoßen könne.

Punkt elf Uhr betrat Horrocks das Podium. Alle Versammelten wußten, daß die Offensive wiederaufgenommen werden sollte, doch Einzelheiten kannten nur einige wenige Offiziere im Generalsrang, so gut war der Plan Montgomerys geheimgehalten worden. D-Day war nur noch 24 Stunden entfernt, als die Kommandeure Montgomerys zum erstenmal Genaueres über das Unternehmen »Market-Garden« erfuhren.

An der Leinwand war eine große Karte von Holland befestigt, auf der ein bunter Klebestreifen in nördlicher Richtung die einzige Chaussee markierte, welche über zahlreiche Wasserläufe durch die Städte Valkenswaard, Eindhoven, Veghel, Uden und Nimwegen bis nach Arnheim führte, eine Entfernung von etwa 100 Kilometern. Von dort reichte der Klebestreifen dann noch weitere 50 Kilometer hinauf bis zur Zuider See. Horrocks nahm den Zeigestock und begann mit der Einweisung.

»Dies wird eine Sache, von der Sie Ihren Enkeln noch erzählen können«, sagte er seinen Zuhörern und setzte zum Entzücken seiner Offiziere nach kurzer Pause hinzu: »Und was glauben Sie wohl, wie die sich langweilen werden!«

Der im Zuschauerraum sitzende Oberstleutnant Renfro, Verbindungsoffizier zur 101. Luftlandedivision und einer der wenigen anwesenden Amerikaner, war vom Selbstvertrauen und der Zuversicht des Kommandeurs sehr beeindruckt. »Er hat eine ganze Stunde gesprochen und sehr selten auf seine Notizen geschaut.«

Horrocks erklärte das komplizierte Unternehmen Schritt für Schritt. Die Luftlandetruppen sollten den Angriff beginnen, sagte er, und ihre Ziele seien die Brücken vor dem XXX. Korps. Er selbst werde den Angriffsbefehl geben, und zwar um 14:00 Uhr, falls das Wetter keinen Strich durch die Rechnung machte. Punkt 14:00 Uhr sollten 350 Geschütze einen Feuerüberfall von 35 Minuten beginnen, und um 14:35 Uhr würden die Panzer des XXX. Korps, angeführt von Jagdbombern, aus dem Brückenkopf hervor- und die Chaussee hinaufpreschen. Der Panzerabteilung der Garde werde die Ehre zuteil, den Angriff zu führen, ihr sollten die 43. (Wessex) und 50. Division (Northhumberland) folgen, diesen wiederum die 8. Panzerbrigade und dieser die holländische Brigade »Prinzessin Irene«. Der Angriff müsse ohne Pause und ohne Halt vorgetragen werden, besonders die Gardepanzer sollten wie die Teufel nach Arnheim durchfahren. Der Ausbruch aus dem Brückenkopf werde »praktisch sofort« erfolgen. Die Gardepanzer könnten nach zwei, höchstens drei Stunden in Eindhoven sein. Sollte der Feind alle Brücken sprengen, ehe die Luftlandetruppen sie besetzen konnten, würden die Pioniere der 43. Infanteriedivision ihr mitgeführtes Brückengerät nach vorne bringen. Sollte es tatsächlich dazu kommen, stünden 9000 Pioniere mit 2277 Fahrzeugen in der Gegend von Leopoldsbourg bereit. Die gepanzerten Fahrzeuge des XXX. Korps sollten zu zweit nebeneinander fahren und zwar im Abstand von 20 Fahrzeugen auf den Kilometer. Der Verkehr würde nur in eine Richtung rollen und Horrocks rechnete damit, innerhalb von 60 Stunden 20 000 Fahrzeuge nach Arnheim zu bringen. General Adair, 46 Jahre alt und Kommandeur der berühmten Gardepanzerdivision, meinte zu Horrocks' Vortrag, es handele sich bei »Market-Garden« um einen kühnen Plan, »der es aber in sich hat«. Er vermutete, der unangenehmste Moment werde der Ausbruch aus dem Brückenkopf am Maas-Scheldekanal sein; von da an rechnete er zwar noch mit deutschem Widerstand, der aber nicht schwer zu brechen sein würde. Im übrigen setzte er das größte Vertrauen in jene Einheit, die den Angriff anführen sollte, in Vandeleurs Irische Gardepanzer.

Als Joe Vandeleur hörte, daß er die Spitze übernehmen sollte, dachte er: »Lieber Himmel, nur nicht schon wieder wir!« Einerseits war er stolz darauf, daß seine Veteranen für diese Aufgabe gewählt worden waren, er wußte aber auch, daß sie überanstrengt waren und auch nicht die volle Stärke hatten. Seit dem Ausbruch aus dem Brückenkopf der Normandie hatte er nur wenig Ersatz an Leuten und Panzern bekommen, und überdies »blieb einem ja überhaupt keine Zeit, den Angriff vorzubereiten«. Dann jedoch fand er: »Muß man denn wirklich einen direkten Durchbruch durch die deutsche

Front erst lange planen?« Neben ihm saß sein Vetter, der 33 Jahre alte Oberstleutnant Giles Vandeleur, Bataillonskommandeur unter seinem Vetter Joe, und der hörte mit Entsetzen, »daß wir auf einer Frontbreite von nur einem Panzer die deutschen Linien durchstoßen sollten«. Für ihn war das keine richtige Panzertaktik. Er erinnerte sich aber, daß er seine »Bedenken runterschluckte und mich einer befremdlichen Erregung überließ; es war ungefähr so, als wenn man beim Pferderennen an den Start geht«.

Drei der versammelten Männer nahmen besonderen Anteil an Horrocks' Vortrag; es waren Oberst de Ruyter van Stevenick, sein Stellvertreter, Oberstleutnant Charles Pahud de Mortanges, und sein Stabschef, Major Jonkheer Jan Beelaerts van Blockland, die höchsten Offiziere der holländischen Brigade »Prinzessin Irene«. Sie führten ihre Leute schon seit der Landung in der Normandie; anfangs hatten sie Seite an Seite mit den Kanadiern gekämpft, nach der Einnahme von Brüssel waren sie der 2. englischen Armee beigegeben worden. Jetzt also sollten sie in die Heimat kommen. Mit Bestürzung hörten sie, auf welche Weise die Befreiung Hollands erfolgen sollte. Stevenick hielt den Plan für riskant. Mortanges fand, die Engländer setzten sich leichtfertig über Tatsachen hinweg. »Es wurde alles dargestellt wie in einer Fibel. Jetzt nehmen wir diese Brücke, dann jene, dort überschreiten wir einen Fluß . . . dabei war das Terrain mit seinen Wasserläufen, seinen Marschen, Deichen und Poldern außerordentlich schwierig, und die Engländer wußten das, denn wir hatten es ihnen oft genug gesagt.« Der 33 Jahre alte Chef des Stabes, van Blockland, wurde ganz gegen seinen Willen an Beispiele aus der Kriegsgeschichte erinnert. »Es schien so, als wollten wir gegen die Regel Napoleons verstoßen, derzufolge man nur angreifen soll, wenn man mit 75 Prozent Gewißheit auf Erfolg rechnen darf. Die anderen 25 Prozent kann man dem Zufall überlassen. Die Engländer kehrten diese Regel um, sie überließen dem Zufall 75 Prozent. Uns standen nur 48 Stunden zur Verfügung, um bis Arnheim durchzustoßen, und falls auch nur eine Kleinigkeit schiefging, eine Brücke gesprengt war oder die Deutschen mehr Widerstand leisteten als erwartet, konnten wir den Fahrplan nicht einhalten.« Van Blockland hatte überdies in diesem Zusammenhang private Sorgen, seine Eltern wohnten in Oosterbeek, knapp fünf Kilometer von der Brücke in Arnheim entfernt.

Einer der wenigen Offiziere im Range unterhalb eines Brigadiers, die der Einweisung zuhörten, war der 21jährige Leutnant Gorman von der Irischen Garde. Er fand alles sehr aufregend, besonders Horrocks »war in bester Form«. Gorman erinnerte sich später: »Der Kommandeur zeigte sich von seiner besten Seite, er war witzig und humorvoll, ein richtiger Schauspieler.« Am besten gefiel ihm bei dem Unternehmen, »daß die Garde den Angriff anführen, also eine sehr dramatische Rolle spielen sollte«.

Als nach Beendigung der Einweisung die Kommandeure den Saal verließen, um die Truppe zu informieren, empfand Gorman »die ersten Zweifel«. Er blieb noch vor der Karte stehen und erinnert sich, daß er dachte: »Das Unternehmen mag ja durchführbar sein, aber nur so gerade eben.« Es gab einfach zu viele Brücken. Von dem Terrain war er ebenfalls nicht begeistert, er fand, es sei für Panzer ungeeignet, »und wer auf einer Frontbreite von nur einem Panzer vorgehen muß, ist im höchsten Grade verwundbar«. Immerhin tröstete ihn, daß die Panzer von Jagdbombern mit Raketen unterstützt werden sollten. Und noch etwas stimmte ihn zuversichtlich: Vor Wochen hatte ihn Montgomery persönlich mit dem Militärverdienstkreuz ausgezeichnet[10] und dabei gesagt: »Wenn ich die Gewohnheit hätte zu wetten, würde ich mein Geld darauf setzen, daß der Krieg Weihnachten vorbei ist.« Gorman erinnert sich weiter: »Horrocks hatte ja auch gesagt, daß mit diesem Angriff der Krieg beendet werden könnte.« Eine Alternative zu dem Vorstoß nach Norden sah Gorman nur darin, »daß wir einen langen trüben Winter am Scheldekanal verbracht hätten«. Er glaubte, daß Montys Plan »gerade die richtige Mischung von Schwung und Verwegenheit besaß, die ihn realisierbar machte. Jedenfalls war ich dafür, daß man die Gelegenheit, den Krieg bis Weihnachten zu beenden, beim Schopf packen sollte, falls es eine gab.«

In der grauen belgischen Landschaft, deren Kohlengruben und Schlackenhalden so manchen Soldaten an Wales erinnerten, wurden nun jene Männer, die den Weg für General Dempsey freimachen sollten, mit dem Plan und seinem Köder Arnheim bekannt gemacht. Auf Landstraßen, vor Zelten und Unterkünften versammelten sich Soldaten um ihre Offiziere, um zu hören, welche Rolle sie in dem Unternehmen »Market-Garden« spielen sollten. Als Oberstleutnant Giles Vandeleur seinen Offizieren eröffnete, daß die irischen Gardepanzer die Spitze nehmen würden, »war ein unterdrücktes Stöhnen zu vernehmen«, erinnerte sich der damals 29 Jahre alte Major Tyler. »Eigentlich hatten wir erwartet, daß man uns in Ruhe lassen würde, nachdem wir auch noch die Brücke über den Scheldekanal genommen hatten, die wir nach dem Kommandeur ›Joe‹-Brücke benannt hatten. Es hieß dann aber, es sei eine große Ehre, daß man uns für diesen Auftrag ausgewählt habe.«

10 Gorman verdiente sich seine Auszeichnung bei den Kämpfen um Caen, wo er sich unvermutet vier deutschen Panzern gegenübersah, darunter ein Tiger. Während seine Männer die drei anderen Panzer erledigten, rammte Gorman den Tiger, zerstörte dessen Kanone und vernichtete die Besatzung, die zu fliehen versuchte.

Tyler hätte Ruhe zwar vorgezogen, fühlte sich aber ebenfalls geehrt. »Was den Angriff auf der Frontbreite von nur einem Panzer betrifft, so war das für uns nichts Neues. Wir verließen uns auf unsere Schnelligkeit und auf die Luftunterstützung. Deshalb machte sich niemand Sorgen.«

Leutnant Quinan, eben erst 21 Jahre alt, hatte »schlimme Vorgefühle«. Er sollte zum erstenmal ins Gefecht, und zwar mit den vordersten Panzern unter Hauptmann O'Cock. Quinans Infanteristen sollten nach russischer Manier auf die Panzer aufsitzen. »Es lagen unheimlich viele Flüsse vor uns; schließlich hatten wir keine Schwimmpanzer.« Immerhin war er stolz darauf, daß seine Leute »die gesamte 2. englische Armee anführen sollten«.

Leutnant Mahaffey, ebenfalls 21, erinnert sich genau, daß er gesagt bekam: »Wenn das Unternehmen gelingt, sind Frauen und Kinder daheim nicht mehr von der V-2 bedroht.« Mahaffeys Mutter wohnte in London, das damals fortgesetzt bombardiert wurde. Die Aussicht auf den Angriff erregte ihn eher angenehm, doch die Straße nach Arnheim »kam mir schrecklich lang vor«.

Hauptmann Langton, 23 Jahre alt, nach fünf Tagen im Feldlazarett zur Truppe zurückgekehrt, erfuhr, daß er nicht mehr Adjutant im 2. Bataillon der Irischen Garde war, sondern stellvertretender Führer der Panzerspitze von Hauptmann O'Cock; er war außer sich vor Freude. Der Vorstoß aus dem Brückenkopf war ein einfaches Geschäft, und »Garden« mußte einfach ein Erfolg werden. »Jedermann konnte sehen, daß die Deutschen schwer angeschlagen waren, daß sie nicht mehr zusammenhängenden, organisierten Widerstand leisteten, sondern bestenfalls noch in kleinen Nestern.«

So zuversichtlich waren freilich nicht alle. Leutnant Jones von den Royal Engineers meinte: »Das wird bestimmt haarig.« Die Brücken waren der Schlüssel zum Erfolg, und ein Offizier bemerkte: »Der Vorstoß des XXX. Korps gleicht dem Versuch, einen Faden gleichzeitig durch sieben Nadelöhre zu fädeln. Wenn man eines verfehlt, war alles umsonst.« Gardist Smith, 24 Jahre alt, meinte: »Ein Angriff ist wie der andere.« Seine Hauptsorge galt dem Pferderennen in Newmarket, bei dem er sein letztes Geld auf ein Pferd namens Tehran gesetzt hatte, das der berühmte Jockei Gordon Richard reiten sollte. Zu seiner Verblüffung wurde Tehran wirklich Sieger. Smith nahm daher an, daß auch »Market-Garden« ein Erfolg sein würde.

Fliegerleutnant Love, 28 Jahre alt und Aufklärer der RAF, fühlte sich »ausgesprochen unbehaglich« zwischen den Offizieren der Irischen Garde. Er gehörte zu jener kleinen Abteilung, die mit Beginn des Angriffs vom Boden aus die Jagdbomber auf ihre Ziele lenken sollte. Sein leicht gepanzertes Fahrzeug mit dem Segeltuchverdeck und den zahllosen Fernmeldegeräten würde ganz vorne, neben dem Kommandeurswagen von Oberstleutnant Vandeleur fahren. Love kam sich wehrlos und nackt vor, denn er und seine Kameraden von der RAF trugen nur Revolver. Als er Vandeleur »von dem Sperrfeuer« sprechen hörte, »das jede Minute um 200 Meter vorverlegt wird«, und überdies hören mußte, daß der bullige Ire Loves kleines Fahrzeug als »gepanzerten Funkwagen für die direkte Verbindung zu den Bomberpiloten über uns« bezeichnete, nahm seine Sorge noch zu. »Ich hatte jetzt den deutlichen Eindruck, daß ich dafür verantwortlich sein sollte, die ›Taxireihe‹ der Jagdbomber abzurufen.« Bei diesem Gedanken war ihm nicht wohl, denn von den Funkgeräten verstand er wenig, und nie zuvor hatte er vom Boden aus die Luftunterstützung geleitet. Zu seiner Erleichterung erfuhr er dann, daß ihm tags darauf beim Beginn des Angriffes ein Experte beistehen sollte, nämlich der Staffelführer Sutherland. Danach allerdings sollte Love das Kommando übernehmen, und er fragte sich jetzt, ob es gescheit war, daß er sich freiwillig gemeldet hatte. Dies war nur geschehen, »weil ich fand, daß sei mal etwas ganz anderes«.

Der Kommandeur der Irischen Garde hatte andere Sorgen. Joe Vandeleur hatte beim Übergang über den Scheldekanal »einen guten Freund« verloren, womit er seinen Lautsprecherwagen meinte, den eine deutsche Granate getroffen hatte. Während der Ausbildung in England und dem Vormarsch durch Frankreich dirigierte er die Truppe über seinen Lautsprecher und spielte ihr bei jeder Gelegenheit klassische Musik vor, die seinen Gardisten keineswegs gefiel. Dieser Wagen also war mitsamt den klassischen Schallplatten in Fetzen gerissen worden, und Joe trauerte über seinen Verlust. Nicht so die Irische Garde. Die ging davon aus, der Vormarsch nach Arnheim werde anstrengend genug sein, auch ohne daß sie sich Vandeleurs neuesten Schlager anhören müßten: »Lobet den Herren und bringt die Munition nach vorn.«

In England machten sich die Fallschirmjäger und die den Lastenseglern zugeteilten Infanteristen der Luftlandearmee in den Aufmarschräumen bereit. Seit zwei Tagen wurden sie mit Hilfe von Landkarten, Fotos und maßstabgerechten Nachbildungen eingewiesen. Die Vorbereitungen waren sehr umfangreich und präzise. Auf 24 Flugplätzen (acht englischen, 16 amerikanischen) wurden Truppentransporter, Schleppflugzeuge und Lastensegler überprüft, betankt und mit Gerät beladen, von Kanonen bis zu Jeeps. Etwa 75 Kilometer nördlich von London war die 82. US Luftlandedivision des Generals Gavin auf ihren Flughäfen bei Grantham in Lincolnshire bereits von der Welt abgeschlossen, und das gleiche galt für Teile der 1. englischen Luftlandedivision des Generals Urquhart und für die 1.

polnische Fallschirmjägerbrigade von General Sosabowski. Weiter im Süden bei Newbury, etwa 150 Kilometer westlich Londons, waren General Taylors »Screaming Eagles«, die 101. US Luftlandedivision, ebenfalls »versiegelt« worden, und in dieser Gegend, nur etwas weiter nach Westen hin, befand sich auch der Rest von Urquharts Division. Die Masse seiner Einheiten sollte erst am Morgen des 17. auf die Flugplätze marschieren, doch in ihren Quartieren in Dörfern und Weilern nahe dem Startplatz herrschte schon gedämpfte Erregung. Überall warteten die Luftlandetruppen des Unternehmens »Market-Garden« auf die historische Stunde, da die Invasion Hollands aus der Luft beginnen sollte.

Einigen fiel es schwerer, völlig von der Außenwelt abgeschnitten zu sein, als an den bevorstehenden Einsatz zu denken. Korporal Vest vom Regiment 502 der 101. Division fühlte sich durch die Sicherheitsmaßnahmen auf dem Flugplatz nahe Ramsbury besonders beeinträchtigt. »Überall liefen Posten herum, und so weit man sehen konnte, waren Flugzeuge und Lastensegler aufgestellt worden.« Der Flugplatz war mit Stacheldraht eingezäunt, »draußen standen die Engländer Wache und drinnen unsere eigenen Leute. Von Freiheit konnte man da nicht mehr reden.« Der Soldat Alardyce vom Regiment 508, der sehr beengt in einem der zahllosen Zelte untergekommen war, versuchte den Stacheldraht und die Wachtposten nicht zu bemerken, sondern prüfte immer wieder seine Ausrüstung. Er konnte sich des Gefühls nicht erwehren, »daß wir Verurteilte waren, die zur Hinrichtung geführt werden sollten«.

Wieder andere fürchteten, sie könnten von der Teilnahme ausgeschlossen werden. Bislang war noch jedes Unternehmen im letzten Augenblick abgesagt worden, und der neunzehnjährige Soldat Isenekev vom Regiment 506 war noch skeptisch, als er im Aufmarschraum eintraf. »Schließlich war ich eigens dafür ausgebildet worden, und es paßte mir nicht, daß nie was daraus wurde.« Und fast wäre es wieder so gekommen. Bei dem Versuch, einen behelfsmäßigen Ölbrenner anzuzünden, ging er leichtsinnig mit dem Streichholz um, und explodierende Öldämpfe machten ihn vorübergehend blind. Doch dauerte das zum Glück nicht lange. Immerhin war er wohl der einzige Fallschirmjäger der 101. Division, der mit abgesengten Brauen über Holland absprang.

Sergeant Zapalski vom Regiment 502 fühlte sich sehr unbehaglich. »Ich machte mir große Sorgen, ich hoffte, daß der Fallschirm richtig gepackt, daß der Untergrund weich war und daß ich nicht in einem Baum landen würde.« Andererseits lag ihm viel daran dabeizusein. Er hatte sich von einer Beinwunde noch nicht ganz erholt, glaubte aber, sie sei »nicht so ernst, daß ich meinen Dienst nicht hätte machen können«. Sein Bataillonskommandeur, der beliebte Oberstleutnant Cole, war anderer Meinung und lehnte Zapalskis Gesuch ab. Der ließ sich vom Regimentsarzt diensttauglich schreiben, erreichte damit aber nur, daß Cole, den er seit der Normandie kannte, »mich fürchterlich anbrüllte. Er schimpfte mich einen sturen Pollacken, mit dem nichts anzufangen sei.« Doch ließ er Zapalski mitkommen.

Dem Regimentspfarrer Hall ging es ähnlich. »Mir lag sehr daran, wieder bei meiner Einheit zu sein.« Er war in der Normandie verwundet worden, und die Ärzte wollten ihn nicht springen lassen. Schließlich erlaubten sie ihm, in einem Lastensegler mitzufliegen. Das erfüllte ihn mit Entsetzen, denn als alter Fallschirmspringer fand er Lastensegler besonders gefährlich.

Andere wurden von der Angst vor dem Tode heimgesucht, oder auch von Zweifeln an der eigenen Tapferkeit. Der 22 Jahre alte Kompaniechef Hauptmann Johnson war ganz resigniert. »Ich erinnerte mich an die Schrecken der Nachtlandung vor der Invasion in der Normandie.« Er war davon überzeugt, daß er von diesem Unternehmen nicht zurückkommen werde. Immerhin war er entschlossen, »noch soviel Schaden anzurichten wie möglich«. Was er von einem Absprung bei Tage halten sollte, wußte er nicht recht. Vielleicht würde man mehr Ausfälle haben, »andererseits können wir den Feind wenigstens sehen«. Um seine Nervosität zu kaschieren, schloß er Wetten mit seinen Leuten darüber ab, wer das erste holländische Bier trinken würde. Einer seiner Unteroffiziere, Charles Dohun, »war ganz benommen vor Angst. Ich ahnte nicht, was uns bei einem Absprung am Tage bevorstand.« Es vergingen keine 48 Stunden, bis Sergeant Dohun dem fatalistischen Hauptmann Johnson das Leben rettete.

Sergeant Copas, 22 Jahre alt, hatte mehr Grund zur Sorge als andere. Er gehörte zu dem Vorauskommando, das als erstes springen und die Landezonen für die 101. Division markieren sollte. »Bei der Landung in der Normandie hatten wir eine Dreiviertelstunde zur Verfügung, ehe das Gros unserer Leute absprang, dieses Mal sollten es aber nur 12 Minuten sein«, erinnert er sich. Copas und sein Freund Brandt hatten eine gemeinsame Sorge: »Uns wäre es lieber gewesen, wenn General Pattons 3. Armee und nicht die Engländer da unten gewesen wären. Mit den Tommys hatten wir noch nie etwas zu tun gehabt.«

Der Soldat Garzia, der bereits drei Sprünge mit der 82. Luftlandedivision absolviert hatte, war wie vor den Kopf geschlagen. »Ich hielt das Unternehmen für absolut hirnverbrannt und glaubte schon, Ike wäre zu den Deutschen übergelaufen.«

Als feststand, daß »Market-Garden« nicht mehr rückgängig gemacht werden würde, nahm Oberstleutnant Mendez, Bataillonskommandeur im Regiment 508 der 82. Division, den Piloten gegenüber, die sein Bataillon tags darauf an den Einsatzort bringen sollten, kein Blatt mehr vor den Mund. Er hatte die Vorfälle bei der nächtlichen Landung in der Normandie nur noch allzugut in Erinnerung. »Meine Herren«, sagte er kalt, »vor der Landung in der Normandie hatte ich eine hervorragende Truppe, aber nach der Landung war nur noch die Hälfte vorhanden, und deshalb verlange ich von Ihnen: Ob Sie uns nun in Holland absetzen oder meinethalben auch in der Hölle, setzen Sie uns auf alle Fälle dicht beieinander ab.«

Der Gefreite Allan, der mit 24 Jahren bereits drei Absprünge hinter sich hatte und noch an seinen in der Normandie erlittenen Verwundungen krankte, betrachtete die Sache philosophisch. »Bei Nacht haben sie mich nie erwischt«, sagte er zu seinen Kameraden. »Diesmal können sie mich gut sehen und mir eins verpassen.« Hauptfeldwebel O'Neal, der bereits drei Nachtsprünge absolviert hatte, war überzeugt, »daß es mit meinem Glück vorbei war«. Als er hörte, daß bei Tage gesprungen werden sollte, schrieb er seiner Mutter: »Heute abend kannst du einen Goldstern ins Fenster hängen, Mutter. Die Deutschen werden uns wohl erwischen, bevor wir unten sind«, schickte den Brief aber nicht ab. Um die Atmosphäre etwas aufzuheitern – es kann auch sein, daß er sie damit verdüsterte –, setzte der Soldat Nadler vom Regiment 504 Gerüchte in die Welt. Sein Leibgerücht betraf die Landezonen der 82. Division, die er genau in die Mitte eines starken SS-Verbandes zu legen beliebte.

Die Einweisung seines Zuges hatte ihn nicht gerade heiter gestimmt. Zu den Angriffszielen des Regimentes 504 gehörte die Brücke bei »Grave«, was auf englisch »Grab« bedeutet. Als der Zugführer auf die Brücke deutete und zu seinen Soldaten sagte: »Leute, das ist euer Bestimmungsort«, bemerkte Nadler schlagfertig: »Ja, das wissen wir schon, aber über welchem Land sollen wir abspringen?«

Auch Major Wellems vom 2. Bataillon fand den Namen dieser Brücke recht bedrohlich, obschon die einweisenden Offiziere im Laufe des Vortrages plötzlich den Ortsnamen »Grave« wie »Gravey« aussprachen, was sie vermutlich für harmloser hielten, weil es im englischen soviel wie Bratensoße bedeutet.

Gleichwohl war die Reaktion auf die Einweisung unterschiedlich. Korporal Bommer, 19 Jahre, meinte: »Noch sechs bis acht Wochen hier, dann verschickt man uns auf den pazifischen Kriegsschauplatz.« Soldat Hart, 21, glaubte bis zuletzt, das Unternehmen werde doch noch abgesagt. Er hatte nämlich gehört, daß nahe der Absprungzone 4000 Mann SS standen – vermutlich eine von Nadlers Latrinenparolen.

Major Bedell, 38 Jahre, erinnert sich, daß einer seiner Soldaten sich um einen lebenden Hasen grämte, den er bei einer Lotterie gewonnen und völlig gezähmt hatte. Er fürchtete, der Hase könnte den Sprung nicht überleben oder, falls er ihn überlebte, gleichwohl in einem Kochtopf enden.

Auf dem Flugplatz Spanhoe nahe Grantham gab es einen Leutnant Glover von der 4. Fallschirmjägerbrigade der 1. englischen Luftlandedivision, der seit dem Frühsommer sein Herz an ein rotbraunes Huhn namens Myrtle verloren hatte. Myrtle trug an einem Gummiband das Springerabzeichen um den Hals, denn dieses »Parahuhn« hatte bereits sechs Übungssprünge hinter sich. Anfangs befand es sich in einer Reisetasche, die von Glovers linker Schulter baumelte, später ließ der Leutnant das Huhn zwanzig Meter über dem Boden aus der Tasche fallen, und es schwebte gackernd und flügelschlagend zur Erde. »Da wartete es dann geduldig, bis ich ebenfalls gelandet war und es holen kam.« Myrtle sollte nach Arnheim mitkommen und zum erstenmal im Ernst springen. Diesmal wollte Glover das Schicksal aber nicht herausfordern: er nahm sich vor, Myrtle in ihrem Behälter zu lassen, bis beide sicher gelandet waren.

Corporal Nunn von der 1. Luftlandebrigade hingegen brannte geradezu darauf, seinem Schoßtierchen zu entkommen, einerlei wohin, selbst nach Arnheim. Es handelte sich um einen Maulwurf, der sich allnächtlich hartnäckig in seine Matratze einwühlte.

Die Männer der 1. englischen Luftlandedivision hörten mit einer gewissen Erleichterung, daß es losgehen sollte. Die einweisenden Offiziere versprachen ihnen, daß das Unternehmen »Market-Garden« die Kriegsdauer verkürzen würde, und für die immerhin seit 1939 im Krieg befindlichen Engländer waren das aufmunternde Neuigkeiten. Sergeant Kent von der 21. Fallschirmjägerkompanie hörte sogar, »daß wir im Erfolgsfall bis nach Berlin vorstoßen könnten und daß wir in Arnheim nur Hitlerjugend und Greise auf Fahrrädern antreffen würden«. Sergeant Inglis von der 1. Fallschirmjägerbrigade war ebenso zuversichtlich. Der Angriff werde »wie geschmiert gehen, die Roten Teufel brauchen die Arnheimer Brücke bloß 48 Stunden zu halten, dann kommen die Panzer von Horrocks, und der Krieg ist vorbei«. In spätestens einer Woche glaubte er daheim zu sein. Gefreiter Spicer von der gleichen Einheit meinte wegwerfend: »Da sind höchstens ein paar deutsche Kellerzwerge, die bei unserem Anblick vor Schreck noch schrumpfen werden.« Gefreiter Parkes von der 1. Luftlandebrigade hatte nach der Einweisung den Eindruck, daß »wir in Arnheim höchstens ein paar Schreibstubenhengste und Küchenbullen finden«. Von Panzern, erinnert sich Parkes, »war so gut wie keine Rede, vielmehr hieß es, die Luftunterstützung sei so stark, daß sie die Sonne verdunkeln werde«. Die allgemeine Zuversicht war so ausgeprägt, daß der Sanitäter Stanners »höchstens ein paar Bataillone Bruchleidende« erwartete, während Funker Read sich schon »auf die deutschen Wehrmachtshelferinnen freute, die einzigen Deutschen, die Arnheim verteidigen«.

Unter denen, die von Rechts wegen zurückbleiben sollten, fanden sich viele, die trotzdem mitmachen wollten, darunter Sergeant Roullier von der Artillerieabteilung der 1. Luftlandebrigade. Roullier war zwar ausgebildeter Kanonier, versah aber wegen seiner Kochkünste derzeit den Posten eines Küchenunteroffiziers beim Stab, und es sah ganz so aus, als solle er das bis Kriegsende auch bleiben. Zweimal hatte er vergeblich den Hauptfeldwebel gebeten, ihn mit auf die Liste zu setzen, und nun ging er ihn zum drittenmal an. »Ich will unbedingt dabeisein, ich habe Frau und Kinder, und wenn wir mit diesem Unternehmen den Krieg verkürzen können, will ich mitmachen.« Der Spieß veranlaßte, daß Roulliers Name auf die Liste kam, und eine Woche später war Roullier in Arnheim eine Berühmtheit geworden.

Indessen gab es bei Offizieren und Mannschaften auch Bedenken, die man so gut wie möglich verbarg. Corporal Morganz von der 1. Fallschirmjägerbrigade fand, »Unternehmen Market müßte eigentlich klappen, allerdings war es ein mächtiges Risiko, uns 12 Kilometer von einem Ziel entfernt abzusetzen, das wir erst nach längeren Straßenkämpfen erreichen konnten«. Auch Hauptfeldwebel Lord, ein altgedienter Soldat, war dieser Meinung. »Die Planung war doch reichlich optimistisch«, meinte er. Auch glaubte er nicht an den völlig geschwächten, zahlenmäßig weit unterlegenen Feind. »Die Deutschen sind keine Idioten, sondern harte Kämpfer.« Lord ließ sich aber nichts anmerken, »das hätte sich katastrophal auf die Moral ausgewirkt« – er galt bei seinem Regiment als der Große Weise Vater. Hauptmann Mackay, dessen Pioniere unter anderem zur Arnheimer Straßenbrücke vorpreschen und eventuell dort angebrachte Sprengladungen beseitigen sollten, hatte gegen jede Phase des Unternehmens Einwände. Er fand: »Wenn man die Division 12 Kilometer vom Ziel absetzt, kann man sie ebensogut 100 Kilometer entfernt absetzen. Der Vorteil der Überraschung entfällt, und von ›blitzartigem Zuschlagen‹ kann keine Rede mehr sein.« Mackay befahl in aller Stille seinen Leuten, doppelt soviel Munition und Handgranaten mitzunehmen wie üblich, und übte persönlich mit ihnen das Absetzen vom Gegner[11].

[11] Eine anschauliche Darstellung der Kämpfe der 1. englischen Luftlandedivision an der Brücke von Arnheim findet sich in Eric Mackay: *The Battle of Arnhem Bridge,* in Blackwood's Magazine, Oktober 1945.

Major Deane-Drummond, mit 27 Jahren stellvertretender Führer der Nachrichtenabteilung der 1. Luftlandedivision, zweifelte besonders an der Tauglichkeit seiner kleinen Funksprechgeräte vom Typ 22, mit denen die Verbindung zwischen Urquhart und seinen Brigaden während des Angriffes aufrechterhalten werden sollte. Die ›22er‹ waren in einem Umkreis von fünf bis acht Kilometern am wirksamsten. Da die Landezonen doppelt so weit vom Angriffsziel entfernt lagen, mußte man mit Störungen rechnen. Mehr noch – die Geräte sollten auch General Brownings Gefechtsstand in Nimwegen erreichen, etwa 25 Kilometer weiter südlich, und das in keineswegs besonders günstigem Gelände. Zwischen der großen Arnheimer Brücke und den Landezonen standen einmal die Stadt selbst, sodann die Vororte und bewaldete Flächen. Allerdings gab es Leute, die mit dem Gerät ›22‹ sehr zufrieden waren, etwa Leutnant Hay, der eine Spezialtruppe von Nachrichtenauswertern führte, die General Browning stets mit der neuesten Feindlagemeldung versorgen sollte. Hay allerdings hatte eine Spezialantenne konstruiert, mit deren Hilfe er bis zu 150 Kilometer weit senden und empfangen konnte. Er und seine Spezialisten betrachteten deshalb auch die brave Nachrichtentruppe als »arme Verwandte«.

Deane-Drummond fand darin aber ebensowenig Trost wie in den anderen Nachrichtenmitteln, die notfalls verwendet werden sollten[12]. Zu seinem Vorgesetzten, Oberstleutnant Stephenson, bemerkte er: »Es ist sehr zweifelhaft, daß die Geräte zu Anfang des Unternehmens befriedigend arbeiten.« Stephenson gab ihm recht, meinte aber, das spiele doch kaum eine Rolle. Es würde ein Überraschungsangriff werden, und die beteiligten Verbände würden rasch zur Brücke aufrücken. Die Einheiten würden daher höchstens für eine oder zwei Stunden keine Verbindung zum Stab haben, und dann, so erfuhr Deane-Drummond, »hat sich schon alles geklärt, und Urquharts Gefechtsstand ist bei der 1. Fallschirmjägerbrigade direkt auf der Brücke«. Deane-Drummond war davon nicht so ganz überzeugt, »doch ging es mir wie allen anderen auch: Nur keine negative Äußerung tun, nur nicht Zweifel säen, jetzt, wo es endlich soweit ist«.

Das letzte Wort hatten allerdings nicht Menschen zu sprechen, sondern das Wetter. Vom Oberkommando abwärts las man überall mit größter Spannung die Wettervorhersage. Keine sieben Tage von Montgomerys Termin entfernt war das Unternehmen »Mar-

[12] Weitere Nachrichtenmittel waren 82 Brieftauben der RAF. Deren Schläge befanden sich in der Nähe von London, was bedeutete, daß Tauben, die die Landung überlebten und den Deutschen entgingen, rund 400 Kilometer zurücklegen mußten, um ihre Botschaft zu überbringen.

ket-Garden« so gut wie möglich vorbereitet, doch für die Ausführung brauchte man drei Tage hintereinander gutes Wetter. Am frühen Abend des 16. September hieß es: »In den kommenden drei Tagen ist, abgesehen von leichtem Morgennebel, ruhiges Herbstwetter bei geringer Bewölkung und fast völliger Windstille zu erwarten.« General Brereton traf beim Stab der 1. Alliierten Luftlandearmee die Entscheidung, und um 19:45 Uhr ging sie über die Fernschreiber an die nachgeordneten Kommandeure: »MARKET-GARDEN« BEGINNT AM 17. SEPTEMBER.

In seinem Tagebuch vermerkte er: »Endlich treten wir in Aktion.« Er erwartete eine ruhige Nacht, denn: »Seit ich die Entscheidung getroffen habe, gibt es nichts mehr zu grübeln.«

In überfüllten Hangars, Zeltstädten und Nissenhütten wurde das Datum bekanntgemacht, und auf den Spiegel im Unteroffizierskasino der Nachrichtenabteilung der 1. englischen Luftlandedivision bei Grantham schrieb jemand mit Kreide: »Noch 14 Stunden . . . unwiderruflich.« Sergeant Spivey bemerkte, daß die Zahl stündlich geändert wurde. Er sah in dieser immer kleiner werdenden Zahl den besten Beweis dafür, »daß es diesmal wirklich losgeht«, nachdem er mehrmals zuvor zu seinem Verdruß für Unternehmen geübt hatte, die dann doch nicht stattfanden.

Überall legten die Männer der 1. Alliierten Luftlandedivision letzte Hand an. Sie waren gründlich eingewiesen worden, hatten Waffen und Gerät überprüft und ihr Geld in holländische Gulden umgewechselt. Nun hieß es nur noch warten. Man schrieb Briefe, »feierte« den kommenden Abmarsch, packte persönliches Eigentum zusammen, schlief, spielte endlos Karten. Sergeant Moncur vom 2. Bataillon der 1. Fallschirmjägerbrigade spielte Stunde um Stunde 17 und 4 und gewann unaufhörlich. Beim Anblick des wachsenden Haufens Gulden kam er sich vor wie ein Millionär. Er sah bereits, daß er sich in Arnheim »unerhört amüsieren« würde, sobald das Gefecht vorbei wäre, »das schlimmstenfalls 48 Stunden dauern kann«.

Bis dahin wollte er seine persönliche Rechnung mit den Deutschen begleichen – drei Tage zuvor war sein Bruder, ein siebzehnjähriger Unteroffizier der RAF, ums Leben gekommen, als er versuchte, aus 80 Meter Höhe aus seinem angeschossenen Bomber zu springen. Der Fallschirm hatte sich nicht mehr ganz geöffnet.

Auf dem Flugplatz Cottesmore, südlich von Grantham, hatte Sergeant Sunley von den 4. Fallschirmjägern Wache. »Ich paßte auf, daß keiner von den Burschen über den Zaun ins Dorf stieg.« Dabei begegnete er Sergeant Green, einem Sportlehrer, der mit einem nicht aufgeblasenen Fußball spielte. »Was machst du denn mit dem Ding?« wollte Sunley wissen. Green erklärte, er wolle den Ball nach Arnheim mitnehmen, »dann können wir in der Landezone ein bißchen Ball spielen, wenn alles vorbei ist«.

Auch Sergeant Baylis, einer der Gleiterpiloten, bereitete sich auf kleine Zerstreuungen vor. Er hatte gehört, daß die Holländer gerne tanzen, folglich packte er seine Tanzschuhe ein. Funker Copley von den 1. Fallschirmjägern kaufte Filmrollen für seine Kamera. Da nicht mit feindlichem Widerstand zu rechnen war, bot sich ihm, wie er meinte, »eine wirklich gute Gelegenheit, hübsche Bilder von der Landschaft zu machen«.

Ein Holländer verpackte Geschenke, die er wenige Tage zuvor in London erstanden hatte. Als die Niederlande überrannt wurden, war der 32 Jahre alte Kapitän Wolters mit seinem Minensuchboot nach England geflüchtet und diente dort seither der Exilregierung als Informations- und Nachrichtenoffizier. Nun war er aufgefordert worden, sich jener Personengruppe anzuschließen, die beim Stab des Generals Urquhart die Militär- und Zivilverwaltung in Holland organisieren sollte. Wolters war als Militärkommissar für jenen Teil der Niederlande vorgesehen, der von den Luftlandetruppen befreit werden sollte. »Daß ich so mir nichts dir nichts von meinem Schreibtisch in einen Lastensegler komplimentiert wurde, war etwas überraschend.« Man teilte ihn Oberst Barlow zu, dem stellvertretenden Kommandeur der 1. Luftlandebrigade, der nach der Einnahme von Arnheim dort Stadtkommandant werden sollte. Wolters sollte sein Gehilfe sein. Ganz aufgeregt bei dem Gedanken, nach Holland zurückzukehren, war Wolters »am meisten beeindruckt von dem herrschenden Optimismus, und ich glaubte alles, was man mir sagte. Auf keinen Fall sah ich Schwierigkeiten voraus. Der Krieg, so schien es, war vorbei, der Angriff ein Kinderspiel. Am Sonntag wollte ich landen und am Dienstag spätestens bei Frau und Kindern in Hilversum sein.« Für seine Frau Maria hatte er eine Uhr gekauft, für die Tochter, die er nur als Baby kannte, einen mächtigen Teddybären. Er hoffte sehr, daß ihm niemand verbieten würde, den Bären mitzunehmen.

Oberstleutnant Frost, 31 Jahre alt und Kommandeur des Bataillons, das die Brücke erobern sollte, legte sein kupfernes Jagdhorn zu seinem übrigen Gepäck. Das Horn war ein Geschenk der Mitglieder der Royal Exodus Jagdgesellschaft, deren Master er 1939–40 gewesen war. Während der Ausbildung pflegte Frost mit diesem Horn seine Leute zu sammeln, und er gedachte es auch beim Unternehmen »Market-Garden« so zu halten. Wegen der Landung bei Tage hegte er keine Befürchtungen. »Man hatte uns wiederholt gesagt, daß die Deutschen auf dem letzten Loch pfiffen, daß vor allem die bei Arnheim stehenden feindlichen Verbände von geringstem Kampfwert und schlecht ausgerüstet waren.« Was die Wahl der Landezone anging, hatte er allerdings seine Zweifel. »Angeblich war das Polderland südlich der Brücke für Springer und Gleiter ungeeignet, warum hatten dann aber die Polen Befehl, südlich der Brücke abzuspringen, wenn das wirklich zutraf?«

Zwar brannte er darauf, ins Gefecht zu kommen, doch »war es mir zuwider, nach Holland aufzubrechen«. Insgeheim hoffte er auf eine Verschiebung oder gänzliche Absetzung des Unternehmens. In Lincolnshire fühlte er sich ungemein wohl und wünschte sich »noch ein paar Tage hier, nur um ein bißchen länger so zu leben wie in den vergangenen Monaten«. Andererseits sagte er sich: »Wir sind jetzt lange genug hier, es wird Zeit aufzubrechen.« In der Nacht zum 17. schlief er fest. Zwar war er nicht so naiv anzunehmen, das Gefecht in Arnheim werde »ein Kinderspiel« sein, doch befahl er immerhin seinem Offiziersdiener Wicks, seine Jagdflinten, Golfschläger und auch seinen Smoking im Kommandeurswagen zu verpacken, der nachfolgen sollte.

Auf dem Spiegel in der nun leeren Kantine war zu lesen: »Noch zwei Stunden . . . unwiderruflich.«

Teil 3

DER ANGRIFF

1

Das Donnern der unzähligen Flugzeugmotore war ohrenbetäubend. Pferde und Rinder, die in der Nähe von Flugplätzen in Oxfordshire und Gloucestershire weideten, suchten entsetzt das Weite. In Ost- und Südengland starrten Tausende erschrocken in den Himmel. Passagiere in fahrenden Zügen drängten einander vom Fenster weg, und es kam zu Verkehrsstauungen, weil die Menschen überall ein Schauspiel betrachten wollten, dessengleichen sie noch nie gesehen hatten. Die größte Luftlandearmee der Geschichte war gestartet und auf dem Weg zu ihrem Ziel.

Ausgerechnet an diesem sonnigen Sonntagmorgen wurden überall in England Gedenkgottesdienste für »jene wenigen Tapferen« gehalten – die Jagdflieger der RAF, denen allein es zu danken war, daß Hitler vier Jahre zuvor die Luftschlacht über England verloren hatte. Der immer stärkere Lärm der Propeller übertönte hier und dort die Predigt, in Westminster Cathedral sogar das Magnificat der Orgel. Zu zweit und zu dritt verließen die Gläubigen ihre Bänke und gesellten sich der in den Straßen versammelten Menge zu. Halb betäubt starrten die Londoner in den Himmel, wo in geringer Höhe Formation um Formation vorüberzog. Im Norden der Stadt unterbrach eine Blaskapelle der Heilsarmee resigniert ihr Spiel bis auf den Paukenschläger. Der schlug einen vertrauten Rhythmus – kurz, kurz, kurz, lang, das Morsezeichen für V(ictory).

Den Betrachtern wurde die Art des Unternehmens beim Anblick der Schleppflugzeuge mit den angehängten Lastenseglern deutlich, doch erst sechs Stunden später erfuhr die Öffentlichkeit, daß sie Zeuge des größten jemals eingeleiteten Luftlandeunternehmens gewesen war. Die Reaktion jener, welche die riesige Armada über sich hinwegziehen sahen, hat vielleicht Angela Hawkings, eine Rotkreuzhelferin, am treffendsten ausgedrückt. Als sie vom Fenster ihres fahrenden Zuges Welle nach Welle der Flugzeuge beobachtete, die dahinzogen »wie Vogelschwärme«, dachte sie: »Einerlei, wohin diese Maschinen fliegen, ganz sicher führen sie das Ende des Krieges herbei.«

Die Männer der Luftlandearmee waren auf das gigantische Schauspiel ihres eigenen Abflugs genausowenig vorbereitet wie die Zivilisten. Fallschirmspringer, Infanteristen in Gleitern und Piloten waren nach dem Abflug vom Ausmaß und der Majestät der Luftflotten tief beeindruckt. Hauptmann Bestebreurtje, ein der 82. Luftlandedivision beigegebener holländischer Offizier, fand den Anblick »ganz unglaublich. Bestimmt waren sämtliche Flugzeuge der Alliierten an diesem Unternehmen beteiligt.« Tatsächlich waren es 4700 Maschinen, mehr als je zuvor bei einem einzigen Landeunternehmen verwendet worden waren.

Begonnen hatte es vor Morgengrauen, und es dauerte den ganzen Vormittag über an. Als erste starteten 1400 alliierte Bomber, um deutsche Flakstellungen im Operationsgebiet zu bombardieren. Um 9:45 Uhr stiegen zweieinhalb Stunden lang 2203 Truppentransporter, Gleiter und ihre Schleppmaschinen von 24 englischen und amerikanischen Rollfeldern in England auf[1]. C-47, mit Fallschirmspringern an Bord, flogen in langen Formationen zu je 45 Maschinen. Weitere C-47 und englische Bomber vom Typ Halifax, Stirling und Albermarle zogen 478 Lastensegler. In endlos scheinenden Reihen schwebten die riesigen Gleiter mit Truppen und Gerät an Bord am Ende ihrer 100 Meter langen Zugseile. Zwischen den kleineren Gleitern vom Typ Horsa und Waco sah man schwere, langgestreckte Hamilcars mit einer Nutzlast von je acht Tonnen; sie konnten einen kleinen Panzer oder einen Dreitonner mit Geschütz oder Munition tragen. Fast 1500 Jäger und Jagdbomber – Spitfires, Typhoons, Tempests und Mosquitos, Thunderbolts, Lightnings, Mustangs und Sturzbomber – flogen Geleitschutz. Es waren so viele Flugzeuge in der Luft, daß Hauptmann Sweeny von der 101. Luftlandedivision meinte: »Man hätte aussteigen und auf den Tragflächen zu Fuß nach Holland gehen können.«

Als erste starteten die englischen Lastensegler. General Urquhart, dessen Operationsgebiet weiter nördlich im Korridor von »Market-Garden« lag als das der Amerikaner, brauchte mit der ersten Welle möglichst viele Soldaten und Artillerie, insbesondere Panzerabwehrkanonen, weil er sein Angriffsziel nicht nur nehmen, sondern auch halten mußte, bis die Bodentruppen ihn erreichten. Seine Division wurde deshalb in der Hauptsache in Lastenseglern transportiert. 320 Gleiter trugen die Männer, Fahrzeuge und Artillerie der 1. Luftlandebrigade unter General Hicks. Sie sollten kurz nach 13:00 Uhr in den Landezonen westlich von Arnheim heruntergehen. Eine halbe Stunde später würden dann die Männer von General Lathburys 1. Fallschirmjägerbrigade aus ihren 145 Trans-

[1] Mehrere amtliche Verlautbarungen geben an, daß die ersten Maschinen für das Unternehmen ›Market‹ um 10:25 Uhr starteten, womit möglicherweise die Vorauskommandos gemeint waren. Aus den Logbüchern der Maschinen und den Aufzeichnungen der Flugleiter geht eindeutig hervor, daß die ersten Maschinen der Luftarmada um 9:45 Uhr starteten.

portmaschinen abspringen. Weil die schwerfälligen Lastensegler und Schleppmaschinen um 35 Stundenkilometer langsamer flogen als die Truppentransporter, mußten diese riesigen Luftzüge oder Serien, wie sie von der Truppe genannt wurden, als erste starten. In einer nie zuvor gewagten Abfolge von je einem Zug pro Minute erhoben sich von Rollfeldern in Gloucestershire und Oxfordshire Gleiter mit ihren Schleppflugzeugen in den Himmel. Die Versammlung zum Formationsflug erwies sich als besonders mühsam und gefährlich. Indem sie langsam Höhe gewannen, schwenkten die Maschinen in weitem Bogen westwärts über den Bristolkanal. Nach Erreichen der vorgeschriebenen Marschgeschwindigkeit drehten Schlepper und Gleiter paarweise nach rechts ein, überflogen den Startplatz und nahmen Kurs auf den Versammlungsraum über der Stadt Hatfield nördlich von London.

Um 10:25 Uhr flogen zwölf englische Stirlingbomber und sechs amerikanische C-47 mit englischen und amerikanischen Vorauskommandos nach Holland – diese Männer sollten als erste abspringen und die Landezonen markieren.

Gleichzeitig starteten von Rollfeldern in Lincolnshire die 82. US Luftlandedivision und die Fallschirmspringer der 1. englischen Division in 625 Truppentransportern und 50 von C-47 gezogenen Gleitern. Mit erstaunlicher Präzision hoben die Piloten der IX. Truppentransportabteilung in Abständen von 5 bis 20 Sekunden vom Boden ab, versammelten sich Welle um Welle über der Stadt March und hielten in parallel fliegenden Formationen auf die Küste bei Aldeburgh zu. Weiter südlich stieg die 101. US Luftlandedivision in 424 C-47 und 70 Schleppzügen auf. Auch sie versammelten sich über Hatfield und überflogen die Küste bei Bradwell Bay.

In riesigen, dreifach gegliederten Säulen, die in der Breite mindestens 16 Kilometer und in der Länge gute 150 Kilometer maßen, zog diese gewaltige Armada über England dahin. Im nördlichen Korridor flogen die 82. US Division und die 1. englische Division nach Arnheim und Nimwegen, begleitet von einer Spezialformation aus 38 Gleitern, die General Brownings Korpsstab nach Nimwegen transportierte. Im südlichen Korridor hielt die 101. US Luftlandedivision über Bradwell Bay auf ihre Landezone unmittelbar nördlich von Eindhoven zu. Um 11:55 Uhr war die gesamte Streitmacht – mehr als 20 000 Mann, 511 Fahrzeuge, 330 Geschütze und 590 Tonnen Ausrüstung – in der Luft. Leutnant Coyle von der 82. Division sah aus einer Höhe von nur 500 Metern deutlich Nonnen aus ihrem Klosterhof heraufwinken. »Das herrliche Wetter und die winkenden Nonnen ergaben zusammen den Eindruck eines Ölgemäldes. Ich winkte zurück und fragte mich, ob sie wohl wußten, wer wir waren und wohin wir unterwegs waren?«

Im allgemeinen herrschte während des Fluges über England gute Stimmung bei den Luftlandetruppen. Soldat Edward von der 1. Fallschirmjägerbrigade fand: »Es war so lustig wie ein Ausflug ans Meer«, und Soldat Warrender erinnert sich: »Es war ein perfekter Sonntag, so richtig ein Morgen, um über Land in die nächste Kneipe zu wandern.«

Oberst Chatterton, Regimentskommandeur der Gleiterpiloten, der eigenhändig den Lastensegler mit General Browning an Bord steuerte, nannte den Sonntag, »einen besonders schönen Tag. Jedenfalls hatten wir keine Ahnung, daß wir auf dem Wege in eine der scheußlichsten Schlachten der Kriegsgeschichte waren.« General Browning samt Gefolge bot ein eindrucksvolles Bild. Umgeben von seinem Diener, seinem Leibarzt, seinem Leibkoch, seinem persönlichen Zelt und seinem persönlichen Jeep saß der General zwischen Pilot und Ko-Pilot auf einer leeren Bierkiste »in einem fleckenlosen Kampfanzug, auf Hochglanz poliertem Lederzeug, mit messerscharfen Bügelfalten, die Revolvertasche spiegelblank poliert, mit Stöckchen und grauen Lederhandschuhen . . . Der General war in bester Form, denn er näherte sich dem Höhepunkt seiner Karriere und war entsprechend euphorisch.«

Der Mann, dem die schwierigste Arbeit zugeteilt worden war, nämlich General Urquhart, meinte: »Daß es endlich losging, war schon aufregend.« Im wesentlichen beschäftigten seine Gedanken sich jedoch mit seinem Auftrag. Ebenso wie General Browning reiste auch Urquhart mit Gefolge. Als er jetzt seinen Blick durch den Lastensegler schweifen ließ, über seinen Gehilfen Roberts, seinen Diener Hancock, den Regimentsgeistlichen Pare, einen Funker, zwei Militärpolizisten mit Motorrädern und seinen eigenen Jeep, empfand er Gewissensbisse, wenn er an seine Leute dachte, die sich, bepackt mit Waffen und Gerät, in den schweren Transportmaschinen drängten. Urquharts Gepäck bestand aus einer winzigen Packtasche, zwei Handgranaten und der Kartentasche. Daß er sich so behaglich fühlte, störte ihn irgendwie.

Fast unmittelbar bis zum Abheben der Schleppmaschine hatte er noch wichtige Entscheidungen treffen müssen. Wenige Stunden vor dem Abflug fragte die amerikanische Luftwaffe bei seinem Stabschef Oberst Mackenzie an, ob die Irrenanstalt bei Wolfheze bombardiert werden solle. »Sie sollen den Amerikanern persönlich versichern, daß dort nicht Geisteskranke untergebracht sind, sondern Deutsche, anderenfalls können sie nicht bombardieren.« Die Anstalt lag gefährlich dicht am Sammelpunkt der Division, und Urquharts Stab glaubte, daß sich Deutsche darin befanden. Makkenzie antwortete positiv, und der Amerikaner erwiderte: »Auf Ihre Verantwortung.« Urquhart billigte die Auskunft seines Stabschefs: »Ich wollte so gut vorbereitet sein wie irgend möglich«, erinnerte er sich später. »Mehr ist dazu nicht zu sagen.«

Bevor er in seine Maschine stieg, nahm er Mackenzie beiseite und sagte: »Falls mir was zustößt, soll als erster Lathbury das Kommando übernehmen, nach ihm Hicks und dann erst Hackett.« Diese Wahl traf er auf Grund seiner Erfahrungen. »Lathbury war mein Vertreter, das wußte jeder. Hackett war zwar im Range höher als Hicks, er war aber viel jünger, und Hicks hatte meiner Ansicht nach viel größere Erfahrung im Kommando von Erdverbänden. Ich wollte damit über Hacketts Befähigung kein negatives Urteil fällen.« Jetzt fiel ihm ein, daß er die Betroffenen hätte davon unterrichten sollen, »doch offen gestanden betrachtete ich damals die Frage als gegenstandslos«. Daß sowohl er selbst als auch Lathbury ausfallen könnten, kam ihm zu unwahrscheinlich vor.

Nachdem nun alle Entscheidungen getroffen waren, beobachtete er müßig »ganze Jägergeschwader, die an uns vorbeiflitzten«. Er flog zum ersten Mal zum Einsatz in einem Lastensegler und hatte Beruhigungspillen eingenommen. Der Hals war ihm trocken, und das Schlucken fiel ihm schwer. Auch merkte er, »daß Hancock mich beobachtete, mein Bursche, und zwar ziemlich bekümmert. Er nahm an, ich würde luftkrank werden, alle übrigen nahmen es ebenfalls an. Den Gefallen tat ich ihnen nicht. Wir gehörten zu einem unheimlich großen Flugzeugverband, und ich konzentrierte mich ganz auf den Anblick, der sich mir bot. Jetzt gab es kein Zurück mehr. Unser Plan war brauchbar, wenn ich auch immer noch bedauerte, daß wir nicht näher bei der Brücke herunterkommen konnten. Aber ich grübelte nicht.«

Zwar ging der Start der Armada mit technischer Perfektion vonstatten, doch kam es fast sofort zu Unfällen. Ein Bomber zermangelte kurz vor dem Start die Tragfläche eines Gleiters. Niemand wurde verletzt. Der Gleiter mit Leutnant Cox von der Luftlandebrigade an Bord flog in anderer Richtung als sein Schleppflugzeug, weil eine Wolke die Sicht versperrte, und als der Pilot sich in das Schleppseil verwickelt sah, klinkte er aus und landete unbeschädigt auf einer Wiese bei Sandford-on-Thames. In einem Transporter vom Typ C-47 kam es zu einem pittoresken Zwischenfall. Corporal Bommer sah, »wie die Ladeklappe hinter den Leuten aufging, die mir gegenübersaßen«. Die Männer klammerten sich verzweifelt fest, und ehe der Sog sie hinausreißen konnte, »machte der Pilot eine wunderhübsche Rolle, und die Luke fiel wieder zu«.

Der Corporal mit dem Maulwurf in der Matratze hatte ebenfalls ein makaberes Erlebnis. Nach einer ereignislosen Flugstunde geriet sein Gleiter in Wolken, auch hier verhedderte sich das Schleppseil um eine Tragfläche, und auch hier mußte der Pilot ausklinken. »Es war, als blieben wir mitten in der Luft stehen«, erinnert sich Corporal Nunn. »Dann sackte das Ding mit der Nase nach unten, und ab ging die Post, das Schleppseil immer nebenher wie eine gerissene Drachenschnur. Ich hoffte nur, daß die Ketten hielten, mit denen der Jeep festgemacht war. Der Pilot rief: ›Festhalten, Leute, gleich kracht's!‹ – dann setzte er auf, hoppelte ein Stück weiter und blieb stehen.« Niemand war verletzt, und die Besatzung nahm an der zweiten Landung am 18. September teil.

Anderen ging es allerdings weniger gut. Über Witlshire sah Sergeant Simpson von der RAF aus dem MG-Turm seines Bombers, wie der Gleiter vom Typ Horsa, den der Bomber schleppte, »plötzlich in der Mitte auseinanderbrach; es sah aus, als würden die Teile einfach auseinandergeklappt. Das Schleppseil brach, der vordere Teil fiel wie ein Stein zu Boden.« Der Bomber scherte aus der Formation und machte sich auf die Suche nach dem Wrack. Man fand einen Teil davon, markierte die Stelle und fuhr vom Fliegerhorst im Jeep hin. Der hintere Teil des Seglers war spurlos verschwunden. Simpson erblickte etwas, das aussah »wie eine zertretene Streichholzschachtel«. Die Leichen waren noch drinnen, doch »war es nur noch eine kompakte Masse aus Gliedmaßen und Rümpfen«.

Als die letzten Gespanne die Küste erreichten, waren 30 Gleiter mit Gerät oder Truppen nicht mehr dabei. Motorschaden bei den Schleppmaschinen, gebrochene Schleppseile und stellenweise Bewölkung hatten zur vorzeitigen Umkehr genötigt. An den Maßstäben des Militärs gemessen, hatte das Unternehmen erfolgreich begonnen – es gab nur wenige Ausfälle, und die zurückgebliebenen Truppen und Geräte konnten mit späteren Wellen einfliegen –, dennoch war jeder Verlust spürbar. Gerade an diesem Tag, wo General Urquhart auf keinen Mann und kein Fahrzeug verzichten konnte, verlor er 23 Gleiterfrachten. Wie gravierend diese Verluste waren, konnten die Kommandeure allerdings erst nach Erreichen der Abwurf- und Landezonen feststellen.

Als die Maschinen die Küste hinter sich ließen und über den Kanal flogen, machte sich ein Stimmungswechsel bemerkbar. Von »Sonntagsausflug« war bald nicht mehr die Rede. Als die amerikanischen Gespanne den Badeort Margate überflogen, sah Soldat Isenekev von der 101. Luftlandedivision die Kreidefelsen von Dover und fühlte sich an die winterlichen Berge daheim in Amerika erinnert. Corporal Thomas von der 1. englischen Luftlandedivision sah mit Tränen in den Augen, wie die Küste der heimatlichen Insel langsam verschwand.

Bislang waren die Maschinen von den Versammlungsräumen über March und Hatfield durch Radar, Leuchtfeuer und Funksignale geleitet worden; jetzt richteten sie sich nach Leuchtfeuern auf Schiffen in der Nordsee. Überdies gab eine Kette von Barkassen die Richtung an – 17 entlang der nördlichen Route, 10 entlang der südlichen. Sergeant Tompson, der einen schweren Lastensegler steuerte, fand: »Navigation war eigentlich nicht nötig. Die Barkassen da unten lagen wie Trittsteine im Kanal.« Diese schnellen Schiffe waren jedoch mehr als Wegweiser, sie waren auch Rettungsdienst, und damit hatten sie viel zu tun.

Im Laufe der halben Flugstunde über der Nordsee konnte man mehrere Gleiter auf den grauen Wassern schaukeln sehen, über denen Wasserflugzeuge kreisten, bis die Barkassen eintrafen. Leutnant Hay, der Mann mit der Spezialantenne, »sah völlig unbeteiligt zwei von den Dingern auf dem Wasser liegen und ein drittes abschmieren. Ich machte Hobrick darauf aufmerksam, und der wurde ganz grün. Ich sagte, stellen Sie sich nicht so an, Sie sehen doch, die werden gleich aufgefischt.«

Auch Gleiterpilot Kitchener war stark beeindruckt davon, wie rasch den gewasserten Lastenseglern Hilfe zuteil wurde. »Die Kerle wurden so schnell herausgeholt, daß sie vermutlich nicht mal nasse Füße bekamen.« Die Insassen eines von Sergeant Line gesteuerten Gleiters hatten weniger Glück, kamen aber mit dem Leben davon. Line schaute gerade ganz fasziniert zu, wie vor ihm ein Gespann ausscherte, der Segler das Seil ausklinkte und nach einer Weile inmitten eines Schaumkranzes aufs Wasser setzte, als der Steuerbordpropeller seiner Schleppmaschine stehenblieb. Der Bomber flog sofort merklich langsamer, und Line »kam in die peinliche Lage, die Schleppmaschine zu überholen!« Er klinkte aus, und sein Ko-Pilot alarmierte die an Bord befindlichen Infanteristen. Gleich darauf hörte er zu seinem Schrecken, wie die Soldaten jetzt schon versuchten, sich mit dem Gewehrkolben einen Ausgang zu schaffen. »Sie hatten die Decke schon losgeschlagen, und im nächsten Augenblick wären die Seitenwände rausgefallen, aber da setzten wir auf.« Tatsächlich schwammen nur noch Trümmer auf dem Wasser herum, doch seine Passagiere blieben heil und wurden innerhalb von Minuten aufgefischt.

Von der ersten Welle gingen insgesamt acht Lastensegler unbeschädigt aufs Wasser nieder, und bei Besatzungen und Passagieren gab es fast keine Ausfälle. Allerdings war wiederum Urquharts Verband am stärksten betroffen, denn von den acht gewasserten Gleitern sollten fünf nach Arnheim fliegen.

Während der Kanalüberquerung war vom Feind nichts zu bemerken, abgesehen davon, daß versuchsweise ein paar ungenau gezielte Granaten in der Nähe eines notgelandeten Gleiters einschlugen. Die südlich fliegende 110. US Division erreichte so gut wie unbelästigt das von den Alliierten gehaltene Belgien, während im Norden die Männer der 82. US Division und die englischen Soldaten entlang der holländischen Küste die grauen und schwarzen Detonationswölkchen der deutschen Flak zu sehen bekamen. Aus der Flughöhe von 500 Metern waren die Geschütze deutlich sichtbar, die von Walcheren, Nordbeveland und Schouwen feuerten, und auch die Flak-Schiffe um die Scheldemündung.

Die Geleitschutz fliegenden Jagdbomber griffen die Flakstellungen an. Splitter prasselten gegen die Seiten der C-47, und der Veteran Hart von der 82. hörte einen Neuling fragen: »Sind diese Sitze auch kugelsicher?« Er schaute den Jungen finster an; die Leichtmetallsitze hätten nicht einmal einen kräftig geworfenen Stein abgehalten. An Bord einer C-47 hörte Soldat Brockley einen anderen Neuling fragen: »Was sind das für Rauchwölkchen da unten?« und ehe noch jemand antworten konnte, kam ein Granatsplitter von unten hereingeflogen und klirrte ohne Schaden anzurichten gegen ein Kochgeschirr.

Die Veteranen verbargen ihre Ängste auf unterschiedliche Weise. Als Staff-Sergeant Paul Nunan »die bekannten roten Golfbälle der Leuchtspurgeschosse« heraufiangen sah, tat er, als schliefe er ein. Die Maschine von Kenneth Truax wurde fast von diesen Granaten getroffen, »es fiel aber kein Wort darüber, höchstens daß einer gequält grinste«. Sergeant Tucker, der in der Normandie in heftiges Flakfeuer geraten war, »hatte gräßliche Angst davor, von unten getroffen zu werden«. Er setzte sich auf drei Flak-Westen und fühlte sich dadurch »weniger nackt«. Soldat Kos hätte sich »gerne auf meinen Helm gesetzt, aber den brauchte ich für den Kopf«.

Ko-Pilot Oakes, der mit Mühe seinen Horsa-Gleiter im Gleichgewicht hielt, schaute sich nach seinen Passagieren um, und bemerkte mit Entsetzen, daß sie ein kleines Öfchen auf den Boden gestellt hatten und Tee kochten. »Ich sah schon den Holzfußboden Feuer fangen oder die Werfermunition hochgehen, denn der Brenner machte eine fürchterliche Hitze. Seine Passagiere versuchten, ihn zu beschwichtigen. Man wird ja wohl noch Tee machen dürfen.« Oakes machte seinem Piloten Meldung, aber der erwiderte nur: »Sag ihnen, sie sollen uns auch was bringen, wenn sie fertig sind.« Oakes ließ sich entsetzt auf den Sitz fallen und vergrub das Gesicht in den Händen.

Der Begleitschutz brachte die Küstenflak durchwegs zum Schweigen, doch wurden einige Maschinen beschädigt. Über der Insel Schouwen wurden eine Schleppmaschine, ihr Gleiter und ein Truppentransporter vomTyp C-47 abgeschossen. Die Schleppmaschine machte eine Bruchlandung, und die Besatzung war tot. Der Gleiter vom Typ Waco, der der 82. gehörte, brach in der Luft auseinander. Major Munford, der nahebei in einem englischen Verband flog, sah entsetzt, »wie die Waco auseinanderbrach und die Menschen, die darin saßen, förmlich ausspie«. Andere sahen den Truppentransporter abschmieren. Zuerst gerieten Bündel mit Ausrüstung in Brand, die außenbords an der Maschine befestigt waren, dann sah man Flammen und schwarze Qualmwolken. Leutnant Carmicheal, der in der offenen Luke seiner Maschine stand, sah zu, wie die Fallschirmjäger aus der getroffenen Maschine absprangen. »Sie benutzten Tarnschirme, und deshalb konnte ich sie zählen und wußte, daß allesamt freigekommen waren.«

Der Pilot hielt die brennende Maschine solange auf Kurs, bis die Fallschirmjäger gesprungen waren, dann sah Carmichael noch einen Springer. »Die Luftwaffe benutzte weiße Schirme, daran erkannte ich, daß er zur Besatzung gehörte.« Er war der letzte, der absprang. Die brennende Maschine ging im Sturzflug auf einem überschwemmten Teil der Insel Schouwen nieder. »Beim Aufschlag ging unmittelbar vor der Maschine ein weißer Fallschirm auf, wahrscheinlich war er durch den Aufprall freigesetzt worden.« Auf Leutnant Megellas machte der Anblick »einen schrecklichen Eindruck«. Als Sprungmeister seiner Maschine hatte er angekündigt, er werde fünf Minuten vor dem Absprung den Befehl zum Einhaken geben, »doch jetzt gab ich diesen Befehl lieber gleich«. In anderen Maschinen reagierten Sprungmeister auf die gleiche Weise. Was sie betraf, so hatte die Schlacht bereits begonnen; die Absprung- und Landezonen waren nur noch 30 oder 40 Minuten entfernt.

2

So unglaublich es klingt, die Deutschen erkannten trotz des nächtlichen Bombardements und der Luftangriffe auf Arnheim, Nimwegen und Eindhoven noch immer nicht, was vorging. Im höchsten wie im niedrigsten Stab sah man nur eine einzige Bedrohung: den Ausbruch der 2. englischen Armee aus ihrem Brückenkopf am Maas-Schelde-Kanal.

»Offiziere und Mannschaften, ganz besonders auch ich selbst und mein Stab waren so erledigt und angesichts unserer Schwierigkeiten auch so überfordert, daß wir überhaupt an gar nichts anderes als an einen Vorstoß zu Lande denken konnten«, erinnert sich General Student. Deutschlands Spezialist für Luftlandeoperationen saß nordwestlich von Eindhoven in einem Landhaus bei Vught »ganz mit Papierkrieg beschäftigt, den man auch im Gefecht nie loswurde«. Für einen Moment verschnaufte er auf dem Balkon, sah den Bombern zu und machte sich gleichmütig wieder an die Arbeit.

Obersturmbannführer Harzer, Kommandeur der 9. SS-Panzerdivision Hohenstaufen, hatte unterdessen seinem Rivalen Harmel von der 10. SS-Panzerdivision Frundsberg alles Gerät übergeben, das abzugeben er bereit war. Harmel befand sich unterdessen auf Befehl von Bittrich, aber ohne Wissen von Model in Berlin. Die letzten offenen Güterwagen mit Harzers »unbrauchbaren« Schützenpanzerwagen sollten um 14:00 Uhr nach Deutschland abfahren. Harzer, der seit den Tagen in der Normandie fortgesetzt bombardiert worden war, »scherte sich nicht mehr um Flugzeuge«. Er sah in den riesigen Bomberströmen über Holland nichts Ungewöhnliches. Für ihn und seine Veteranen war es »das Übliche, daß wir mehrmals am Tage Bomber einfliegen und wieder zurückkommen sahen. Wir waren von den fortgesetzten Bombardierungen und Beschießungen schon völlig abgestumpft.« Zusammen mit dem Divisionsarzt Oberstabsarzt Skalka machte Harzer sich von seinem Quartier in Beekbergen nach Hoenderloo, etwa 13 Kilometer nördlich von Arnheim, auf den Weg, wo er den Kommandeur der Aufklärungsabteilung Gräbner mit dem Ritterkreuz dekorieren wollte. Danach sollte es Champagner und ein anständiges Frühstück geben.

Beim Stab des II. SS-Panzerkorps in Doetinchem nahm man die Luftangriffe ebenfalls nicht weiter schwer. Für Bittrich war das »ganz das Übliche«. Feldmarschall Model schaute von seinem Hotel Tafelberg in Oosterbeek den Bombern eine Weile zu, um sich dann der allgemeinen Ansicht anzuschließen: Die Fliegenden Festungen kamen von ihren Nachtangriffen auf Deutschland zurück, und da die Bombardierungen nicht mehr aufhörten, flog zugleich die nächste Welle nach Osten. Was die örtlichen Bombenwürfe anging, so schrieb man diese der Gewohnheit der Piloten zu, Bomben, die sie über der Ruhr nicht geworfen hatten, einfach über Holland abzuwerfen. Model und sein Stabschef Krebs meinten, die Bombardierungen und die Tieffliegerangriffe seien das Vorspiel der kommenden englischen Bodenoffensive.

An einer Stelle jedoch erregte die erhöhte Lufttätigkeit über Holland immerhin mildes Interesse, nämlich im Hauptquartier des OB-West in Aremberg bei Koblenz. In der Anlage 2227 zum frühen Lagebericht vom 17. September ersuchte Rundstedt persönlich den Chef der Heeresgruppe B, Model, zu prüfen, ob etwas auf eine bevorstehende kombinierte Invasion Nordhollands aus der Luft und von See hindeutete. Es heißt dort: »Die allgemeine Lage und die merkliche Intensivierung der feindlichen Aufklärung . . . veranlaßt den OB-West, noch einmal auf die Möglichkeit eines kombinierten Luft- und Seeangriffes hinzuweisen . . . Ergebnisse sind ans OKW (Hitler) zu übermitteln.«

Diese Meldung traf bei Model ein, als die ersten Maschinen der Luftlande-Armada die Küste überflogen.

Um 11:30 Uhr standen schwarze Rauchwolken über Arnheim, denn überall in der Stadt brannte es nach der drei Stunden währenden Bombardierung. In Wolfheze, Oosterbeek, Nimwegen und Eindhoven waren ganze Häuserblocks dem Erdboden gleichgemacht, die Straßen wiesen Bombentrichter auf und waren von Trümmern und Glassplittern übersät. Die Verluste wuchsen von Minute zu Minute. Auch jetzt noch jagten Tiefflieger auf der Suche nach Flak-Stellungen durch die Gegend. Die Stimmung der Holländer, die sich in Kirchen und Häusern, Kellern und Schutzräumen aneinanderdrängten, tollkühn durch die Straßen radelten oder von den Dächern beobachteten, schwankte zwischen Angst und Jubel. Niemand wußte, was von den Ereignissen zu halten sei oder was demnächst geschehen sollte. Als erste holländische Stadt war Maastricht am 14. September von der 1. US Armee befreit worden, und viele Holländer erwarteten stündlich amerikanische Infanterie in ihren Städten auftauchen zu sehen. Radio Oranje nährte solche Hoffnungen mit unzähligen Verlautbarungen folgender Art: »Die Stunde ist nahe. Was wir alle ersehnen, steht unmittelbar bevor . . . Dank des schnellen Vormarsches alliierter Verbände . . . kann es sein, daß die Truppen noch kein holländisches Geld haben. Falls unsere Alliierten französisches oder belgisches Geld anbieten . . . sollte es entgegengenommen werden . . . Unsere Bauern müssen unbedingt die Ernte einbringen . . .«

Prinz Bernhard warnte seine Landsleute davor, ». . . die alliierten Truppen, welche die Niederlande befreien, mit Blumen oder Obst zu begrüßen . . . denn es ist vorgekommen, daß der Feind unsere Befreier mit Geschenken empfangen hat, in denen Handgranaten verborgen waren.« Die Holländer waren fest davon überzeugt, daß dieses intensive Bombardement die Vorbereitung des Einmarsches der Alliierten sei, sie dachten ebensowenig an eine Luftlandung wie ihre deutschen Besatzer.

Jan und Bertha Voskuil, die sich bei Voskuils Schwiegervater in Oosterbeek versteckt hielten, nahmen an, die Bomber hätten es auf Models Hauptquartier abgesehen, das Hotel Tafelberg. Voskuil erinnert sich, »daß das Wetter glänzend geeignet für Bombardierungen war. Der Geruch von reifen Runkelrüben und der Anblick Hunderter von Sonnenblumen, deren Stiele sich unter der Last der Köpfe bogen, machten es aber schwer, sich vorzustellen, daß hier bald Krieg herrschen sollte. Man konnte nicht glauben, daß Menschen starben und Häuser brannten.« Voskuil war sonderbar gefaßt. Von der Veranda seines Schwiegervaters beobachtete er die

Jagdbomber und zweifelte nicht daran, daß sie das Hotel angriffen. Plötzlich erschien ein deutscher Soldat im Garten, ohne Helm und Waffe, nur mit Hemd und Hose bekleidet. Er fragte höflich: »Darf ich hier Deckung nehmen?« Voskuil starrte ihn verblüfft an. »Wieso das? Sie haben doch selbst Deckungsgräben?« »Schon«, entgegnete der Deutsche lächelnd, »sie sind aber alle besetzt.« Er kam auf die Veranda. »Es ist ein sehr schweres Bombardement«, fuhr er fort, »doch glaube ich nicht, daß Oosterbeek das Ziel ist. Offenbar liegen die Bomben mehr östlich und westlich vom Dorf.«

Aus dem Haus waren jetzt Stimmen zu hören. Ein Freund der Familie war gerade aus der Gegend von Wolfheze gekommen. Dort habe es schwere Verwüstungen gegeben und viele Menschen seien tot. »Ich fürchte fast«, sagte er zitternd, »dies ist unser letztes Mahl.« Voskuil sah den Deutschen an und sagte milde: »Vielleicht bombardiert man Model im Hotel Tafelberg?« Der Deutsche verzog keine Miene. »Nein«, sagte er, »das glaube ich nicht. Dort sind keine Bomben gefallen.« Nachdem der Soldat endlich gegangen war, ging Voskuil auf die Straße, um den Schaden zu sehen. Es schwirrte von Gerüchten. Arnheim sollte schwer getroffen, Wolfheze praktisch nicht mehr vorhanden sein. Dann hat die alliierte Offensive bestimmt begonnen, überlegte er, und in einer Stunde sind sie da. Er war zugleich bekümmert und froh. Ihm fiel ein, daß Caen während der Invasion in einen Trümmerhaufen verwandelt worden war, und er fürchtete, daß es Oosterbeek genauso ergehen würde.

In der Gegend von Wolfheze explodierten deutsche Munitionsstapel, und die bereits erwähnte Anstalt für Geisteskranke hatte mehrere Volltreffer erhalten. Vier der das Verwaltungsgebäude umstehenden Pavillons waren völlig zerstört, 45 Patienten waren tot (es sollten insgesamt mehr als achtzig Tote werden), unzählige verwundet. Im nahen Wald irrten sechzig zu Tode erschreckte Patienten umher, meist Frauen. Der Strom war ausgefallen, und der stellvertretende Klinikdirektor Dr. Marius van der Beek war außerstande, Hilfe herbeizurufen. Ungeduldig erwartete er das Eintreffen von Ärzten aus Oosterbeek und Arnheim, die doch gewiß von diesem Unglück gehört haben und kommen würden. Er mußte so rasch wie möglich einen Operationssaal improvisieren.

Zu den »Patienten« zählte auch Hendrik Wijburg, der in Wahrheit dem holländischen Widerstand angehörte und hier untergetaucht war. »Die Deutschen waren nicht unmittelbar in der Anstalt, hatten aber in der Nähe im Wald Munition gelagert und Artillerie aufgefahren.« Als die Munition hochging, wurde Wijburg, der sich gerade auf der Veranda befand, von der Druckwelle niedergeworfen. »Es war eine schlimme Explosion und die krepierenden Granaten schlugen auch im Krankenhaus ein und töteten und verwundeten viele.« Wijburg half den Schwestern, mit weißen Bettlaken ein weißes Kreuz im Garten auszulegen, wobei sie ständig von Tieffliegern beschossen wurden. Die Anstalt bot einen so schlimmen Anblick, daß er meinte: »Bald wird man hier die Toten und Sterbenden bis unters Dach schichten können.«

In Arnheim versuchte Feuerwehr, die Brände zu bekämpfen. Dirk Hiddink wurde mit seinem Trupp von 15 Männern und zwei Handkarren mit Schläuchen und Leitern zu den Deutschen in die Willemskaserne befohlen, wo Tiefflieger mehrere Treffer erzielt hatten. Die Kaserne stand in Flammen, doch hatte Hiddink aus Arnheim den Befehl bekommen: »Laßt sie ruhig abbrennen, aber schützt die Häuser in der Nachbarschaft.« Als Hiddink mit seiner Kolonne anrückte, sah er gleich, daß die Kasernengebäude ohnehin nicht mehr zu retten waren.

Am Willemsplein 28, in der Wohnung seines Vaters, sah Gerhardus Gysbers, daß ringsum alles in Flammen stand. Nicht nur die Kaserne brannte, auch die Oberschule und das gegenüberliegende Restaurant Royal standen in Flammen. Die Hitze war derart, daß »das Fensterglas in unserer Wohnung schmolz«. Die Familie flüchtete über brennende Balken und Ziegelsteine aus dem Haus auf den Platz. Gysbers sah deutsche Soldaten mit blutigen Gesichtern aus den Trümmern der Kaserne hervortaumeln. Der Straßenbahnfahrer Hendrik Karel landete gegen seinen Willen auf dem Willemsplein. Der Strom war ausgefallen, Karels blaßgelber Straßenbahnwagen rollte die leicht geneigte Straße hinunter und kam auf dem Platz zum Stehen. Dort standen schon andere Züge, die ebenfalls bis dort gerollt waren und nicht mehr weiter konnten. Durch die Qualmwolken sah Karel Kellner aus dem brennenden Restaurant laufen. Sie ließen die wenigen Gäste im Stich und flüchteten durch die Fenster.

Der Techniker Nicolaas Unck vom städtischen Gaswerk südöstlich der Arnheimer Brücke bewunderte die Treffsicherheit der Bombenschützen. Jenseits des Rheins waren zwölf Flakstellungen getroffen worden. Nur noch ein einziges Geschütz war zu sehen, und dessen Rohr war verbogen. Da es keinen Strom mehr gab, konnte man kein Gas herstellen. Sobald die Vorräte der drei Gasometer erschöpft waren, würde man sich zum Kochen und Heizen mit Kohle und Holz behelfen müssen.

Tausende blieben in den Kirchen beieinander. Küster Mijnhart von der Holländisch Reformierten »Grote Kerk« erinnert sich, daß mindestens 1200 Menschen anwesend waren. »Man hörte draußen die Bomben fallen, doch der Reverend Johan Gerritsen fuhr unentwegt zu predigen fort. Mit dem Strom fiel auch die Orgel aus, doch fanden sich gleich Gemeindemitglieder, welche die Blasebälge traten.« Wenig später hatte die Orgel wieder Luft und zur Begleitung von Sirenen, Explosionen und donnernden Flugzeugmotoren stimmte die Gemeinde stehend den »Wilhelmus« an, die Nationalhymne.

In der kalvinistischen Kirche nahe dem Bahnhof, lauschte Gijsbert Numan vom Widerstand der Predigt des Dominee Both. Numan war davon überzeugt, daß auch schwerste Bombardements die Deutschen nicht abhalten würden, zur Vergeltung für den Anschlag auf die Bahnbrücke ihre Geiseln zu erschießen. Als er den Geistlichen über »unsere Verantwortlichkeit für unsere Handlungen gegenüber Gott und unseren Nächsten« predigen hörte, verspürte er Gewissensbisse und beschloß, sich den Deutschen zu stellen. Er bahnte sich mühsam über Trümmer einen Weg zum nächsten Telefon und informierte seinen Abschnittsführer Pieter Kruyff, der ihm nur erwiderte: »Kommt nicht in Frage. Machen Sie gefälligst weiter Ihre Arbeit.« Gerettet wurden die Geiseln durch »Market-Garden«.

Weiter südlich, in Nimwegen, hatten die Bomber so gründlich gearbeitet, daß nur eine einzige Flak noch feuerte. Das mächtige Kraftwerk von PGEM, das die gesamte Provinz Gelderland mit Strom versorgte, war zwar nicht ernstlich beschädigt worden, doch die Starkstromleitungen waren gerissen, und damit war die ganze Gegend ohne Strom. Eine Kunstseidenfabrik nahe dem Kraftwerk wurde schwer getroffen und stand in Flammen. In der Stadt hatten viele Häuser Volltreffer erhalten, darunter eine Mädchenschule und ein katholischer Gemeindesaal. In Lent, am anderen Ufer des Waal, war eine Fabrik zerstört worden, und Munitionslager explodierten.

In der Luftschutzzentrale arbeitete man bei Kerzenschein, und das Personal wußte immer weniger, was von den eingehenden Meldungen zu halten sei. Das einzige, was sich mit einiger Sicherheit schließen ließ, war, daß sämtliche deutsche Feuerstellungen um Nimwegen herum angegriffen worden waren. Die wichtigsten Einfallstraßen – Waalbrug, St. Annastraat und Groesbeeksweg waren blockiert, und es schien fast, als sollte die Stadt abgeschnitten werden.

Die Bevölkerung von Nimwegen suchte ebenso wie die von Arnheim vor allem vor den Tieffliegern Schutz, die fortgesetzt feuernd über die Straßen brausten, doch Elias Broekkamp, dessen Haus unweit der Waalbrücke stand, kletterte aufs Dach, um einen Überblick zu bekommen. Verblüfft gewahrte er, daß auch der deutsche Stadtkommandant und seine Mitarbeiter auf das Dach ihres nur fünf Häuser entfernten Gebäudes gestiegen waren. »Die Deutschen sahen recht besorgt aus, ich war natürlich ungeheuer aufgeregt. Ich machte sogar eine Bemerkung über das schöne Wetter zu ihnen.«

Krankenschwester Johanna Breman beobachtete aus dem Fenster ihrer Wohnung südlich der Waalbrücke »deutsche Verwundete, die einander stützten. Einige konnten kaum gehen und die meisten trugen Verbände. Sie hatten die Jacken nicht zugeknöpft, und Helme hatten sie auch nicht auf. Ihnen folgte deutsche Infanterie. Wo sich Holländer am Fenster sehen ließen, schossen die Deutschen. Am Aufgang zur Brücke gruben sie sich ein, an der Straßenböschung, unter Bäumen, überall, wo man graben konnte. Ich erwartete große Dinge.« Allerdings erwartete sie nicht, wenige Monate später die Ehe mit Sergeant Mason von der 82. zu schließen, der im Lastensegler 13 unweit der Groesbeeker Höhen, dreieinhalb Kilometer südwestlich ihrer Wohnung landen sollte.

Manche Ortschaften am Rande des vorgesehenen Operationsgebietes, in denen es so gut wie keine Rettungsdienste gab, wurden ebenso zerstört wie die Hauptziele. Gerardus de Wit suchte nahe dem Weiler Zeelst, etwa acht Kilometer westlich Eindhoven, in einem Rübenfeld Schutz vor den Bomben. Es hatte keinen Luftalarm gegeben, die Bomber flogen ziemlich hoch, doch plötzlich regnete es Bomben. De Wit, der auf Besuch bei seinem Bruder in Veldhoven gewesen war, suchte im Straßengraben Schutz und hatte nur den Gedanken, so rasch wie möglich zu seiner Frau und den elf Kindern zu kommen. Obwohl jetzt auch Tiefflieger auf alles schossen, was sich regte, wollte de Wit es riskieren. Als er vorsichtig den Kopf aus dem Graben steckte, sah er, »daß sogar die Blätter versengt waren«. Er ließ sein Fahrrad liegen und rannte, so rasch er konnte, über den Acker. Bomben, wohl für den Fliegerhorst Welschap außerhalb von Eindhoven bestimmt, waren unmittelbar in den Weiler Zeelst gefallen, und de Wit sah nichts als Ruinen. Manche Häuser brannten, andere waren eingestürzt, ringsum standen völlig benommene, weinende Menschen. Eine Bekannte, die Witwe van Helmont, bat ihn, die Leiche eines Knaben mit einem Tuch zuzudecken, sie selbst sei nicht dazu imstande. Dem Kind fehlte der Kopf, de Wit erkannte es trotzdem als den Sohn eines Nachbarn. Er deckte den Leichnam rasch zu. »Mehr wollte ich nicht sehen, ich wollte nur noch heim.« Unterwegs rief ihn ein Nachbar an: »Ich verblute, ein Bombensplitter hat mich getroffen!« Doch da erblickte de Wit seine Frau Adriana weinend auf der Straße. »Wo steckst du nur! Komm, schnell! Unser Tiny ist verwundet.« De Wit ging an seinem verblutenden Nachbarn vorüber. »Ich konnte nur an meinen Sohn denken. Der war auf der rechten Seite ganz kaputt, alles lag offen, das Bein war fast weg. Er war ganz bei Bewußtsein und wollte Wasser. Sein rechter Arm war nicht mehr da. Er fragte danach, um ihn zu trösten, sagte ich ›Da liegst du drauf.‹« Dann kam ein Arzt, der zu de Wit sagte, es sei keine Hoffnung. Der Vater nahm den Sohn auf die Arme und trug ihn zur Zigarrenfabrik Duc George, wo ein Verbandsplatz eingerichtet worden war, doch der Vierzehnjährige starb unterwegs in seinen Armen.

In diesem Gewirr aus Angst und Hoffnung bemerkten nur sehr wenige Holländer die Spitzen der Luftlandearmee. Gegen 12:40 Uhr flogen zwölf englische Stirlingbomber niedrig über Arnheim weg und um 12:47 Uhr erschienen vier US C-47 über der Heide, nördlich von Eindhoven, während zwei weitere die offenen Felder südwestlich Nimwegen nahe der Ortschaft Overasselt überflogen. Diese Maschinen hatten englische und amerikanische Vorauskommandos an Bord.

Auf dem Weg zu seinem Hof am Rande der Renkumer Heide, einen guten Kilometer von Wolfheze entfernt, sah Jan Pennings im Westen sehr niedrig fliegende Flugzeuge. Er nahm an, es handle sich um einen weiteren Angriff auf die Bahnlinie und schaute mißtrauisch hin, jederzeit bereit, in Deckung zu gehen. Über der Renkumer Heide »warfen diese Maschinen aber so komische Bündel ab, und dann sprangen Fallschirmjäger raus. Ich wußte, daß die Alliierten es in der Normandie so gemacht hatten, und sagte mir: aha, jetzt geht es hier auch los!«

Er radelte, so schnell es ging, nach Hause und rief seiner Frau zu: »Komm mal raus, wir sind befreit!« Da kamen aber auch schon die ersten Fallschirmjäger auf seinen Hof, und Pennings schüttelte ihnen ganz verwirrt die Hand. »In einer halben Stunde kommen noch ein paar hundert mehr«, versicherten sie ihm.

Der Kraftfahrer Jan Peelen sah ebenfalls die Springer auf der Renkumer Heide landen. »Sie kamen fast lautlos herunter. Offenbar waren sie gut gedrillt, denn sie fingen sofort an irgendwas abzustecken.« Wie ihre Kameraden nördlich der Bahnlinie, markierten sie Lande- und Abwurfzonen.

25 Kilometer weiter im Süden, in der Nähe von Overasselt, wurde der neunzehnjährige Theodorus Roelofs, der sich vor den Deutschen versteckt hielt, überraschend von dem Vorauskommando der 82. befreit, das unweit des elterlichen Hofes landete. »Es waren so was wie Kundschafter, und ich fürchtete sehr, sie würden sich nicht halten können.« Die Amerikaner verloren keine Zeit, sondern engagierten ihn gleich als Führer und Dolmetscher, als sie merkten, daß er Englisch verstand. Roelofs führte sie nach einem kurzen Blick auf ihre Karten zu den vorgesehenen Plätzen und schaute hingerissen zu, wie sie »bunte Bänder auslegten und Rauchtöpfe aufstellten«. Drei Minuten später war bereits ein gelbes O ausgelegt und violetter Rauch markierte die Landeplätze.

Die vier C-47, welche das Vorauskommando der 101. nördlich Eindhoven absetzen sollten, gerieten in schweres Flakfeuer. Eine Maschine stürzte brennend ab, und nur vier Insassen überlebten. Die drei anderen Maschinen flogen weiter, und die Jäger sprangen genau über den vorgesehenen Stellen ab. Um 12:45 Uhr waren sämtliche Abwurf- und Landezonen innerhalb des Operationsgebietes von »Market-Garden« gefunden und markiert. Und die Deutschen hatten, so unglaublich das klingt, immer noch nicht Alarm gegeben.

In der Kaserne von Hoenderloo stieß Harzer, Kommandeur der SS-Panzerdivision Hohenstaufen auf das Wohl des frisch dekorierten Hauptsturmführers Gräbner an. Kurz zuvor hatte Harzer westlich von Arnheim Fallschirme in der Luft bemerkt, hielt sie aber für die von ausgestiegenen Bomberbesatzungen. Im Hotel Tafelberg in Oosterbeek nahm Feldmarschall Model mit seinem Chef des Stabes Krebs, seinem Führungsgehilfen von Tempelhoff und seinem Adjutanten Freyberg ein Glas gekühlten Mosel. Leutnant Sedelhauser erinnert sich: »Wenn der Feldmarschall im Quartier lag, hielt er peinlich auf Pünktlichkeit. Wir setzten uns immer Punkt 13:00 Uhr zum Essen.« Zur gleichen Stunde allerdings sollte der Vorstoß der Bodentruppen aus dem Brückenkopf erfolgen.

3

Die Verbände der C-47 mit der 101. Luftlandedivision an Bord donnerten nun dicht aufgeschlossen über das in alliierter Hand befindliche Belgien. Etwa 40 Kilometer hinter Brüssel schwenkten sie nach Norden ein, Richtung holländische Grenze, und zum erstenmal sahen die Männer an Bord der Maschinen den »Garden«-Teil des Unternehmens »Market-Garden«, die Bodentruppen, die zugleich mit ihnen angreifen sollten. Sie boten einen prächtigen, unvergeßlichen Anblick. Die mächtige Streitmacht des XXX. Korps von General Horrocks bedeckte jeden Pfad, jeden Weg, jede Straße. Panzer, Halbkettenfahrzeuge, Panzerspähwagen und Schützenpanzer, Geschütz an Geschütz waren zum Ausbruch aus dem Brückenkopf aufmarschiert. Von den Antennen der Panzer flatterten Wimpel, und Tausende von englischen Soldaten waren auf ihre Fahrzeuge geklettert und winkten den Männern in den Maschinen zu. Orangefarbiger Rauch bezeichnete die vorderste englische Linie, dahinter begann Feindesland.

Tieffliegende Jagdbomber führten die Gespanne zu den Landezonen. Das intensive Bombardement, das dem Luftunternehmen vorausgegangen war, hatte zwar viele Batterien zum Schweigen gebracht, doch wurde auch jetzt noch von so manchem Rohr das Tarnnetz weggerissen, Heuhaufen klappten plötzlich auf und waren in Wirklichkeit getarnte Stellungen der 8,8- und 2-cm-Flak. Die Jagdbomber gaben sich alle Mühe, doch war es unmöglich, die feindliche Abwehr ganz auszuschalten. Sieben Minuten von ihrem Landegebiet nördlich von Eindhoven entfernt geriet die 101. in schweres Flakfeuer.

Gefreiter Cipolla wurde unsanft aus seinem Dösen aufgeschreckt, »durch das widerliche Krachen von Flak und durch Splitter, die bei uns einschlugen«. Cipolla war durch seine Ausrüstung so behindert, daß er sich kaum rühren konnte. Außer Gewehr, Rucksack, Regenmantel und Decke hatte er Munitionsgurte um den Hals hängen, die Taschen voller Handgranaten und Verpflegung, ferner einen Reservefallschirm und zu allem Überfluß wie jeder an Bord eine Tellermine. »Links von uns fing eine C-47 Feuer, dann noch eine, und ich dachte natürlich, die nächsten sind wir, und wir kommen nie aus diesem verfluchten Flugzeug raus.«

Seine C-47 bäumte sich plötzlich auf, alle brüllten: »Treffer! Los, raus!« und der Sprungmeister gab den Befehl: »Aufstehen, einhaken.« Sodann begutachtete er seelenruhig die Ausrüstung seiner Springer, und Cipolla hörte einen nach dem anderen Meldung machen. Es schien eine Ewigkeit zu dauern, bis endlich er, als letzter, sich melden konnte. Dann ging das grüne Licht an, und gleich darauf hingen alle an den geöffneten Schirmen in der Luft. Als er aufschaute, um zu sehen, wie sein Schirm sich entfaltet hatte, gewahrte er, daß die C-47, aus der er eben abgesprungen war, lichterloh brannte. Gleich darauf stürzte sie brennend ab.

Trotz des starken Flakfeuers hielten die Formationen zusammen, und die Piloten der IX. Truppentransportabteilung blieben eisern auf Kurs. Leutnant O'Connell erinnert sich, daß die Maschinen so dicht beieinander flogen, »daß ich schon dachte, unser Pilot wollte mit seiner Tragfläche den Piloten der Nachbarmaschine am Ohr kitzeln«. Dabei brannte O'Connells Maschine. Die rote Lampe leuchtete, was Bereitmachen zum Sprung hieß; »im Gang war aber der Rauch so dick, daß man gerade noch die Hand vor Augen sah«. Die Springer husteten und drängten mit Macht an die offene Luke. »Ich hielt sie dort zurück. Keiner sollte springen.« Die Piloten flogen stur geradeaus ohne Ausweichmanöver zu versuchen, und O'Connell bemerkte, daß die Maschinen immer langsamer wurden und heruntergingen. O'Connell hoffte, »daß der Pilot uns rechtzeitig grünes Licht geben würde, wenn er merkte, daß die Kiste nicht mehr zu halten war«, doch der Pilot hielt die Maschine eisern auf Kurs, bis er über der Absprungzone war. Da erst ging das grüne Licht an, und

O'Connell und seine Leute sprangen. Später erfuhr er, daß die beiden Piloten eine Bruchlandung gemacht und überlebt hatten.

Die Piloten brachten ihre Maschinen ans Ziel, ohne die geringste Rücksicht auf ihre eigene Sicherheit zu nehmen. Leutnant Shulamn, Pilot einer brennenden C-47, gab über Funk an seinen Kommandanten durch: »Keine Sorge, ich fliege diese Kerle genau in die Absprungzone«, und das tat er auch. Die Fallschirmjäger sprangen heil ab, aber Augenblicke später stürzte die Maschine brennend zu Boden. – Sergeant Mitchell sah mit Entsetzen, daß an der Maschine zu seiner Linken der Backbordmotor in Brand geriet. Während das Flugzeug stur seinen Kurs hielt, sprangen die Fallschirmjäger sämtlich durch die Flammen.

Es kam aber noch schlimmer. Gefreiter Johnson stand nahe der Pilotenkanzel, als seine Maschine mittschiffs einen Treffer bekam und beide Treibstofftanks in Brand gerieten. Von den 16 Springern und den beiden Piloten gelang es nur Johnson und zwei anderen freizukommen. Sie mußten über Leichen steigen, um an die Luke zu gelangen, hatten alle drei schwere Verbrennungen und Johnsons Haar war völlig abgesengt. Alle drei kamen auf einer deutschen Panzerstellung herunter und hielten sich noch eine halbe Stunde in einem Graben. Dann wurden sie überwältigt und gefangengenommen.

In einer anderen Maschine wurde der an der Luke stehende Springer genau in dem Moment tödlich getroffen, als das grüne Licht anging. Er fiel auf Corporal Altomare, der den Leichnam rasch zur Seite legte. Dann sprangen die anderen. Anderswo geriet eine abstürzende C-47 in eine Gruppe Springer und zerfetzte mit ihren Propellern zwei Fallschirmjäger.

Die Amerikaner fanden bezeichnenderweise noch Zeit, Witze zu machen. Als Hauptmann Lee gerade aufgestanden war, um seinen Schirm einzuhaken, durchschlug ein Granatsplitter den eben freigewordenen Sitz, und ein Jäger bemerkte dazu: »Endlich haben wir eine Latrine.« In einer anderen Maschine saß Leutnant Borrelli und war fest davon überzeugt, gelähmt zu sein. Als das rote Licht anging und alle aufstanden, um sich einzuhaken, konnte er sich nicht rühren. Er war erst vor zwei Wochen befördert worden, dies war sein erster Einsatz, und er sollte als erster springen. Er fühlte, wie alle Augen sich auf ihn richteten. Endlich merkte er, daß er sich an seinem Sitz festgehakt hatte. Jäger Boyce war mit von der Partie, obwohl sein Zahnarzt ihn dienstunfähig geschrieben hatte. Sein Kompaniechef hatte aber erreicht, daß er mitdurfte, und nun hatte er nicht nur Zahnschmerzen, sondern auch andere Sorgen: Die seit der Normandie vorgenommenen Veränderungen an der Ausrüstung – ein neues Schloß für die Gurte, Taschen für Maschinengewehre, Kampfstiefel statt der alten Sprungstiefel – machten ihn nervös. Man fürchtete besonders, daß die Fangleine des Schirmes sich in den Schnallen der neuen Stiefel verfitzen könnte. Als seine Maschine tiefer und tiefer sank, sah er unten auf den Feldern Holländer stehen, die zwei Finger heraufstreckten und das V-Zeichen machten. Das fehlte ihm gerade noch. »Seht mal, Leute«, rief er. »Die wetten zwei zu eins, daß wir nicht heil runterkommen.«

Tatsächlich hatten viele den Eindruck, als stünden die Chancen für eine heile Landung noch schlechter als zwei zu eins. Oberst Sink, Kommandeur des Regimentes 506, erinnert sich, »daß wir in dicke Wolken explodierender Granaten hineinflogen«. Als er zur Luke hinausschaute, gab es einen fürchterlichen Ruck, und ein Teil der Tragfläche riß sich los. Er drehte sich zu seinen Leuten um und sagte: »Tja, die Tragfläche ist hin.« Zu seiner Erleichterung »nahm niemand weiter Notiz davon. In diesem Moment waren wir schon so gut wie gelandet.«

In der Maschine Nr. 2 sah sein Stellvertreter Oberst Chase, daß die linke Tragfläche brannte. Hautmann Mulvey erinnert sich, daß Chase eine ganze Weile hinschaute, ehe er ganz gelassen sagte: »So langsam kriegen sie uns wohl doch. Also steigen wir lieber aus.« In beiden Maschinen ging das grüne Licht an, und die Männer retteten sich durch Absprung. Chases Maschine brannte am Boden aus, von Sinks Maschine heißt es, sie sei heil in England angekommen.

Die Gespanne des Regimentes 502 gerieten ebenfalls in schweres Flakfeuer, und Zusammenstöße wurden nur um Haaresbreite vermieden. Ein Gespann driftete in einen anderen Verband und zwang dessen Maschinen, nach oben auszuweichen, was zur Folge hatte, daß deren Passagiere aus größerer Höhe springen mußten als vorgesehen. In einem der vordersten Schleppflugzeuge saßen General Taylor und der Kommandeur des 1. Bataillons des Regimentes 502, Oberstleutnant Cassidy. Cassidy sah zu, wie ein Transporter in Flammen aufging und nur sieben Fallschirme sichtbar wurden. Gleich darauf begann eine C-47 zur Linken zu brennen, aus der alle Jäger absprangen. Er war so versunken, daß er nicht bemerkte, wie das grüne Licht anging. General Taylor, der hinter ihm stand, sagte: »Cassidy, das Licht brennt.« Cassidy entgegnete mechanisch: »Jawohl, Sir«, und sprang. Taylor sprang als nächster.

General Taylor meinte: »Die 101. machte einen sehr guten Sprung, es ging dabei fast übungsmäßig zu.« Taylors Stab hatte bei der Planung mit Verlusten bis zu 30 Prozent gerechnet. Von den in England gestarteten 6695 Fallschirmjägern sprangen tatsächlich 6669 ab. Die tapferen Piloten machten es trotz des schweren Abwehrfeuers möglich, daß die 101. einen fast perfekten Absprung zustande brachte. Zwar wurden einige Einheiten bis zu fünf Kilometer von den Landezonen entfernt abgesetzt, doch waren sie in jedem Fall so nahe beieinander, daß sie sich schnellstens sammeln konnten. Nur zwei Maschinen erreichten die Absprungräume nicht. Die IX. Truppentransportabteilung erlitt dank der heldenhaften Entschlossenheit, mit der sie die Truppe ins Ziel brachte, die schwersten Verluste. Von den 424 C-47, welche die Jäger der 101. an Bord hatten, wurde jede vierte beschädigt und 16 stürzten ab, wobei die Besatzungen ums Leben kamen.

Auch die Lastensegler hatten schwere Verluste. Von den 70 für Son bestimmten Gleitern kamen nur 52 unbeschädigt an. Immerhin gelang es ihnen, trotz vorzeitiger Umkehr, schweren Beschusses und Bruchlandungen fast 80 Prozent der Soldaten und 75 Prozent der Jeeps und Anhänger einzufliegen, mit denen sie beladen waren[2]. Taylors Screaming Eagles rückten nun gegen ihre Ziele vor, die Brücken und Übergänge in dem 25 Kilometer langen Korridor, der sich vor den englischen Bodentruppen erstreckte.

4

General Student und sein Stabschef Oberst Reinhard standen auf dem Balkon des Landhauses bei Vught »und kamen uns vor wie Narren«. Student erinnert sich genau, »überall, wohin wir auch sahen, waren endlose Ketten von Flugzeugen –, Jäger, Truppentransporter, Frachtmaschinen. Wir kletterten aufs Dach, um herauszubekommen, wohin diese Formationen eigentlich wollten.« Ganze Flugzeugströme schienen auf Grave und Nimwegen zuzuhalten, und wenige Kilometer weiter südlich, bei Eindhoven und Son, sah er deutlich, daß Transportmaschinen ganze Ladungen Fallschirmspringer und Ausrüstung absetzten. Manche Maschinen

2 ›Market-Garden‹ galt als ausschließlich englisches Unternehmen, und deshalb waren dabei auch nur wenige amerikanische Korrespondenten zugelassen, in Arnheim selbst überhaupt keiner. Bei der 101. Luftlandedivision befand sich der jetzt weltbekannte Kommentator Cronkite; damals landete er mit einem Lastensegler. Er berichtete: »Ich hatte geglaubt, die Räder dieser Gleiter seien für die Landung da und war darum überrascht, als wir auf dem Bauch über den Boden rutschten, während die Räder in den Rumpf hinaufgedrückt wurden. Als nächstes verloren wir allesamt beim plötzlichen Halt die Helme, die eigentlich hätten festgeschnallt sein sollen, jetzt aber durch die Gegend sausten, gefährlicher als deutsche Granaten. Ich griff mir den erstbesten Helm, packte den Kleiderbeutel mit der Schreibmaschine und kroch zu dem Kanalufer, wo wir sammeln sollten. Dann sah ich, daß alle möglichen Leute hinter mir herkrochen, und die Erklärung dafür war: ich hatte den falschen Helm erwischt, meiner zeigte hinten zwei Streifen und gab mir den Rang eines Leutnants.«

flogen so niedrig, daß die beiden auf dem Dach instinktiv den Kopf einzogen.

»Unsere Schreiber, Zahlmeister, Fahrer und Funker ballerten derweil drauflos mit allem, was sie hatten, und wie gewöhnlich war von unseren Jägern nichts zu sehen.« Er war völlig verblüfft. »Ich konnte mir einfach keinen Reim darauf machen, ich begriff nicht, was diese Fallschirmjäger eigentlich wollten. Daß wir selber gefährdet waren, kam mir überhaupt nicht in den Sinn.« Der Experte für Luftlandetruppen in ihm sah dieses Schauspiel jedoch voller Neid. »Es machte einen tiefen Eindruck auf mich. Ich dachte sehnsüchtig an unsere eigenen Operationen zurück und sagte zu Reinhard: Wenn ich doch nur ein einziges Mal eine solche Menge Soldaten und Material zur Verfügung hätte, nur ein einziges Mal so viele Flugzeuge! Reinhard war aber ein praktischer Mensch, und er sagte: ›Herr General, wir müssen was unternehmen.‹« Also stiegen sie vom Dach und gingen wieder ins Büro.

Erst abends zuvor hatte Student in seinem Lagebericht gemeldet: »Starker Verkehr südlich des Maas-Scheldekanals deutet auf unmittelbar bevorstehenden Angriff.« Nun fragte er sich: Hat der Angriff schon begonnen? Falls das so war, hatten es die Fallschirmjäger auf die Brücken bei Eindhoven, Grave und Nimwegen abgesehen, die allerdings sämtlich zur Sprengung vorbereitet waren und von Pionieren bewacht wurden. An jedem Übergang gab es einen Brückenkommandanten, der strikten Befehl hatte, im Falle eines Angriffes die Brücke zu sprengen. »Die Alliierten werden vermutlich versuchen, mit Fallschirmjägern die Brücken in die Hand zu bekommen, bevor wir sie zerstören können«, überlegte Student. An die wichtige Brücke bei Arnheim verschwendete er in diesem Moment keinen Gedanken. »Verbinden Sie mich mal mit Model«, sagte er zu Reinhard.

Leider war die Leitung unterbrochen. Der Stab war bereits abgeschnitten.

In Oosterbeek, mehr als 50 Kilometer entfernt, nahm Leutnant Sedelhauser ungläubig eine Telefonmeldung entgegen. »Sie haben wohl noch nicht ausgeschlafen?« rief er in den Apparat, doch ein Unteroffizier von der Stabskompanie, die Models Hauptquartier sicherte, wiederholte, daß »in Wolfheze Lastensegler direkt vor unserer Haustür landen«. Sedelhauser machte sofort einem Oberstleutnant Meldung, und gemeinsam begaben sie sich ins Speisezimmer, wo Tempelhoff, Model und Krebs zu Tische saßen. »In Wolfheze sind Lastensegler gelandet«, meldete der Oberstleutnant. Tempelhoff riß die Augen auf, Krebs fiel das Einglas aus dem Auge. »Diesmal sind wir dran«, bemerkte Tempelhoff.

Model jedoch sprang auf, sprudelte Befehle heraus und ließ das Hauptquartier räumen. Im Abgehen bemerkte er: »Sie haben es auf mich abgesehen und auf meinen Stab.« Gleich darauf sah man ihn mit einem Köfferchen in der Hand zum Hotel hinauseilen. Auf dem Bürgersteig angelangt, ließ er sein Köfferchen fallen, das sich auftat und Wäsche und Toilettenartikel auswarf.

Krebs folgte Model in solcher Hast, daß er nicht mal Mütze und Koppel mitnahm, wie Sedelhauser sagt. Tempelhoff nahm sich nicht die Zeit, die Kriegskarten einzusammeln, und auch der Adjutant Oberst Freyberg hatte es eilig. Im Vorbeigehen rief er Sedelhauser zu: »Denken Sie an meine Zigarren!« Model wies unterdessen seinen Fahrer an: »Schnell! Nach Doetinchem zu Bittrich.«

Sedelhauser wartete, bis Model abgefahren war, und ging zurück ins Hotel. Im Lagerraum bemerkte er die Kriegskarten, auf der alle deutschen Stellungen von Holland bis zur Schweizer Grenze vermerkt waren, rollte sie zusammen und nahm sie mit. Sodann befahl er, die Hotels Hartenstein und Tafelberg unverzüglich zu räumen. »Alle Fahrzeuge, Lkw, Kräder, überhaupt alles hat sofort zu verschwinden.« Das letzte, was er hörte, bevor er nach Doetinchem abfuhr, war, daß die Engländer keine drei Kilometer mehr entfernt waren. In der herrschenden Konfusion vergaß er allerdings Oberst Freybergs Zigarren.

5

Inmitten von Bodennebeln und Qualm aus den brennenden Gebäuden ging die mächtige englische Gleiterflotte zu Boden. Die von orange- und purpurroten Nylonstreifen markierten Bereiche ähnelten bereits riesigen Parkplätzen für Flugzeuge. Von den Landezonen ›Reyers Camp Farm‹ im Norden und ›Renkumer Heide‹ im Südwesten von Wolfheze stieg blauer Rauch auf. Vom Anflugpunkt nahe s'Hertogenbosch südwestlich Nimwegen erstreckten sich die anfliegenden Gespanne dicht an dicht fast 35 Kilometer lang. Jägerschwärme umkreisten die schwerfälligen Kolonnen, und es wurde so eng, daß die Piloten glaubten, sie seien in den Stoßverkehr von Piccadilly geraten.

Die Serien, von denen jede vier Minuten Abstand zur voranfliegenden hielt, schwebten gemächlich über die flache, grabendurchzogene holländische Landschaft, wo sich die Landmarken abzuzeichnen begannen, welche die Piloten sich eingeprägt hatten: die breiten Flüsse Maas und Waal und weiter im Norden der Niederrhein. Beim Ansetzen zur Landung gewahrte man rechterhand Arnheim mit den Angriffszielen: die Eisenbahn- und die Straßenbrücke. Die RAF hatte intensives Abwehrfeuer vorhergesagt, doch senkten sich die Lastensegler zu Boden, ohne auf Abwehr zu stoßen. Die Bombenangriffe waren hier viel wirkungsvoller gewesen als bei Eindhoven. Nicht ein einziger Gleiter und keine Schleppmaschine wurde beim Ansetzen zur Landung beschossen.

Die Piloten der RAF und des Gleiterpilotenregimentes flogen mit der Präzision von Uhrwerken in die Zone ein. Wenn die Gleiter ausklinkten, zogen die Schlepper im Abdrehen steil hoch, um den Luftraum für das folgende Gespann freizumachen. Das allerdings war bei dieser Verkehrsdichte nicht einfach. Pilot Tomblin erinnert sich: »Über den Landezonen war ein fürchterliches Gewirr von Gleitern, Schleppmaschinen und Schleppseilen. Man mußte schon scharf aufpassen.«

Pilot Miller, der einen Lastensegler vom Typ Horsa steuerte, fand den Anflug über den Niederrhein »unbeschreiblich ruhig«. Dahinter erkannte er seinen Landeplatz »mit dem dreieckigen Waldstück und dem kleinen Bauernhof an der Ecke«. Sekunden später rief ihn der Navigator des Schleppflugzeuges an, und Miller klinkte aus. Sein Schleppflugzeug verschwand mit baumelnder Leine. »Die warfen wir den Deutschen als Abschiedsgeschenk hin, ehe die Bomber auf Heimatkurs eindrehten.«

Die Geschwindigkeit des Gleiters nahm ab, die Erde kam näher. Miller ließ die Luftbremsen halb ausfahren, und der Gleiter bäumte sich auf, »als die großen Bremsflächen aus den Flügeln ausfuhren und unsere Geschwindigkeit verminderten«. Die Landezone war keine zwei Kilometer mehr entfernt. »Ich mahnte meinen Kopiloten, nach anderen Maschinen Ausschau zu halten. Eine rutschte keine 50 Meter entfernt schräg über uns weg und nahm dann genau unseren Kurs. Eine andere drängte von Steuerbord gegen uns, der Pilot hat uns bestimmt überhaupt nicht gesehen, weil er nur die Landung im Kopf hatte. Um einen Zusammenstoß zu vermeiden, mußte ich unter ihm wegtauchen, und schon huschte ein riesiger schwarzer Schatten über unser Cockpit. Der war mir unbehaglich dicht auf der Pelle. Im übrigen konzentrierte ich mich so sehr darauf, die richtige Landestelle zu finden, daß ich gar nicht wußte, ob der Feind nun auf uns schoß oder nicht. Aber wir hätten ja ohnehin nichts dagegen tun können.«

Miller setzte den Anflug fort. »Baumwipfel erschienen dicht unter uns, Zweige streiften die Tragflächen. Dann tauchte neben mir ein anderer Gleiter auf. Ich zog den Knüppel zurück, brachte den Gleiter in waagerechte Lage, wir setzten auf, hüpften noch zwei-, dreimal, dann waren wir unten. Tom zog die Bremsen an, und wir schlitterten über einen Sturzacker. Die Räder sanken im weichen Boden ein, und wir kamen 50 Meter vor einer Baumreihe zum

Stehen.« In der plötzlich eingetretenen Stille vernahm Miller deutlich Kleingewehrfeuer, »aber ich dachte bloß daran, so rasch als möglich aus der Kiste zu kommen, bevor ein anderer Gleiter in uns hineinkrachte oder auf uns drauffiel. Ich stieg als letzter aus, das heißt ich warf mich aus der Luke und fiel einen guten Meter tief auf holländischen Boden. Es war ziemlich schmerzhaft.«

Der Gleiter mit Funker Marples an Bord kreiste einmal über der Landezone, weil er keinen Platz zum Aufsetzen fand. »Da hatten wir aber keinen Auftrieb mehr, und die Äste der Bäume stießen bereits durch die Bodenbretter. Sie rissen den Boden einfach weg, wir rutschten mit der Nase voran zwischen den Bäumen runter, und man hörte, wie alles zersplitterte. Es ist aber keinem was passiert, abgesehen von ein paar Kratzern.« Der Pilot erklärte Marples später, er habe einem anderen Segler ausweichen müssen.

Tatsächlich hatten viele Lastensegler bei der Landung Pech, nachdem sie die Reise unbeschädigt überstanden hatten. Sergeant Davis stand neben seiner entladenen Horsa und beobachtete den Anflug anderer Segler. Davis war als einer der ersten gelandet und hatte 32 Infanteristen der 1. Luftlandebrigade an Bord gehabt. Jetzt sah er »zwei Segler dicht nebeneinander durch die Landezone rutschen, direkt in die Baumreihe hinein. Beiden wurden die Tragflächen abgerissen.« Gleich darauf kam die nächste Horsa angerutscht, und zwar so schnell, daß es Davis klar war, sie würde vor den Bäumen nicht zum Stehen kommen. Und wirklich rammte der Segler die Bäume. Niemand stieg aus. Begleitet von seinem Kopiloten Williams lief Davis hin und schaute durch die Kanzel aus Plexiglas ins Innere der Horsa. Alle Insassen waren tot, denn eine 7,5-cm-Haubitze hatte sich aus ihrer Halterung gerissen, die Geschützbedienung zerquetscht und den beiden Piloten die Köpfe abgerissen.

Leutnant Dauncey hatte eben seinen Gleiter gelandet – er transportierte einen Jeep samt Anhänger und sechs Kanoniere –, als er einen riesigen Segler vom Typ Hamilcar aufsetzen sah. »Der Boden war weich, und ich sah, daß der Hamilcar sich mit der Nase in den Dreck bohrte.« Gewicht und Geschwindigkeit trieben die Nase des Seglers immer tiefer in den Boden, bis sich schließlich das Heck hob und der Hamilcar sich überschlug. »Es war sinnlos ihn auszubuddeln. Die Horsa hat eine flache Decke, aber der Hamilcar hat obendrauf so eine Art Buckel, in dem die Piloten sitzen, und man sah gleich, daß die erledigt waren.«

Auch Sergeant Jenks, der ebenfalls einen Hamilcar steuerte, beobachtete diesen Unfall und kam zu der Erkenntnis, daß der Boden für die Landung zu weich sei. »Ich beschloß also, im Sturzflug genug Geschwindigkeit aufzunehmen, um die Kiste noch über den Zaun zu heben und einen Acker weiter abzusetzen.« Es gelang ihm, den schweren Segler »wie eine Feder über den Zaun schweben zu lassen und im Nachbarfeld aufzusetzen«.

Überall war man jetzt damit beschäftigt, die Ladeklappen der Lastensegler zu lösen, Geschütze, Vorräte, Gerät, Jeeps und Anhänger zu entladen. Die Männer von Corporal Brooks Gleiter mußten bei dieser Gelegenheit wie viele andere erleben, daß das Entladen im Ernstfall viel schwieriger war als vorgesehen. »Die Heckklappe wurde durch acht mit Draht gesicherte Bolzen gehalten«, erklärte Brook, »und wenn wir in England das Entladen übten, ließ sich die Klappe immer ganz leicht öffnen. In zwei Minuten waren Jeep und Anhänger draußen. Jetzt allerdings war das ganz anders. Wir schnitten den Draht weg und machten die Bolzen los, aber die Klappe rührte sich nicht.« Brook und die anderen hackten schließlich das Heck ab. Dem Kanonier Crook ging es bei seinem Gleiter nicht anders, allerdings half ihm ein Jeep, der die Klappe mit seiner Winde abzog.

Aus den beschädigten Lastenseglern wurde die Ladung geborgen. Daß zwei der großen Hamilcars zerstört worden waren, bedeutete einen schlimmen Verlust, sie hatten nämlich zwei Feldgeschütze samt Dreitonnern und Munitionsanhängern an Bord gehabt. Immerhin kamen alle 15,7-cm-Haubitzen der Leichten Artillerie unbeschädigt an.

Die meisten Insassen der Lastensegler erinnern sich deutlich einer gespenstischen Stille gleich nach der Landung. Dann allerdings hörte man vom Sammelplatz her einen Dudelsack »Blue Bonnets« dudeln. Am Rande der Renkumer Heide sahen die Soldaten holländische Zivilisten ziellos zwischen den Bäumen umherirren oder sich angstvoll verstecken. Leutnant Hay meinte, »das war ein ernüchternder Anblick. Manche dieser Leute trugen Krankenhauskleidung, und sie waren wohl auch von Wärtern begleitet. Männer und Frauen tanzten da herum, lachten und heulten und gestikulierten. Es waren offenbar Geisteskranke.« Auch der Pilot Miller wurde von Stimmen aus dem Walde erschreckt, und dann sah er »weißgekleidete Männer und Frauen«. Erst später erfuhren die Soldaten, daß es sich um Insassen der bombardierten Anstalt von Wolfheze handelte.

General Urquhart war auf der Renkumer Heide gelandet, und auch ihm fiel die Stille auf. »Es war unglaublich still, unwirklich geradezu.« Während sein Chef des Stabes, Oberst Mackenzie, den Divisionsgefechtsstand am Waldrand einrichten ließ, ging Urquhart zu der vierhundert Meter entfernten Absprungzone seiner Fallschirmjäger. Es war fast Zeit für Lathburys 1. Fallschirmjägerbrigade. Tatsächlich hörte man schon das Brummen von Flugzeugmotoren, und die emsigen Entlader auf dem Landeplatz der Gleiter hielten in der Arbeit inne und schauten zu den langgezogenen Formationen der C-47 auf. Der Absprung der Fallschirmjäger wurde von Abwehrfeuer ebensowenig gestört wie die Landung der Lastensegler. Von 13:53 Uhr bis 14:08 Uhr standen die grellfarbigen Fallschirme am Himmel. Zwischen den Springern fielen an gelben, braunen und roten Schirmen schwere Lasten durch. An anderen Lastenfallschirmen, die schon vor den Springern abgeworfen worden waren, baumelte offenbar ebenfalls Gerät, darunter zusammenklappbare Motorräder. Viele der ohnedies schwer beladenen Jäger führten noch dazu Packtaschen bei sich, die sie eigentlich an einem Seil halten und kurz vor dem Aufprall loslassen sollten, doch ließen viele zu früh los und die Packen gingen krachend zu Boden. Einige enthielten Funkgeräte.

Der englische Gefreite Wright sprang aus einer C-47 der Amerikaner und verlor beim Sprung Helm und Packtasche. Er kam ziemlich hart auf, und Fourier Robertson eilte ihm zu Hilfe. Wright blutete heftig aus einer Stirnwunde. »War das Flak?« erkundigte sich Robertson. Wright schüttelte den Kopf. »Nein, das war dieser verfluchte Yankee. Die Kiste flog zu schnell, als wir sprangen.« Robertson legte ihm einen Verband an und reichte dem Verletzten aus seinem Brotbeutel eine Fleischkonserve. »Da bin ich fast tot umgefallen«, erinnert sich Wright. »Dieser Robertson war nämlich nicht nur Schotte, sondern auch Fourier, und als solcher hat er nie jemandem auch nur einen Krümel geschenkt.«

Überhaupt ereigneten sich sonderbare Dinge. Der erste Mensch, dem Sergeant Swift nach der Landung begegnete, war Sergeant Ellis, der ein totes Rebhuhn mit sich herumschleppte. Swift fragte erstaunt, wo er den Vogel her habe. »Draufgesprungen bin ich«, erklärte Ellis, »und falls wir Hunger kriegen sollten, kann man ihn essen.«

Pionier Emery war gerade aus seinen Fallschirmgurten geschlüpft, als auch schon eine betagte Holländerin angelaufen kam, ihm den Schirm entriß und damit verschwand. Emery war baff. Corporal Stanners kam schwer beladen ausgerechnet auf der Tragfläche eines Gleiters herunter, die ihn wie ein Trampolin zurückwarf. Er kam dann aber zum Glück ein Stück entfernt mit beiden Füßen zugleich auf den Boden.

Nach einem harten Aufprall lag Leutnant Vlasto benommen am Boden und versuchte, sich zu orientieren. »Ringsumher kamen unglaublich viele Gegenstände und Personen an Fallschirmen herunter, und es wurden immer mehr.« Es war also geboten, rasch zu verschwinden. Als er sich aus seinen Gurten wand, vernahm er ein gräßliches Geräusch: Oberstleutnant Frost marschierte an ihm vorbei und stieß dabei in sein Jagdhorn.

Auch der Soldat Sims erblickte Frost. Sims hatte es schon vor dem Absprung nicht leicht gehabt. Statt nämlich wie üblich mit einem Piloten der RAF zu fliegen, erblickte er zu seinem Entsetzen diesmal einen amerikanischen Piloten, »so einen Oberstleutnant mit einer weichen Mütze. Die Jacke hatte er nicht zugemacht, und er rauchte eine dicke Zigarre. Unser Leutnant grüßte ihn so richtig schneidig und fragte, ob wir beim Start im Vorderteil der Maschine bleiben sollten, aber der Kerl sagte bloß: ›Ach was, Leutnant, ich kriege die Kiste schon hoch, und wenn ich sie vorher über das halbe Rollfeld schleifen muß.‹« Als Sims nun den Kommandeur vorbeistolzieren sah, reichte es ihm. Er setzte sich resigniert zwischen seine Ausrüstungsgegenstände und knurrte: »Aha, da geht der alte Frost – Pistole in der einen Hand und sein beschissenes Horn in der anderen.«

5191 Männer der Division waren heil angekommen und sammelten nun. General Urquhart »war äußerst befriedigt. Alles klappte wie am Schnürchen«. Das war auch der Eindruck, den Sergeant Lord hatte. Dieser Veteran meinte: »Es war eine der besten Übungen, die ich mitgemacht habe. Alles ging ganz ruhig und sachlich vonstatten.« Trotzdem plagten ihn immer noch Bedenken. Als er sah, wie die Truppe ungestört vom Feind sammelte, fand er: »Das ist viel zu schön, um wahr zu sein.« Auch anderen wollte es so vorkommen. Leutnant Stainforth hörte Leutnant Simpson im Abrücken sagen: »Für meinen Geschmack geht das alles zu glatt.«

Der Mann, der den dringendsten Auftrag auszuführen hatte, war der 43 Jahre alte Major Gough von der Aufklärungsabteilung. An der Spitze von vier Zügen in schwer gepanzerten Jeeps sollte er vor Oberst Frosts Infanterie die Brücke nehmen. Gough und seine Leute sprangen mit dem Fallschirm ab und suchten unverzüglich ihre Jeeps, die mit Lastenseglern eingeflogen worden waren. Gough entdeckte sehr bald seinen Stellvertreter Allsop in der Landezone und hörte, daß die Fahrzeuge für einen seiner Züge – etwa 22 Stück – nicht angekommen waren. 36 der 320 für Arnheim bestimmten Gleiter waren verlorengegangen und mit ihnen die Fahrzeuge für den 1. Zug von Gough. Gough und Allsop meinten aber, es blieben ihnen noch genug Fahrzeuge für den Vorstoß zur Brücke. Gough gab den Befehl zum Abmarsch. Sein Verband war bereits nicht mehr vollzählig. Nun hing alles von der Reaktion der Deutschen ab.

Obergruppenführer Bittrich, der Kommandeur des II. SS-Panzerkorps, war der erste höhere deutsche Offizier, der Alarm gab. Von der Nachrichtenabteilung der Luftwaffe erhielt er um 13:30 Uhr die Meldung, daß bei Arnheim Luftlandetruppen gesichtet worden seien. Minuten später wurde das Landegebiet mit Arnheim und Nimwegen angegeben. In Models Hauptquartier in Oosterbeek antwortete niemand, und Bittrich erreichte weder den Stadtkommandanten von Arnheim noch General Student in Vught. Die Lage war alles andere als klar, doch dachte Bittrich sogleich an die 15. Armee von Zangen, die mit ihrem Gros aufs holländische Festland entkommen war. »Mein erster Gedanke war, daß die Luftlandetruppen Zangens Armee daran hindern sollten, sich mit uns zu vereinigen. Als nächstes stellte ich mir darum einen Vorstoß der Engländer über den Rhein und nach Deutschland hinein vor.« Falls diese Vermutung zutraf, kam den Brücken von Arnheim und Nimwegen größte Bedeutung zu. Folglich versetzte er sogleich die 9. und die 10. SS-Panzerdivision in Alarmbereitschaft.

Obersturmbannführer Harzer, Kommandeur der 9., war nach der Dekorierung seines Hauptsturmführers Gräbner »mitten in der Suppe«, als Bittrich ihn anrief. Bittrich befahl ihm, »sofort Richtung Arnheim und Nimwegen aufzuklären«. Seine Division müsse Arnheim halten und westlich von Arnheim bei Oosterbeek gelandete alliierte Kräfte vernichten. »Aber schnell muß es gehen. Am wichtigsten ist, daß die Brücke bei Arnheim gehalten wird.« Sodann setzte Bittrich die 10. unter Brigadeführer Harmel – der in Berlin war – Richtung Nimwegen in Marsch, um »die dortigen Brücken zu nehmen und zu halten«.

Harzer stand nun vor der Aufgabe, alle jene Fahrzeuge wieder auszuladen, die auf dem Zug standen, der in einer knappen Stunde nach Deutschland gehen sollte, einschließlich jener »unbrauchbaren« Panzer, Schützenpanzer und Halbkettenfahrzeuge, die er Harmel nicht gegönnt hatte. Harzer fragte Gräbner: »Was machen wir jetzt?« Von den abgewrackten und verladenen Fahrzeugen gehörten 40 zu Gräbners Aufklärungsabteilung. »Wie schnell können Sie Ketten und Geschütze montieren?« Nach einer Beratung mit seinen Technikern sagte Gräbner: »In drei bis fünf Stunden sind wir marschfertig.« »Also in dreien!« bellte Harzer und eilte in sein Quartier.

Bittrich war zwar von falschen Voraussetzungen ausgegangen, das änderte aber nichts daran, daß er zum richtigen Ergebnis kam und jene Panzerdivisionen in Bewegung setzte, die Montgomerys Feindaufklärung für unbeachtlich erklärt hatte.

Sturmbannführer Krafft, jener Offizier, der Generalfeldmarschall Model in Oosterbeek hatte Platz machen müssen, fand sich mit seinen Leuten praktisch genau in der Landezone der Engländer. Der Kommandeur des Ausbildungs- und Reservebataillons der Panzergrenadiere hatte »Bauchschmerzen vor Angst«. Sein neuestes Quartier, das Hotel von Wolfheze, war nur einen Kilometer von der Renkumer Heide entfernt, und nahebei lagen in Zelten zwei seiner Kompanien; die dritte war in Arnheim in Reserve. Von seinem Hotel aus sah Krafft, »wie es auf der Heide von Truppen und Lastenseglern nur so wimmelte, manche waren bloß ein paar hundert Meter entfernt«. Er war der Meinung gewesen, Luftlandetruppen brauchten nach der Landung Stunden, um sich zu organisieren, aber noch unterm Zusehen »sammelten die Engländer sich und marschierten kampfbereit ab«. Was so viele Soldaten hier eigentlich wollten, konnte er nicht recht begreifen. »Die einzige Anlage von militärischem Wert weit und breit war die Brücke von Arnheim.«

Der entsetzte Krafft wußte, daß außer seinem alles andere als kriegsstarken Bataillon weit und breit keine Infanterie lag, und bis von irgendwoher Hilfe kommen konnte, »mußte ich notgedrungen versuchen, den Brüdern die Brücke vorzuenthalten – falls sie es auf die Brücke abgesehen hatten«. Seine beiden Kompanien waren auf einem etwa dreieckigen Geländestreifen verteilt, dessen eine Seite die Straße nach Wolfheze bildete, fast am Rande der Renkumer Heide. Nördlich von Kraffts Quartier liefen die Landstraße Ede–Arnheim sowie die Bahnlinie Amsterdam–Utrecht–Arnheim. Südlich von seinem Bereich verlief die Straße von Utrecht durch Renkum und Oosterbeek nach Arnheim. Weil er nicht genug Leute hatte, um den ganzen Abschnitt zwischen den beiden Straßen zu halten, wollte er wenigstens den Teil von der Bahnlinie im Norden bis zur Straße Utrecht–Arnheim im Süden besetzten. Er befahl seine Reservekompanie aus Arnheim nach Wolfheze und plazierte an den Enden seiner Front Maschinengewehre, während er die Schützen im Wald verteilte.

Krafft fehlte es zwar an Leuten, dafür hatte er aber eine neue Waffe zur Verfügung, die er ausprobieren sollte: Raketenwerfer mit mehreren Rohren, die überschwere Werfergranaten verschossen[3]. Mit denen wollte er bei den Engländern Verwirrung stiften

[3] Nicht zu verwechseln mit den Nebelwerfern. Krafft behauptet, es habe von dieser Versuchsreihe nur vier Exemplare gegeben. Ob das zutrifft, konnte ich nicht ausfindig machen, doch habe ich nicht einen einzigen Hinweis auf eine solche Waffe an der Westfront gefunden. Daß sie mit verheerender Wirkung gegen die Engländer eingesetzt wurde, ist nicht zweifelhaft. Zahllose Zeugen haben das Heulen und den Einschlag der

und Kräfte vortäuschen, die er nicht besaß. Ferner ordnete er die Bildung von Stoßtrupps zu je 25 Mann an, die die Fallschirmjäger belästigen sollten.

Während er noch diese Befehle ausgab, traf der Stadtkommandant von Arnheim, General Kussin ein. Der wollte sich ein Bild von der Lage machen und hatte unterwegs Model getroffen, der auf der Fahrt nach Doetinchem war. Model hatte ihm befohlen, überall Alarm zu geben und Berlin zu informieren. Der Anblick der Engländer auf der Heide verschlug Kussin die Rede. Er versprach Krafft, bis 18:00 Uhr Verstärkungen heranzuschaffen, und dieser warnte ihn davor, für die Rückfahrt nach Arnheim die Hauptstraße von Utrecht zu benutzen. Er hatte bereits Meldungen erhalten, denen zufolge die Engländer sich auf dieser Straße bewegten. »Nehmen Sie Feldwege«, drängte er den General, doch dieser sagte finster: »Ich komme schon durch«, und raste Richtung Landstraße.

Krafft glaubte keinen Moment an Kussins Verstärkungen und wußte, daß seine wenigen Leute in kurzer Zeit überwältigt sein würden. Ehe er ihnen entlang der Wolfhezer Straße Stellungen anwies, befahl er seinem Fahrer Rauh, seine persönlichen Habseligkeiten zu packen und im Wagen zu verstauen. »Und dann fahren Sie zurück nach Deutschland. Wir kommen hier nicht lebend raus.«

Der Kommandeur der 10. SS-Panzerdivision, Harmel, legte derweil in Bad Saarow bei Berlin dem Brigadeführer Juttner vom Führungsstab der Waffen-SS dar, wie dringend Bittrichs II. Korps Verstärkungen brauchte. »Wenn das Korps als Kampfverband bestehen bleiben soll, muß Bittrich unbedingt Fahrzeuge, Kanonen, Panzer und Mannschaften haben.« Juttner meinte, er wolle sehen, was sich tun lasse, »doch im Augenblick gibt es überhaupt keine Kampfverbände, die ihre volle Stärke haben.« Alle wollten zuerst bedient werden, und Juttner konnte keine sofortige Verstärkung versprechen.

Noch während dieses Gespräches wurde ein Funkspruch hereingereicht, den Juttner las und dann wortlos Harmel gab. Er lautete: »Angriff von Luftlandetruppen auf Arnheim. Kommen Sie sofort zurück. Bittrich.« Harmel ging sogleich zu seinem Wagen. Elfeinhalb Stunden brauchte er von Bad Saarow bis Arnheim. Zu seinem Fahrer Hinterholzer sagte Harmel nur: »Nach Arnheim – und fahren Sie wie der Teufel.«

übergroßen Werfergranaten beschrieben, doch sonderbarerweise findet sich auch in keinem Gefechtsbericht der Engländer ein entsprechender Hinweis.

7

Major Deane-Drummond, stellvertretender Führer der Nachrichtenabteilung der 1. Luftlandedivision, verstand nicht, was los war. Anfangs hatten seine Geräte die Meldungen von Lathburys auf Arnheim vorgehender Brigade deutlich empfangen, doch als die Verbände sich der Stadt näherten, wurden die Funksprüche immer schwächer. Seine Funker bekamen zu einigen in Jeeps mitgeführten Geräten überhaupt keine Verbindung mehr, und die Funksprüche von anderen Geräten waren kaum noch hörbar. Dabei konnten Lathburys Bataillone und Goughs Aufklärer kaum mehr als fünf Kilometer entfernt sein.

Besonders Lathburys Funksprüche waren von äußerster Wichtigkeit für General Urquhart, der die Operationen zu leiten hatte. Deane-Drummond schickte daher einen Funktrupp im Jeep hinter Lathbury her, der als Relaisstation fungieren sollte, etwa in der Mitte zwischen dem Divisionsgefechtsstand und Lathburys Funkwagen. Kurz darauf empfing er Signale von dieser Relaisstation, und auch die waren ungewöhnlich schwach. Die Reichweite des Senders schien unerklärlich beeinträchtigt – das Gerät »22« sollte auf mindestens acht Kilometer einwandfrei arbeiten, doch die Signale waren kaum wahrnehmbar. Der Major meinte, daß entweder das Gerät schadhaft sei oder der Funker an einer ungünstigen Stelle hielt. Noch während er horchte, verstummten die Signale ganz. Der Major war außerstande, auch nur mit einer einzigen Funkstelle Verbindung herzustellen. Einer Spezialeinheit der Amerikaner in zwei Jeeps ging es ebenso. Diese waren in aller Eile wenige Stunden vor dem Start dem Stab der englischen Division zugeteilt worden, sollten mit Hochfrequenzgeräten die Boden-Luftverbindung zu den Jagdbombern halten und im Bedarfsfall Luftunterstützung anfordern. In den ersten Stunden des Gefechtes hätte sich das entscheidend auswirken können. Statt dessen erwiesen die Geräte sich als unbrauchbar. Sie waren nämlich nicht auf die Wellenlänge der Empfangsgeräte in den Flugzeugen eingestellt worden. Die Schlacht hatte also noch gar nicht richtig begonnen, als die Funkverbindungen der Engländer bereits ausgefallen waren[4].

[4] Christopher Hibbert: *The Battle of Arnhem*, S. 96. Der Autor befaßt sich eingehend mit dem Verhalten der Engländer in Arnheim und tadelt ebenfalls deren Nachrichtenübermittlung; er behauptet aber auch: »Das zur Leitung der Luftunterstützung abgeordnete amerikanische Personal war ungenügend ausgebildet . . . Die Folge hiervon war, daß den Luftlandetruppen . . . erst am letzten Tage der Kämpfe ausreichende Luftunterstützung zuteil wurde.« Wer den Wirrwarr bei der Zuteilung der Frequenzen zu verantworten hatte, wird nirgendwo gesagt, und die Namen

8

Als die Transportmaschinen der 82. Luftlandedivision sich ihren Absprungräumen näherten, eröffneten die deutschen Geschütze schlagartig das Feuer. General Gavin sah, daß in Gräben entlang des Maas-Waalkanals aus allen Rohren geschossen wurde und aus Waldstücken Geschütze feuerten, die bislang geschwiegen hatten. Gavin fragte sich, ob sein Operationsplan, bei dem er bewußt einige Risiken auf sich genommen hatte, etwa fehlschlagen könnte.

Seiner Division war der mittlere Teil des Korridors von »Market-Garden« zugewiesen worden, und seine Angriffsziele lagen weit auseinander, nämlich bis zu 16 Kilometer in Nord-Süd-Richtung und bis zu 20 Kilometer in West-Ost-Richtung. Abgesehen davon, daß Gavin eine Kompanie am Westausgang der Brücke von Grave zu einem Überraschungsangriff absetzen lassen wollte, hatte er drei Absprungräume und eine ausgedehnte Landezone festgelegt. Diese sollte seine 50 Gleiter vom Typ Waco aufnehmen und die 38 Horsas und Wacos, die für das Hauptquartier des I. englischen Luftlandekorps von General Browning bestimmt waren. Er hatte jedoch befohlen, nur den Absprungraum nördlich von Overasselt markieren zu lassen; die drei anderen, nahe den Höhen von Groesbeek und der deutschen Grenze, hatte er absichtlich unmarkiert gelassen. Gavins Fallschirmspringer und Lastensegler sollten ohne Markierungen und Rauchtöpfe landen, weil er dem Feind nicht vorher die Landeräume zeigen wollte. 13 Minuten nach Landung der 82. sollte Brownings Hauptquartier aufsetzen.

Weil Gavin am meisten fürchtete, daß deutsche Panzer unerwartet entlang der Grenze östlich seiner größten Landeräume aus dem Reichswald hervorbrechen könnten, hatte er zwei ungewöhnliche Befehle gegeben. Zum Schutz der Division und von Brownings Hauptquartier sollten seine Fallschirmjäger unmittelbar auf alle deutschen Feuerstellungen springen, die sie von der Luft ausmachen konnten und sie schnellstens zum Schweigen bringen. Und zum erstenmal in der Geschichte der Luftlandetruppen wollte er eine komplette Artillerieabteilung auf der größten Landezone etwa drei Kilometer von der deutschen Grenze absetzen. Als er jetzt das starke Abwehrfeuer sah und an möglicherweise im Reichswald lauernde Panzer dachte, sagte sich Gavin, daß er zwar einen schönen Plan gemacht hatte, daß aber seine Soldaten eine harte Nuß zu

der beteiligten Amerikaner sind ebenfalls nicht genannt. Die Besatzungen der beiden amerikanischen Funkwagen, die den Einsatz der Jagdbomber leiten sollten und an diesem Tag womöglich entscheidend in den Ablauf der Schlacht hätten eingreifen können, waren nicht aufzuspüren. Andere Amerikaner waren aber bei den Kämpfen direkt in Arnheim nicht beteiligt.

knacken haben würden.

Wer von seinen Leuten in der Normandie dabeigewesen war, erinnerte sich sehr gut an die fürchterlichen Verluste in St. Mère Eglise. Versehentlich über diesem Dorf abgeworfen, waren die Männer im Abschweben in deutsches MG-Feuer geraten, und viele wurden tödlich getroffen, während sie hilflos an ihren Schirmen baumelten, sich in Telefondrähten und Bäumen rund um den Marktplatz verfingen. Erst als der Ort schließlich von Oberstleutnant Vandervoort gestürmt wurde, hatte man die toten Springer herunterholen und begraben können. Daher rief denn auch mancher Fallschirmjäger vor dem Sprung auf Holland seinen Kameraden zu: »Denkt an St. Mère Eglise!« Und viele Jäger feuerten schon im Abschweben, obwohl das ein riskantes Verfahren ist.

Hauptmann Beaudin merkte, daß er genau über einer deutschen Feuerstellung nahe den Groesbeeker Höhen herunterkam, deren Geschütze allesamt auf ihn gerichtet waren. Er erwiderte das Feuer mit seiner Pistole, »bis mir plötzlich klar wurde, was für ein Blödsinn es war, mit meinem Knallkorken auf die 8,8 zu halten, während ich mich dauernd um mich selber drehte«. Dicht an der Stellung heruntergekommen, nahm er die gesamte Bedienung gefangen. »Die Deutschen waren so verblüfft, daß keiner schoß.«

Leutnant Coyle meinte, er werde auf ein deutsches Lazarettzelt fallen, doch sah er plötzlich aus diesem Zelt die Bedienungsmannschaft einer nahestehenden 2-cm-Flak hervorstürzen. Auch er versuchte es mit der Pistole, doch schwankte er noch zu stark an seinem Schirm und wurde auch von dem Zelt abgetrieben. Einer der Deutschen kam genau auf ihn zugelaufen, »aber ich konnte ihn einfach nicht vor die Mündung kriegen. Mal zielte ich in die Luft, dann wieder auf den Boden. Ich hatte gerade noch genug Verstand, die Pistole wegzustecken, damit ich mich beim Aufprall nicht selber totschoß.« Unten angekommen, zog er neuerlich die Pistole, noch ehe er den Schirm abstreifte. »Jetzt war der Kraut nur noch ein paar Meter weg, aber er tat, als sähe er mich nicht. Und da merkte ich, daß er gar nicht auf mich zulief, sondern daß er einfach weglief.« Im Vorbeilaufen warf der Deutsche Gewehr und Helm weg, und Coyle sah, »es war nur ein Junge, höchstens achtzehn Jahre alt, und einen unbewaffneten Menschen konnte ich nicht gut erschießen. Ich sah bloß noch, wie er zur Grenze lief.«

Als Leuchtspurgeschosse seinen Schirm zerfetzten, wurde der Soldat Raub wütend und strampelte so heftig, daß er direkt neben einer Flak herunterkam. Ohne die Gurte abzustreifen, warf er sich mit seiner Maschinenpistole auf die Stellung, schoß einen Kanonier nieder, nahm die anderen gefangen und machte die Kanonenrohre mit Sprengladungen unbrauchbar.

Später hieß es, der Widerstand des Feindes im Bereich um Groesbeek sei unerheblich gewesen, doch erhielten das 505. und 508. Regiment ziemlich heftiges Feuer aus den umliegenden Waldungen. Die Soldaten der 82. warteten nicht erst ab, bis die Einheiten gesammelt hatten, sondern nahmen sich diese Widerstandsnester einzeln vor, räucherten sie aus und machten Gefangene. Jagdbomber unterstützten sie dabei, indem sie Stellungen im Sturzflug anflogen. Unter diesen Fliegern richteten die Deutschen allerdings erheblichen Schaden an: innerhalb von Minuten wurden drei von ihnen getroffen und stürzten vor dem Wald ab. Sergeant Vuletich sah einen, der über die Tragflächen radschlagend durch die Landezone sauste und dann schließlich mit nichts als dem Rumpf liegenblieb. Gleich darauf stieg der Pilot aus und zündete sich neben seinem Wrack eine Zigarette an. Vuletich erinnert sich auch, daß dieser abgeschossene Flieger als Infanterist bei seiner Kompanie blieb.

Sergeant Jones sah eine P-47 in etwa 500 Meter Höhe in Brand geraten und wartete darauf, daß der Pilot aussteige, doch die Maschine kam herunter, rutschte über die Landezone und brach auseinander. Der Schwanz knickte weg, das Triebwerk rollte noch weiter, und das Cockpit kam auf einem Acker zur Ruhe. Jones zweifelte nicht daran, daß der Pilot tot sei, doch da schob sich das Dach zurück, »und schon kam ein Knirps mit einem Strubbelkopf und einer Pistole unterm Arm auf uns zugelaufen.« »Warum sind Sie denn nicht gesprungen?« fragte Jones. Der Pilot grinste. »Weil ich Angst hatte.«

Sergeant O'Neal beobachtete, wie eine P-51 eine versteckte deutsche Feuerstellung mit Bordwaffen angriff. Beim zweiten Anflug wurde sie getroffen, doch gelang dem Piloten eine Bauchlandung. »Der Kerl kam auf mich los und brüllte: ›Gib mir eine Flinte, ich weiß genau, wo das Schwein steckt. Ich mache es hin!‹« O'Neal schaute ihm verblüfft nach, als er sich ein Gewehr griff und im Wald verschwand.

Innerhalb von 18 Minuten waren 4511 Männer vom 505. und 508. Regiment der 82. Division gelandet, dazu Pioniere und 70 Tonnen Ausrüstung, allesamt in ihren Landezonen oder nur wenig davon entfernt, beiderseits von Groesbeek, am Ostrand des bewaldeten Höhenzuges. Während die Männer sammelten, wurden die Abwurfzone für die Artillerie, die Landezone für die Lastensegler der 82. und für die von General Brownings Hauptquartier markiert. Bislang waren General Gavins Risiken gerechtfertigt. Immerhin wußte Gavin, der mit dem Regiment 505 gesprungen war, noch nicht, was zwölf Kilometer weiter westlich geschah, wo das Regiment 504 nördlich Overasselt abgesprungen war, obschon die

Funkverbindung zwischen den Regimentern sofort hergestellt wurde. Und ebensowenig konnte er wissen, ob der Überraschungsangriff auf die Brücke bei Grave planmäßig vorankam.

Die 137 Maschinen vom Typ C-47 mit Oberst Reubens Regiment 504 an Bord gerieten ebenso wie der Rest der 82. Division in sporadisches Flakfeuer, als sie sich dem Absprungraum bei Overasselt näherten. Doch auch hier hielten die Piloten stur ihren Kurs, und um 13:15 Uhr sprangen 2016 Fallschirmjäger ab. Elf Maschinen drehten etwas nach Westen und flogen die etwa 500 Meter lange Brücke mit ihren neun Bögen an, die bei Grave über die Maas führte. Diese Maschinen hatten die E-Kompanie von Major Wellems 2. Bataillon an Bord, die den Westzugang zur Brücke sichern sollten, während Wellems mit dem Gros des Bataillons zum Ostzugang vorstoßen wollte. Falls die Brücke bei Grave nicht unversehrt im Handstreich genommen wurde, war es mit der Planung für »Market-Garden« vorbei; der Verlust dieser Brücke konnte das Scheitern der gesamten Operation bedeuten.

Als die Maschinen mit der E-Kompanie an Bord ihr Ziel ansteuerten, konnte Zugführer Thompson genau die Maas erkennen, ferner die Ortschaft Grave, er sah auch den Massenabsprung der Kameraden bei Overasselt zu seiner Rechten, und dann erkannte er das von Gräben umschlossene Feld, auf dem die Kompanie herunterkommen sollte. Schon sprangen Soldaten anderer Züge über der Brükkenzufahrt ab, doch in seiner Maschine war das grüne Licht noch nicht angegangen. Als es endlich aufleuchtete, sah der Leutnant, daß man sich gerade über irgendwelchen Gebäuden befand, deshalb wartete er noch einige Sekunden, bis er wieder Felder sah und sprang mit seinem Zug ab. Dieser vorteilhafte Zufall bewirkte, daß er und seine Leute nur 500 Meter nordwestlich der Brücke herunterkamen.

Thompson hörte aus Richtung Grave unregelmäßiges Schützenfeuer, an der Brücke jedoch war alles ruhig. Er wußte nicht recht: sollte er warten, bis die ganze Kompanie beisammen war oder gleich jetzt mit seinen 16 Mann angreifen? »Ich entschloß mich dann aber für den Angriff, weil die Brücke unser wichtigstes Ziel war«, sagte er. Er schickte einen Melder zu seinem Kompaniechef, der weiter nichts zu überbringen hatte als die Mitteilung: »Wir gehen auf die Brücke vor.«

Das Schützenfeuer aus dem Ort wurde jetzt heftiger, und Thompson ließ seine Leute in den Abzugsgräben vorgehen, wobei einige Männer bis an den Hals ins Wasser gerieten. Jetzt erhielten sie Feuer von einem Flakturm nahe der Brücke, und Thompson bemerkte feindliche Soldaten, die mit Bündeln unterm Arm aus einem Gebäude nahe der Straßenkreuzung kamen, das er für ein

Kraftwerk hielt oder für sonst eine technische Einrichtung. In der Annahme, die Deutschen schleppten Sprengladungen zur Brücke, ließ Thompson das Gebäude umstellen und Feuer eröffnen. »Wir bestrichen die Gegend mit MG-Feuer, besetzten das Kraftwerk und fanden dort vier tote Deutsche und einen Verwundeten. Weggeschleppt hatten sie bloß Decken und Packtaschen.« Plötzlich kamen zwei Lastwagen aus Richtung Grave zur Brücke gefahren. Der Fahrer des einen Lkw wurde tödlich getroffen, sein Wagen kam von der Chaussee ab, und die aufsitzenden Soldaten kletterten mühsam heraus. Der zweite Lkw blieb sofort stehen, und die Soldaten, die er beförderte, sprangen ab. Thompsons Leute eröffneten das Feuer, doch hatten die Deutschen keine Lust sich zu wehren. Ohne einen Schuß abzugeben, liefen sie weg.

Vom Flakturm wurde immer noch geschossen, jetzt aber über die Köpfe der Amerikaner hinweg. »Die Kanoniere konnten ihre 2-cm-Flak nicht tief genug senken.« Der Mann mit der Bazooka kroch nahe heran und schoß drei Raketen auf den Turm ab, worauf das Feuer verstummte.

Obschon sie im Feuerbereich einer Zwillingsflak auf einem Turm am anderen Ufer lagen, zerstörten Thompson und seine Leute alles, was nach Zündschnüren oder Sprengladungen aussah. Sodann errichtete der Zug eine Straßensperre und verminte den südwestlichen Zugang zur Brücke. Auf dem außer Gefecht gesetzten Flakturm fanden sie den Richtschützen tot, doch die Kanone unversehrt. Sogleich eröffneten sie daraus das Feuer auf die Kollegen am anderen Ufer. Der Zug würde bald durch den Rest der E-Kompanie verstärkt werden, und überdies näherte sich das Gros des Bataillons, wie Thompson wußte, von Overasselt her um den Nordostzugang zur Brücke zu besetzen, doch was ihn betraf, war der Auftrag bereits erfüllt[5].

Unterdessen bewegten sich die übrigen Bataillone von Tuckers Regiment 504 nach Osten, etwa wie die Speichen eines Rades, auf drei Straßenkreuzungen und die Eisenbahnbrücke über den Maas-Waalkanal zu. Auch Einheiten der Regimeter 505 und 508 näherten sich der Brücke in der Absicht, die entgegengesetzten Zugänge zu sichern. Nicht alle diese Ziele mußten unbedingt erreicht werden. Gavin hoffte zwar, sie in der allgemeinen Verwirrung allesamt in

5 In den Gefechtsberichten der 82. Division und von Oberst Tucker vom Bataillon 504 heißt es, die Brücke sei um 14:30 Uhr ›genommen‹ worden; Major Wellems hingegen berichtet, infolge fortgesetzten Störfeuers habe der erste Soldat erst um 15:35 Uhr die Brücke von Nordosten her überschritten. Immerhin hat der Zug von Leutnant Thompson seit 13:45 Uhr die Brücke gehalten und ihre Zerstörung verhindert, bis sie um 17:00 Uhr als ›in eigener Hand‹ gemeldet werden konnte.

die Hand zu bekommen, doch wenn er außer der lebenswichtigen Brücke bei Grave noch eine weitere bekommen konnte, reichte das.

Gavin verließ sich auf seine Haubitzen, um den Feind in Atem zu halten, seine Stellungen zu verteidigen, General Brownings Hauptquartier zu schützen und seine Fallschirmjäger bei ihren Handstreichen zu unterstützen, und jetzt kamen auch seine leichten Feldgeschütze an. Schon bei vorangegangenen Operationen hatte man gelegentlich kleine Artillerieabteilungen abgeworfen, doch waren sie immer weit voneinander gelandet und es hatte ewig gedauert, bis sie feuerbereit waren. Die aus 544 Mann bestehende Einheit, die jetzt anflog, setzte sich aus ausgesuchten Veteranen zusammen. Die 48 Maschinen beförderten unter anderem zwölf Haubitzen vom Kaliber 7,5 cm, jeweils in sieben Teile zerlegt, dazu etwa 700 Granaten. Geschütze, Munition und Bedienungen machten einen perfekten Absprung.

Der einzige Unfall, der sich dabei ereignete, verursachte kaum eine Unterbrechung. Oberstleutnant Griffith, Kommandeur der Artillerieabteilung 376, brach sich beim Aufprall den Knöchel, doch fanden seine Leute schon bald eine Schubkarre, in der sie ihn transportieren konnten. »Der Anblick des Kommandeurs in der Schubkarre ist mir unvergeßlich«, erinnert sich Major Hart. »Er ließ sich überall hinschieben und brüllte seine Kommandos.« Als alles erledigt war, ließ er sich zu General Gavin schieben und meldete: »Geschütze feuerbereit, Sir.« In etwas mehr als einer Stunde war die gesamte Abteilung aufgestellt, und zehn Geschütze feuerten bereits. So etwas war noch nie dagewesen.

14 Minuten nach der Landung der Artillerie trafen die Waco-Gleiter mit der Pak, den Pionieren, Teilen des Divisionsstabes, Geschützen, Munition und Jeeps samt Anhängern ein. Von den fünfzig in England gestarteten Lastenseglern fehlten nur vier, allerdings setzten nicht alle in der Landezone auf, sondern einige mehrere Kilometer entfernt. Einer, dessen Kopilot Hauptmann Jedrziewski war, klinkte sein Schleppseil zu spät aus und »machte auf eigene Faust eine Invasion nach Deutschland«. Der Pilot kehrte um und hielt Ausschau nach einem Landeplatz. »Bei der Landung verloren wir dann eine Tragfläche an einem Heuhaufen und die zweite an einem Zaun. Mit der Nase steckten wir im Dreck. Ich saß bis zu den Knien im Matsch und fragte mich, ob meine Füße noch dran waren. Dann hörten wir Abschüsse von einer 8,8 und machten, daß wir unseren Jeep ausluden und die Kurve kratzten.«

Hauptmann Connelly hatte weniger Glück, denn sein Pilot wurde beim Anflug tödlich verletzt. Connelly hatte nie zuvor am Steuer eines Gleiters gesessen, brachte die Kiste aber heil runter, wenn auch jenseits der deutschen Grenze nahe einem Ort namens

Wyler. Nur Connelly und ein anderer Mann entgingen der Gefangennahme. Sie versteckten sich bis zur Dunkelheit und kamen am Vormittag des 18. September bei ihrer Einheit an.

Immerhin hatte die 82. Division 7467 Mann in Lastenseglern und an Fallschirmen abgesetzt. Die letzten Ankömmlinge waren 35 Horsas und Wacos mit dem Hauptquartier von General Browning an Bord.

Drei Gleiter waren auf dem Weg zu den Landezonen verlorengegangen, zwei vor der Küste, der dritte machte südlich Vught in der Nähe von General Students Hauptquartier eine Bruchlandung. Brownings Hauptquartier landete fast genau auf der deutschen Grenze. »Wir bekamen kaum Flakfeuer, und auch sonst war wenig zu merken«, erinnert sich Brownings Stabschef Walch. »Wir setzten etwa hundert Meter westlich vom Reichswald auf, und mein Gleiter war knapp 50 Meter von Brownings entfernt.«

Brownings Horsa wurde vom Kommandeur des Gleiterpilotenregimentes Oberst Chatterton gesteuert. Nachdem er ein Bugrad durch Berührung mit einem Draht verloren hatte, rutschte Chatterton noch in ein Kohlfeld. »Wir stiegen aus, und Browning rief: ›Wir sind da, sind tatsächlich da!‹« Walch sah seinen Chef sodann in den Reichswald laufen, und als er gleich darauf zurückkam, sagte Browning: »Ich wollte als erster englischer Offizier auf deutschen Boden pinkeln.«

Während Brownings Jeep entladen wurde, krepierten etliche deutsche Granaten in der Nähe. Oberst Chatterton nahm prompt im nächsten Graben Deckung. »Ich werde nie vergessen, wie Browning sich zu mir herunterbeugte und fragte: ›Aber George, was machen Sie denn da unten?‹« Chatterton erwiderte ganz aufrichtig: »Ich nehme Deckung, Sir«, worauf Browning versetzte: »Lassen Sie das mal bleiben. Es wird Zeit, daß wir abmarschieren.« Dabei zog er ein Päckchen aus der Tasche und überreichte es Chatterton mit den Worten: »Befestigen Sie das mal an meinem Jeep.« Chatterton machte das Päckchen auf und sah, daß es einen kastanienbraunen Stander enthielt, auf dem ein hellblauer Pegasus zu sehen war, das Abzeichen der englischen Luftlandetruppen[6].

[6] Es heißt gelegentlich, der Stander Brownings sei von dessen Frau, der Schriftstellerin Daphne du Maurier, angefertigt worden. Sie bemerkt dazu: »Ich muß die Märchenerzähler leider enttäuschen . . . aber wer je gesehen hat, was dabei herauskommt, wenn ich mit Nadel und Faden umgehe, weiß, daß diese Arbeit meine Künste weit überfordert hätte. Der Gedanke als solcher ist sehr reizvoll, und mein Mann hätte sich darüber sicher gefreut.« Angefertigt wurde der Wimpel in Wahrheit unter Aufsicht von Miss Claire Miller von der Firma Hobson & Sons Ltd., die auch nach Anweisungen von Browning vor dem Unternehmen ›Market-Garden‹ 500 winzige Kompasse in Hemdkragen und Gürtel einnähte.

Dann fuhr der Kommandeur mit wehendem Stander davon.

Auf der Renkumer Heide westlich von Arnheim stand derweil Leutnant Hay, jener Nachrichtenspezialist, der die Feindlage auszuwerten hatte, vor einem Rätsel. Seine Experten hatten ihre Funkgeräte samt den Spezialantennen aufgebaut und warteten auf Antwort von Brownings Stab, denn Hay sollte sofort nach der Landung Verbindung zum Korps aufnehmen und seinen Standort melden. Er wußte schon, daß die Funkverbindung innerhalb der 1. englischen Luftlandedivision völlig ausgefallen war, und traute den englischen Funkern ohne weiteres völlige Unfähigkeit zu, doch konnte er nicht glauben, daß auch seine eigenen Experten Schwierigkeiten haben könnten. »Wir standen noch auf der Landezone, und vor uns war Wald, doch hatten wir früher schon mühelos in viel schwierigerem Gelände Verbindung hergestellt. Wir versuchten es immer wieder, aber wir bekamen überhaupt keine Antwort.« Bevor er nicht herausbekam, was da eigentlich nicht stimmte, bestand keine Aussicht, General Browning über die Fortschritte der Division Urquhart zu unterrichten oder Brownings Befehle an die 1. Division weiterzuleiten. Andererseits gab es ein völlig intaktes holländisches Telefonnetz und darüber hinaus noch ein eigenes Netz des PGEM Kraftwerkes in Nimwegen, das in der gesamten Provinz Sprechstellen hatte, und wenn Hay das geahnt oder den holländischen Widerstand um Hilfe gebeten hätte, hätte er nur das nächste Telefon zur Hand zu nehmen brauchen.

Beim Stab von General Browning, etwa 25 Kilometer entfernt, am Rande der Höhen von Groesbeek, wurde man bereits unruhig. Die beiden großen Funkgeräte der 82. Luftlandedivision waren beim Aufsetzen beschädigt worden. Brownings Geräte waren noch heil, und eines davon wurde der 82. zugeteilt, damit Verbindung zu General Gavin aufgenommen werden konnte. Die Nachrichtenabteilung des Korps hatte Funkverbindung zu General Dempseys 2. Armee und dem rückwärtigen Korpsstab in England und auch zur 101. Division, aber eine Verbindung zur Division Urquhart wollte nicht zustande kommen. General Walch meinte, die Nachrichtenabteilung beim Korps sei daran schuld gewesen. »Dabei hatten wir schon vor Beginn der Planung eine brauchbare Nachrichtenkompanie für den Stab angefordert, denn wir wußten nur allzugut, daß unsere Geräte unzulänglich waren und die Funker nichts taugten.« Browning konnte also Befehle an die 82., die 101. und an das XXX. Korps von Horrocks geben, doch die Vorgänge in Arnheim überhaupt nicht beeinflussen. Walch erinnert sich: »Was in Arnheim vorging, ahnten wir nicht.«

So war denn Montgomerys Plan bereits von einer Art schleichender Lähmung befallen, wenn es in diesem frühen Stadium auch noch niemand so recht bemerkte. Im Operationsgebiet von »Market-Garden« standen etwa 20 000 alliierte Soldaten, die darangingen, die Brücken zu besetzen und jenen Korridor offenzuhalten, durch den die starken Bodenverbände vorstoßen sollten, deren Panzerspitze bei Dunkelwerden die Fallschirmjäger der 101. Division erreichen würde.

9

Vom flachen Dach einer Fabrik nahe dem Maas-Scheldekanal sah General Horrocks, der Kommandeur des XXX. englischen Korps, wie die letzten Lastensegler über seine wartenden Panzer schwebten. Er stand dort seit 11:00 Uhr und hatte, wie er sagte, »reichlich Zeit nachzudenken«. Der Anblick seiner mächtigen Streitmacht »war recht tröstlich, doch glaubte ich keinen Moment, daß wir ein leichtes Gefecht vor uns hätten«. Er hatte sich gewissenhaft mit jeder Einzelheit befaßt und seinen Truppen sogar befohlen, soviel Verpflegung, Benzin und Munition mitzunehmen als möglich, »denn es war klar, daß wir für einige Zeit ganz auf uns selbst gestellt sein würden«. Ein Bedenken wurde er jedoch nicht los, mochte aber mit niemandem darüber reden – der Sonntag schien ihm nicht der geeignete Tag für einen Angriff. »Nicht ein einziger Sonntagsangriff, an dem ich im Laufe des Krieges teilgenommen hatte, war je ganz erfolgreich gewesen.« Durchs Fernglas beobachtete er das weiße Band der Chaussee, die nordwärts nach Valkenswaard und Eindhoven führte. Als er erfuhr, daß die Luftlandungen begonnen hatten, gab er den Angriffsbefehl für die »Garden«-Streitmacht, und Punkt 14:15 Uhr eröffneten etwa 350 Geschütze auf einen Schlag das Feuer.

Es war ein verheerender Feuerüberfall. Granaten explodierten tonnenweise in den Stellungen der Deutschen. Ein wahrer Feuersturm von acht Kilometer Tiefe und anderthalb Kilometer Breite ließ die Erde unter den Ketten der Panzer der irischen Garde erbeben, als sie aus der Bereitstellung rollten. Hinter der Spitze reihten sich schwerfällig Hunderte Panzer und gepanzerte Fahrzeuge ein, und über den vordersten Panzern kreisten unablässig die »Taxireihen« der Jagdbomber und warteten darauf, von Oberstleutnant Vandeleur auf Ziele angesetzt zu werden. Um 14:35 Uhr gab Leutnant Heathcote im Turm des vordersten Kampfwagens No. 3 seinem Fahrer den Befehl: »Vorwärts!«

Die Panzer krochen auf die Straße hinaus und im 15-Kilometer-

Tempo vorwärts. Der Vorhang des Geschützfeuers hob sich und wurde im gleichen Tempo nach Norden verlegt. Die Panzerbesatzungen sahen keine hundert Meter vor sich Granaten einschlagen, und als die Kolonne sich in einer riesigen Staubwolke voranwälzte, war nicht immer auszumachen, ob man wirklich außerhalb des eigenen Artilleriefeuers blieb. Hinter der Panzerspitze folgten die Spähwagen von Oberstleutnant Joe Vandeleur und seinem Vetter Giles. Aufrecht in seinem Wagen stehend, sah Vandeleur vor und hinter sich Infanterie auf Panzern, die sich mit gelben Bändern den Jagdbombern als eigene zu erkennen gaben. »Der Lärm war unvorstellbar«, sagte Vandeleur, »doch lief alles wie vorgesehen.« Die Spitze war nun aus dem Brückenkopf ausgebrochen und über die Grenze nach Holland hineingestoßen. Hauptmann Cock, der den vordersten Verband führte, meldete über Funk: »Alles geht glatt, die Spitze ist durch.« Doch nur Sekunden später änderte sich das Bild, »und die Deutschen gaben uns mächtig Zunder«, wie Vandeleur sagt.

In gut getarnten und befestigten Stellungen entlang der Straße hatten deutsche Kanoniere den Feuerschlag nicht nur überlebt, sondern die Walze auch über sich wegziehen lassen, ohne sich zu regen. Sie ließen auch die ersten Panzer passieren, doch dann setzten sie auf einen Schlag drei der vordersten Panzer außer Gefecht und sechs der folgenden. Brennend und fahrunfähig versperrten sie die Straße auf fast einen Kilometer Länge. »Gleich hinter der Grenze gerieten wir in einen Hinterhalt«, erinnert sich Leutnant Russell. »Die Panzer vor uns rutschten entweder quer über die Straße, oder sie brannten, wo sie standen. Mir wurde zu meinem Schrecken klar, daß meiner der nächste sein würde. Wir sprangen allesamt ab und in den Graben.« Als Russell vorging, um zu sehen, was der Rest seines Zuges machte, geriet er in MG-Feuer, bekam ein Geschoß in den Arm und fiel in den Graben. Damit war der Krieg für ihn zu Ende.

Der Panzer, auf dem der Obergefreite Doggart saß, bekam ebenfalls einen Treffer. »Ich habe überhaupt keine Explosion gehört, ich weiß bloß, daß ich plötzlich auf dem Rücken im Graben lag und der Panzer über mir hing. Ein leichtes MG drückte mir auf den Bauch. Neben mir lag jemand, dem der Arm abgerissen war, und daneben ein Toter. Der Panzer brannte, und von der Besatzung habe ich keinen gesehen.«

Leutnant Quinan saß im letzten Panzer des vordersten Verbandes und erinnert sich, daß er dachte, sein Fahrer wolle einem anderen Panzer ausweichen, als er fühlte, wie sein Sherman in den Graben rutschte. Er hatte einen Treffer abbekommen, und beide Fahrer waren tot. Der Sherman geriet in Brand, und »mein Kanonier drückte mich einfach aus der Luke, denn er wollte unbedingt raus. Da merkte ich erst, daß wir brannten«. Als er aus der Luke kroch, sah er, wie die hinter ihm kommenden Panzer einer nach dem anderen abgeschossen wurden. »Einer der Kommandanten versuchte, sich mit vorgehaltener Hand vor der Stichflamme zu schützen, die seine Maschine völlig einhüllte . . .«

Der Ausbruch aus dem Brückenkopf war also zum Stehen gebracht, ehe er richtig begonnen hatte, und neun brennende Panzer versperrten die Straße. Nachfolgende Einheiten konnten nicht weiter, und selbst wenn sie an den Wracks vorbeigekonnt hätten, wären sie von deutscher Pak abgeschossen worden. Um den Vormarsch wieder in Gang zu bringen, rief Vandeleur die Jagdbomber zu Hilfe und bezeichnete mit Rauchgranaten deutsche Feuerstellungen, auf welche die Jabos sich aufheulend fallen ließen. »Damals sah ich die Typhoons zum erstenmal in Aktion«, sagte Vandeleur, »und ich muß sagen, die Kerle hatten Mut. Sie kamen einer dicht hinter dem anderen herunter, sie flogen durch unser eigenes Artilleriefeuer und einer zerplatzte unmittelbar über mir in der Luft. Es war unglaublich – die Kanonen schossen, die Flugzeuge machten einen Höllenlärm, und alle brüllten aus Leibeskräften. Und zugleich fragte der Divisionsstab an, wie es denn bei uns stünde. Mein Stellvertreter hielt bloß das Mikrophon hoch und sagte: ›Das hört ihr doch!‹«

Während die Jabos sich auf ihre Ziele stürzten, schickte Vandeleur eine gepanzerte Planierraupe los, die die Panzerwracks von der Straße schieben sollte. Das Gefecht tobte jetzt bereits auf mehreren Kilometern Straßenlänge bis zurück zu Vandeleurs Spähwagen und dem offenen Fahrzeug, in dem Leutnant Love Verbindung zu den Jagdbombern halten sollte, der es sehr bedauerte, sich für diese Unternehmung freiwillig gemeldet zu haben. Während Staffelführer Sutherland mit den Jabos sprach, stieg Love aus, um sich mal umzuschauen. Vor ihm auf der Straße stand eine schwarze Qualmwolke, und eine Pak auf Selbstfahrlafette brannte. Nun kam von vorne ein Spähwagen mit Verwundeten zurück. Einem war die Schulter weggeschossen und die Uniform verbrannt. »Ich zweifelte keinen Moment daran, daß wir in der Falle saßen, und sagte mir, warum bist du bloß nicht bei der Luftwaffe geblieben, wo du hingehörst!«

Die Besatzungen der weiter hinten wartenden Panzer fühlten sich »sonderbar hilflos. Wir konnten weder vor noch zurück«, erinnert sich Hauptmann Langton. Rechts und links an den Panzern ging Infanterie vor, um den Wald beiderseits der Straße zu säubern, unterstützt von schweren MGs auf zwei Jeeps. Langton hielt sie für die ersten Teile der 43. Infanteriedivision. »Plötzlich wurden die beiden Jeeps durch die Luft gewirbelt.« Sie waren auf Minen gefahren. Als der Qualm sich verzog, »sah ich Leichen in den Bäumen, wie viele weiß ich nicht. Jedenfalls hingen an allen Ästen irgendwelche Körperteile«.

Mit den Jabos unmittelbar vor sich, ging die englische Infanterie daran, die deutschen Stellungen auszuheben. Corporal Doggart war aus dem Graben geklettert, in den er gefallen war, rannte über die Straße und fiel jenseits in einen Splittergraben. »Im selben Moment sprangen auch zwei Deutsche rein, ein junger Kerl in Hemdsärmeln und ein ziemlich übel aussehender älterer Mann.« Diesem trat er ins Gesicht, der jüngere bekam es mit der Angst und ergab sich. Doggart schickte sie mit vorgehaltener Flinte auf die Straße, »wo schon haufenweise andere Deutsche mit erhobenen Händen nach rückwärts unterwegs waren. Wer sich nicht beeilte, bekam einen Tritt in den Hintern.«

Aus Gräben, hinter Heuhaufen, entlang der Straße, die jetzt allmählich von den Panzerwracks geräumt wurde, hörte man die Feuerstöße der Infanteristen. Die Garde gab keinen Pardon, machte keine Gefangenen, schon gar nicht Scharfschützen. Viele erinnerten sich, daß man Gefangene im Laufschritt die Straße runtertrieb, und wer nicht mehr laufen konnte, wurde mit Bajonetten weitergestoßen. Ein Gefangener versuchte sich zu verdrücken, doch war unterdessen so viel Infanterie am Ort, »daß er schon tot war, als er bloß den Gedanken faßte«.

Joe Vandeleur sah sich die Gefangenen an, die vorbeigetrieben wurden, »und einer von den Kerlen hatte doch wirklich eine Handgranate bei sich, die er im Vorbeigehen in einen unserer MG-Jeeps warf. Es gab einen mächtigen Knall, und einer meiner Sergeanten lag plötzlich ohne Bein auf der Straße. Der Deutsche wurde sofort niedergemacht.« General Horrocks bekam Meldung, daß die Straße geräumt wurde und daß Infanterie die Deutschen beiderseits der Straße ausschalte, wenn auch unter schweren Verlusten. Später sagte er: »Den Iren paßte es nicht mehr, beschossen zu werden, und wie es bei richtigen Raufbolden so geht, gerieten sie plötzlich in Wut.«

Am wütendsten war vielleicht Hauptmann Fitzgerald vom 2. Bataillon, der eine gefangene Pak-Bedienung verhörte. Vandeleur berichtet: »Fitzgerald hatte eine interessante Methode, die Gefangenen zum Sprechen zu bringen. Er war ein Riese und sprach gut deutsch, wenn auch mit fürchterlichem Akzent. Meist stieß er die Gefangenen mit der Pistole in den Bauch, ging ganz dicht an sie ran und brüllte. Das Resultat war immer prächtig. Nachdem er diese Leute verhört hatte, konnten wir weitere getarnte Stellungen der deutschen Pak knacken und auf der endlich wieder freigemachten

Straße weiter vorgehen.«

Bei der irischen Garde glaubte man allgemein, daß Sergeant Cowan derjenige war, der den Umschwung der Lage herbeiführte. Er hatte mit seiner Shermankanone eine deutsche Pak mit einem einzigen Treffer unschädlich gemacht. Major Tyler fiel auf, daß auf Cowans Panzer ein Deutscher stand und das Feuer des Panzers dirigierte. »Als ich ihn zu seinem Erfolg beglückwünschte, sagte er mir, dies sei der Geschützführer der ersten von ihm geknackten Pakstellung gewesen, den Hauptmann Fitzgerald ihm nach dem Verhör überlassen habe. Er hätte sich ›sehr bewährt‹.«

Die irische Garde war also wieder auf dem Vormarsch, doch unter fortdauernder Kampftätigkeit. Die deutsche Linie hielt sehr viel zäher als erwartet. Unter den Gefangenen befanden sich Soldaten berühmter Fallschirmjägereinheiten, sowie – zur völligen Überraschung der Engländer – ganz alte Hasen von der 9. und 10. SS-Panzerdivision, Angehörige jener Kampfgruppen, mit denen Bittrich die 1. Fallschirmjägerarmee von Student aufgefüllt hatte. Um die Überraschung voll zu machen, entdeckte man auch Soldaten aus Einheiten der 15. Armee von Zangen. Im Kriegstagebuch der irischen Garde heißt es dazu: »Unsere Feindaufklärung kam aus dem Staunen nicht heraus: sie stellte ein deutsches Regiment nach dem anderen fest, das dort überhaupt nicht hätte sein dürfen.«

General Horrocks hatte angenommen, seine Panzerspitze würde »die zwanzig Kilometer bis Eindhoven in zwei bis drei Stunden schaffen«. Jetzt war bereits kostbare Zeit verloren, und bis Dunkelwerden brachte die irische Garde nur die zwölf Kilometer bis Valkenswaard hinter sich. Damit war der Fahrplan für »Market-Garden« bereits bedrohlich in Unordnung geraten.

Weil er so beweglich wie möglich sein wollte, hatte General Taylor in seinen Lastenseglern keine Artillerie einfliegen lassen, sondern möglichst viele Jeeps. Daß die Engländer nicht rechtzeitig nach Eindhoven kamen, war für ihn ein schwerer Schlag, denn Taylor rechnete auf die Unterstützung der englischen Panzerkanonen bei dem Versuch, mit den »Screaming Eagles« sein 25 Kilometer langes Stück des Korridors zu halten. Taylors holländischer Verbindungsoffizier war dank der Hilfe holländischer Widerständler und des Telefons fast sogleich in der Lage, ihm ein zutreffendes Bild zu geben, und er wußte: die 101. wird länger als vorgesehen allein auf sich gestellt bleiben.

Taylors Fallschirmjäger nahmen blitzschnell das nördliche Angriffsziel ein – Veghel mit seinen vier Eisenbahn- und Straßenbrükken über die Aa und den Willemskanal. Es kam dort zwar zu schweren Kämpfen, doch diese Ziele waren jedenfalls innerhalb von zwei Stunden erreicht. Weiter südlich, halbwegs zwischen Veghel und Son, wurden St. Oedenrode und die Straßenbrücke über die Dommel ziemlich mühelos besetzt. Das amtliche holländische Telefontagebuch verzeichnet, daß die Telefonistin Johanna Lathhouwers »um 14:25 Uhr auf der Leitung Oed. 1 (St. Oedenrode) für einen unmißverständlich amerikanischen Teilnehmer eine Verbindung mit Valkenswaard herstellte, der 40 Minuten sprach«[7]. Die Amerikaner erfuhren so, daß die Spitze der irischen Garde noch nicht einmal bis Valkenswaard gekommen war. Es war daher unwahrscheinlich, daß Horrocks' verspätete Panzer das Südende des Korridors bei Eindhoven vor Dunkelwerden erreichen würden. Also konnten sie den Amerikanern bei der Erreichung ihrer weitgestreuten Angriffsziele keine Hilfe leisten. Die Männer der 101. hatten bislang außerordentliche Erfolge gehabt, doch jetzt wurde es schwierig.

Taylor mußte zunächst einmal die Straßenbrücke über den Willemskanal in Son nehmen, etwa acht Kilometer nördlich Eindhoven. Sollte diese Brücke bereits gesprengt sein, hatte Taylor eine andere ins Auge gefaßt, nämlich die in Best, sieben Kilometer westlich. Da diese Brücke zunächst nur von zweitrangiger Bedeutung schien, auch weil man dort keine deutschen Kräfte vermutete, war auf sie nur eine einzige Kompanie des Regimentes 502 angesetzt worden. Taylors Feindaufklärung wußte nichts davon, daß General Students Gefechtsstand nur 17 Kilometer nordwestlich von den Absprungräumen der 101. entfernt war und daß die ersten Verstärkungen der 15. deutschen Armee bei Tilburg untergebracht waren, darunter General Poppes schwer mitgenommene 59. Infanteriedivision sowie beträchtliche Mengen Artillerie.

Bei der Annäherung an die Brücke von Best meldete die H-Kompanie, daß sie auf Straßensperren und starken feindlichen Widerstand stieß. Dieser Funkspruch war das Startzeichen für ein blutiges Gefecht, das die ganze Nacht und noch fast zwei weitere Tage dauern sollte. Was als Stoßtrupp einer Kompanie begonnen hatte, weitete sich schließlich zu einer Aktion in Regimentsstärke aus. Immerhin fingen die tapferen Männer der H-Kompanie die ersten unerwartet starken Gegenstöße der Deutschen ab.

Während die H-Kompanie auf dem Weg nach Best war, näherte sich das Regiment 506 unter Oberst Sink der großen Straßenbrücke von Son. Erst am nördlichen Rand der Ortschaft traf man auf Widerstand in Form einer einzigen 8,8-Flak. Diese wurde mitsamt der Bedienung durch Bazookabeschuß erledigt. Die Amerikaner

[7] Auf den Uhren der Alliierten war es bereits 15:25 Uhr, zwischen englischer und deutscher Zeit bestand eine Differenz von einer Stunde.

hatten sich in Straßenkämpfen bereits bis auf 50 Meter dem Kanal genähert, als die Brücke hochging und ihre Trümmer auf die Fallschirmjäger herabregnen ließ. Für Oberst Sink, der bis 20:00 Uhr Eindhoven samt den dortigen Übergängen nehmen sollte, war das ein schwerer Mißerfolg. Immerhin handelten drei Männer noch unter Beschuß sehr rasch und entschlossen: Major LaPrade, Leutnant Weller und Sergeant Dunning schwammen durch den Kanal ans andere Ufer und errichteten mit anderen Soldaten des Bataillons, die teilweise in Ruderbooten folgten, einen Brückenkopf, nachdem sie den Widerstand der Deutschen gebrochen hatten.

Der Mittelpfeiler der Brücke stand noch, und die Pioniere der 101. begannen sogleich mit der Errichtung einer Behelfsbrücke. Dabei wurde ihnen unerwartet Hilfe zuteil. Holländische Zivilisten informierten sie davon, daß ein Bauunternehmer in einer nahegelegenen Garage große Mengen schwarz gekauften Bauholzes gestapelt hatte. So konnten denn die Pioniere in anderthalb Stunden unter Benutzung des Mittelpfeilers und des ›befreiten‹ Bauholzes den Kanal überbrücken. Oberst Sink erinnert sich: »Die Brücke war in jeder Hinsicht unbefriedigend und nur insofern von Nutzen, als sie mir ermöglichte, mit dem ganzen Regiment hinüberzuziehen, wenn auch im Gänsemarsch.« Bis schweres Brückengerät herangeschafft werden konnte, war der Korridor für »Market-Garden«, also bei Son, nur ein hölzerner Steg.

10

Feldmarschall Model war immer noch etwas echauffiert, als er bei Bittrich in Doetinchem ankam. Normalerweise hätte er in einer halben Stunde dort sein können, doch diesmal hatte er länger als eine Stunde gebraucht, weil er mehrmals unterwegs anhielt, um Abschnittskommandanten von der erfolgten Luftlandung zu unterrichten. Model wirkte zwar gefaßt, doch erinnert sich Bittrich: »Seine ersten Worte waren: ›Fast hätten sie mich erwischt! Sie hatten es auf mein Hauptquartier abgesehen! Stellen Sie sich bloß vor, man hätte mich beinahe erwischt!‹«

Bittrich legte Model die neuesten Meldungen vor. Bislang war nicht ersichtlich, was der Feind beabsichtigte, doch setzte Bittrich dem Feldmarschall seine Theorie auseinander, der zufolge der Angriff einerseits der Einschließung der 15. Armee dienen sollte, während andererseits die 2. englische Armee gegen die Ruhr vorstieß. Die Alliierten brauchten also die Brücken bei Nimwegen und Arnheim. Model war anderer Ansicht. Die Brücke von Arnheim sei ganz gewiß nicht Angriffsziel, vielmehr würden die dortigen Luftlandetruppen nordöstlich an die Ruhr vorstoßen. Im übrigen hielt Model die Lage noch für zu undurchsichtig, als daß man schon endgültige Folgerungen ziehen könnte. Was Luftlandetruppen bei Nimwegen zu suchen hatten, konnte er sich nicht vorstellen. Dennoch billigte er Bittrichs Maßnahmen.

Bittrich kam noch einmal auf die Brücken zu sprechen. »Ich empfehle dringend, die Brücken bei Nimwegen und Arnheim unverzüglich zu zerstören, Herr Feldmarschall«, sagte er. Model schaute ihn nur erstaunt an. »Auf keinen Fall werden die Brücken zerstört. Die Engländer können planen, was sie wollen, wir werden diese Brücken halten. Sie werden auf gar keinen Fall gesprengt.« Dann wandte er sich einem anderen Thema zu: »Ich brauche ein neues Hauptquartier.« Doch noch ehe Bittrich etwas dazu sagen konnte, fuhr er versonnen fort: »Die hätten mich doch wirklich beinahe erwischt.«

General Student saß in einer scheußlichen Klemme: Der Angriff der Luftlandetruppen hatte seine 1. Fallschirmjägerarmee in zwei Teile zerschnitten und ohne Telefonverbindungen, einzig auf Funk angewiesen, konnte er diese geteilte Armee unmöglich führen. Seine Verbände kämpften derzeit, ohne brauchbare Weisungen zu erhalten. Dann aber kam ihm das Glück zu Hilfe: In einem nahebei niedergegangenen Lastensegler fand sich eine unversehrte Aktentasche, die man eiligst zu ihm brachte. »Es war ganz unglaublich«, erzählte Student. »Es befand sich nämlich in dieser Tasche der gesamte feindliche Angriffsplan«, der von Student und seinem Stab nun gründlich geprüft wurde. »Hier war alles zu sehen, die Absprungräume, der Korridor, die Angriffsziele und auch die Nummern der beteiligten Divisionen. Die Voraussetzung für einen Erfolg war unverkennbar: Der Feind mußte die Brücken unzerstört in die Hand bekommen, und ich dachte nur: das ist die Vergeltung! Die Geschichte wiederholt sich. Bei unserer Luftlandeoperation in Holland 1940 hatte einer meiner Offiziere entgegen ausdrücklichem Befehl ebenfalls Unterlagen ins Gefecht mitgenommen, aus denen unser Angriffsplan zu ersehen war, und auch die fielen dem Feind in die Hand. Das Rad hatte sich nun einmal ganz gedreht, und ich wußte genau, was zu tun war.«[8]

[8] Selbstverständlich ist im Zusammenhang mit Arnheim auch stets von erbeuteten Plänen die Rede. Angeblich wurden sämtliche Unterlagen bei der Leiche eines amerikanischen Hauptmanns gefunden. Ein Gespräch mit General Student und eine Durchsicht seiner Akten hat dafür nicht den geringsten Anhaltspunkt erbracht. Nirgendwo wird bestätigt, daß die Aktenmappe von einem Hauptmann mitgeführt worden ist, und auch englische und amerikanische Quellen geben darauf keinen Hinweis. Da

Model wußte das noch nicht, und Student geriet schier außer sich darüber, daß es fast zehn Stunden dauerte, bis er Model mit dem Angriffsplan des Feindes bekannt machen konnte, weil er ihn vorher nicht erreichte. Kern des Ganzen war die Brücke bei Arnheim, denn aus den erbeuteten Plänen ging deutlich hervor, daß Montgomery über Arnheim an die Ruhr wollte.

Die Schlacht, die sich jetzt entwickelte, war ganz nach Models Herzen: sie verlangte Improvisationsgabe, Kühnheit und vor allem Schnelligkeit. Von Bittrichs Hauptquartier telefonierte er mit dem OB-West, beschrieb mit der für ihn charakteristischen Knappheit die Lage und forderte Verstärkungen. »Man muß den Angriff in den ersten 24 Stunden abschlagen«, sagte er zu Rundstedt und verlangte Flak, Sturmgeschütze, Panzer und Infanterie. Das alles sollte sich bis zum Abend auf dem Marsch nach Arnheim befinden. Rundstedt versprach, alle greifbaren Verstärkungen in Marsch zu setzen, worauf Model triumphierend zu Bittrich sagte: »Sehen Sie, jetzt kriegen wir Verstärkung!« Er hatte unterdessen beschlossen, sich mit seinem Stab in Doetinchem einzurichten, wollte sich aber nicht wieder der Gefahr der Gefangennahme aussetzen, obwohl er sich inzwischen von dem Schock des schnellen Aufbruches von Oosterbeek erholt zu haben schien. Er bezog also nicht das Schloß, sondern begnügte sich mit dem Gärtnerhaus.

Bittrichs Maßnahmen zahlten sich bereits aus. Teile der 9. SS-Panzerdivision rückten ins Kampfgebiet vor, und auch Teile der 10., deren Kommandeur Harmel noch am Abend aus Deutschland zurückerwartet wurde, waren auf dem Marsch. Bittrich hatte Harzer befohlen, seinen Gefechtsstand in einer Schule in den nördlichen Vororten von Arnheim einzurichten, von wo aus er einen Überblick über die Stadt hatte, und dieser Umzug war gerade im Gange. Harzer selbst konnte seine Ungeduld kaum noch bezähmen. Die Panzerfahrzeuge, die am frühen Nachmittag nach Deutschland hatten abgehen sollen, wurden immer noch mit Ketten und Kanonen ausgerüstet. Die übrigen Verbände hatte er bereits westlich von

Student ausgesagt hat, die Pläne seien ›in einem Waco-Lastensegler‹ gefunden worden, hat man wohl daraus gefolgert, dieser sei mit Amerikanern besetzt gewesen. Indessen wurden Teile des Korpsstabes von General Browning in Wacos nach Holland befördert, und eine davon ging tatsächlich unweit von dem Gefechtsstand Students zu Bruch. Doch einerlei, ob an Bord der Waco nun Engländer oder Amerikaner waren, es ist sehr unwahrscheinlich, daß ein Hauptmann den gesamten Operationsplan bei sich gehabt haben soll, denn zum einen wurde dieser Plan nur wenigen Personen überlassen, und zum anderen waren diese sämtlich Stabsoffiziere.

Arnheim nahe an die englischen Landeräume herangeführt und Riegelstellungen aufgebaut. Im Augenblick verfügte er aber nur über einige Panzerspähwagen, etliche Sturmgeschütze, wenige Panzer und etwas Infanterie. Er hoffte jedoch, durch überraschende Gegenstöße die Engländer so lange aufhalten zu können, bis das Gros seiner Division kampfbereit war.

Merkwürdigerweise ahnte Harzer nichts davon, daß das Bataillon Krafft ebenfalls in der Gegend und im Augenblick der einzige deutsche Verband war, der sich den englischen Luftlandetruppen in den Weg stellte. Harzer konzentrierte seine Kräfte entlang der beiden Hauptstraßen nach Arnheim: der Straße von Ede und der Straße von Utrecht. Überzeugt, daß die Fallschirmjäger diese beiden Hauptstraßen benutzen würden, ließ er seine Leute an beiden in einem Halbkreis in Stellung gehen. Versehentlich, oder auch weil ihm die Kräfte dazu fehlten, unterließ er es, eine Nebenstraße zu sichern, die entlang dem Nordufer des Rheins verlief. Das war denn auch die einzige unverteidigte Straße, auf welcher die Engländer an die Brücke von Arnheim gelangen konnten.

11

In ihren Tarnjacken und den unverkennbaren Helmen, mit Waffen und Munition beladen, näherten sich die Fallschirmjäger von General Lathburys Brigade Arnheim. Zwischen den marschierenden Kolonnen fuhren Jeeps mit angehängten Geschützen, mit Munition und Material. Als General Urquhart sie an sich vorbei passieren ließ, fiel ihm ein, daß General Horrocks ihm einige Monate zuvor beim Anblick der Brigade seine Bewunderung ausgedrückt hatte: »Ihre Leute sind richtige Killer.« Urquhart fand diese Bemerkung damals übertrieben, doch an diesem Sonntag wurde er schwankend. Nachdem die 1. Brigade abmarschiert war, empfand er großen Stolz auf sie.

Lathburys drei Bataillone sollten aus unterschiedlichen Richtungen auf Arnheim vorgehen. Oberstleutnant Frost und sein 2. Bataillon bekamen das Hauptziel zugewiesen: die große Straßenbrücke, zu der sie auf einer Nebenstraße gelangen sollten, die am Nordufer des Rheins verlief. Unterwegs sollten sie auch gleich die Eisenbahnbrücke und die Pontonbrücke besetzen, die noch westlich der großen Straßenbrücke lagen. Das 3. Bataillon unter Oberstleutnant Fitch sollte auf der Straße von Utrecht zum Nordausgang der Brücke vorstoßen und Frost verstärken. Danach sollte das 1. Bataillon unter Oberstleutnant Dobie am weitesten nördlich auf der Straße von Ede vorgehen und das erhöhte Terrain nördlich der Stadt besetzen. Lathbury hatte jedem dieser Vorstöße eine Tarnbezeichnung gegeben; der nördlichste unter Dobie hieß »Leopard« der mittlere unter Fitch »Tiger« und der wichtigste unter Frost »Löwe«. Die Aufklärungsabteilung unter Major Gough sollte mit ihren Jeeps der Brigade voranfahren, die Straßenbrücke im Handstreich nehmen und sie bis zur Ankunft von Frost halten.

General Urquhart fand, daß sich alles recht gut anließ. Daß innerhalb der Division keine Nachrichtenverbindungen bestanden, beunruhigte ihn derzeit noch nicht. Aus Nordafrika war er an vorübergehende Ausfälle dieser Art gewöhnt. Da er die 1. Luftlandebrigade von General Hicks nicht erreichen konnte, welche die Lande- und Abwurfzonen für die an den folgenden Tagen zu erwartenden Verstärkungen zu halten hatte, ließ Urquhart sich zum Stab von Hicks fahren. Er hörte hier, daß die Luftlandebrigade Stellungen bezog und daß Hicks unterwegs war, um seine Bataillone einzuweisen. Hier erfuhr er aber auch, daß ein wichtiger Teil des Planes betreffend die Wegnahme der Brücke von Arnheim schiefgegangen sei. Man meldete ihm fälschlich, die Fahrzeuge von Major Goughs Aufklärungsabteilung seien fast sämtlich mit Lastenseglern abgestürzt, und hier wußte auch niemand, wo Gough sich befand. Ohne Hicks' Rückkehr abzuwarten, kehrte Urquhart zu seinem eigenen Stab zurück. Er mußte Gough möglichst rasch finden und einen Alternativplan entwerfen, doch am meisten lag ihm daran, Lathbury und insbesondere Frost davon zu informieren, daß dessen 2. Bataillon auf sich selbst angewiesen war, daß Frost die Arnheimer Straßenbrücke nehmen mußte, ohne daß Gough ihm dabei helfen konnte.

Auf seinem Gefechtsstand erwarteten Urquhart weitere unerfreuliche Neuigkeiten. »Nicht nur wußte niemand etwas von Gough, sondern die Nachrichtenverbindungen waren nun auch hier völlig ausgefallen. Nicht nur die 1. Fallschirmjägerbrigade war für mich unerreichbar, ich selbst war von aller Welt abgeschnitten.« Urquharts Chef des Stabes sah, »wie der General ruhelos und begierig auf Neuigkeiten hin und her ging«. Urquhart befahl seinem Nachrichtenoffizier, »diese Schweinerei bei den Funkern aufzuklären und endlich Ordnung zu schaffen«. Man schickte Melder los, um Gough zu suchen. Als nach einer Weile immer noch nichts zu erfahren war, fand Urquhart, er könne nicht mehr warten. Normalerweise hätte er das Gefecht vom Divisionsgefechtsstand aus geleitet, doch war er jetzt ohne Nachrichtenverbindung und konnte die Lage nicht mehr als normal betrachten. »Ich muß mir das selbst ansehen«, sagte er zu seinem Stabschef, und Mackenzie versuchte nicht, ihn zurückzuhalten. »In Anbetracht dessen, daß wir um diese Zeit völlig im dunkeln tappten, kam mir das gar nicht so falsch vor.« Nur von seinem Fahrer und einem Funker begleitet, fuhr Urquhart hinter Lathbury her. Es war jetzt 16:30 Uhr.

Major Gough kam unterdessen auf der Straße Ede–Arnheim mit seinen Aufklärern gut voran. Die Fahrzeuge seines 1. Zuges waren zwar nicht mitgekommen, doch brach er um 15:30 Uhr mit seinen vier Zügen aus der Landezone auf. Er war überzeugt, für einen Handstreich gegen die Brücke genügend Jeeps zu haben. »Ich ließ sogar etliche als Reserve in der Landezone zurück. Für die Fahrt nach Arnheim hatten wir mehr als genug.« Gough stellte auch noch zwölf seiner Leute zum 2. Bataillon ab, das auf der südlichen Nebenstraße zur Brücke vorrückte. Daß der Verlust der Fahrzeuge des 1. Zuges Unruhe erzeugt und Gerüchte hervorgebracht hatte, ahnte er nicht[9].

Die Rolle, die man ihm hier in Arnheim zugedacht hatte, gefiel Gough von Anbeginn nicht. Statt des vorgesehenen Handstreiches hätte er lieber jedem Bataillon einen seiner Aufklärungszüge vorangeschickt, »denn auf diese Weise hätten wir den schnellsten und leichtesten Weg zur Brücke sehr rasch entdeckt«. Nachdem dies abgelehnt wurde, schlug er vor, den Handstreich durch leichte Panzer ausführen zu lassen, doch auch das wurde abgelehnt. Gleichwohl blieb Gough optimistisch. »Bedenken hatte ich keine. In Arnheim sollten ja nur ein paar deutsche Greise mit uralten Tanks und Kanonen stehen. Die wollten wir einfach umpusten.«

Die Jeeps, die auf der Straße von Ede dahinrollten, gerieten überraschend in einem aus Panzerspähwagen und 2-cm-Flak gebildeten deutschen Hinterhalt. Goughs Vertreter, Hauptmann Allsop, sah zufällig auf die Uhr. Es war genau 16:00 Uhr. Gough wollte an die Spitze der Kolonne, um zu sehen, was passiert sei. »In diesem Augenblick bekam ich die Meldung, daß Urquhart mich sofort sprechen wolle. Was sollte ich machen! Mein Kommandeur war Lathbury, und dem hätte ich Bescheid sagen müssen, aber ich wußte nicht, wo er steckte. Meine Einheit war unterdessen in schweres Feuer geraten und hatte am Bahndamm vor Wolfheze Deckung gesucht. Ich glaubte, wir wären da zunächst mal gut aufgehoben, drehte um und fuhr zum Divisionsgefechtsstand. Da war es 16:30 Uhr.«

[9] In einigen Berichten heißt es, die Aufklärungsabteilung von Gough habe mangels Fahrzeugen nicht aktiv werden können, denn es seien zu wenige in Holland angekommen. Dazu meint Gough: »Unser Mißerfolg, wenn man das so nennen will, war nicht auf Mangel an Fahrzeugen zurückzuführen, sondern auf die Tatsache, daß man uns über die Anwesenheit der 9. und 10. SS-Panzerdivision nicht ins Bild gesetzt hatte.«

In eben dem Augenblick, als General Urquhart sich auf den Weg zu Lathbury machte, machte sich Major Gough auf den Weg zu Urquhart.

Auf ihren drei Vormarschwegen wurden die Männer der 1. Fallschirmjägerbrigade von jubelnden Holländern empfangen. Zivilisten von Bauernhöfen und abgelegenen Weilern folgten den Fallschirmjägern seit ihrem Abmarsch von den Landezonen, und je mehr Menschen sie umringten, desto mehr wurden sie behindert. Hauptmann Mackay, der mit dem 2. Bataillon auf der südlichen Nebenstraße marschierte, sah diesen Trubel mit Sorge. »Die Zivilisten umringten uns, sie schwenkten die Arme, jubelten, klatschten, boten uns Äpfel, Birnen und zu trinken an, sie behinderten aber auch den Vormarsch, und wenn ich daran dachte, daß sie, ohne es zu wollen, unsere Anwesenheit verrieten, bekam ich es mit der Angst.« Leutnant Vlasto erinnert sich: »Anfangs glich unser Marsch einer Siegesparade, und die Zivilisten waren außer sich vor Wonne. Das alles schien so wunderbar, daß es uns auch nicht erstaunt hätte, wenn Horrocks' Panzer uns aus Arnheim entgegengekommen wären. Die Leute standen entlang der Straße und boten auf Tabletts Bier, Milch und Obst an. Es war schier unmöglich, unsere Soldaten dazu zu bringen, an die Möglichkeit eines deutschen Gegenangriffes zu glauben.«

Anje van Maanen, deren Vater in Oosterbeek Arzt war, wurde von Bekannten in Heelsum, etwas südlich der englischen Landezone auf der Renkumer Heide, angerufen. »Wir sind befreit, befreit! Die Tommys sind hinter unserem Haus abgesprungen und schon unterwegs nach Oosterbeek. Was für reizende Menschen! Wir rauchen jetzt Players und essen Schokolade.« Anje legte den Hörer auf, ganz verrückt vor Freude. »Wir sprangen und tanzten umher. Endlich! Die Invasion! Herrlich!« Anje konnte es kaum erwarten, daß ihr Vater nach Hause kam, der bei einer Patientin die Geburt überwachte. »Das war besonders ärgerlich, weil der Mann von dieser Person ein holländischer Nazi war.« Auch Ida Clous, Frau des Dentisten von Oosterbeek und befreundet mit Maanens, hörte, daß die Luftlandetruppen unterwegs waren. In äußerster Eile suchte sie alle orangefarbenen Fetzen zusammen, denn sie wollte samt ihren drei kleinen Kindern die nach Oosterbeek einmarschierenden Engländer mit orangefarbenen Fähnchen begrüßen.

Jan Voskuil, der sich bei seinen Schwiegereltern in Oosterbeek versteckt hielt, wurde hin und her gerissen zwischen seinem Wunsch, auf der Utrechter Straße den Fallschirmjägern entgegenzugehen und der Notwendigkeit, seinen Schwiegervater daran zu hindern, ihn zu begleiten. Der alte Mann war starrköpfig. »Ich bin

78 und noch nie im Krieg gewesen. Das will ich jetzt unbedingt sehen.« Schließlich überredete man ihn dazu, im Garten zu bleiben. Voskuil, der sich anderen Zivilisten anschloß, die den Engländern entgegenzogen, wurde am Ortsrand von Oosterbeek von einem Polizisten aufgehalten. »Geht nach Hause, Leute«, sagte dieser, »das ist alles viel zu gefährlich.« Voskuil ging langsam heim, wo er jenen deutschen Soldaten traf, der am Vormittag während des Bombardements Deckung bei ihm gesucht hatte. Jetzt trug er Uniform mit Tarnjacke, Helm und Gewehr. Er bot Voskuil Schokolade und Zigaretten an und sagte dabei: »Ich haue jetzt ab, die Tommys kommen.« Voskuil lächelte. »Sie gehen also zurück nach Deutschland?« Der Soldat schaute Voskuil nachdenklich an und schüttelte den Kopf. »Aber nein, wir werden kämpfen.« Voskuil sah ihm nach. »Jetzt geht es los«, dachte er, »aber was kann man dabei machen?« Ungeduldig ging er im Hof auf und ab. Er konnte nichts als warten.

Ohne auf die Mahnungen der Polizei zu achten, drängten sich holländische Bauern und ihre Familien in dichter Menge entlang der drei Vormarschstraßen. Sergeant Callaghan, auf der mittleren Route, erinnert sich, daß eine Bauersfrau sich durch die Menge drängte und ihm Milch anbot. Als er sich bei ihr bedankte, sagte sie lächelnd: »Guter Tommy, guter Tommy.« Callaghan, ein Veteran von Dünkirchen, war dieser Zivilisten wegen sehr beunruhigt. »Sie liefen neben uns her, hatten orangefarbene Armbinden, Schürzen und Schleifchen angelegt. Kinder mit kleinen orangefarbenen Schnipseln auf Röcken und Blusen liefen jubelnd neben uns her. Unsere Leute verteilten Schokolade, und die Stimmung war so, als kämen wir vom Manöver zurück. An den Feind dachte offenbar niemand.«

Diese Siegesparade kam denn auch zu einem plötzlichen Ende, wie Callaghan schon befürchtet hatte. »Es ging unheimlich schnell. Eben noch marschierten wir munter auf Arnheim zu, den nächsten Augenblick lagen wir in den Gräben. Scharfschützen hatten das Feuer eröffnet, und schon lagen drei tote Fallschirmjäger auf der Straße.« Der erfahrene Sergeant verlor keine Zeit. Er hatte 50 Meter vor sich Mündungsfeuer in den Bäumen gesehen und als die Zivilisten auseinanderliefen, nahm er zwölf Leute mit und näherte sich den Bäumen. Von oben wurde geschossen, und Callaghan erwiderte das Feuer von unten. Eine deutsche MP fiel zu Boden, und Callaghan sah einen deutschen Soldaten an einem Seil von einem Ast baumeln.

Auch das 3. Bataillon auf der mittleren Route hatte überraschende Erlebnisse. Soldat Bennett hatte soeben Äpfel ausgeteilt, als ein deutscher Kommandeurswagen die Straße heraufkam. Bennett feuerte aus seiner Maschinenpistole, der Wagen bremste quietschend und versuchte rückwärts zu fahren. Es war aber zu spät, denn jetzt schossen auch alle anderen, und der Wagen kam durchlöchert zum Stehen. Als man sich vorsichtig näherte, stellte man fest, daß der Fahrer halb aus dem Auto geworfen war und daß die Leiche eines zweiten Mannes aus der Tür hing. Bennett meinte: »Er sah aus wie ein hoher deutscher Offizier.« Und wirklich, es war auch einer! Der Stadtkommandant von Arnheim, General Kussin, hatte die Warnung von Sturmbannführer Krafft mißachtet und die Utrechter Straße benutzt[10].

Viele erinnern sich daran, daß handfester deutscher Widerstand etwa eine Stunde nach Beginn des Marsches einsetzte, gegen 16:30 Uhr. Die auf der nördlichen und mittleren Route vorgehenden Bataillone wurden durch überraschend starke feindliche Stoßtruppunternehmen aufgehalten. Die jetzt von Hauptmann Allsop geführte Aufklärungsabteilung suchte verzweifelt, die deutschen Kräfte zu umgehen und dem 1. Bataillon einen Weg zu bahnen, »doch wohin wir uns wandten, jedesmal stießen wir auf den Gegner«, erinnert sich Allsop. Der Soldat Chandler von der Aufklärungsabteilung berichtet, daß bei der Erkundung des Geländes sein Zug »in deutsches Feuer kam, das so dicht war, daß die vorbeiflitzenden Geschosse beinahe stachen«.

Vor Wolfheze kam das Bataillon praktisch zum Stehen. Soldat Boldock erinnert sich: »Wir blieben stehen, dann ging es weiter, dann blieben wir wieder stehen, dann gruben wir uns ein, dann ging es weiter, in anderer Richtung. Das hing immer davon ab, wie die Spitze vorankam. Unterdessen bekamen wir unentwegt Feuer von Granatwerfern und Maschinengewehren.« Hinter einer Hecke erblickte Boldock einen verwundeten Sergeant, den er kannte. Weiter vorn sah er den verbrannten Leichnam eines Leutnants, den ein Phosphorgeschoß getroffen hatte. Soldat Edwards hatte den Eindruck, »daß wir den ganzen Nachmittag in der Gegend umherirrten und unentwegt Dunst kriegten«.

Die Fallschirmjäger waren von der Härte der unerwarteten Gegenangriffe des Feindes ganz benommen. Soldat Milbourne, der auf der nördlichen Route marschierte, hörte von Süden her feuern und freute sich darüber, daß sein Bataillon auf das erhöhte Terrain

10 Bevor Feldmarschall Model am Vormittag das Weite suchte, befahl er Kussin, das Führerhauptquartier von der Luftlandung in Kenntnis zu setzen und zu berichten, daß er, Model, nur knapp entwischt sei. Hitler geriet über diese Neuigkeit außer sich und meinte: »Das könnte auch hier passieren! Wenn ich auf einen Schlag das gesamte deutsche Oberkommando kassieren könnte, würde ich doch ohne weiteres zwei Fallschirmjägerdivisionen dafür riskieren!«

nördlich von Arnheim angesetzt worden war, mußte dann aber bemerken, daß die Kolonne vor Wolfheze nach Süden einschwenkte. Er sah den Bahnhof und nahebei einen Panzer. Das erfüllte ihn mit Freude, und er dachte: »Monty hat doch recht gehabt, die 2. Armee ist schon da!« Doch da schwenkte der Panzer die Kanone, und Milbourne erkannte auf dem Turm das schwarze Balkenkreuz. Plötzlich sah er überall Deutsche, er sprang in einen Graben und sah sich vorsichtig nach einer geeigneten Stellung für sein Maschinengewehr um.

Den gleichen Panzer erblickte Sergeant Isherwood. Ein leichtes Feldgeschütz wurde von einem Jeep nach vorn gezogen und in Stellung gebracht. Einer der Sergeanten rief: »Jetzt kommt es darauf an, wer zuerst schießt«, erinnert sich Isherwood. »Das Geschütz wurde blitzschnell geschwenkt, aber als unsere Leute ›Feuer‹ kommandierten, hörte ich, wie der Panzerkommandant ebenfalls dieses Kommando gab, und die Deutschen waren wohl eine Zehntelsekunde schneller.« Der Panzer jedenfalls erzielte einen Volltreffer, der Jeep explodierte und die Geschützbedienung war tot.

Mit zunehmender Verwirrung und stärker werdendem Beschuß von allen Seiten befestigte sich bei Oberst Dobie der Eindruck, daß er auf größeren Widerstand stieß als erwartet; er hielt es auch nicht mehr für möglich, das erhöhte Terrain nördlich von Arnheim zu besetzen. Er konnte General Lathbury über Funk nicht erreichen, und seine Verluste wurden von Minute zu Minute größer. Er beschloß daher, mit dem Bataillon noch weiter nach Süden einzuschwenken und mit Frost zusammen auf die Brücke von Arnheim vorzustoßen.

Der Mangel an Nachrichtenverbindungen und das daraus resultierende Fehlen von Anweisungen bewirkte, daß die Bataillonskommandeure kein klares Bild der Vorgänge hatten. In unbekanntem Gelände, auf Karten angewiesen, die häufig ungenau waren, hatten Kompanien und Züge oft keine Verbindung mehr zueinander. Unweit der Stelle, wo General Kussin gefallen war, bekamen die Engländer Raketenwerfer und Maschinengewehre von Sturmbannführer Krafft mit voller Wucht zu spüren. Die Marschkolonnen lösten sich auf, und die Soldaten suchten im Wald Deckung. Heulende Werfergeschosse explodierten über ihren Köpfen und verstreuten tödliche Splitter nach allen Richtungen.

Funker Heyes erinnert sich noch sehr gut an diese Feuerüberfälle. Er lief, so schnell er konnte, in den Wald und ließ dabei sein Funkgerät fallen. Als er sich danach bückte, wurde er am Fußgelenk verwundet. Es gelang ihm, in den Wald zu kriechen, doch traf er im Unterholz einen Deutschen. »Der war jung und hatte ebensolche

Angst wie ich. Er verband mir den Fuß mit meinem Verbandspäckchen. Kurz darauf wurden wir beide durch Granatwerferfeuer verwundet und warteten darauf, daß uns jemand abholte.«

Heyes und der junge Deutsche blieben bis nach Einfall der Dunkelheit beieinander und wurden dann von englischen Sanitätern geborgen.

Das 3. Bataillon wurde ebenso festgenagelt wie das 1. Nach zwei Stunden Marsch hatten beide nur etwa vier Kilometer zurückgelegt. Oberst Fitch kam zu der gleichen Erkenntnis wie schon Oberst Dobie: Er mußte einen anderen Zugang zur Arnheimer Brücke finden. Die Zeit war kostbar, und die Brücke noch etwa sieben Kilometer entfernt.

Sturmbannführer Krafft glaubte sich in den Waldungen bei Wolfheze umzingelt. Er schätzte, daß die Engländer seinem schwachen Bataillon 20:1 überlegen waren, und betrachtete im Grunde seinen Widerstand als »wahnsinnig«. Daß er damit Erfolg hatte, konnte er anfangs nicht glauben. Die Raketenwerfer richteten unter den Engländern verheerende Wirkungen an, und man meldete ihm, daß die Fallschirmjäger auf der Straße von Utrecht haltgemacht, teilweise sogar die Hauptstraße verlassen hatten. Krafft hielt seine Einheit immer noch für den einzigen deutschen Verband in der Gegend und glaubte nicht, daß er die Engländer noch lange aufhalten konnte. Die Werfermunition ging ihm aus, er hatte schwere Verluste, und einer seiner Offiziere war desertiert. Krafft war aber sehr angetan »von der Verwegenheit meiner jungen Burschen«. Der ehrgeizige Krafft, der später in seinem Gefechtsbericht an Himmler seine Verdienste dick herausstrich, ahnte nichts davon, daß »seine jungen Burschen« bereits von den Panzern der Artillerie und den Schützenpanzern der 9. SS-Panzerdivision unterstützt wurden, die sich jetzt nicht weit von seinem Gefechtsstand befanden.

Major Gough war unterdessen total verblüfft. Urquhart hatte ihn zur Division bestellt, ohne zu sagen, was er von ihm wollte. Gough brachte vier Jeeps samt Besatzungen mit zum Divisionsgefechtsstand, wo Oberst Mackenzie ihm ebenfalls keine Erleuchtungen zuteil werden lassen konnte. Der General, so sagte Mackenzie, sei auf der Suche nach General Lathbury, der mit seinem Stabe auf der südlichen Route dem Bataillon von Oberst Frost folge. Gough setzte sich neuerlich mit seinem Jeep in Bewegung, schließlich würde sich ja wohl irgendwo unterwegs der eine oder andere dieser Herren auftreiben lassen.

General Urquharts Jeep fuhr rasch auf der Straße von Utrecht nach Arnheim bis zu der Abzweigung, über die er auf die südliche Nebenstraße gelangte. Bereits Minuten später stieß er auf die letzten Teile des 2. Bataillons, die sich beiderseits der Straße in Reihe fortbewegten. In der Ferne hörte er Schützenfeuer und hatte den Eindruck, »daß kein rechter Zug in der Sache war. Die Leute bewegten sich alle sehr lahm.« Urquhart fuhr auf der gepflasterten Straße nach vorn und hörte beim Bataillonsstab, daß Frost bei der Spitze sei, die auf deutschen Widerstand gestoßen war. »Ich versuchte den Leuten klarzumachen, daß wir keine Zeit zu verlieren hatten, und hoffte, daß dies an Frost weitergegeben werden würde. Ich berichtete auch über das Pech, das die Aufklärungsabteilung betroffen hatte.« Als Urquhart dann erfuhr, Lathbury sei auf der mittleren Straße zu seinem 3. Bataillon gefahren, kehrte er um und verfehlte Gough um Minuten.

Bei den rückwärtigen Teilen des 3. Bataillons hörte der General, daß Lathbury nach vorn gegangen sei, und er folgte ihm. An einer Kreuzung der Utrechter Straße fand er ihn. Die Kreuzung lag unter verheerendem Werferfeuer. »Die Granaten schlugen mit einer gespenstischen Genauigkeit auf der Kreuzung und in den umliegenden Wald ein, wo Teile des 3. Bataillons in Deckung lagen«, schrieb Urquhart später. »Hier sah ich zum erstenmal, mit welcher Schnelligkeit und Entschlossenheit die Deutschen reagierten.«[11]

Urquhart und Lathbury suchten Deckung in einem Graben und erörterten die Lage. Beiden war nicht wohl dabei, daß die Brigade so langsam von der Stelle kam und daß der Ausfall der Nachrichtenverbindungen die Befehlsübermittlung praktisch unmöglich machte. Zum 1. Bataillon hatte Lathbury überhaupt keine Verbindung und zum 2. nur sehr sporadisch. Es war also klar, daß sowohl Urquhart wie Lathbury die Operationen nur dort leiten konnten, wo sie physisch anwesend waren. Lathbury wollte zunächst einmal das 3. Bataillon von der Kreuzung und aus den umliegenden Waldstücken heraus und in Bewegung bringen. Urquhart versuchte, über das Funkgerät in seinem Jeep Verbindung zum Divisionsgefechtsstand herzustellen. Der Jeep hatte zwar einen Treffer bekommen, und der Funker war schwer verwundet, doch das Funkgerät war heil. Urquhart bekam aber keine Verbindung zur Division. »Ich verfluchte die Nachrichtenabteilung«, schrieb Urquhart später. »Lathbury sagte, ich könnte keinesfalls zum Stab zurückfahren, der

[11] Major General R. E. Urquhart, CB, DSO (mit Wilfried Greatorex): *Arnhem*. London 1958, S. 40.

Feind stünde bereits zwischen uns und den Landezonen . . . er hatte recht, und ich blieb. In diesem Augenblick wurde mir klar, daß ich die Kontrolle über die Lage verlor.«

Das 1. und das 3. Bataillon wurden jetzt laufend in Gefechte verwickelt. Die zahlenmäßig unterlegenen, aber von Artillerie, Panzern und Schützenpanzern unterstützten, kampferprobten und entschlossenen Verbände der Waffen-SS sorgten dafür, daß der englische Vormarsch auf der mittleren und nördlichen Straße fast zum Stehen kam. Es herrschte große Verwirrung, Männer wurden von Offizieren und Kameraden getrennt, als Kompanien in die Waldungen zurückweichen, auf Feldwegen und in Hausgärten kämpfen mußten. Die Roten Teufel erholten sich von der Überraschung, die das Auftauchen deutscher Panzerkräfte verursacht hatte, und setzten sich hartnäckig zur Wehr, wenn auch mit großen Verlusten. Es sah aber nicht mehr so aus, als könnten das 1. und 3. Bataillon ihre Ziele in Arnheim wie vorgesehen erreichen. Alles hing jetzt davon ab, wie Oberst Frosts 2. Bataillon auf der Uferstraße vorankam, der die Deutschen offenbar keine Bedeutung zugemessen hatten.

Frosts Bataillon war zwar mehrfach in Feuer geraten, doch hatte er seine Leute zusammengehalten. Die an der Spitze marschierende A-Kompanie unter Major Tatham-Warter rückte so rasch wie möglich vor; wer nicht Schritt halten konnte, blieb zurück. Gefangene, die von seiner Vorhut eingebracht wurden, sagten aus, daß am westlichen Stadtrand von Arnheim eine Kompanie SS liege. Das Bataillon klärte in eigenen und erbeuteten Fahrzeugen nach vorne und nach den Seiten auf und setzte den Marsch ohne Pause fort. Kurz nach 18:00 Uhr kam das erste Angriffsziel in Sicht, die Eisenbahnbrücke über den Niederrhein, etwas südöstlich von Oosterbeek. Wie vorgesehen, schwenkte die C-Kompanie unter Major Dover zum Fluß ab. Die Brücke wirkte verlassen und unverteidigt und Leutnant Barry, 21 Jahre alt, erhielt den Befehl, mit seinem Zug über die Brücke zu gehen. »Anfangs war alles ruhig«, erinnert sich Barry. »Als wir über die Wiese rannten, fiel mir auf, daß überall tote Rinder lagen.« Er war nur noch 300 Meter von der Brücke entfernt, »da kam vom anderen Ufer ein Deutscher auf die Brücke gelaufen, kniete in der Mitte hin und machte irgendwas. Ich befahl einer Gruppe, das Feuer zu eröffnen, und einer zweiten, die Brücke zu stürmen. Der Deutsche verschwand auch gleich. Wir kamen auf die Brücke, doch plötzlich gab es einen fürchterlichen Krach, und sie flog uns um die Ohren.«

Hauptmann Mackay von den Pionieren fühlte, wie der Boden unter der Wucht der Explosion bebte. »Eine gelb-orangefarbene Stichflamme schoß in die Höhe, dann legte sich schwarzer Qualm über die Brücke. Ich glaube, der zweite Bogen war gesprengt«, sagte er. Leutnant Barry ging im Schutz von Rauchtöpfen mit seinen Leuten an das Nordufer zurück und wurde dabei vom gegenüberliegenden Ufer beschossen. Barry wurde an Bein und Arm getroffen, und noch zwei weitere Leute wurden verwundet. Mackay, der von Anfang an für das ganze Unternehmen überhaupt keine Neigung verspürt hatte, dachte bei diesem Anblick: »Das war der erste Reinfall.« Oberst Frost nahm es weniger tragisch. »Das war nur eine von drei Brücken, noch dazu die am wenigsten wichtige. Wie schlimm das in Wirklichkeit war, ahnte ich damals nicht.« Es war jetzt 18:30 Uhr, und zwei Brücken mußten noch genommen werden.

13

Die Mechaniker der 9. SS-Panzerdivision hatten fünf Stunden gebraucht, um die gepanzerten Fahrzeuge, die Harzer nach Deutschland hatte schicken wollen, fahrbereit zu machen. Der frisch dekorierte Gräbner machte sich mit seiner aus 40 Wagen bestehenden Aufklärungsabteilung von der Hoenderloo-Kaserne nördlich Arnheim rasch in Richtung Süden auf den Weg. Harzer hatte ihm befohlen, die Stärke des Feindes zwischen Arnheim und Nimwegen zu erkunden. Gräbner sauste durch Arnheim und meldete über Funk an den Stab, daß die Stadt menschenleer sei. Nirgendwo stieß er auf den Feind. Kurz vor 19:00 Uhr rollte er mit seiner Abteilung über die große Straßenbrücke und meldete zwei Kilometer südlich der Brücke immer noch keine Feindberührung. Die Aufklärer erkundeten das Gelände beiderseits der Straße Kilometer um Kilometer, und immer wieder gaben sie die Meldung: Vom Feind nichts zu sehen. Aus Nimwegen meldeten sie das gleiche. Nun befahl der Stab, nach kurzer Aufklärung am Stadtrand von Nimwegen umzukehren.

Gräbners Verband und die Spitze des Bataillons Frost verfehlten einander um etwa eine Stunde. Als Gräbner aus Arnheim herausfuhr, hatten Frosts Männer bereits die Stadt betreten und näherten sich vorsichtig den ihnen verbliebenen Angriffszielen. Unerklärlich bleibt, warum es Harzer, trotz ausdrücklichem Befehl von Bittrich, unterließ, die Arnheimer Straßenbrücke zu sichern.

Als Oberst Frost sein Bataillon auf das nächste Ziel ansetzte, die Pontonbrücke etwa einen Kilometer westlich der Arnheimer Straßenbrücke, dämmerte es bereits. Die A-Kompanie, immer noch an der Spitze, wurde am leicht erhöht liegenden westlichen Stadtrand von Arnheim vorübergehend aufgehalten; feindliches Feuer aus Panzerspähwagen und MG-Stellungen zwang die Kompanie, von der Straße in Hausgärten auszuweichen. Frost traf auf einen seiner Leute, der zehn deutsche Gefangene bewachte und nahm daher an, wie er später schrieb, »daß das Ausweichen in die Gärten sich bewährt hatte und daß die Kompanie gut vorankam«. Frost kehrte zum Stab zurück. In der Dämmerung wurde die Straße hin und wieder beschossen, doch marschierten seine Leute nun an zerstörten Fahrzeugen, an toten und verwundeten Deutschen vorüber, was, wie Frost meinte, eindeutig dafür sprach, »daß die A-Kompanie Fortschritte machte«.

Das Bataillon rückte rasch durch die Straßen von Arnheim bis an die Pontonbrücke vor und erlebte hier den zweiten Rückschlag: Der mittlere Teil der Brücke war abmontiert worden, die Brücke mithin unbrauchbar. Als Hauptmann Mackay das Wrack betrachtete, dachte er: »Das ist typisch für diesen ganzen unausgegorenen Plan. Jetzt bleibt uns nichts anderes übrig, als mit aller Gewalt die letzte Brücke zu nehmen.« Er starrte in die Ferne, wo einen guten Kilometer weit weg die mächtige Beton- und Stahlkonstruktion der Brücke sich vor dem fast dunklen Himmel abzeichnete.

General Urquhart kam derweil mit dem 3. Bataillon auf der Straße von Utrecht nach Arnheim so langsam voran, daß ihm klar wurde: er saß hier fest. Mit zunehmender Dunkelheit und angesichts fortdauernder deutscher Stoßtrupptätigkeit sah er keine Möglichkeit, auf seinen Gefechtsstand zurückzukehren. Er war in trüber Stimmung. »Ich hätte zu gerne gewußt, was sich anderswo ereignete.« Kurz vor Dunkelwerden wurde ihm gemeldet, daß die Spitze des Bataillons Oosterbeek erreicht habe, »in der Nähe des Hotels Hartenstein oder wie das da schon hieß . . . Wir kamen kaum vorwärts, und nachdem Lathbury mit dem Kommandeur beraten hatte, ließ er halten.«

Urquhart und Lathbury fanden in einem großen, weit von der Straße zurückgesetzten Haus Aufnahme. Der Eigentümer, ein Holländer mittleren Alters, wehrte die Entschuldigungen des Generals ab und wies den beiden Offizieren im Erdgeschoß ein Zimmer an mit Blick auf die Straße Utrecht–Arnheim. Urquhart fand keine Ruhe und konnte sich nicht entspannen. »Immer wieder fragte ich, ob denn keine Verbindung zu Gough oder Frost zustande gekommen sei, aber weder von denen noch von meinem Stab war auch nur ein Piepser zu hören.«

Die große Brücke hob sich bedrohlich vom Himmel ab. Allein die Betonauffahrten waren mächtige Komplexe, unter denen Straßen hindurchführten, die in westöstlicher Richtung dem Ufer folgten. Beiderseits der Rampen reichten die Dächer von Häusern und Fabriken gerade bis zur Fahrbahnhöhe. Im letzten Tageslicht wirkten die massigen Zufahrten und die hohen Brückenbogen bedrohlich und schreckenerregend. Dies also war das eigentliche Ziel, der Angelpunkt des kühnen Planes von Montgomery, und um hierher zu gelangen, hatte das Bataillon Frost einen Marsch von fast sieben Stunden bei fortgesetzter leichter Feindberührung hinter sich gebracht.

Leutnant Vlasto, Zugführer in der A-Kompanie, staunte über »die unglaubliche Höhe der Brücke«. Er bemerkte »an beiden Enden Bunker, die bedrohlich wirkten, obwohl weit und breit niemand zu sehen war«. Die A-Kompanie sammelte sich leise in der Dunkelheit unter den Rampen der nördlichen Auffahrt. Von oben hörte man spärlichen Verkehr.

Hauptmann Mackay von den Pionieren näherte sich der Brücke durch Nebenstraßen und gelangte auf einen kleinen Platz, hinter dem die Rampe begann. »Die Stille in den Straßen war geradezu bedrückend, aber es kam uns vor, als bewegte sich überall etwas. Langsam merkten wir, wie fertig wir waren, und ich wollte so schnell als möglich an die Brücke heran.« Plötzlich erhielten die Engländer Feuer aus den Seitenstraßen. Eine mit Sprengstoff beladene Handkarre der Pioniere fing Feuer und beleuchtete die Szene. Mackay ließ seine Leute im Sprung über den Platz setzen und kam so ohne Verluste an die Brücke. Hier schaute er sich gründlich um und interessierte sich besonders für vier Häuser östlich der Rampe. »Eins davon war die Schule. Sie stand an einer Straßenecke, und mir war so, als ob man von dort den Zugang zur Brücke beherrschen könnte.« Und schon befahl Mackay seinen Pionieren, die Schule zu besetzen.

Kurz nach 20:00 Uhr traf Oberst Frost mit seinem Stab ein, nachdem er die B-Kompanie mit ihren Panzerabwehrkanonen oberhalb der nahegelegenen Bahngleise als Flankenschutz in Stellung hatte gehen lassen, wodurch die A-Kompanie für die eigentliche Erstürmung der Brücke frei wurde[12]. Die C-Kompanie sollte

12 Frost erinnert sich: »Auf der Karte, die ein deutscher Gefangener bei sich hatte, war die Route verzeichnet, die von den feindlichen Aufklä-

die deutsche Stadtkommandantur besetzen. Von der Brücke her war Frost aber außerstande, zu diesen beiden Kompanien Funkverbindung herzustellen. Folglich schickte er Melder aus. Ohne Zeit zu verlieren, setzte Frost die Züge der A-Kompanie auf die Brücke an. Nun wurden auch die Deutschen munter. Aus dem Bunker am Nordzugang wurde gefeuert, und auch am Südende der Brücke eröffnete ein einzelnes gepanzertes Fahrzeug das Feuer. Begleitet von Flammenwerfern, ging ein Zug in den obersten Stockwerken jener Häuser gegen die Rampe vor, deren Dächer bis in die Höhe der Brückenfahrbahn reichten. Leutnant Vlastos Zug kroch derweil durch die Keller, bis er mit den Pionieren auf gleicher Höhe war, und gemeinsam griffen sie den Bunker an. Als der Flammenwerfer in Aktion trat, »brach die Hölle los. Der Himmel wurde taghell, Maschinengewehre feuerten, Munition ging hoch, und eine Kanone fing an zu schießen. Eine Hütte brannte lichterloh und man hörte fürchterlich schreien«[13], erinnert sich Frost. Dann hörte er die Pak von Vlasto den Bunker beschießen, und gleich darauf war das Gefecht vorbei. Der Bunker feuerte nicht mehr, und man sah die deutsche Besatzung hervortaumeln. Die A-Kompanie hatte also den Nordzugang zur Brücke erobert und hielt ihn. Brände und explodierende Munition machten jedoch einen Vorstoß ans südliche Ende der Brücke unmöglich. Eine halbe Stunde früher wäre das gelungen[14], doch unterdessen waren am anderen Ufer Panzergrenadiere der SS in Stellung gegangen.

Frost versuchte noch einmal, seine B-Kompanie zu erreichen, denn er wollte sie in Booten über den Fluß setzen und die Deutschen am anderen Ufer angreifen lassen. Wieder kam keine Verbindung zustande, die Melder fanden die Kompanie nicht, und es waren auch keine Boote aufzutreiben. Was die C-Kompanie angeht, so war eine nach ihr ausgesandte Patrouille in der Nähe der Stadtkommandantur in ein Gefecht verwickelt worden.

Frosts Männer schauten düster über die Brücke. Wie stark mochten die Deutschen am Südende sein? Bei der A-Kompanie hielt man es immer noch für möglich, das Südende zu nehmen, vorausgesetzt, man konnte unbemerkt übersetzen und einen Überra-

rungsabteilungen befahren wurde, und da wurde mir klar, daß das Gros der Deutschen links von mir stand.«

13 Mehrere Zeugen behaupten, der Strahl des Flammenwerfers sei vom Bunker weggelenkt worden und habe mehrere Munitionsstapel zur Explosion gebracht.

14 Der holländische Polizeiwachtmeister Johannes van Kuijk sagt aus, die Brücke sei unbewacht gewesen, als er um 19:30 Uhr seinen Dienst antrat, denn die aus 25 Veteranen des 1. Weltkrieges bestehende Brückenwache habe bei Beginn der Luftlandung ihren Posten verlassen.

schungsangriff führen.

Dafür war es aber zu spät. Eine besondere Ironie der Schlacht von Arnheim besteht darin, daß man bereits eine Stunde nach der Landung den Niederrhein hätte überqueren können, denn elf Kilometer westlich befindet sich in Heveadorp, das Frosts Bataillon auf dem Weg nach Arnheim durchquert hatte, eine große Kabelfähre für Automobile und Passagiere, die den ganzen Tag über wie gewöhnlich zwischen Heveadorp auf dem Nordufer und Driel auf dem Südufer ihren Dienst versehen hatte. Von ihr wußte Frost nichts, sie gehörte auch nicht zu den Urquhart zugeteilten Zielen. Die geniale Planung des Unternehmens »Market-Garden« hatte völlig übersehen, daß der Fähre von Driel bei der Einnahme der Brücke von Arnheim erhebliche Bedeutung zukommen konnte[15].

Major Gough hatte Lathburys Stab endlich eingeholt und fragte den stellvertretenden Kommandeur nach dem General. »Der Chef und General Urquhart sind irgendwo gemeinsam unterwegs, wo weiß ich nicht.« Gough verstand die Welt nicht mehr. »Ich wußte nicht, was ich machen sollte. Der Divisionsstab meldete sich nicht und so beschloß ich, hinter Frost herzufahren.« Das tat er denn auch.

Als Gough und seine Leute nach Arnheim hineinfuhren, war es schon dunkel. Sie fanden Frost mit einer Kompanie am Nordzugang zur Brücke. Gough fragte gleich wieder nach Urquhart, doch Frost wußte nichts, er nahm an, Urquhart sei bei der Division. Gough versuchte es mal wieder mit dem Funkgerät, um so mehr als er gerne etwas von seiner Aufklärungsabteilung gehört hätte, die er bei Wolfheze zurückgelassen hatte, doch wieder bekam er zu niemandem Verbindung. Er ließ seine müden Soldaten nahe der Brücke Quartier beziehen, kletterte aufs Dach und kam gerade noch recht, um zu sehen »wie das Südende der Brücke in Flammen aufging«, als

15 In den Urquhart ausgehändigten Befehlen scheint die Fähre von Driel nicht als einzunehmendes Objekt aufgeführt gewesen zu sein. Die bei den Vorbesprechungen benutzten Luftaufnahmen zeigen die Fähre jedoch deutlich, und man darf annehmen, daß sie bei den Beratungen auch erwähnt wurde. General Urquhart beharrte aber mir gegenüber darauf: »Ich kann mich nicht entsinnen, daß von der Fähre jemals die Rede war.« Als er von deren Vorhandensein erfuhr, war es zu spät. »Damals hatte ich gar nicht mehr genug Leute, um über den Fluß zu setzen.« Bei der mündlichen Befehlsausgabe an die Pioniere jedoch hatte es geheißen: »Um den Vormarsch des XXX. Korps zu beschleunigen, ist es unbedingt erforderlich, sämtliche Fähren, Kähne und Schlepper in die Hand zu bekommen.«
Im letzten Planungsstadium war diese Anweisung aber offenbar unter den Tisch gefallen, denn schriftlich ist sie nie herausgegangen. Oberst Frost sagte mir: »Von der Fähre bei Driel hat uns kein Mensch ein Wort gesagt, und gerade die hätte uns retten können.«

Frosts Leute den ersten Versuch machten, das jenseitige Ende zu nehmen. »Ich hörte eine scheußliche Explosion, und dann schien das Ende der Brücke zu brennen. Jemand sagte: ›Da haben wir nun den ganzen weiten Weg gemacht, und jetzt brennt das elende Ding ab.‹« Auch Gough bekam es momentan mit der Angst, sah dann aber, daß nur der Bunker und einige Munitionsstapel getroffen waren. Sorgenvoll und müde legte er sich für ein paar Stunden aufs Ohr. Er hatte überall nach Urquhart gesucht. Jetzt war er an der Brücke und damit war wenigstens eine seiner Schwierigkeiten behoben – er war angekommen, wo er hingehörte, hier wollte er bleiben.

Oberst Frost blieb für diese Nacht kaum mehr zu tun, als den Nordzugang der Brücke gegen einen feindlichen Angriff zu sichern. Von seinen beiden anderen Kompanien hatte er noch nichts gehört, und nun richtete er in einem Eckhaus mit Blick auf die Brücke seinen Gefechtsstand ein. Gefreiter Back vom 2. Bataillon erinnert sich, daß man von den Fenstern an der Vorderseite des Hauses auf die Rampe und von den Seitenfenstern direkt auf die Brückenfahrbahn sehen konnte. »Unsere Funker steckten die Antennen durchs Dach, sie trugen ihre Geräte unentwegt von einem Platz zum anderen und bekamen doch keine Verbindung.«

Bald danach kam auch der Brigadestab und zog auf dem Dachboden eines benachbarten Hauses ein. Nach einer Beratung mit seinen Offizieren kam Frost zu dem Schluß, das 1. und 3. Bataillon seien entweder unterwegs aufgehalten oder schon in Arnheim nördlich der Brücke in Kämpfe verwickelt worden. Solange keine Funkverbindung zustande kam, ließ sich einfach nicht erfahren, was geschehen war. Sollte es den Bataillonen nicht gelingen, während der Dunkelheit nach Arnheim hineinzukommen, würden die Deutschen Zeit genug haben, Frost von der übrigen Division abzuschneiden. Überdies bestand ja noch die Gefahr, daß die Straßenbrücke gesprengt wurde. Die Pioniere meinten, die Hitze der Brände habe bestimmt alle Zündschnüre zerstört, die etwa von der Stadt zur Brücke führen mochten, überdies seien alle sichtbaren Kabel durchschnitten worden, doch mochte es auch versteckte Kabel geben. »Die Brände machten es unmöglich, auch nur einen einzigen Mann auf die Brücke zu schicken, der etwa noch vorhandene Sprengladungen hätte entschärfen können«, erinnert sich Frost.

Immerhin hatte er den Nordzugang zur Brücke in der Hand und nicht die Absicht, ihn aufzugeben. Zwar machte er sich Sorgen wegen seiner beiden verlorengegangenen Kompanien und der übrigen Division, er ließ sich aber nichts anmerken. Er besuchte seine Leute, die in mehreren Häusern nahe der Rampe Quartier bezogen hatten, »und fand sie in guter Stimmung, wozu sie ja auch allen Grund hatten«. Soldat Sims erinnert sich: »Wir waren sehr mit uns zufrieden und auch mit dem Oberst, der Witze machte und sich erkundigte, ob wir es behaglich hätten.«

Danach setzte sich Frost zum erstenmal an diesem Tag ruhig hin. Er trank Tee, dachte nach und kam zu dem Ergebnis, daß alles in allem die Lage gar nicht so übel sei. »Wir waren 13 Kilometer durch schwieriges Gelände marschiert und hatten sieben Stunden nach der Landung in Holland das Angriffsziel erreicht . . . man muß sagen, ein schöner Erfolg.« Ganz wohl war ihm nicht, doch war er ebenso optimistisch wie seine Leute. Er kommandierte jetzt 500 Männer von unterschiedlichen Einheiten und vertraute darauf, daß die beiden fehlenden Kompanien zu ihm stoßen würden; im übrigen würde er schlimmstenfalls 48 Stunden aushalten müssen – bis zum Eintreffen der Panzer des XXX. Korps von General Horrocks.

15

Die alliierte Luftlandung war für das deutsche Oberkommando völlig überraschend gekommen. Einzig in Arnheim, wo die 1. englische Luftlandedivision fast genau über den beiden Panzerdivisionen von Obergruppenführer Bittrich heruntergekommen war, erfolgte eine schnelle, harte Reaktion. Anderswo zerbrachen sich verblüffte und verwirrte Kommandeure den Kopf darüber, ob in den überraschenden Ereignissen vom 17. September der Beginn einer Invasion des Reiches zu sehen sei oder nicht. Man hatte mit einem Vorstoß der Engländer aus Belgien gerechnet und gegen diese Bedrohung sämtliche verfügbaren Reserven versammelt, einschließlich der 15. Armee des Generals von Zangen, dessen Leute so abgekämpft waren, daß sie außer ihrem Gewehr nichts mehr bei sich hatten. Gräben waren ausgehoben und Stützpunkte angelegt worden, um den Engländern jeden Meter Boden streitig zu machen.

Daß zugleich mit einem Vorstoß der Erdverbände auch Luftlandetruppen eingesetzt werden würden, hatte niemand vorhergesehen. Sollte damit eine Invasion Hollands von See aus vorbereitet werden, wie man in Berlin fürchtete? Während Stabsoffiziere sich noch in der Nacht mit einer Analyse der Lage quälten, richteten Meldungen über weitere Luftlandungen noch größere Verwirrung an. Amerikanische Fallschirmjäger in unbekannter Stärke und von nicht identifizierten Einheiten wurden aus dem Gebiet Eindhoven–Nimwegen gemeldet, und daß die 1. englische Luftlandedivision um Arnheim herum gelandet war, stand nun fest. Jetzt aber wurden Fallschirmjäger aus der Gegend von Utrecht gemeldet und ein völlig irreführender Bericht wußte von Luftlandungen bei Warschau[16].

Im Hauptquartier von Feldmarschall Rundstedt herrschte vorwiegend Erstaunen[17]. Rundstedt wurde weniger von dem Angriff als solchem überrascht, vielmehr erstaunte ihn, daß ein solcher Angriff ausgerechnet von Montgomery geleitet werden sollte. Er bezweifelte anfangs, daß in dieser kombinierten Operation zu Lande und aus der Luft der Beginn von Eisenhowers Offensive gegen das Reich zu sehen sei, denn er glaubte seit langem fest, daß die eigentliche Gefahr von der 3. US Armee unter Patton ausging, die sich der Saar näherte. Um diese Drohung abzuwenden, hatte Rundstedt den vorpreschenden Panzern von Patton seine besten Truppen entgegengestellt und war auf diese neue Entwicklung nicht gefaßt. Nie hätte er geglaubt, daß Eisenhowers Hauptstoß ausgerechnet unter dem Kommando von Montgomery erfolgen würde, den er seit je für einen »übervorsichtigen, systematischen Gewohnheitsmenschen« hielt.

Die Kühnheit der Operation Montgomerys verblüffte ihn. Die von Model eintreffenden Meldungen bestätigten in ihrem beinahe hysterischen Ton, wie groß die Überraschung und wie gefährlich der Angriff war: »Weitere Luftlandungen sind während der Nacht zu erwarten . . . es handelt sich offenbar um einen Angriff von Bedeutung. Die Engländer haben erhebliche Anfangserfolge gegen Student erzielt und stoßen auf Valkenswaard vor . . . hier ist die Lage besonders kritisch . . . der Mangel an schnellen, starken Reserven erschwert alles . . . die Heeresgruppe B ist bis aufs äußerste beansprucht . . . wir brauchen so schnell wie möglich Panzer, Artillerie, schwere Pak und Flak, und überdies müssen unbedingt bei Tage wie bei Nacht eigene Jäger aufsteigen . . .« Model endete mit den Worten: ». . . die stärkste Konzentration des Feindes befindet sich im nördlichen Abschnitt unserer Front.« Endlich einmal zeigte Rundstedt sich von der Lagebeurteilung eines Offiziers beeindruckt, den er gelegentlich als einen guten Kompaniefeldwebel bezeichnet hatte. Mit dem letzten Teil seiner Meldung räumte Model die Zweifel daran aus, wer für diese überraschende Entwicklung verantwortlich war. Dem Nordabschnitt der Heeres-

16 Über Utrecht wurden von der RAF Attrappen abgeworfen, was die Folge hatte, daß deutsche Truppen dort für einige Tage gebunden wurden. Über Warschau sprangen keine Fallschirmjäger ab. Dieser Bericht dürfte auf einem Übermittlungsfehler beruhen bzw. ein albernes Gerücht gewesen sein.

17 Oberst von Tempelhoff, Models Chef des Stabes, sagte mir: »Rundstedt schien von der Nachricht, daß Fallschirmjäger gelandet waren, anfangs nicht sonderlich beunruhigt. Die Reaktion beim OB-West war erstaunlich gleichmütig. Das änderte sich aber rasch.«

gruppe B stand Montgomery gegenüber.

Während der Nacht war es unmöglich, die Stärke der alliierten Luftlandetruppen in Holland zu schätzen, und Rundstedt war überzeugt, daß weitere Landungen stattfinden würden. Es reichte nun also nicht mehr, die Lücken in der deutschen Front zu stopfen, es galt auch, Reserven für Models Heeresgruppe B freizumachen. Wieder einmal mußte Rundstedt ein Lotteriespiel wagen. Er zog Einheiten aus der Gegend Aachen ab, die dort den Amerikanern gegenüberstanden. Das war riskant, ließ sich aber nicht vermeiden. Diese Verbände wurden sofort nach Norden in Marsch gesetzt, konnten aber frühestens 48 Stunden später an der Front stehen. Des weiteren setzte er alle irgendwie entbehrlichen Panzer- und Flakverbände von der deutschen Nordwestgrenze nach Holland in Marsch, von wo aus, wie der Feldmarschall jetzt glaubte, dem Dritten Reich die größte Gefahr drohte. Während er alle Eventualitäten bedachte, konnte er nicht aufhören, sich darüber zu verwundern, daß ausgerechnet Montgomery mit der Führung dieser großen Offensive der Alliierten betraut worden war.

Obergruppenführer Bittrich traf bei Dunkelheit von Doetinchem kommend in Arnheim ein, um selbst nach dem Rechten zu sehen. Er ließ sich langsam durch die Straßen fahren, wo es immer noch brannte und wo Trümmer vom Bombardement in den Morgenstunden zeugten. Tote Soldaten und ausgebrannte Fahrzeuge bewiesen, daß mancherorts bereits heftig gekämpft worden war. Gleichwohl konnte er sich kein klares Bild der Vorgänge machen. Wieder in Doetinchem, wurde ihm die Meldung zweier Arnheimer Telefonistinnen vorgelegt – die er später mit dem Eisernen Kreuz auszeichnete –, derzufolge die große Straßenbrücke von englischen Fallschirmjägern besetzt worden war. Bittrich schäumte. Harzer hatte entgegen seinem ausdrücklichen Befehl die Brücke nicht gesichert. Nun kam alles darauf an, die Brücke über den Waal bei Nimwegen nicht in die Hände der Amerikaner fallen zu lassen. Dies konnte nur dadurch geschehen, daß man den Vormarsch der Alliierten im Korridor zum Stehen brachte und die Engländer bei Arnheim festnagelte. Die Fallschirmjäger am nördlichen Ende der Arnheimer Brücke und die zerstreuten Bataillone, die ihnen zu Hilfe kommen wollten, mußten vollständig vernichtet werden.

Der geheime Aufmarschplan für »Market-Garden«, der General Student in die Hände gefallen war, lag nun endlich Feldmarschall Model in seinem neuen Hauptquartier vor, das sich nicht mehr im Gärtnerhaus des Schlosses von Doetinchem befand, sondern acht Kilometer südöstlich nahe der Ortschaft Terborg. Zehn Stunden hatte es gedauert, bis Student den Feldmarschall aufgespürt und ihm den Plan über Funk hatte mitteilen können. Er war in drei Abschnitten übermittelt worden und lag nun entschlüsselt vor. Model und sein Stab prüften ihn aufmerksam. Vor ihnen lag Montgomerys gesamte Planung: die Nummern der eingesetzten Luftlandedivisionen, die auf drei Tage verteilten Nachschubflüge, die genauen Örtlichkeiten der Lande- und Abwurfzonen, die Angriffsziele, sogar die Luftkorridore der anfliegenden Maschinen. Harzer hörte später von Model, daß der Feldmarschall den Plan »phantastisch« genannt hatte, daß er sich in diesen kritischen ersten Stunden weigerte, ihn für echt zu halten.

Das alles war viel zu schön, viel zu detailliert, um glaubwürdig zu sein. Model gab seinem Stab zu verstehen, daß eben die Präzisision dieses Dokumentes gegen die Echtheit spreche. Er betonte noch einmal, daß er in den Landungen westlich Arnheims nur die Spitze einer ausgedehnten Luftlandeoperation über Bocholt und Münster an die Ruhr sehen könne. Weitere Luftlandungen stünden zu erwarten, und die gelandeten Kräfte würden sich erst nach Norden und sodann nach Osten wenden. Solche Überlegungen waren nicht grundlos. »Wenn man diesen Plänen glauben und annehmen soll, daß die Brücke von Arnheim das eigentliche Angriffsziel darstellt, dann muß man sich doch fragen, warum sind keine Truppen unmittelbar bei der Brücke abgesprungen? Statt dessen landen sie in offenem Gelände, das sehr geeignet ist für die Versammlung größerer Verbände, aber mehr als zehn Kilometer westlich des angeblichen Zieles.«

Gegenüber Bittrich erwähnte Model den Plan mit keinem Wort. »Ich habe überhaupt erst nach dem Krieg davon gehört, daß uns der Aufmarschplan Montgomerys in die Hände gefallen war. Warum Model mir davon nichts sagte, ahne ich nicht. Im übrigen hätten diese Pläne auch nur meine eigene Ansicht bestätigt, daß man die Luftlandetruppen daran hindern mußte, sich mit der 2. englischen Armee zu vereinigen, und dazu brauchten sie unbedingt die Brücken.«[18]

Immerhin erfuhr einer von Bittrichs Untergebenen vom Vorhandensein des Planes. Obersturmbannführer Harzer war offenbar der einzige, dem Model etwas davon sagte, abgesehen von seinem Stab. »Model war immer auf das Schlimmste gefaßt, er tat also auch diesen Plan nicht völlig ab. Mir gegenüber äußerte er, er wolle auf keinen Fall in die Klemme geraten«, erinnert sich Harzer. Nur die

[18] Der OB-West wurde ebenfalls nicht von der Erbeutung der Aufmarschpläne in Kenntnis gesetzt, und auch in Models Tagesmeldung an Rundstedt werden sie mit keinem Wort erwähnt. Model maß diesen Dokumenten so geringen Wert bei, daß er sie nicht nach oben weitergab.

Zeit konnte zeigen, ob das Dokument echt war oder nicht. Der temperamentvolle, unberechenbare Feldmarschall war zwar nicht willens, den ihm vorliegenden Beweis anzuerkennen, doch sein Stab war überwiegend sehr davon beeindruckt. Jedenfalls wurden sämtliche in Marsch gesetzten Flakbatterien von den im Plan angegebenen Terminen und Orten der in wenigen Stunden zu erwartenden weiteren Luftlandungen in Kenntnis gesetzt.

Eine Vermutung hatte sich immerhin als irrig erwiesen. Leutnant Sedelhauser, der Verwaltungsoffizier Models, erinnert sich, daß der Feldmarschall nun nicht mehr der Überzeugung war, der Luftlandeangriff habe ausschließlich ihm und seinem Hauptquartier in Oosterbeek gegolten.

16

Während Oberst Frost den Nordzugang zur Arnheimer Brücke besetzte, begann 17 Kilometer südlich die behutsame Annäherung an ein anderes wichtiges Angriffsziel. Die Straßenbrücke über den Waal bei Nimwegen mit ihren fünf mächtigen Bogen war im mittleren Teil des Korridors der letzte Übergang, welchen die Panzer von General Horrocks auf dem Weg nach Arnheim benutzen mußten.

General Gavins Fallschirmjäger hatten die wichtige Brücke bei Grave, 13 Kilometer südwestlich von Nimwegen, in einem glänzenden Handstreich genommen, und gegen 19:30 Uhr gewannen Teile der Regimenter 504 und 505 bei der Ortschaft Heumen, etwa acht Kilometer ostwärts von Grave, einen Übergang über den Maas-Waalkanal. Alle drei Kanalbrücken und die Eisenbahnbrücke in die Hand zu bekommen, gelang Gavin nicht. Die Brücken wurden entweder gesprengt oder aber schwer beschädigt, bevor sie von der 82. Division genommen werden konnten. Immerhin hatten Gavins Truppen sechs Stunden nach der Landung einen Korridor aufgemacht, durch den die englischen Bodentruppen vorstoßen konnten. Überdies fühlten Patrouillen des Regimentes 505 im Gebiet zwischen den Landeräumen nahe den Groesbeeker Höhen und dem Reichswald vor, wo sie nur auf geringe feindliche Kräfte stießen, und bei Anbruch der Dunkelheit hatten Teile des Regimentes 508 einen etwa fünf Kilometer langen bewaldeten Streifen entlang der deutsch-holländischen Grenze besetzt, der nördlich von Groesbeek begann und bis an den südöstlichen Stadtrand von Nimwegen reichte. Die 82. Division hatte also drei ihrer vier westlichen Angriffsziele erreicht, und der Erfolg hing nun davon ab, daß auch die etwa 600 Meter lange Straßenbrücke von Nimwegen genommen werden konnte.

General Browning hatte Gavin angewiesen, den Übergang bei Nimwegen erst zu forcieren, wenn die Groesbeeker Höhen sicher in seiner Hand waren, doch zweifelte Gavin nicht daran, daß die 82. sämtliche Angriffsziele gleich am ersten Tag würde erreichen können. Bei einer Besprechung am Tag vor dem Absprung wies er den Kommandeur des Regimentes 508, Oberst Lindquist, an, eines seiner Bataillone sofort auf die Straßenbrücke anzusetzen, weil er meinte, die mit einer Luftlandung verbundene Überraschung rechtfertige ein solches Risiko. »Dabei warnte ich Lindquist ausdrücklich davor, sich in die Straßen abdrängen zu lassen, und wies ihn darauf hin, daß man sich der Brücke am besten von Osten her nähern konnte, ohne überhaupt bebautes Gelände zu betreten.« Ob nun, weil er es mißverstanden hatte oder weil ihm daran gelegen war, andere Aufträge vorher auszuführen, Lindquist jedenfalls handelte in der Annahme, daß er zum Angriff auf die Brücke erst ansetzen dürfe, wenn die anderen Ziele des Regimentes erreicht waren. Dem 1. Bataillon unter Oberstleutnant Warren wies Lindquist Stellungen entlang der Straße Groesbeek–Nimwegen, etwa anderthalb Kilometer südöstlich der Stadt an. Diesen Abschnitt sollte Warren besetzen und zu den beiden übrigen Bataillonen westlich und östlich von ihm Verbindungen herstellen. Erst danach sollte er nach Nimwegen hineinstoßen, wie Warren sich erinnert. Warrens Bataillon ging also nicht über die flachen Felder von Osten gegen die Brücke vor, sondern geriet in eben jene dicht bebauten Stadtviertel, vor denen Gavin ausdrücklich gewarnt hatte.

Warren konnte seine Aufträge erst nach Dunkelwerden erfüllen, und nun rückten, nachdem viel kostbare Zeit vertan war, seine Spitzen behutsam durch die stillen und beinahe verlassenen Straßen von Nimwegen auf einen Verkehrskreisel vor, von dem aus man den Südzugang zur Brücke erreichte. Es gab auch noch ein anderes Ziel: der holländische Widerstand hatte berichtet, daß die Vorrichtung, vermittels deren die Brückensprengung ausgelöst werden konnte, sich in der Hauptpost befinde. Diese Information erreichte Warren erst, als seine Leute sich bereits in Richtung Brücke bewegten. Ein Zug wurde nach der Post in Marsch gesetzt, und überwältigte die deutschen Wachen; Pioniere kappten sämtliche Kabel und sprengten, was sie für den Zündmechanismus hielten. Ob diese Apparatur tatsächlich mit den Sprengladungen an der Brücke verbunden war, wußte niemand genau, doch waren jetzt sämtliche Stromkreise unterbrochen und alle Schalttafeln zerstört. Als der Zug zu seinem Bataillon zurückkehren wollte, war er bereits abgeschnitten. Drei Tage mußte er sich im Postgebäude verteidigen, ehe Hilfe eintraf.

Warrens Verband nähert sich nun einer Parkanlage, durch die man direkt an die Brücke gelangte, und geriet hier unerwartet in heftiges Maschinengewehrfeuer. Der der 82. Division zugeteilte holländische Verbindungsoffizier, Hauptmann Bestebreurtje, erinnert sich: »Plötzlich bekamen wir aus nächster Nähe Beschuß, und ich sah deutlich Mündungsfeuer. Es schien von überall her zu kommen.« Bevor er den Karabiner in Anschlag bringen konnte, wurde er an der linken Hand, am Ellenbogen und am rechten Zeigefinger getroffen[19]. Corporal Blue empfand das Gefecht in den verdunkelten Straßen als einen Alptraum. »Wir wurden sofort in Nahkämpfe verwickelt.« Er und sein Kamerad Johnson, beide mit Gewehr und aufgepflanztem Bajonett bewaffnet, liefen direkt in Soldaten der SS hinein. Johnson versuchte, einen Deutschen mit dem Bajonett abzustechen, und Blue ging mit dem Messer auf einen anderen los. »Wir hatten Befehl nicht zu feuern und wenn sich ein Kampf nicht vermeiden ließ, nur Messer und Bajonett zu verwenden. Das Messer kam mir aber reichlich kurz vor, also benutzte ich mein Gewehr. Das schaffte mir zwar Luft, aber schon im nächsten Augenblick kriegten wir Feuer von einem Sturmgeschütz und verdrückten uns in die Anlage zu den anderen.« Soldat Allardyce »hörte, wie nach Sanitätern gerufen wurde, aber der Beschuß war so stark und in der Dunkelheit herrschte solche Verwirrung, daß kein Mensch sich mehr zurechtfand. Wir bezogen Stellung in einem modernen Schulgebäude. Draußen hörte man die Deutschen reden und Verwundete stöhnen. Zur Brücke schafften wir es nicht, und wir begriffen schließlich, daß die Deutschen uns aufgehalten hatten.« Und so war es auch. Die Abteilung Gräbner, die Frost an der Brücke von Arnheim verfehlt hatte, war rechtzeitig vor den verspäteten Amerikanern in Nimwegen eingetroffen.

Am Ende dieses ersten Tages der größten Luftlandeoperation der Geschichte hatten englische und amerikanische Luftlandetruppen ihre Hauptangriffsziele erreicht oder kämpften sich an sie heran. Nach stundenlangen Märschen und heftigen Gefechten mit einem überraschend schnellen und zähen Gegner hatten sie die meisten jener Ziele erreicht, die ihnen von den Planern als mühelos erreichbar beschrieben worden waren. Die Stimmung der Truppe war finstere Entschlossenheit, angefangen von den tapferen Männern des Bataillons Frost am Nordzugang zur Arnheimer Brücke bis ganz hinunter nach Süden, wo die 101. Division die Brücke bei Son

[19] Die Ärzte sagten wenige Tage später zu Bestebreurtje, der Finger müsse amputiert werden. »Ich weigerte mich rundheraus. Schließlich war es mein Finger, und ich wollte ihn behalten. Ich hätte nie mehr Klavier spielen könnte.« Er hat ihn noch.

instand setzte. Die Straße, auf welcher Panzer und Infanterie der 2. englischen Armee vorgehen sollten, mußte unbedingt offengehalten werden. Die Truppe glaubte in dieser Nacht fest daran, daß Ersatz unterwegs war und daß der für den 18. September vorgesehene Nachschub ihre Lage bessern würde. Die Männer waren trotz schwerer Verluste, trotz des Ausfalls der Nachrichtenverbindung und der Verwirrung durchaus optimistisch. Alles in allem war es kein übler Sonntagsausflug gewesen.

17

Als Brigadeführer Harmel sich von Berlin her der Stadt näherte, war der Himmel über Arnheim dunkelrot. Müde von der langen Reise und voll düsterer Vorahnungen mußte Harmel feststellen, daß die Division nicht mehr in Ruurlo lag, sondern in Velp, etwa fünf Kilometer nordöstlich von Arnheim. Dort fand er Paetsch, seinen Stabschef, völlig erschöpft vor. »Gut, daß Sie wieder da sind«, sagte Paetsch und machte Harmel mit den Ereignissen des Tages und Bittrichs Weisungen vertraut. »Ich war sprachlos«, erinnert sich Harmel. »Es klang alles unerhört verworren. Ich war sehr müde, die Lage war aber so ernst, daß ich Bittrich anrief und sagte, ich würde gleich vorbeikommen.«

Auch Bittrich schlief nicht. Er machte Harmel mit der Lage bekannt. »Hier, westlich von Arnheim sind englische Fallschirmjäger abgesprungen. Was sie vorhaben und wie stark sie sind, wissen wir nicht. Bei Nimwegen und Eindhoven haben sich amerikanische Luftlandetruppen festgesetzt, und Montgomery ist gleichzeitig über den Maas-Scheldekanal nach Norden vorgestoßen. Meiner Ansicht nach beabsichtigt er, uns zu teilen. Ich glaube, daß er es auf die Brücken abgesehen hat. Sobald er diese hat, kann er durch Holland vorgehen und von dort an die Ruhr. Model ist anderer Ansicht, er glaubt immer noch, daß weitere Luftlandetruppen nördlich des Rheins sowie östlich und westlich von Arnheim abgesetzt werden und von dort direkt an die Ruhr vorstoßen sollen.«

Die 9. Division unter Harzer habe Auftrag, die Engländer westlich und nördlich von Arnheim zu vernichten, und der Befehlshaber in den Niederlanden, General Christiansen, sei angewiesen, ihm alle entbehrlichen Verbände – eine Mischung aus Soldaten, die zur Küstenverteidigung eingesetzt waren, und solchen, die noch ausgebildet wurden – unter dem Kommando von General von Tettau zu Hilfe zu schicken. Die sollten Harzers Division bei dem Versuch, die englischen Lande- und Abwurfzonen zu überrennen, in den Flanken sichern.

Die 10. Division habe sich um alles zu kümmern, was östlich von Arnheim und südlich von Nimwegen geschehe. Bittrich deutete mit dem Finger auf die Karte und sagte zu Harmel: »Die Brücke von Nimwegen muß um jeden Preis gehalten werden. Überdies müssen Sie sich um die Brücke von Arnheim und den ganzen Abschnitt bis Nimwegen kümmern.« Er ging einmal schweigend auf und ab und fuhr dann fort: »Ihre Lage ist insoweit schlecht, als Harzer den Nordzugang der Arnheimer Brücke nicht durch Panzerkräfte gesichert hat. Den haben jetzt die Engländer.«

Harmel wurde zu seinem Schrecken klar, daß er seine gepanzerten Fahrzeuge nicht schnell genug über den Rhein und nach Nimwegen bringen konnte, wenn die Arnheimer Brücke in englischer Hand war, denn es gab östlich dieser Brücke keine andere. Er würde die gesamte Division bei dem Dorf Pannerden, etwa 24 Kilometer südwestlich von Arnheim mit einer Fähre über den Rhein setzen müssen, und Bittrich, dem dies ebenfalls klar war, hatte bereits befohlen, mit dem Übersetzen zu beginnen. Das war ein sehr mühsamer Umweg nach Nimwegen, und er würde Harmel unendliche Mühe kosten.

Ehe er Bittrich verließ, fragte er ihn: »Warum sprengen wir nicht die Brücke von Nimwegen, ehe es zu spät ist?« Bittrich erwiderte ironisch: »Model will kein Wort davon hören, er glaubt, wir brauchen die Brücke, um unsere Gegenangriffe zu führen.« Harmel starrte ihn verblüfft an. »Womit eigentlich?« fragte er. Harmel machte sich im Dunklen auf den Weg nach Pannerden und fand bereits die Straßen verstopft von Fahrzeugen seiner Division, die auf dem Weg zur Fähre waren. In Pannerden angekommen, sah er auch den Grund für die gigantische Verstopfung: Behelfsfähren aus Gummiflößen brachten Lastwagen über den Fluß. Von seinem Stabschef hörte Harmel, daß bereits ein Bataillon übergesetzt habe und auf dem Weg nach Nimwegen sei. Auch einige Lastwagen und kleinere Fahrzeuge hätten übergesetzt, von schweren Fahrzeugen sei aber noch nicht ein einziges auch nur auf einer Fähre verladen. Paetsch glaubte, daß die Division, falls das Fährgeschäft in diesem Tempo weitergehe, frühestens am 24. September im Abschnitt Arnheim–Nimwegen eingesetzt werden könne.

Harmel sah gleich, daß es nur eine Lösung gab. Er mußte die Arnheimer Brücke freikämpfen und über die Straße nach Nimwegen fahren. Als der erste Tag des Unternehmens »Market-Garden« endete, war der Dorn im Fleisch der Deutschen ohne jeden Zweifel Oberst Frost an der Brücke von Arnheim.

Teil 4

DIE BELAGERUNG

1

Frühnebel stiegen vom Rhein auf, zogen auf die Brücke und hüllten die dunklen, stummen Häuser ein. Unweit der nördlichen Auffahrt begann der Eusebius Buiten Singel, ein gärtnerisch gestalteter Boulevard, der dem historischen Stadtkern bis zu den Außenbezirken im Norden und Osten folgte und vor Arnheims beliebtem Konzerthaus endete, dem Musis Sacrum. An diesem Montag, dem 18. September, wirkte die alte Hauptstadt der Provinz Gelderland in dem fahlen, ungewissen Frühlicht völlig menschenleer. Nichts rührte sich auf den Straßen, in den Gärten, auf den Plätzen und in den Anlagen.

Aus ihren Häusern am Nordzugang der Brücke sahen die Leute von Oberst Frost zum erstenmal die Stadt mit ihren Häusern und öffentlichen Gebäuden vor sich ausgebreitet: den Justizpalast, den Sitz der Provinzialregierung, die staatlichen Archive, das Rathaus, das Hauptpostgebäude und, einen guten Kilometer entfernt, im Nordwesten den Bahnhof. Die Kirche von Sankt Eusebius mit dem 100 Meter hohen Turm beherrschte die Stadt, doch nur wenigen der englischen Soldaten, die jetzt vorsichtig aus den zersplitterten Fenstern und den frisch ausgehobenen Schützenlöchern ihres aus 18 Häusern bestehenden Stützpunktes lugten, war klar, daß dieser Kirchturm jetzt eine Bedrohung darstellte. In der Nacht hatten deutsche Scharfschützen ihn erklettert und warteten dort, ebensogut getarnt wie ihre englischen Feinde auf ausreichendes Licht.

Der Kampf um die Brücke war fast ununterbrochen die Nacht hindurch fortgesetzt worden. Um Mitternacht trat eine kurze Pause ein, und als die Kämpfe wieder aufflammten, nahmen sie den Charakter eines Handgemenges an. Frosts Leute hatten zweimal versucht, das Südende der Brücke zu nehmen, und waren beide Male abgewiesen worden. Leutnant Grayburn führte beide Angriffe, war im Gesicht getroffen worden, blieb aber bis zuletzt auf der Brücke und leitete den Rückzug seiner Soldaten[1]. Danach hatte

[1] Grayburn ist in der Schlacht um Arnheim gefallen, als er am 20. September, ohne vor feindlichen Panzern Deckung zu suchen, den Rückzug seiner Leute auf die innere Linie leitete. Für Tapferkeit und vorbildliche Pflichterfüllung wurde er posthum mit der höchsten englischen Medaille ausgezeichnet, dem Victoriakreuz.

motorisierte deutsche Infanterie versucht, auf Lastwagen die englische Sperre zu durchbrechen, und geriet in konzentriertes Abwehrfeuer. Die Lastwagen wurden mit Flammenwerfern in Brand gesetzt, die Infanteristen verbrannten oder stürzten sich schreiend 30 Meter tief von der Brücke in den Rhein. Die Sanitäter beider Parteien, die zwischen den auf der Brücke liegenden Toten nach Verwundeten suchten, litten unter dem Gestank von brennendem Gummi und dem dicken schwarzen Qualm, der von den Wracks aufstieg. Corporal Buck, der half, Verwundete in den Keller eines von Frosts Männern gehaltenen Hauses zu tragen, glaubte in der Dunkelheit, Kerzen brennen zu sehen. Überall lagen Verwundete, und Buck begriff, daß das, was er für Kerzen hielt, winzige Splitter in der Kleidung einiger Verwundeter waren, Splitter von Phosphorgranaten, die in der Dunkelheit glühten.

Bei Tagesanbruch war der Kampf ohne ersichtliche Ursache abgeflaut; es war fast, als holten beide Seiten tief Luft. Hauptmann Mackay machte einen Rundgang durch die Häuser, die seine Pioniere zusammen mit Männern von anderen Einheiten in einer Seitenstraße unterhalb der Auffahrt besetzt hielten. Zwei von vier Häusern hatte Mackay während der heftigen Nachtgefechte halten können und in einem Schulhaus seinen Gefechtsstand eingerichtet. Die Deutschen waren im Gegenangriff durch die Anlagen herangekommen, hatten Handgranaten in die Häuser geworfen, waren nachgestiegen und hatten beinahe stumm Mann gegen Mann mit den Engländern gekämpft. Von Keller zu Keller, von Zimmer zu Zimmer trieben Mackays Leute den Feind mit Bajonett und Messer zurück, und Mackay folgte den Deutschen noch in die Gebüsche der Anlagen, von wo er sie wiederum mit Bajonett und Handgranaten vertrieb. Mackay wurde von einem Granatsplitter am Bein verwundet, eine Kugel durchschlug seinen Helm und streifte seine Kopfhaut. Bei seinen Soldaten stellte Mackay ähnliche Verwundungen fest, und nicht nur das, es stand auch um die Versorgung nicht gut. Mackay hatte sechs leichte Maschinengewehre, Munition, Handgranaten und Sprengstoff, nicht jedoch panzerbrechende Waffen, wenige Lebensmittel und außer Morphium und Verbandspäckchen keine ärztliche Versorgung. Überdies hatten die Deutschen das Wasser abgestellt, und die Soldaten hatten nur noch, was in ihren Feldflaschen war.

Der Nachtkampf war schlimm gewesen, doch Mackay war noch unerschüttert. »Wir hielten uns recht gut, hatten auch verhältnismäßig wenig Verluste. Und sobald es Tag wurde, konnten wir sehen, was los war. Wir waren auf alles gefaßt.« Ebenso wie Frost machte Mackay sich allerdings keine Illusionen. Bei so verlustreichen Straßenkämpfen, wo man um jedes Haus, ja um jedes Zimmer raufen mußte, konnte es nicht lange dauern, bis die Engländer an der Brücke überwältigt wurden. Die Deutschen hatten offenbar die Absicht, Frosts Verband innerhalb von Stunden durch zahlenmäßige Überlegenheit zu erdrücken. Vor konzentrierten Angriffen überlegener Kräfte konnten die Verteidiger der Brücke nur durch das XXX. Korps oder die beiden verbliebenen Bataillone der 1. Fallschirmjägerbrigade bewahrt werden, die immer noch um Zugang zur Stadt kämpften.

Für die Männer der SS, die an der Brücke eingesetzt wurden, war es eine schreckliche Nacht gewesen. Obersturmbannführer Harzer, offenbar überzeugt, Urquharts Bataillone zum Stehen gebracht zu haben, unterschätzte sowohl die Zahl als auch den Kampfwert jener Männer, die das nördliche Ende der Brücke besetzt hielten. Er machte sich nicht einmal die Mühe, seine wenigen Sturmgeschütze heranzubringen, sondern warf einen Zug nach dem anderen gegen die englischen Stützpunkte in den Häusern rund um die Rampe. Die Männer trafen auf den härtesten Gegner, der ihnen je begegnet war.

Gruppenführer Ringsdorf, 21 Jahre alt, mit Erfahrung von der Ostfront, traf mit einem Güterzug in Arnheim ein, wo seine Gruppe angeblich ausgerüstet werden sollte. Bei der Ankunft herrschte auf dem Bahnhof völliges Durcheinander; ein buntes Gemisch aus allen erdenklichen Waffengattungen drängte durcheinander, wurde sortiert und abgeführt. Ringsdorf erhielt den Befehl, sich mit seinen Leuten in der Stadt zu melden, und wurde hier einer Kompanie des Panzergrenadierregimentes 21 zugeteilt. Die Gruppe war ohne Waffen eingetroffen, wurde aber am späten Sonntagnachmittag mit Karabinern, Maschinengewehren, Handgranaten und einigen Panzerfäusten ausgerüstet. Auf die Frage, wo sie mehr Munition bekommen würden, hieß es, Munition werde unterwegs ausgegeben. »Bis zu diesem Augenblick ahnte ich überhaupt nicht, wo gekämpft wurde, und ich war nie zuvor in Arnheim gewesen«, sagte Ringsdorf.

In der Stadtmitte deutete vieles darauf hin, daß bereits heftige Straßenkämpfe stattgefunden hatten, und hier hörte Ringsdorf zum erstenmal davon, daß englische Fallschirmjäger abgesprungen waren und die nördliche Zufahrt zur Arnheimer Brücke besetzt hatten. Um wie viele Fallschirmjäger es sich handelte, schien niemand zu wissen. In einer Kirche wurden Befehle ausgegeben. Seine Gruppe sollte gegen die Rückseite der Häuser rechts und links der Auffahrt vorgehen und die Engländer dort hinauswerfen. Ringsdorf wußte, was Häuserkämpfe bedeuten, und erwartete sich davon nichts Gutes. Immerhin war er in Gesellschaft erfahrener Soldaten, und alle nahmen an, daß es schnell vorüber sein werde.

In den Stadtvierteln vor der Brücke hatte das Bombardement schwere Schäden angerichtet, und man mußte sich durch Trümmer vorarbeiten. Nahe der englischen Stellung am Brückenzugang gerieten sie in konzentriertes Maschinengewehrfeuer und konnten nicht näher als bis auf 600 Meter an den Brückenzugang heran. Ringsdorf lief mit einer Sprengladung über den Platz und warf sie in das Haus, aus dem das heftigste MG-Feuer zu kommen schien. »Ich blieb hinter einem Baum stehen und warf die Sprengladung durch ein Kellerfenster in das Haus, aus dem geschossen wurde, dann lief ich zurück.« Während er hinter Trümmern gedeckt auf die Detonation wartete, sah er, wie die Fassade eines Eckhauses, an dem deutsche Pioniere Schutz gesucht hatten, plötzlich von mehreren Granaten getroffen einstürzte und alle unter sich begrub. Genau das wäre Ringsdorf und seiner Gruppe geschehen, hätten sie dort gestanden. Im gleichen Moment detonierte seine Sprengladung, aber nicht im Keller, sondern ganz in der Nähe auf der Straße, denn die Engländer hatten sie zurückgeworfen.

Bei Dunkelwerden drang man in die Häuser ein, um die Engländer auszuräuchern. Ringsdorf sollte in ein großes Gebäude einsteigen, das man ihm als Schule bezeichnet hatte. Bei der Annäherung an die Schule wurden er und seine Gruppe durch englische Scharfschützen gezwungen, in einem nahegelegenen Haus Deckung zu suchen, und es begann ein Kampf um die einzelnen Häuser. »Die Engländer schossen sehr genau, wir konnten uns kaum zeigen. Sie zielten auf den Kopf und um mich her fiel einer nach dem anderen mit einem kleinen schwarzen Loch in der Stirn.«

Bei zunehmenden Verlusten schossen die Deutschen eine Panzerfaust gegen das von den Engländern besetzte Haus ab und stürmten es, als die Detonation erfolgte. »Die Kämpfe waren schauerlich. Wir drängten die Engländer unter furchtbaren Verlusten Meter um Meter von einem Zimmer zum anderen.« Während des Gefechtes wurde Ringsdorf zu seinem Bataillonschef befohlen, wo man ihm noch einmal sagte, die Engländer müßten um jeden Preis vertrieben werden. Ringsdorf attackierte also wiederum mit seiner Gruppe unter einem Hagel von Handgranaten. »Nur auf diese Weise kamen wir überhaupt von der Stelle. Ich war doch gerade erst aus Deutschland gekommen und erwartete alles andere, als in einen so wüsten Häuserkampf verwickelt zu werden. In Rußland habe ich nirgendwo so erbittert gekämpft. Es war praktisch unentwegt Mann gegen Mann. Die Engländer waren überall. Die Straßen sind dort eng, manchmal keine fünf Meter breit, und auf so kurze Entfernung schossen wir aufeinander. Man kämpfte praktisch um Zentimeter, und das war wirklich grauenhaft.«

Als Ringsdorf sich behutsam einem Haus näherte, sah er flüchtig den Umriß eines englischen Helms in einer offenen Kellertür. Er hatte schon zum Wurf ausgeholt, da hörte er eine leise Stimme und Stöhnen. Er warf die Granate nicht, sondern schlich die Treppe hinunter und rief: »Hände hoch!«, das war aber überflüssig. »In dem Keller sah es fürchterlich aus, wie ein Schlachthaus. Er war voll von englischen Verwundeten.« Ringsdorf sprach ihnen gut zu, obwohl er wußte, daß man ihn nicht verstehen würde, rief nach Sanitätern und ließ die Engländer zurückbringen, damit sie verbunden wurden. Während dies noch geschah, durchsuchte er einen gehfähigen verwundeten Engländer, der zu seinem Erstaunen jedoch mit leisem Stöhnen tot vor ihm zusammenfiel. »Die Kugel, die ihn traf, hatte mir gegolten, denn die Engländer schützten ihre Leute. Sie konnten schließlich nicht wissen, daß wir für ihre Verwundeten sorgten. Ich blieb eine Sekunde wie gelähmt stehen, dann lief ich weg.«

Ringsdorf meinte, daß auch Eliteverbände die Engländer aus der Schule nicht hinauswerfen konnten, und bei Morgengrauen am Montag zog er sich mit dem Rest seiner Gruppe zurück. Zu einem Artillerieoffizier sagte er: »Wir kriegen die Engländer dort nur raus, wenn wir die Gebäude Stein um Stein demolieren. Das sind dickfällige Burschen, die geben die Brücke nicht her.

Auch Emil Petersen vom Reichsarbeitsdienst kam zu dieser Erkenntnis. Er war mit einem Trupp Arbeitsdienstler erst einer Flak-Einheit zugeteilt worden, dann zur Infanterie gekommen und hatte den Rückzug durch Frankreich mitgemacht.

Als Petersen und seine Leute am Sonntagnachmittag auf dem Bahnhof von Arnheim auf ihren Zug warteten, wurden sie von einem Leutnant gegriffen und gegen gelandete Fallschirmjäger eingesetzt. »Die ›Einheit‹, der man uns zuteilte, bestand aus etwa 250 Mann, sämtlich ohne Waffen. Nur ich und noch vier andere hatten eine MP.«

Petersens Leute waren erschöpft, hatten seit 24 Stunden keine Verpflegung mehr bekommen, und Petersen meinte, wenn nur der Zug keine Verspätung gehabt hätte, wäre man bereits mit vollem Bauch auf dem Weg in die Heimat gewesen.

In einer SS-Kaserne wurden Waffen ausgegeben. Das freute Petersen nicht. »Mit der SS wollte keiner gerne was zu tun haben, die stand im Ruf, keine Gefangenen zu machen. Die Waffen, die sie an uns verteilten, taugten nichts. Das Schloß meines Karabiners war so verklemmt, daß ich es mit der Hand nicht aufbekam, und selbstverständlich hob der Anblick dieser alten Klamotten die Moral meiner Leute nicht gerade.«

Es verging einige Zeit, bis die Waffen gebrauchsfertig waren, auch waren noch keine Befehle ausgegeben worden, denn niemand schien zu wissen, wo und mit welchem Auftrag die Männer eingesetzt werden sollten. Bei Einbruch der Dunkelheit marschierten sie schließlich zur Ortskommandantur ab, fanden dort aber niemanden mehr vor. Also warteten sie wieder. »Wir dachten bloß an Essen«, sagte Petersen. Endlich erschien ein Offizier der Waffen-SS und befahl ihnen, durch den Stadtkern zur Rheinbrücke zu marschieren. Man marschierte also zugweise Richtung Rhein, die Marktstraße entlang. Jetzt war es dunkel, und man sah nichts, »allerdings spürte man, daß sich allenthalben was bewegte. Gelegentlich knallte es in der Ferne, auch hörte man Fahrzeuge. Hin und wieder glaubte ich schattenhafte Umrisse zu erkennen, auch mal einen Helm.« Keine dreihundert Meter von der Brücke entfernt gerieten sie zwischen andere Einheiten, und Petersen meinte, diese sollten sie ablösen. Als aber jemand von diesen ›Abzulösenden‹ den Mund aufmachte, wurde klar, daß man mitten zwischen Engländer geraten war. »Wir marschierten parallel zu einer englischen Einheit, die ebenso wie wir zur Brücke wollte.« Plötzlich merkten alle, was los war, ein Engländer brüllte: »Es sind Deutsche!«, und Petersen kommandierte »Feuer frei!«

Man stand einander unmittelbar gegenüber, und es läßt sich denken, was nun für ein Feuerzauber begann. Petersen wurde nicht getroffen, doch riß es ihn um, und er nahm hinter einem gefallenen Kameraden Deckung. »Alle schossen wild um sich«, erinnert sich Petersen. Er kroch vorwärts bis zu einem eisernen Zaun, den er überkletterte. Unter Büschen und hinter Bäumen fand er die Reste seiner versprengten Einheit. Die Engländer waren auf Häuser beiderseits des kleinen Parks zurückgegangen, und die Deutschen saßen jetzt im Kreuzfeuer. »Ich hörte Verwundete schreien. Die Engländer schossen unentwegt Leuchtkugeln und hielten in uns rein. In knapp fünf Minuten fielen 15 Mann aus meinem Zug.« Bei Morgengrauen stellten die Engländer das Feuer ein, die Deutschen ebenfalls. Petersen sah im trüben Licht, daß von den 250 Männern, die zur Brücke hätten marschieren sollen, mehr als die Hälfte tot und verwundet waren. »An die Brücke kamen wir überhaupt nicht heran, wir lagen bloß dort und kriegten Zunder, und die berühmte SS holte uns nicht heraus, nicht mal ein Sturmgeschütz kam uns zu Hilfe. Das war unsere Bekanntschaft mit Arnheim, man kann das bloß ein Massaker nennen.«

Die Männer der beiden verspäteten Bataillone der 1. englischen Luftlandedivision schlugen sich zu zweit und zu dritt durch den Ring, den Harzer im Norden und Westen von Arnheim gelegt hatte. Viele waren verwundet, alle froren und waren hungrig. Damit verschärften sie die Versorgungslage für Oberst Frost. Diese Nachzügler waren trotz Erschöpfung und Wunden stolz auf ihre Leistung. Sie waren dort angelangt, wo die einweisenden Offiziere in England und ihre eigenen Kommandeure sie haben wollten. Es waren Angehörige aller Einheiten, die am Nachmittag zuvor so zuversichtlich nach Arnheim aufgebrochen waren, und Frost verfügte nun am nördlichen Brückenzugang über 600 bis 700 Mann. Doch jede Stunde, die verging, brachte nicht nur mehr versprengte Engländer zur Brücke, sie brachte auch den Lärm der Panzer und gepanzerten Fahrzeuge des Brigadeführers Harmel, die jetzt in die Stadt rollten und Feuerstellung einnahmen. Doch auch für die deutschen Panzertruppen war Arnheim kein ruhiger Sammelplatz. An vielen Stellen waren von holländischen Zivilisten Straßensperren errichtet worden. Ungeachtet des schweren Feuers bargen die Bewohner jener Viertel, in denen gekämpft wurde, die Toten – Engländer, Deutsche und ihre eigenen Landsleute. Sergeant Isherwood, der nach einem schwierigen Nachtmarsch endlich bei Tagesanbruch nach Arnheim kam, »begegnete dort einem Anblick, den ich mein Lebtag nicht vergessen werde. – Die Einwohner schleppten Verwundete auf improvisierte Verbandsplätze in den Kellern, aber die Leichen stapelten sie übereinander wie Sandsäcke, immer abwechselnd Kopf an Fuß, in langen Reihen.« Die trauernden Bürger von Arnheim bauten aus den Leichen von Freund und Feind mannshohe Straßensperren, welche die deutschen Panzer daran hindern sollten, zu Oberst Frost an die Brücke vorzustoßen.

Den Zivilisten im Stadtkern brachte der grauende Morgen keine Erlösung. Brände griffen um sich, weil sie nicht mehr bekämpft wurden. Nur wenige der in den Kellern zusammengedrängten Menschen hatten geschlafen, denn immer wieder waren sie durch einschlagende Granaten, das Rattern der MG und die gezielten Kugeln der Scharfschützen aufgeschreckt worden. Erstaunlicherweise wurden die Bewohner der neueren Stadtviertel Arnheims so gut wie gar nicht berührt von den Ereignissen, und sie verstanden überhaupt nichts mehr. Wenn sie sich bei Bekannten in der Innenstadt telefonisch nach dem Stand der Ereignisse erkundigten, hörten sie, daß am Nordzugang der Brücke ein schweres Gefecht im Gange war, daß die Engländer mehrmals deutsche Angriffe abgeschlagen hatten. Die Telefonaufklärer konnten nicht mehr daran zweifeln, daß deutsche Infanterie und Fahrzeuge von allen Seiten in die Stadt eindrangen, und doch verloren die Holländer keinen Moment die Zuversicht, glaubten sie auch weiterhin, daß die Befreiung durch Engländer und Amerikaner unmittelbar bevorstehe. In den Außenbezirken der Stadt ging der Alltag seinen gewöhnlichen Gang. Bäckereien hatten geöffnet, Milchmänner machten die Runden, Eisenbahnarbeiter, Telefonistinnen, überhaupt alle im öffentlichen Dienst Tätigen versahen ihre Arbeit. Die Feuerwehr versuchte der Brände Herr zu werden, und Dr. van Hooff, der Direktor des Zoologischen Gartens einige Kilometer nördlich von Arnheim, kümmerte sich um seine aufgeschreckten Tiere[2]. Als einzige hatten vielleicht die holländischen Ärzte und Krankenschwestern einen zutreffenden Eindruck vom Umfang der Kampfhandlungen, denn sie waren die ganze Nacht hindurch tätig gewesen. Krankenwagen rasten durch die Stadt und brachten Verletzte ins St. Elisabethhospital am nordwestlichen Stadtrand und in kleinere Krankenhäuser der Innenstadt. Niemand allerdings begriff jetzt schon, daß die Stadt eine Art Niemandsland war und daß die Lage sich rapide verschlimmern würde. Arnheim, eine der Sehenswürdigkeiten Hollands, verwandelte sich in ein kleines Stalingrad. Immerhin war den Bewohnern der Innenstadt klar geworden, daß sie nicht mehr auf rasche Befreiung zählen durften. Mitten in der Nacht hatten englische Soldaten bei der Polizeiwache am Eusebiusplein angeklopft. Der 27 Jahre alte Wachtmeister Johannes van Kuijk ließ sie ein. »Sie erkundigten sich nach bestimmten Gebäuden in der Stadt. Einige gruben sich auf der gegenüberliegenden Straßenseite Schützenlöcher. Alles geschah möglichst leise. Vor einem Arzthaus ganz in der Nähe brachten sie Granatwerfer in Stellung und im Garten eine Pak.« Bei Tagesanbruch war vor der Brücke eine Riegelstellung entstanden. Die Soldaten kamen ihm weniger wie Befreier vor, sondern mehr wie Menschen, die sich entschlossen zur Verteidigung einrichten.

Auf der anderen Seite des Eusebius Buiten Singel, jener gewundenen, mit Anlagen geschmückten Allee, war Coenraad Hulleman in der elterlichen Villa seiner Braut Truid van der Sande zu Besuch. Alle waren die Nacht über aufgeblieben und hatten den Kampflärm bei der nahegelegenen Schule verfolgt, wo Hauptmann Mackay sich der andrängenden Deutschen erwehrte. Der Lärm war so bedrohlich geworden, daß die Hausbewohner sich in einen fensterlosen Keller unter der Mitte des Hauses flüchteten. Bei Morgengrauen schlichen Hulleman und sein künftiger Schwiegervater an ein Fenster im ersten Stockwerk, von wo man auf die Allee schauen konnte. Zu ihrer Verblüffung gewahrten sie in einem Blumenbeet der Anlagen einen toten Deutschen und in den Rasenflächen

[2] Im Zoo befanden sich 12 000 Brieftauben, von den Deutschen bei Arnheimer Taubenfreunden konfisziert, weil sie fürchteten, die Tauben könnten Nachrichten übermitteln. Deutsche Soldaten zählten die Tauben täglich, und eventuell verstorbene Tiere mußten aufbewahrt werden, bis ihre Registriernummer gestrichen war.

Panzerdeckungslöcher, ebenfalls mit Deutschen darin. Rechter Hand lauerten mehrere Schützenpanzer hinter einer Ziegelmauer, und schon ging auch wieder die Knallerei los. Von den Schützenpanzern feuerten MG in den Turm der nahegelegenen Walburgkirche, und Hulleman sah feinen Ziegelstaub unter den einschlagenden Geschossen wegstäuben. Er nahm an, daß dort oben Fallschirmjäger beobachteten. Das MG-Feuer wurde sogleich beantwortet und aus ihren Löchern nahmen die Deutschen die Häuser auf der anderen Seite der Straße unter Beschuß. In einem davon war ein Kostümverleih untergebracht, in dessen Schaufenster Ritterrüstungen zu sehen waren. Das Glas splitterte, und die Ritter kippten um. Hulleman wandte sich mit Tränen in den Augen ab und hoffte inständig, dies möge kein böses Omen gewesen sein.

In seiner Wohnung nahe dem Konzerthaus erwachte Willem Onck kurz nach Tagesanbruch von Truppenbewegungen auf der Straße. Es pochte an seiner Tür, und die Stimme eines Deutschen befahl ihm und seinen Angehörigen, im Haus zu bleiben und die Jalousien herabzulassen. Onck gehorchte nicht gleich, sondern schaute zum Vorderfenster hinaus. An allen Straßenecken standen Deutsche mit Maschinengewehren, und vor dem Musis Sacrum war eine Flakbatterie aufgefahren. Zu Oncks Verblüffung saßen die Geschützbedienungen neben den Kanonen auf Stühlen, die sie aus dem Konzerthaus geholt hatten. Als er sie da so miteinander schwatzen sah, kam es Onck vor, als sehe er Konzertbesucher, die auf den Beginn der Darbietungen warteten.

Die Angehörigen des holländischen Widerstandes waren äußerst unzufrieden. Einige von ihnen hatten sogleich mit den Engländern an der Brücke Fühlung genommen, doch hatte man sich ihre Unterstützung höflichst verbeten. Auch in Oosterbeek waren die Abgesandten des Widerstandsführers Pieter Kruyff, Toon van Daalen und Gijsbert Numan, von den Engländern zurückgewiesen worden. Numan warnte sie vor Scharfschützen und empfahl dringend, nicht die Hauptstraßen zu benützen, »doch man sagte mir, man habe Befehl an die Brücke vorzugehen, und werde sich an die Straßen halten, die im Befehl angegeben seien. Augenscheinlich fürchteten sie Provokateure und trauten uns einfach nicht.«

Johannus Penseel versammelte bei Tagesanbruch seine Mitarbeiter in seinem Keller. Er wollte den örtlichen Rundfunksender besetzen und den Bewohnern in einer Proklamation mitteilen, daß sie befreit seien. Da kam ein Anruf von Numan. »Es sieht schlecht aus«, sagte Numan, »die Lage ist kritisch, wahrscheinlich ist bereits alles verloren.« Penseel war baff. »Was soll das heißen?« Numan sprach aus der Gegend des St. Elisabethhospitals. Die Engländer seien nicht imstande, den deutschen Sperrgürtel zu durchbrechen und an die Brücke vorzustoßen, sagte er. Penseel rief Peter Kruyff an, der von jeglicher Tätigkeit abriet. Die Hoffnungen der Widerständler waren dahin. »Wir waren willens, alles zu riskieren, auch unser Leben«, erinnert sich Penseel. »Aber wir wurden dazu verurteilt herumzusitzen. Niemand wollte uns. Es war jetzt klar, daß die Engländer uns nicht vertrauten und unsere Hilfe nicht in Anspruch nehmen wollten.«

Es paßt in dieses Bild, daß am frühen Montagmorgen, als weder SHAEF noch Montgomery, noch irgendeiner der höheren Kommandeure des Unternehmens »Market-Garden« ein klares Bild der Lage hatte, die Widerständler über Telefon an den holländischen Verbindungsoffizier bei der 82. US Luftlandedivision, Hauptmann Bestebreurtje meldeten, die Engländer seien in Gefahr, in Arnheim von deutschen Panzern überwältigt zu werden. In der Telefonkladde der 82. Division findet sich der Hinweis: »Holländische Meldung besagt, Engländer unterliegen Deutschen in Arnheim.« Da aus dem Kampfgebiet Arnheim bislang überhaupt keine Meldungen gekommen waren, war dies der erste Hinweis, dem das Alliierte Oberkommando entnehmen konnte, daß die 1. englische Luftlandedivision bei Arnheim Probleme hatte.

2

Pieter, der Fährmann, bereitete sich an der Lände von Driel, elf Kilometer südwestlich der Arnheimer Brücke, auf die erste Fahrt des Tages vor. Die Frühaufsteher, die in die Ortschaften am anderen Ufer zur Arbeit wollten, drängten sich fröstelnd im Frühnebel aneinander. Pieter beteiligte sich nicht an den Gesprächen seiner Passagiere, die sich um die Kämpfe westlich von Arnheim und in der Stadt selbst drehten. Er kümmerte sich um seine Fähre und seinen Fahrplan, wie er das seit Jahren tat. Als erste fuhren einige Wagen und mit Waren für den Markt beladene Karren auf die Fähre. Dann schoben Männer und Frauen ihre Räder an Bord. Genau um 7:00 Uhr ließ Pieter die Fähre an ihrem langen Kabel in den Fluß hinaus schwenken. Die Fahrt dauerte nur wenige Minuten. Fahrzeuge und Passagiere verließen die Fähre an der Lände von Heveadorp auf dem Nordufer. Über ihnen erhob sich gegen hundert Meter hoch Westbouwing, das die ganze Umgegend beherrschte. Die meisten Fahrgäste setzten sich Richtung Oosterbeek in Marsch, dessen aus dem 10. Jahrhundert stammender Kirchturm über Eichenhainen und den von Lupinen bestandenen Mooren aufragte. Dahinter lag Arnheim.

Es warteten schon Passagiere nach Driel, und auch hier wieder wurde die Fähre schon erwartet. Unter den neuen Fahrgästen war Cora Baltussen. Vor zwei Wochen noch, am 5. September, hatte sie der aufgelösten Flucht der Deutschen zugeschaut, und nach Driel war auch keiner dieser Eroberer zurückgekehrt. Zum erstenmal seit Monaten hatte Cora sich frei gefühlt, doch jetzt wurde ihr wieder beklommen zumute. Der Jubel anläßlich der gestrigen Landung von Fallschirmjägern war zerstoben vor den Gerüchten über schwere Kämpfe bei Arnheim. Cora konnte aber einfach nicht glauben, daß die Deutschen den mächtigen Alliierten, die gekommen waren, ihr Land zu befreien, eine Niederlage sollten beibringen können.

An der Lände von Heveadorp bestieg Cora ihr Fahrrad und strampelte nach Oosterbeek zum Bäcker, dem sie ihre mageren Zuckerzuteilungen für die Herstellung eines Kuchens überlassen hatte. Heute, am 16. September, beging die Marmeladenfabrik Baltussen den Tag ihres 75jährigen Bestehens, und Coras Mutter wurde 61 Jahre alt. Zum erstenmal seit Monaten sollte die gesamte Familie zusammenkommen, und Cora wollte in Oosterbeek den Kuchen abholen, der zur Feier dieser beiden Geburtstage verzehrt werden sollte.

Man hatte ihr von der Fahrt abgeraten, doch Cora wollte nicht hören. »Was kann schon geschehen?« fragte sie. »Die Engländer sind in Oosterbeek und Arnheim, der Krieg ist so gut wie zu Ende.« Die Fahrt verlief ohne Zwischenfall. Oosterbeek wirkte am frühen Morgen friedlich. Auf den Straßen sah man Engländer, die Geschäfte hatten geöffnet, es herrschte Feiertagsstimmung. Zwar hörte man aus der Ferne Geschützfeuer, doch hier war es ruhig, von der Schlacht war nichts zu merken. Der Bäcker hatte den Kuchen fertig, wunderte sich aber doch darüber, daß Cora ihn holen kam. »Der Krieg ist doch so gut wie vorbei«, sagte sie zu ihm, radelte mit dem Paket nach Heveadorp zurück und wartete auf Pieter mit der Fähre. Am Südufer stieg sie aus und kehrte zurück in das schläfrige kleine Driel, wo wie gewöhnlich nicht das geringste sich ereignete.

3

Auf den englischen Lande- und Abwurfzonen versah mit seiner gewöhnlichen Tüchtigkeit General Hicks den ihm übertragenen Dienst, einen Dienst, von dem niemand viel hermachte. Während der Nacht hatten seine Leute mehrere Angriffe der von General Tettau geführten gemischten Verbände abgewiesen und sich rings um die Lande- und Abwurfzonen eingegraben, über denen um 10:00 Uhr vormittags die 4. Fallschirmjägerbrigade von General Hackett abspringen und der Nachschub gelandet werden sollte.

Unter dem Schutz von Hicks befand sich jenes Gebiet, auf dem der Nachschub für die gesamten englischen Luftlandetruppen niedergehen sollte.

Weder Hicks noch seine Leute hatten mehr als eine oder zwei Stunden geschlafen. Die Deutschen hatten den Wald in Brand gesteckt, womit sie die Engländer auszuräuchern hofften, doch die Roten Teufel umgingen den Feind und jagten ihn mit aufgepflanztem Bajonett in den brennenden Wald. Funker Marples erinnert sich lebhaft der heftigen Nachtkämpfe. Als er und einige Kameraden auf einen ganzen Zug toter Engländer stießen, »sagte keiner was. Wir steckten die Bajonette auf und gingen in den Wald. Wir kamen auch wieder raus – die Deutschen aber nicht.« Soldat Edwards, der schon in Nordafrika, Sizilien und Italien dabeigewesen war, meint: »Da ist mir so gut wie nichts passiert, aber an einem einzigen Tag in Holland habe ich mehr Feuer gekriegt als bei allen anderen Gelegenheiten zusammen.«

Die unaufhörlichen Scharmützel kosteten Verluste, und Hicks forderte mehrmals Artillerieunterstützung an. Er fürchtete, daß jene deutschen Panzerverbände, die, wie er wußte, die Bataillone aufhielten, welche die Brücke nehmen sollten, seine schwache Stellung durchbrechen und ihn aus der Landezone vertreiben könnten. »Ich erlebte einige der übelsten Stunden meines Lebens«, erinnert er sich. »Zwei Dinge waren klar: Wir wußten das damals zwar nicht, aber wir waren praktisch direkt auf zwei Panzerdivisionen gelandet, die dort angeblich nichts zu suchen hatten, und die Deutschen reagierten unheimlich schnell.« Hicks' leichtbewaffnete Fallschirmjäger mußten sich notgedrungen gegen Tettaus Angriffe von Westen und Harzers Panzer von Osten halten, so gut sie konnten, bis Verstärkungen kamen und der Nachschub heil gelandet war.

Oberst Mackenzie, General Urquharts Chef des Stabes, hatte die Nacht etwa fünf Kilometer von General Hicks' Gefechtsstand auf der Renkumer Heide verbracht. Intensive Kampftätigkeit veranlaßte ihn, den Divisionsgefechtsstand vom Waldrand auf freies Gelände zu verlegen, und dort fand das Stabspersonal für die Nacht in abgestellten Lastenseglern Zuflucht. Daß er nichts von General Urquhart hörte, machte Mackenzie schwere Sorgen. »Seit über neun Stunden hatten wir nichts mehr vom Chef gehört. Ich nahm an, daß er bei der Brigade Lathbury war, aber es gab auch dorthin keine Funkverbindung, und wir wußten weder vom einen noch vom anderen etwas. Da immerhin die Möglichkeit bestand, daß Urquhart gefallen oder gefangengenommen war, stellte sich die Frage, wer statt seiner die Division führen sollte.«

Als Mackenzie Montag früh immer noch nichts hörte, beriet er sich mit zwei seiner Stabsoffiziere. Er berichtete ihnen, was der General hinsichtlich einer Nachfolge im Kommando vor dem Start in England angeordnet hatte, nämlich daß erst Lathbury, dann Hicks und als letzter Hackett kommandieren sollten. Da nun auch Lathbury nicht aufzutreiben war, fand Mackenzie, Hicks solle das Kommando übernehmen, und die beiden anderen Herren stimmten zu. Man begab sich sogleich zu Hicks' Gefechtsstand nahe der Straße Renkum–Arnheim, und Mackenzie setzte Hicks ins Bild. »Wir hatten unterdessen eine erste, etwas ungenaue Meldung, derzufolge Frost zwar die Brücke genommen hatte, die beiden anderen Bataillone aber in Straßenkämpfe verwickelt und nicht imstande waren, ihm zu helfen.«

Mackenzie schlug vor, Hicks solle eines seiner Luftlandebataillone an die Brücke schicken. Seine Kräfte könnten später von Teilen der 4. Fallschirmjägerbrigade Hacketts aufgefüllt werden. Außerdem solle Hicks die Division sofort übernehmen.

Hicks war überrascht. Zum ersten seien seine Kräfte nicht ausreichend, sagte er. Ein ganzes Bataillon könne er unmöglich an die Brücke schicken. Allerdings scheine es, als sei der eigene Schlachtplan in Gefahr, umgestoßen zu werden. Falls Frost nicht bald Unterstützung bekomme, könne die Brücke verlorengehen. Falls aber die Landezonen verlorengingen, könne Hacketts Brigade vernichtet werden, ehe sie gesammelt hätte. Kam hinzu, daß Hicks den Eindruck haben mußte, man versuche ihm das Kommando über eine Division zu übertragen, die wegen des völligen Versagens der Nachrichtenverbindungen und der Abwesenheit des Kommandeurs schon in Auflösung befindlich war. Hicks gab widerstrebend ein halbes Bataillon für die Brücke frei, mehr konnte er nicht entbehren[3]. Dagegen durfte er sich nicht sträuben, denn die Brücke mußte gehalten werden. »Schließlich überzeugten wir Hicks auch davon, daß er das Kommando übernehmen müsse.«

Nicht oft trägt man einem General das Kommando über eine Division mitten in der Schlacht unter so beschaffenen Umständen an, und Hicks erkannte nur zu bald, wie schlimm sich das Fehlen jeder Kommunikationsmöglichkeit auf alle Operationen auswirkte. Einige wenige Funksprüche von Oberst Frost an der Brücke gelangten über die Funkstelle der leichten Artillerie an ihn; deren Kommandeur, Oberstleutnant Thompson, hatte einen Beobachter in der Laagkirche von Oosterbeek sitzen, der Verbindung zum Artillerieoffizier beim Brigadestab im Verwaltungsgebäude der Wasser-

[3] Er setzte das halbe Btl. der South Staffords nach Arnheim in Marsch. Die andere Hälfte wurde erst mit der zweiten Welle eingeflogen und verstärkte sodann das 11. Btl. von Hackett.

werke unweit der Brücke unterhielt. Auf diesem Wege konnte Hicks wenigstens Kontakt mit seinen Verbänden an der Brücke aufnehmen.

Ebenso schlimm war, daß die Division keine Verbindung zum Korpsstab von Browning nahe Nimwegen und auch nicht mit der Einheit von Nachrichtenspezialisten beim Stabe von Montgomery bekam. Nach England gelangten Meldungen überhaupt nur über ein Gerät der BBC, das eigentlich den Kriegsberichterstattern vorbehalten und das überdies nur schwach und verzerrt zu empfangen war. Ein starker deutscher Sender arbeitete auf der gleichen Wellenlänge. Die Division konnte den Korpsstab in England glänzend hören, selbst wurde sie nicht gehört. Was über das Gerät der BBC nach England gelangte, wurde von Brownings rückwärtigem Korpsstab dort aufgefangen und dann nach Holland zurückgefunkt. Das dauerte Stunden, und was dabei herauskam, war längst überholt und meist unbrauchbar.

Hicks hatte drei Hauptsorgen. Die erste betraf das Wetter in England. Die zweite galt dem Umstand, daß es ihm ganz unmöglich war, sich bestätigen zu lassen, ob der zweite Einflug planmäßig erfolgen würde, und die dritte schließlich galt der Tatsache, daß er sich kein Bild von der wirklichen Lage in Arnheim machen konnte. Und schließlich konnte er Hackett nicht darüber unterrichten, daß seine Truppen das Terrain, über dem die 4. Brigade ungefährdet abzuspringen hoffte, nicht mehr fest in der Hand hatten.

Nicht ganz so schlimm, aber doch sehr unangenehm erschien ihm die bevorstehende Begegnung mit General Hackett. Da aber kam ihm Mackenzie zu Hilfe. Er selbst wollte Hackett von Urquharts Entscheidung unterrichten. »Ich freute mich nicht gerade auf dieses Zusammentreffen, denn ich kannte Hacketts Temperament, aber es war schließlich meine Angelegenheit, und ich befolgte damit auch nur einen Befehl von Urquhart. Immerhin mußte ich damit rechnen, daß ihm und Lathbury etwas zugestoßen war.« Wenigstens das blieb Hicks erspart, er hatte auch ohnehin genügend Sorgen. »Die Lage war nicht nur verwirrend, sie war, unter uns, beschissen.«

4

Das 1. und 3. Bataillon der Brigade Lathbury kämpften sich mühsam durch die westlichen Vororte Arnheims zur Brücke; die ehedem so gepflegten Anlagen und die stets gekehrten Straßen waren mit Glassplittern und abgebrochenen Ästen bedeckt und von Einschlägen aufgerissen. Rhododendronbüsche und Beete voller gelber, bronzefarbener und orangeroter Ringelblumen waren zertrampelt, die Gemüsegärten hinter den Häusern umgewühlt. Aus Schaufenstern drohten die Mündungen englischer Pak, und deutsche Kettenfahrzeuge hatten Hausmauern eingedrückt, um sich mit dem fallenden Mauerwerk zu tarnen. Schwarzer Qualm stieg aus brennenden Fahrzeugen beider Parteien auf, und einschlagende Granaten ließen einen nicht endenden Hagel von Backsteinen niedergehen. Überall lagen die verrenkten Gestalten von Toten und Verwundeten. Viele Soldaten erinnern sich, daß Zivilisten beiderlei Geschlechtes mit weißen Schutzhelmen und weißen, mit dem Roten Kreuz gezeichneten Overalls Verwundete und Sterbende tollkühn aus dem Feuer bargen. Dieses sonderbare, tödliche Gefecht, das die Außenbezirke der Stadt verheerte, schien völlig planlos geführt zu werden. Es war zu Straßenkämpfen entartet, es ging Mann gegen Mann, Haus um Haus. Die Roten Teufel waren unrasiert, schmutzig und hungrig und überdies war ihnen kalt. Nur gelegentlich erlaubte eine Gefechtspause das Aufkochen von Tee. Munition war knapp, die Verluste stiegen; manche Kompanien hatten mehr als die Hälfte ihrer Stärke eingebüßt. An Schlaf war nur viertelstundenweise zu denken. Viele der Männer, die seit Stunden unterwegs waren, hatten alles Zeitgefühl verloren. Nur wenige wußten, wo sie sich befanden und wie weit die Brücke noch entfernt war, doch waren sie wild entschlossen hinzugelangen. Jahre später erinnerte sich Soldat Bennet vom Bataillon Fitch, das auf der mittleren Straße Arnheim zustrebte, unentwegt das Kommando »Weiter, weiter, weiter« gehört zu haben.

General Urquhart jedoch, der seit 16 Stunden nicht mehr beim Divisionsstab gewesen und ohne Funkverbindung war, wollte scheinen, der Angriff käme nicht von der Stelle. Seit man ihn um drei Uhr früh in der Villa geweckt hatte, wo er sich wenige Stunden hatte ausruhen können, war der General mit dem Brigadekommandeur Lathbury und dem 3. Bataillon unterwegs. »Gelegentlicher Widerstand oder auch nur kurze Feuerüberfälle hielten die ganze Marschkolonne auf«, berichtete Urquhart. Daß das Scharfschützenfeuer so große psychische Wirkungen hatte, beunruhigte den General. Zwar hatte er damit gerechnet, daß diejenigen seiner Leute, die zum erstenmal im Einsatz waren, »anfangs etwas scheu« sein würden, er baute aber darauf, daß dies schnell vorübergehen werde. Statt dessen kam immer wieder das gesamte Bataillon zum Halten, weil irgendwo ein Scharfschütze saß. Urquhart konnte Fitch aber nicht dreinreden. »Als Divisionskommandeur durfte ich in die Führung des Bataillons nicht eingreifen. Es war mir aber stets bewußt, daß hier kostbare Zeit verschwendet wurde.« Man räumte gründlich mit den deutschen Scharfschützen auf, doch Urquhart sah beklommen, wie lange das dauerte.

Auch Hauptfeldwebel Lord war ungeduldig. »Die Deutschen leisteten fortgesetzt heftigen Widerstand, die Verzögerung wurde aber auch von den Holländern hervorgerufen. Sie kamen schon früh auf die Straße, winkten, lachten, teilten Ersatzkaffee aus. Manche hatten sogar englische Fahnen über ihre Hecken gebreitet. Sie liefen einfach wild in der Gegend herum und merkten offenbar überhaupt nicht, daß geschossen wurde. In der allerbesten Absicht behinderten sie uns mindestens ebenso wie die Deutschen.«

Anstelle des Feuers einzelner Scharfschützen hörte man nun aber auch die Abschüsse von 8,8-cm-Flak und Sturmgeschützen. Die Spitze des Bataillons Fitch hatte jetzt beinahe das St. Elisabethhospital erreicht, das sich etwa dreieinhalb Kilometer nordwestlich der Arnheimer Brücke befindet, und zwar fast genau dort, wo die beiden nach Arnheim hineinführenden Hauptstraßen zusammentreffen, auf welchen das 1. und das 3. Bataillon zur Brücke marschierten. Während der Nacht waren hier Teile der 9. SS-Panzerdivision in Stellung gegangen. Sowohl das 1. Bataillon auf der Straße Ede–Arnheim wie das 3. Bataillon auf der Straße Utrecht–Arnheim mußten auf ihrem Weg an die Brücke diese Straßengabel passieren. Und das 1. Bataillon unter Oberst Dobie bekam als erstes mit den SS-Verbänden Harzers zu tun.

Die Deutschen hatten eine hufeisenförmige Riegelstellung vor den nördlichen und westlichen Zugang zur Stadt gelegt und Dobies Bataillon gezwungen, die Straße von Ede zu verlassen und in Seitenstraßen Zuflucht zu suchen. Die auf den Dächern und in Dachböden versteckten Scharfschützen der SS ließen die vordersten Züge vorbei, ehe sie die folgenden unter mörderisches Feuer nahmen. Dieser überraschende Angriff führte dazu, daß Züge und Kompanien nach allen Seiten auseinanderliefen.

Das 3. Bataillon unter Fitch wurde von den Deutschen in der gleichen Weise empfangen. Daß vier führende Offiziere – die Kommandeure des 1. und 3. Bataillons, der Führer der 1. Fallschirmjägerbrigade und der Kommandeur der 1. englischen Luftlandedivision – alle zugleich in diese Falle geraten waren, konnte die schlimmsten Folgen haben, doch wie zuvor Model und sein Stab in Oosterbeek, waren General Urquhart und Brigadekommandeur Lathbury von einem Feind eingeschlossen, der von ihrer Anwesenheit nichts wußte.

Sowohl von vorn wie von hinten unter Feuer genommen, liefen die englischen Kolonnen auseinander. Einige Männer suchten Schutz in Gebäuden am Rheinufer, andere liefen in die nahegelegenen Waldungen und noch andere, darunter Urquhart und Lathbury, bogen in Nebenstraßen ein, die mit gleichförmigen Reihenhäusern bebaut waren.

Urquhart und seine Gruppe wollten soeben ein zweistöckiges Gebäude innerhalb eines Häuserblocks nahe der Straße Utrecht–Arnheim betreten, als dort deutsche Granaten einschlugen. Die Engländer blieben unverletzt, doch »die deutschen Panzer bewegten sich jetzt fast unangefochten durch die Straßen«, wie Urquhart später bemerkte. Major Waddy ließ aus einem hochgelegenen Fenster in die geöffnete Luke eines Panzers, dessen Kommandeur nach Zielen suchte, eine Sprengladung fallen und jagte den Panzer in die Luft[4]. Waddys Beispiel folgend, zerstörten andere noch zwei weitere Panzer. Doch so heftig die Engländer sich auch wehrten, die leichtbewaffneten Fallschirmjäger kamen gegen die deutschen Panzer nicht auf.

Urquhart fühlte sich von Minute zu Minute weniger wohl. Er wäre gern beim Divisionsstab gewesen und hätte von dort aus die Schlacht geleitet. Hier war er mitten ins dickste Gewühl geraten, und er glaubte, die einzige Möglichkeit da herauszukommen sei, die herrschende Verwirrung zu nutzen und sich durch die deutschen Stellungen zu schlagen. Seine Offiziere fürchteten für seine Sicherheit, doch Urquhart ließ sich nicht umstimmen. Er hatte den Eindruck, daß die hartnäckigen Gefechte »sich immer noch im Kompanierahmen« abspielten, und da die von ihm und seiner Begleitung betretenen Häuser noch nicht umstellt waren, meinte er, man solle jetzt sofort ausbrechen, bevor die Deutschen noch zahlreicher wurden und den Ring enger zogen.

Während man noch hastig hin und her redete, kam ein Panzerspähwagen die Straße entlang, ganz als ob die Deutschen nicht schössen und blieb vor dem Haus stehen. Der kanadische Leutnant Heaps sprang aus dem Wagen und rannte ins Haus, gefolgt von Charles Labouchère vom holländischen Widerstand, der ihm als Führer diente. Der Wagen war beladen mit Nachschub und Munition für Oberst Frost an der Brücke. Das kleine Fahrzeug war bis jetzt wunderbarerweise den deutschen Panzern entwischt, und Heaps hatte zufällig Urquharts Aufenthaltsort ausfindig gemacht. Von Heaps erfuhr Urquhart nun, was sich ereignet hatte. »Diese Neuigkeiten waren alles andere als ermutigend«, erinnerte er sich später. »Es bestand immer noch keine Nachrichtenverbindung, Frost hielt den Nordzugang der Brücke, war dort aber schweren Angriffen ausgesetzt, und ich galt für vermißt.« Nachdem er sich das alles angehört hatte, sagte Urquhart zu Lathbury: »Es ist unbedingt nötig, daß wir ausbrechen, ehe wir endgültig eingeschlossen werden.«

[4] Waddy fiel kurz darauf bei einem Erkundungsgang durch Granatwerferbeschuß.

Heaps wies er an, nach Erfüllung seines Auftrages an der Brücke zum Divisionsstab zu fahren und Mackenzie zu befehlen, »soviel Hilfe wie möglich für das Bataillon Frost auf die Beine zu stellen«. Urquhart hatte beschlossen, Frost alle erdenkliche Hilfe zukommen zu lassen, damit er aushalten konnte, bis die Panzer von Horrocks Arnheim erreichten.

Nachdem Heaps und Labouchère abgefahren waren, bereiteten Urquhart und Lathbury ihren Ausbruch vor. Die Straße, in der sie sich befanden, lag jetzt pausenlos unter Feuer. Häuser stürzten ein. Urquhart bemerkte: »Um das Haus, in dem wir uns befanden, türmten sich förmlich immer mehr Tote.« Er kam zu dem Schluß, daß die Straße als Fluchtweg ausschied. Die Offiziere beschlossen also, gemeinsam mit anderen durch den Hinterausgang zu flüchten, was gelingen konnte, wenn ihnen Feuerschutz gegeben wurde. Gedeckt durch die Pflanzen in den Hintergärten, hofften sie, in ruhigere Gegenden gelangen und zum Stab zurückkehren zu können.

Die Fallschirmjäger warfen Rauchtöpfe, und in ihrem Schutz lief Urquharts Gruppe zur Hintertür hinaus, durch den Gemüsegarten und über den Zaun ins Nachbargrundstück. Als sie hier einen Moment verschnauften, ging Lathburys Maschinenpistole unbeabsichtigt los, und der General wäre um ein Haar in den rechten Fuß getroffen worden. Urquhart beschrieb das später so: »Ich schimpfte Lathbury einen jener Trottel, die nicht mal imstande sind, ihre MP zu sichern. Als ob es nicht schon schlimm genug gewesen wäre, daß der Divisionskommandeur sich hier herumtrieb . . . nein, er mußte auch noch den Schießkünsten seines eigenen Brigadekommandeurs zum Opfer fallen.«

Die Gruppe überkletterte mehrere Zäune, einmal auch eine drei Meter hohe Mauer, und gelangte schließlich an eine Straßenkreuzung. Hier machte man einen schweren Fehler, indem man nämlich nicht nach links abbog, in einigermaßen ungefährdetes Gebiet, sondern nach rechts, Richtung Elisabethhospital und direkt ins Feuer des Feindes.

An der Spitze liefen Hauptmann Taylor vom Brigadestab und Hauptmann Cleminson vom 3. Bataillon. Einer von diesen beiden schrie etwas, was aber weder Urquhart noch Lathbury verstand. Und ehe Taylor und Cleminson es verhindern konnten, gerieten die beiden Generäle in einen wahren Irrgarten von Nebenstraßen, »wo jede einzelne Straße von einem deutschen Maschinengewehr bestrichen wurde«, wie es Urquhart vorkam. Als die vier Offiziere eine Straßenkreuzung zu überqueren versuchten, wurde Lathbury getroffen.

Die anderen zerrten ihn von der Straße in ein Haus, und Urquhart stellte fest, daß der Brigadier im unteren Rücken getroffen und offenbar gelähmt war. »Wir wußten alle, daß er nicht weiter konnte.« Lathbury drängte den General, ihn liegen zu lassen. Während man noch beriet, schaute ein deutscher Soldat durchs Fenster herein, den Urquhart aus nächster Nähe mit der Pistole erschoß. Die Deutschen waren jetzt so nahe, daß Urquhart einfach nicht mehr bleiben konnte. Er ließ sich von dem ältlichen Ehepaar, dem das Haus gehörte und das Englisch verstand, versprechen, daß sie Lathbury bei erster Gelegenheit ins Hospital bringen würden. Um die Hausbesitzer vor deutschen Repressalien zu schützen, versteckten sie Lathbury unter der Treppe, »und dann liefen wir aus der Hintertür wieder in ein Labyrinth aus kleinen, eingezäunten Gärten«. Die drei Männer gelangten nicht weit, und wahrscheinlich hat der 55 Jahre alte Antoon Derksen, Bewohner des Reihenhauses Zwarteweeg 14, dem General das Leben gerettet.

Antoon, seine Frau Anna samt Sohn Jan und Tochter Hermina hatten vor der Schießerei in der Küche Schutz gesucht. Als Derksen aus dem Fenster schaute, sah er zu seiner Überraschung drei englische Offiziere über den Zaun in seinen Garten springen und zur Küchentür laufen. Er ließ sie ein.

Da er kein Englisch sprach und weder Urquhart noch jemand von seiner Begleitung Holländisch verstand, bedeutete Antoon den Engländern pantomimisch, daß es hier von Deutschen wimmelte. »Sowohl auf der Straße waren Deutsche, wie auch in den Gärten, gerade dort, wohin die Offiziere wollten. Am Ende der Häuserzeile befand sich eine deutsche MG-Stellung.«

Derksen schob seine Besucher also eilig die enge Treppe hinauf und in ein Schlafzimmer. In der Schlafzimmerdecke war eine Falltür mit ausfahrbarer Leiter, durch die man auf den Dachboden gelangte. Als die drei Offiziere vorsichtig zum Fenster hinauslugten, erkannten sie, daß Derksen mit seiner Pantomime nicht so unrecht gehabt hatte, denn direkt unter ihnen, über die ganze Straße verteilt, waren deutsche Soldaten. »Sie waren so nahe, daß wir sie sprechen hören konnten«, erinnert sich Urquhart.

Ob die Deutschen ihn beim Eintritt in das Haus bemerkt hatten und nun jeden Augenblick hereinkommen würden, wußte er nicht. Obwohl er sah, daß die ganze Gegend von Deutschen besetzt war, überlegte er immer noch, ob er durch den Garten entkommen oder sich mit Handgranaten auf der Straße einen Weg bahnen sollte. Er hätte jedes Risiko auf sich genommen, nur um wieder auf seinen Gefechtsstand zu gelangen, seine Offiziere jedoch waren damit nicht einverstanden. Die Chancen standen im Augenblick zu schlecht. Sie stellten ihm vor, daß es besser sei abzuwarten, bis die Gegend von englischen Truppen überrannt werde, als Gefangennahme oder gar Tod zu riskieren.

Urquhart wußte, daß sie recht hatten, und er wollte auch nicht, daß seine Offiziere ein Risiko eingingen, das selbstmörderisch sein mochte. »Ich konnte aber einfach an nichts anderes denken als daran, daß ich bei meinem Stab gebraucht wurde, und alles schien mir besser, als auf diese Manier von der Führung der Operation ausgeschlossen zu bleiben.«

Das vertraute Rasseln von Panzerketten zwang Urquhart schließlich, am Ort zu verweilen. Die drei Offiziere beobachteten ein deutsches Sturmgeschütz, das langsam die Straße herunterkam und unmittelbar vor Derksens Haus hielt. Die Oberkante des Fahrzeugs war fast so hoch wie das Schlafzimmerfenster, und die Besatzung ließ sich schwatzend und rauchend direkt unterm Fenster nieder. Sie hatten offenbar nicht die Absicht weiterzufahren, und die Engländer mußten damit rechnen, daß sie jeden Augenblick das Haus betreten könnten. Hauptmann Taylor ließ daher rasch die Bodentreppe herunter, und zu dritt klomm man hinauf. Der recht große Urquhart kauerte sich unterm Dach zusammen, denn der Speicher war nicht viel mehr als ein Kriechboden. »Ich kam mir albern und lächerlich vor, weil ich an den Kämpfen nur noch als Zuschauer beteiligt war.«

Im Haus herrschte Stille. Antoon Derksen hatte als loyaler Holländer den Engländern Unterschlupf gewährt, dann aber seine Familie vorsichtshalber im Nachbarhaus einquartiert, weil er mit Repressalien rechnete, sollte man Urquhart finden. Auf dem stickigen Dachboden warteten Urquhart und seine Offiziere ohne Speis und Trank darauf, daß entweder die Deutschen sich zurückzögen oder die Engländer vorrückten. Am 18. September, also einen Tag nach Beginn des Unternehmens »Market-Garden«, hatten die Deutschen den Gegner bei Arnheim so gut wie zum Stehen gebracht, und nicht nur das: General Urquhart, der einzige, der so etwas wie System in den englischen Angriff hätte bringen können, saß hilflos auf einem Dachboden innerhalb der deutschen Linien.

Die Aufklärungsabteilung der 9. SS-Panzerdivision hatte zwischen Arnheim und Nimwegen nach Fallschirmjägern gesucht, ohne welche zu finden. Es waren keine dort, dessen war Hauptsturmführer Gräbner ganz sicher. Dafür waren welche in Nimwegen. Gleich nachdem einige von Gräbners Fahrzeugen über die große Waalbrücke gefahren waren, kam es zu einem kurzen Feuerwechsel. In der Dunkelheit wollte der Feind den Kampf gegen gepanzerte Fahrzeuge aber wohl nicht gerne fortsetzen, und Gräbner meldete seinem Stab, daß die Alliierten bisher nur in geringer Stärke in Nimwegen seien.

Nachdem er seinen Auftrag ausgeführt hatte, ließ Gräbner einige Sturmgeschütze zurück, die den Südzugang zur Brücke von Nimwegen sichern sollten, und machte sich mit dem Rest seiner Abteilung auf den Weg nach Arnheim. Als er abends zuvor über die Arnheimer Brücke gefahren war, hatte er vom Feind nichts bemerkt, unterdessen aber aus Funksprüchen ersehen, daß englische Truppen am Nordzugang der Brücke festgestellt worden waren. Beim Stab von Harzer war dabei von »Vorausabteilungen« die Rede. Noch einmal machte Gräbner halt, in Elst, etwa auf der Hälfte zwischen Arnheim und Nimwegen. Hier ließ er wiederum Fahrzeuge zurück, die im Notfall sowohl die eine wie die andere Brücke rasch erreichen konnten. Mit den ihm verbliebenen 22 Kampfwagen rollte er nun zur Brücke von Arnheim, um diese von den schwachen feindlichen Verbänden, die ihm gemeldet worden waren, zu säubern. Da es sich nur um mit Gewehren und Maschinengewehren bewaffnete Fallschirmjäger handeln sollte, erwartete er wenig Widerstand. Seine starken gepanzerten Verbände würden eine schwache englische Stellung mühelos durchstoßen.

Genau um 9:30 Uhr rief Corporal Lumb von seinem Auslug nahe der Brücke aufgeregt: »Panzer! Das XXX. Korps!« Beim Bataillonsstab hörte Oberst Frost seinen eigenen Beobachter das gleiche rufen und verspürte momentan Erleichterung. »Ich weiß noch, daß ich meinte, wir ganz allein würden die Ehre haben, das XXX. Korps in Arnheim willkommen zu heißen.« Auch andere fühlten sich erleichtert. Frost gegenüber hörten Hauptmann Mackays Pioniere, die unter der Rampe lagen, über sich das Dröhnen der schweren Schützenpanzer. Sergeant Storey lief die Treppe hinauf zu Corporal Lumb und erblickte durch den Qualm, der am Südzugang zur Brücke immer noch waberte, die von Lumb angekündigten Panzer. Der Veteran von Dünkirchen sprang die Treppe hinunter und brüllte: »Das sind Deutsche! Deutsche Panzer auf der Brücke!«

Hauptsturmführer Gräbners vorderste Spähwagen rollten mit Höchstgeschwindigkeit über die Brücke. Die deutschen Fahrer wichen mit ungewöhnlicher Geschicklichkeit nicht nur den qualmenden Fahrzeugwracks aus, sondern passierten auch einen Riegel Tellerminen, den die Engländer während der Nacht ausgelegt hatten. Nur ein Panzerspähwagen streifte eine Mine, konnte aber wenig beschädigt die Fahrt fortsetzen. Hauptmann Mackay schaute verblüfft zu, als der erste Spähwagen mit feuernden Maschinengewehren die Rampe herunterraste, die englische Stellung durchbrach und Richtung Innenstadt verschwand. Gleich darauf sah er einen zweiten. »Wir hatten hier unten keine Pak, und ich sah hilflos zu, als noch drei Spähwagen an uns vorbei die Allee hinaufbrausten.«

Gräbner war also dabei, die Brücke in einem Gewaltstreich zu nehmen. Er hatte an der Südzufahrt, ungesehen von den Engländern, seine Kolonne zusammengestellt, und nun folgten den Spähwagen Schützenpanzer und Lkw mit Infanterie, die hinter Getreidesäcken hervor feuerte. Hinter den Halbkettenfahrzeugen drängten sich unablässig feuernde Grenadiere.

Der Durchbruch von Gräbners Panzerspähwagen verblüffte die Engländer, doch faßten sie sich rasch. Frost hatte auf seiner Seite der Brücke Pak stehen, die zu schießen begannen. Überhaupt gerieten die Deutschen jetzt vom Nordzugang her in sehr wirkungsvolles Feuer. Von Dächern, Brüstungen, aus Fenstern und Splittergräben schossen die Engländer aus allen Rohren und warfen Handgranaten. Pionier Emery erschoß von der Rampe her Fahrer und Beifahrer des vordersten Schützenpanzers und auch die des diesem folgenden. Letzterer kam kurz vor der Rampe zum Stehen und die sechsköpfige Besatzung, die hinaussprang, wurde restlos niedergemacht.

Weitere Fahrzeuge folgten. Noch zwei Schützenpanzer fuhren auf die Brücke, doch ging der deutsche Angriff jetzt schief. Der verwundete Fahrer des dritten SPW versuchte in seiner Angst rückwärts zu fahren und stieß in das nachfolgende Fahrzeug hinein. Es entstand ein unentwirrbarer Knäuel, der nun die Fahrbahn versperrte und noch dazu in Brand geriet. Hartnäckig versuchten nachfolgende Fahrzeuge, die Durchfahrt zu erzwingen. Mit hoher Geschwindigkeit und besessen von dem Wunsch, das Nordufer zu erreichen, rammten sie sich gegenseitig und schoben einander zu einem wachsenden Trümmerhaufen zusammen, in den nun fortgesetzt Granaten einschlugen. Einige Fahrzeuge kollidierten so schwer mit der Rampe, daß sie über den Fahrbahnrand auf die darunterliegende Straße kippten. Grenadiere, die den Halbkettenfahrzeugen folgten, wurden unbarmherzig niedergeschossen, und wer überlebte, rettete sich auf die Südseite zurück. Von den Brükkenbogen jaulten ungezählte Querschläger. Zu allem Überfluß gerieten Gräbners Fahrzeuge nun auch noch in das Feuer der leichten Artillerie von Oosterbeek her, die von Major Munfort angefordert worden war. Über dem Getöse hörte man deutlich das Kriegsgeschrei der triumphierenden englischen Fallschirmjäger: »Whoa Mohamed!« das die Roten Teufel erstmals in den Sanddünen von Nordafrika im Jahre 1942 erprobt hatten[5].

[5] Den Fallschirmjägern war damals aufgefallen, daß die Araber allen Mitteilungen, die sie einander machten, diese beiden Worte voranschickten. In Arnheim erwies diese Technik sich als nützlich, weil die Deutschen

Daß es zu einem so heftigen Gefecht kam, beeindruckte die holländischen Anwohner stark. Lambert Schaap, der mit den Seinen an der Rijnkade wohnte, einer Straße, die, dem Ufer folgend quer zur Brücke verlief, schickte Frau und neun Kinder in einen Schutzraum. Er selbst blieb in seiner Wohnung, bis ein Kugelhagel durchs Fenster kam und sein Mobiliar beschädigte. Nun floh auch Schaap. Dem Polizeiwachtmeister Johannes van Kuijk kam das Gefecht endlos vor.

»Es wurde wirklich fürchterlich geschossen; ein Haus ums andere wurde getroffen oder brannte schon. Immerfort riefen Bekannte und Kollegen an und wollten wissen, was vorging. In unserem Gebäude war allerhand los, und das Nachbarhaus fing Feuer. Auch Häuser entlang dem Eusebius Buiten Singel standen in Flammen.«

Coenraad Hulleman, der unweit von Hauptmann Mackays Gefechtsstand bei seiner Braut zu Besuch war, blieb im Haus der Schwiegereltern im Keller. »Man hörte plötzlich so ein ulkiges Geräusch, das klang wie Regen«, erinnert er sich, »aber es war Feuer, wie ich feststellte, als ich oben aus einem Fenster schaute. Es prasselte nur so. Der gesamte Häuserblock brannte, und Soldaten liefen nach allen Richtungen. Das Gefecht zog sich die Allee herauf, und plötzlich war unser Haus dran. Geschosse zertrümmerten die Scheiben, rissen Löcher in die Wände und zerstörten auch mit musikalischen Geräuschen das Klavier. Dann hörte man so was wie Maschineschreiben, und wirklich prasselte ein richtiger Kugelregen gegen die Schreibmaschine in M. van der Sandes Büro«. Hullemans Braut Truid war ihm gefolgt und bemerkte Einschläge in dem massiven Turm von St. Eusebius. Noch während sie hinausschaute, geriet der goldene Minutenzeiger in irrwitzige Bewegung und drehte sich wie ein Kreisel. »Es war, als sähe man die Zeit buchstäblich vorübersausen«, sagte sie.

Den Soldaten an der Brücke kam alles Zeitgefühl abhanden. Die Brutalität des überraschend losgebrochenen Gefechtes ließ in manchen den Eindruck entstehen, als habe es viele Stunden gewährt, doch waren es in Wirklichkeit nicht ganz zwei. Von den gepanzerten Fahrzeugen, die Obersturmführer Harzer dem Brigadeführer Harmel nicht gegönnt hatte, standen zwölf brennend und zertrümmert am Nordende der Brücke. Was übrigblieb, löste sich vom Feind und zog sich ohne den Kommandeur auf Elst zurück. Hauptsturmführer Gräbner war gefallen.

den Ruf offenbar nicht nachzuahmen verstanden und die Engländer am Nordende der Brücke auf diese Weise feststellen konnten, welche Gebäude in eigener oder in feindlicher Hand waren. Hilary St. George Saunders behauptet in *By Air to Battle:* »Der Kriegsruf schien die Soldaten zu höchster Verwegenheit anzureizen.«

Die siegreichen Engländer machten sich daran, den Schaden zu betrachten. Sanitäter und Krankenträger sammelten ungeachtet der fortgesetzten Tätigkeit von Scharfschützen die Verwundeten beider Parteien. An der Brücke hatten die Roten Teufel die Schrekken eines Panzerangriffes überstanden und ihn sogar erfolgreich abgeschlagen, und wie um ihnen zu ihrem Erfolg zu gratulieren, nahm der Funktrupp beim 2. Bataillon plötzlich laut und klar Signale vom XXX. Korps auf. Die erschöpften Soldaten glaubten daraufhin, ihre Prüfung sei zu Ende, Horrocks' Panzer könnten höchstens noch Stunden entfernt sein.

Von Fliegerhorsten in Deutschland stiegen ganze Schwärme von Jägern auf. Die fast aktionsunfähige Luftwaffe hatte zu einer großen Anstrengung Maschinen und Treibstoff versammelt und nach einer hektischen Nacht, während derer von überall her Jagdflugzeuge zusammengetrommelt worden waren, befanden sich zwischen 9:00 und 10:00 Uhr am 18. September 190 Jäger über Holland in der Luft, mit dem Auftrag, die aus England einfliegende zweite Welle der »Market«-Streitkräfte zu vernichten. Anders als der skeptische Model, glaubte die Führung der Luftwaffe an die Echtheit der erbeuteten Pläne für »Market-Garden« und sah die Möglichkeit, endlich zu einem glänzenden Erfolg zu kommen. Man wußte aus den Plänen, wo am Montag gelandet, abgesprungen und abgeworfen werden sollte, und die Jäger, die die Küste patrouillierten, warteten nur darauf, sich auf die Luftlandeverbände zu stürzen, die um 10:00 Uhr mit der Landung beginnen sollten. Doch die Zeit verging, und von den Alliierten keine Spur. Die Kurzstreckenjäger wurden zum Auftanken herunterbefohlen und stiegen gleich wieder auf. Doch der Himmel blieb leer, und nicht eines der erwarteten Ziele wollte sich zeigen. Die Luftwaffenführung fragte sich verärgert, was denn nun wieder schiefgegangen war.

Die Antwort war einfach. In Holland war zwar herrliches Wetter, doch in England nebelte es. Die auf den Flugplätzen bereitstehenden englischen und amerikanischen Truppen warteten ungeduldig auf den Start. General Brereton war an diesem Morgen, als es auf jede Stunde ankam, völlig vom Wetter abhängig, und nach einer Beratung mit seinem Meteorologen genötigt, den Start zu verschieben. Die Männer in und bei Arnheim und entlang des Korridors mußten, immer stärker von den Deutschen bedrängt, vier Stunden länger warten. Die zweite Welle konnte die vorgesehenen Landezonen nicht vor 14:00 Uhr erreichen.

5

Bei Valkenswaard hinderte Bodennebel auch die Panzer des XXX. Korps daran, wie geplant um 6:30 Uhr aufzubrechen. Immerhin fuhren Panzerspähwagen pünktlich los und fühlten gegen die Deutschen vor. Im Osten war das Gelände wegen zahlloser kleiner Wasserläufe nicht einmal für Spähwagen geeignet, und die im Westen befindlichen Holzbrücken und Stege über Bäche und Flüsse konnten Panzer nicht tragen. Die Aufklärer, die auf der einen Panzer breiten Chaussee von Valkenswaard in nördlicher Richtung vordrangen, stießen überraschend auf einen deutschen Panzer und zwei Sturmgeschütze, die sich bei ihrer Annäherung auf Eindhoven zurückzogen. Alles deutete darauf hin, daß die Chaussee immer noch der schnellste Weg nach Eindhoven war, obwohl deutsche Panzer gesichtet wurden und man bei der Annäherung an die Stadt mit weiteren rechnen mußte. Gegen 9:00 Uhr machten sich General Horrocks' Panzer endlich auf den Weg, und als Oberst Frost sich mit Gräbners Einheiten an der Brücke von Arnheim herumschlug, rollte die Panzerspitze der Irischen Garde endlich in Richtung Eindhoven los.

Tags zuvor war Horrocks' Plan eines raschen Vorstoßes vom Maas-Scheldekanal und Gewinnung von Anschluß an General Taylors 101. US Luftlandedivision in weniger als drei Stunden am deutschen Widerstand gescheitert. Bei Dunkelwerden hatten Oberst Vandeleurs Panzer nur die elf Kilometer bis Valkenswaard geschafft, etwas mehr als die Hälfte der vorgesehenen Strecke. Bei Nacht weiter vorzugehen, schien nicht sinnvoll, denn Vandeleur war gemeldet worden, daß die Brücke bei Son, nördlich Eindhoven, zerstört worden sei; seine Panzer könnten erst nach Instandsetzung dieser Brücke über den Wilhelminakanal gehen. Vandeleur erinnert sich, daß General Gwatkin ihm sagte: »Fahren Sie morgen weiter nach Eindhoven, alter Knabe, aber lassen Sie sich Zeit dabei. Uns fehlt da eine Brücke.«

Die Truppe wußte davon aber nichts und scharrte ungeduldig mit den Füßen. Leutnant Gorman, der Horrocks' Befehlsausgabe in Leopoldsburg beigewohnt hatte, meinte schon damals, es seien zu viele Brücken zu überschreiten, und jetzt war er, der vor einigen Wochen das Military Cross verliehen bekommen hatte, nervös und gereizt. Seine Befürchtungen schienen gerechtfertigt. In seiner Ungeduld konnte er nicht begreifen, warum die Panzer eine Nacht in Valkenswaard verbummelten. »Die Gewohnheit gebietet diesen Leuten, bei Nacht zu schlafen und am Tage zu arbeiten, doch in dieser Lage paßt sich das nicht. Wir müssen weiter, wir dürfen nicht warten«, erinnert er sich, gesagt zu haben. Auch Leutnant Mahaffey war besorgt darüber, daß die Garde nur so langsam von der Stelle kam. »Ich machte mir alle möglichen Gedanken. Unser Vormarsch ging viel langsamer vonstatten als geplant, und ich wußte: wenn wir uns nicht beeilen, werden wir in Arnheim nicht mehr rechtzeitig eintreffen.«

Die Aufklärung hatte zwar deutsche Panzer und Infanterie gemeldet, doch trafen die Gardepanzer auf nennenswerte Gegenwehr erst bei Aalst, auf halbem Wege nach Eindhoven. Hier wurde die Marschkolonne aus dem Kiefernwald beiderseits der Straße beschossen, allerdings nur von Infanterie. Ein einziges Sturmgeschütz stellte sich den vordersten Panzern, wurde aber rasch unschädlich gemacht, und Vandeleurs Panzer rumpelten durch Aalst. Etwa drei Kilometer nördlich an einer kleinen Brücke über die Dommel gerieten die Iren in das Feuer von schwerer Artillerie. Die Brücke wurde von vier Flakgeschützen vom Kaliber 8,8 cm gesichert. Infanterie mit Maschinengewehren hatte sich in umliegenden Gebäuden und hinter Betonmauern verschanzt. Die Spitze hielt also an, die aufgesessene englische Infanterie sprang von ihren Panzern und nahm den Kampf auf.

Vandeleur wollte hier nicht unnötig verweilen und befahl daher, die Unterstützung jener Jagdbomber anzufordern, die ihm tags zuvor so sachverständig den Vormarsch erleichtert hatten. Leutnant Love, der unterdessen die Leitung seiner Boden-Luft-Verbindungsstelle übernommen hatte, gab die Anforderung durch und hörte zu seiner Verblüffung, daß die in Belgien liegenden Jagdbomberstaffeln wegen Nebels nicht starten konnten. »Vandeleur war außer sich. Er blinzelte in den blauen Himmel und fragte, ob die RAF sich vor der Sonne fürchtete!«

Die Marschkolonne, die beinahe bis zur belgischen Grenze zurückreichte, war durch die geschickt aufgestellten Geschütze zum Stehen gebracht worden. Die vordersten Panzer versuchten näher heranzukommen, wurden aber durch direkten Beschuß einer 8,8 cm daran gehindert. Vandeleur forderte Artillerieunterstützung an und schickte Patrouillen los, die westlich der Brücke eine zweite Brücke oder eine Furt erkunden sollten, mit deren Hilfe man die deutsche Batterie umgehen und von hinten angreifen konnte.

Englische Artillerie eröffnete das Feuer, und Granaten schlugen kurz vor den vordersten Panzern ein. Die Deutschen ließen sich aber aus ihren gut befestigten Stellungen nicht vertreiben, und der Feuerwechsel dauerte über zwei Stunden. Vandeleur war wütend, aber machtlos, er konnte nur warten.

Etwa sieben Kilometer weiter nördlich glückte einem seiner Spähtrupps ein unerwarteter Erfolg. Nach einer an Umwegen reichen Fahrt durch das wasserreiche Gelände über leichte Holzbrücken stieß er nördlich von Eindhoven auf amerikanische Fallschirmjäger. Kurz vor 12:00 Uhr begrüßte Leutnant Palmer, der Führer dieses Spähtrupps General Higgins, den stellvertretenden Kommandeur der 101. US Luftlandedivision. Palmer unterrichtete über Funk seinen Kommandeur von dieser Begegnung. Der erste von drei lebenswichtigen Kontakten entlang dem Korridor war mit achtzehnstündiger Verspätung zustande gekommen.

Kaum war die Verbindung hergestellt, beriet man wegen der Brücke bei Son. Die bereitstehenden Pioniereinheiten der Engländer brauchten genaue Angaben über das benötigte Material. Diese Information wäre normalerweise über Funk durchgegeben worden, doch hatten die praktischen Amerikaner schon eine einfachere Methode gefunden und wiesen die Engländer an, einfach die Nummer Son 244 zu wählen. Das Gespräch ging durch die von den Deutschen kontrollierte automatische Telefonvermittlung, und nur Minuten später erfuhren die englischen Pioniere von den Amerikanern an der Brücke alles, was sie wissen mußten, um das geeignete Material nach vorn zu bringen.

In Aalst hörten die Deutschen zur Verblüffung der Irischen Garde ganz plötzlich auf zu schießen. Außer Gefecht gesetzt wurden sie durch einen englischen Aufklärungszug, der bei gewissenhafter Erkundung des Geländes einen guten Kilometer nördlich von Aalst einen Übergang über die Dommel gefunden und die deutsche Feuerstellung von hinten angegriffen hatte.

Die Gardepanzer bei Aalst hielten die plötzlich eingetretene Ruhe aber nur für eine Kampfpause. Major Tyler, der die 2. Panzerstaffel führte, überlegte noch, ob er die Kampfpause ausnutzen solle, um mit seinem Kampfwagen vorzupreschen, da sah er einen Mann die Hauptstraße herunter radeln. Der Mann blieb am anderen Ufer stehen, stieg vom Rad und fuchtelte aufgeregt mit den Armen. Dann hörte Tyler ihn rufen: »Sie General! Sie General! Der Boche ist weg!« Dieser Holländer war Cornelis Los, 41 Jahre alt, als Ingenieur in Eindhoven beschäftigt, mit Wohnsitz in Aalst. »Die Straße ist offen. Der einzige deutsche Panzer war am Dorfeingang, und den haben Sie schon erledigt.« Sodann brachte er eine Skizze zum Vorschein, »auf der sämtliche deutsche Stellungen zwischen Aalst und Eindhoven angegeben waren«, wie Tyler sich erinnert.

Tyler gab nun sofort den Befehl abzufahren, die Panzer rollten über die Brücke und an den zerstörten deutschen Stellungen vorüber. Nach knapp einer Stunde sah Tyler Eindhoven vor sich, dazu Tausende von Holländern, die jubelnd und Fähnchen schwenkend die Straße verstopften. »Das einzige, was uns jetzt noch aufhält, sind die Holländer«, gab Major Fisher-Rowe nach hinten durch. Die schwerfälligen Panzer des XXX. Korps brauchten mehr als vier

Stunden, um sich in dieser Karnevalsstimmung durch die Stadt zu schieben. Erst kurz nach 19:00 Uhr erreichten die vordersten Einheiten die Brücke von Son, wo Oberst Sinks erschöpfte Pioniere darum bemüht waren, den gesprengten Brückenteil zu ersetzen.

Der dem Unternehmen »Market-Garden« zugrundeliegende Fahrplan hatte von Anbeginn wenig Spielraum für Unvorhergesehenes gelassen. Die Beschädigung der Brücke von Son erwies sich nun ebenso wie der zum Stehen gebrachte Angriff der englischen Bataillone auf Arnheim als ein Rückschlag, welcher das ganze Unternehmen scheitern lassen konnte. Über 40 Kilometer des Korridors – von der belgischen Grenze bis nach Veghel im Norden – waren in der Hand der Engländer und Amerikaner. Die 101. Division hatte mit ungewöhnlicher Schnelligkeit den ihr zugewiesenen 23 Kilometer langen Abschnitt der Chaussee in Besitz genommen und dabei die Orte Eindhoven, St. Oedenrode und Veghel sowie neun von elf Brücken besetzt. Und doch konnte Horrocks' Kolonne von 20000 Fahrzeugen nicht weiter, bis die Brücke bei Son passierbar war. Englische Pioniere mit Brückengerät begleiteten die vordersten Panzer. Sie sollten so rasch als möglich diese Brücke reparieren, weil Horrocks' Panzer nirgendwo anders den Wilhelminakanal überschreiten konnten.

Wohl wissend, daß die Brücke von Son für den Marsch im Korridor von höchster Bedeutung war, hatte General Taylor schon bei der Planung eine Alternative ins Auge gefaßt. Um einem Rückschlag vorzubeugen, wie er sich jetzt bei Son ereignet hatte, befahl Taylor, eine 30 Meter lange Betonbrücke über den Kanal bei der Ortschaft Best zu besetzen. Diese Brücke war etwa sechs Kilometer von der Hauptstraße entfernt und mochte notfalls benutzt werden. Die Aufklärung meldete aus dieser Gegend nur wenige deutsche Truppen, daher erhielt eine einzige Kompanie den Auftrag, die Straßenbrücke und eine nahegelegene Eisenbahnbrükke zu nehmen.

»Best« erwies sich als tragische Fehlbezeichnung für jene amerikanischen Soldaten, die die Brücke dort nehmen sollten. Die verstärkte Kompanie von Leutnant Wierzbowski hatte während der schweren Nachtgefechte am 17. September große Ausfälle. Die hartnäckigen Amerikaner gingen trotz zahlenmäßiger Überlegenheit der Deutschen entlang den Kanalufern und Deichen und durch die Marschen vor und wurden schließlich fünf Meter von der Brücke entfernt durch schweres Sperrfeuer abgewiesen. Immer wieder hieß es während der Nacht, die Brücke sei genommen worden, dann wieder, die Kompanie sei völlig aufgerieben. Verstärkungen, die nach Best in Marsch gesetzt wurden, erging es nicht anders als der Kompanie Wierzbowski – sie wurden sehr rasch in verzweifelte Kämpfe mit überlegenen Gegnern verwickelt. Beim Stab der 101. merkte man nun, daß bei Best starke deutsche Kräfte lagen. Weit entfernt davon, nur mangelhaft verteidigt zu sein, enthielt die Ortschaft gegen tausend deutsche Soldaten, Einheiten der von den Alliierten vergessenen 15. deutschen Armee. Wie ein Schwamm sog Best immer mehr amerikanische Truppen auf. Während die Kämpfe sich ausbreiteten, blieb Wierzbowski mit den wenigen Überlebenden seiner Kompanie im Mittelpunkt; obwohl kaum noch jemand wußte, daß er dort war, gab er den Kampf um die Brücke nicht auf.

Als gegen Mittag die Vorhuten der Engländer und der Amerikaner sich in Eindhoven trafen, sprengten die Deutschen die Brücke von Best. Wierzbowski und seine Leute waren ihr so nahe, daß herumfliegende Trümmer ihnen Verletzungen zufügten. Auch anderswo waren die Ausfälle hoch. So fiel Oberst Cole, Träger der Congressional Medal of Honor, die posthum auch dem Soldaten Mann verliehen wurde, der sich, ohnehin schwer verwundet, über eine von den Deutschen geschleuderte Handgranate warf und so seinen Kameraden das Leben rettete.

Nachdem die Brücke von Best verloren war, hing der Erfolg des Unternehmens »Market-Garden« mehr als je davon ab, wie rasch es den Pionieren gelang, die Brücke von Son zu reparieren. Jenseits des Wilhelminakanals lag einsam und verlassen die Chaussee, auf der die Panzer schon seit Stunden hätten marschieren sollen. Montgomerys kühner Plan stieß auf Hindernisse.

Je weiter nördlich im Korridor man war, desto mehr häuften sich die Schwierigkeiten. General Gavins 82. US Luftlandedivision hielt die 500 Meter lange Brücke von Grave und eine kleinere bei Heumen, hatte zu den Screaming Eagles von General Taylor im Süden und zu den Roten Teufeln bei Arnheim aber noch keine Verbindung. Im Südwesten nahmen Züge der Regimenter 504 und 508, die gleichzeitig von beiden Ufern des Maas-Waalkanals angriffen, bei der Ortschaft Honinghutie eine Brücke über die Straße von Grave nach Nimwegen, womit sie eine Alternativroute für Horrocks' Panzer nach Nimwegen öffneten. Doch ebenso, wie die beschädigte Brücke von Son den englischen Vormarsch im Mittelabschnitt des Korridors aufhielt, schuf auch die Unmöglichkeit, die Brücke bei Nimwegen zu nehmen, besondere Schwierigkeiten. SS-Verbände hatten sich dort am Südzugang eingegraben und wiesen mehrmals Angriffe von Teilen des Regiments 508 ab. Mit jeder Stunde nahm die Stärke der Deutschen zu, und Gabin konnte für die Eroberung der Brücke keine weiteren Kräfte erübrigen, denn in dem der 82. zugewiesenen sehr großen Operationsgebiet – das von Süden nach Norden 16 Kilometer und von Osten nach Westen 19 Kilometer maß – ereigneten sich eine ganze Anzahl offenbar unkoordinierter feindlicher Angriffe, die gleichwohl verhängnisvoll werden konnten.

Patrouillen auf der Straße Grave–Nimwegen wurden immer wieder von eingesickerten Feindkräften unter Feuer genommen. Corporal Oldfather, der nach Scharfschützen Ausschau hielt, bemerkte in einer Feldstellung des Regimentes 504 »drei Männer, von denen zwei mit dem Spaten arbeiteten, während einer Wasser aus dem Loch schöpfte. Ich winkte ihnen zu und sah, wie einer zum Gewehr griff. Es waren Deutsche, sie saßen direkt in unserer Stellung und schossen aus unseren eigenen Löchern auf uns.«

Weiter östlich, wo deutsche Infanterie von sehr geringem Kampfwert gegen die Fallschirmjäger vorgetrieben wurde, verwandelten sich die Landezonen zwischen den Höhen von Groesbeek und der deutschen Grenze in kleine Schlachtfelder. Die deutschen Verbände setzten sich aus Personal der Marine und der Luftwaffe, aus Fernmeldeeinheiten, aus beurlaubten Soldaten, Krankenpflegern und Genesenden zusammen. Corporal Ruppe erinnert sich, daß die ersten Deutschen, die er sah, alle möglichen Uniformen und Abzeichen trugen. »Ihr Angriff kam so plötzlich, daß unsere Vorposten völlig überrascht wurden.« Der Feind erschien praktisch aus dem Nichts. In den ersten Minuten nahm Leutnant Gensemer einen sehr selbstbewußten deutschen Oberst gefangen, der ihm versicherte: »Meine Leute werden Sie sehr bald von dieser Höhe hier verjagen.« Beinahe gelang ihnen das auch.

Die Deutschen, die zahlreich aus Wyler und aus dem Reichswald kamen, durchbrachen die Stellungen der 82. und besetzten rasch die Landezonen, erbeuteten Vorräte und Munition. Eine Weile verliefen diese Kämpfe völlig ungeordnet. Die Verteidiger hielten aus, solange sie konnten, und zogen sich dann zurück. Von überall wurde Verstärkung geholt; vom Stadtrand Nimwegen kamen amerikanische Einheiten im Gewaltmarsch ihren Kameraden in den Landezonen zu Hilfe.

Unter den Holländern schien sich eine Art Panik zu verbreiten. Soldat O'Hagan beobachtete, daß die holländischen Fahnen, von denen er beim Einmarsch in die Stadt unendliche Mengen bemerkt hatte, überall verschwanden, als sein Zug sich aus den Außenbezirken von Nimwegen zurückzog. Soldat Schultz, ein Veteran der Landung in der Normandie und MG-Schütze, stellte weit verbreitete Nervosität fest; MG-Schützen waren jetzt sehr gesucht. Wo er auch hinsah, erblickte er Deutsche. »Sie kamen von allen Seiten, wild entschlossen, uns von den Landezonen zu verjagen.« Jedem wurde klar, daß der Feind diese Kräfte, die man auf etwa zwei

Bataillone schätzte, zu opfern bereit war, bis deutsche Panzer und kampferprobte Verstärkungen eintreffen konnten. Das Ziel war augenblicklich, die 82., koste es, was es wolle, aufzureiben und die Landezonen selbst zu besetzen, denn diese waren für die Nachführung von Verstärkungen und Nachschub lebenswichtig. Falls dies gelang, konnten die Deutschen die zweite Welle bei der Landung vernichten.

General Gavin war um diese Zeit noch der Meinung, diese zweite Welle habe England termingerecht verlassen, und er sah keine Möglichkeit, ihren Start zu verhindern. Er glaubte also, nur knapp zwei Stunden für die Vertreibung der Deutschen aus seinem Operationsfeld zur Verfügung zu haben, und brauchte deshalb jeden verfügbaren Mann. Außer denen, die schon im Kampf standen, hatte er nur noch zwei Pionierkompanien. Diese setzte er sogleich ein.

Unterstützt vom Feuer der Artillerie und der Granatwerfer, mühten sich die Amerikaner, den stellenweise fünf zu eins überlegenen Feind aus den Landezonen zurückzuwerfen. Schließlich jagte man die Deutschen mit aufgepflanztem Bajonett die Hänge hinunter. Erst als die Kämpfe auf ihrem Höhepunkt waren, erfuhr Gavin, daß die zweite Welle vor 14:00 Uhr nicht eintreffen könne. Kleine Gruppen des Feindes hielten sich noch im Wald, und es war klar, daß ihre gelegentlichen Vorstöße nur die Vorboten von konzentrierten und entschlossenen Angriffen darstellten. Gavin glaubte, seinen Abschnitt halten zu können, indem er seine Truppen ständig umgruppierte, doch war ihm klar, daß die Lage der 82. nicht gerade rosig war. Jetzt hörte er auch noch davon, daß die Brücke bei Son erst repariert werden mußte, und folglich die Engländer nicht vor dem 19. September eintreffen konnten. Mit wachsender Sorge erwartete Gavin die zweite Welle, die ihm dringend benötigte Geschütze, Munition und Verstärkungen zuführen sollte.

6

In den rauchenden Ruinen von Arnheim, an der Baustelle bei Son, in Schützenlöchern und Wäldern, auf Deichen, in zerstörten Häusern, auf Panzern und an Brückenzugängen lauschten die Männer des Unternehmens »Market-Garden« und ihre deutschen Gegner auf das dumpfe Dröhnen, das sich im Westen vernehmen ließ. Verband um Verband näherten sich Flugzeuge und Lastensegler der zweiten Welle und verdunkelten den Himmel. Das unablässig lauter werdende Dröhnen der Motoren belebte aufs neue die Hoffnungen der Anglo-Amerikaner und der Holländer, während den

Deutschen dieser Lärm wie die Vorankündigung des Weltuntergangs klang. Soldaten und Zivilisten starrten gespannt in den Himmel. Es war knapp 14:00 Uhr am 18. September.

Diese Armada war wahrhaft gigantisch, sie stellte noch das Schauspiel vom Vortag in den Schatten. Am 17. war man in zwei deutlich getrennten Luftkorridoren eingeflogen, am 18. bewirkten schlechtes Wetter und die Hoffnung, auf diese Weise besser vor der deutschen Luftwaffe geschützt zu sein, daß die gesamte zweite Welle im nördlichen Korridor nach Holland flog. Zusammengefaßt zu einer riesigen Kolonne, die sich kilometerlang am Himmel erstreckte, flogen fast 4000 Maschinen in Höhen von 300 bis 800 Metern an. Das Gros bildeten 1336 amerikanische C-47 und 340 englische Stirlingbomber. Einige dieser Maschinen hatten Truppen an Bord, die meisten schleppten eine erstaunliche Anzahl von Lastenseglern, nämlich 1205 Horsas, Wacos und riesige Hamilcars. Am Ende des fast 200 Kilometer langen Konvois flogen 252 viermotorige Bomber vom Typ Liberator mit Nachschubgütern. Flankenschutz gewährten 867 Jäger –, Spitfires, Typhoons, Thunderbolts und Lightnings. Beim Start transportierte die zweite Welle insgesamt 6674 Luftlandetruppen, 681 Fahrzeuge plus beladene Anhänger, 60 Geschütze samt Munition und etwa 600 Tonnen Nachschub, darunter zwei Planierraupen[6].

In einen Schleier von krepierenden Flak-Granaten gehüllt, erschien die Armada über der Insel Schouwen und drehte nach Osten in Richtung auf den Kontrollpunkt südlich von s'Hertogenbosch ein. Dort teilte sich die Kolonne in drei Abteilungen, die von Jägern geführt wurden. Mit großer Präzision machten die amerikanischen Kontingente schwierige und gefährliche Schwenkungen nach Süden und Osten in Richtung der Landezonen der 101. und 82. Division, während die englischen Formationen nordwärts auf Arnheim flogen.

Wie schon tags zuvor, gab es auch diesmal gewisse Schwierigkeiten, wenn auch in geringerem Umfang. Verwirrung, vorzeitiges

[6] Die Angaben über die Zahl der beteiligten Flugzeuge weichen voneinander ab. Amerikanische Quellen geben 3807 Flugzeuge an, englische 4000. Meine Angaben basieren auf dem Gefechtsbericht von Brownings Korps, und aus ihm ergibt sich, daß die Differenz in den Angaben über die Begleitschutz fliegenden Jäger zu suchen ist. Den Amerikanern zufolge wurde die zweite Welle von 674 in England stationierten Jägern begleitet, wobei 193 in Belgien liegende Jäger nicht mitgezählt sind. Das ergibt dann insgesamt 867 Maschinen. Den besten Eindruck von den Aktionen der Luftwaffe gelegentlich des Unternehmens »Market-Garden« gibt die amtliche USAF Historical Division's Study No. 97 von Dr. John C. Warren mit dem Titel *Airborne Operations in World War II, European Theatre.*

Abdrehen und tödliche Unfälle fanden insbesondere bei den Lastenseglern statt. Längst vor Erreichen der Landezonen waren 54 Gleiter dank mechanischen oder menschlichen Versagens zu Boden gegangen. 26 Maschinen kehrten über England oder dem Kanal um; zwei brachen in der Luft auseinander, und 26 wurden beim Flug über vom Feind gehaltenem Gebiet vorzeitig ausgeklinkt und landeten weit von ihren Zielgebieten entfernt in Belgien, in Holland und in Deutschland. In einem Fall erschien ein geistesgestörter Soldat im Cockpit eines Lastenseglers und klinkte das Schleppseil aus. Die Verluste an Mannschaften waren insgesamt gering. Die größten Ausfälle betrafen wie schon am Vortag die kostbare Ladung, und wiederum schien es das Schicksal mit den Männern von General Urquhart besonders schlecht zu meinen, denn mehr als die Hälfte der verlorengegangenen Lastensegler waren für Arnheim bestimmt.

Auch mit der Luftwaffe meinte es das Schicksal nicht gut. Als sich um 10:00 Uhr früh von den erwarteten alliierten Maschinen keine sehen ließen, wurden mehr als die Hälfte der 190 Jagdflugzeuge zurückgepfiffen und die übrigen patrouillierten über Nord- und Südholland. Als die zweite Welle anflog, befand sich daher die Hälfte im falschen Sektor oder wurde gerade betankt. Das Resultat war, daß bei Arnheim und Eindhoven keine 100 Jäger vom Typ Messerschmitt oder FW-190 eingreifen konnten, und von diesen gelang es nicht einem einzigen, den Schutzschirm der alliierten Jagdmaschinen zu durchbrechen und an die Truppentransporter heranzukommen. Alliierte Piloten behaupteten hinterher, bei nur fünf eigenen Verlusten 29 Messerschmittjäger abgeschossen zu haben.

Beim Anflug auf die Landezonen geriet die Luftarmada in schweres Flakfeuer. Über dem Landegebiet der 101. Division nördlich von Son verschwanden die langsam fliegenden Lastensegler in Bodennebel und Regen und blieben so in gewissem Umfang für die deutschen Richtschützen unsichtbar. Dafür gerieten andere Verbände in tödliches Flakfeuer aus der Gegend von Best. Ein vermutlich mit Munition beladener Gleiter erhielt einen Volltreffer, explodierte und verschwand spurlos. Vier Schleppmaschinen wurden eine nach der anderen beim Ausklinken der Seile getroffen. Zwei gerieten in Brand, eine stürzte ab, die andere landete unbeschädigt. Drei von Geschossen zersiebte Lastensegler machten eine Bruchlandung, die von den Insassen wunderbarerweise überlebt wurde. Insgesamt erreichten von 450 für General Taylors 101. Division bestimmten Gleitern 428 mit 2665 Soldaten, ihren Fahrzeugen und Anhängern beladene Lastensegler ihr Ziel.

25 Kilometer weiter nördlich wurde auf den Landezonen von

General Gavin noch gekämpft, als die Lastensegler anflogen. Die 82. hatte höhere Verluste als die 101. Division. Schleppmaschinen und Lastensegler gerieten in starkes Flakfeuer. Die deutschen Kanoniere schossen zwar weniger genau als tags zuvor, holten aber immerhin noch sechs Schleppmaschinen herunter. Eine verlor eine Tragfläche, drei stürzten brennend ab, eine landete in Deutschland. Die verzweifelte Schießerei, die um den Besitz der Landezonen entbrannt war, nötigte viele Lastensegler, anderswo zu landen. Manche setzten bis zu acht Kilometer vom Ziel entfernt auf, manche kamen in Deutschland herunter, wieder andere entschlossen sich zu einer schnellen Landung in den angewiesenen Räumen. Diese waren jetzt von Trichtern zerwühlt und wurden von Maschinengewehren bestrichen, waren also ein rechtes Niemandsland. Bei den schnellen, harten Landungen ging manches Fahrwerk zu Bruch, stellte sich so mancher Gleiter auf den Kopf. Doch die drastischen Maßnahmen der Piloten bewährten sich; Truppen und Ladung hatten erstaunlich wenig Ausfälle zu beklagen. Bei diesen gewaltsamen Landungen kam nicht ein einziger Mann zu Schaden, und nur 45 Soldaten wurden durch feindliches Feuer im Anflug oder im Landegebiet getötet oder verwundet. Im Landebereich der 82. Division kamen 385 von 454 Lastenseglern heil herunter. Sie brachten 1782 Artilleristen, 177 Jeeps und 60 Geschütze mit. Man glaubte anfangs, es seien mehr als 100 Fallschirmjäger verlorengegangen, doch stellte sich über die Hälfte davon, die an entfernten Orten gelandet waren, wieder bei der Division ein. Die schwersten Verluste waren unter den Gleiterpiloten zu beklagen: 54 wurden als gefallen oder vermißt gemeldet.

Es gelang den Deutschen zwar nicht, die zweite Welle am Einflug zu hindern, dafür hatten sie aber gute Erfolge gegen die Nachschub fliegenden Bomber, die den Truppentransportern und Lastenseglern folgten. Als die ersten der riesigen viermotorigen Bomber vom Typ Liberator sich den Abwurfzonen der 101. und 82. Division näherten, hatten die Richtschützen der Flak sich eingeschossen. Jagdbomber waren den Nachschubmaschinen vorausgeflogen, um Flakstellungen zu zerstören, doch auch hier machten die Deutschen es, wie sie es bei dem Vorstoß von Horrocks' Panzern am 17. gemacht hatten: sie feuerten erst, als die Jagdbomber unmittelbar über ihnen waren, und holten innerhalb von Minuten 21 Begleitmaschinen herunter.

Die nun anfliegenden Bomberformationen hielten eine Höhe zwischen 20 und 270 Metern. Brände und Dunst über den Abwurfzonen machten es schwer, Rauchtöpfe und Markierungen zu erkennen, so daß auch erfahrene Wurfmeister an Bord der Maschinen die Abwurfzonen nicht genau erkennen konnten. So fiel denn aus den

Bombenschächten der B-24, von denen jede etwa zwei Tonnen Fracht flog, der Nachschub ungezielt und weit verstreut zu Boden. Die Soldaten der 82. brachten es fertig, etwa 80 Prozent dieses Nachschubs praktisch den Deutschen vor der Nase wegzuschnappen, bei der 101. jedoch war man weniger vom Glück begünstigt. Hier landete ein großer Teil der abgeworfenen Gegenstände bei den Deutschen in der Gegend von Best. Man konnte nicht einmal die Hälfte des Nachschubs bergen. Für die Leute von General Taylor im südlichen Teil des Korridors war das ein besonders schwerer Verlust, weil über 100 Tonnen des für sie bestimmten Nachschubs aus Benzin, Munition und Verpflegung bestanden. Das deutsche Abwehrfeuer war so verheerend, daß 130 Bomber beschädigt und sieben abgeschossen wurden, vier machten eine Bruchlandung. Der Tag, der für die belagerten Amerikaner recht hoffnungsvoll begonnen hatte, sah jetzt einen grimmigen Kampf ums Überleben.

Leutnant Glover von der 4. Fallschirmjägerbrigade des Generals Hackett hing über der Landezone südlich der Straße Ede–Arnheim an seinem Fallschirm und klopfte beschwichtigend gegen die Reisetasche an seiner linken Schulter. Das Parahuhn Myrtle gackerte, und Glover war beruhigt. Myrtle machte wie geplant den ersten Absprung auf den Feind. Als er nach unten schaute, kam es Glover vor, als stehe die ganze Heide in Flammen. Auf der gesamten Absprungzone schlugen Granaten ein. Mancher Fallschirmjäger, der seinen Fall nicht korrigieren konnte, sprang in Rauch und Flammen hinein. Etwas weiter entfernt, wo Lastensegler den Rest der Luftlandebrigade von General Hicks einflogen, sah Glover Trümmer und Männer, die nach allen Richtungen auseinanderliefen. Irgendwas stimmte da nicht. Glover wußte von der Einweisung her, daß Arnheim nur schwach verteidigt wurde, folglich mußten die Landezonen längst fest in eigener Hand sein. Vor dem Start in England war nichts davon zu hören gewesen, daß nicht alles seine Richtigkeit hatte, und doch meinte Glover, direkt unter sich eine Schlacht im Gange zu sehen. Er fragte sich, ob er vielleicht an der falschen Stelle abgesprungen sei. Kurz über dem Boden senkte sich das Rattern der Maschinengewehre und das dumpfe Krepieren von Werfergranaten wie ein Vorhang auf ihn. Er ließ sich über die rechte Schulter abrollen, damit Myrtle nichts passierte, und warf schnell die Gurte ab. Neben ihm war sein Bursche Scott gelandet, und Glover reichte ihm die Reisetasche mit dem Huhn. »Achten Sie gut auf Myrtle«, befahl er. Glover erkannte im Dunst, der über der Heide lag, den gelben Rauch, der den Sammelpunkt bezeichnete. »Dorthin!« rief er Scott zu, und beide Männer machten sich auf den Weg. Wohin man auch sah, überall herrschte völliges Durcheinander. Glover erschrak, denn offensichtlich war die Lage übel.

Auch Major Waddy hörte im Abwärtsschweben MG-Feuer, das den gesamten Landeraum zu bestreichen schien. »Ich verstand das nicht ganz«, sagte er später. »Man hatte uns gesagt, die Deutschen seien in Auflösung begriffen.« Statt dessen sah er dank der ziehenden Qualmwolken und der zahlreichen Flächenbrände nichts von der Landezone. Er kam am südlichen Rand nieder und trat den Weg zum Sammelpunkt an. »Überall schlugen Werfergranaten ein, und ich sah zahllose Verwundete.« Kurz vor dem Sammelpunkt trat ihm ein zorniger Hauptmann vom Bataillonsstab in den Weg, der bereits tags zuvor abgesprungen war. »Wo stecken Sie denn so lange?« wollte er wissen. »Wir warten schon seit vier Stunden auf Sie!« Sodann machte er Waddy mit der Lage bekannt. »Das war eine schöne Überraschung. Ich hörte zum erstenmal, daß nicht alles ging wie geplant. Wir beeilten uns, so gut wir konnten. Übrigens hatte ich den Eindruck, als ob der Himmel vor uns von Bränden gerötet sei.«

Westlich des Bahnhofs von Wolfheze, auf der Ginkeler Heide und in Reyers Camp kamen Fallschirmjäger und Luftlandetruppen auf einem veritablen Schlachtfeld nieder. Aus den erbeuteten Plänen kannten die Deutschen die Landezonen, und dank der Luftlagemeldungen aus den noch besetzten Kanalhäfen, wie etwa Dünkirchen, konnten sie mit größerer Genauigkeit als die Engländer bei Arnheim berechnen, wann die Landungen stattfinden würden. Flak und SS-Verbände wurden von Arnheim in die Landezonen geworfen, und zwanzig deutsche Jäger beschossen sie fortgesetzt im Tiefflug. Auch am Boden wurde heftig gekämpft, und wie schon in der Nacht und am frühen Morgen säuberte englische Infanterie mit aufgepflanztem Bajonett Teile der Landezonen vom Feind.

Einige Lastensegler, die am 17. gelandet waren, wurden mit Werfergranaten in Brand geschossen und entzündeten ihrerseits wieder die Heideflächen. Da die unverbrannten Gleiter von den einsickernden Deutschen als Deckung benutzt wurden, steckten die Engländer diese selbst in Brand, um sie nicht dem Feind zu überlassen. Auf einem Abschnitt der Landezone brannten gleichzeitig 50 Gleiter. Die Luftlandebrigade von General Hicks – das halbe nach Arnheim geschickte Bataillon fehlte – hielt jedoch hartnäckig aus. Der Absprung der Fallschirmjäger und die Landung der Lastensegler – insgesamt 2119 Mann – war im übrigen viel weniger verlustreich, als die Männer am Boden und in der Luft vermuteten. Trotz der erhöhten Kampftätigkeit kamen 90 Prozent der zweiten Welle heil und am richtigen Platz herunter. Sergeant Bedford, Heckschütze in einem viermotorigen Stirlingbomber, fand das Unternehmen vom Montag sehr viel aufregender, als das vom Sonntag. Am Sonntag hatte er sich rundheraus gelangweilt, doch diesmal war der Anflug von munterem Feuer begleitet. Bedford erblickte nahe der Landezone eine fahrbare Flak und versuchte, sie mit seiner Bordkanone zu erreichen. Er sah, wie seine Leuchtspurgeschosse dort einschlugen und daß das Geschütz nicht mehr feuerte. Bedford jubelte. »Ich habe sie erwischt! Ich habe sie erwischt!« schrie er. Während der Bomber seinen Kurs hielt, bemerkte er, daß die Gleiter ringsum vorzeitig ausklinkten und schloß daraus, daß heftiges Feuer die Gleiterpiloten veranlaßte, so rasch als möglich nach unten zu kommen. Nun klinkte auch die von ihm gezogene Horsa ihr Seil aus, und Bedford, der beobachtete, wie sie niederging, war überzeugt, daß sie mit anderen Gleitern zusammenstoßen müsse. »Es herrschte ein fürchterliches Durcheinander. Die Gleiter gingen im Sturzflug ab nach unten, dann zogen sie in die Horizontale und schwebten noch ein bißchen vor sich hin. Es sah aus, als stießen sie sämtlich gegeneinander. Ich fragte mich, wie viele da noch heil bleiben könnten.«

Als Sergeant Hatch, Ko-Pilot in einer Horsa mit einem Jeep, zwei mit Munition beladenen Anhängern und drei Soldaten an Bord, das Flakfeuer im Anflugraum sah, fragte er sich, wie er überhaupt herunterkommen sollte. Der Pilot ging im Sturzflug nach unten, zog dann die Maschine in die Waagerechte, und Hatch sah bekümmert, daß alle Welt es auf den gleichen Landepunkt abgesehen zu haben schien, einschließlich einer Kuh, die ganz erschreckt vor ihnen herlief. Der Pilot setzte heil auf, und sofort sprang die Besatzung heraus und begann mit dem Entladen. Ganz in der Nähe lagen drei Gleiter auf dem Rücken. Plötzlich landete mit einem unangenehm reißenden Geräusch eine zweite Horsa direkt auf Hatchs Maschine, riß die Nase samt dem Cockpit weg, in dem die Piloten soeben noch gesessen hatten, rutschte ein Stück weiter und kam zum Stehen.

Andere Gleiter verfehlten die Zonen völlig und landeten bis zu fünf Kilometer entfernt. Zwei kamen auf dem Südufer des Rheins unweit von Driel herunter. Die Besatzung überließ ihre Verwundeten zur Pflege den Holländern und überquerte den Rhein auf der unbeachteten, aber immer noch aktiven Fähre von Driel[7].

[7] Folgende Geschichte ist vermutlich erfunden, doch wird sie von den Holländern gern erzählt: Als englische Soldaten, noch dazu mit einer Pak, auf der Fähre von Driel übersetzen wollten, wußte Pieter nicht, ob er den Fährpreis von ihnen einheben sollte oder nicht. Er beförderte sie schließlich gratis.

Einige C-47 wurden im Anflug in Brand geschossen. Zehn Minuten vor der Landung bemerkte Sergeant Fitzpatrick, daß das Flakfeuer immer dichter wurde, und tatsächlich wurde ein junger Soldat an Bord, MacFadden mit Namen, im rechten Bein von einem Splitter getroffen. Fitzpatrick untersuchte rasch die Wunde und gab ihm Morphium. Danach meinte er zu bemerken, daß die Maschine nur noch mühsam vorankam. Als er aus dem Fenster schaute, öffnete sich die Tür zur Kanzel, und der Dispatcher gab Befehl, sich zum Sprung fertig zu machen. Fitzpatrick schaute die Reihe der Fallschirmjäger entlang, die jetzt eingehakt und zum Sprung fertig dastanden. Dabei sah er, daß der Backbordmotor qualmte. Er sprang als erster. Als sein Schirm sich öffnete, sah er die C-47 abschmieren, rechterhand in einen Acker stürzen und sich überschlagen. Er glaubte nicht, daß noch jemand an Bord lebte.

In einer anderen C-47 neckte der amerikanische Lademeister den Hauptmann King: »Ihr werdet bald unten sein, aber ich fliege dann schon zum Essen.« Als Minuten später das grüne Licht anging, stieß King den Amerikaner an, der unterdessen offenbar eingeschlafen war, denn er saß ganz in sich zusammengesunken. King schüttelte ihn, und der Amerikaner kippte um. Er war tot. In der Wand klaffte ein Loch wie von einem größeren Geschoß. In der offenen Luke stehend, bemerkte King, daß die Backbordmaschine brannte, und er rief dem Sergeanten Gatland zu: »Sagen Sie dem Piloten Bescheid!« Als Gatland die Tür zum Cockpit aufmachte, schoß eine Flamme daraus hervor. Gatland machte die Tür zu, und King befahl seinen Leuten zu springen. Er glaubte, die Maschine sei ohne Piloten.

Gatland schätzte die Flughöhe auf knapp 100 Meter. Er setzte ziemlich hart auf und zählte dann seine Leute. Vier fehlten. Einer war getroffen worden, als er gerade springen wollte, bei einem anderen war der Fallschirm in Brand geraten, der dritte fand sich gleich darauf ein und auch der vierte stellte sich ein. Er war mit dem Flugzeug zu Boden gegangen. Die Besatzung habe noch eine Bruchlandung machen können und sei unverletzt, sagte er. Kings Gruppe war fast 30 Kilometer von Oosterbeek und der englischen Front entfernt und machte sich nun auf den Weg. Die C-47, die bislang nur gebrannt hatte, explodierte jetzt.

Anderswo gerieten die abspringenden Fallschirmjäger in Leuchtspurgeschosse. Bei dem Versuch, diesen auszuweichen, pendelten viele bis an den Rand der Landezonen über dichten Wald. Manche fielen Scharfschützen zum Opfer, während sie sich von ihren Schirmen befreiten. Andere wieder kamen weit von den Zonen entfernt zu Boden, darunter eine ganze Kompanie, die hinter den deutschen Linien landete und dann mit 80 Gefangenen zum Sammelpunkt marschierte.

Wer in den eigentlichen Landezonen herunterkam, suchte so rasch wie möglich Deckung. Überall lagen Verwundete. Soldat Bryant wurde durch einen nahen Einschlag vorübergehend gelähmt; zwar konnte er wahrnehmen, was um ihn her vorging, aber er war nicht in der Lage, sich zu bewegen. Er sah hilflos zu, wie seine Kameraden, die ihn tot glaubten, ihm Gewehr und Munition wegnahmen und eilig dem Sammelpunkt zustrebten.

Viele der von dem unerwarteten Empfang überraschten Männer suchten Deckung in den Waldungen, so daß schon Minuten nach dem Absprung außer Toten und Verwundeten kaum noch jemand zu sehen war. Sergeant Green, der Sportlehrer, der nach der Landung Fußball spielen wollte und einen Ball mitgebracht hatte, brach beim Aufprall zwei Rippen. Er weiß nicht mehr, wie lange er dort lag, fand sich aber, als er zu sich kam, allein. Er setzte sich mühsam auf und wurde sofort von einem Gewehrschützen beschossen. Als er sich taumelnd auf den Weg in den Wald machte, pfiffen rings um ihn her Kugeln. Immer wieder zwang ihn der Schmerz zu Boden. Er erwartete jederzeit, getroffen zu werden. Sein sonderbares Duell mit dem Schützen auf der rauchigen Heide zog sich, wie er meinte, über Stunden hin. »Ich konnte jeweils nur ein paar Schritte laufen. Es kam mir vor, als hätte ich es mit einem Sadisten zu tun oder mit einem ganz jämmerlichen Anfänger.« Schließlich gelangte er doch in den Wald und lehnte sich an einen Baum, in dessen Gezweig denn auch die letzte Kugel seines Gegners einschlug, ohne Schaden anzurichten. Erschöpft und von Schmerzen geplagt, zog Green die Fußballhülle aus der Jackentasche und warf sie fort.

Viele Männer erinnerten sich später der ersten schrecklichen Minuten nach der Landung. Auf der Ginkeler Heide lag ein zwanzigjähriger Leutnant schwer verwundet am Boden. Er war von Leuchtspurgeschossen in der Brust und an den Beinen getroffen worden, als er wehrlos am Fallschirm hing. Leutnant Glover erinnert sich: »Er hatte schreckliche Schmerzen, und man konnte ihn nicht aufnehmen. Ich gab ihm Morphium und versprach, so schnell wie möglich einen Sanitäter zu schicken.« Der Soldat Bryant kam ebenfalls an diesem Offizier vorbei, nachdem er sich von seiner vorübergehenden Lähmung erholt hatte und dem Sammelpunkt zustrebte. »Aus der Wunde in seiner Brust rauchte es richtig. Er hatte grausige Schmerzen. Es standen mehrere von uns bei ihm, und er bat uns, ihn zu erschießen.« Jemand legte dem Leutnant die entsicherte Pistole in die Hand, dann verließen sie ihn. Der Heidebrand näherte sich langsam der Stelle, wo der Verwundete lag. Man hat den Leichnam später gefunden, und es wird angenommen, daß der Leutnant sich erschossen hat[8].

Mit der für ihn bezeichnenden Präzision landete General Hakkett, Kommandeur der 4. Fallschirmjägerbrigade, keine 300 Meter entfernt von der Stelle, an der er seinen Gefechtsstand einrichten wollte. Ohne sich um das feindliche Feuer zu kümmern, machte er sich auf die Suche nach seinem Spazierstock, der ihm beim Absprung entfallen war. Dabei stieß er auf mehrere Deutsche. »Ich hatte mehr Angst als die, aber sie wollten sich so rasch wie möglich ergeben.« Hackett, der fließend Deutsch sprach, befahl ihnen zu warten. Nachdem er seinen Stock gefunden hatte, trieb er sie dann vor sich her.

Hackett, auch im günstigsten Fall ein ungeduldiger, empfindlicher und launischer Mensch, fand an dem Anblick, der sich ihm bot, wenig Gefallen. Auch er war der Meinung gewesen, die Landeräume seien gesichert. Umringt von seinen Offizieren, war er im Begriff, seiner Brigade den Marschbefehl zu geben, als Oberst Mackenzie, der Stabschef von General Urquhart ihn beiseite nahm, und ihm sagte, was beschlossen worden war, insbesondere was das delikate Problem der Kommandoübergabe betraf. Wegen fortdauernder Abwesenheit der Generäle Urquhart und Lathbury sei General Hicks mit dem Kommando über die Division betraut worden. General Urquhart habe schon in England angeordnet, daß in einem solchen Fall so verfahren werden sollte. »Hackett war darüber nicht sehr glücklich. ›Na, hören Sie mal, Charles‹, sagte er, ›ich bin schließlich dienstälter als Hicks, und daher muß ich die Division führen.‹« Mackenzie blieb ungerührt. »Ich begreife, Sir, doch General Urquhart hat ausdrücklich diese Reihenfolge festgelegt, und dabei muß es bleiben. General Hicks ist auch schon seit 24 Stunden hier und mit der Lage besser vertraut. Sie würden alles nur schlimmer machen, wenn Sie versuchten, etwas daran zu ändern.«

Mackenzie merkte aber, daß es damit sein Bewenden nicht haben würde. Zwischen Urquhart und Hackett bestand seit je eine verdeckte Antipathie. Hackett war zwar ein guter Kommandeur, doch Urquhart fand, daß ihm Erfahrung in der Führung von Infanterie fehlte. Hackett war Kavallerist, und es war bekannt, daß Urquhart von Kavallerieoffizieren weniger hielt als von den Infanterieoffizieren, die er seit langem kannte. Auch hatte er einmal Hackett scherzhaft einen »heruntergekommenen Kavalleristen« genannt, was Hackett wenig spaßig fand.

Mackenzie sagte ferner, Hackett müsse auf sein 11. Bataillon verzichten, das unverzüglich zur Arnheimer Brücke in Marsch

8 Es gibt für diesen Vorfall zwar mehrere Zeugen, doch möchte ich den Namen des Offiziers hier nicht nennen. Vielleicht hat er sich wirklich erschossen, doch ebensogut kann er einer feindlichen Kugel erlegen sein.

gesetzt werden solle, und damit war Hackett nun endgültig bedient. Er war unter anderem deshalb so besonders stolz auf seine Brigade, weil er sie als selbständige Kampfgruppe führte; daß sie nun aufgeteilt werden sollte, fand er unerträglich. »Es paßt mir nicht, daß man mir ein Bataillon wegnimmt, ohne mich vorher zu fragen«, entgegnete er schroff, sagte aber nach kurzem Überlegen: »Falls ich wirklich ein Bataillon abgeben muß, dann allerdings kommt nur das 11. in Frage, denn es ist am Südostrand des Landeraumes abgesprungen und infolgedessen der Brücke am nächsten.« Er verlangte aber sofort als Ersatz ein anderes Bataillon, und Mackenzie versprach ihm eins von Hicks. Damit war die Sache für den Moment beigelegt. Der brillante, dynamische und rastlose Hackett beugte sich dem Unvermeidlichen. Hicks mochte einstweilen das Gefecht leiten, doch in die Führung seiner Brigade wollte Hackett sich nicht dreinreden lassen.

Für die Engländer war es ein düsterer und verlustreicher Nachmittag. Die zweite Welle war nicht glatt hereingekommen; was aus Urquhart und Lathbury geworden war, wußte man nicht; Oberst Frosts Bataillon klammerte sich mit Mühe an den Nordzugang der Arnheimer Brücke; zwei Brigadegenerale waren sich nicht grün; und zu allem Überfluß ereignete sich noch ein weiteres Malheur: die an Zahl schwächer gewordenen, erschöpften Truppen der Luftlandedivision Hicks mußten mit ansehen, wie 35 Stirlingbomber den von ihnen eingeflogenen Nachschub außerhalb der Zonen abwarfen. Von 87 Tonnen Munition, Verpflegung und sonstigem Nachschub bekamen die Truppen bei Arnheim nur zwölf. Die übrigen gingen bei den Deutschen nieder.

General Urquhart saß unterdessen keine zehn Kilometer entfernt in Antoon Derksens Reihenhaus, umringt von Deutschen. Das Sturmgeschütz war so nahe, daß Urquhart und die beiden Offiziere in seiner Begleitung keine Unterhaltung und keine heftige Bewegung wagen konnten. Außer Schokolade und Bonbons hatten sie nichts zu essen, das Wasser war abgestellt und sanitäre Einrichtungen nicht vorhanden. Urquhart verzweifelte allmählich. Schlafen konnte er nicht, also stellte er sich vor, wie die Schlacht verlaufen, wie die zweite Welle anfliegen mochte, von deren verschobenem Start er ja nichts wußte. Er fragte sich, wie weit die Panzer von Horrocks sein mochten und ob Frost noch die Brücke hielt. »Hätte ich damals die wirkliche Lage gekannt, ich hätte mich von meinen Offizieren nicht zurückhalten lassen und ohne Rücksicht auf die Deutschen versucht auszubrechen.« Statt dessen stierte der General schweigend den Schnurrbart von Hauptmann Cleminson an. »Bis dahin war mir gar nicht aufgegangen, wie grauenhaft so ein

Schnurrbart aussieht. Der Anblick ärgerte mich, ich fand ihn einfach albern.«

Dabei kam es Urquhart keinen Augenblick in den Sinn, daß seine Anweisung bezüglich der Nachfolge im Kommando der Division unterdessen befolgt sein und daß es zu einer Konfrontation zwischen Hicks und Hackett kommen könnte. Es war jetzt Montag, der 18. September, 16:00 Uhr, und Urquhart fast einen ganzen Tag vom Divisionsstab abwesend.

Obergruppenführer Bittrich, der Kommandeur des II. SS-Panzerkorps, sah mit Schrecken, welchen Umfang die zweite Welle hatte. Model drängte ihn, die Brücke von Arnheim zu nehmen, Harzer und Harmel forderten für ihre Divisionen Verstärkungen an, und Bittrich wußte nicht mehr, wie er seiner Schwierigkeiten Herr werden solle. Als er am Himmel westlich von Arnheim Hunderte von bunten Fallschirmen aufblühen und danach einen anscheinend nicht endenden Strom von Lastenseglern niedergehen sah, geriet er fast in Verzweiflung. Von der Luftwaffe hörte er, daß zwei weitere Luftlandungen anderswo erfolgt waren. Bei dem Versuch, die Stärke der Alliierten zu schätzen, setzte er die Zahl der jetzt in Holland befindlichen Engländer und Amerikaner zu hoch an; er glaubte, eine weitere ganze Division sei gelandet und habe damit den Angreifern endgültig die Übermacht gesichert.

Für Bittrich waren die Verstärkung der Alliierten und das Eintreffen deutscher Reserven zu einer Art tödlichem Wettlauf geworden. Bislang tröpfelte sein Nachschub nur, und im Vergleich dazu schienen die Alliierten über unerschöpfliche Reserven zu verfügen. Er fürchtete, daß sie tags darauf noch eine weitere Luftlandung ausführen könnten, und das Vorhandensein einer derartigen Streitmacht in Holland mit seinem schwierigen Gelände, den Brükken und der unverteidigten deutschen Grenze konnte katastrophale Folgen haben.

Zwischen Bittrichs Verbänden und der 1. Fallschirmjägerarmee von General Student weiter südlich bestanden keine Führungsabsprachen. Student erhielt zwar laufend Verstärkungen durch die Reste der 15. Armee, doch waren das angeschlagene Verbände, denen es an Fahrzeugen, Geschützen und Munition fehlte. Deren Neuausrüstung würde Tage, wenn nicht Wochen in Anspruch nehmen, und daher fiel die Aufgabe, den Angriff Montgomerys aufzuhalten, ganz und gar Bittrich zu. Für ihn ging es vordringlich darum, die Brücke von Nimwegen zu halten und den schon ans Wunderbare grenzenden Widerstand der Engländer am Nordzugang der Arnheimer Brücke zu brechen.

Solange die Alliierten dort aushielten, konnte Bittrich seine

Verbände nicht auf der Straße nach Nimwegen südwärts transportieren. Die Division Harmel, die über den Rhein setzen sollte, war völlig auf die Fähre von Pannerden angewiesen, und das war eine viel zu mühsame und langsame Art überzusetzen. Während die Engländer bei Arnheim zum erstenmal bezweifelten, daß sie hier aushalten könnten, kamen auch Bittrich schwere Zweifel am Ausgang des Kampfes. Er sah bereits die Invasion des Reiches vorher und glaubte, daß sich in den nächsten 24 Stunden das endgültige Schicksal des Krieges entscheiden könnte.

Bittrichs Vorgesetzte hatten es ebenfalls nicht leicht. Feldmarschall Model schob an der Front der Heeresgruppe B unentwegt Verbände hin und her, in dem Bestreben, die hartnäckigen Angriffe der 1. und 3. US Armee abzuwehren. Die neuerliche Belehnung Rundstedts mit seinem alten Kommando hatte zwar einen gewissen Zusammenhalt geschaffen, doch mußte auch der verzweifelt aus allen Ecken Verstärkungen zusammenkratzen. Es gab nicht mehr genug Benzin, um Truppen zu verlegen, und vom Oberkommando der Wehrmacht war keine Hilfe zu erwarten. In Berlin schien man sich mehr für die russische Bedrohung an der Ostfront zu interessieren als für den alliierten Vorstoß im Westen.

Model schien dennoch darauf zu vertrauen, daß er die in Holland entstandene Gefahr abwenden könne. Er glaubte, die Marschen, die Deiche und Wasserhindernisse würden ihm helfen, Montgomerys Angriff aufzuhalten. Bittrich war weniger optimistisch, vielmehr drängte er Model, gewisse Maßnahmen zu ergreifen, ehe sich die Lage verschlechterte, womit er in erster Linie die Sprengung der Brücken von Nimwegen und Arnheim meinte. Dies aber ärgerte Model jedesmal aufs neue. »Model kam täglich vorbei«, erinnerte Bittrich sich später. »Er war ein pragmatischer Mensch, allerdings verlangte er immer das Unmögliche. Er ließ eine ganze Serie von Befehlen los, die sich stets auf die augenblickliche Lage bezogen, und blieb nie so lange, daß man Pläne auf weitere Sicht mit ihm hätte besprechen können.« Bittrich fürchtete, daß Model einfach nicht begriff, welche Gefahren Deutschland drohten, falls die Alliierten hier durchbrachen, und daß er sich in Detailfragen verrannte. Insbesondere ärgerte Model, daß die Brücke von Arnheim noch nicht wieder in deutscher Hand war. Bittrich empfand das als ungerechtfertigte Kritik und sagte, die Kämpfe würden auf beiden Seiten mit noch nie dagewesener Verbissenheit geführt. Dies machte auf Model keinen Eindruck. »Ich brauche die Brücke«, sagte er.

Am Nachmittag des 18. versuchte Bittrich einmal mehr dem ungeduldigen Model darzustellen, wie er die Lage im großen sah. Die Brücke bei Nimwegen, so sagte er, sei der Schlüssel zu dem gesamten Unternehmen der Alliierten. Zerstörte man die Brücke, so sei der Kopf des alliierten Angriffs vom Rumpf getrennt. »Wir müssen unbedingt die Waalbrücke sprengen, ehe es zu spät ist, Herr Feldmarschall«, sagte Bittrich, doch Model ließ sich nicht umstimmen. Er forderte nicht nur, daß die Brücke zu halten sei, er verlangte auch, daß Student und die 10. SS-Panzerdivision die Anglo-Amerikaner daran hinderten, überhaupt bis zur Brücke zu kommen. Bittrich sagte rundheraus, er bezweifle, daß dies möglich sei. Bis jetzt habe man noch kaum Panzerkräfte dort, und es bestehe die Gefahr, daß Montgomerys weit überlegene Panzerverbände durchbrächen. Außerdem befürchtete er weitere Luftlandungen. »Falls den Alliierten der Vorstoß von Süden gelingt, und sie bei Arnheim noch eine Luftlandedivision absetzen, sind wir erledigt, denn dann steht nichts mehr zwischen ihnen und Deutschland.« Model ließ sich nicht beeindrucken. »Sie kennen meine Befehle. Die Brücke bei Nimwegen darf nicht zerstört werden, und die Brücke von Arnheim ist innerhalb von 24 Stunden zu nehmen.«

Anderen erging es mit Model ebenso wie Bittrich. Obersturmbannführer Harzer, dem Kommandeur der 9. SS-Panzerdivision, fehlte es an Mannschaften. Seine Leute waren sämtlich im Einsatz, Verstärkungen waren nicht eingetroffen, und das Ausmaß der zweiten Welle ließ ihn daran zweifeln, daß er den Feind noch aufhalten könne. Harzer glaubte ebenso wie Bittrich, »daß die Alliierten erst mal Vorausabteilungen abgesetzt hatten. Ich war überzeugt davon, daß sie weitere Truppen landen und dann ins Reich vordringen würden.« Harzer hatte nicht mehr viele Panzer und wußte nicht, womit den Feind aufhalten. Einen Ort allerdings hatte er gut gesichert, nämlich seinen eigenen Gefechtsstand. Unter zynischer Mißachtung des Rechtes der Kriegsgefangenen hielt er mehrere hundert englische Gefangene in nächster Nähe hinter Stacheldrahtzäunen. »Wenigstens konnte ich damit rechnen, daß die RAF die eigene Truppe nicht bombardieren würde.«

Harzer, der sich selbst als anglophil bezeichnet (»Ich hatte wirklich eine Schwäche für die Engländer!«), war als Austauschstudent in England gewesen. Jetzt genoß er es, an den Gefangenen seine Sprachkenntnisse zu erproben, übrigens auch in der Hoffnung, etwas von ihnen zu erfahren. Die Moral der Gefangenen machte großen Eindruck auf ihn. »Sie waren voller Selbstvertrauen und abweisend, ganz die Veteranen.« Gerade diese hohe Moral seiner Gefangenen überzeugte Harzer davon, daß die Schlacht noch längst nicht gewonnen sei. Um Urquharts Verbände nicht zur Ruhe kommen zu lassen und sie an einem zusammengefaßten Angriff zu hindern, befahl er seiner Division am Abend des 18. September, »während der ganzen Nacht unablässig anzugreifen, ohne Rücksicht auf eigene Verluste«.

Der Kommandeur der 10. SS-Division, Brigadeführer Harmel, »kam gar nicht dazu, mir Gedanken zu machen. Ich hatte am Niederrhein alle Hände voll zu tun.« Harmel sollte die Brücke von Arnheim nehmen, die Waalbrücke bei Nimwegen und das zwischen beiden Brücken gelegene Terrain halten. Er war daher noch schlechter dran als Harzer. Seine Division kam nur im Schneckentempo über den Rhein. Mannschaften, Ausrüstung und Panzer wurden auf Behelfsflößen übergesetzt, und die zur Lände führenden Straßen hatten sich in Moräste verwandelt. Panzer und Fahrzeuge rutschten von den Flößen, einige trug die Strömung mitsamt den Flößen davon. Weil bei Tage alliierte Tiefflieger die Fähre unentwegt beschossen, mußte das Übersetzen bei Dunkelheit erfolgen, daher hatten die Pioniere in 24 Stunden nur zwei Bataillone mit ihren Fahrzeugen hinübergebracht. Man hatte einen Pendelverkehr mit Lastwagen zwischen Nimwegen und der Lände am Südufer eingerichtet, doch ging das immer noch zu langsam. Harmels Leute standen nun zwar im Stadtkern von Nimwegen und am Südzugang der Brücke, er glaubte aber nicht, daß sie einem entschlossenen Angriff der Anglo-Amerikaner würden standhalten können. Entgegen dem Befehl, die Brücke nicht zu zerstören, hatte Harmel sich auf diese Eventualität vorbereitet und seine Pioniere Sprengsätze an der Brücke befestigen lassen, die von einem Bunker an der Straße nahe der Ortschaft Lent am Nordufer des Waal gezündet werden konnten. Er hoffte, Bittrich werde der Sprengung der Straßen- und Eisenbahnbrücken zustimmen, falls sie nicht gehalten werden konnten, doch auch falls er das nicht täte, war Harmel entschlossen, entgegen den Weisungen seiner Vorgesetzten die Brücke zu zerstören, sobald englische Panzer durchbrachen.

7

In dem wohlhabenden Vorort Oosterbeek herrschte eine sonderbare, aus Überschwenglichkeit und Beklommenheit gemischte Atmosphäre. Diese Ortschaft lag wie eine Insel mitten in der Schlacht, deren Lärm von drei Seiten zu ihr hindrang. Von den Landezonen im Westen dröhnte ununterbrochen Artilleriefeuer. Vom Nordwesten her war in den mit Blumenrabatten verzierten Straßen deutlich das Rattern der Maschinengewehre und das Blaffen der Granatwerfer zu vernehmen, und über Arnheim, gut vier Kilometer ostwärts, verdunkelte schwarzer Qualm den Himmel und gab eine düstere Kulisse für das unablässige Schießen der Artillerie ab.

Das Bombardement und der Tieffliegerbeschuß, die den Landungen vorangegangen waren, hatten unter den Bewohnern Opfer gefordert und an Häusern und Ladengeschäften ebenso Schaden angerichtet wie Scharfschützen und verirrte Werfergranaten, doch noch konnte man nicht sagen, daß Oosterbeek vom Kriege wirklich heimgesucht worden wäre. Die schönen Kurhotels, die Villen in ihren Gärten und die baumbestandenen Straßen wiesen überwiegend keine Merkmale der Zerstörung auf, doch merkte man von Stunde zu Stunde deutlicher, daß der Krieg näher kam. Detonationen ließen hier und dort schon Fensterscheiben zerspringen, der Wind blies angekohlte Fetzen von Stoff, Papier und Holz wie Konfetti durch die Straßen, und es roch nach Schießpulver.

Als am Sonntag die Engländer den übereilt abziehenden Deutschen fast auf dem Fuße folgten, wimmelte es in Oosterbeek von Truppen. In der Nacht zum Montag schlief kein Mensch, denn eine nervöse Erregung, die vom Heulen der Jeepmotoren, dem Rasseln der Panzerspähwagen und dem Schritt marschierender Soldaten noch erhöht wurde, ließ niemanden zur Ruhe kommen. Die Unruhe hörte auch am 18. nicht auf. Die jubelnden und doch irgendwie ängstlichen Einwohner steckten holländische Fahnen heraus und beschenkten durchmarschierende englische Soldaten mit Lebensmitteln, Obst und Getränken. Fast alle glaubten, der Krieg sei vorüber. Jetzt allerdings änderte sich das. Es schien, daß einige englische Einheiten im Dorf feste Stellungen bezogen, der Artilleriebeobachter von Oberstleutnant Thompson setzte sich im Turm der Reformierten Kirche nahe dem Rhein fest, und es kamen weniger Truppen durch. Am Spätnachmittag lagen die meisten Straßen besorgniserregend verlassen, und den Holländern fiel auf, daß Pak und schwere Maschinengewehre entlang der Hauptstraße in Stellung gegangen waren. Deren Anblick erfüllte die Bewohner mit trüben Vorahnungen.

Jan Voskuil sah auf seinem Rundgang durch Oosterbeek, wie ein englischer Offizier den Zivilisten befahl, ihre Fahnen einzuholen. »Wir sind jetzt im Krieg, und Sie stecken mittendrin«, sagte er dabei. Wie Voskuil bemerkte, war die Stimmung überall verändert. Vom Bäckermeister van Beek, der die ganze Gegend belieferte, erfuhr Voskuil, daß sich überall Pessimismus verbreitete. Gerüchte besagten, »es steht nicht gut«. Anstelle des Jubels über die Befreiung trat Angst. »Die Engländer werden überall zurückgeworfen«, sagte van Beek. Voskuil war tief beeindruckt, denn der Bäcker war stets gut informiert, und obwohl Voskuil zum erstenmal hörte, daß es schlecht stand, hatte er selbst schon so etwas vermutet. Es kam ihm so vor, als fielen die Granaten auf Arnheim immer dichter. Ihm fiel ein, wie fürchterlich die Ortschaften in der Normandie bei der

Invasion zugerichtet worden waren, und Hoffnungslosigkeit überkam ihn.

Auch der Bäcker war tief deprimiert. Was er bei seiner Runde erfahren hatte, löschte den Jubel aus, den er angesichts der alliierten Landung empfunden hatte. »Was machen wir, wenn der Krieg herkommt?« fragte er seine Frau Riek. Doch er wußte die Antwort schon: »In Oosterbeek bleiben und backen. Der Mensch muß essen. Wo sollten wir sonst auch hin, wenn wir den Laden aufgeben?« Er stürzte sich in die Arbeit und suchte sich einzureden, es werde schon alles gutgehen. Wenige Tage zuvor hatte er die monatliche Zuteilung an Mehl und Hefe bekommen, und jetzt fiel ihm ein, daß er früher einmal von einem alten Bäcker gehört hatte, wie man Brot auch mit der halben sonst üblichen Menge Hefe backen kann. Er wollte seine Vorräte so gut wie möglich strecken und backen, bis der letzte Krümel aufgebraucht war.

In den Hotels Tafelberg, Schoonoord und Vreewijk wurde deutlich, daß das Gefecht härter wurde, die luftigen, behaglichen Kurhotels wurden zu Verbandsplätzen umgewandelt. In Hotel Schoonoord bereiteten sich englische Sanitäter und holländische Zivilisten darauf vor, Verwundete aufzunehmen. Jan Eijkelhoff vom Widerstand fand, die Deutschen »hatten das Hotel bei ihrem eiligen Abzug wie einen Schweinestall hinterlassen. Überall lagen Lebensmittel herum. Tische waren umgestürzt, Teller zerbrochen, Kleidung und Ausrüstung wild umhergestreut. In jedem Zimmer lagen Abfälle und Papier.« Aus umliegenden Häusern wurden überzählige Matratzen gebracht und im Erdgeschoß ausgelegt. In den Empfangsräumen wurden Betten aufgestellt, in der verglasten Veranda Tragbahren. Es hieß, daß jeder Raum einschließlich der Keller bei Dunkelwerden bereit sein müsse; das St. Elisabethhospital in Arnheim sei bereits überfüllt, hörte Eijkelhoff. Die englischen Sanitäter, mit denen er arbeitete, blieben aber optimistisch. »Nur keine Sorge«, sagten sie, »Monty ist bald hier.«

Die siebzehnjährige Anje van Maanen half ihrem Vater, Dr. Gerrit van Maanen, im Hotel Tafelberg, und ihr entging nicht, daß die Stimmung der freiwilligen Helfer umgeschlagen war. »Wir fürchten uns«, schrieb sie in ihr Tagebuch, »wissen aber nicht weshalb. Wir haben das merkwürdige Empfinden, als lägen Wochen zwischen gestern und heute.« Im Hotel Tafelberg hieß es ebenso wie im Hotel Schoonoord, Montgomerys Panzer seien unterwegs. Ständig hielt man nach ihnen Ausschau, und Anje schrieb: »Immer guckt jemand aus den oberen Fenstern. Das Schießen ist stärker geworden, man sieht Lichter und Brände, doch die große Armee ist noch nicht da.«

Das schmucke Hotel Hartenstein, das mit seinen zwölf Zimmern nahebei in dem parkähnlichen Garten stand, wirkte verlassen und düster. Auf dem schönen, grünen Rasen standen Tische und Stühle wie von Dali angeordnet, und als Beweis dafür, daß gestern hier geschossen worden war, lagen dazwischen mehrere tote Deutsche.

William Giebing, 27 Jahre alt, empfand Ekel beim Anblick dieses ehemals so eleganten Hotels. 1942 hatte er es von der Gemeinde Oosterbeek gepachtet, doch war es bereits wenige Monate später von den Deutschen beschlagnahmt worden. Giebing und seine Frau Truus waren seither zu Dienstboten degradiert. Die Deutschen gestatteten ihnen, das Hotel Hartenstein sauberzuhalten und die Küche zu beaufsichtigen, die eigentliche Geschäftsführung behielten sie sich jedoch selbst vor. Am 6. September war Giebing dann endgültig der Zutritt verboten worden, während seine Frau und zwei Dienstmädchen täglich saubermachen durften.

Am 17. schwang sich Giebing, »ganz verrückt vor Freude über die Landungen« auf sein Fahrrad und fuhr von Westerbouwing, wo sein Schwiegervater Johan van Kalkschoten ein Restaurant oberhalb der Lände von Heveadorp betrieb, zum Hotel Hartenstein. Er kam gerade noch zurecht, um die Deutschen abziehen zu sehen. Zum erstenmal hatte er das Gefühl, daß das Hotel endlich ihm gehöre. Immerhin fand er es beklemmend, daß der Aufbruch so plötzlich erfolgt war. Im Speisezimmer war an zwei Tischen mit weißen Damastdecken für 20 Personen gedeckt; Suppenteller, Bestecke, Servietten und Weingläser waren aufgelegt, und mitten auf dem Tisch stand eine Terrine mit Fadennudelsuppe. Giebing berührte sie: sie war noch warm. In silbernen Schüsseln auf der Anrichte stand das Hauptgericht: gebackene Seezunge. Giebing wanderte von einem Zimmer ins andere, besah die mit üppigem Golddamast bespannten Wände, die zierlichen Putten und Girlanden aus Stuck, das Hochzeitszimmer, wo goldene Sterne an der himmelblauen Decke prangten. Die Deutschen hatten zu seiner Erleichterung das Hotel nicht geplündert. Es fehlte kein Löffel, und die Kühlschränke waren voller Lebensmittel. Plötzlich hörte Giebing auf der Veranda Stimmen, und als er hinausstürzte, sah er mehrere englische Soldaten seinen Sherry trinken. Schon lagen acht leere Flaschen auf dem Fußboden. Jetzt verlor Giebing nach so langer Zeit der Besatzung die Beherrschung. Die Deutschen hatten sein geliebtes Hotel wenigstens in sauberem Zustand hinterlassen. »Was Besseres habt ihr wohl nicht zu tun!« brüllte er die Soldaten an. »Meinen Keller müßt ihr aufbrechen und meinen Sherry stehlen!« Den Soldaten war das peinlich, und sie entschuldigten sich. Giebing ließ sich beschwichtigen, mußte aber hören, daß er im Hotel nicht bleiben dürfe. Man wolle sein Eigentum jedoch respektieren, versicherten die Engländer.

Tags darauf, am Montag, stellte Giebing sich wieder ein, in der Hoffnung, die Engländer seien weitergezogen. Bei der Annäherung an sein Hotel sank ihm aber bereits das Herz. Hinter dem Haus waren Jeeps geparkt und auf den Tennisplätzen deutsche Gefangene zusammengetrieben worden. Splittergräben und MG-Stellungen waren rund um den Garten angelegt, und überall sah er Stabsoffiziere. Verzagt kehrte er nach Westerbouwing zurück. Am Nachmittag machte seine Frau einen Besuch im Hotel und stellte sich vor. »Ich wurde sehr höflich behandelt, hörte aber nur, daß wir nicht ins Hotel durften. Dieses war von den Engländern beschlagnahmt worden.« Immerhin fand sie einen Trost: der Krieg dürfte bald vorüber sein, und sie konnte dann mit ihrem Mann wieder das Hotel führen, das sie für das beste von Oosterbeek hielt. Die höflichen Engländer, mit denen sie sprach, verschwiegen ihr allerdings, daß das Hotel Hartenstein seit 17:00 Uhr am 18. September Gefechtsstand der 1. englischen Luftlandedivision geworden war.

Daß es möglicherweise zu Kampfhandlungen unmittelbar in Oosterbeek kommen könnte, beunruhigte die Bewohner, die zwischen Angst und Freude hin und her gerissen wurden, weniger als der Gedanke an die aus dem Gefängnis in Arnheim entlassenen Häftlinge. Viele davon waren Angehörige des Widerstandes, manche aber waren gefährliche Kriminelle. Sie strömten in ihrer gestreiften Gefängniskleidung aus Arnheim heraus, und mehr als 50 kamen nach Oosterbeek. »Das verlieh der Atmosphäre hier ein Element des Irrwitzigen«, erinnert sich Jan ter Horst, früher Hauptmann in der holländischen Artillerie, nachmals Advokat und führendes Mitglied im Widerstand von Oosterbeek. »Wir sperrten sie in den Konzertsaal, wußten aber nicht, was mit ihnen anfangen. Im Augenblick machten sie einen recht harmlosen Eindruck, doch waren Kriminelle darunter, die schon seit Jahren saßen. Falls die begriffen, daß sie wirklich frei waren, stand für unsere Frauen das Schlimmste zu erwarten.«

Der Advokat stellte fest, daß die Sträflinge nichts sehnlicher wünschten, als schnellstens aus dem Kriegsgebiet entfernt zu werden. Den Rhein konnte man nur auf der Fähre von Driel überqueren, doch Pieter, der Fährmann, wollte sich auf nichts einlassen. Auf keinen Fall wollte er fünfzig Sträflinge am Südufer des Rheins aussetzen. Überdies hatte er seine Fähre jetzt am Nordufer festgemacht und wünschte, sie dort zu belassen. Es gelang ter Horst schließlich, den Fährmann dazu zu bewegen, die Sträflinge überzusetzen. »Wir waren froh, daß wir sie loswurden, insbesondere die Frauen fürchteten sich mehr vor ihnen als vor den Deutschen.« Vorsichtshalber ordnete er an, die Fähre am Nordufer festzulegen, wo sie von den Engländern benutzt werden konnte.

Der Sachverständige ter Horst wunderte sich sehr darüber, daß die Engländer die Fähre nicht sogleich in Gebrauch genommen hatten, und als sie nach Oosterbeek kamen, stellte er diesbezügliche Fragen. Zu seiner Verblüffung mußte er erkennen, daß sie von der Fähre nichts wußten. Als ehemaliger Artillerist staunte er auch darüber, daß sie nicht Westerbouwing besetzten, die einzige Höhe weit und breit, von der man den Rhein überblickte. Wer dort Artillerie in Stellung brachte, beherrschte die Fähre. Des weiteren erstaunte ihn, daß die Engländer das Hotel Hartenstein zum Stabsquartier wählten, denn das Restaurant auf der Höhe von Westerbouwing mit seinen Nebengebäuden eignete sich dazu wesentlich besser. »Nehmen Sie die Fähre und Westerbouwing«, drängte er mehrere englische Stabsoffiziere, die ihn höflich, aber absolut teilnahmslos anhörten. Einer der Herren sagte allerdings zu ter Horst: »Wir beabsichtigen nicht, uns hier aufzuhalten. Die Brücke haben wir schon, und sobald Horrocks' Panzer eintreffen, brauchen wir die Fähre nicht.« Ter Horst hoffte, der Mann habe recht. Falls jedoch die Deutschen das keine vier Kilometer entfernte Westerbouwing besetzten, konnten sie von dort nicht nur die Fähre bestreichen, sondern auch das englische Hauptquartier im Hotel Hartenstein zusammenschießen. Immerhin, er hatte die Engländer über die Fähre und Westerbouwing ins Bild gesetzt, und mehr konnte er nicht tun. Tatsächlich hatte er damit den Finger auf einen Fehler des Operationsplanes gelegt, nämlich darauf, daß die Engländer weder die strategische Bedeutung der Fähre noch die der Höhe von Westerbouwing erkannt hatten. Wäre General Urquhart auf seinem Gefechtsstand geblieben und hätte die Kämpfe von dort geleitet, so hätte der Fehler vielleicht noch rechtzeitig gutgemacht werden können[9].

General Hicks, der in Urquharts Abwesenheit kommandierte, fand es nicht einfach, den ständig wechselnden Bewegungen seiner Luftlandetruppen zu folgen. Da es zwischen dem Divisionsstab und den Bataillonsstäben keine Funkverbindung gab, wurde er nur unzureichend über die Ereignisse informiert und konnte sich vor allem kein Bild von der Stärke des Feindes machen. Das wenige, was

[9] Auch der bedeutende holländische Kriegshistoriker Boeree gibt diese Meinung in mehreren Monografien kund. »Wäre Urquhart an seinem Platz gewesen, er hätte, wohl möglich, den Kampf um die Brücke abgebrochen, seine sechs Bataillone und die drei Bataillone der 4. Fallschirmjägerbrigade zusammengefaßt und anderswo am Nordufer des Niederrheins einen Brückenkopf etabliert, . . . etwa mit den Höhen von Westerbouwing . . . als Zentrum. Dort hätte man in Ruhe das Eintreffen der 2. englischen Armee abwarten können.

er erfuhr, wurde ihm von Meldern zugetragen, die oft genug ihr Leben aufs Spiel setzten, um ihm Meldungen zu bringen, die überholt waren, wenn er sie erhielt, oder aber durch Mitglieder des holländischen Widerstandes, deren Berichte allerdings meist nicht beachtet oder mißtrauisch zurückgewiesen wurden. Hicks mußte sich immer mehr auf die Funkverbindung der Artilleristen zwischen Oosterbeek und dem Bataillon Frost an der Brücke verlassen.

Dieses Bataillon und die zu ihm gestoßenen Versprengten waren nun bereits schwer angeschlagen, wenn sie sich auch noch hielten. Die Lage war seit Stunden verzweifelt und wurde immer schlechter. Hicks erinnert sich: »Von der Brücke bekamen wir fortlaufend Hilferufe, es fehlte an Soldaten und Munition. Der Feind nahm ständig an Stärke zu und hörte nicht auf zu drücken. Wir hatten immer noch keine Verbindung zu Urquhart und Lathbury, Dobie oder Fitch. Wir konnten auch Browning nicht erreichen und ihn mit dem Ernst der Lage bekannt machen, dabei brauchten wir doch dringend Unterstützung.« Aussagen Gefangener war zu entnehmen, daß man es nun mit den kampferprobten Männern der 9. und 10. SS-Panzerdivision zu tun hatte, doch niemand konnte Hicks sagen, wie stark diese Verbände waren und über wie viele Panzer sie verfügten. Er wußte auch nicht, ob der Operationsplan darauf angelegt war, feindliche Panzerkräfte von einer Größenordnung zu neutralisieren, wie er sie jetzt vor sich hatte. Falls der Feind diese noch verstärken konnte, mochte das gesamte Unternehmen scheitern.

Allerdings wußte er, daß Hilfe nahte. Am 19. September sollte eine dritte Welle die polnische Fallschirmjägerbrigade von General Sosabowski bringen, außerdem sollten dann die Panzer von Horrocks da sein. Wie nahe mochten die übrigens sein? Würden sie rechtzeitig kommen, um Frost zu entlasten? »Trotz allem war ich überzeugt, daß Frost den Nordzugang zur Brücke bis zum Eintreffen der Panzer Montgomerys halten könnte. Unser Angriffsziel war nach wie vor diese Brücke, und alle meine Bemühungen richteten sich darauf, sie zu halten.« Bei Abwägung aller Faktoren kam Hicks zu der Erkenntnis, daß er sich an den ursprünglichen Plan halten müsse, und General Hackett war um diese Zeit der gleichen Meinung.

Hacketts 4. Fallschirmjägerbrigade sollte ursprünglich das etwas erhöht gelegene Gelände nördlich von Arnheim besetzen, um zu verhindern, daß deutsche Verstärkungen zur Brücke gebracht wurden. Als man den Plan machte, ging man davon aus, daß der Feind schwach, im schlimmsten Fall mühelos abzuwehren sein würde. Statt dessen aber hatte der Feind so rasch und wirkungsvoll reagiert, daß Hicks sich überhaupt kein Bild der wirklichen Lage machen konnte. Im Norden von Arnheim stand das Korps von Bittrich, dessen Truppen Frost an der Brücke festhielten und Dobie und Fitch daran hinderten, ihn zu entlasten. Diese beiden Bataillone kamen praktisch keinen Schritt mehr vorwärts, sondern standen im Stadtgebiet beim St. Elisabethhospital, etwa zwei Kilometer von der Brücke entfernt. Den beiden zu ihrer Unterstützung losgeschickten Bataillonen erging es nicht besser. »Auf der Uferstraße vor dem St. Elisabethhospital gerieten wir in den Schlamassel«, erinnert sich Soldat Edwards vom Regiment Staffordshire. »Wir waren wie die Puppen in einer Schießbude. Die Deutschen brauchten ihre Geschütze und Granatwerfer bloß auf diesen Straßenabschnitt zu richten und an der Leine zu ziehen. Verfehlen konnten sie uns nicht.« Edwards sah, wie Hauptmann Weiss, der stellvertretende Kompaniechef, unablässig die Reihen entlangging, »ohne sich im geringsten darum zu kümmern, daß es unentwegt schoß. Er war ganz heiser, weil er dauernd brüllte ›Los, los, los, weiter, weiter!‹«

Weiss war überall zugleich, und ringsumher gab es Verluste. Wenn jemand stehenblieb oder zögerte, kam er sofort gelaufen und drängte weiter. »Wenn man ihn da stehen sah, mochte man sich einfach nicht hinwerfen, man mußte seinem Beispiel folgen.« Edwards warf Nebeltöpfe und lief in deren Schutz vorwärts, so rasch er konnte. Er »stolperte über Leichen, rutschte in Blutlachen aus und fand schließlich Deckung auf der anderen Straßenseite«. Hauptmann Weiss allerdings wurde getroffen. »Auch Major Phillipps war schwer verwundet, und niemand wußte so recht, was als nächstes geschehen sollte.« Von der D-Kompanie »war noch ein Fünftel übrig, und es war unmöglich, einen so übermächtigen Feind weiter anzugreifen. Wir warteten das Tageslicht ab.«

Es war, als sei eine dicke Mauer zwischen der Division und Frosts Leuten an der Brücke gezogen worden.

Für sein 11. Bataillon war Hackett das 7. Bataillon zugeteilt worden, die Kings Own Scottish Borderes, welche seit der Landung am 17. die Landeräume verteidigt hatten. Jetzt marschierten sie zusammen mit dem 10. und 156. Bataillon von Hackett über Wolfheze Richtung Oosterbeek. Nordwestlich von Oosterbeek sollten die Schotten Johannahoeve sichern, jene Landezone, die Fahrzeuge und Geschütze der mit der dritten Welle erwarteten polnischen Brigade aufnehmen sollte.

Hacketts Brigade trat ihren Marsch ohne besondere Zwischenfälle an, und die Schotten bezogen bei Dunkelwerden rings um Johannahoeve Stellung. Dabei gerieten sie jedoch überraschend in das Feuer gut befestigter deutscher MG-Stellungen, und es kam zu einem scharfen Gefecht. Stoßtrupps gingen im Dunklen in Ausgangsstellungen vor, von wo aus sie bei Morgengrauen den Feind zu überraschen hofften. Es war außerordentlich wichtig, dieses Gelände in der Hand zu behalten. Sosabowskis Fallschirmjäger sollten am 19. am Südzugang zur Arnheimer Brücke abspringen, über jenem Marschland, das Urquhart und die RAF ursprünglich als für die erste Landung ungeeignet befunden hatten, weil sie zu starke Flak-Abwehr erwarteten. Man hatte damals vermutet, die Brücke würde bis zum Eintreffen der Polen genommen sein; falls nicht, sollten die Polen die Brücke nehmen. Im rückwärtigen Hauptquartier von Brownings Korps in England ahnte kein Mensch, wie schlecht die Operation bei Arnheim verlief, und der Absprung der Polen sollte wie vorgesehen stattfinden. Falls Frost aushielt und der Absprung der Polen den Erfolg brachte, konnte das Unternehmen »Market-Garden« sogar jetzt noch gelingen.

Immer noch versuchten einzelne Engländer, sich zur Brücke durchzukämpfen. Auf der ufernahen Straße, die Frost, wie es schien, vor einer Ewigkeit benutzt hatte, schlichen Soldat Milbourne und einige Versprengte aus anderen Bataillonen an den Resten der Eisenbahnbrücke vorüber, die Frost vergeblich zu nehmen versucht hatte. Linkerhand auf einem Acker sah Milbourne etwas weißlich schimmern. »Das waren Dutzende von Toten, die von den Holländern mit weißen Laken bedeckt worden waren«, erinnert sich Milbourne. Vor ihnen war der Himmel rot von Bränden, und im Mündungsfeuer der Geschütze war manchmal die große Brücke zu sehen. Die kleine Gruppe hatte den ganzen Nachmittag über vor den Deutschen in Deckung gelegen, und auch jetzt geriet sie wieder in feindliches Feuer. Man flüchtete sich in einen Bootsschuppen am Ufer, und Milbourne glaubte nicht mehr daran, daß er je zur Brücke kommen werde. Ein Funker, der sich ebenfalls eingefunden hatte, drehte an seinem Gerät und empfing plötzlich die BBC aus London. Milbourne lauschte der klaren, präzisen Stimme des Ansagers, der von den Kampfhandlungen des Tages berichtete. »In Holland stoßen unsere Truppen nur auf geringen Widerstand«, sagte er. Die Soldaten lachten höhnisch. »So ein Lügner«, schimpfte Milbourne.

Während die tapferen Männer der 1. Luftlandedivision um ihr Leben kämpften, fanden zwei Generäle Seiner Majestät, dies sei der geeignete Moment, sich darüber zu streiten, wer die Division kommandieren solle. Ausgelöst wurde der Zank durch General Hackett, der zu seinem maßlosen Ärger am Abend des 18. September zu der Erkenntnis gelangte, daß die Lage nicht nur beunruhigend, sondern »überaus verworren« war. Es schien, daß der Feind überall die Oberhand hatte. Englische Bataillone waren zersprengt, sie kämpften unzusammenhängend, keiner wußte vom anderen.

Ohne Nachrichtenverbindungen, in dicht bebauten Wohngebieten abgeschnitten, trafen englische Einheiten einander nur noch zufällig. Hackett sah nirgendwo ein zusammenfassendes Kommando. Am späten Abend fuhr er, immer noch wütend, weil ihm die Führung der Division vorenthalten wurde, zum Hotel Hartenstein, um sich mit Hicks auszusprechen. Dieser erinnert sich: »Er kam gegen Mitternacht an, und ich war noch im Lageraum. Es war von Anfang an deutlich zu merken, daß er sich darüber ärgerte, daß mir das Kommando übertragen worden war, denn er war dienstälter als ich. Er hatte ganz feste Vorstellungen, war noch recht jung und streitsüchtig.«

Anfangs beklagte Hackett sich darüber, daß Hicks ihm sein 11. Bataillon weggenommen habe; er wollte wissen, welche Befehle das Bataillon erhalten habe und unter wessen Kommando es jetzt stehe. »Er fand die Lage fließend und war mit den von mir getroffenen Entscheidungen nicht einverstanden.« Hicks als der Ältere erklärte geduldig, die wegen des starken deutschen Widerstandes eingetretene Lage sei nicht vorgesehen gewesen. Jedes Bataillon bemühe sich jetzt, selbständig zur Brücke vorzustoßen; er habe zwar bestimmte Vormarschrouten angegeben, doch seien alle Einheiten darüber unterrichtet, daß es zu Überschneidungen kommen könne. Es sei wohl möglich, daß mehrere Einheiten sich plötzlich im gleichen Abschnitt zusammengedrängt fänden. Hierzu bemerkte Hackett grob: »Die Kommandostruktur ist absolut unbefriedigend.«

Dies fand Hicks ebenfalls, doch ginge es vor allem darum, »Frost so gut und schnell es geht, bei der Brücke zu Hilfe zu kommen«. Hackett meinte dies zwar auch, sagte aber, das müsse »auf eine besser koordinierte Art, mit mehr Schwung und Zusammenhalt« geschehen. Für Hacketts Auffassung sprach einiges: ein zusammengefaßter Vorstoß mochte sehr wohl den deutschen Ring durchbrechen und Frost erreichen, doch Hicks, dem alle Nachrichtenverbindungen fehlten und der durch unablässige deutsche Angriffe in Atem gehalten wurde, hatte einfach keine Zeit gefunden, etwas Derartiges zu organisieren.

Sodann beschäftigte man sich mit der Frage, welche Rolle die Brigade Hackett in den nächsten Tagen spielen solle. Hicks meinte nun, Hackett solle nicht den Versuch machen, die Höhen nördlich von Arnheim zu besetzen. »Ich war der Meinung, er könne Frost besser dadurch helfen, daß er nach Arnheim vorstieß und ihm bei der Brücke zu Hilfe kam.« Das nun fand Hackett ganz abwegig. Er wollte ein genau umrissenes Angriffsziel haben, und offenbar wußte er auch schon, welches das sein sollte. Er sagte, er wolle zuerst die Höhen östlich von Johannahoeve nehmen, »und dann werde ich sehen, inwiefern ich die Operation in Arnheim selbst unterstützen kann«. Bei diesem erbitterten, wenn auch gedämpft ausgetragenen Streit bestand Hackett darauf, einen Zeitplan auszuarbeiten, »damit ich meine Operationen mit den anderen abstimmen kann«. Er verlangte »einen vernünftigen Plan, andernfalls sehe ich mich genötigt, höheren Orts die Frage zu diskutieren, ob die Division richtig geführt wird«. Bei diesem Gespräch, das von Hicks später taktvoll »unsere Diskussion« genannt wurde, war Oberstleutnant Preston, der Verwaltungsoffizier, anwesend. Preston erinnert sich, »daß Hicks mit verzerrtem Gesicht zu mir sagte: ›Brigadier Hackett meint, man hätte ihm das Kommando über die Divisionen geben müssen.‹ Dagegen verwahrte sich Hackett.« Preston spürte, daß sich hier etwas zusammenbraute, ging hinaus und schickte den Offizier vom Dienst nach Oberst Mackenzie.

Mackenzie lag im Oberstock zu Bett, konnte aber nicht schlafen. »Ich lag schon etwa eine halbe Stunde so, als der Offizier vom Dienst hereinkam und mir sagte, ich solle sofort nach unten kommen, ›denn Hicks und Hackett gehen sich gegenseitig an die Gurgel‹. Ich hatte mich erst gar nicht ausgezogen. Ich wußte, worum es bei dieser Auseinandersetzung ging, und auch, daß ich würde eingreifen müssen. Auf keinen Fall wollte ich mich auf bloße Höflichkeiten einlassen, denn mir war klar, daß ein eindeutiger Befehl von General Urquhart in Zweifel gezogen wurde, und ich war entschlossen, Hicks in jeder Beziehung zu unterstützen.«

Als Mackenzie das Zimmer betrat, verstummten beide Offiziere. »Sie hatten sich schon einigermaßen gefaßt, und ich sah, daß das Schlimmste vorbei war.« Hicks schaute Mackenzie an und sagte lässig: »Ach, da sind Sie ja, Charles. Brigadier Hackett und ich hatten einen kleinen Streit, er ist jetzt aber beigelegt.« Hicks war nun überzeugt, »daß alles wieder ganz normal war. Ich war Hackett gegenüber fest geblieben und wußte, daß er fortan meine Befehle befolgen würde.« Hackett hingegen tat zwar so, als akzeptiere er die Position von Hicks, doch änderte er seine Ansichten nicht. »Ich war durchaus bereit, alle Befehle von ihm entgegenzunehmen, die mir einleuchteten, aber was er da von mir verlangte, war alles andere als das. Deshalb war ich entschlossen, meine Stellung als rangältester Brigadier dazu zu benutzen, meiner Brigade selber Befehle zu erteilen, die ich vernünftig fand.«[10]

[10] Der Streit dürfte viel schärfer gewesen sein als hier angedeutet, doch wollen weder Hackett noch Hicks sich ausführlich darüber verbreiten. Es gibt mindestens vier Versionen der Vorgänge, von denen keine unbedingt zutreffend sein muß. Ich stütze mich hier auf meine Gespräche mit Hackett, Hicks und Mackenzie sowie auf Urquhart: *Arnhem*, S. 77–90, und Hibbert: *The Battle of Arnhem*, S. 101–103.

Unter anderen Umständen hätte dieser Streit zwischen zwei Stabsoffizieren kaum eine Fußnote verdient, denn schließlich geschah weiter nichts, als daß unter besonderem Druck zwei mutige Männer mit den gleichen Zielen vorübergehend die Beherrschung verloren. In dieser Lage jedoch, wo die Einnahme der Brücke von Arnheim entscheidend für den Erfolg des Unternehmens »Market-Garden« war, kam der Zusammenarbeit hoher Stabsoffiziere große Bedeutung zu, und dies um so mehr, als die Situation der 1. englischen Luftlandearmee sich weiter verschlechterte, denn die von Rundstedt zugesagten Verstärkungen trafen nun wirklich im Operationsgebiet »Market-Garden« ein.

Nicolaas de Bode, jener geschickte Techniker, der die Telefonverbindungen des Widerstandes zwischen dem Norden und dem Süden Hollands herstellte, war den ganzen Tag über in seinem Zimmer geblieben. In Befolgung einer Weisung des Abschnittskommandanten Pieter Kruyff saß Bode an einem kleinen Fenster und schaute hinaus auf den Velper Weg, jene breite Straße, die von Arnheim nach Zutphen weiter nördlich führt. Hier beim Fenster nahm er auch Ferngespräche entgegen, die ihn sehr beunruhigten. Widerständler aus Wolfheze und Oosterbeek gaben unerfreuliche Neuigkeiten durch. Von Befreiung war nicht mehr die Rede, sondern seit Stunden hieß es bereits, die Lage verschlechtere sich. Bode sollte Ausschau halten nach Anzeichen deutscher Truppenbewegungen vom Norden und vom Osten. Bislang hatte er nichts Derartiges bemerkt, sondern Stunde um Stunde die gleiche Meldung abgegeben: »Die Straße ist leer.«

Am späten Abend, etwa zwanzig Minuten bevor seine nächste Meldung fällig wurde, »hörte ich Spähwagen und gepanzerte Fahrzeuge kommen«. Er trat ans Fenster und sah ganz in der Ferne, doch sichtbar vor dem Feuerschein über der Stadt, zwei schwere Panzer nebeneinander die breite Straße herunterfahren, augenscheinlich auf die Altstadt zu. Ihnen folgten weitere Panzer und dazwischen »Lastwagen mit gut ausgerüsteten Soldaten, die mit den Gewehren vor sich straff aufgerichtet auf den Bänken saßen. Dann noch mehr Panzer und noch mehr aufgesessene Infanterie.« Er rief unverzüglich Kruyff an: »Offenbar kommt da eine ganze deutsche Armee mit Panzern und anderen Waffen nach Arnheim.«

Henry Knap, der Nachrichtenmann des Widerstandes von Arnheim, der am 14. September die Anwesenheit des II. SS-Panzerkorps nach London gemeldet hatte, sammelte unaufhörlich Meldungen seiner Agenten, die von deutschen Verstärkungen berichteten. Knap schlug alle Vorsicht in den Wind und telefonierte einfach mit dem Stab der Engländer im Hotel Hartenstein. Ohne

Vorrede sagte er: »Ein Panzerverband, darunter auch Tiger, marschiert nach Arnheim hinein, einige auch nach Oosterbeek.« Der diensthabende Offizier ersuchte Knap höflich, einen Augenblick am Apparat zu bleiben. Minuten später bedankte er sich für den Anruf, setzte aber hinzu: »Der Hauptmann glaubt nicht, daß diese Meldung zutrifft, er hat schon eine Menge Märchen zu hören bekommen.« Allerdings verflog aller Argwohn bei den Engländern, als der holländische Verbindungsoffizier bei der Division auf Veranlassung von Pieter Kruyff berichtete, daß »mindestens 50 Panzer aus nordöstlicher Richtung nach Arnheim hineinrollen.«

Über der Innenstadt lag eine Wolke von Gestank. Trümmer häuften sich auf der Brücke und bedeckten auch die Uferstraße. Dicker Qualm ließ sich auf Häusern und Plätzen als schmieriger Film nieder. Entlang dem Ufer brannte es an hundert Stellen, und der Boden zitterte von schweren Explosionen, als die Deutschen in den letzten Stunden des zweiten Kampftages den Engländern in einem erbitterten Kampf Montgomerys wichtigstes Angriffsziel, die Stützpunkte am Nordzugang zur Brücke, streitig machten.

Gegen Mitternacht verließ Oberst Frost seinen Gefechtsstand westlich der Auffahrt und machte einen Rundgang durch die Stellung. Der Kampf hatte zwar seit Gräbners Panzerangriff am Vormittag fast unaufhörlich gewütet, doch war die Moral seiner Leute noch gut. Frost war stolz auf sie. Den ganzen Tag über hatten sie einen Angriff der Deutschen nach dem anderen abgewiesen, und kein einziger Feind hatte zu Fuß oder in einem Fahrzeug das Nordende der Brücke erreicht.

Im Laufe des Nachmittags hatten die Deutschen ihre Taktik geändert. Sie versuchten nun, die Engländer mit Phosphorgranaten aus ihren Stellungen zu vertreiben. Ein Geschütz vom Kaliber 15 cm beschoß Frosts Gefechtsstand und zwang alle in den Keller. Nach einer Weile erzielten englische Granatwerfer einen Volltreffer auf die Geschützbedienung. Die Engländer jubelten und höhnten, während die Deutschen das Geschütz abzogen. Rings um den Brückenzugang standen Häuser in Brand, in denen die Engländer bis zum letztmöglichen Augenblick verweilten, ehe sie einen Stellungswechsel vornahmen. Der angerichtete Schaden war bedeutend, alle Straßen waren von brennenden und zerstörten Fahrzeugen und qualmenden Trümmern verstopft. Es ging jetzt darum, wer das größere Beharrungsvermögen hatte, und es war Frost klar, daß er ohne Unterstützung früher aufgeben mußte als die Deutschen.

In den Kellern lagen Verwundete. Pater Egan und der Bataillonsarzt Logan, seit dem Afrikafeldzug miteinander befreundet, versorgten die Verwundeten aus dem rasch abnehmenden Vorrat von Medikamenten. Es gab fast kein Morphium mehr und nur noch wenig Verbandszeug. Die Einheiten an der Brücke waren nur mit Verpflegung für 48 Stunden versorgt worden, und die war jetzt verbraucht. Noch dazu hatten die Deutschen das Wasser abgestellt. Die Truppe nährte sich von Äpfeln und Eingemachtem, das sie in den besetzten Häusern fand. Soldat Jukes erinnert sich, daß sein Sergeant ihm sagte: »Ihr braucht kein Wasser, wenn ihr Äpfel eßt«, und Jukes stellte sich vor, daß er am Ende mit blutverschmierten Verbänden, umgeben von toten Deutschen in einem Haufen von Patronenhülsen und Apfelgriebsen stecken würde.

Frost erwartete von Stunde zu Stunde, daß die Bataillone von Dobie oder Fitch den deutschen Ring aufbrechen und die Brücke erreichen würden. Aus den westlichen Stadtvierteln war zwar Kampflärm zu hören, doch nichts deutete auf größere Truppenbewegungen. Frost hatte auch weitere Funksprüche vom XXX. Korps erwartet, doch der klare laute Funkspruch vom Vormittag war der einzige geblieben. Versprengte vom 3. Bataillon brachten die Nachricht, Horrocks' Panzer stünden noch weit entfernt im Korridor, manche hatten auch vom holländischen Widerstand erfahren, daß Horrocks noch nicht einmal in Nimwegen sei. Das beunruhigte Frost sehr, und er behielt diese Neuigkeit für sich. Ihm war bereits jetzt klar, daß die Männer seines schönen 2. Bataillons, das er seit der Aufstellung kommandierte, viel länger allein gelassen werden würden, als sie sich halten konnten.

In den letzten Stunden des Montag richteten seine Hoffnungen sich ganz auf die dritte Welle und General Sosabowskis 1. polnische Fallschirmjägerbrigade. »Die sollten südlich der Brücke abspringen«, schrieb Frost später, »und sie mußten dort mit einem üblen Empfang rechnen . . . mir lag sehr daran, daß sie dort auch Freunde vorfanden . . .« Zu diesem Zweck organisierte Frost eine »mobile Sturmabteilung«. Major Gough sollte die Überraschung und Verwirrung beim Absprung nutzen, mit zwei seiner Jeeps und einem Panzerspähwagen über die Brücke vorstoßen und den Polen eine Passage öffnen. Major Gough »fand diesen Gedanken geradezu abscheulich«. Am 16. September hatte er seinen 43. Geburtstag begangen und zweifelte nicht daran, daß er den 44. nicht mehr feiern werde, falls Frost seinen Plan ausführte[11].

Die Polen sollten nicht vor 10:00 Uhr am 19. September abspring-

[11] Gough erfuhr nach dem Krieg, daß General Horrocks einen ähnlichen Plan erwog. Angesichts des raschen Kontaktes, den eine englische Aufklärungsabteilung zur 101. Division hergestellt hatte, meinte Horrocks, ein ähnlicher Vorstoß könne auch zur Arnheimer Brücke gelingen. »Der sollte von Oberst Dunkerley geführt werden«, berichtete Gough mir, »und er hat zugegeben, daß er sich bereits bei der bloßen Vorstellung den ganzen Tag über in die Hosen machte.«

gen. Bei seinem Rundgang mahnte Frost die Männer in den Splittergräben, den MG-Stellungen und den Kellern, ihre kostbare Munition nicht zu verschwenden. Sie sollten nur auf kürzeste Entfernung feuern. Funker Haysim zielte gerade auf einen Deutschen, als der Befehl des Kommandeurs durchgegeben wurde, und rief: »Steh still, du Armleuchter, diese Kugel kostet Geld.«

Frost wußte zwar, daß eine Verminderung des Feuers dem Feind erlauben würde, seine Stellungen zu verbessern, doch nahm er auch an, daß die Deutschen irrigerweise glauben würden, die Engländer hätten nicht nur Soldaten verloren, sondern auch den Mut. Ein solcher Irrtum würde sie teuer zu stehen kommen. Daß er damit recht hatte, bewies eben Hauptmann Mackay mit seinen wenigen Leuten östlich der Rampe.

In der bereits schwer mitgenommenen Schule unter der Rampe hielten Mackay und seine Pioniere zwei Klassenzimmer besetzt. Auf dem Korridor sollten Posten Infiltrationsversuche abwehren. Diese Posten waren kaum aufgezogen, als die Deutschen auch schon, von Maschinengewehren und Granatwerfern unterstützt, angriffen. Corporal Hendy erinnert sich, »Kugeln kamen durch die zersplitterten Fenster geflogen und rissen die Dielen auf. Wir mußten uns vor Glassplittern ebenso schützen wie vor Geschossen.«

Mackay sah, daß die Deutschen einen Flammenwerfer mitführten. Schon nach wenigen Minuten setzten sie einen beschädigten Schützenpanzerwagen nahe der Schule in Brand. »Dann steckten sie das Haus nördlich von uns an, das munter brannte; fliegende Funken setzten auch unser Holzdach in Brand.« Drei Stunden lang bekämpften die Pioniere das Feuer im Dach. Corporal Hendy fand: »Es roch nach angebranntem Käse und verbranntem Fleisch. Es war taghell, die Hitze war erheblich, und die Deutschen schossen unentwegt auf uns. Schließlich war das Feuer gelöscht.«

Die erschöpften Soldaten versammelten sich wieder in den beiden Klassenzimmern und Mackay befahl ihnen, Hemden und Jacken um ihre Füße zu binden. »Der Steinfußboden war bedeckt mit Glassplittern, mit Gipsbrocken und Granatsplittern, und die Treppen waren glitschig von Blut. Jeder Schritt, den wir machten, war weithin zu hören.« Mackay war gerade auf dem Weg in den Keller, um nach seinen Verwundeten zu sehen, »da gab es einen hellen Blitz und eine schwere Explosion. Ich erwachte davon, daß jemand mir leicht ins Gesicht schlug.« Die Deutschen hatten in der Absicht, das kleine Häufchen ein für allemal zu vernichten, Panzerfäuste verschossen, und Mackay sah nun ungläubig, daß die Südwestecke des Schulgebäudes und ein Teil des glimmenden Daches nicht mehr da waren und daß, schlimmer noch, die Klassenräume einem Schlachthaus glichen, weil überall Tote und Verwundete lagen. »Dann sagte jemand, wir wären umzingelt. Ich schaute aus einem Fenster und sah lauter Deutsche, die erstaunlicherweise nur so herumstanden. Sie waren überall, nur nicht auf der Westseite. Sie glaubten wohl, die Panzerfäuste hätten uns erledigt, weil wir nicht mehr schossen.«

Mackay jedoch befahl seinen Leuten, Handgranaten zu werfen. »Meine Jungens ließen ihre Granaten aus den Fenstern fallen, und dann schossen wir aus allen Rohren, aus sechs Maschinengewehren und 14 Maschinenpistolen.« Die Fallschirmjäger standen deutlich sichtbar an den Fenstern, feuerten von der Hüfte und brüllten ihren Kriegsruf: »Whoa Mohammed!« Innerhalb von Minuten kam der Gegenangriff zum Stehen, »und als ich zum Fenster hinausschaute, sah ich einen grauen Teppich. Wir haben da wohl so zwischen 30 und 50 Deutsche hingemacht.«

Seine Männer gingen nun daran, die Toten und Verwundeten einzusammeln. Ein Sterbender hatte 15 Kugeln in der Brust. Fünf andere waren schwer verwundet und fast alle hatten Brandwunden auf dem brennenden Dachboden erlitten. Mackays Fuß war von einem Granatsplitter im Stiefel festgenagelt. Weder er noch der Sanitäter konnten den Splitter entfernen, also schnürte Mackay seinen Stiefel fester, um die Schwellung kleinzuhalten. Von seinen 50 Männern waren nur noch 21 in guter Verfassung; vier waren tot, 25 verwundet. Sie hatten zwar keine Verpflegung mehr und kaum Wasser, dafür aber reichlich Morphium, mit dem sie die Schmerzen der Verwundeten lindern konnten. »Wir litten unter Erschöpfung und Schock, aber nun hatten wir wieder etwas Luft. Die Lage sah nicht rosig aus, doch von der BBC hörten wir, daß alles nach Plan verlief. Ich gab Oberst Frost die Stärkemeldung durch und sagte, wir wären soweit noch munter und könnten uns halten.«

Als Corporal Hendy ein kleines Schläfchen zu machen versuchte, glaubte er in der Ferne Glockenläuten zu hören. Anfangs meinte er, die Glocken begrüßten die Ankunft der Panzer von General Horrocks, doch dann merkte er, daß es gar kein richtiges Läuten war, sondern daß die Glocken von Kugeln und Splittern getroffen wurden. Dann dachte er: ob wohl die Kameraden auf der anderen Seite der Rampe die Stellung noch halten können? Wieder hörte er die Glocke, und ein Schauer lief ihm über den Rücken. Er konnte das Gefühl nicht loswerden, daß der Untergang bevorstand.

Die Hilfe, auf welche Frost so dringend zählte, war ganz nahe, keine zwei Kilometer entfernt. Zwischen dem Elisabethhospital und dem Rhein versuchten vier Bataillone zu ihm durchzustoßen. Das 3. Bataillon unter Fitch ging auf der dem Rhein am nächsten verlaufenden Straße vor, die Frost zwei Tage zuvor selbst benutzt hatte. Fitch, der ohne Funkverbindung war, wußte nichts davon, daß zugleich mit ihm drei weitere Bataillone auf dem Marsch waren, das 1. unter Dobie, das 11. unter Lea und das 2. (Staffordshire) unter McCardie. Von Dobies Leuten trennten ihn nur wenige hundert Meter.

Um vier Uhr früh, Dienstag, den 19. September, begannen das 11. Bataillon und das 2. (Staffordshire) in den dicht bebauten Stadtvierteln zwischen dem Hospital und dem Arnheimer Stadtmuseum den Angriff. Südlich von ihnen, wo Fitch auf der Uferstraße bereits auf härtesten Widerstand gestoßen war, versuchte das 1. Bataillon, sich einen Weg zu bahnen. Anfangs erzielten die drei im Verband operierenden Bataillone Geländegewinne, doch bei Tagesanbruch verloren sie ihre Deckung und der deutsche Widerstand, der während der Dunkelheit mal stärker und mal schwächer gewesen war, versteifte sich merklich. Die Bataillone fanden sich in einem Netz, das die Deutschen, die sie hier offenbar schon erwarteten, nun auf drei Seiten zuzogen. Die Bataillone kamen zum Stehen.

Die vordersten Einheiten gerieten in das Feuer von deutschen Panzern und Schützenpanzern, welche die Straßen sperrten. Aus den Häusern über dem Verschiebebahnhof im Norden eröffneten Maschinengewehre das Feuer, und aus der Ziegelei am anderen Rheinufer richtete Vierlingsflak im direkten Beschuß unter den Männern von Dobie und Fitch fürchterliche Verheerungen an, als diese versuchten, auf der Uferstraße vorzudringen. Das Bataillon Fitch, bereits seit zwei Tagen im Gefecht, hörte praktisch auf zu existieren. Die Männer liefen auseinander, sie konnten weder vor noch zurück. Die hier unbebaute Straße bot keinerlei Deckung. Sie wurden systematisch niedergemäht. Hauptmann Seccombe meinte dazu: »Es wurde auch deutlich, daß die Deutschen viel mehr Munition hatten als wir. Wir versuchten, von einer Deckung zur anderen zu springen. Ich selbst wurde bei einem solchen Sprung verwundet und fiel hin wie ein Kartoffelsack. Ich konnte nicht mal mehr kriechen.« Seccombe war an beiden Beinen verwundet worden und sah zwei Deutsche auf sich zukommen. Da er fließend Deutsch sprach, forderte er sie auf, sich um seine Beine zu kümmern, was sie auch taten. »Tut mir leid, Herr Hauptmann«, sagte einer von ihnen, »aber für Sie ist der Krieg vorbei.« Die Deutschen ließen ihn durch ihre Sanitäter ins Elisabethhospital bringen[12].

[12] Das Krankenhaus wurde die meiste Zeit über von deutschen wie englischen Ärzten und Sanitätern zur Versorgung ihrer Verwundeten benutzt. Seccombe, nun deutscher Gefangener, wurde in die kleine holländische Stadt Enschede nahe der deutschen Grenze verlegt, und man amputierte ihm beide Beine. 1945, im April, wurde er befreit.

Ganz zufällig entdeckte einer von Fitchs Offizieren, daß auch Dobie und seine Leute die untere Straße benutzten, und das 1. Bataillon kam nun trotz schwerer eigener Verluste Fitch zu Hilfe. Dobie war fest entschlossen, an die Brücke zu gelangen, die Aussichten dafür waren aber minimal. Während er mit seinen Leuten bei schwerem Abwehrfeuer über die Gefallenen des Bataillons Fitch hinwegkroch, wurde Dobie verwundet und gefangengenommen (es gelang ihm später zu fliehen); am Ende dieses Tages zählte sein Bataillon nur noch 40 Mann. Soldat Boldock war einer davon. »Wir versuchten es immer wieder, es führte aber zu nichts. Wir bekamen unentwegt Granatwerferbeschuß, und deutsche Panzer fuhren uns praktisch über die Füße. Ich versuchte, mit dem schweren Maschinengewehr einen abzuschießen, aber da ging es schon zurück. Ich kam an einer geborstenen Wasserleitung vorbei. Ein toter Zivilist im Arbeitsanzug lag im Rinnstein im Wasser. Als wir uns aus Arnheim zurückzogen, wußte ich, wir würden nicht wiederkommen.«

Wieder wurden die Leute von Fitch, die den Versuch machten, sich dem Bataillon Dobie anzuschließen, schwer heimgesucht.

Was sie da machten, hatte keinerlei Sinn mehr, und aus den Gefechtsberichten ist zu entnehmen, daß in diesem Stadium völlige Verwirrung herrschte. »Wir kamen gut voran bis etwa zu der abgebauten Pontonbrücke«, heißt es im Bericht des 3. Bataillons. »Dort kamen uns die ersten Verwundeten vom 1. Bataillon entgegen. Wir bekamen schweres Feuer von Maschinengewehren, 2-cm-Flak und Granatwerfern . . . die Zahl der Ausfälle stieg alarmierend.«

Als Fitch sah, daß sein Bataillon im Begriff war völlig aufgerieben zu werden, gab er den Befehl, zum Rheinpavillon zurückzugehen, einem Restaurant am Ufer, wo die Reste des Bataillons sich neu formieren konnten. »Jetzt muß sich jeder so gut durchschlagen, wie er kann«, ließ Fitch durchsagen. »Es scheint, daß die ganze Gegend unter Feuer liegt, und nur wer es im Alleingang versucht, hat die Chance herauszukommen.« Soldat Edwards erinnert sich eines Sergeanten, »aus dessen Stiefeln Blut sickerte. Er befahl uns, einzeln zurückzugehen, bis wir auf eine intakte Einheit stießen.« Oberst Fitch selbst erreichte den Rheinpavillon nicht mehr, er wurde auf der Straße von einer Werfergranate getötet.

Major Deane-Drummond, der stellvertretende Führer der Nachrichtenabteilung der Division, war so außer sich darüber, daß die Funkverbindung so jämmerlich versagt hatte, daß er sich mit seinem Fahrer Corporal Turner aufmachte, um die Ursache zu entdecken. Der Major und Turner waren zu diesem Zweck bereits seit Montag früh unterwegs. Zuerst hatten sie Dobie aufgespürt und von ihm erfahren, daß Frost an der Brücke war und daß Dobie einen Vorstoß zur Brücke vorbereitete. Auf der Uferstraße fand der Major Anschluß an das 3. Bataillon. Als die Einheit, an die der Major sich angehängt hatte, ins Feuer geriet, übernahm er das Kommando über die Reste einer Kompanie, die keinen Offizier mehr hatte.

Unter ständigem Schützenfeuer und auf Handgranatenwurfweite vom Feind eingeschlossen, führte er die Kompanie über die Straße zu einigen Häusern an einem schmalen Wasserarm. Vor sich sah er die Brücke. »Auf den letzten zweihundert Schritten bis zu den Häusern, zu denen ich wollte, fielen die Männer um mich her buchstäblich wie die Fliegen. Es waren jetzt noch etwa 20, und mir wurde klar, daß das Bataillon weit hinter uns war und ganz sicher nicht mehr aufschließen würde.« Der Major teilte, was ihm verblieben war, in drei Gruppen, die nach Eintritt der Dunkelheit über den Fluß schwimmen, nach Westen wandern, dort wieder hinüberschwimmen und zur Division stoßen sollten. Er selbst bezog ein kleines Eckhaus, das rundum von Deutschen eingeschlossen war. Es pochte an die Tür, und der Major versteckte sich mit den ihn begleitenden Männern im Klosett. Es war deutlich zu hören, daß die Deutschen das Haus befestigten. Der Major saß in der Falle. Er und die drei anderen blieben fast drei Tage lang in ihrem Versteck[13].

Das 11. Bataillon und das 2. Bataillon (Staffordshire) waren nach stundenlangen Straßenkämpfen erst zum Stehen gekommen, dann von unablässigen deutschen Gegenangriffen zum Rückzug gezwungen worden.

Soldat Faulkner erinnert sich, daß Teile des Bataillons unter schweren Verlusten bis zum Museum kamen, wo sie aber bereits von Panzern erwartet wurden. »Ich sah, wie einer von uns aus dem Fenster auf einen Panzer sprang und versuchte, eine Handgranate hineinzuwerfen. Er wurde von einem Scharfschützen erwischt, doch er saß wohl sowieso in der Falle und dachte, dies sei der einzige Ausweg.« Soldat O'Brien sagt: »Die Lage wurde plötzlich chaotisch. Niemand wußte, was zu tun war. Die Deutschen setzten Nebelwerfer ein, und von deren Geheul wurde man schier wahnsin-

13 Deane-Drummond wurde kurz nach Verlassen eines Hauses nahe der Arnheimer Brücke am 22. September gefangengenommen. Man hielt ihn in einer alten Villa in Velp fest. Hier entdeckte er einen Wandschrank, der ihm ein Versteck bot, in dem er sich 13 Tage aufhielt, recht beengt und mit nur geringsten Mengen Nahrung und Wasser. Am 5. Oktober gelang ihm die Flucht, er nahm Verbindung zum holländischen Widerstand auf und wurde am 22. Oktober abends auf den Verbandsplatz der 1. Luftlandedivision in Nimwegen gebracht. Sein Diener, Gefreiter Turner, ging nach Deutschland in Gefangenschaft bis April 1945. Deane-Drummond hat seine Erlebnisse sehr anschaulich beschrieben in: *Return-Ticket.*

nig. Ich hatte deutlich den Eindruck, daß die Generäle uns in einen fürchterlichen Schlamassel geführt hatten und fragte mich, wo denn zum Teufel die 2. Armee steckte.«

Soldat Milbourne hörte unweit der Kirche in Oosterbeek, daß nach MG-Schützen gerufen wurde. Man befahl ihm, an einer Straßenkreuzung nahe dem Hospital in Stellung zu gehen und den beiden Bataillonen Feuerschutz zu geben, während sie sich absetzten. Er verlud sein schweres MG auf einen Jeep und stieg mit drei anderen ein. Sein MG stellte er in dem Vorgarten eines Hauses an der Straßenkreuzung auf und bekam sofort gezieltes Geschützfeuer. Um ihn her wurden seine Kameraden verwundet, er aber schoß unentwegt. Dann bekam er einen Volltreffer auf sein MG, konnte nichts mehr sehen, die Hände nicht mehr bewegen und hörte jemanden sagen: »Jetzt hat es ihn gerissen.«

Soldat Pritchard hörte das und lief zu Milbourne. »Er lag über seinem MG, die Hände baumelten nur noch an Hautfetzen und ein Auge war aus der Höhle gefallen. Wir riefen nach einem Sanitäter.« Diesen Ruf hörte Sanitäter Brace, der gerade einen Verwundeten behandelte. Gleich darauf lief er durch dichtes Feuer zu Milbourne, bahnte sich einen Weg durch die Umstehenden und sah zu seinem Schrecken seinen Freund am Boden liegen. Er verband ihm die Arme, legte Watte auf die Wange unter das linke Auge und redete ihm dabei unentwegt gut zu. Dann brachte er ihn auf einen nahen Verbandsplatz, übergab ihn einem holländischen Arzt und ging zurück ins Gefecht[14].

Dabei kam er, wie er meinte, an Hunderten von Soldaten vorbei, die teils in Gärten, teils auf der Straße lagen. »Ich blieb bei jedem stehen, aber in den meisten Fällen hatte ich nichts weiter zu tun als ihnen die Jacke übers Gesicht zu ziehen.« Ein verwundeter Sergeant bat ihn, bei ihm zu bleiben. »Mit mir ist es aus, halt meine Hand.« Brace setzte sich, hielt die Hand des Sergeanten, dachte dabei an seinen besten Freund Milbourne und an die vielen Verwundeten, die er an diesem Tage hatte zurückgehen sehen. Wenige Minuten später merkte er, daß der Sergeant gestorben war.

Die Engländer waren aufgerieben, sie hatten keine panzerbrechenden Waffen mehr und erlitten schwere Verluste. Der Angriff war gescheitert. Beim Hospital kamen die beiden Bataillone keinen Schritt mehr vorwärts, doch hatten sie immerhin den Zwarteweg erreicht, wo im Haus Nr. 14 General Urquhart in der Falle saß.

»Wir hörten, wie sich das Sturmgeschütz vor dem Haus in

[14] Milbourne wurde später im Keller von ter Horst in Oosterbeek gefangengenommen. Er verlor ein Auge, und beide Hände wurden ihm in Apeldoorn von einem deutschen Arzt amputiert. Den Rest des Krieges verlebte er im Lager in Deutschland.

Bewegung setzte«, schrieb Urquhart später. »Es fuhr weg.« Gleich darauf erschien Antoon Derksen »und sagte ganz aufgeregt, am Ende der Straße seien Engländer. Wir liefen dorthin, und ich dankte Gott dafür, daß ich endlich wieder Verbindung zu meiner Division hatte.«

Urquhart hörte, daß sein Gefechtsstand nun in einem Hotel namens Hartenstein in Oosterbeek sei, ließ sich einen Jeep geben und fuhr ungeachtet des heftigen Beschusses auf dem schnellsten Wege hin. Es war jetzt 7:25 Uhr, und er war fast 39 Stunden abwesend gewesen, ausgerechnet in der kritischsten Phase des Unternehmens.

Im Hotel Hartenstein wurde der General vom Divisionsgeistlichen gesichtet. »Es sah nicht gerade gut aus«, erinnert sich dieser. »Der General war angeblich in Gefangenschaft geraten und von der 2. Armee weit und breit nichts zu sehen. Als ich die Treppe herunterkam, wer kommt mir da entgegen? Der General! Auch andere sahen ihn, doch niemand sagte etwas. Wir glotzten ihn nur völlig verblüfft an.« Urquhart seinerseits sagte: »Ich war verdreckt, seit zwei Tagen nicht rasiert und bot wohl keinen schönen Anblick.« Nun trat Oberst Mackenzie auf, glotzte ebenfalls, brachte dann aber heraus: »Sir, wir waren der Meinung, Sie seien abgängig.«

Sodann machte Mackenzie den ungeduldigen Urquhart mit der Lage vertraut. Das Bild, das er zeichnete, war erschütternd. Urquhart erkannte, daß seine stolze Division in alle Winde zersprengt war und aufgerieben wurde. Mit Bitterkeit gedachte er all der Nackenschläge, die seine Truppe erduldet hatte: die Landezonen waren zu weit von der Brücke entfernt; die Funkverbindung war total ausgefallen; Hacketts 4. Brigade war nicht nur mit Verspätung eingetroffen, sondern hatte auch kostbaren Nachschub verloren; Horrocks bewegte sich im Schneckentempo. Daß das XXX. Korps noch nicht einmal in Nimwegen angekommen war, warf ihn schier um. Auch daß Hackett und Hicks sich um die Führung der Division zankten, war wenig tröstlich, um so mehr als der Grund dafür Urquharts und Lathburys unvorhersehbare Abwesenheit gerade in jenen Stunden war, da eine entschlossene Führung dringend benötigt wurde. Vor allem aber bedauerte Urquhart jetzt den geradezu unglaublichen Optimismus, mit dem die Planer über die Anwesenheit des II. SS-Panzerkorps hinweggegangen waren.

Alle diese Faktoren hatten die Division an den Rand einer Katastrophe geführt, und daß die schwer gebeutelten Roten Teufel überhaupt noch zusammenhielten, zeugte von außerordentlicher Disziplin. Urquhart war entschlossen, seinen Soldaten neue Hoffnung einzuflößen und ihre Bemühungen zu koordinieren. Zu diesem Zweck mußte er, wie er klar erkannte, seinen erschöpften und verwundeten Männern mehr abverlangen als je ein Kommandeur der Luftlandetruppen vor ihm. Eine Wahl hatte er nicht. Angesichts des ständigen Zustroms deutscher Verstärkungen würde seine Division vollständig vernichtet werden, falls er nicht unverzüglich handelte, und auch dann war es keineswegs gesagt, daß er den Untergang aufhalten konnte.

Ein Blick auf die Karte sprach Bände. Eine Front gab es nirgends. Bis auf die polnische Brigade waren alle seine Truppen gelandet, mithin waren die Landeräume westlich von Arnheim bis auf einige Abwurfzonen für den Nachschub aufgegeben worden; letztere wurden von der Brigade Hicks gehalten. Hackett war im Begriff, die Erhebungen nordöstlich von Wolfheze und Johannahoeve zu besetzen. Das 11. Bataillon und das 2. (Staffordshire) kämpften unweit des Elisabethhospitals, und vom 1. und 3. Bataillon auf der Uferstraße war nichts zu hören. Frost allerdings hielt noch die Brücke. Zahllose rote Pfeile auf der Karte zeigten feindliche Panzerverbände und Truppenkonzentrationen an, einige im Rücken der englischen Verbände. Urquhart wußte nicht, ob ihm noch Zeit blieb, einen neuen Vorstoß seiner schmelzenden Kräfte zu organisieren und sie in einem letzten verzweifelten Angriff auf die Brücke zu werfen, er wußte auch nichts von den schweren Verlusten beim 1. und 3. Bataillon. Er glaubte aber, noch eine Chance zu haben.

»Ich überlegte: wer leitet eigentlich die Kampftätigkeit in der Stadt? Wer koordiniert sie? Lathbury war verwundet, und niemand war beauftragt worden, einen Plan zu machen.« Während er sich mit dieser Angelegenheit befaßte, erschien Brigadier Hicks und legte nur zu erleichtert die Führung der Division zurück in Urquharts Hände. »Ich sagte zu Hicks, wir müßten sofort jemanden in die Stadt schicken, einen Stabsoffizier, der den Angriff von Lea und McCardie koordinieren sollte. Mir wurde nun erst klar, daß die ja nur wenige hundert Meter von mir entfernt gewesen waren und daß ich besser dort geblieben wäre. Jetzt schickte ich Oberst Barlow los, den Stellvertreter von Hicks. Er war der richtige Mann dafür. Ich sagte, fahren Sie mal in die Stadt, sehen Sie dort nach dem Rechten. Ich zeigte ihm genau, wo Lea und McCardie standen, schickte einen Funker mit und befahl ihm, endlich einen koordinierten Angriff in Gang zu setzen.«

Barlow kam nie an, er kam unterwegs um. »Er verschwand einfach«, erinnert sich Urquhart. Sein Leichnam wurde nie gefunden.

Auch der Empfang der Polen, die mit der dritten Welle ankommen sollten, mußte vorbereitet werden, denn sie würden am Südzugang zur Brücke auf einen gut vorbereiteten Feind treffen, der, wie Urquhart überlegte, nun wohl auch Panzerunterstützung hatte. Der Absprung konnte das reine Schlachtfest werden, und Urquhart verlangte über Funk die Festlegung eines neuen Absprungraumes, wohl wissend, wie zweifelhaft es war, daß dieser Funkspruch ankam. Tatsächlich wurde er im rückwärtigen Hauptquartier des Korps in England nicht empfangen, was übrigens aber auch ohne Bedeutung war, denn eine große Zahl der englischen Flughäfen, von denen Flugzeuge und Lastensegler aufsteigen sollten, lag unter einer dicken Nebeldecke.

Der Korridor, durch welchen Horrocks seine Panzer vortreiben sollte, war wieder geöffnet. Bei Son sahen Pioniere zu, wie die ersten englischen Panzer über die Brücke rumpelten, die sie geschlagen hatten. Die Gardepanzer waren wieder unterwegs, diesmal geführt von den Grenadieren. Am 19. September um 6:45 Uhr betrug die Verspätung der Landstreitkräfte 36 Stunden.

Von denen, die jetzt im Korridor vorstießen, ahnte niemand, wie dieser Zeitverlust sich in der Gesamtrechnung ausnehmen mußte, und es stand ja auch noch Schlimmeres bevor. Die Waalbrücke von Nimwegen war noch in deutscher Hand. Wurde sie nicht bald und heil genommen, stand zu befürchten, daß die Deutschen sie sprengten.

Diese Furcht war die treibende Kraft hinter dem Panzervorstoß, denn für die Generäle Gavin, Browning und Horrocks war die Brücke von Nimwegen im Augenblick der wichtigste Teil des Mosaiks. Diese Kommandeure ahnten nichts von dem Ausmaß der Schwierigkeiten, mit denen die 1. englische Luftlandedivision zu tun hatte. Der deutsche Propagandasender verbreitete zwar, General Urquhart sei gefallen[15] und seine Division aufgerieben, doch war das bislang von der Division selbst nicht bestätigt worden. Bei den Panzerverbänden glaubte man allgemein, das Unternehmen gehe gut, eine Meinung, die auch von General Taylors Fallschirmjägern geteilt wurde. General Marshall schrieb später darüber: »Die einzelnen Soldaten der 101. Division fanden das Rumpeln der Panzer und den Anblick ihrer Geschütze beruhigend und vielversprechend. Sie entnahmen daraus, daß es einen Plan gab und daß dieser Plan verwirklicht werden konnte.«

Die Soldaten von General Taylor hatten beim Anblick der englischen Panzer wirklich Grund, auf ihre Leistung stolz zu sein. Gegen unerwartet heftigen Widerstand hatten sie das Straßenstück von Eindhoven bis Veghel genommen. Entlang der Straße jubelte man den Schützenpanzern der Household Cavalry, den Panzern der

15 Bittrich zufolge erfuhren die Deutschen aus Gefangenenaussagen, daß Urquhart entweder gefallen oder vermißt sei, ferner hörten sie angeblich Funksprüche und Telefongespräche mit.

Grenadiers und der Masse des XXX. Korps zu. Von Son bis Veghel war man nur Minuten unterwegs, und von da aus stieß die Panzerspitze, von jubelnden, fähnchenschwingenden Holländern angespornt, um 8:30 Uhr bis Grave vor. Dies war das Tempo, das Montgomery für den gesamten Vorstoß erwartet hatte. In Grave vereinigten sich die Panzer mit der 82. US Luftlandedivision. Corporal Chennell in einem der vordersten Spähwagen sagte: »Daß wir auf die Amerikaner gestoßen waren, merkten wir daran, daß sie uns mit Warnschüssen empfingen.« Die Panzer hielten sich nicht lange auf und erreichten die Vororte von Nimwegen gegen Mittag. Nun lagen zwei Drittel des Korridors hinter ihnen. Diese Straße, auf der sich jetzt die Fahrzeuge dicht an dicht drängten, hätte jederzeit unterbrochen werden können, hätten nicht die wachsamen, hartnäckigen Fallschirmjäger sie offengehalten. Sollte Montgomerys kühner Plan verwirklicht werden, mußte der als Nabelschnur dienende Korridor jederzeit befahrbar sein. Der augenscheinliche Erfolg des Unternehmens stieg den Beteiligten zu Kopf. Offizielle Bekanntmachungen, darunter auch solche aus Eisenhowers Hauptquartier, behaupteten, alles gehe planmäßig voran. Daß die Männer in Arnheim in einer furchtbaren Lage waren, wurde nicht einmal angedeutet.

Immerhin war General Browning nicht ganz wohl zumute. Am Nachmittag des 18. hatte er mit General Gavin eine Besprechung. Aus Arnheim lagen keine Meldungen vor, es waren bislang überhaupt keine eingegangen. Browning verfügte nur über Informationen des holländischen Widerstandes. Offiziell hieß es zwar, die Operation verlaufe befriedigend, doch Meldungen seines eigenen rückwärtigen Hauptquartiers und auch von der 2. Armee von General Dempsey erfüllten ihn mit nagender Sorge. Er konnte den Verdacht nicht loswerden, daß Urquhart in der Klemme saß.

Diese Sorge wurde durch zwei Berichte noch bestärkt. Die Deutschen hatten in Arnheim rascher reagiert und leisteten mehr Widerstand, als von den Planern vermutet, und Bilder der Luftaufklärung ließen erkennen, daß die Engländer nur den nördlichen Zugang zur Arnheimer Brücke hielten. Doch auch jetzt noch wußte Browning nicht, daß zwei deutsche Panzerdivisionen in Urquharts Abschnitt standen. Beunruhigt durch das Ausbleiben von Nachrichten und von seinen Mutmaßungen gequält, befahl Browning: »Die Brücke von Nimwegen muß heute, allerspätestens morgen in unserer Hand sein.« Browning hatte sich von Anfang an wegen der Arnheimer Brücke Kummer gemacht. Montgomery erwartete zuversichtlich, daß Horrocks sie innerhalb von 48 Stunden erreichen könnte, während Browning der Meinung gewesen war, Urquharts Fallschirmjäger könnten vier Tage aushalten. Jetzt fehlte noch einer an diesen vier Tagen, und obwohl Browning nicht wußte, wie ernst die Lage der 1. englischen Luftlandedivision war, befahl er Gavin: »Wir müssen so rasch als möglich nach Arnheim.«[16]

Sogleich nach Erreichen des Abschnittes der 82. Division setzte Browning eine Besprechung mit General Horrocks und dem Kommandeur der Gardepanzer, General Adair, an. Zusammen mit Browning fuhren sie an einen Platz nordöstlich von Nimwegen, von wo man den Waal überblickt. Corporal Chennell, der einen der beiden Generäle abgeholt hatte, beobachtete ebenfalls die Brücke. »Es war wirklich erstaunlich. Deutsche Soldaten und Fahrzeuge kreuzten völlig unbefangen die Brücke. Es fiel kein Schuß, und doch waren wir nur wenige hundert Meter entfernt.«

Bei Brownings Stab hörten Horrocks und Adair zum erstenmal, daß die Deutschen im Bereich der 82. Division hartnäckigen Widerstand geleistet hatten. Adair sagt: »Ich war überrascht, als ich erfuhr, daß wir die Brücke von Nimwegen noch nicht hatten. Ich war nämlich der Meinung, die Fallschirmjäger hätten sie längst besetzt und wir brauchten nur darüberzufahren.« Jetzt hörten die Generäle, daß die Truppen von Gavin nur mit Mühe die Landeräume hatten halten können und zu diesem Zweck Kompanien aus Nimwegen hatten abziehen müssen. Teile des Regimentes 508 waren gegen starke SS-Verbände an der Brücke nicht vorangekommen. Browning meinte, die Brücke sei nur durch einen kombinierten Angriff von Panzern und Infanterie zu nehmen. »Mit Luftlandetruppen allein kriegen wir die Deutschen dort nicht weg«, sagte er zu Adair.

Die Brücke von Nimwegen war das letzte Verbindungsglied im Plan des Unternehmens »Market-Garden«. Da Browning nicht glaubte, daß sich die englischen Fallschirmjäger in Arnheim noch wesentlich länger halten konnten, mußte das Tempo der Operation

16 In vielen englischen Darstellungen und auch in Chester Wilmots glänzendem Buch *Der Kampf um Europa* wird angedeutet, Browning habe zu dieser Zeit über die wirkliche Lage Urquharts besser Bescheid gewußt, als es tatsächlich der Fall war. Eine Durchsicht der ziemlich verstreuten und meist nichtssagenden Berichte ans Korps zeigt, daß Browning erst am 19. September um 8:25 Uhr eine Meldung unmittelbar aus dem Abschnitt Arnheim erhielt. Im Laufe des Tages liefen noch zwei weitere ein, in denen von der Brücke, von Einsatzorten der Truppe die Rede ist und Luftunterstützung angefordert wird. Zwar waren eine Menge weitere Meldungen abgesetzt worden, die ein zutreffendes Bild der Lage gaben, doch war keine davon angekommen. Die drei genannten Meldungen lassen nicht erkennen, daß die Division Urquhart systematisch aufgerieben wurde. Man hat sowohl Montgomery wie Browning vorgeworfen, sie hätten versäumt, rasch etwas zu unternehmen, doch um diese Zeit wußte keiner von beiden, wie schlecht es um Urquhart stand.

beschleunigt werden. Noch waren 17 Kilometer Korridor aufzumachen. Die Brücke von Nimwegen solle daher in Rekordzeit genommen werden, befahl Browning.

Brigadeführer Harmel, Kommandeur der 10. SS-Panzerdivision, war verärgert. Obwohl Obergruppenführer Bittrich ihn unentwegt drängte, war es ihm noch nicht gelungen, Frost und seine Leute von der Arnheimer Brücke zu vertreiben. »Allmählich kam ich mir etwas albern vor«, erinnert sich Harmel.

Er wußte, daß die Fallschirmjäger bald keine Munition mehr haben würden, dafür aber hohe Verluste, wenn er seine eigenen Verluste zum Maßstab machte. »Ich wollte jedes einzelne Gebäude von Panzern und Artillerie zusammenschießen lassen, meinte aber, ich sollte ihnen vorher die Möglichkeit geben zu kapitulieren.« Er ließ also eine vorübergehende Feuereinstellung vorbereiten, während derer ein englischer Kriegsgefangener Oberst Frost das Ultimatum Harmels überbringen sollte. Man wählte zu diesem Zweck einen frisch eingefangenen Pionier von Hauptmann Mackay, den 25 Jahre alten Sergeant Halliwell.

Er bekam den Auftrag, sich mit einer weißen Fahne in die englische Stellung zu begeben und Frost zu sagen, er möge einen deutschen Offizier empfangen, der ihm die Kapitulationsbedingungen bekanntgeben würde. Er erklärte Oberst Frost, die Deutschen seien der Meinung, daß es sinnlos wäre, den Kampf fortzusetzen, denn die Engländer seien eingeschlossen und könnten nicht entsetzt werden. Sie hätten nur die Wahl zwischen Kapitulation oder Tod. Auf Befragen antwortete Halliwell: »Der Feind hat selbst außerordentlich hohe Verluste.« Frost tröstete diese Auskunft etwas, und er dachte: »Wenn wir bloß mehr Munition hätten, könnten wir die Herren von der SS in den Sack stecken.«

Was nun die vorgeschlagenen Kapitulationsverhandlungen anging, so entschied Oberst Frost: »Sagen Sie den Kerlen, sie sollen sich zum Teufel scheren.«

Halliwell fand das ebenfalls. Als Kriegsgefangener hätte er eigentlich die Antwort des Obersten an die Deutschen überbringen müssen, doch lockte ihn das nicht sehr. »Tun Sie, was Sie für richtig halten«, sagte ihm der Oberst, und der Sergeant hatte sich schon entschieden. »Falls es Ihnen recht ist, bleibe ich hier«, sagte er zu Oberst Frost. »Die Deutschen werden schon merken, wie Ihre Antwort lautet.«

Auch Hauptmann Mackay war eine Aufforderung dieser Art zuteil geworden, doch der tat so, als verstünde er nicht recht. »Ich sah da draußen einen Deutschen stehen, der ein nicht sehr weißes Taschentuch schwenkte und ›Surrender!‹ rief. Ich nahm natürlich an, daß er sich ergeben wollte, aber vielleicht hat er uns damit gemeint. Wir hatten in unserer Schule jedoch nur zwei Klassenzimmer und wenn wir Gefangene gemacht hätten, wäre es reichlich eng geworden.« Folglich scheuchte er den Deutschen fort. »Scheren Sie sich weg, Gefangene machen wir hier nicht!« Sein Sanitäter stellte sich neben ihn und brüllte ebenfalls: »Raus! Raus! Weg hier!« Auch andere Soldaten brachen nun in Hohngeschrei aus. »Hau ab! Zeigt lieber, was ihr könnt, ihr Feiglinge!« Der Deutsche verstand wohl, denn wie Mackay sich erinnert, machte er kehrt und ging zurück.

Harmels Versuch, die Männer an der Brücke zur Kapitulation zu bewegen, war fehlgeschlagen, und die Kämpfe begannen in aller Härte von neuem.

8

Auf den umnebelten Flughäfen bei Grantham in England wartete die 1. polnische Fallschirmjägerbrigade auf den Start. Um 10:00 Uhr vormittags sollte sie über ihrem Zielgebiet abspringen, doch machte das Wetter eine Verschiebung um zunächst fünf Stunden erforderlich. Der Absprung sollte um 15:00 Uhr erfolgen. General Sosabowski, der außerordentlich selbstbewußte, quecksilbrige Kommandeur ließ seine Leute während dieser fünf Stunden bei den Maschinen warten. Der 52 Jahre alte Pole hatte den Eindruck, daß jeder Morgen in England neblig war, und falls es sich früher als erwartet aufklären sollte, mochte der Start vorverlegt werden, Sosabowski wollte auf alle Fälle bereit sein. Er hatte so ein Gefühl, als käme es jetzt auf jede Stunde an und als sei Urquhart in einer schlimmen Lage.

Begründen konnte er dieses Gefühl nicht, außer mit seinem Instinkt, dem das Konzept des Unternehmens »Market-Garden« von Anfang an zuwider gewesen war. Für seine Begriffe lag der Absprungraum von Urquharts Fallschirmjägern so entfernt von der Brücke, daß man unmöglich mit einem Überraschungseffekt rechnen konnte. Überdies schien in England kein Mensch zu wissen, was eigentlich in Arnheim vorging, und der Umstand, daß überhaupt keine Funkverbindung zur 1. englischen Luftlandedivision bestand, ließ Schlimmes ahnen. Bekannt war einzig, daß der nördliche Zugang zur Brücke in englischer Hand war. Da die Pläne nicht geändert worden waren, bedeutete dies, daß die am Südzugang abspringenden Polen diesen würden nehmen müssen.

Daß keine Informationen kamen, beunruhigte den General aufs äußerste. Er konnte nicht einmal darauf zählen, daß er Urquharts

Leute überhaupt noch an der Brücke vorfand. Verbindungsoffiziere zum rückwärtigen Korpsstab von Browning, die seine einzige Informationsquelle darstellten, wußten offenbar nicht, was wirklich vorging. Er hatte schon erwogen, sich unmittelbar an General Brereton zu wenden, doch der Dienstweg ließ das nicht zu. Sein kommandierender General war Browning, und Sosabowski wollte ihn nicht übergehen. Falls die Pläne geändert wurden, mußte er das von Browning erfahren, und bis jetzt war nichts Derartiges geschehen. Gleichwohl mutmaßte Sosabowski, daß etwas schiefgegangen war. Falls die Engländer sich wirklich am Nordzugang zur Brücke festgesetzt hatten, bedeutete dies, daß der Feind in erheblicher Stärke das Südufer besetzt hielt und daß es den Polen dort an den Kragen gehen konnte. Sosabowskis Fahrzeuge und Geschütze sollten in 46 Lastenseglern von weiter südlich gelegenen Flugplätzen am frühen Nachmittag starten. Hier war also nichts geändert worden, und Sosabowski versuchte sich einzureden, es werde schon alles gutgehen.

Auch Leutnant Smaczny war nicht wohl. Er sollte seine Kompanie über die Brücke führen und Gebäude am Nordufer besetzen. Doch wie sollte er seine Leute über den Rhein bringen, falls die Brücke noch nicht erobert war? Smaczny war versichert worden, alle Brücken würden in englischer Hand sein, doch seit er 1939 aus deutscher Gefangenschaft geflüchtet war (die Gestapo erschoß dafür zwecks Vergeltung seinen sechzehnjährigen Bruder Jan), rechnete er stets mit dem Schlimmsten.

Die Polen warteten Stunde um Stunde, doch der Nebel über den Midlands wollte sich nicht heben. Corporal Korob »wurde allmählich nervös. Ich wollte, daß es endlich losging. Solange wir hier auf dem Flugplatz herumstanden, konnten wir den Deutschen nicht an den Hals.« Leutnant Kaczmarek empfand beim Anblick der aufgereihten Flugzeuge »so viel Freude, daß es fast weh tat«. Auch er mochte nicht länger müßig herumstehen. Er sagte zu seinen Leuten: »Dieses Unternehmen ist beinahe so gut, als ob wir Warschau befreien. Wenn wir Erfolg haben, marschieren wir von hinten durch die Küche nach Deutschland hinein.«

Die Polen wurden aber enttäuscht. Gegen Mittag erfuhr Sosabowski, daß die weiter südlich gelegenen Flughäfen offen waren, die in den Midlands jedoch nach wie vor nicht. Der Absprung konnte an diesem Tag nicht mehr erfolgen. Der Verbindungsoffizier Oberstleutnant Stevens wehrte den protestierenden Sosabowski ab: »Es hat keinen Zweck, wir können nicht starten.« Folglich wurde der Abflug auf den kommenden Morgen, Mittwoch, den 20. September, verschoben. »Wir machen dann gegen 10:00 Uhr früh einen Versuch.« Eine Verlegung der Truppen auf Flugplätze weiter südlich war zu umständlich. Seine Lastensegler mit Geschützen und Fahrzeugen an Bord waren übrigens schon nach Holland aufgebrochen, wie Sosabowski zu seinem Mißfallen hören mußte. Der General konnte seine Ungeduld kaum bezähmen. Die Kampfkraft des Feindes würde mit jeder Stunde zunehmen, und der Widerstand am nächsten Tag um so viel härter ausfallen, es sei denn, seine Befürchtungen erwiesen sich als unbegründet. Das waren sie aber keinesfalls, vielmehr flogen seine Lastensegler mit ihren Männern, Geschützen und Fahrzeugen der Vernichtung entgegen. Die dritte Welle endete in einem Desaster.

Im südlichen Luftkorridor hingen über dem Kanal tiefe Wolken, und die dritte Welle geriet auf dem Weg zu den Landeräumen der 101. und 82. US Division und der 1. englischen Luftlandedivision von der ersten Minute an in Schwierigkeiten. Für den Nachmittag war wolkenloser Himmel vorhergesagt worden, statt dessen verschlechterte sich das Wetter schon beim Start. Jagdgeschwader, die in der dichten Wolkendecke keine Ziele ausmachen konnten, kehrten um, und Gleiter, die nicht einmal die Schleppmaschinen vor sich sahen, klinkten aus, machten Notlandungen in England oder im Wasser des Ärmelkanals, und ganze Gruppen sahen sich gezwungen kehrtzumachen.

Von den gestarteten 655 Truppentransportern und 431 Lastenseglern kamen nur etwas mehr als die Hälfte zu ihren Landeräumen. Die Gespanne, die Truppen transportierten, landeten zum Glück in der Mehrzahl heil in England oder anderswo. Durch starkes Flakfeuer über dem Festland und durch Angriffe der Luftwaffe gingen 112 Gleiter und 40 Transportmaschinen verloren. Von den für die 101. Luftlandedivision bestimmten 2310 Männern kamen nur 1341, und von 68 Geschützen nur 40 an. General Taylors Soldaten brauchten diese Geschütze so dringend, daß sie bereits abgefeuert wurden, als sie noch kaum am Boden waren.

Der 82. Luftlandedivision von General Gavin erging es noch schlechter. Er, der jeden Mann für den Angriff auf die Brücke von Nimwegen brauchte, bekam keinen einzigen Gleiter seines Regimentes 325 zu sehen, das ebenfalls in der Gegend von Grantham stationiert war, also auch nicht starten konnte. Und von den für die 82. Division bestimmten 265 Tonnen Nachschub und Munition gelang es nur, 40 Tonnen zu bergen.

Im Abschnitt der Engländer, wo Urquhart nicht nur mit den Polen rechnete, sondern auch mit ausreichender Versorgung, kam es geradezu zu einer Tragödie. Die für den Nachschub eingerichteten Abwurfräume waren vom Feind genommen worden, und obwohl man versuchte, die 163 Transportmaschinen zu einem in der

Nähe des Hotels Hartenstein eingerichteten neuen Abwurfraum zu dirigieren, mißlang dies vollständig. Urquharts Soldaten, denen es an allem fehlte, ganz besonders an Munition, sahen, wie die Transportmaschinen durch einen Hagelschauer von Flakfeuer anflogen. Dann erschienen deutsche Jagdflugzeuge, feuerten auf die Transportmaschinen und beschossen im Tiefflug die neu abgesteckten Abwurfräume.

Gegen 16:00 Uhr hörte Pater Pare, der Feldgeistliche des Gleiterpilotenregiments den Ruf: »Die dritte Welle kommt!« Er erinnert sich: »Plötzlich begann ein grauenhaftes Getöse. Die Luft erzitterte unter den unaufhörlichen Abschüssen der Geschütze. Wir konnten nichts weiter tun, als gelähmt zuzusehen, wie unsere Freunde in den unvermeidlichen Tod flogen. Diese Bomber, die für gewöhnlich nachts in 5000 Meter Höhe flogen, machten jetzt ihren Anflug bei Tage in 500 Meter Höhe. Mehr als eine Maschine brannte lichterloh und blieb doch auf ihrem Kurs, bis der letzte Behälter abgeworfen war. Jetzt merkte jeder von uns, wie stark der Gegner war. Wir hatten über Funk darum gebeten, daß der Nachschub in der Nähe des Divisionsstabs abgeworfen werden sollte, doch geschah das nicht.«

Ohne Jagdschutz stur ihren Kurs haltend, warfen die Transportmaschinen ihre Behälter über den alten Abwurfräumen ab. Vergebens versuchten die Männer am Boden, die Aufmerksamkeit der Piloten auf sich zu ziehen, indem sie Leuchtkugeln schossen, Rauchtöpfe zündeten, Fallschirme schwenkten und stellenweise die Heide in Brand steckten, wobei sie von Tieffliegern beschossen wurden.

So mancher erinnert sich einer englischen Dakota, die mit brennender Steuerbordtragfläche den nun von den Deutschen gehaltenen Abwurfraum anflog. Sergeant Miller, ein Gleiterpilot, der am Sonntag mit der ersten Welle eingeflogen war, wurde fast übel, als er sah, »wie die Flammen schon aus dem unteren Teil des Rumpfes schlugen«. Er wartete darauf, die Besatzung abspringen zu sehen, und sagte unablässig: »Springt! Springt!« vor sich hin, doch statt dessen sah er den Dispatcher an der Luke stehen und Behälter abwerfen. Wie gelähmt beobachtete er, daß die Dakota eine Schleife flog, zurückkam und wieder Behälter abwarf. Sergeant Atwell, ebenfalls Gleiterpilot, erinnert sich, daß Soldaten aus den Löchern stiegen und stumm in den Himmel schauten. »Wir waren todmüde, hatten kaum etwas zu essen oder zu trinken, und doch konnte ich in diesem Augenblick an nichts anderes denken als an jenes Flugzeug. Es war, als sei dies die einzige Maschine weit und breit. Um mich her standen die Kameraden wie versteinert, und dabei stieß der Dispatcher da oben unentwegt einen Behälter nach dem anderen herunter.« Major Powell war sprachlos, als er sah, daß der Pilot zum zweitenmal mit der brennenden Maschine anflog. »Ich hielt nicht für möglich, daß er das tun würde, und konnte meine Augen von diesem Anblick nicht losreißen. Plötzlich war da kein Flugzeug mehr, sondern nur noch eine orangerote Feuerkugel.« Die Maschine stürzte brennend ab, und der 31 Jahre alte Fliegerleutnant Lord saß immer noch am Steuerknüppel. Miller sah, daß hinter den Bäumen »eine ölige Qualmwolke aufstieg, die das Grab einer tapferen Besatzung bezeichnete, welche in den Tod gegangen war, um uns das Überleben zu ermöglichen«.

Damit irrte Sergeant Miller. Ein Mitglied der Besatzung überlebte nämlich. Der Navigator King erinnert sich, daß kurz vor 16:00 Uhr, noch im Anflug auf die Abwurfzone, der Steuerbordmotor von Flak in Brand geschossen wurde. Leutnant Lord fragte über die Bordverständigung an: »Bei dir alles in Ordnung? Wie weit noch bis zur Abwurfzone?« King gab Auskunft: »Noch drei Minuten.« Die Maschine hatte schon schwere Schlagseite, und King bemerkte, daß man rasch an Höhe verlor. Das Feuer fraß sich an der Tragfläche entlang zum Haupttreibstofftank. Da hörte er Lord sagen: »Unser Zeug wird da unten dringend gebraucht, wir werfen also erst ab und springen dann. Legt den Fallschirm an.«

Gleich darauf erkannte King den Abwurfraum und informierte Lord. »Richtig, ich sehe es jetzt auch«, sagte der Pilot. »Geh mit nach hinten und hilf abwerfen.« King kroch zur offenen Luke zurück. Die Roller, auf denen die schweren Pakete geschoben wurden, waren von Flak getroffen; Corporal Nixon und drei Soldaten von einer Versorgungseinheit zerrten bereits acht schwere Munitionskörbe an die Luke. Um ungehindert arbeiten zu können, hatten sie die Fallschirme abgelegt. Sechs Körbe waren abgeworfen, als das rote Licht anging, was bedeutete, daß das Flugzeug den Abwurfraum überflogen hatte. King sagte über die Bordverständigung: »Zwei Körbe sind noch übrig.« Da flog Lord eine enge Linkskurve und sagte dabei: »Dann machen wir es noch einmal.«

King schätzte die Flughöhe auf wenig mehr als 150 Meter, »und Lord flog die Dakota wie einen Jagdbomber. Ich half den anderen in ihre Fallschirme, das grüne Licht ging an, und wir stießen die Körbe hinaus. Dann hörte ich Lord noch rufen: ›Springt ab! Springt ab! Springt um Gottes willen ab!‹ Dann gab es eine mächtige Explosion, und ich wurde durch die Luft geschleudert. Ich weiß nicht mehr, daß ich an der Reißleine zog, doch muß ich es wohl instinktiv getan haben. Ich fiel ziemlich schmerzhaft auf den Rücken, sah auf die Uhr und stellte fest, daß erst neun Minuten vergangen waren, seit wir in das Flakfeuer geraten waren. Meine Uniform war versengt, und ich konnte meine Schuhe nicht finden.«

Etwa eine Stunde später stieß King auf eine Kompanie vom 10. Bataillon. Jemand gab ihm Tee und ein Stück Schokolade und sagte dabei: »Mehr haben wir nicht.« King stierte ihn an. »Was denn? Mehr habt ihr nicht? Wir haben euch doch eben Nachschub abgeworfen.« Der Soldat schüttelte den Kopf. »Abgeworfen habt ihr unsere Ölsardinen schon, aber bekommen haben sie die Deutschen. Wir haben nichts.« King war sprachlos. Er dachte an Leutnant Lord und die Besatzung, die ihre Fallschirme abgelegt hatten, um den Soldaten am Boden Munition abzuwerfen. Als einziger hatte er überlebt, nur um zu hören, daß das Opfer völlig umsonst gebracht worden war[17].

Überall wurden Bruchlandungen gemacht, hauptsächlich bei Wageningen und Renkum. Einige Maschinen setzten südlich des Rheins auf. Sergeant Simpson hörte seinen Piloten rufen: »Wir sind getroffen!« und sah, daß die Backbordmaschine brannte. Der Pilot nahm das Gas weg und stellte die Maschine auf den Kopf. Kurz danach merkte Simpson, »daß das Flugzeug mit dem Schwanz über das Nordufer schleifte, dann einen Hüpfer machte und am Südufer aufsetzte«.

Beim Aufsetzen wurde Simpson nach vorn gegen die Wand geschleudert. Der Funker Runsdale krachte in ihn hinein und blieb quer über ihm liegen. Im Flugzeug selbst sah es aus wie nach einem Erdbeben, Treibstoff brannte, und Simpson hörte es knistern. Als er versuchte, unter dem Funker hervorzukriechen, schrie Runsdale auf und wurde ohnmächtig. Sein Rückgrat war gebrochen. Simpson schleifte ihn durch den Notausstieg und sah draußen vier Mitglieder der Besatzung, die noch völlig benommen waren. Er ging wieder zurück, um nach den übrigen zu suchen. Der Bombenschütze lag bewußtlos. »Ein Schuh fehlte, mitsamt einem Teil des Hackens, und beide Arme waren gebrochen.« Simpson hob auch diesen Mann hoch und trug ihn hinaus. Das Flugzeug brannte jetzt bereits lichterloh, doch Simpson kehrte noch ein drittes Mal um und holte den Bordingenieur, der ein gebrochenes Bein hatte.

In Driel sahen Cora Baltussen, ihre Schwester Reat und ihr Bruder Albert, wie Simpsons Flugzeug aufkam. Alle drei machten sich sogleich auf den Weg zur Absturzstelle. »Es war gräßlich«, erinnert sich Cora. »Insgesamt waren es acht Männer, davon einige schrecklich verletzt. Wir schleiften sie von dem brennenden Wrack weg, bevor dies explodierte. Ich wußte, daß die Deutschen nach der Besatzung suchen würden, und sagte deshalb zu dem Piloten, wir

[17] Fliegerleutnant Lord, bereits Träger des Distinguished Flying Cross, erhielt posthum das Victoriakreuz verliehen. Die Leichen der drei RAF-Offiziere und des Ladepersonals wurden identifiziert und auf dem englischen Soldatenfriedhof in Arnheim beigesetzt.

würden ihn verstecken und die Verletzten zur Ärztin ins Dorf bringen. Den Piloten und zwei andere brachten wir in einer nahegelegenen Ziegelei unter und sagten, wir würden nach Dunkelwerden zurückkommen.« Cora assistierte an diesem Abend der Drieler Ärztin Frau Dr. Sanderbobrorg, die den Fuß des Bomberschützen amputierte. So war denn der Krieg doch noch nach Driel gekommen.

Von hundert Bombern und 63 Dakotas wurden 97 beschädigt und 13 abgeschossen, und trotz der heldenhaften Bemühungen von Piloten und Besatzungen hatte Urquharts Division kaum Nutzen davon. Von 390 Tonnen abgeworfener Munition und Verpflegung fiel bis auf etwa 21 Tonnen alles den Deutschen in die Hände.

Den Maschinen, welche Fahrzeuge und Geschütze der Polen an Bord hatten, erging es noch schlimmer. Sergeant Davison, Kopilot eines Lastenseglers vom Typ Horsa, fiel auf, daß über die im Zielgebiet vermutlich anzutreffenden Verhältnisse so gut wie überhaupt nichts verlautete. Der Luftkorridor war auf der Karte vermerkt, die Abwurfräume für Geschütze und Transportmittel ebenfalls, im übrigen aber hieß es, »Näheres ist nicht bekannt. Für die Lastensegler wurde nur gesagt: Gleiter landen auf den von rotem Rauch bezeichneten Plätzen. Es war wirklich eine lächerliche Einweisung.«

Trotz dieser unzureichenden Unterrichtung erkannten die Piloten der RAF den Landeraum bei Johannahoeve, und von 46 Lastenseglern kamen 31 richtig an. Schon im Anflug gerieten sie in einen wahren Feuerhagel. Ein Geschwader Messerschmittjäger beschoß viele dieser Gleiter, durchlöcherte die empfindlichen Gebilde aus Segeltuch und Sperrholz, beschädigte die geladenen Jeeps, von denen einige sogar zu brennen anfingen. Andere Gleiter wurden von Flak erfaßt. Wer heil herunterkam, landete auf einem Schlachtfeld. Hacketts 4. Brigade, die sich vor einem unaufhaltsam andrängenden Feind zurückzog, hatte die höhergelegenen Landeräume nicht rechtzeitig erreicht. Die Polen landeten mitten in einem Gefecht, das Engländer und Deutsche sich lieferten und gerieten dank der herrschenden Verwirrung in das Feuer beider Seiten. Lastensegler, von denen viele schon brannten, machten eine Bruchlandung oder rasten gegen Bäume. Polnische Artilleristen, die ins Kreuzfeuer gerieten und den Freund nicht vom Feind unterscheiden konnten, schossen auf Deutsche wie auf Engländer, luden, so schnell es ging, die noch brauchbaren Jeeps ab, hängten die Geschütze an und machten, daß sie wegkamen. Überraschenderweise erlitten sie dabei nur geringe Verluste, doch gerieten viele der völlig verwirrten und benommenen Soldaten in Gefangenschaft. Von Fahrzeugen und Nachschub wurde das meiste zerstört, und von den acht dringend benötigten Pak blieben nur drei unbeschädigt. General Sosabowskis Befürchtungen waren also mehr als begründet, und der Leidensweg der 1. polnischen Fallschirmjägerbrigade hatte eben erst begonnen.

Weiter südlich im Korridor mühten sich die Soldaten der 101. Division von General Taylor nach Kräften, die Straße passierbar zu halten, doch kostete es immer mehr Leute, mit jenen Teilen der 15. deutschen Armee fertig zu werden, die sich hartnäckig bei Best verteidigten. Dieses Gefecht, das ein Nachrichtenoffizier der Division trocken als »einen kleineren Fehler in der Planung« bezeichnete, zog mehr und mehr Soldaten auf sich. Entlang dem 25 Kilometer langen Abschnitt von Taylor verstärkte sich der Druck, und es wurde nun klar, daß der Feind beabsichtigte, die Spitze von Horrocks Panzerverbänden abzuschneiden, und zwar mit Best als Basis.

Die fast ohne Abstand über die Chaussee nordwärts rollenden Fahrzeuge boten der Artillerie dankbare Ziele. Unentwegt mußten Planierraupen und Panzer Trümmer von der Straße räumen, damit der Verkehr nicht zum Stehen kam. Seit Sonntag war aus dem unbedeutenden Angriffsziel Best eine Operation geworden, die alle anderen Aktionen entlang der von Taylor gehaltenen Straße in den Schatten zu stellen drohte, und deshalb beschloß der Kommandeur nun, den Feind bei Best ein für allemal zu vernichten.

Am frühen Dienstagnachmittag warf Taylor fast sein gesamtes Regiment 502, unterstützt von englischen Panzern, gegen die Soldaten von Zangens bei Best. Dieser starke Angriff überraschte die Deutschen; das 2. und 3. Bataillon, verstärkt durch das kürzlich eingetroffene Gleiterinfanterieregiment 327 und durch englische Panzer auf der Straße, kämmten die bewaldete Gegend östlich von Best durch. Die Deutschen sahen sich eingeschlossen und auf den Wilhelminakanal zurückgedrängt und ihr Widerstand brach zusammen. Nachdem frische Verbände herangeführt worden waren, beendete man die Gefechte, die ohne Pause fast 48 Stunden lang gedauert hatten, nach knapp zwei Stunden. Taylors Soldaten hatten den ersten größeren Sieg des Unternehmens »Market-Garden« erfochten. Der Feind verlor über 300 Gefallene, mehr als 1000 Gefangene, dazu 15 Geschütze vom Kaliber 8,8 cm. »Am Nachmittag zählten die deutschen Gefangenen nach Hunderten, und es wurde Militärpolizei angefordert«, heißt es in der Regimentsgeschichte. Zugführer Leutnant Wierzbowski, der die Brücke fast erreicht hatte, als sie gesprengt wurde, brachte seine eigenen Gefangenen mit, bei denen er zuvor selbst gefangen gewesen war. Als ihm Handgranaten und Munition ausgingen und bis auf drei seine Männer alle verwundet waren, hatte Wierzbowski sich schließlich ergeben. Nun aber brachte er Ärzte und Sanitäter von dem deutschen Verbandsplatz mit, auf dem man ihn und seine Leute behandelt hatte.

Dies Gefecht war zwar erfolgreich verlaufen, doch General Taylors Schwierigkeiten waren keineswegs behoben. Als die Kämpfe bei Best dem Ende zugingen, versuchten deutsche Panzer an die neue Brücke von Son vorzustoßen und den Korridor zu schließen. Taylor eilte an der Spitze der Divisionsstabskompanie persönlich auf den Schauplatz. Ein deutscher Panther wurde im letzten Augenblick vor der Brücke unschädlich gemacht, weitere Panzer wurden zerstört. Der deutsche Angriff brach zusammen, der Verkehr im Korridor kam nicht zum Stehen. Immerhin zeigte sich, daß die Fallschirmjäger in ihrer Wachsamkeit nicht nachlassen durften. Taylor meinte später: »Die Lage war bei uns etwa so wie vordem im amerikanischen Westen, wo kleine Garnisonen auf der ganzen Länge der lebenswichtigen Eisenbahnstrecke Überraschungsangriffe der Indianer abwehren mußten.«

Die deutschen Stoßtruppunternehmen forderten ihre Opfer. Die 101. Division zählte 300 Gefallene, Verwundete und Vermißte. Die Soldaten in den Schützenlöchern beiderseits der Straße und auf den Feldern um Best waren stets in Gefahr, in der Flanke umgangen zu werden, besonders nachts. Die Deutschen sickerten in der Dunkelheit in die Stellung der 101. Division, und keiner wußte, ob der Nebenmann im Nachbarloch am nächsten Morgen noch am Leben sein würde. In der Verwirrung und Überraschung heftiger Scharmützel verschwand so mancher, den seine Freunde nach Beendigung der Feuergefechte unter den Toten oder Verwundeten fanden.

Als das Gefecht bei Best zu Ende war, und die Gefangenen in langen Reihen zur Division zurückgebracht wurden, machte Sergeant Dohun sich auf, seinen Hauptmann Johnson zu suchen. In England war Dohun »ganz benommen gewesen vor Angst«, und dem 22 Jahre alten Johnson war es nicht viel besser ergangen. Er hatte sich »damit abgefunden, daß ich nicht zurückkommen würde«. Am Vormittag des 19. führte Johnson seine Kompanie unweit von Best zu einem Angriff. »Wir mußte entweder angreifen oder uns abschlachten lassen.« Bei dem harten Kampf, »dem schlimmsten, den ich je gesehen habe«, wurde er in der linken Schulter getroffen. Mit seiner noch 38 Mann starken Kompanie hielt Johnson zwischen brennenden Heuhaufen die Deutschen auf, bis Verstärkungen kamen, die den Feind zurückwarfen und die Überlebenden bargen. Auf dem Weg zum Verbandsplatz traf ihn noch einmal eine Kugel, diesmal in den Kopf. Man legte ihn deshalb zu den hoffnungslosen Fällen, und dort fand ihn Dohun nach langem Suchen. Er beugte sich über Johnson und meinte, noch ein

Lebenszeichen an ihm zu bemerken. Er hob den reglosen Offizier auf einen Jeep und fuhr zum Feldlazarett in Son. Um einer deutschen Patrouille auszuweichen, verbarg er sich eine Weile im Wald, dann fuhr er weiter. Im Feldlazarett angekommen, sah er, daß hier viele Verwundete auf Behandlung warteten. Überzeugt, daß Johnson jede Minute sterben könne, drängte er sich vor und sprach den Arzt an, der prüfte, wer von den Verwundeten am raschesten behandelt werden mußte. »Mein Kompaniechef muß sofort versorgt werden.« Der Arzt schüttelte den Kopf. »Immer der Reihe nach, er wird schon drankommen.« Der Sergeant versuchte es noch einmal. »Er stirbt, wenn er nicht gleich versorgt wird.« Der Arzt blieb fest. »Wir haben hier viele Verwundete, und Ihr Hauptmann wird behandelt, sobald er an der Reihe ist.« Dohun zog die Pistole. »Das ist zu spät«, sagte er ruhig. »Wenn Sie jetzt nicht sofort nach ihm sehen, schieße ich Sie tot.« Der Arzt schaute Dohun verdutzt an und sagte: »Bringen Sie ihn her.«

Dohun stellte sich mit der Pistole in der Hand neben den Operationstisch und sah zu, wie Johnson Blut übertragen wurde und wie die Geschosse aus seinem Schädel und der linken Schulter entfernt wurden. Als die Operation beendet und Johnson verbunden war, bedankte sich Dohun bei dem Arzt, reichte ihm seine Pistole und sagte: »Schönen Dank auch. Jetzt können Sie mich festnehmen lassen.«

Dohun wurde dem Kommandeur des 2. Bataillons vorgeführt, der ihn fragte, ob er sich darüber klar sei, daß er seiner Handlungsweise wegen vors Kriegsgericht gestellt werden könnte. Dohun bejahte. Der Kommandeur erwiderte darauf: »Ich verurteile Sie zu einer Arreststrafe von«, und er schaute auf die Uhr, »genau einer Minute Dauer.« Beide Männer warteten stumm. Dann sagte der Offizier: »Abtreten. Machen Sie, daß Sie wieder zu Ihrer Einheit kommen.«[18]

Als Horrocks' Panzer sich Nimwegen näherten, wurde es unumgänglich, die dortigen Brücken schnellstens zu besetzen. Am 17.

[18] Diese Geschichte habe ich von Mrs. Johnson, die sie ihrerseits vom Regimentsadjutanten des 502. Regimentes hat, Hauptmann Roberts. Dieser erwähnte zwar nicht den Namen des Kommandeurs, doch nehme ich an, daß es sich um Oberstleutnant Chappius vom 2. Btl. handelte. Hauptmann Johnson weiß nur noch, daß er »sechs Wochen später in England aufwachte, blind, taub, stumm, vierzig Pfund leichter und mit einer Silberplatte im Schädel.« Abgesehen von einem Sehschaden, hat er sich erholt. Sergeant Dohun hat mir gegenüber brieflich und mündlich wenig von seiner eigenen Rolle bei der Rettung des Hauptmanns hergemacht. »Ob ich allerdings auf den Arzt wirklich geschossen hätte, weiß ich auch heute noch nicht«, sagte er.

September hatten nur wenige deutsche Soldaten die Waalbrücke bewacht, doch am Nachmittag des 19. schätzte General Gavin, daß dort mehr als 500 SS-Grenadiere, unterstützt von Artillerie und Panzern, Stellung bezogen hatten. Das Gros der Gardepanzerdivision war noch auf dem Marsch, und nur die Spitze, also Teile des 1. Bataillons der Gardegrenadiere unter Oberst Goulburn, standen für einen Angriff zur Verfügung. Gavins 82. Division war entlang des 17 Kilometer langen Abschnitts der Straße damit beschäftigt, die fortgesetzt vordringenden Deutschen abzuwehren. Da Gavins Gleiterinfanterieregiment des Nebels wegen nicht hatte starten können, stand ihm jetzt nur ein einziges Bataillon zur Verfügung, das er zusammen mit der Vorausabteilung der englischen Panzerdivision angreifen lassen konnte. Er wählte das 2. Bataillon vom Regiment 505 unter Oberst Vandervoort. Immerhin bestand die Aussicht, daß ein schnell und überraschend geführter Angriff Erfolg haben könnte, und Gavin wußte dafür keinen besseren Kommandeur als den zurückhaltenden, niemals lauten Vandervoort.

Immerhin war ein solcher Angriff sehr riskant, um so mehr, als es Gavin so vorkam, als unterschätzten die Engländer die Stärke der Deutschen, was sie auch wirklich taten. Im Gefechtsbericht der Gardegrenadiere heißt es: »Es war angenommen worden, daß der Feind sich allein beim Anblick unserer Panzer zurückziehen würde.«

Der kombinierte Angriff begann um 15:30 Uhr mit einem raschen Vorstoß in den Stadtkern, der auf wenig Widerstand traf. Dann bildeten die etwa 40 englischen Panzer und gepanzerten Fahrzeuge zwei Stoßkeile, die von amerikanischer Infanterie teils auf den Panzern aufsitzend, teils zu Fuß begleitet wurde. Auf den vorderen Fahrzeugen saßen zwölf ausgesuchte Späher des holländischen Widerstandes, darunter der 22 Jahre alte Student Jan van Hoof, dessen spätere Verhaltensweise sehr umstritten ist. Hauptmann Bestebreurtje, der holländische Verbindungsoffizier bei der 82. Division, erinnert sich: »Ich wollte ihn nicht gerne dabei haben, denn er war reichlich aufgeregt. Man versicherte mir aber, er sei absolut zuverlässig. Er stieg auf einen englischen Panzerspähwagen, und seither habe ich ihn nicht mehr gesehen.« Von den beiden Stoßkeilen ging einer gegen die Eisenbahnbrücke vor, der andere mit Goulburn und Vandervoort gegen die Straßenbrücke über den Waal.

An beiden Brücken standen die Deutschen massiert bereit. Sergeant Nunan vom ersten Keil erinnert sich, daß er mit seinem Zug unweit der Eisenbahnbrücke bei einer Unterführung »in Schützenfeuer geriet. Es gab dort jede Menge Häuser, in denen die Kerle sich verstecken konnten, es war also schwer zu sagen, von wo das Feuer kam.« Man nahm, so gut es gehen wollte, Deckung und setzte sich langsam ab. Den englischen Panzern erging es nicht besser. Bei der Anfahrt zur Bahnbrücke wurden sie von 8,8-cm-Flak im direkten Beschuß von der Straße gepustet. Westlich der Brücke befand sich ein dreieckiger kleiner Park, zu dem eine breite Straße hinführte, die Kraijenhoff Laan. Dort formierte die Infanterie sich zu einem neuen Angriff auf die Brücke, wurde aber wieder abgewiesen. Gezieltes Schützenfeuer von einer Bahnüberführung und von Hausdächern hielt die Infanterie in der Deckung fest.

Auffällig war Leutnant Parker, der sich mit einer Zigarre zwischen den Zähnen ins Freie wagte und auf die Scharfschützen feuerte. Man verlangte stürmisch nach eigenen Panzern, denn, wie Nunan sich erinnert, »es schwirrte nur so von Leuchtspurgeschossen, die aus einem MG stammten, das links von uns in einer Seitenstraße stand«. Nunan befürchtete, die Deutschen könnten ihrerseits Panzer, möglichst noch mit Infanterie, auffahren, doch geschah das nicht. Statt dessen eröffnete eine 2-cm-Flak das Feuer. Die Infanterie prügelte sich noch eine Weile herum, bis es hieß, die vordersten Züge sollten zurückgehen und sich für die Nacht einrichten. Als die Männer zurückgingen, steckten die Deutschen alle Gebäude entlang dem Ufer in Brand, um zu verhindern, daß Vandervoorts Leute einsickerten, Artilleriestellungen überrannten oder einzelne Widerstandsnester ausräucherten. Der Angriff auf die Bahnbrücke war mithin zum Stehen gekommen.

Die zweite Kolonne drang im Schutz des Feuers amerikanischer Artillerie zum Hunerpark vor, einer Anlage, die sich bis zum Brückenzugang erstreckte. Sämtliche zur Brücke führenden Straßen mündeten hier in einem Kreisel, in dessen Mitte der Valkhof stand, die Ruine einer uralten Kapelle, die schon Karl dem Großen und später Barbarossa gedient hatte. Hier hatte der Feind sich festgesetzt. Oberst Goulburn wollte es so vorkommen, »als ahnte der Boche schon, was wir vorhatten«. So war es denn auch.

Zu den ersten Einheiten, die bei Pannerden über den Rhein gingen, gehörte das SS-Panzergrenadierregiment von Hauptsturmführer Euling. Brigadeführer Harmels Befehl lautete, die Brücke von Nimwegen unter allen Umständen zu halten. Folglich brachte Euling um den Hunerpark herum Sturmgeschütze in Stellung, und seine Schützen setzten sich in der Kapelle der Ruine fest. Englische Panzer gerieten auf dem Weg zur Brücke direkt in das Feuer der Euling'schen Kanonen und kehrten um. Oberst Vandervoort ließ sofort absitzen und befahl einer seiner Kompanien, im Schutz von Granatwerfern gegen den Hunerpark vorzugehen. Der erste Zug dieser Kompanie unter Leutnant Coyle bekam bei dem Versuch, mehrere Reihenhäuser längs des Parkweges zu erreichen, gezieltes Schützen- und Werferfeuer. Leutnant Meddaugh war überzeugt, »es handelte sich um geleitetes Feuer. Werfer und Scharfschützen bekamen ihre Ziele über Funk zugewiesen. Coyle versuchte, in einen Häuserblock einzudringen, von dem aus man die ganze feindliche Stellung einsehen konnte. Die anderen Züge lagen fest, und das Ganze sah äußerst übel aus.«

Es gelang Meddaugh jedoch, den Rest der Kompanie im Schutze von Rauchtöpfen vorzubringen, und der Kompaniechef, Leutnant Smith, ließ die Coyle benachbarten Häuser besetzen. »Coyle konnte die feindliche Stellung jetzt sehr gut einsehen. Als wir eigene Panzer anforderten, kamen die in das Feuer von Sturmgeschützen, die bislang überhaupt noch nicht geschossen hatten. Zwei Panzer wurden abgeschossen, die anderen fuhren rückwärts.« Als Coyle seine MG feuern ließ, antworteten von der gegenüberliegenden Straßenseite Pak. Nach Dunkelwerden versuchten die SS-Grenadiere, in die amerikanischen Stellungen einzusickern, und einigen gelang es, bis auf drei Schritte an Coyles Zug heranzukommen, ehe sie entdeckt und unter Feuer genommen wurden. Coyle hatte Verluste, die Deutschen hatten drei Tote. Euling ließ seine Verwundeten von Sanitätern bergen, und die Amerikaner stellten derweil das Feuer ein. Über die Schießerei hinweg hörte Soldat Keller ein dumpfes Pochen, das er sich nicht erklären konnte. Jetzt sah er, daß vor dem Nachbarhaus ein Holländer auf der Trittleiter stand und ungerührt beschädigte Ziegel an seinem Eigenheim ersetzte.

Am Spätabend wurden alle weiteren Versuche bis zum Tagesanbruch eingestellt. Der anglo-amerikanische Vormarsch war 400 Meter vor der Waalbrücke zum Stehen gekommen, vor dem letzten Wasserhindernis auf dem Weg nach Arnheim.

Die alliierten Kommandeure erkannten jetzt, daß die Deutschen die Brücken fest in der Hand hatten. Browning befürchtete, sie könnten jederzeit gesprengt werden, und beriet sich am Dienstag gegen Abend erneut mit seinen Kommandeuren. Es mußte eine Möglichkeit gefunden werden, über den Waal zu kommen. General Gavin hatte einen Vorschlag, doch Browning hatte ihn bereits einmal zurückgewiesen. Jetzt machte Gavin ihn zum zweitenmal. »Wir kriegen die Brücke nur, wenn wir gleichzeitig von Norden und Süden angreifen«, sagte er. »Zu diesem Zweck müssen sofort sämtliche bei den Pionieren befindlichen Boote hergebracht werden.« Die Engländer schauten ihn verblüfft an. Gavin wollte Fallschirmjäger in Booten über den Fluß bringen.

Gavin hatte in den fast drei Tage währenden Kämpfen hohe Verluste gehabt – gegen 200 Gefallene und mindestens 700 Verwundete, dazu mehrere hundert Versprengte und Vermißte. Falls man mit den Frontalangriffen fortfuhr, würden seine Verluste entsprechend steigen. Man mußte daher die Brücken rasch und mit nur geringen eigenen Kosten wegnehmen. Zu diesem Zweck sollten etwa anderthalb Kilometer stromab Fallschirmjäger über den Waal setzen, während zugleich der Frontalangriff auf die Brücken fortgeführt wurde. Dann sollten eigene Panzer den am Nordufer stürmenden Amerikanern Feuerschutz geben, und ehe noch die Deutschen begriffen hatten, was geschah, würde die Brücke genommen sein.

Allerdings konnte man nicht damit rechnen, den Feind völlig zu überraschen, denn der Fluß war so breit, daß Boote voller Soldaten nicht unbemerkt bleiben konnten; ferner war das jenseitige Ufer flach und ohne Deckung, und die Soldaten mußten nach dem Übersetzen etwa 200 Meter dieses Geländes überwinden. Weiter landeinwärts verlief noch dazu ein Damm, von dem herunter die Deutschen den vorgehenden Feind bequem einzelweise abschießen konnten. Auch der Damm würde also genommen werden müssen. Man mußte dabei anfangs mit starken Verlusten rechnen, doch meinte Gavin, diese würden immer noch geringer sein als die Verluste, die ein weiterer Frontalangriff gegen die Brücke fordern würde. »Falls ›Market-Garden‹ überhaupt noch klappen soll, müssen wir den Versuch machen«, sagte er zu Browning.

Oberst Chatterton, der Kommandeur des englischen Gleiterpilotenregimentes, erinnert sich, daß außer Browning und Horrocks auch die Kommandeure der Iren, der Schotten und der Gardegrenadiere anwesend waren, ebenfalls der unentwegt Zigarren kauende Oberst Tucker vom Regiment 504 der 82. US-Division, der mit seinen Leuten den Fluß überqueren sollte, falls Gavins Vorschlag akzeptiert wurde. Chatterton hörte zwar aufmerksam zu, doch entging ihm nicht, wie unterschiedlich die hier versammelten Männer aussahen. »Einer der Herren hatte Wildlederschuhe an und saß auf einem Jagdstuhl. Drei Offiziere der Garde trugen abgewetzte Kordsamthosen, Polostiefel und Krawatten mit den Farben ihrer Schulen. Sie wirkten völlig gleichmütig, so als erörterten sie eine Manöveraufgabe, und sie bildeten einen starken Gegensatz zu den anwesenden Amerikanern, insbesondere zu Oberst Tucker, der einen Stahlhelm trug, der fast sein Gesicht verdeckte, dazu unterm linken Arm eine Pistole und am Bein ein Messer. Gelegentlich nahm er die Zigarre aus dem Mund und spuckte, und dann sahen die Gardeoffiziere immer ganz verblüfft drein.«

Die Kühnheit von Gavins Vorschlag überraschte alle. »Ich wußte, daß ich da etwas Exotisches vorschlug, doch es kam einfach darauf an, schnell zu handeln. Es war nicht mal Zeit für eine ordentliche Aufklärung. Tucker blieb als einziger unbeeindruckt. Er war bei der Landung in Anzio dabeigewesen und wußte, was er zu erwarten hatte. Er sah in dieser Flußüberquerung etwas, was er mit seinen Leuten in Fort Bragg oft genug geübt hatte.« Immerhin war das ein für Fallschirmjäger etwas ausgefallenes Unternehmen. General Walch, Brownings Stabschef, erinnert sich, daß der Korpskommandeur »die Kühnheit des Planes offen bewunderte«. Diesmal stimmte Browning zu.

Nun galt es, Boote aufzutreiben. Horrocks wurde von seinen Pionieren gemeldet, daß sie während der Nacht 28 kleine aus Sperrholz und Segeltuch gefertigte Boote nach Nimwegen bringen wollten. Falls alles glatt ging, konnte Gavins Miniaturlandung tags darauf, am 20. September um 13:00 Uhr beginnen. Für Fallschirmjäger war das etwas ganz Neues. Immerhin bot der Plan Gavins doch einige Aussichten dafür, die Brücke unversehrt in die Hand zu bekommen; danach, so glaubte man allgemein, würde ein rascher Vorstoß den Korridor hinauf die Vereinigung mit den Männern von Arnheim bringen.

Am Eusebius Buiten Singel eröffnete Brigadeführer Harmel persönlich die Beschießung des Bataillons Frost an der Brücke. Nachdem sein Versuch, Frost zur Übergabe aufzufordern, gescheitert war, befahl er seinen Artilleristen und Panzerkanonieren, jedes einzelne von englischen Fallschirmjägern besetzte Haus systematisch zu zertrümmern. »Wenn die Engländer aus ihren Löchern nicht rauskommen wollen, müssen wir sie eben ausräuchern. Jetzt wird jedes einzelne Haus vom Dachboden bis zum Erdgeschoß Meter für Meter zu Klumpen geschossen, bis nichts mehr steht!« Harmel wollte mit dieser Belagerung endlich Schluß machen, und er sah keinen anderen Weg dazu. »Wenn wir hier fertig sind, steht kein Stein mehr auf dem anderen.« Zwischen zwei Geschützen auf dem Bauch liegend, dirigierte er durchs Fernglas schauend das Feuer gegen die englischen Stützpunkte. Nachdem er sich überzeugt hatte, daß alles richtig gemacht wurde, übergab er die weitere Leitung einem seiner Offiziere. »Ich wäre ganz gerne geblieben, denn diese Art der Kampfführung war mir neu, doch die Amerikaner griffen unterdessen die Brücke von Nimwegen an, und ich mußte dorthin.« Auch nach seinem Weggang fuhren die Richtschützen fort, Frosts Stellung Meter um Meter zu pulverisieren.

Von den ursprünglich 18 besetzten Häusern hielten Frosts Leute noch zehn. Panzer feuerten von Osten und Westen gegen die Fassaden, während die nach Norden gewandten Häuser von Artillerie eingedeckt wurden. Die Beschießung war gnadenlos. »Es war der beste, wirkungsvollste Beschuß, den ich je gesehen habe«, erinnert sich Grenadier Weber. »Die Häuser fielen von oben nach unten in sich zusammen wie Puppenhäuser. Daß jemand da drin sollte überleben können, glaubte ich nicht. Die Engländer taten mir aufrichtig leid.«

Weber beobachtete drei Tigerpanzer auf dem Groote Markt; sie hielten mit ihren MG unausgesetzt die Fenster der Häuser am Nordzugang unter Feuer und »schossen mit der Kanone eine Granate nach der anderen in die Häuser. An einem Eckhaus stürzte das Dach ein, dann sackten die beiden Obergeschosse in sich zusammen, schließlich rutschte die ganze Fassade herunter und man sah die Engländer wie die Verrückten in den Zimmern umherrennen. Dann aber war soviel Staub und Dreck aufgewirbelt, daß man nichts mehr erkennen konnte. Es herrschte auch ein fürchterlicher Krach, doch konnte man trotzdem die Verwundeten schreien hören.«

Einander abwechselnd, nahmen die Panzer Häuser entlang dem Ufer und unter der Brückenauffahrt unter Beschuß. Sie setzten rückwärts gegen Hauswände und brachten Häuser auf diese Weise zum Einsturz wie Planierraupen. Leutnant Stainforth schätzte, daß »etwa alle zehn Sekunden« ein Explosivgeschoß durch die Südfassade des Schulhauses kam, wo Hauptmann Mackay seinen Gefechtsstand hatte. »Es war ziemlich heiß, und verwundet waren wir praktisch alle. Wir räumten die Klassenzimmer erst, wenn die Wände lange Risse bekamen und die Decken einstürzten. Die Roten Teufel überlebten in diesem Trümmerhaufen wie die Maulwürfe, sie feuerten nur noch gezielt und ließen sich nicht vertreiben.« Anderswo allerdings fanden es die Soldaten schwerer auszuhalten. Soldat Sims meint: »Die Deutschen wollten uns offenbar total zusammenschießen. Man glaubte immer, noch schlimmer kann der Beschuß nicht werden, aber das täuschte. Man hörte bald keine einzelnen Einschläge mehr, sondern nur noch ein fortgesetztes Donnern. Dabei sagte man sich immer wieder vor: Nur Ruhe, nur Ruhe, es kann nicht mehr lange dauern. Allerdings kam ich mir in meinem Splittergraben vor wie in einem frisch ausgehobenen Grab, und ich dachte, wenn das XXX. Korps nicht bald kommt, sind wir geliefert.«

Oberst Frost begriff, daß sein 2. Bataillon endgültig dem Untergang geweiht war. Entsatz war nicht gekommen, und Frost erwartete auch keinen mehr. Die polnischen Fallschirmjäger waren ausgeblieben, die Munition so gut wie verbraucht. Dafür lagen alle Keller voller Verwundeter, und seine Leute standen jetzt ohne Pause seit mehr als 50 Stunden im Gefecht. Sie konnten diesen Beschuß nicht mehr lange aushalten. Ringsum standen Häuser in Flammen, waren zusammengefallen, wurden seine Stützpunkte überrannt.

Wie lange er noch würde aushalten können, ahnte er nicht, er sah nur, daß sein geliebtes 2. Bataillon unter den Trümmern hier begraben wurde. Gleichwohl wollte er sich dem Feind nicht ergeben, vielmehr ihm bis zum letzten Atemzug den Nordzugang zur Brücke verweigern.

Mit solchen Gefühlen stand er nicht allein, vielmehr schienen seine Männer ebenso zu empfinden wie der Oberst. Man teilte die Munition ein, holte sich das wenige, was die Verwundeten noch bei sich hatten, und bereitete sich gefaßt auf das Ende vor. Von Furcht war wenig zu spüren, vielmehr entwickelte die Truppe eine Art Galgenhumor, als sich herausstellte, daß sie geopfert werden sollte.

Pater Egan begegnete Frost, als dieser aus dem Klosett kam. »Der Oberst sah ziemlich schlimm aus – unrasiert und verdreckt, aber er lächelte breit und sagte: ›Das Fenster ist kaputt, in der Mauer ist ein Loch und Dach ist auch keins mehr da, aber die Kette hängt noch und die Spülung funktioniert.‹«

Als Egan kurze Zeit später auf dem Weg in einen Nachbarkeller zu Verwundeten Deckung suchte, »erblickte ich Major Tatham-Warter, der mit einem aufgespannten Regenschirm durch die Straßen schlenderte. Der war ja mit seiner Kompanie als erster auf der Brücke gewesen. Jetzt hielt er mir den Schirm über den Kopf. ›Kommen Sie nur, Pater‹, bemerkte er dabei, ›ich habe einen Schirm bei mir.‹« Auch Leutnant Barnett begegnete dem unerschütterlichen Major kurze Zeit später auf der Straße, als er einen Stellungswechsel vornahm. Als er den Major sah, blieb er verblüfft stehen. »Das Ding wird Ihnen gegen Granaten wenig nützen«, sagte er. »Nun ja«, entgegnete der Major, »aber man kann nicht ausschließen, daß es zu regnen anfängt.«

Am Nachmittag, der Beschuß hielt immer noch an, sah Major Gough den Major Tatham-Warter an der Spitze seiner Kompanie, immer noch den Schirm in der Hand. Deutsche Panzer rasselten durch die Straßen und schossen auf alles, was sich zeigte. »Ich wurde fast ohnmächtig, als ich sah, wie diese Panzer IV ihre Kanonen auf uns richteten, aber dann gab es eine Clownsnummer. Tatham-Warter führte seine Männer zu einem Bajonettangriff gegen eingesikkerte Deutsche, und zwar trug er dabei eine Melone, die er irgendwo gefunden haben muß, und er schwenkte seinen Schirm. Er sah aus wie Charlie Chaplin.«

Am Spätnachmittag geriet der Bataillonsgefechtsstand bei fortwährendem Beschuß in Brand, und Pater Egan ging in den Keller, nach den Verwundeten schauen. Sergeant Spratt, der als Spaßmacher galt, sagte zu ihm: »Ja, ja, Padre, die schmeißen uns alles an den Kopf, was sie haben, bis auf den Küchenherd.« Kaum hatte er dies gesagt, »kam uns nach einem Einschlag die Decke auf den Kopf. Als wir uns mühsam zwischen Gipsbrocken und Holztrümmern hervorgearbeitet hatten, sahen wir unmittelbar vor uns einen Küchenherd stehen.« Spratt betrachtete ihn kopfschüttelnd und sagte dann: »Daß die Lumpenhunde in der Nähe sind, habe ich ja gewußt, aber daß sie uns sogar hören können, überrascht mich doch.«

Gegen Abend begann es zu regnen und der deutsche Angriff wurde noch drängender. Hauptmann Mackay ließ Frost auf der anderen Seite der Brückenrampe wissen, daß er, falls der Angriff fortdauere, nicht mehr die Nacht über aushalten könne. »Er sagte, er könne mir nicht helfen, aber ich sollte auf keinen Fall aufgeben.«

Mackay sah wohl, daß der Feind das Bataillon Frost immer enger zusammendrückte. Englische Soldaten huschten am Ufer entlang aus brennenden Häusern in solche, die noch standen. »Sie quetschten uns zusammen, und wir waren erledigt, falls nicht bald Hilfe kam. Ich stieg auf den Dachboden und hörte am Funkgerät die Sechs-Uhr-Nachrichten der BBC. Zu meiner großen Überraschung hieß es, die englischen Panzer hätten Verbindung zu den Luftlandetruppen hergestellt.«[19]

Gleich darauf rief jemand im Stockwerk unter ihm: »Tigerpanzer an der Brücke!« (Es war genau 19:00 Uhr deutscher Zeit, 18:00 Uhr englischer Zeit.) Tatsächlich rollten vom Norden zwei dieser überschweren Panzer an, »und in der Dämmerung wirkten sie unheimlich, wie vorzeitliche Ungeheuer, noch dazu mit dem Mündungsfeuer aus ihren Kanonen. Ihre Granaten durchschlugen die Hausmauern, Zimmer und Korridore waren voller Staub und herumschwirrender Trümmer.« Ein Teil von Mackays Schulhaus war bereits völlig hinüber. »Die Tiger haben wohl panzerbrechende Munition verschossen«, sagte Leutnant Stainforth, »denn die Granaten fuhren beim einen Ende rein und beim anderen raus, durch sämtliche Zimmer. Die Decken kamen herunter, das ganze Gebäude wackelte wie verrückt.« Mackay schaute die beiden Tiger an und dachte, das Ende der Welt sei gekommen. »Noch zwei Granaten von denen, und wir sind geliefert.« Immerhin ließ ihn jene furchtlose Hartnäckigkeit, welche von Anfang an die Kämpfer an der Brücke beseelte, die Überlegung anstellen, »ob ich nicht ein paar Leute schnappen und die Dinger in die Luft jagen sollte. Aber gerade da setzten sie zurück und verdrückten sich. Wir waren noch mal davongekommen.«

Pater Egan war unterdessen beim Bataillonsgefechtsstand verwundet worden. Er ging gerade die Treppe runter, als zwei Granaten ins Haus schlugen, fiel hin und war bewußtlos. Als er zu sich kam,

[19] Mackay nahm an, Arnheim sei gemeint, während in Wahrheit die Verbindung zwischen Horrocks' Panzern und der 82. Luftlandedivision in Nimwegen gemeint war.

sah er, daß er Gesellschaft hatte, nämlich einen Verwundeten, der im Sterben lag. Unter neuerlichen Einschlägen verlor der Pater wiederum das Bewußtsein, und als er erwachte, merkte er, daß das Zimmer und seine Kleidung brannten. Er schlug die Flammen mit den Händen aus und wälzte sich verzweifelt am Boden. Der neben ihm liegende Soldat war unterdessen gestorben. Die Beine konnte Egan nicht bewegen. Also schob er sich über den Boden bis ans Fenster und zog sich daran hoch. Man sah ihn, half ihm durchs Fenster und brachte ihn in einen Keller. Hier betätigte sich ein Arzt, Dr. Logan. Der Geistliche wurde hingelegt. Sein rechtes Bein war gebrochen, und im Rücken und in den Händen hatte er unzählige Granatsplitter. »Damit war es für mich zu Ende. Was sollte ich machen? Ich konnte bloß noch auf dem Bauch liegen.« Nahebei sah er den unwahrscheinlichen Tatham-Warter, ebenfalls leicht verwundet, der versuchte, die Moral seiner Leute zu stärken, immer noch mit dem Regenschirm in der Hand.

Wenn es zu einer Pause im Beschuß kam, sah Hauptmann Mackay förmlich die Deutschen noch mehr Munition herbeischleppen. In einer solchen Pause wurde es dunkel. Mackay verteilte Benzedrintabletten an seine erschöpften Leute, pro Mann zwei Tabletten. Die Wirkung war in vielen Fällen unerwartet. Manche Soldaten wurden gereizt und streitsüchtig. Andere sahen alles doppelt und konnten nicht mehr zielen. Von den Geschockten und Verwundeten wurden manche euphorisch und hatten Halluzinationen. Corporal Hendy wurde von einem ihm unbekannten Soldaten an ein Fenster gezerrt und bekam dort die 2. Armee gezeigt. Als er nichts sehen zu können behauptete, wurde der Mann wild und brüllte: »Da drüben stehen sie, man sieht sie doch ganz genau!«

Mackay fragte sich, ob sein Häuflein die Nacht überleben könnte. Müdigkeit und Wunden verlangten ihren Zoll. »Denken konnte ich noch«, sagte Mackay, »nur hatten wir leider nichts zu essen, und schlafen konnten wir auch nicht . . . Einen Becher Wasser gab es pro Tag, und so gut wie jeder war verwundet.« Weil seine Leute sich fast verschossen hatten, ließ er sie aus den Resten seiner Sprengmittel in Heimarbeit kleine Ladungen anfertigen, die er den deutschen Panzern zudachte, falls welche kämen. Er zählte sein Grüppchen und gab seine Kampfstärke dem Bataillon mit dreizehn durch.

Als Dienstag, der 19. September, seinem Ende zuging, kam es Frost vor, als brenne ganz Arnheim. Die Türme zweier Kirchen standen in Flammen, »und ein Kreuz zeichnete sich vor den Wolken ab. Das Knistern der Brände und das Krachen, mit dem Hausfassaden in sich zusammensanken, klang ganz unwirklich.« Über ihm hatte der Funker Copley es endgültig aufgegeben, seine Sprüche zu verschlüsseln, und gab nun im Klartext durch: »Erste Parabrigade ruft Zweite Armee . . . Zweite Armee kommen . . . Zweite Armee kommen . . .«

Unterdessen zerbrach sich General Urquhart im Hotel Hartenstein den Kopf darüber, wie er die Reste seiner Division noch retten könnte. Frost war abgeschnitten, jeder Versuch, zu ihm vorzudringen, eisern abgewiesen worden. Die Deutschen brachten unentwegt Verstärkungen heran. Vom Westen, Norden und Osten droschen Bittrichs Truppen auf die 1. englische Luftlandearmee ein. Die Roten Teufel hielten aus, obschon kalt, durchnäßt und erschöpft, erwehrten sie sich der feindlichen Panzer mit Karabinern und Maschinenpistolen. Nur schnelles Handeln konnte seinen Männern noch nützen, und am 20. September in der Frühe hatte er einen Plan entwickelt, wie er nicht nur die Reste seiner Division retten, sondern vielleicht gar das Kriegsglück wenden wollte.

Der 19. September – »ein düsterer, schicksalsträchtiger Tag«, erinnert sich Urquhart – war der Wendepunkt gewesen. Zu spät hatte er versucht, den Einheiten Zusammenhalt und Schwung zu vermitteln. Alles war schiefgegangen: Die polnischen Fallschirmjäger waren ausgeblieben, die Versorgungswürfe waren fehlgegangen, und bei dem Versuch, zu Frost durchzukommen, waren ganze Bataillone aufgerieben worden. Die Division näherte sich unaufhaltsam der Vernichtung; wie schlimm es stand, ging aus den ihm vorliegenden Stärkemeldungen hervor. Diese Meldungen kamen in der Nacht vom 19. auf den 20. durch, und wenn sie auch nicht ganz präzise sein konnten, ergaben sie doch ein erschreckendes Bild: Die Division Urquhart war im Begriff, sich in nichts aufzulösen.

Von Lathburys 1. Fallschirmjägerbrigade kämpfte einzig das Bataillon Frost als geschlossener Verband, doch wie stark dieses 2. Bataillon noch sein möchte, ahnte Urquhart nicht. Das Bataillon Fitch zählte etwa 50 Mann, Fitch selbst war gefallen. Dobies Bataillon wies 116 Männer auf, Dobie war verwundet in Gefangenschaft geraten. Das 11. Bataillon zählte 150 Mann, das der Staffordshires noch 100. Die Kommandeure Lea und McCardie waren beide verwundet. Hackett hatte in seinem 10. Bataillon noch 250 Mann, in seinem 156. noch 270. Zwar betrug die Gesamtstärke der Division mehr – nicht mitgerechnet waren hier beispielsweise die Scottish Borderers und ihre Pioniere, Aufklärungs- und Troßeinheiten und Gleiterpiloten –, doch waren die eigentlichen Kampfverbände praktisch aufgerieben. Was noch übrig war, kämpfte in kleinen Gruppen oft ohne Führer, schwer angeschlagen.

Der Kampf war so blutig gewesen, daß sogar hartgesottene Veteranen die Nerven verloren. Gruppen von Versprengten rannten am Stabsquartier vorüber und brüllten: »Die Deutschen kommen!«, und das blieb, wie Urquhart und sein Chef des Stabes merkten, nicht ohne Einfluß auf die Stabskompanie. »Es waren meist junge Soldaten, die die Beherrschung vorübergehend verloren hatten. Mackenzie und ich mußten mehrfach selbst eingreifen.« Andere wiederum hielten gegen stark überlegenen Feind stand. Hauptmann Queripel beispielsweise führte selbst einen Stoßtrupp gegen eine deutsche MG-Stellung, erledigte die Bedienung und schleuderte Stielhandgranaten zurück, die andere nach ihm warfen. Er deckte den Rückzug seiner Leute bis er fiel[20].

Was von Urquharts zerschlagener Division noch übrig war, wurde mehr und mehr zusammengedrückt. Alle Straßen schienen nach Oosterbeek zu führen, und das Gros befand sich schließlich auf einem wenige Quadratkilometer messenden Streifen, der im Westen von Wolfheze nach Heveadorp und im Osten von Oosterbeek nach Johannahoeve reichte, mit dem Hotel Hartenstein etwa in der Mitte. Auf diesem Gelände, das am Rhein bei Heveadorp endete, gedachte Urquhart bis zur Ankunft von Horrocks hinhaltend zu kämpfen.

In der Nacht auf den 20. September erging der Befehl an alle Einheiten, sich auf die Stellung bei Oosterbeek zurückzuziehen. Hacketts Angriff auf die Arnheimer Brücke mit dem 10. und 156. Bataillon wurde abgeblasen; beide Einheiten sollten sich vom Feind lösen. »Diesen Entschluß faßte ich nur sehr ungern, denn er bedeutete, daß ich das Bataillon Frost an der Brücke abschrieb. Aber ich konnte Frost ebensowenig erreichen, wie ich Berlin einnehmen konnte. Es blieb mir nur übrig, eine Igelstellung einzurichten und einen kleinen Brückenkopf am Nordufer zu halten, damit das XXX. Korps zu uns übersetzen konnte.«

Urquharts Entschluß wurde wesentlich davon beeinflußt, daß endlich die Fähre bei Heveadorp entdeckt worden war, denn rein theoretisch konnte er über die Fähre Hilfe vom Süden bekommen, um so mehr als die Länden an beiden Ufern Rampen aufwiesen, welche als Widerlager für eine Baileybrücke dienen konnten. Die Aussichten dafür waren zugegebenermaßen nicht rosig, doch falls die Brücke von Nimwegen rasch genommen wurde, falls Horrocks rasch genug marschierte und falls Urquharts Männer die Stellung so lange halten konnten, bis die Pioniere eine Brücke geschlagen hatten, mochte Montgomery immer noch seinen Rheinübergang bekommen und an die Ruhr vorstoßen, auch wenn Frost bei Arnheim überwältigt wurde. Falls.

Während des Dienstags hatte Urquhart mehrmals über Funk

20 Queripel bekam posthum das Victoriakreuz verliehen.

eine neue Absprungzone für die Polen gefordert. Die Funkverbindung war zwar noch keineswegs zuverlässig, doch war sie schon etwas besser. Leutnant Hay von der Nachrichtenspezialeinheit stellte die Verbindung mit dem Stab der 2. englischen Armee her, der die Funksprüche seinerseits an Browning übermittelte. Am 20. September um drei Uhr früh kam eine Anfrage vom Korps an Urquhart: er solle einen Vorschlag machen. Urquhart meinte, angesichts des neuen Frontverlaufes komme nur eine einzige Stelle in Frage, nämlich die Fährlände am Südufer unweit von Driel.

Daß er Frost aufgeben mußte, kam ihn am schwersten an. Mittwoch früh um 8:00 Uhr fand sich Gelegenheit, mit Gough und Frost über die Funkverbindung der Artillerie zu sprechen. Der Anruf kam von Gough, der seinen Kommandeur seit dem 17. zum erstenmal sprach – damals war er vergeblich zum Stab gefahren, um sich bei Urquhart zu melden.

Urquhart war verblüfft, denn er hatte Gough für tot gehalten. Gough gab einen Lagebericht von der Brücke und schloß: »Die Moral ist nach wie vor gut, aber es mangelt uns an allem. Trotzdem halten wir weiter.« Dann fragte er, ob mit Verstärkungen zu rechnen sei.

Urquhart sagte ihm: »So genau weiß ich das nicht. Verstärkungen können Sie nur von Süden erwarten.« Danach meldete sich Frost. »Es tat mir gut, mit dem General zu sprechen . . . doch etwas wirklich Aufmunterndes konnte er mir nicht sagen . . . augenscheinlich stand es dort auch nicht sehr gut.« Urquhart ordnete an, daß »allen Beteiligten mein persönlicher Dank für ihre glänzende Haltung auszusprechen ist, und ich wünsche allen viel Glück«. Mehr war nicht zu sagen.

Zwanzig Minuten später erhielt Urquhart über Leutnant Hay folgenden Funkspruch:

200820 von 2. armee angriff nimwegen südlicher stadtrand festgefahren fünfte gardepanzer schon in der stadt brücke heil aber in feindeshand beabsichtigen 10:00 uhr anzugreifen

Urquhart ließ den Inhalt an sämtliche Einheiten durchgeben. Es war die erste gute Nachricht, die dieser Tag brachte.

Man könnte es tragisch nennen, daß Urquhart nicht Gebrauch machte von Kräften, die, hätte er sie nur genutzt, möglicherweise einen völligen Umschwung in der Lage der 1. englischen Luftlandedivision hätten herbeiführen können. Der holländische Widerstand verfügte über die entschlossensten und diszipliniertesten aller Untergrundkämpfer in Europa, und in der 101. und der 82. US Division kämpften bereits Holländer Seite an Seite mit Amerikanern. Die Generäle Gavin und Taylor hatten gleich nach der Landung befohlen, an die Widerstandsgruppen Waffen und Sprengstoff auszugeben, doch die Engländer in Arnheim wollten mit Zivilisten nichts zu schaffen haben. Die Gruppen in Arnheim, die sogar bewaffnet waren und nur darauf warteten, Oberst Frost an der Brücke zu Hilfe zu kommen, wurden geschnitten; wenn sie ihren Rat anboten, wurde der höflich abgelehnt. Leider hatte nur ein einziger Mensch die Autorität, den holländischen Widerstand mit dem Angriff der Engländer zu koordinieren, und der war tot. Oberstleutnant Barlow, der von Urquhart ausgeschickt worden war, den Angriff der wankenden Bataillone in den westlichen Stadtvierteln zu organisieren, fiel, bevor er seinen Auftrag ausführen konnte.

Ursprünglich war vorgesehen gewesen, daß Barlow Stadtkommandant und Militärgouverneur werden sollte, sobald die Kämpfe vorüber wären. Sein Gehilfe und Vertreter bei der Provinz Gelderland sollte Korvettenkapitän Wolters von der holländischen Kriegsmarine werden. Vor Beginn des Unternehmens »Market-Garden« hatte ein anglo-holländisches Gremium Barlow eine streng geheime Liste mit den Namen verläßlicher holländischer Widerständler gegeben, »und aus den Namen auf dieser Liste«, erinnert sich Wolters, »sollten Barlow und ich die Leute heraussuchen, die wir als Sammler von Nachrichten, als Saboteure, als Kampftruppen und ähnliches verwenden wollten. Außer mir wußte nur Barlow von diesem Auftrag, und als er verschwand, brach der ganze Plan zusammen.« Beim Stab hielt man Wolters entweder für einen Verwaltungsoffizier oder einen Nachrichtendienstler, und als er aufgrund seiner Liste Vorschläge machte, begegnete man ihm mit Argwohn. »Barlow hatte Vertrauen zu mir, aber er war beim Divisionsstab auch der einzige.«

Nach Barlows Tod konnte Wolters nichts mehr ausrichten. »Die Engländer verstanden überhaupt nicht, was ein holländischer Marineoffizier bei ihnen sollte«, erinnert sich Wolters. Bis zu einem gewissen Grade gewöhnten sie sich an ihn, er konnte auch erreichen, daß einige Widerständler beschäftigt wurden, doch waren es nur wenige, und alles kam zu spät. »Es war nicht Zeit genug, den Argwohn beim Stab zu beschwichtigen. Dort hieß es immer nur: kann man denen wirklich trauen?« Wie dem auch sei, die Gelegenheit, in Arnheim die Kräfte des Widerstandes planmäßig zu nutzen, wurde vertan[21].

[21] Die Engländer mißtrauten dem holländischen Widerstand schon seit langem. 1942 gelang es Major Giskes von der Abwehr, den holländischen Nachrichtenapparat zu infiltrieren und aus England geschickte Agenten

Am 20. September, kurz vor 7:00 Uhr früh, erfuhr General Sosabowski, daß er an einer anderen Stelle abspringen sollte, als bisher geplant war. Die polnische Brigade sollte mehrere Kilometer westlich des ursprünglich vorgesehenen Landeraumes abgesetzt werden, nämlich nahe der Ortschaft Driel. Sosabowski war sprachlos. Die Brigade stand bereits auf den Abflugplätzen an den Maschinen bereit, die sie in drei Stunden nach Holland fliegen wollten. Innerhalb dieser drei Stunden also sollte Sosabowski den Plan für einen Angriff ausarbeiten, der in völlig unbekanntem Terrain geführt werden sollte. Der Absprung über Elden am Südzugang zur Brücke war tagelang genauestens vorbereitet worden, »aber jetzt schmiß man mir wie einen Knochen die Weisung hin, und innerhalb weniger Stunden sollte ich meine Vorbereitungen treffen«.

Aus Arnheim selbst verlautete immer noch erstaunlich wenig, doch als er hörte, daß er seine Truppe mit der Fähre von Driel nach Heveadorp über den Rhein setzen sollte, konnte Sosabowski sich denken, daß es mit Urquhart nicht zum besten stand. Ihm kamen gleich unzählige Fragen in den Sinn, »aber außer mir schien kein Mensch sich Gedanken zu machen. Ich erfuhr nur, daß die Lage in Arnheim etwas undurchsichtig sei«. Sosabowski verschob den Start von 10:00 Uhr auf 13:00 Uhr und hoffte, daß er in dieser Zeit seine Leute einweisen und letzte Neuigkeiten über Arnheim erfahren

abzufangen und umzudrehen. Etwa 20 Monate hindurch wurde jeder über Holland abgesetzte Agent von den Deutschen abgefangen – wohl die glänzendste Leistung der Gegenspionage im 2. Weltkrieg. Die Funküberwachung in England war angewiesen, auf bestimmte absichtliche Fehler bei der Zeichengebung zu achten, doch die Funksprüche der »Doppelagenten« wurden vom englischen Nachrichtendienst arglos entgegengenommen. Erst als zwei Agenten die Flucht gelang, war es mit Giskes' Operation »Nordpol« zu Ende. Nachdem er die Alliierten so lange an der Nase herumgeführt hatte, konnte Giskes sich einen kleinen Scherz nicht verkneifen und gab am 23. November im Klartext an die Engländer durch: »Firma Hunt, Bingham & Co. Nachfolger Ltd. in London. Wie wir erfahren, bemühen Sie sich seit geraumer Zeit darum, ohne unsere Hilfe Geschäfte in den Niederlanden abzuwickeln. Da wir hierzulande so lange als Ihre alleinigen Vertreter tätig gewesen sind, hören wir dies mit Bedauern . . . Sollten Sie die Absicht haben, uns in größerer Zahl hier auf dem Festland einen Besuch zu machen, dürfen wir Ihnen die gleiche aufmerksame Bedienung zusichern, die Ihren Beauftragten bislang zuteil geworden ist . . .«

Obwohl unterdessen im englischen Nachrichtendienst erhebliche Personalveränderungen stattgefunden hatten und die holländischen Widerständler von derartigen Tätigkeiten ausgeschlossen waren, hatte man doch zahlreiche höhere englische Offiziere vor Beginn des Unternehmens »Market-Garden« eigens davor gewarnt, dem holländischen Widerstand Vertrauen entgegenzubringen.

könne. Im übrigen zweifelte er daran, daß man um 10:00 Uhr hätte starten können, denn wieder lagen die Midlands in Nebel gehüllt, und die Wettervorhersage war nicht günstig. »Das Wetter, und daß man überhaupt keine Auskunft über die Lage bekommen konnte, setzte mir am meisten zu. Ich glaubte einfach nicht mehr, daß Urquharts Operation planmäßig verlief, sondern fürchtete, daß wir über Holland nur abgeworfen werden würden, um bei der Niederlage nicht zu fehlen.«

9

Die Verteidigung des Nordzugangs zur Arnheimer Brücke durch das zusammengeschmolzene Bataillon Frost ging ihrem Ende zu. Mit Tagesanbruch hatten die Deutschen ihre Beschießung wieder aufgenommen, und die Ruinen, die vormals Häuser gewesen waren, kamen neuerlich unter heftigen Beschuß. Die wenigen noch verbliebenen Stützpunkte rechts und links des Zuganges und entlang des förmlich umgepflügten Eusebius Buiten Singel wurden systematisch auseinandergeschossen. Die halbkreisförmige Stellung vor dem Brückenzugang war kaum noch vorhanden und doch hielten sich in diesen Trümmern immer noch zähe kleine Gruppen, die den Deutschen den Gebrauch der Brücke verwehrten.

Frosts Männer hatten drei Tage und vier Nächte den Deutschen den Zugang versperrt. Einzig die Männer des 2. Bataillons und die wenigen Versprengten, die zu ihnen gestoßen waren (insgesamt nie mehr als 600–700 Mann), hatten das Kampfziel der Luftlandedivision erreicht und hielten es bereits länger als vorgesehen.

Doch lange konnten sie nicht mehr aushalten, und das war ihnen bewußt. Diese Einsicht führte nicht etwa zu einer panischen Reaktion, sondern im Gegenteil zu einer sonderbaren Gefaßtheit. Es war, als hätte jeder einzelne beschlossen, bis zum Umfallen weiterzukämpfen, und sei es nur, um die Deutschen zu ärgern. Zwar wußte man, daß es keinen Sinn mehr hatte weiterzumachen, doch ließ man sich überall etwas einfallen, um den Kampf fortzusetzen. Werferbedienungen verschossen die letzten Granaten einfach aus dem Rohr, ohne Bodenplatte und Dreibein. Wo Zünder für Panzerabwehrraketen fehlten, suchte man sie durch selbstgebastelte Provisorien zu ersetzen. Auch angesichts der vielen Verwundeten und Toten gab man nicht auf und verlor auch nicht den Humor.

Für Oberst Frost, der diese Männer am Sonntag mit seinem Jagdhorn bei strahlendem Wetter zu einer Siegesparade um sich versammelt hatte, sollten sie stets die Unbesiegten bleiben. An diesem finsteren, tragischen Mittwoch mußte er sich eingestehen, »daß es praktisch keinerlei Hoffnung auf Entsatz mehr gab.«

Er verfügte bestenfalls noch über 150 bis 200 kampffähige Soldaten, die Mehrzahl davon nahe dem Bataillonsgefechtsstand an der westlichen Seite der Zufahrt. In den Kellern lagen mehr als 300 deutsche und englische Verwundete. »Sie waren fast aufeinander gestapelt, und man konnte sie kaum versorgen.« Bald mußte er bestimmen, was mit ihnen geschehen sollte. Zu Major Gough sagte er: »Ich kann hier unmöglich bis zur letzten Patrone kämpfen, dann abziehen, und die Verwundeten in den Kellern verschmoren lassen.« Es hieß also, etwas unternehmen, bevor die letzten Häuser pulverisiert oder überrannt wurden. Wieviel Zeit ihm dafür noch blieb, ahnte er nicht. Er glaubte, er könne die letzten Stützpunkte noch eine Weile halten, den Brückenzugang vielleicht gar noch 24 Stunden lang, aber die eigentliche Stellung war so schwach besetzt, »daß der Feind jederzeit einbrechen konnte«.

Mackays Schulhaus sah aus wie ein Sieb. »Wir waren jetzt auf dieser Seite allein. Die Häuser waren hier sämtlich niedergebrannt bis auf eines, in dem die Deutschen saßen. In der Schule sah es übel aus. Meine Leute waren verdreckt und erschöpft, und mir wurde richtig übel, wenn ich sie ansah. Sie hatten rotgeränderte Augen und fast jeder irgendwo einen blutigen Verband. Die Verwundeten mußten in den Keller geschafft werden, und auf den Treppenabsätzen standen schon richtige Blutlachen. Meine mir verbliebenen 13 Pioniere hielten zu zweit und zu dritt die Stellungen, in die eigentlich die doppelte Zahl von Leuten gehört hätte. Das einzig Saubere weit und breit waren die Waffen.« Innerhalb von zwei Stunden wehrten Mackays Leute drei Angriffe ab, bei denen der Feind über 50 Soldaten verlor.

Den Vormittag über wurde das Gefecht fortgesetzt. Gegen Mittag wurde Frost verwundet, als er mit Major Crawley die Bildung eines Stoßtrupps zwecks Säuberung der allernächsten Umgebung erörterte. Eine Werfergranate schlug genau zwischen den beiden Männern ein, die wunderbarerweise überlebten, wenn auch nicht unbeschädigt. Frost hatte Granatsplitter in der Ferse und im Schienbein, Crawley in beiden Beinen und im rechten Arm. Frost war kaum noch bei Besinnung, »ich schämte mich, weil ich laut stöhnte, während Douglas keinen Mucks von sich gab«. Wicks, der Offiziersdiener von Frost, half, die beiden Herren auf Tragen in einen Keller bringen zu lassen.

Hier lag unter den zusammengedrängten Verwundeten auch Pater Egan, der sich nur mit Mühe zurechtfand. In einer Ecke kauerte der Offizier, der den Pater durchs Fenster gezogen hatte, war aber bereits tot. Der Druck einer krepierenden Granate hatte ihn getötet, ohne ihm eine sichtbare Verletzung zuzufügen. Egan sah, daß man Frost hereintrug. »Ich sah sein Gesicht – er schaute müde aus und niedergeschlagen.« Auch andere im Keller erkannten den Kommandeur, und Leutnant Blunt schrieb später: »Wir jungen Offiziere hatten immer gemeint, es könne nichts an ihn heran. Daß man ihn jetzt so hereintrug, tat mir richtig weh. Er hat niemals klein beigegeben.«

General Sosabowski beaufsichtigte derweil in England das Verladen seiner Brigade in die Transportmaschinen vom Typ Dakota. Seit Sonntag hatte sich die Spannung unaufhörlich gesteigert. Am Dienstag war der Start verschoben, dann abgesagt worden, an diesem Vormittag hatte Sosabowski selbst den Abflug um drei Stunden verschoben, weil er neue Pläne machen mußte. Als die schwer beladenen Fallschirmjäger kurz vor 13:00 Uhr in die Maschinen stiegen, war plötzlich alle Ungeduld verflogen. Endlich war es soweit, und Sosabowski meinte, »eine geradezu gehobene Stimmung« an ihnen bemerken zu können.

Er selbst teilte diese Hochstimmung nicht. Seit die Planung geändert worden war, hatte er sich bemüht, soviel als möglich über die Lage von Urquhart und die neue Absprungzone in Erfahrung zu bringen, doch was er seinen Offizieren und Unteroffizieren über die veränderte Lage sagen konnte, blieb dürftig. Sosabowski fand, daß man schlecht vorbereitet sei, »daß man praktisch ins Unbekannte springen sollte«.

Die Propeller wurden angeworfen, und seine Leute kletterten in die 114 Transportmaschinen, die sie nach Holland bringen sollten. Sosabowski bestieg die vorderste Maschine, die jetzt langsam über das Rollfeld zum Startplatz fuhr und dort einschwenkte. Sie startete aber nicht, sondern die Propeller drehten langsamer. Es vergingen Minuten, und er fragte sich, was denn nun wieder los sei.

Plötzlich wurde die Tür geöffnet, und ein Offizier der RAF stieg ein, der den General wissen ließ, daß der Start verschoben sei. Die Lage war die gleiche wie am Dienstag, weiter südlich war der Flugbetrieb in vollem Gange, doch bei Grantham verdichtete sich der Nebel. Sosabowski traute seinen Ohren nicht. Dann hörte er seine Offiziere und Mannschaften laut fluchen, als die neuerliche Verschiebung bekannt wurde – vorläufig bis zum 21. September um 13:00 Uhr.

Auch das Gleiterregiment von General Gavin konnte nicht starten, was bedeutete, daß er, der jeden Mann für den Angriff auf die Waalbrücke brauchte, auf 3400 Männer und zahlreiche Geschütze verzichten mußte. Noch verkehrte die Fähre von Driel nach Heveadorp, und an diesem Mittwoch hätte die polnische Brigade wohl über den Rhein setzen und Urquharts erlahmende Truppen verstärken können, doch da führte das Wetter neuerlich einen Streich gegen das Unternehmen »Market-Garden«.

Feldmarschall Model fühlte sich inzwischen fähig, gegen die Anglo-Amerikaner in Holland zum Gegenschlag auszuholen, und an diesem Mittwoch, am 20. September, kam es entlang des gesamten Korridors zu einem deutschen Vorstoß nach dem anderen.

Model, dem unentwegt Verstärkungen zuflossen, war überzeugt, jetzt stark genug zu sein, um Montgomerys Angriff zu zerschlagen. Er wollte gern den Korridor bei Son, Veghel und Nimwegen durchtrennen. Die Arnheimer Brücke hatte er ohnedies so gut wie in der Hand, und die 15. Armee unter General von Zangen – jene Armee, welche von Montgomery bei Antwerpen schlicht vergessen worden war – wurde langsam wieder aufgefüllt. Stäbe wurden gebildet, Munition und sonstiger Nachschub trafen täglich ein. Nur 48 Stunden später heißt es in Models Meldung an den OB-West über die Armee von Zangen in Anhang 2342 des Kriegstagebuches der Heeresgruppe B: »Die 15. Armee hat insgesamt 82 000 Mann, 530 Geschütze, 4600 Fahrzeuge, mehr als 4000 Pferde und wertvolles Material über die Schelde gebracht . . .«[22]

Model glaubte so fest daran, daß von Zangen den Befehl übernehmen könne, daß er im Laufe der folgenden 72 Stunden eine völlige Umwandlung der Kommandostruktur plante. Zangen sollte sämtliche Verbände der Heeresgruppe B westlich des alliierten Korridors befehligen, während das Kommando über die Truppen östlich des Korridors an Student fallen sollte, dessen 1. Fallschirmjägerarmee laufend verstärkt wurde. Model wollte den Gegenangriff beginnen, indem er mit starken Kräften gegen den Feind vorfühlte.

Am Morgen des 20. wäre es einem Panzerverband, der im Bereich der 101. US Division operierte, fast gelungen, die Brücke von Son zu nehmen. Nur die rasche Reaktion von General Taylors Infanterie und englische Panzer konnten das noch verhindern. Gleichzeitig drückten die deutschen Truppen überall entlang der Front von Taylor gegen den Korridor, durch den Horrocks' Panzer nach Nimwegen unterwegs waren. Im Abschnitt von General Gavin

[22] Dies sind die im Kriegstagebuch der Heeresgruppe B enthaltenen Zahlen, doch scheinen sie zu hoch gegriffen, besonders was Geschütze, Transportmittel und Pferde angeht. General Schwalbe, der den Rückzug über die Schelde und von Antwerpen leitete, schätzte 1946, daß 65 000 Mann, 225 Kanonen, 750 Fahrzeuge und 1000 Pferde übergesetzt worden waren. (Siehe Milton Shulman: *Die Niederlage im Westen*, S. 336.) Wie dieser Widerspruch zustande kommt, weiß ich nicht, doch scheinen mir Schwalbes Angaben treffender.

stießen deutsche Verbände nach vorbereitendem Artilleriebeschuß aus dem Reichswald gegen die Flanke der 82. US Division vor; nach wenigen Stunden ging es in der Gegend von Mook bereits hoch her, und die Brücke über den Maas-Waalkanal bei Heumen war bedroht. Gavin, der in Nimwegen die Vorbereitungen für den Übergang über den Waal beaufsichtigte, raste nach Heumen, »denn die einzige in unserem Besitz befindliche Brücke, die für Panzer passierbar war, durfte nicht verlorengehen. Für die in Nimwegen kämpfenden Alliierten war diese Brücke von größter Wichtigkeit.« Dabei verfügte er über keine Reserven mehr und mußte sich die Coldstreamgarde ausleihen. Er selbst führte den Gegenangriff, und es begann ein erbittertes Gefecht, das den ganzen Tag anhielt. Gavin schob seine Einheiten hin und her wie ein Schachspieler und brachte es endlich fertig, die Deutschen zurückzuwerfen. Diesen Angriff aus dem Reichswald hatte er schon immer erwartet. Unter den Gefangenen befanden sich Angehörige des kampferprobten II. Fallschirmjägerkorps von General Mendl, woraus Gavin und Browning schließen durften, daß die Kämpfe in eine neue Phase getreten waren. Model war ganz offenbar darauf aus, die wichtigsten Brükken zu besetzen, den Korridor zuzumachen und Horrocks' Verbände zu zerschlagen.

Model glaubte keinen Moment daran, daß die Alliierten bei Nimwegen durchbrechen und das letzte Stück bis Arnheim schaffen könnten. Zu Bittrich sagte er zuversichtlich, länger als eine Woche könne die Schlacht nicht mehr dauern. Bittrich war weniger zuversichtlich, er wollte lieber die Nimwegener Brücke sprengen. Model erwiderte darauf nur mit einem wütenden »Nein!«.

Brigadeführer Harmel ärgerte sich über seinen Vorgesetzten Bittrich, weil er meinte, der Obergruppenführer betrachte den Verlauf der Operationen von einem zu distanzierten Standpunkt. »Davon, daß es bei der Fähre in Pannerden nicht vorwärtsging, wollte er einfach nichts wissen.« Das war von Anfang an so gewesen, aber Harmel fand nun, »Bittrich blieb nie so lange am Ort, daß er sich selber hätte davon überzeugen können, daß es fast unmöglich war, dort 20 Panzer über den Fluß zu bringen, darunter drei Königstiger.« Seine Pioniere hatten beinahe drei Tage gebraucht, um eine Fähre zusammenzubasteln, die etwa 40 Tonnen tragen konnte. Harmel nahm an, daß die Sache jetzt beschleunigt ablaufen konnte, doch waren bislang nur zwölf Panther bis Nimwegen gekommen. Der Rest, darunter die Tiger, war unter dem Kommando des alten Ostfrontkommandeurs, Sturmbannführer Knaust, an der Arnheimer Brücke tätig.

Der 38 Jahre alte Knaust hatte vor Moskau ein Bein verloren,

»stapfte mit seinem Holzbein umher und hatte unentwegt fürchterliche Schmerzen, über die er aber niemals klagte«, wie Harmel sagt. Allerdings war er auf Knaust auch nicht gut zu sprechen.

Die Kampfgruppe Knaust war zur Verstärkung der 10. SS-Panzerdivision mit 35 Panzern, fünf Schützenpanzerwagen und einem Sturmgeschütz nach Holland geworfen worden, doch Knausts Veteranen hatten keinen besonderen Kampfwert mehr. Fast alle waren irgendwann einmal schwer verwundet worden, Harmel sah in ihnen »praktisch Invaliden«. Normalerweise wären solche Leute überhaupt nicht mehr im Dienst gewesen. Was Knaust als Ersatz mitbrachte, waren junge Bürschchen, von denen viele erst acht Wochen Ausbildung hinter sich hatten. Das Gefecht bei Arnheim dauerte nun schon so lange, daß Harmel sich wegen der Lage in Nimwegen Sorgen zu machen begann. Sollten die Engländer dort durchbrechen, mußte die Kampfgruppe Knaust den Südzugang zur Arnheimer Brücke halten und entlang der Straße von Nimwegen nach Arnheim in Stellung gehen. Zwar waren ihm 15 bis 20 weitere Tiger und 20 Panther in Aussicht gestellt worden, doch wann die eintreffen würden, und ob dann die Arnheimer Brücke schon zu befahren sein würde, wußte Harmel nicht. Er nahm nämlich an, daß mindestens ein Tag vergehen würde, bis die Brücke, hatte man sie erst einmal in der Hand, wieder passierbar gemacht wäre. Harmel ließ nahe der Ortschaft Doornenburg einen vorgeschobenen Gefechtsstand für sich einrichten, etwa dreieinhalb Kilometer von Pannerden und knapp zehn Kilometer von Nimwegen entfernt, von wo aus er die Operationen zu leiten gedachte. Von hier aus brach er zu einer Erkundung der Chaussee Nimwegen–Arnheim auf und legte bereits in Gedanken die zur Verteidigung geeigneten Positionen fest, die im Falle eines Durchbruches besetzt werden sollten. Von seiner Erkundung brachte er einen ganz klaren Eindruck mit: Weder deutsche noch englische Panzer konnten von der Chaussee herunter. Die mit Backsteinen gepflasterten Nebenstraßen waren nur von leichten Fahrzeugen zu befahren. Seine eigenen Panzer waren nach dem Übergang bei Pannerden auf dem Weg nach Nimwegen auf solchen Nebenstraßen eingebrochen, weil sie den Belag zerkrümelten. Die Hauptstraße Nimwegen–Arnheim war stellenweise die Deichkrone und erhob sich drei bis vier Meter über das umliegende weiche Polderland. Entlang der Deichkrone mußten Panzer sich vor dem Himmel ausnehmen wie Schießscheiben und konnten aus geschickt gewählten Feuerstellungen von Artillerie vernichtet werden. Im Augenblick hatte Harmel keine Geschütze in Reichweite der Chaussee stehen, daher war es vordringlich, Knaust mit seinen Panzern über den Rhein zu bringen und in Stellung gehen zu lassen, bevor die Engländer bei Nimwegen durchbrechen konnten.

In Doornenburg legte ihm sein Stabschef Paetsch die letzten Meldungen vor. Aus Arnheim kamen gute Nachrichten: es wurden mehr Gefangene gemacht, das Gefecht an der Brücke war kurz vor dem Ende. Knaust rechnete darauf, daß er am Spätnachmittag die Brücke haben würde. In Nimwegen wurde nach wie vor gekämpft, doch meinte Euling, trotz erheblicher eigener Verluste die Straßen- und Eisenbahnbrücke halten zu können. Vor beiden lagen Engländer und Amerikaner fest. Auch im Stadtkern waren die Engländer zum Stehen gebracht worden, doch sah die Lage dort bedrohlicher aus.

Aus Eulings Meldung sprach ein Optimismus, den Harmel nicht teilen mochte. Die englischen Panzer würden schließlich allein durch ihr Übergewicht die deutsche Front aufbrechen. Harmel steckte eine Zigarre in Brand und sagte zu Paetsch: »Ich erwarte, daß die Anglo-Amerikaner innerhalb von 48 Stunden ihr ganzes Gewicht gegen die Brücken werfen.« Konnte Knaust die Arnheimer Brücke rasch genug nehmen, wäre er vielleicht imstande, den erwarteten englischen Panzervorstoß von Nimwegen nach Arnheim aufzuhalten. Sollte es aber länger dauern, bis Knaust mit den Engländern an der Arnheimer Brücke fertig wurde und die Fahrbahn freimachte, dann, das war Harmel klar, würde er die Brücke von Nimwegen entgegen Models Befehl sprengen lassen müssen.

Auf einen Gedanken allerdings kam er bei seinen Überlegungen nicht, darauf nämlich, daß die amerikanischen Fallschirmjäger in Paddelbooten über den Waal setzen würden.

10

Unweit der für den Übergang in Aussicht genommenen Uferpartie, etwa eineinhalb Kilometer flußabwärts von der Nimwegener Eisenbahnbrücke, drängten sich amerikanische Fallschirmjäger. In der Nacht zum Mittwoch und den Mittwochvormittag hindurch war man bemüht, das Ufer so herzurichten, daß Panzer und schwere Artillerie der Gardepanzerdivision dort zur Unterstützung des Angriffs Aufstellung nehmen konnten. Derweil setzten in der Stadt Oberst Goulburn und Oberst Vandervoort die Attacken gegen die Brücken fort. Dreißig Minuten vor der festgesetzten Angriffszeit sollten Jagdbomber das Nordufer des Waal mit Kanonen und Raketen beschießen, darauf würden Panzer und Artillerie es vom Südufer eine Viertelstunde lang bepflastern, und danach erst sollte im Schutze von Rauchgranaten der Panzer die erste Welle unter dem Kommando des siebenundzwanzigjährigen Major Cook zu ihrem kühnen Unternehmen aufbrechen.

Der Plan war so gut ausgedacht, wie das innerhalb einer Nacht geschehen konnte, doch waren die Boote noch nicht gekommen. Man verschob den Angriff notgedrungen von 13:00 Uhr auf 15:00 Uhr.

Cook war nervös; seit er von General Gavin und seinem Regimentskommandeur Oberst Tucker gehört hatte, daß sein 3. Bataillon die Ehre haben sollte, den Waal in Paddelbooten zu überqueren, war er »wie vor den Kopf geschlagen. Es kam mir ganz so vor, als sollten wir im kleinen und auf eigene Rechnung die Landung in der Normandie wiederholen.« Viele seiner Leute hatten nie im Leben in einem Boot gesessen.

Nicht nur Cook erwartete nervös das Eintreffen der Boote. General Browning bekam gegen Mittag eine Meldung, der sich zum erstenmal entnehmen ließ, wie schlecht es wirklich um General Urquhart stand:

201105 . . . eigener verband hält noch nordzugang zur brücke habe aber keine verbindung und kann auch nicht versorgen . . . arnheim gänzlich in feindeshand . . . ersuche dringend um schleunigsten entsatz kampftätigkeit erheblich widerstand ungewöhnlich hart lage nicht gut

Das traf Browning unerwartet. Jetzt ging es also um jede Stunde; die rasche Wegnahme der Brücke von Nimwegen war geboten, wenn man Urquhart retten wollte. So hing denn die schnelle Entsetzung der Verteidiger von Arnheim im Augenblick allein von Major Cook und seinem 3. Bataillon ab, auch wenn Cook das nicht ahnte.

Doch wie auch immer, die Boote waren nicht da, und man wußte übrigens auch gar nicht, um was für eine Sorte Schiff es sich handeln sollte. Horrocks hatte äußerste Eile anbefohlen, und die drei Lastwagen, die die Gefährte an Bord hatten, bahnten sich denn auch tapfer ihren Weg nach vorn durch die verstopfte Straße. In Eindhoven waren sie in einen deutschen Luftangriff geraten, der den Stadtkern verwüstete. Lastwagen waren hier dutzendweise zerstört worden, darunter ein Munitionstransport, der sein Teil zu dem allgemeinen Feuerwerk beitrug. Eine Stunde vor dem neu festgesetzten Angriffstermin war jedenfalls am Waalufer von den Booten noch immer nichts zu sehen.

Der Ausgangspunkt des Angriffes befand sich ostwärts von einem Kraftwerk, das anfangs selbst für diesen Zweck ins Auge gefaßt worden war, weil ein schmaler Kanal vom Ufer landeinwärts führte, der es den Fallschirmjägern erlaubt hätte, unbemerkt in die Boote zu gehen. Oberst Tucker allerdings war dagegen, denn er meinte, die vom Feind gehaltene Eisenbahnbrücke sei zu nahe, und die Deutschen könnten von dort her die Angriffswelle mit

MG-Feuer bestreichen. Auch war hier die Strömung stärker. Die Soldaten sollten daher weiter westlich mit den Booten ans Ufer laufen, sie zu Wasser bringen, hineinspringen und hinüberpaddeln. Auch darüber war Cook nicht erfreut, denn nach allem, was er über die Boote in Erfahrung hatte bringen können, wog ein jedes gegen zwei Zentner und würde das Doppelte wiegen, wenn es mit den Waffen und dem Gerät der Fallschirmjäger beladen war.

In jedem Boot sollten drei Pioniere 13 Fallschirmjäger hinüberpaddeln und sofort kehrtmachen. Die Kähne sollten so lange hin und her fahren, bis das gesamte Bataillon Cook und Teile des Bataillons Harrison drüben wären. Major Tyler von der Irischen Garde, der mit seinen Panzern Feuerunterstützung geben sollte, fand das ganze Projekt gräßlich. »Da konnte man ja Angst kriegen«, sagte er. Auf seine Frage an Oberst Tucker, ob denn seine Soldaten Übung in solchen Operationen hätten, erwiderte Tucker lakonisch: »Nein, sie sollen das in der Praxis lernen.«

Vom 8. Stockwerk des Kraftwerkes aus überblickten Cook und Oberst Giles Vandeleur, Kommandeur des 2. Bataillons der Irischen Garde, das Nordufer durchs Fernglas. Ihnen gegenüber erstreckte sich die eigentliche Uferpartie zwischen 200 und 800 Meter landeinwärts, flach und ohne Deckung. Dahinter erhob sich ein etwa fünf bis sieben Meter hoher Deich, auf dessen Krone eine sechs Meter breite Straße in ost-westlicher Richtung lief. Weitere 800 Meter hinter dem Deich, also landeinwärts, sah man ein würfelförmiges Bauwerk, das auf den Namen Fort Hof Van Holland hörte. Auf der Deichkrone waren deutlich feindliche Truppen zu erkennen, und im Fort saßen höchstwahrscheinlich Artilleriebeobachter. Cook fand, »da hat sich jemand einen richtigen Alptraum ausgedacht«. Immerhin konnte vorbereitender Tiefflieger- und Artilleriebeschuß den deutschen Widerstand schwächen und es seinen Leuten ermöglichen, das Nordufer im Handstreich zu nehmen. Er versprach sich viel von dieser Vorbereitung.

Vandeleur meinte: »Der Übergang wird bestimmt scheußlich und recht verlustreich.« Immerhin war er willens, mit seinen Panzern den Amerikanern nach Kräften beizustehen. Er plante zu diesem Zweck 30 Shermanpanzer einzusetzen, die mit ihren Kanonen vom Kaliber 7,5 cm um 14:30 Uhr dicht nebeneinander Aufstellung nehmen und das jenseitige Ufer beschießen sollten. Dazu würde noch das Feuer der Geschütze und Granatwerfer der 82. Division kommen. Insgesamt würde aus etwa 100 Rohren auf das Nordufer geschossen werden.

Cooks Männer hatten zur Zeit ihrer Einweisung den Wasserplatz noch nicht gesehen und nahmen die Sache daher nicht tragisch. Der Anblick des Flusses war dann aber doch ein Schock. »Anfangs dachten wir alle, der Major macht einen Witz«, erinnert sich Leutnant Holabird, »denn es klang alles ganz phantastisch.« Sergeant Finkbeiner, der zur ersten Welle eingeteilt war, meinte: »Unsere Chancen waren nicht schlecht wegen des künstlichen Nebels«, während Hauptmann Burriss, Chef der I-Kompanie, das Ganze rundheraus für Selbstmord hielt.

Darin stimmte der Geistliche vom Regiment 504, Pfarrer Kuehl, ihm zu. Dieser hätte im Normalfall nicht gerade die Angriffsspitze begleitet, bat aber diesmal um Erlaubnis dazu. »Nichts ist mir je so schwergefallen, als mich freiwillig dafür zu melden. Der Plan klang völlig irre, und ich meinte, falls unsere Soldaten mich je brauchen könnten, dann jetzt.« Hauptmann Keep, scherzhaft der Millionär genannt, weil er zu den Biddles aus Philadelphia gehörte, meinte: »Die Chancen standen ausgesprochen schlecht für uns. Achtzehn Monate lang hatten wir unentwegt teils Infanterie, teils Springer gespielt, hatten Brückenköpfe eingerichtet und waren in den Bergen herumgekraxelt. Aber eine Flußüberquerung – nun, das war denn doch etwas anderes. Das klang einfach unmöglich.«

Leutnant Carmichael berichtet, daß Cook versuchte, die Stimmung etwas aufzuheitern, indem er ankündigte, er wolle wie George Washington aufrecht stehend im ersten Boot übersetzen, den Arm von sich strecken und rufen ›Vorwärts, Männer! Vorwärts!‹ Hauptmann Kappel, Chef der H-Kompanie, hatte irgendwo gehört, daß es in Arnheim schlecht stand, und er machte sich Sorgen. »Ich wollte endlich in einen von diesen blöden Kähnen steigen und rüberfahren – ich hatte nämlich bei der 1. englischen Luftlandearmee einen guten Freund.« Übrigens meinte er, falls überhaupt jemand die Brücke dort halten könne, dann sei es Oberst Frost.

Um 14:00 Uhr war von den Booten immer noch nichts zu sehen, doch war es zu spät, die anfliegenden Jagdbomber zurückzupfeifen. Hinter der Uferböschung warteten ungesehen Cooks Fallschirmjäger und Vandeleurs Panzer. Die Jabos flogen Punkt 14:30 Uhr an, stürzten sich heulend auf die feindlichen Stellungen und feuerten dabei aus sämtlichen Rohren. Zehn Minuten später – Vandeleurs Panzer rückten gerade in ihre Feuerstellungen ein – kamen die Lastwagen mit den Booten, und Cooks Männer durften einen ersten Blick auf die gebrechlichen Schiffchen werfen.

Sie waren etwa sechs Meter lang und hatten Böden aus verstärktem Sperrholz. Die Seiten bestanden aus gummiertem Segeltuch und maßen vom Boden bis zum Waschbord etwa 80 cm. Zu jedem Boot gehörten acht 120 cm lange Paddel, doch waren in mehreren Booten nur jeweils zwei. Man würde also mit den Gewehrkolben paddeln müssen.

Die Pioniere begannen sogleich mit dem Zusammenbau, die den einzelnen Booten zugeteilten Fallschirmjäger beluden sie mit ihrem Gerät und machten sich bereit, sie im Laufschritt ans Ufer zu bringen. Schließlich war es soweit; noch bevor die Panzerkanonen das ohrenbetäubende Bombardement des Nordufers beendeten, waren die 26 Boote zusammengesetzt. »Jemand brüllte: ›Los!‹, wir packten die Boote und rannten damit zum Wasser«, erinnert sich Leutnant Mulloy. Granaten der eigenen Artillerie zogen jaulend über ihre Köpfe weg, und vor ihnen ballerten die Panzer. Künstlicher Nebel zog »ziemlich dicht«, wie Mulloy meint, in Schwaden über den Fluß. Der Angriff begann.

Als die erste, aus etwa 260 Männern der Kompanien I und H sowie aus Teilen der Stabskompanie und Pionieren bestehende Welle zu Wasser gehen wollte, schien sich das Unternehmen zur Katastrophe zu entwickeln. Boote, die in zu flaches Wasser gesetzt wurden, bewegten sich nicht vom Fleck. Man zerrte sie in tieferes Wasser und kletterte dann hinein, wobei einige Boote kenterten. Andere gerieten überraschend in die Strömung und wurden abgetrieben, wieder andere waren überladen und sackten einfach weg. Paddel gingen verloren, Männer fielen über Bord. Hauptmann Kappel sah bloß »eine gigantische Konfusion«. Sein Boot begann zu sinken. »Soldat Legacie war schon im Wasser und im Begriffe zu ertrinken. Ich sprang ihm nach und war überrascht von der Stärke der Strömung. Ich konnte ihn gerade noch packen, aber als ich ihn am Ufer hatte, war ich völlig erschöpft und unheimlich alt.« Er stieg aber in ein anderes Boot und machte einen neuen Versuch. Leutnant MacLeods Boot lag so tief im Wasser, daß er meinte, es müsse gleich sinken. »Wir paddelten wie die Irren und ganz in unserer Nähe brüllte Cook unentwegt: ›Weiter! Weiter!‹«

Als guter Katholik betete der Major zwischendurch laut. Dann eröffneten die Deutschen das Feuer, und zwar ein so intensives und konzentriertes Feuer, daß Leutnant Mulloy fand: »Es war schlimmer als Anzio. Vor allem von dem Deich vor uns und von der Eisenbahnbrücke bekamen wir MG- und Werferfeuer. Ich kam mir vor wie eine Lockente.« Pastor Kuehl wurde vor Angst übel. Dem Mann, der vor ihm saß, wurde der Kopf abgerissen, und der Pastor betete unablässig.

Oberst Vandeleur sowie die Generäle Browning und Horrocks schauten düster schweigend vom Kraftwerk aus zu. »Es war ein gräßlicher Anblick«, meinte Vandeleur später. »Boote wurden förmlich vom Wasser gepustet, Granaten wirbelten Fontänen hoch, und die Infanteriegeschosse prasselten so dicht ins Wasser, daß man denken konnte, es koche.« Die Männer in den Booten krochen in sich zusammen. Leutnant Holabird stierte auf die Bootswand aus

Segeltuch und kam sich »völlig wehrlos und ausgesetzt vor, sogar mein Helm fühlte sich nicht größer an als eine Pudelmütze«.

Granatsplitter rissen die Boote auf. Die Hälfte des Zuges von Leutnant Megellas versank spurlos. Überlebende gab es nicht. Leutnant McLain sah, wie zwei Boote zerrissen und die Besatzungen ins Wasser geschleudert wurden. Hauptmann Burriss fand, die Kugeln »kamen dicht wie Hagelkörner, und der Steuermann in meinem Boot sagte plötzlich: ›Nehmen Sie das Ruder, ich bin verwundet.‹« Sein Handgelenk war zerschmettert, und als Burriss sich über ihn beugte, bekam er einen Kopfschuß. Burriss selbst wurde von Splittern getroffen. Der Steuermann war über die Seite gefallen, hing aber mit einem Bein unter dem Waschbord fest und wirkte als Ruder – das Boot drehte sich im Kreis. Burriss warf den Toten ganz ins Wasser. Unterdessen waren noch zwei Männer in diesem Boot tödlich getroffen worden.

Frischer Wind hatte derweil die Nebelwand weggeblasen, und die deutschen Richtschützen konnten sich jedes Boot einzeln vornehmen. Sergeant Fuller bemerkte, daß einige Besatzungen, in dem begreiflichen Wunsch, möglichst schnell hinüberzukommen, wie die Wahnsinnigen paddelten, aber gegeneinander; sie drehten sich im Kreis und wurden leichte Opfer der Verteidiger. Fuller selbst »hatte solche Angst, daß ich wie gelähmt war«. In der Mitte des Flusses wurde Soldat Tremble plötzlich zu Boden geworfen – sein Boot hatte einen Volltreffer erhalten. Tremble war im Gesicht, an der Schulter, am rechten Arm und linken Bein verwundet und glaubte, er müsse verbluten. Sein Boot trieb langsam zurück ans Südufer, wo er lebend geborgen wurde; alle anderen waren tot.

Vandeleur sah vom Kraftwerk her, »daß die künstliche Nebelwand jetzt mächtige Löcher aufwies«. Seine Panzer schossen seit zehn Minuten Rauchgranaten und jetzt ging ihnen die Munition aus. »Ich weiß noch, daß ich bei mir dachte, wenn sich diese Amerikaner doch nur beeilen würden! Es war offensichtlich, daß die jungen Fallschirmjäger keine Ahnung von der Handhabung solcher Boote hatten, die übrigens nicht leicht zu manövrieren sind. Sie fuhren den wildesten Zickzackkurs.«

Nun aber kam die erste Welle am Nordufer an. Was noch am Leben war, sprang schießend aus den Booten und lief über das deckungslose Schwemmland auf den Deich zu. Sergeant Fuller, vor Minuten noch vor Angst gelähmt, war so glücklich, am Leben zu sein, »daß ich geradezu übermütig wurde. Anstelle meiner Angst war Verwegenheit getreten, und mir war, als könnte ich die ganze Wehrmacht zusammenschlagen.« Vandeleur sah, »wie ein oder zwei Boote ans Ufer kamen, gleich darauf noch drei oder vier. Ohne auch nur eine Sekunde zu zögern, sprangen die Männer hinaus und liefen auf den Deich zu. Das war ein toller Anblick! Sie gingen einfach über dieses offene Schwemmland vor und keiner warf sich hin, es sei denn, er war getroffen. Von den Booten war höchstens die Hälfte hinübergelangt, aber zu meiner Verblüffung machten sie nun kehrt, um die zweite Welle zu holen.« General Browning bemerkte zu General Horrocks, eine so kühne Aktion habe er noch nie gesehen. Major Cook konnte es gar nicht abwarten, daß sein Boot ans Ufer kam. Plötzlich sah er neben sich im Wasser eine merkwürdige Erscheinung. »Es sah aus wie eine große Luftblase, die sich aufs Ufer hin bewegte, und ich traute meinen Augen nicht, als plötzlich ein Stahlhelm aus dem Wasser auftauchte. Es war ein MG-Schütze namens Jedlicka. Er hatte Munitionsgurte um den Hals gehängt und in jeder Hand einen Kasten.« Jedlicka war weiter vom Ufer entfernt ins Wasser gefallen, hatte die Luft angehalten und war zu Fuß weitergegangen.

Am Ufer waren bereits Sanitäter an der Arbeit, und als Leutnant MacLeod die Rückfahrt antrat, sah er, daß neben die Gefallenen Gewehre in den Boden gerammt worden waren.

Kurz nach 16:00 Uhr erreichte Brigadeführer Harmel auf seinem Gefechtsstand in Doornenburg eine alarmierende Meldung. »Gegenüber von Fort Hof Van Holland wird der Fluß eingenebelt.« Harmel fuhr so schnell es ging mit kleiner Begleitung nach der Ortschaft Lent auf dem Nordufer des Waal, etwa anderthalb Kilometer von der Straßenbrücke entfernt. Der künstliche Nebel konnte nur bedeuten, daß der Feind versuchte, den Waal in Booten zu überqueren. Daran vermochte Harmel aber nicht recht zu glauben, denn alles sprach gegen eine solche Operation: die Breite des Flusses, die Stärke der Abwehr, Eulings optimistischer Bericht vom Vormittag und seine eigene Einschätzung der Feindstärke in Nimwegen. Er wollte sich aber selbst überzeugen. »Ich hatte keine Lust, verhaftet und erschossen zu werden, weil dem Feind die Brücken in die Hand fielen, denn es war mir ganz egal, was Model dazu meinte.«

Major Cook wußte, daß er fürchterliche Verluste erlitten hatte, doch war jetzt nicht der Augenblick, sie zu zählen. Seine Kompanien waren weit verstreut am Ufer gelandet, die Einheiten durcheinandergeraten und jetzt nicht auszusortieren. Das freie Schwemmland lag unter deutschem MG-Feuer, doch seine Soldaten ließen sich davon nicht aufhalten, sondern liefen zu zweit und zu dritt dem Deich zu. »Wer stehenblieb, wurde durchlöchert.« Mit Handgranaten, Bajonetten und automatischen Gewehren warfen sie die Deutschen aus ihrer Stellung. Sergeant Finkbeiner glaubt, er sei einer der ersten auf der Deichkrone gewesen. »Ich hob den Kopf hoch und guckte direkt in die Mündung eines Maschinengewehrs. Ich zog den Kopf wieder zurück, das Mündungsfeuer riß mir aber den Helm vom Kopf.« Finkbeiner warf eine Handgranate, hörte die Explosion und jemand schreien, dann zog er sich auf den Damm hinauf und nahm sich das nächste MG-Nest vor.

Hauptmann Burriss hatte keine Zeit, über die Granatsplitter in seiner Hüfte nachzudenken. Als er endlich an Land war, »mußte ich mich gleich übergeben, weil ich so glücklich war, noch am Leben zu sein«. Er brüllte seinen Leuten zu, die rechte und linke Flanke durch je ein MG zu sichern, und rannte auf den Deich los. Oben angelangt, erblickte Burriss mehrere Häuser gleich hinterm Deich. Er trat eine Tür ein und sah zu seiner Überraschung »mehrere Deutsche, die hier offenbar unseren Angriff verschlafen hatten und von nichts wußten«. Burriss warf eine Handgranate und machte die Tür schnell wieder zu.

Manche der Männer in der ersten Welle erinnern sich überhaupt nicht mehr, wie sie vom Ufer wegkamen. Corporal Bommer, ein Funker, der mit Gerät schwer bepackt war, dachte nur daran, nach Möglichkeit zu überleben. Er wußte, daß er den Deich erreichen und dort weitere Befehle abwarten sollte. Oben angelangt, »sah ich überall Leichen, und die Deutschen – manche keine 15 Jahre alt und andere weit über 60 –, die uns eben in unseren Booten noch zusammengeschossen hatten, wollten sich nun gerne ergeben.« Daraus wurde aber nichts, Gefangene wurden so gut wie keine gemacht. Bommer erinnert sich: »Eine ganze Menge wurde aus nächster Nähe erschossen.«

Die Männer der ersten Welle, die bei ihrer verwegenen Flußüberquerung viele Tote und Verwundete am Ufer zurückgelassen hatten, brauchten weniger als eine halbe Stunde dazu, den Feind aus der Deichstellung zu vertreiben. Es wurden zwar nicht alle Löcher ausgeräuchert, doch konnten die Neuankömmlinge in deutschen MG-Stellungen den Feuerschutz für die nachfolgenden Wellen übernehmen. Beim zweiten Übersetzen gingen nur noch zwei Boote verloren. Die erschöpften Pioniere machten mit den elf übriggebliebenen Booten unter heftigem Artilleriefeuer die Fahrt über den Waal noch weitere fünfmal. Jetzt kam es darauf an, schnell zu sein. Das Bataillon Cook mußte die nördlichen Zugänge zu den Brücken in die Hand bekommen, ehe die Deutschen begriffen, was geschah, und, wichtiger noch, ehe sie die Brücken sprengten.

Der Deich war jetzt genommen, und die Deutschen wichen auf rückwärtige Stellungen zurück. Die Amerikaner setzten ihnen unerbittlich zu. Hauptmann Keep erinnert sich: »Die Reste des Bataillons waren vor Wut außer sich, vorübergehend war alle Angst vergessen. Sie waren wie im Rausch, und ich habe eine solche Verwandlung nie zuvor an Menschen beobachtet. Der Anblick war nicht sehr angenehm, man konnte es mit der Angst bekommen.« Einzeln und in Gruppen gingen die Fallschirmjäger, die eben noch wehrlos in ihren Booten gesessen und zugesehen hatten, wie ringsum ihre Kameraden verwundet und getötet worden waren, mit Handgranaten, Maschinenpistolen und Bajonetten gegen den zahlenmäßig überlegenen Feind vor, ohne auch nur einen Augenblick stehenzubleiben oder sich zu formieren. Hinter dem Deich brachen sie durch Gärten, über Felder und zwischen Häusern vor, immer unter dem Feuer von Maschinengewehren und Flak aus dem Fort Hof Van Holland unmittelbar vor ihnen. Einige Gruppen bogen auf der Straße am Fuße des Deiches, die zu den Brücken führte nach Osten ein, andere stürmten das Fort, ohne auf das deutsche Abwehrfeuer zu achten. Pioniere durchschwammen den Graben der Festung und kletterten, mit Handgranaten behängt, die Mauern empor. Sergeant Richmond näherte sich unter Wasser schwimmend dem Posten auf der Brücke, machte ihn nieder und führte seine Leute hinüber. »Einige kletterten auf das Dach der Festung. Man warf ihnen Handgranaten zu, die sie in die Ventilationsschächte fallen ließen«, erinnert sich Leutnant Carmichael. Die Verteidiger kapitulierten schnell.

Unterdessen eilten die Kompanien I und H zu den Brücken. Die Eisenbahnbrücke wurde so hartnäckig verteidigt, daß es aussah, als würde die H-Kompanie zum Stehen gebracht[23], doch dank des unaufhörlichen Drucks englischer und amerikanischer Kräfte am Südzugang und in Nimwegen selbst, brach der Widerstand des Feindes schlagartig zusammen. Hauptmann Kappel bemerkte zu seinem Erstaunen: »Die Deutschen kamen plötzlich in Scharen über die Brücke und liefen direkt in die Gewehre der Amerikaner.« Aus seinem Panzer am anderen Ufer sah Leutnant Gorman »Hunderte von Deutschen, die völlig kopflos über die Brücke rannten, und zwar genau auf die Amerikaner zu«. Am Nordufer sah man sie bereits kommen, sah, daß sie ihre Waffen wegwarfen und so schnell

[23] Angeblich soll am Nordende der Eisenbahnbrücke eine amerikanische Flagge gehißt worden sein, die von englischen Panzerbesatzungen dann fälschlich für am Ende der Straßenbrücke befestigt gehalten worden sein soll, woraufhin sie angenommen hätten, die Amerikaner seien bereits im Besitz der Brücke. Das mag stimmen, doch habe ich bei zahllosen Interviews nirgends eine Bestätigung dafür erhalten. Überdies habe ich zu Fuß die ganze Gegend inspiziert, und es scheint mir so gut wie ausgeschlossen, daß jemand, der über die Straßenbrücke schaut, eine anderthalb Kilometer weiter westlich wehende Flagge für am jenseitigen Brückenende befestigt halten kann.

wie möglich das Nordufer zu erreichen suchten. »Sie kamen in hellen Scharen auf uns los«, erinnert sich Leutnant La Riviere, »und wir ließen sie kommen, so etwa zwei Drittel der Strecke.« Dann eröffneten die Amerikaner das Feuer.

Ein Hagel von Geschossen traf die Flüchtenden; sie fielen in großer Menge, manche blieben im Brückengestänge hängen, die meisten fielen ins Wasser. Man zählte 260 Tote, viele wurden verwundet und noch mehr gefangengenommen. Zwei Stunden nach Beginn des Angriffes war die erste Brücke erobert. Major Tyler von der Irischen Garde sah jemanden winken. »Ich hatte so konzentriert auf die Eisenbahnbrücke gestarrt, daß es für mich gar keine andere Brücke mehr gab. Ans Bataillon gab ich die Meldung durch: wir sind an der Brücke, wir haben die Brücke.«

Diese Meldung wurde um 17:00 Uhr von Hauptmann Heywood von den Gardegrenadieren aufgenommen, der damit nichts anfangen konnte. Welche Brücke war gemeint? Die Grenadiere kämpften immer noch unter Oberst Goulburn zusammen mit den Truppen von Oberst Vandervoort am Valkhof, wo Eulings SS-Grenadiere ihnen den Zugang zur Straßenbrücke verwehrten. Falls mit dem Funkspruch die Straßenbrücke gemeint war, so verstand Heywood einfach nicht, »wie jemand da rübergekommen sein sollte«.

Die Eisenbahnbrücke war heil in die Hände der Anglo-Amerikaner gefallen, es waren aber immer noch Deutsche darauf, entweder entschlossen, bis zur letzten Patrone zu kämpfen oder zu ängstlich, um aus der Deckung hervorzukommen. Die Amerikaner hatten den Nordzugang nach Sprengladungen abgesucht, aber nichts gefunden. Trotzdem bestand die Möglichkeit, daß die Brücke zur Sprengung vorbereitet war, deshalb ersuchte Hauptmann Kappel den Bataillonskommandeur Cook, so schnell als möglich englische Panzer über die Brücke zu bringen. Falls sie Panzer zur Unterstützung hätten, glaubten er und Hauptmann Burriss von der I-Kompanie imstande zu sein, den Haupttreffer zu landen, nämlich die einen guten Kilometer ostwärts gelegene Straßenbrücke zu nehmen. Nun erschien Oberst Tucker, um ihnen zu sagen, daß die Anforderung nach Panzern weitergegeben worden sei, daß man aber damit rechne, daß die Deutschen jeden Moment beide Brücken sprengen könnten. Daraufhin machte das Bataillon Cook sich unverzüglich nach der Straßenbrücke auf den Weg.

Brigadeführer Harmel konnte nicht erkennen, was vorging. Das Fernglas vor den Augen, stand er auf dem Dach eines Bunkers in der Nähe von Lent, einen guten Kilometer von der Nimwegener Straßenbrücke entfernt. Rechter Hand sah er Rauch und Dunst und vernahm von dort her auch Gefechtslärm. Niemand konnte ihm aber sagen, was dort wirklich vorging, ausgenommen, daß es sich um eine Flußüberquerung handelte. Die Straßenbrücke hatte er deutlich im Glas, und auf der war nichts zu sehen. »Dann kamen die ersten Verwundeten und mit ihnen widersprüchliche Berichte. Angeblich waren die Amerikaner am Nordufer gelandet, aber die Berichte waren übertrieben, und ich konnte nicht erfahren, ob sie mit 100 Booten übergesetzt hatten oder mit zehn. Ich überlegte, was zu tun sei, und ließ mir von den Pionieren noch einmal bestätigen, daß die Brücken jederzeit gesprengt werden könnten, und zwar die Eisenbahnbrücke an Ort und Stelle, während die Zündmaschine für die Ladungen an der Straßenbrücke nahe einem Bunker in Lent plaziert war. Dort stand ständig jemand und wartete auf den Befehl, die Zündung vorzunehmen.« Danach bekam er die erste verläßliche Meldung: es waren nur wenige Boote über den Fluß gekommen und das Gefecht noch im Gange. Ein Blick durchs Fernglas zeigte ihm, daß die Straßenbrücke immer noch verlassen dalag, »und obwohl der Instinkt mir sagte, ich sollte diese elende Brücke endlich in die Luft jagen, wollte ich das doch erst tun, wenn feststand, daß sie verloren war. Falls sie gesprengt werden mußte, dann sollten auch ein paar englische Panzer mit in die Luft gehen.«

Unweit des Südzuganges zur Straßenbrücke, im Hunerpark und am Valkhof, kämpften die SS-Panzergrenadiere um ihr Leben. Engländer und Amerikaner griffen methodisch an. Granatwerfer und Artillerie von Oberst Vandervoorts 2. Bataillon des Regimentes 505 deckten die deutsche Stellung zu, während seine Männer Haus um Haus vorgingen. Die Panzer von Oberst Goulburns Gardegrenadieren trieben die Deutschen mit dem Feuer ihrer MG und ihrer Kanonen immer enger zusammen.

Die Deutschen wehrten sich verbissen. Sergeant Wurst, ein Neunzehnjähriger, der schon in Nordafrika zur 82. Division gehört hatte, meint: »Ich war noch nie in so dichtem Feuer gewesen. Wenn man die Hand ausstreckte, hätte man jede Menge Geschosse einfangen können.« Er lag auf dem Dach eines Hauses etwa 25 Meter vom Valkhof entfernt, von wo er die deutsche Stellung einsehen konnte. »Der ganze Park war voller Schützenlöcher, und den Mittelpunkt der Handlung bildete dieser altertümliche Turm. Unsere Leute gingen von rechts und von links auf den Verkehrskreisel los. Sie waren so wild darauf, an die Brücke zu kommen, daß manche die Deutschen buchstäblich aus den Löchern zerrten.« Sein eigener Gewehrlauf war so heiß, daß das Fett im Gewehrschaft zu schmelzen begann.

Zu seiner Verblüffung sah er Oberst Vandervoort »eine Zigarre rauchend über die Straße gehen. Er kam auf mein Haus zu, schaute hinauf und sagte zu mir: ›Sergeant, sehen Sie mal zu, ob Sie den

Panzer da nicht wegschaffen können‹, dabei deutete er auf den Eingang zum Park, wo ein englischer Panzer mit geschlossener Luke stand.« Wurst rannte hin, klopfte mit dem Helm an die Panzerung, bis die Luke aufklappte, und sagte: »Sie sollen hier verschwinden, ich zeige Ihnen, wohin Sie schießen können!« Dann ging er neben dem Panzer her und deutete auf die Ziele. Unter dem zunehmend heftigeren Feuer der Angreifer brach die Riegelstellung auseinander. Die Panzerabwehrkanonen, die bisher jeden Angriff aufgehalten hatten, waren zerstört worden, und schließlich feuerten nur noch vier Sturmgeschütze, die im Mittelpunkt des Verkehrskreisels eingegraben waren. Kurz nach 16:00 Uhr wurden aber auch diese von Panzern und Infanterie zum Schweigen gebracht. Vandervoorts Männer gingen mit Bajonetten und Handgranaten gegen den Park vor, unterstützt von Goulburns Panzern. Die Deutschen flüchteten. Einige suchten Schutz im Brückengestänge. Der Angriff war geglückt. »Sie hatten es uns wirklich schwer gemacht«, sagte Wurst. »Sie liefen direkt an uns vorbei, auf die Brücke zu, manche bogen auch nach Osten ab. Das war ein schöner Anblick.«

General Adair, der die Gardepanzer kommandierte und die Operationen von einem nahegelegenen Haus aus leitete, »fürchtete jeden Augenblick eine Detonation zu hören, die mir sagen würde, daß die Deutschen die Brücke gesprengt hatten«. Er hörte aber nichts, vielmehr lag die Brücke frei und heil vor den Angreifern.

Sergeant Robinson hatte mit seiner Staffel von vier Panzern genau auf diesen Moment gewartet und setzte sich nun in Marsch auf die Brücke. Dieser 29 Jahre alte Veteran von Dünkirchen hatte Stunden zuvor von seinem Kommandeur Major Trotter Befehl bekommen, sich für einen Vorstoß auf die Brücke bereit zu halten. »Was passieren wird, wenn Sie auf die Brücke kommen, weiß niemand, aber genommen werden muß sie unbedingt. Bleiben Sie also nicht stehen, einerlei, was passiert. Im übrigen weiß ich ja, wo Ihre Frau wohnt, und falls Ihnen was zustößt, sage ich ihr Bescheid.« Das fand Robinson nicht komisch. »Sie scheinen ja in blendender Laune zu sein, Sir«, sagte er. Jetzt stieg er in seinen Panzer und fuhr Richtung Brücke.

Die vier Panzer bogen am Verkehrskreisel rechts ab in den Hunerpark. Robinson hatte den Eindruck, »daß die ganze Stadt brannte. Rechts und links standen Häuser in Flammen. Die Brücke war in Rauchwolken gehüllt und wirkte unheimlich groß.« Robinson unterhielt ständig Funkverbindung zum Divisionsstab, »alle anderen hatten Funkstille. Kurz vor der Brücke kamen wir unter schweres Feuer, es gab eine Explosion, und eines der Führungsräder meiner rechten Raupenkette war getroffen. Der Panzer konnte zwar noch fahren, aber das Funkgerät war hin und ich hatte keine Verbindung mehr zum Stab.« Robinson ließ seinen Panzer ganz an den Rand der Straße fahren, stieg aus, ging zu dem Panzer, der ihm folgte, und befahl dessen Kommandanten auszusteigen. Der wollte nicht, doch Robinson brüllte ihn an, er solle gefälligst aussteigen und mit dem beschädigten Panzer nachkommen. Unterdessen war der dritte Panzer an diesen beiden vorbeigefahren und führte zur Brücke hin. Alle vier Panzer kamen nun in das Feuer »einer 8,8-Flak auf dem anderen Ufer, die neben ein paar brennenden Häusern stand, und von einem noch weiter entfernten Sturmgeschütz«.

Oberst Vandervoort sah dem Duell zu. »Es war sehenswert. Die 8,8 stand ungefähr 100 Meter vom Nordzugang entfernt am Straßenrand hinter Sandsäcken. Der vorderste Panzer und die Flak wechselten je vier Schüsse, wobei der Panzer unentwegt aus einem MG Leuchtspurmunition verschoß. In der einfallenden Dämmerung war das ein schönes Schauspiel.« Dann erhielt die Flak einen Volltreffer. Robinsons Panzer setzten die Fahrt über die Brücke fort und erreichten die Brückenmitte.

Ziehender Qualm und abnehmendes Licht machten es schwer zu erkennen, was an der Straßenbrücke vorging, und Brigadeführer Harmel schaute angestrengt durch sein Fernglas. Überall krachten Abschüsse. Deutsche Truppen gingen durch die Ortschaft Lent auf andere Stellungen zurück. Harmels schlimmste Befürchtungen hatten sich bewahrheitet: Entgegen allen Erwartungen war den Amerikanern ihre verwegene Flußüberquerung gelungen. Der Optimismus von Hauptsturmführer Euling in Nimwegen hatte sich als unbegründet erwiesen. Seine letzte Meldung besagte, daß er mit nur noch 60 Mann eingeschlossen sei. Die Brücken waren also ohne Zweifel verloren. Harmel wußte nicht, ob die Eisenbahnbrükke gesprengt worden war, und wenn er die Straßenbrücke zerstören wollte, mußte das unverzüglich geschehen.

»Nichts war jetzt so dringend wie die Brücken. Ich hatte mich eigens mit Bittrich in Verbindung gesetzt, um ihm zu sagen, daß ich die Straßenbrücke jetzt sprengen würde, denn ich nahm an, daß Bittrich den Befehl gegeben hatte, die Sprengungen vorzubereiten. Er an meiner Stelle hätte trotz des Befehls von Model die Brücke bestimmt ebenfalls gesprengt, und nach meiner Ansicht konnte gar kein Zweifel bestehen, daß Models Weisung nicht mehr gültig war.« Jedenfalls erwartete er von einer Minute zur nächsten Panzer auf der Straßenbrücke erscheinen zu sehen.

Harmel stand neben dem Pionier an der Zündmaschine und beobachtete die Brücke. Anfangs war nichts zu erblicken, dann jedoch sah er einen einzelnen Panzer nahe der Brückenmitte, danach einen zweiten. Als noch zwei Panzer erschienen, gab Harmel den Sprengbefehl. Der Pionier stieß den Hebel abwärts, doch geschah nichts. Die englischen Panzer rollten weiter. Harmel brüllte: »Noch mal!« Der Pionier stieß nochmals den Hebel nach unten, doch wieder erfolgten die mächtigen Explosionen nicht, auf die Harmel wartete. »Ich dachte, die Brücke würde zusammenbrechen und die Panzer würden in den Fluß fallen, statt dessen fuhren sie einfach weiter, kamen immer näher und wurden immer größer. Ich rief meinem Stab zu: Noch zwei Minuten, dann sind sie hier! Ich befahl alle verfügbaren Geschütze an die Straßen zwischen Elst und Lent, um zu verhindern, daß die Panzer gleich bis Arnheim durchführen.« Zu seinem Kummer wurde ihm nun gemeldet, daß auch die Eisenbahnbrücke intakt war. Er ließ sich mit seinem Operationsoffizier verbinden und sagte: »Sie können Bittrich bestellen, daß der Feind den Waal überschritten hat.«[24]

Die vier Panzer von Sergeant Robinson hielten sich nicht auf. Eine weitere 8,8 cm war außer Gefecht gesetzt worden und vor Robinson kam nun eine Straßensperre in Sicht, deren dicke Betonklötze eine Lücke von nicht mehr als drei Metern Breite ließen. Robinson sah, daß der vorderste Panzer durchfuhr und dahinter stehenblieb. Er fuhr vorbei und übernahm wieder die Spitze. »Die Sicht war schlecht. Ich brüllte unentwegt, teils zum Richtschützen, teils zum Fahrer und auch gleich noch in mein Funkgerät. Es war ein fürchterlicher Lärm, im Brückengestänge jaulten unaufhörlich Querschläger.« Mehrere hundert Meter vor sich sah er rechts der Straße wieder eine Flak und ließ sie von seinem Kanonier kaputtschießen. Die zu ihrem Schutz eingesetzte Infanterie lief weg, und

[24] Hier wird zum erstenmal über den deutschen Versuch berichtet, die Straßenbrücke von Nimwegen zu zerstören. Harmel hatte bis dahin keine eigene Darstellung gegeben. Daß die Sprengladungen nicht hochgingen, ist bis heute nicht erklärt. In Holland nehmen viele Leute an, die Sprengung der Brücke sei durch den jungen Widerständler Jan van Hoof verhindert worden, der am 19. vom holländischen Verbindungsoffizier bei der 82. Division als Lotse für die Fallschirmjäger nach Nimwegen geschickt worden war. Angeblich ist es ihm gelungen, durch die deutschen Posten an die Brücke zu kommen und die Zündkabel zu zerschneiden. Möglich ist es. Eine holländische Untersuchungskommission kam 1949 zu dem Ergebnis, daß van Hoof wohl einige dieser Kabel durchgeschnitten habe, daß dadurch allein die Brücke aber nicht gerettet wurde. Sprengladungen und Kabel waren auf dem nördlichen Brückenteil ausgelegt, und die Skeptiker meinen, van Hoof habe dort unmöglich unerkannt hingelangen können. Der Streit ist noch nicht beigelegt. Die Anhaltspunkte sprechen gegen van Hoof, ich persönlich möchte aber gerne glauben, daß der junge Mensch, der für seine Beteiligung am Widerstand von den Deutschen erschossen wurde, die Brücke gerettet hat.

sein MG-Schütze eröffnete das Feuer. »Es war ein richtiges Massaker. Ich brauchte gar nicht durchs Teleskop zu gucken, es waren so viele, daß ich nur den Abzug zu ziehen brauchte. Man fühlte richtig, wie der Panzer über die Leichen wegfuhr, die auf der Straße lagen.«

Robinson sah aus der Luke, daß die anderen drei Panzer ihm unbeschädigt folgten, und forderte sie über Funk auf, Tempo zuzulegen. Die Panzer befanden sich jetzt kurz vor der nördlichen Brückenzufahrt. Nun feuerte ein zweites Sturmgeschütz. »Vor uns krachte es zweimal laut, der Helm wurde mir abgerissen, sonst passierte aber nichts weiter.« Robinson feuerte vier Granaten, das Sturmgeschütz und ein Haus in der Nähe gerieten in Brand und es wurde taghell in der Gegend. Ehe er es noch richtig merkte, waren alle seine Panzer über die Brücke.

Er ließ das Feuer einstellen, und als der Staub sich verzogen hatte, sah er im Straßengraben mehrere Menschen. Anfangs hielt er sie für Deutsche, »dann erkannte ich aber an den Helmen, daß es Amerikaner waren. Sie schwärmten wie die Heuschrecken über die Panzer, umarmten und küßten mich.« Hauptmann Burriss, der immer noch in nassen Kleidern steckte und von seiner Verwundung blutete, sagte zu Robinson: »So was Schönes wie euch habe ich schon seit Jahren nicht mehr gesehen.« Die große Bogenbrücke von Nimwegen, mit ihren Zufahrten rund anderthalb Kilometer lang, war den Anglo-Amerikanern heil in die Hände gefallen. Es war jetzt 19:15 Uhr am 20. September und Arnheim noch 17 Kilometer entfernt.

Leutnant Jones von den Pionieren, den General Horrocks später den Tapfersten der Tapferen nannte, war Robinsons Panzern auf die Brücke gefolgt. Er hielt so aufmerksam nach Sprengladungen Ausschau, daß er gar nicht merkte, wie er von den noch im Brückengestänge befindlichen Deutschen beschossen wurde. »Ich glaube, ich habe keinen von denen gesehen. In der Nähe der Straßensperre auf der Brückenmitte fand ich sechs oder acht Drähte, die über das Geländer heraufkamen und auf dem Fußweg verlegt waren.« Jones schnitt diese Drähte durch. Nahebei fand er ein Dutzend Tellerminen appetitlich in einem kleinen Graben aufgeschichtet. »Mit denen sollte wahrscheinlich die Lücke in der Sperre ausgelegt werden, dazu hatten die Deutschen aber keine Zeit mehr.« Jones schraubte die Zünder heraus und warf sie ins Wasser. Am Nordende der Brücke entdeckte er in einem der Brückenlager die Hauptladungen. »Die Deutschen hatten sich da was Schönes ausgedacht. Die Sprengstoffbehälter waren ebenso grün angestrichen wie die Brücke und paßten genau in die Gestängeteile. Jeder hatte eine Nummer und insgesamt enthielten sie etwa 200 Kilo

TNT.« Gezündet werden sollte elektrisch, die Zünder waren noch in den Ladungen und diese waren verbunden mit den Drähten, welche Jones eben erst zerschnitten hatte. Warum die Deutschen die Brücke nicht mehr gesprengt hatten, konnte er nicht verstehen, es sei denn, der rasche Vorstoß der Anglo-Amerikaner hatte sie daran gehindert. Nachdem die Zünder nun entfernt und die Drähte zerschnitten waren, konnte die Brücke gefahrlos benutzt werden.

Falls die Amerikaner jedoch erwarteten, daß die englischen Panzerverbände nun sofort Richtung Arnheim marschieren würden, dann sahen sie sich getäuscht. Die Amerikaner hatten nichts anderes im Sinn, als die Verbindung zur 1. englischen Luftlandedivision in der Spitze des Korridors herzustellen, denn sie als Fallschirmjäger fühlten sich den bei Arnheim kämpfenden Kameraden ganz besonders verbunden. Das Bataillon Cook hatte beim Übergang über den Waal mehr als 134 Tote, Verwundete und Vermißte zu beklagen, den Auftrag, die Brücke vom Norden her zugänglich zu machen, aber ausgeführt. Jetzt brachten die Offiziere den Rest ihrer Leute um den nördlichen Brückenzugang herum in Stellung und warteten darauf, die englischen Panzer vorbeisausen und ihren eigenen Fallschirmjägern bei Arnheim zu Hilfe kommen zu sehen. Statt dessen geschah auf der Brücke überhaupt nichts. Cook verstand die Welt nicht mehr, er hatte fest darauf gerechnet, die englischen Panzer noch vor Einbruch der Dunkelheit »wie die Wilden« auf Arnheim vorstoßen zu sehen.

Hauptmann Kappel, Chef der H-Kompanie, der »irgendwo da vorne« einen Freund hatte, war gereizt. Auch seine Leute hatten am Nordzugang der Brücke Drähte gefunden und zerschnitten und er zweifelte nicht daran, daß die Brücke sicher sei. Zusammen mit Leutnant La Riviere beobachtete er die leere Fahrbahn und sagte schließlich: »Sie sollten vielleicht mal rübergehen und die Engländer am Händchen über die Brücke führen.«

Leutnant Murphy sagte zu Sergeant Robinson vom Bataillon Cook: »Die Straße ist jetzt auf einen halben Kilometer frei, nun macht endlich, daß ihr nach Arnheim kommt!« Robinson wäre gerne gefahren, sein Befehl jedoch lautete, »die Straße am Ende der Brücke um jeden Preis zu halten«. Einen Marschbefehl hatte er nicht.

Oberst Tucker, der Kommandeur des Regimentes 504 ärgerte sich schwarz darüber, daß die Engländer nicht von der Stelle wollten. Tucker hatte angenommen, eine besonders schnelle Panzerabteilung werde sofort nach der Wegnahme der Brücke Richtung Arnheim vorstoßen, »denn das war der richtige Augenblick, es mußte geschehen, bevor die Deutschen wieder zur Besinnung kamen. Wir hatten uns schier umgebracht, um diese Brücke zu kriegen, und jetzt mußten wir hilflos und wutschnaubend mit ansehen, wie die Engländer seelenruhig Quartier für die Nacht bezogen, anstatt die Lage auszunutzen. Wir begriffen das nicht. In der amerikanischen Armee wurde das nicht so gemacht, schon gar nicht, wenn es sich darum gehandelt hätte, unseren Kameraden zu Hilfe zu kommen, die keine 20 Kilometer entfernt gerade noch an den Fingernägeln über dem Abgrund hingen. Wir wären losgefahren, ohne anzuhalten, das jedenfalls hätte Patton gemacht, egal ob am Tage oder in der Nacht.«

Leutnant Demetras hörte, wie Tucker sich mit einem Major von den Gardepanzern stritt. »Ich glaube, da fiel eine schier unglaubliche Entscheidung. Ich hörte wie Tucker wütend sagte: ›Warum kommt ihr euren Leuten bei Arnheim nicht zu Hilfe? Macht euch endlich auf den Weg, das sind keine 20 Kilometer.‹ Der Major wiederum setzte dem Oberst auseinander, daß englische Panzer unter gar keinen Umständen vorzugehen in der Lage sind, wenn sie nicht von Infanterie begleitet werden.« Oberst Tucker meint dazu: »Die Kerle führten Krieg nach dem Lehrbuch. Sie waren nun einmal für die Nacht untergezogen und mußten erst mal Tee trinken.«

Zwar hatte sein Regiment nicht einmal mehr die halbe Kampfstärke und kaum noch Munition, doch erwog Tucker, es auf eigene Faust nach Arnheim zu schicken. Er sagte sich dann aber, daß General Gavin damit nicht einverstanden sein könnte. Die 82. US Luftlandedivision hatte entlang ihrem Abschnitt des Korridors so viel zu tun, daß sie keinen einzigen Mann abgeben konnte. Immerhin meinte auch Gavin, die Engländer hätten weiterfahren sollen. »General Browning, der Korpskommandant, war ein hervorragender Soldat, aber eben ein Theoretiker. Hätte Ridgway kommandiert, wären wir trotz aller Bedenken sofort Richtung Arnheim gerollt.«[25]

Obwohl die englischen Generäle – Browning, Horrocks, Dempsey und Adair – sich nach außen möglichst gleichmütig zeigten, wußten sie doch, wie dringend es war, vorwärts zu kommen. Immerhin bot das erhebliche Schwierigkeiten. Dem XXX. Korps fehlte es an Benzin und Munition, und Horrocks fürchtete, seine Verbände könnten jederzeit südlich von Nimwegen abgeschnitten werden. Auch in Nimwegen selbst wurde noch gekämpft, und die

25 Hierzu General Gavin: »Ich kann Ihnen nicht beschreiben, wie wütend meine Leute waren. Tucker war so außer sich, daß er kein Wort herausbrachte. Unsere Leute hatten einen einzigen Wunsch: ihre Kameraden in Arnheim herauszuhauen. Es war geradezu tragisch. Tucker wollte losfahren, das wußte ich, aber ich durfte es nicht zulassen. Ich hatte alle Hände voll zu tun, und meine Linienoffiziere wußten übrigens nicht, welche Schwierigkeiten die Engländer selbst hatten.«

43. Infanteriedivision von General Thomas hatte in diesem Augenblick noch nicht einmal die Brücke bei Grave, 13 Kilometer südlich von Nimwegen, erreicht. Thomas konnte mit den englischen Panzern nicht Schritt halten, denn er war genötigt, an mehreren Stellen deutsche Einbrüche in den Korridor zurückzuwerfen. General Browning war zwar etwas besorgt darüber, daß die Deutschen beiderseits des Korridors südlich von Nimwegen offenbar besonders hartnäckig angriffen, doch meinte er, General Thomas könne sich wohl doch etwas schneller bewegen. Horrocks war nicht dieser Meinung, ihm machten die unerhörten Verkehrsstauungen entlang der Straße großen Kummer, und zu General Gavin sagte er: »Man soll nie riskieren, ein ganzes Korps über eine einzige Straße versorgen zu wollen.«

Das Terrain, das Montgomery als schwierig erkannt hatte und das Model als seinen Verbündeten betrachtete, spielte bei den praktischen Überlegungen betreffend den weiteren Vormarsch eine große Rolle. General Adair, der Kommandeur der Gardepanzerdivision wußte sehr wohl, daß seine Panzer nun vor dem übelsten Teil des Korridors standen. Die Deichstraße zwischen Nimwegen und Arnheim sah aus wie eine Insel. »Als ich diese ›Insel‹ sah, rutschte mir das Herz in die Hosen«, erinnerte Adair sich später. »Etwas für Panzer Ungeeigneteres läßt sich überhaupt nicht vorstellen: zu beiden Seiten steile Böschungen samt Abzugsgräben, das Ganze vorzüglich von Artillerie zu bestreichen. Trotz aller Bedenken ließ es sich nicht umgehen, wenigstens einen Versuch zu machen. Wir hatten aber überhaupt keine Infanterie, und es lag auf der Hand, daß Infanterie vorausgeschickt werden müßte.« Auch Horrocks war zu dieser Einsicht gelangt. Die Panzer sollten warten, bis Infanterie herangeführt und vorgeschickt werden konnte. Folglich würden mindestens 18 Stunden vergehen, ehe der Panzervorstoß auf Arnheim beginnen konnte.

General Browning hoffte ebenso wie die Amerikaner auf einen schnellen Vorstoß im Korridor. Kaum war die Brücke von Nimwegen genommen, ließ er General Urquhart, von dem er glaubte, er habe den Nordzugang zur Arnheimer Brücke noch in der Hand, wissen, daß bei Nimwegen Panzer den Waal überschritten hatten. Noch um Mitternacht veranlaßte sein Optimismus ihn, folgenden Spruch abzusetzen:

202358 ... beabsichtigen bei tagesanbruch gardepanzer schnellstens arnheim vorzuschicken ...

Eine dreiviertel Stunde später hörte er dann, daß es eine Weile dauern werde, bis Infanterie zur Stelle wäre, und er schickte Urquhart eine dritte Mitteilung:

210045 . . . entlastungsangriff noch immer erste priorität kann aber nicht vor 12:00 uhr beginnen.

Mit einer solchen »ersten Priorität« ließ sich in Arnheim aber nichts mehr anfangen. Das Bataillon Frost war von seinem Schicksal ereilt worden. Drei Stunden bevor Sergeant Robinsons Panzer über die Brücke von Nimwegen rasselten, hatten sich auch die ersten drei Panzer von Sturmbannführer Knaust endlich ihren Weg auf die Arnheimer Brücke erkämpft.

11

Als am Nachmittag die erste Welle der amerikanischen Fallschirmjäger mit dem Übergang über den Waal begann, ließ Hauptmann Mackay jene Arnheimer Schule räumen, in der er seit dem Abend des 17. September mit seinen Leuten ausgeharrt hatte. Ein Tigerpanzer pumpte aus 70 Meter Entfernung eine Granate nach der anderen in die Südfassade des Gebäudes. »Die Schule brannte jetzt, und meine kleinen Sprengstoffvorräte explodierten im Oberstock.« Seine 13 noch kampffähigen Männer besaßen pro Kopf einen Patronenstreifen, und Mackay hielt es für an der Zeit, den Ausbruch zu wagen.

Keinesfalls wollte er seine Verwundeten zurücklassen. Leutnant Simpson ging voran, während Mackay mit zwei anderen die Nachhut bildete, und so brachte man die Verwundeten aus dem Keller in einen benachbarten Garten. »Als Simpson sich dem Nachbarhaus näherte, fingen plötzlich Granatwerfer an zu schießen, und er rief: ›Noch sechs Verwundete!‹ Da wußte ich, man würde uns massakrieren, mindestens die Verwundeten, wenn wir versuchten, hier wegzukommen, und ich rief Simpson zu, er solle sich ergeben.«

Mackay und seine ihm verbliebenen fünf Soldaten, jeder mit einer Maschinenpistole bewaffnet, wandten sich nach Osten, weil er annahm, die Deutschen würden ihn dort nicht vermuten. »Wir wollten uns verstecken und dann nach Westen Anschluß an unsere eigenen Leute suchen.« Die kleine Gruppe stieß aber sehr rasch auf zwei deutsche Panzer und 50 bis 60 Infanteristen, die von den sechs Fallschirmjägern sogleich unter gezieltes Feuer genommen wurden. »Wir konnten nur jeder ein einziges Magazin verschießen, und das dauerte ja bloß zwei oder drei Sekunden. Die Deutschen kippten um wie halbgefüllte Getreidesäcke.« Beim Sprung in die nächste Deckung fiel einer von Mackays Leuten, ein zweiter wurde verwundet. So sagte er denn zu seinen letzten drei Männern: »Dieser Kampf ist vorüber, jeder muß jetzt sehen, wie er auf eigene Faust durchkommt. Wenn wir Glück haben, können wir uns heute abend bei Dunkelheit an der Brücke treffen.«

So lief einer nach dem anderen los. Mackay verkroch sich unter einem Rosenbusch im Garten und trennte seine Rangabzeichen ab. »Ich wollte nun etwas schlafen und hatte gerade die Augen zugemacht, als ich deutsche Stimmen hörte. Ich rührte mich nicht und hoffte, man würde mich in meiner versengten und blutigen Uniform für tot halten, statt dessen trat man mir kräftig in die Rippen. Ich reagierte wie ein frischer Leichnam, nämlich gar nicht, doch dann stach mir jemand mit dem Bajonett ins Gesäß. Das tat nicht besonders weh, es erschreckte mich nur, als ich merkte, wie es auf den Knochen stieß, aber als es rausgezogen wurde, tat es mehr weh.« Mackay wurde nun böse. Er stand auf und griff zum Colt. »Was bilden Sie sich eigentlich ein, einen englischen Offizier einfach mit dem Bajonett zu stechen?« brüllte er. Die Deutschen wichen erschreckt zurück, und Mackay meint: »Hätte ich noch Munition gehabt, hätte ich sie einfach erschießen können, denn sie konnten selbst nicht schießen, weil sie rings im Kreis um mich standen. Hätten sie geschossen, sie hätten ihre eigenen Leute getroffen. Das war so komisch, daß ich lachen mußte.« Die Deutschen stierten ihn an, Mackay jedoch schleuderte verächtlich seinen Colt über die Gartenmauer, »denn niemand sollte ihn als Andenken behalten«.

Er mußte sich gegen die Mauer stellen und wurde durchsucht. Man nahm ihm die Uhr weg und eine geleerte Taschenflasche aus Silber, die schon seinem Vater gehört hatte, übersah jedoch eine auf Stoff gedruckte Landkarte in seiner Brusttasche. Die Flasche wurde ihm von einem Offizier zurückgegeben, doch als er auch seine Uhr verlangte, hieß es: »Sie brauchen jetzt keine Uhr mehr, und wir haben dringend welche nötig.« Er wurde zu einem Gebäude gebracht, wo schon andere englische Gefangene saßen. Hier ging er von Gruppe zu Gruppe und wies jedermann darauf hin, daß er verpflichtet sei zu fliehen. Als einziger Offizier wurde Mackay dann zum Verhör gerufen. »Ich ging nun zur Offensive über. Da war ein deutscher Leutnant, der sehr gut Englisch sprach, und diesen ersuchte ich höflich, aber entschieden, sich mit all seinen Leuten mir sofort zu ergeben.« Der Leutnant schaute ihn verblüfft an »und damit war das Verhör zu Ende«.

Kurz vor der Dämmerung wurden die Gefangenen auf Lastwagen verladen und Richtung Deutschland gefahren. »Hinten auf dem Wagen stand ein Wachtposten, und ich sagte unseren Leuten, sie sollten ihm so dicht auf den Pelz rücken, daß er nicht schießen konnte. Als der Wagen vor einer Kurve bremste, sprang ich ab. Leider an einem sehr unpassenden Ort, es stand nämlich keinen

Meter entfernt ein Posten. Ich natürlich gleich auf ihn los, aber ehe ich ihm das Genick brechen konnte, fielen andere über mich her und schlugen mich bewußtlos.« Als er wieder zu sich kam, lag er mit anderen Gefangenen in einer kleinen holländischen Kneipe. Hier überließ er sich dann zum erstenmal nach 90 Stunden einem festen, gesunden Schlaf[26].

In dem Gebäude nahe der Brücke, wo Oberst Frost seinen Gefechtsstand eingerichtet hatte, kämpften auch gegen Abend immer noch etwa hundert Männer in kleinen Gruppen. Das Dach brannte, und alle hatten nur noch wenig Munition. Gleichwohl war ihr Mut ungebrochen. Major Gough glaubte: »Wenn wir noch ein paar Stunden aushalten können, kommt bestimmt Hilfe.«

Gegen 19:00 Uhr erwachte der verwundete Bataillonskommandeur und ärgerte sich darüber, daß er überhaupt geschlafen hatte. Der Keller war dunkel und voll von Verwundeten. Die Deutschen beschossen nach wie vor das Haus, und Frost merkte, daß in diesem Keller, wo mehr als 200 Verwundete lagen, die Hitze unablässig zunahm. Bewegen konnte er sich nicht, daran hinderte ihn der Schmerz in seinen Beinen, darum ließ er Major Gough kommen. »Sie übernehmen jetzt das Kommando, aber wichtige Entscheidungen treffen Sie nur gemeinsam mit mir.« Er wußte, daß schon eingetreten war, was er befürchtete: das Gebäude brannte, und es bestand die Gefahr, daß die Verwundeten »bei lebendigem Leibe geröstet wurden«. Der beißende Rauch verursachte schon starken Hustenreiz. Der Bataillonsarzt Dr. Logan kniete sich neben Frost hin. »Wir müssen mit den Deutschen eine Feuereinstellung aushandeln und die Verwundeten bergen, Sir. Wir können damit nicht mehr warten.« Frost wies Gough an, die nötigen Vorbereitungen zu treffen. »Mit den noch kampffähigen Soldaten sollte er von anderen Häusern aus weitermachen. Ich sah zwar, daß die Brücke nicht mehr zu halten war, meinte aber, wir könnten wenigstens noch solange am Zugang bleiben, bis unsere Panzer kämen.«

Gough und Logan überlegten, wie die Feuereinstellung am besten zu bewerkstelligen sei. Logan wollte den Haupteingang öffnen und mit einer Rotkreuzflagge vor die Tür gehen, Gough aber traute der SS nicht, die würde, so meinte er, auch auf die Rotkreuzfahne schießen. Logan ließ sich von Frost die Erlaubnis geben, die Tür zu öffnen, und Frost trennte seine Rangabzeichen ab. Er hoffte »sich unter die Mannschaften mischen und später flüchten zu können«. Sein Diener machte sich auf die Suche nach einer Trage.

[26] Tags darauf flüchteten Mackay und drei andere aus Emmerich, darunter Leutnant Simpson, der bereits den Ausbruch aus der Schule angeführt hatte. Sie gelangten zum Rhein, stahlen ein Boot und erreichten die eigenen Verbände in Nimwegen.

Soldat Sims, der verwundet in der Nähe lag, hörte der Beratung zu. Ihm war ebenfalls klar, daß es keine andere Möglichkeit gab. »Unsere Lage war hoffnungslos. Munition war keine mehr da, Offiziere und Unteroffiziere waren fast alle tot oder verwundet, das Haus brannte, und der Rauch erstickte uns fast.« Er hörte Frost zu den gehfähigen Verwundeten sagen: »Haut ab und seht, daß ihr durchkommt.« Sims wußte: »Dies war der einzige vernünftige Weg, doch als wir hörten, daß wir zurückgelassen werden sollten, hob das nicht gerade unsere Stimmung.«

Dr. Logan schloß unterdessen die Eingangstür auf und trat, von zwei Sanitätern mit einer Rotkreuzfahne begleitet, auf die Straße. Der Gefechtslärm verstummte. »Ich sah, wie einige Deutsche um das Gebäude herumliefen, wo unsere Fahrzeuge standen, die sie brauchten, um die Verwundeten zu transportieren, und ich wußte: Die Fahrzeuge werden wir nicht wiedersehen.«

Die Verwundeten im Keller hörten die Deutschen herunterkommen und waren still. Ein deutscher Offizier erschien an der Tür, und Sims sah zu seinem Schrecken, »wie ein schwerverwundeter Fallschirmjäger die Maschinenpistole in Anschlag brachte. Zum Glück überwältigte man ihn schnell. Der Offizier ließ die Verwundeten von deutschen Soldaten nach oben tragen. Es war schon fast zu spät, denn als ich hinaufgetragen wurde, fiel mir um ein Haar ein brennender Dachbalken auf den Kopf. Die Deutschen waren übrigens nervös, gleich mit dem Finger am Abzug, und viele von ihnen hatten englische Waffen.«

Frost wurde hinaufgetragen und nahe jener Rampe abgestellt, die er so lange verteidigt hatte. Ringsum brannten die Gebäude, und er sah zu, wie Engländer und Deutsche gemeinsam »in höchster Eile darum bemüht waren, uns wegzuschaffen, während der Schauplatz taghell erleuchtet war«. Minuten, nachdem der letzte Verwundete aus dem Haus gebracht worden war, stürzte dieses mit mächtigem Getöse in sich zusammen. Zu Major Crawley, der neben ihm auf einer Trage lag, bemerkte Frost matt: »Diesmal haben wir es nicht geschafft.« »Nein, Sir«, sagte Crawley, »wir haben den Kerlen für ihr Geld aber ganz schön was geboten.«

Die verwundeten Engländer sahen mißtrauisch und überrascht, daß die Deutschen sich ihnen gegenüber ungewöhnlich kameradschaftlich verhielten, ihnen Zigaretten, Schokolade und Schnaps anboten. Sie verzeichneten allerdings auch mit Erbitterung, daß diese Dinge meist englischer Herkunft und offenbar von den Deutschen mit dem abgeworfenen Nachschub erbeutet worden waren.

Die noch kampffähigen Soldaten des 2. Bataillons hatten indessen noch nicht aufgegeben, vielmehr eröffneten sie von neuem das Feuer, nachdem der letzte Verwundete aus dem Keller geborgen worden war. »Es war ein Alptraum«, erinnert sich Major Gough. »Wohin man auch schaute, überall waren Deutsche, vorne, hinten und an beiden Seiten. Während der Feuerpause waren sie in großer Zahl bei uns eingesickert und saßen jetzt praktisch in jedem Haus. Wir waren buchstäblich überrannt.«

Gough befahl seinen Leuten, sich während der Nacht versteckt zu halten; im Morgengrauen beabsichtigte er, sie in einer Gruppe halbzerstörter Häuser am Fluß neuerlich zu versammeln, denn immer noch hoffte er, bis zum Morgen könnte Hilfe kommen, »und ich glaubte, bis dahin könnten wir noch aushalten«. Als seine Leute sich in die Dunkelheit entfernten, hielt er das Mikrofon seines Funkgerätes dicht an den Mund und sagte: »Hier erste Parabrigade, wir können nicht mehr lange aushalten, unsere Lage ist verzweifelt, beeilt euch.«

Die Deutschen wußten, daß der Kampf vorüber war. Jetzt ging es nur noch um Säuberungsoperationen. Die Panzer, die jetzt auf der Brücke standen, konnten nicht in die Stadt hinein, denn wie Brigadeführer Harmel schon vorhergesagt hatte, dauerte es viele Stunden, die Fahrbahn freizumachen. Erst am frühen Donnerstag, am 21. September, war eine schmale Durchfahrt geöffnet, konnte der Verkehr über die Brücke beginnen.

Im Morgengrauen des Donnerstags verließen Gough und die ihm verbliebenen Soldaten ihre Verstecke. Hilfe war nicht gekommen. Die Deutschen überrannten systematisch die letzten Stützpunkte und zwangen die Männer, die keine Munition mehr hatten, sich zu ergeben. Einzeln und zu zweit versuchten die noch unentdeckten Engländer zu flüchten; der englische Widerstand fand langsam und widerstrebend sein Ende.

Major Gough war in Richtung Wasserwerke geflüchtet, weil er hoffte, sich hier ausruhen zu können, bevor er sich nach Westen aufmachte, um Anschluß an die Division Urquhart zu gewinnen, geriet jedoch an eine deutsche Patrouille. Er versuchte sich in einem Holzhaufen zu verstecken, wurde aber ans Licht gezogen. »Ich war so müde, daß ich nur noch lachen konnte.« Er wurde mit erhobenen Händen weggeführt.

In der Nähe von Apeldoorn lag Soldat Sims auf dem Rasen vor einem deutschen Feldlazarett, umringt von anderen verwundeten Fallschirmjägern, die alle darauf warteten, versorgt zu werden. Sie waren still und in sich gekehrt. »Selbstverständlich kam einem der Gedanke, daß alles völlig umsonst gewesen war. Da hatten wir nun diese riesige Armee, und doch war sie nicht imstande gewesen, die letzten paar Kilometer zu uns hin zu schaffen. Am schwersten zu ertragen war die Einsicht, daß man uns einfach abgeschrieben hatte.«

Um 10:40 Uhr am Donnerstag, dem 21. September, bekam Hauptmann Langton von der Irischen Garde den Befehl, mit der 1. Panzerschwadron von der Nimwegener Brücke nach Arnheim vorzustoßen, und zwar Punkt 11:00 Uhr, wie ihn Oberst Vandeleur wissen ließ. Langton hielt das für einen Witz – schließlich sollte er seine Besatzungen einweisen und auf ein größeres Angriffsunternehmen vorbereiten. Langton selber erhielt nur einen kurzen Überblick anhand einer erbeuteten Skizze. »Richtige Straßenkarten, mit allen Details und so, die hatten wir ohnehin nicht.« Über die Stellungen der feindlichen Artillerie war man durch ein einziges Bild der Luftaufklärung informiert, auf dem eine Flak-Stellung zwischen Lent und Elst zu sehen war, wozu noch eigens bemerkt wurde, diese Feuerstellung sei vermutlich unterdessen geräumt worden.

Langton fand, alles an diesem Unternehmen lasse sich schwachsinnig an, »allein schon darum, weil man es innerhalb von 20 Minuten vorbereiten sollte«. Seiner Schwadron sollte eine zweite Einheit folgen. Auf zwei Panzern sollte Infanterie aufsitzen, weitere Infanteristen seien unterwegs. Mit Artillerieunterstützung dürfe er nicht rechnen; die Jabos, die sich beim Vormarsch am ersten Tage so nützlich gemacht hatten, lagen mal wieder in Belgien im Nebel fest. Gleichwohl wurde von Langton erwartet, sich wie der Blitz nach Arnheim zu verfügen.

Oberst Vandeleur ließ Langton zwar nichts davon merken, doch auch er schaute nicht rosig in die allernächste Zukunft. In Begleitung seines Vetters und anderer Herren hatte er zuvor nördlich der Brücke eine kleine Rekognoszierung des Terrains vorgenommen, um sich die nach Norden verlaufende »Inselstraße« aus der Nähe zu betrachten, die ihnen allen einen bedrohlichen Eindruck machte. Major FitzGerald, Vandeleurs Stellvertreter, meinte: »Auf dieser beschissenen Straße kommen wir keinen Meter voran.« Vandeleur stimmte zu. »Es ist einfach lächerlich, daß Panzer auf diesem Damm angreifen sollen. Bisher war es so gewesen, daß die Kolonnen zwar immer nur in einer Wagen- oder Panzerbreite den Korridor hinaufgefahren waren, doch hatte man, wo nötig, von der Straße herunterfahren können, um auszuweichen«, erinnert sich Vandeleur. »Hier aber war das unmöglich. Ein Deich mit einer Straße als Krone ist schön zu verteidigen, aber Panzer haben nichts darauf zu suchen.« Zu den anderen sagte er: »Ich sehe schon die Deutschen, wie sie händereibend auf uns warten.« Er starrte stumm auf diese Straße. »Trotzdem – versuchen müssen wir es.« Später bemerkte er dazu: »Es war vorgesehen, daß wir mit einer Geschwindigkeit von zwölf Kilometern in der Stunde marschieren sollten.« Der Stabschef der Division, General Gwatkin, hatte nur barsch erklärt: »Sehen Sie gefälligst zu, daß Sie durchkommen.«

Punkt 11:00 Uhr gab Hauptmann Langton den Befehl, abzumarschieren und sich durch nichts aufhalten zu lassen. Seine Panzer rumpelten am Postamt von Lent vorbei auf die Hauptstraße hinaus. Jetzt oder nie! dachte Langton fatalistisch. Nach einer guten Viertelstunde war ihm schon wohler. Vom Feind war weit und breit keine Spur, und »ich schämte mich ein bißchen, weil ich mich zuvor so aufgeregt hatte. Ich überlegte, was ich eigentlich machen sollte, sobald ich die Arnheimer Brücke erreichte, denn daran hatte ich bislang noch keinen Gedanken verschwendet.«

Den Panzern der Spitze folgten die beiden Vandeleurs im Spähwagen, dahinter Leutnant Love mit seiner fahrbaren Boden-Luftverbindungsstelle, in der ihm Staffelführer Sutherland wieder Gesellschaft leistete, allerdings recht schweigsam und bedrückt. Er hatte, wie erinnerlich, vor Tagen die Luftunterstützung beim Ausbruch aus dem Brückenkopf am Maas-Schelde-Kanal geleitet. Jetzt kletterte er in den weiß gestrichenen Panzerspähwagen und bemerkte dabei zu Love: »Unsere Leute in Arnheim haben schwere Probleme und brauchen dringend Hilfe.« Love hielt nach den Jabos Ausschau, denn er meinte, man werde sie dringend brauchen. Die Schrecken des ersten Tages waren noch frisch in seinem Gedächtnis, und »mir lag ganz und gar nicht daran, in die gleiche Lage zu kommen wie am Sonntag, als die Deutschen uns festgenagelt hatten.«

Die Panzer der Irischen Garde kamen zügig voran, ließen das Dorf Oosterhout linker Hand und die Weiler Ressen und Bemmel rechter Hand liegen. Hauptmann Langton hörte in seinem Spähwagen den Kommandanten des Spitzenpanzers, Leutnant Samuelson, seine Positionsmeldung durchgeben. Jetzt näherte sich die Spitze dem Ortsrand von Elst, etwa auf halbem Wege nach Arnheim. Langton wurde klar, »daß wir jetzt völlig auf uns selbst gestellt waren«. Immerhin verringerte sich die Nervosität innerhalb der Kolonne merklich. Leutnant Love hörte über sich ein mächtiges Brummen und sah die ersten Jagdbomber. In Belgien hatte es aufgeklart, und nun kam ein Geschwader nach dem anderen in Sicht. Als die Maschinen über ihnen ihre Kreise zu ziehen begannen, atmeten Love und Sutherland erleichtert auf.

Hauptmann Langton schaute unterdessen auf seine Karte. Die gesamte Kolonne hatte jetzt die zweite Abzweigung nach Bemmel passiert. In diesem Moment vernahm Langton eine heftige Explosion, »und ich sah das Triebrad eines Panzers durch die Luft segeln«.

Also war einer der vorderen Panzer getroffen, was Leutnant Samuelson auch sogleich bestätigte.

Weiter vorn wurden Abschüsse einer Kanone hörbar und schwarzer Qualm stieg himmelwärts. Die Kolonne kam zum Stehen, doch man wußte nicht genau, was eigentlich geschehen war. Als das Gefecht begann, wurde der Sprechfunkverkehr ungeheuer verworren. »Alle schrien wild durcheinander, und ich sagte zu Joe, ich sehe mal selbst nach, was da los ist«, erinnert sich Giles Vandeleur. Dem Kommandeur war das recht. »Sag mir möglichst rasch Bescheid.«

Auch Hauptmann Langton war auf dem Weg an die Spitze. Sich mühsam an den haltenden Panzern vorbeizwängend, gelangte er an eine Straßenbiegung, hinter der die vorderen vier Kampfwagen, darunter auch der von Samuelson, teils beschädigt, teils brennend auf der Fahrbahn standen. Geknackt waren sie von einer Kanone, die linker Hand in einer Waldung nahe Elst stand. Langton stellte seinen Spähwagen im Hofe eines Hauses nahe der Straßenbiegung ab, wo Minuten später Giles Vandeleur zu ihm stieß. MG-Feuer zwang die beiden Herren, Deckung zu suchen. Vandeleur sah sich mithin außerstande, seinem Vetter Meldung zu machen. Sein Fahrer konnte den gepanzerten Humber nicht nahe genug heranbringen, um Vandeleur den Einschlupf in die Luke zu ermöglichen. Es blieb Giles schließlich nichts übrig, als auf dem Bauche im Graben kriechend den Rückzug anzutreten.

Sein Vetter erteilte bereits die nötigen Befehle. Über Funk forderte er Artillerieunterstützung an, und als er über sich die Jabos kreisen sah, befahl er Love, sie ins Ziel zu lenken. Sutherland sprach also in das Mikrofon seines Sprechgerätes: »Hier Weinglas, bitte kommen!« Doch das nützte nichts. Sutherland und Love glotzten einander an. »Das Gerät blieb stumm«, sagt Love. »Wir hörten überhaupt nichts. Die Jabos drehten über uns ihre Runden, und am Boden bekamen wir weiter Feuer. Den Kerlen da oben zuzusehen, ohne ihnen Anweisungen geben zu können, war wohl das frustrierendste Erlebnis, das ich jemals gehabt habe. Die Piloten der Jabos hatten Befehl, nur einwandfrei angesprochene Ziele anzugreifen.«

Giles Vandeleur hatte unterdessen seinen Vetter erreicht. »Es wäre schierer Mord, noch weitere Panzer auf dieser Straße vorzuschicken«, meldete er, und beide Herren machten sich auf den Weg zu Hauptmann Langton.

Die Infanteristen waren unterdessen von den Panzern abgesessen und schwärmten in den Obstgärten beiderseits der Straße aus. Langton übernahm das Kommando über einen Panzer und versuchte das Sturmgeschütz zu treffen, das aus dem Wald feuerte, »doch bekam ich für jeden Versuch gleich mindestens fünf Granaten zurück«.

Der Infanteriehauptmann, der es ebenfalls mit seinen Leuten auf das Sturmgeschütz abgesehen und zu diesem Zwecke im Graben Deckung gesucht hatte, betrachtete Langtons Manöver auf der Straße mit Ingrimm. »Was treiben Sie denn da oben?« wollte er wissen, und erhielt von Langton zur Antwort: »Ich möchte gerne diese Kanone unschädlich machen, damit wir weiterfahren können.«

Das gelang ihm allerdings nicht, und als die Vettern Vandeleur ankamen, stieg er aus seinem Panzer, um sie willkommen zu heißen. »Es sah ziemlich übel aus da vorne«, erinnert sich Joe Vandeleur. »Die Panzer konnten auf keine Weise von der Straße gebracht werden, die hier bloß eine Deichkrone war. Unterstützung bekamen wir nur von einer einzigen Batterie Feldgeschütze, die unheimlich lange brauchte, um sich einzuschießen. Unsere Infanteriekompanie lag fest, und die Jabos hörten nichts.« Langton meinte, von irgendwoher müsse doch wohl Hilfe zu bekommen sein, doch Vandeleur schüttelte den Kopf. Auch auf weiteres Drängen Langtons blieb er hart. »Sie bleiben hier stehen und warten weitere Befehle ab«, lautete seine Weisung.

Vandeleur war klar, daß der Angriff verschoben werden mußte bis zum Eintreffen der 43. Infanteriedivision unter General Thomas. Bis dahin konnten die Panzer sich auf der exponierten Straße nicht weiter vorwagen. So hatte denn ein einziges gutplaziertes Sturmgeschütz den gesamten Stoßkeil etwa zehn Kilometer vor Arnheim zum Stehen gebracht.

Weiter hinten in der Kolonne, nahe einem Gewächshaus bei Elst, stierte Leutnant Gorman wütend die Straße entlang. Seit man bei Valkenswaard angehalten hatte, wurde er von seiner Ungeduld förmlich zerfressen. »Da waren wir nun den ganzen Weg von der Normandie hergekommen, hatten Brüssel eingenommen, waren durch halb Holland marschiert, hatten die Brücke bei Nimwegen überschritten, Arnheim und die Fallschirmjäger und diese letzte verdammte Brücke waren schon fast zu sehen, und ausgerechnet da werden wir aufgehalten. So verzweifelt wie damals bin ich überhaupt nie wieder gewesen.«

Teil 5

DER HEXENKESSEL

1

»Montys Panzer sind im Anmarsch!« In der geschrumpften Igelstellung von Oosterbeek – in Splittergräben und zu Stützpunkten ausgebauten Häusern, an Straßenkreuzungen, in Waldungen und auf Feldern – riefen sich verdreckte, übernächtigte Männer diese Freudenbotschaft zu. Offenbar sollte ihre schwere Prüfung demnächst beendet sein. General Urquharts Brückenkopf über den Rhein war auf den Landkarten so etwas wie eine Fingerspitze geworden. In einem Bereich, wenig mehr als drei Kilometer lang, und am Rheinufer anderthalb Kilometer breit, wurden die Roten Teufel von drei Seiten angegriffen und langsam aber sicher aufgerieben. Es fehlte an Wasser, Verbandzeug und Munition. Die 1. englische Luftlandedivision hatte praktisch zu existieren aufgehört. Immerhin schöpfte man neue Hoffnung, um so mehr als mittlere und schwere Artillerie von Süden her die Deutschen wenige hundert Meter vor der englischen Stellung mit einem wahren Feuerhagel eindeckte.

General Browning hatte Urquhart versichert, die Batterien des Artillerieregimentes 64 vom XXX. Korps würden ab Donnerstag feuerbereit sein, und der Artilleriekommandeur hatte sich bereits über die Dringlichkeit der Ziele unterrichten lassen. Dank der gut funktionierenden Nachrichtenverbindung des Ari-Regimentes 64 konnten die Fallschirmjäger Feuer fast auf die eigenen Stellungen anfordern und den Deutschen damit einen höllischen Schreck einjagen. Es gelang den genau feuernden Artilleristen mehrmals, deutsche Panzerangriffe zum Stehen zu bringen, die die erschöpften Fallschirmjäger zu überrollen drohten.

Solche Unterstützung war hoch willkommen, konnte Urquhart aber nicht darüber täuschen, daß ein entschlossener, zusammengefaßter Angriff der Deutschen die Reste seiner Streitmacht erledigen würde. Immerhin klammerten seine Leute sich nun an eine neue Hoffnung – es schien fast, als könne man noch in letzter Stunde dem Feind den Sieg entreißen. An diesem Donnerstag waren die Aussichten nicht mehr gar so schlecht. Urquhart hatte immerhin Funkverbindung über die Artilleristen; die Brücke von Nimwegen war heil in eigener Hand; die Panzer der Irischen Garde waren unterwegs; und falls das Wetter hielt, sollten am Nachmittag

Sosabowskis 1500 ausgeruhte Fallschirmjäger abspringen. Konnte man die Polen rasch genug mit der Fähre zwischen Driel und Heveadorp übersetzen, mochte das Blatt sich noch wenden.

Immerhin mangelte es Urquhart nicht nur an frischem Ersatz, sondern auch an Nachschub. Tags zuvor hatten Bomber der RAF von 300 Tonnen Nachschub nur 41 Tonnen beim Hotel Hartenstein abgeworfen. Solange es an Artillerie und Pak fehlte, war man auf Luftunterstützung angewiesen. Aber eben die blieb aus. Die von den Amerikanern in letzter Minute herbeigeschafften Geräte für die Boden-Luft-Verständigung waren auf eine falsche Wellenlänge eingestellt und mithin nutzlos, und die RAF sah sich außerstande, einmal weniger behutsam zu operieren und jene kühneren Tiefangriffe zu fliegen, die allein die Bodentruppen hätten entlasten können. Urquhart ersuchte praktisch pausenlos bei Browning darum, den Piloten der RAF zu befehlen, »Ziele nach Gutdünken« auszuwählen, ohne auf die eigene Infanterie Rücksicht zu nehmen, doch solche Methoden mochten bei den Fallschirmjägern üblich sein, bei der RAF waren sie es nicht. Auch in einer so kritischen Lage wie dieser verlangten die Piloten, daß ihnen die Ziele mit äußerster Exaktheit angegeben würden, ein Verlangen, dem die in ihrem immer weiter schrumpfenden Kessel eingeschlossenen Luftlandetruppen beim besten Willen nicht entsprechen konnten. Nicht ein einziger Tiefangriff wurde geflogen, obschon das sich ostwärts Richtung Arnheim erstreckende Terrain mit feindlichen Fahrzeugen und Feuerstellungen nur so gespickt war.

Die Roten Teufel, so gut wie unablässig unter Granatwerferbeschuß und stellenweise in Nahkämpfe verwickelt, setzten alle ihre Hoffnungen auf die Gardepanzer, die angeblich auf dem Marsch zu ihnen waren. Urquhart allerdings war weniger optimistisch. Er war dem Feind 1:4 unterlegen, mußte schwerstes Panzer- und Artilleriefeuer und ständig steigende Verluste hinnehmen und wußte daher, daß die zerstückelte Division nur mit einer ungeheueren Kraftanstrengung zu retten sein würde. Zu seinem Stab sagte der mannhafte Schotte zwar: »Wir müssen den Brückenkopf halten, koste, was es wolle!«, doch insgeheim wußte er wohl, daß die Deutschen seinen bejammernswert kleinen Verband einfach niederwalzen konnten.

Im Kessel kommandierte General Hicks den westlichen Teil, General Hackett den östlichen. Hicks hatte Soldaten des Gleiterpilotenregimentes, Pioniere, Teile der Schottischen Grenzer, auch einige Polen und sonstige vermischte Absprengsel unter sich, während Hackett die Reste seines 10. und 105. Bataillons, weitere Gleiterpiloten und Teile der leichten Artillerie kommandierte. Im Norden standen nahe der Eisenbahnlinie von Wolfheze die 21.

selbständige Fallschirmjägerkompanie von Major Wilson – es handelte sich um das Vorauskommando – und die Scottish Borderers unter Oberst Payton-Reid. Weitere Schotten standen im Süden, wo die Front entlang dem Rhein etwa von der mittelalterlichen Kirche von Oosterbeek bis zu den Höhen von Westerbouwing im Westen reichte, verstärkt durch Reste des 1., 3. und 11. Bataillons unter dem Kommando des zweimal verwundeten Majors Lonsdale, die sogenannte Kampfgruppe Lonsdale. Das Kernstück bildeten hier die Artilleristen unter Oberst Thompson, die nach besten Kräften und bei gefährlich abnehmenden Munitionsvorräten die Stellung verteidigten[1].

In den später abgefaßten Gefechtsberichten finden alle diese Einheiten säuberlich ihren Platz, doch Jahre später erinnerten sich Überlebende, daß der Frontverlauf nicht feststand, daß es zwischen den Einheiten keine deutlichen Grenzen gab, daß die Einheiten als solche überhaupt nicht getrennt geführt wurden. In Wirklichkeit gab es nur eine Masse schwer angeschlagener, blutbefleckter und mit Verbänden umwickelter Männer, die immer dorthin geworfen wurden, wo eine Lücke aufbrach. General Hicks erkannte bei einer Besichtigung seines Abschnittes des Brückenkopfes: »Es war der Anfang vom Ende, und das wußten wir wohl alle, wenn wir uns auch bemühten, es nicht merken zu lassen.« Oberstleutnant Thompson vermutete zwar, daß Oberst Frost an der Brücke seinen Widerstand hatte einstellen müssen, da es nach dort keine Funkverbindung mehr gab, doch General Urquhart wußte dies nicht mit Sicherheit und hoffte daher immer noch, die Gardepanzer könnten die Reste des 2. Bataillons rechtzeitig entsetzen[2].

1 Daß es im südöstlichen Abschnitt der Igelstellung zum Aufbau einer haltbaren Front kam, ist großenteils Oberst Thompson zu verdanken, der die am 19. September führerlos von Arnheim zurückweichenden Truppen vor seinen Geschützen in Stellung gehen ließ. Diese Leute sowie weitere Versprengte – darunter etwa 150 Gleiterpiloten – und seine eigenen Artilleristen, insgesamt gegen 800 Mann, hießen fortan die Kampfgruppe Thompson. Später wurden sie noch verstärkt und dem Kommando von Major Lonsdale unterstellt. Sie gingen am Abend des 20. September zurück und wurden von Thompson zum Schutz seiner Kanonen eingesetzt. Bis auf den heutigen Tag haben sich gewisse Unklarheiten im Hinblick auf diese Entwicklung erhalten, und deshalb sei hier festgestellt, daß nach Thompsons Verwundung am 21. September die gesamte Infanterie im Abschnitt der Geschützstellungen der später so genannten Kampfgruppe Lonsdale zugeschlagen wurde. Nur die Gleiterpiloten unterstanden auch später noch der 1. Luftlandebrigade.

2 Munford zerstörte sein Gerät kurz nach Sonnenaufgang am Donnerstag, als die Deutschen die letzten Nachzügler gefangennahmen. »Panzer und Infanterie waren bis zur Brücke durchgestoßen. Ich habe noch Verwundete

Die Brücke über den Rhein – jene letzte natürliche Verteidigungslinie der Deutschen – war von Anfang an das Hauptziel des Unternehmens gewesen, weil sie Montgomery als Ausgangspunkt für eine schnelle Beendigung des Krieges dienen sollte. Konnte man sie nicht nehmen, war alle Mühe der 1. Luftlandearmee und insbesondere das Opfer der Männer von Oberst Frost vergeblich gewesen. Helfen konnte Urquhart, wie er zu Frost und Gough gesagt hatte, nicht mehr, Hilfe konnte jetzt nur noch vom XXX. Korps kommen.

Urquharts dringendstes Anliegen war, Sosabowskis Polen sofort nach ihrem Absprung schnellstens über den Fluß in die eigene Igelstellung zu bringen. Die Kabelfähre eignete sich hierfür besonders gut. Urquharts Pioniere hatten bereits ausfindig gemacht, daß die Fähre drei Panzer zugleich transportieren konnte. Zwar fürchtete Urquhart, deutsche Artillerie könnte von der Höhe von Westerbouwing die Fähre unter Beschuß nehmen, doch waren feindliche Truppen dort bisher nicht aufgetaucht. Da er über verhältnismäßig wenige Soldaten verfügte, war nur ein einziger Zug der Scottish Borderers dorthin entsandt worden, tatsächlich jedoch befand sich zunächst überhaupt niemand im Besitz dieser Höhe. Bald nach der Landung am Sonntag hatte die D-Kompanie der Schotten unter Major Osborne einen entsprechenden Auftrag bekommen, Osborne bemerkte hierzu jedoch: »Wir haben Westerbouwing nie in Besitz gehabt. Ich bin mit einer Erkundungspatrouille dorthin aufgebrochen, um die Stellungen für das Bataillon festzulegen, doch nachdem ich das erledigt hatte und zurückkam, wurden die Pläne geändert.« Am Donnerstag wurden Osbornes Leute in kleineren Abteilungen in eine Stellung beim Hotel Hartenstein eingewiesen. Die wichtige Höhe blieb unbesetzt.

Am Mittwoch waren Pioniere ans Rheinufer geschickt worden, um den Zustand der Fähre, die Wassertiefe, den Zustand der Ufer und die Strömungsgeschwindigkeit zu erkunden. Pionier Hicks meint: »Mit dieser Erkundung sollte vermutlich der 2. Armee der Übergang über den Strom erleichtert werden.« Zusammen mit drei anderen Pionieren und einem holländischen Führer überquerte Hicks den Rhein auf der Fähre. »Der Fährmann bediente das Kabel mit der Hand; die eigentliche Arbeit wurde von der Strömung geleistet.« Mit Hilfe einer Schnur maß Hicks die Wassertiefe und die Strömungsgeschwindigkeit. Als am Mittwochabend die Absprungzone für die Polen nach Driel verlegt worden war, schickte

zum Sammelplatz gebracht, danach dann das Gerät zerschlagen. Oberst Thompson konnte uns nicht mehr helfen, und jeder versuchte, nach Oosterbeek durchzukommen.« Bei diesem Versuch wurde Munford am Stadtrand von Arnheim aufgegriffen.

man eine Patrouille an die Fähre. »Es wurden Freiwillige gesucht«, erinnerte sich Soldat Edwards, »die bei Heveadorp ans Ufer gehen und die Fähre bewachen sollten.«

Ein Sergeant, ein Korporal, sechs Soldaten und vier Gleiterpiloten machten sich im Dunklen auf den Weg. »Wir kriegten ziemlich viel Feuer von Artillerie und Granatwerfern, als wir durch das dicht bewaldete Gelände Richtung Heveadorp losgingen«, berichtet Edwards. Die Gruppe geriet mehrmals auch in Schützenfeuer, und ein Gleiterpilot wurde verwundet. An der angegebenen Uferstelle fand die Patrouille keine Spur von der Fähre. Diese war nirgendwo zu sehen. Es bestand zwar die Möglichkeit, daß sie am Südufer festgemacht lag, doch der Patrouille war ausdrücklich versichert worden, sie werde die Fähre am Nordufer finden. Man machte sich sofort auf die Suche, sowohl flußaufwärts wie flußabwärts, doch ohne Erfolg. Pieters Fähre blieb unauffindbar. Der befehlshabende Sergeant kam wohl oder übel zu dem Schluß, die Fähre sei entweder versenkt worden oder es habe überhaupt nie eine gegeben. Beim Morgengrauen stellte man die Suche ein und trat den gefährlichen Rückweg an.

Bereits wenige Minuten später geriet die Patrouille in MG-Feuer und mußte sich mit drei Verwundeten ans Ufer zurückziehen. Der Sergeant meinte, man solle sich einzeln durchschlagen. Edwards blieb mit dem Korporal und zwei Gleiterpiloten zusammen und kam nach kleineren Scharmützeln mit den Deutschen gerade in dem Augenblick in die alte Kirche von Oosterbeek, als dort eine Serie Werfergranaten einschlug. Edwards wurde umgeworfen, er hatte in beiden Beinen Granatsplitter und seine Stiefel waren voller Blut. In einem Haus neben der Kirche wurde er verbunden, und man riet ihm, er solle sich etwas ausruhen. »Wo ich mich ausruhen sollte, wußte aber keiner; das Haus war voll von Schwerverwundeten. Es stank fürchterlich.« Statt zu bleiben, suchte er seinen Kompaniegefechtsstand, der sich in einer Wäscherei befand, »denn schließlich mußte ich ja jemandem Meldung machen. Ich fand einen Offizier und sagte dem, die Fähre sei nicht da. Dann kroch ich mit dem Gleiterpiloten in ein Loch. Was aus den anderen geworden ist, weiß ich nicht.«

Etwas später setzte General Urquhart, der über das Schicksal von Frost immer noch nicht informiert war, folgenden Funkspruch an Browning ab:

Feind greift Brücke in voller Stärke an. Lage ist für geschwächte Verteidigung kritisch. Feind greift östlich Heelsum und westlich Arnheim an. Lage ernst, bilde Igelstellung um Hartenstein mit restlicher Division. Entsatz an beiden Abschnitten dringendst erforderlich. Fähre Heveadorp noch in meiner Hand.

Während die Artilleristen noch mit der Weitergabe des Funkspruches beschäftigt waren, wurde dem Divisionsstab gemeldet, daß die Fähre unauffindbar sei. Der Stab nahm an, sie sei von den Deutschen versenkt worden. Pieters Fähre schwamm aber noch. Man fand sie, wenn auch viel zu spät, nahe der zerstörten Eisenbahnbrücke etwa anderthalb Kilometer westlich von Heveadorp, auf Strand gesetzt, aber durchaus noch brauchbar. »Hätten wir noch ein paar hundert Meter weiter flußabwärts suchen können, wir hätten sie gefunden«, sagt Edwards.

Urquhart hörte diese niederschmetternde Neuigkeit, als er am Donnerstagvormittag nach einer Inspektion der Stellung Hartenstein zum Gefechtsstand zurückkehrte. Die Polen sollten in wenigen Stunden abspringen, und die einzige Chance, seine Stellung durch Sosabowskis Fallschirmjäger aufzufüllen, war verloren[3].

Als General Sosabowski aus einem Fenster der vordersten Dakota schaute, die an der Spitze der langen Kolonne jener Maschinen flog, welche die 1. Polnische Fallschirmjägerbrigade zur Absprungzone bei Driel bringen sollte, »erfuhr ich die Wahrheit, bestätigte sich mir, was ich seit langem vermutet hatte. Von Eindhoven an, wo die Maschinen nach Norden eindrehten, sah ich eine ungeheuere Straßenverstopfung, an der Hunderte von Fahrzeugen beteiligt waren.« Qualmwolken lagen über der Straße. Zwischen den Fahrzeugen schlugen immer wieder Granaten ein, »viele standen in Flammen, und beiderseits der Straße türmten sich die Fahrzeugwracks«. Gleichwohl kam die Kolonne immer noch vorwärts. Hinter Nimwegen jedoch hörte alle Bewegung auf, und durch niedrig ziehende Wolken zu seiner Rechten erblickte Sosabowski die »Inselstraße« und die unbeweglich darauf verharrenden Panzer, deren vorderste unter Beschuß lagen. Als die Maschinen Sekunden später nach Driel abdrehten, sah er auch die Brücke von Arnheim. Über diese Brücke fuhren von Norden nach Süden Panzer, die Sosabowski als deutsche erkannte, und die Einsicht traf ihn wie ein Schlag,

[3] Der Leser erfährt hier erstmals, was es mit der Fähre wirklich auf sich gehabt hat, denn auch amtliche Berichte behaupten, sie sei versenkt worden. Anderswo kann man lesen, die Deutschen hätten die Fähre durch Artilleriebeschuß zerstört oder an einen nur ihnen zugänglichen Ort gebracht. Nirgendwo findet sich in deutschen Quellen dafür eine Bestätigung, und keiner der von mir befragten deutschen Kommandeure erinnert sich, einen derartigen Befehl gegeben zu haben. Hätten die Deutschen versucht, die Fähre an sich zu bringen, es wäre ihnen gewiß ebenso schwergefallen wie Edwards. Wie dem auch sei, kein deutscher Offizier erinnert sich, die Zerschneidung des Kabels befohlen zu haben, ohne das die Fähre unbrauchbar geworden wäre.

daß die Engländer die Brücke verloren hatten.

Mittwoch abend, aufs höchste beunruhigt darüber, daß man ihn über die wahre Lage Urquharts nicht unterrichtete, »und in der Befürchtung, von meiner eigenen Regierung vors Kriegsgericht gestellt zu werden«, hatte Sosabowski endlich alle Rücksichtnahme fahrenlassen und verlangt, den Kommandeur der 1. Alliierten Luftlandearmee, General Brereton, zu sprechen. Dem Verbindungsoffizier zur polnischen Brigade, Oberst Stevens, erklärte er mit Nachdruck: »Wenn ich nicht endlich genau über die Lage bei Arnheim unterrichtet werde, startet die polnische Brigade nicht.« Der verblüffte Stevens überbrachte eilends dem Stab dieses Ultimatum Sosabowskis und kehrte um sieben Uhr früh am Donnerstag mit Nachrichten von Brereton zurück. Die Lage sei unklar, der Angriff jedoch werde ausgeführt wie geplant, Absprungzone sei nach wie vor Driel, »und die Fähre bei Heveadorp ist in unserer Hand«. Sosabowski gab sich damit zufrieden, begriff nun aber beim Anblick des Kriegsschauplatzes, daß er jetzt »besser informiert war als Brereton«. Als er um Oosterbeek deutsche Panzer bemerken mußte und als ihn dichtes Flakfeuer empfing, festigte sich seine Überzeugung, »daß man die Brigade einem totalen englischen Versagen aufopfern wollte«. Gleich darauf sprang er durch das dichte Flakfeuer ab und sah auf seiner Uhr, daß es genau 17:08 Uhr war.

Wie Sosabowski ganz richtig befürchtet hatte, sprangen die Polen in ein wahres Feuerwerk hinein. Die Deutschen erwarteten sie bereits. Von Dünkirchen an hatten sie die anfliegenden Maschinen verfolgt, und sie besaßen jetzt in reichlicher Menge Flak. Zum Überfluß stießen auch noch 25 deutsche Jäger überraschend aus den Wolken auf die anfliegenden Transporter nieder.

Im Herabschweben gewahrte Sosabowski eine Dakota, die mit zwei brennenden Motoren abstürzte. Korporal Kochalski bemerkte eine andere, die ebenfalls abstürzte. Aus dieser retteten sich nur ein Dutzend Fallschirmspringer. Leutnant Kaczmarek betete am Fallschirm hängend. Er sah so viele Leuchtspurgeschosse, daß er glaubte, jedes einzelne gälte ihm. Korporal Korob landete mit einem völlig durchlöcherten Fallschirm neben einem Landsmann, dem der Kopf abgerissen worden war.

Im Kessel von Oosterbeek bewirkte der Absprung der Polen, daß die Kampftätigkeit vorübergehend eingestellt wurde. Die Deutschen schienen ihr Feuer ganz und gar auf die hilflos an ihren Schirmen baumelnden Polen zu konzentrieren. »Es war, als richteten sich alle feindlichen Geschütze gleichzeitig auf dieses Ziel«, bemerkte Kanonier Christie. Man nutzte die überraschende Feuerpause dazu, neue Stellungen auszuheben, Munition heranzuschaffen, Tarnnetze auszuspannen und die schmalen Splittergräben von leeren Kartuschen zu säubern.

Hauptmann Langton, dessen Panzer sechs Stunden zuvor auf der Straße nach Arnheim zum Stehen gebracht worden waren, beobachtete den Absprung mit Verzweiflung im Herzen. Einen schrecklicheren Anblick hatte er nie gesehen. Deutsche Jäger griffen die wehrlosen polnischen Transporter an »und pusteten sie einfach weg. Aus den brennenden Maschinen, von denen einige über die Nase abtrudelten, versuchten Fallschirmjäger abzuspringen, und viele der Springer waren tot, ehe sie den Boden berührten.«

Beinahe hätte Langton geweint. »Wo bleibt nur unsere Luftunterstützung?« fragte ich mich. »Nachmittags hatte es geheißen, für unseren eigenen Angriff auf Arnheim seien keine Flugzeuge verfügbar, denn die würden alle für die Polen gebraucht. Und wo blieben die jetzt? Lag es etwa am Wetter? Das war Unsinn. Die Deutschen flogen, also konnten wir es auch.« Langton war aufs höchste frustriert. Er wußte genau, daß die Panzer »mit Luftunterstützung längst diese armen Hunde in Arnheim herausgehauen hätten«. Vor Verzweiflung wurde ihm übel.

Die kombinierte Abwehr vom Boden und aus der Luft war zwar für die polnische Brigade eine böse Überraschung, doch kam sie zum großen Teil unbeschädigt in der Absprungzone an. Allerdings wurde sie schon bei der Landung von Panzern und Flak entlang der Straße Nimwegen–Arnheim und von Artillerie nördlich Driel beschossen, Sosabowski kam es sogar vor, als sei die Landezone in den Feuerplan von Maschinengewehren einbezogen. Die Männer, die schon in der Luft beschossen worden waren und nun am Boden in tödliches Kreuzfeuer gerieten, mußten sich ihren Weg aus der Landezone freikämpfen. Sosabowski landete nahe einem Kanal, und als er in Deckung lief, stieß er auf einen Gefallenen. »Er lag im Gras mit ausgebreiteten Armen wie gekreuzigt. Der Schädel war weggerissen, und ich fragte mich, wie viele meiner Soldaten ich in ähnlichem Zustand würde sehen müssen, bevor der Kampf vorüber war, und ob solche Opfer sich wirklich lohnten[4].«

Die Bewohner von Driel, aufs äußerste erschreckt von dem wütenden deutschen Abwehrfeuer, wurden von abspringenden Fallschirmjägern förmlich überschwemmt. In Obstgärten, Abzugsgräben, auf Deichen und Poldern und in der Ortschaft selbst erschienen Polen. Manche fielen auch in den Rhein, wurden abgetrieben und ertranken, wenn sie ihre Fallschirmgurte nicht schnell genug lösen konnten. Ohne auf das Einschlagen der Granaten und das MG-Feuer zu achten, kamen die Holländer den vom Pech

4 Stanislaw Sosabowski: *Freely I Served*, S. 124.

verfolgten Polen zu Hilfe. Unter ihnen als Rotkreuzhelferin auch Cora Baltussen.

Der Fallschirmabsprung, der in einer Zone etwa zwei Kilometer südlich von Driel erfolgen sollte, kam für die Einwohner völlig überraschend. Ein Vorauskommando war nicht abgesetzt worden, und der holländische Widerstand wußte von nichts. Cora Baltussen radelte auf dem schmalen Deichweg an einen Honingsveld genannten Ort, wo dem Anschein nach viele Fallschirmjäger gelandet waren, obwohl sie sich nicht vorstellen konnte, daß auch nur einer das Abwehrfeuer der Deutschen überlebt haben sollte. Mindestens erwartete sie viele Verwundete. Zu ihrem Erstaunen sah sie, wie die gelandeten Männer Gruppen bildeten und Deckung hinter den Deichen suchten. Sie konnte gar nicht glauben, daß so viele noch am Leben waren, »aber jetzt sind die Tommys endlich doch noch nach Driel gekommen«, dachte sie.

Cora hatte zwar seit Jahren nicht englisch gesprochen, immerhin kannte sie als einzige Bewohnerin von Driel diese Sprache. Sie hoffte also, nicht nur als Krankenschwester benötigt zu werden, sondern auch als Dolmetscherin. Sie sah, daß man ihr heftig winkte. »Offenbar wollte man mich des Beschusses wegen von der Straße scheuchen. In meiner Aufregung und Dummheit« bemerkte Cora aber kaum etwas von diesem Beschuß. Den ersten Männern, denen sie begegnete, rief sie zu: »Hallo, Tommy!« und war baß erstaunt, als sie hören mußte, daß die Antwort in einer anderen Sprache als Englisch ertönte. Immerhin erkannte sie diese fast sofort als Polnisch, weil Jahre zuvor polnischsprechende volksdeutsche Soldaten in Driel gelegen hatten.

Nach Jahren feindlicher Besetzung war Cora mißtrauisch. In der Marmeladenfabrik ihrer Eltern versteckten sich derzeit mehrere englische Soldaten und die Besatzung eines abgeschossenen Flugzeugs. Die Polen beobachteten sie ebenfalls mißtrauisch. Holländisch sprachen sie nicht, dafür versuchten sie, sich in gebrochenem Englisch und Deutsch verständlich zu machen. Wo Cora herkomme? Wie viele Menschen in Driel seien? Ob Deutsche im Dorfe seien? Wo der Hof Baarskamp sei? Auf diese letzte Frage sprudelte Cora eine Antwort auf deutsch und englisch hervor. Der Hof lag ostwärts von der Ortschaft, und obwohl Cora nicht eigentlich zu der winzigen Widerstandszelle von Driel zählte, hatte sie doch gehört, daß ihr Bruder Josephus, aktives Mitglied beim Widerstand, von dem Eigentümer des Hofes als von einem holländischen Nazi gesprochen hatte. Sie wußte auch, daß bei Baarskamp einige deutsche Soldaten lagen, entlang der Deichstraße am Rhein, und auch in Flakstellungen in einer Ziegelei am Ufer. »Gehen Sie dort nicht hin, dort sind lauter Deutsche.« Die Polen schienen nicht überzeugt. »Sie wußten nicht, ob sie mir trauen durften«, erinnert sich Cora, »und ich wußte nicht, was tun. Ich hatte große Angst, die Soldaten würden dort in eine Falle laufen.« Bei der Gruppe, mit der sie sprach, war auch General Sosabowski. »Er trug keine besonderen Rangabzeichen und sah aus wie alle anderen. Erst tags darauf hörte ich, daß der kleine drahtige Mann der General war.« Sie erinnert sich, daß er gemächlich einen Apfel verspeiste und sich sehr für alles interessierte, was sie über Baarskamp wußte; zufällig war nämlich dieser Hof zum Sammelpunkt für seine Brigade ausersehen worden. Cora hatte zwar den Eindruck, daß man ihr nicht glaubte, Sosabowskis Offiziere jedoch schickten sofort Melder zu den anderen Gruppen, um die Baarskamp betreffenden Informationen weiterzugeben. Der kleine Mann mit dem Apfel fragte nun: »Wo ist die Fähre?«

Einer der Offiziere brachte eine Karte zum Vorschein, und Cora bezeichnete die Lände. »Die Fähre ist aber jetzt nicht in Betrieb«, sagte sie, denn die Bewohner von Driel hatten sie seit Mittwoch nicht mehr gesehen. Pieter hatte erzählt, das Kabel sei durchschnitten worden, und man nahm an, die Fähre sei zerstört.

Sosabowski war beunruhigt. Schon gleich nach der Landung hatte er eine Patrouille auf die Suche nach der Fähre geschickt, und jetzt fand er seine Befürchtungen bestätigt. »Ich wartete noch auf die Meldung dieser Patrouille, glaubte aber, daß die junge Frau mir die Wahrheit sagte. Ich bedankte mich herzlich.«[5]

Er sah eine schwere Aufgabe vor sich. Wenn er Urquhart zu Hilfe kommen wollte, mußt er seine Brigade über den 400 Meter breiten Rhein bringen, entweder auf Flößen oder in Booten, noch dazu bei Dunkelheit. Dabei wußte er nicht, ob Urquharts Pioniere Boote bereithielten oder woher er selber welche nehmen sollte. Sein Funker konnte zum Stab der 1. englischen Luftlandedivision keine Verbindung bekommen, und so wußte er nicht, ob inzwischen neue Pläne gemacht worden waren.

Während Cora und ihre Helfer sich der Verwundeten annahmen, sah Sosabowski zu, wie seine Leute sich im Schutz von Rauchbomben sammelten, wobei sie den geringen Widerstand, der ihnen geleistet wurde, überwanden. Bislang bestand dieser hauptsächlich in Artilleriefeuer; Panzer hatten sich noch nicht sehen lassen, der weiche Polderboden war für sie ungeeignet. Einigermaßen ratlos,

5 Es wird behauptet, Cora habe dem Widerstand angehört und Sosabowski melden sollen, daß die Fähre in Händen der Deutschen sei. »Nichts könnte weiter von der Wahrheit entfernt sein«, versicherte mir Cora. »Ich habe dem Widerstand nie angehört. Mein Bruder war beteiligt. Die Engländer trauten dem Widerstand nicht, und wir in Driel erfuhren erst was vom Absprung der Polen, als sie mitten unter uns standen.«

aber entschlossen installierte Sosabowski seinen Gefechtsstand in einem Bauernhaus und wartete hier auf Neuigkeiten von Urquhart. Seine Stimmung besserte sich nicht, als er erfuhr, daß von den 1500 Mann seiner Brigade 500 nicht angekommen waren. Des Wetters wegen hatten Maschinen mit fast einem ganzen Bataillon an Bord vorzeitig nach England zurückkehren müssen. Überdies hatte die ihm verbliebene Truppe erhebliche Ausfälle zu beklagen; die genauen Zahlen waren noch nicht bekannt, doch bei Dunkelwerden waren nur etwa 750 Mann versammelt, darunter viele Verwundete.

Um 21:00 Uhr hörte er endlich von Urquhart, und zwar auf ziemlich dramatische Weise. Da es nicht gelungen war, Funkverbindung zu Sosabowski herzustellen, schwamm der polnische Verbindungsoffizier beim Stab von Urquhart, Hauptmann Zwolanski, durch den Rhein. »Ich beschäftigte mich gerade mit meiner Karte«, erinnert sich Sosabowski, »da kam plötzlich ein tropfnasser Mensch herein, nur in Unterhosen und ganz mit Schlamm beschmiert.«

Zwolanski meldete, »General Urquhart erwartete, daß wir in der Nacht übersetzten. Er hatte angeblich Flöße für uns bereitet.« Sosabowski schickte sogleich einige seiner Leute ans Ufer. Dort verbrachten sie den größten Teil der Nacht damit, vergeblich auf Flöße zu warten. »Um 3:00 Uhr früh wüßte ich, daß der Plan fehlgeschlagen war, und ich zog meine Leute in die Stellung zurück. Für den Morgen erwartete ich den Angriff deutscher Infanterie und schweres Artilleriefeuer. Es bestanden keine Aussichten mehr, im Schutze der Dunkelheit über den Rhein zu gehen.«

Vom Hotel Hartenstein aus funkte Urquhart noch während der Nacht dringend an Browning:

(212144) Seit 24 Stunden keine Meldung mehr von Teilen der Division in Arnheim. Reste der Division in sehr engem Kessel. Schweres Werfer- und MG-Feuer begleitet von örtlichen Angriffen. Schlimmste Bedrohung sind Sturmgeschütze. Schwere eigene Verluste. Kräfte aufs äußerste angespannt. Verstärkung unbedingt innerhalb 24 Stunden erforderlich.

Prinz Bernhard verfolgte derweil in Brüssel, unweit von Montgomerys Hauptquartier, bekümmert die Ereignisse. Holland, das mit Leichtigkeit in den ersten Septembertagen hätte befreit werden können, wurde statt dessen in ein Schlachtfeld verwandelt. Bernhard gab daran niemandem die Schuld, denn schließlich bezahlten amerikanische und englische Soldaten mit ihrem Leben dafür, daß die Niederlande von einem grausamen Bedrücker befreit wurden. Allerdings war Bernhard sowohl von Montgomery als auch von dessen Stab schon bald sehr enttäuscht. Als er am 22. September erfuhr, daß die Panzer der Irischen Garde bei Elst zum Stehen gebracht und die Polen nicht am Südzugang zur Arnheimer Brücke, sondern in der Nähe von Driel abgesetzt worden waren, verlor der 33 Jahre alte Prinz die Beherrschung und verlangte von seinem Stabschef General Doorman wütend zu wissen: »Warum haben die Engländer nicht auf uns gehört, warum nicht?«

Von der Planung des Unternehmens »Market-Garden« waren holländische Militärs sorgfältig ausgeschlossen worden, obwohl deren Rat unbezahlbar gewesen wäre. »Hätte man uns rechtzeitig über die Auswahl der Abwurfzonen ins Bild gesetzt, dann hätten wir im Hinblick auf die Entfernung zwischen diesen und der Brücke von Arnheim wertvolle Hinweise geben können«, bemerkte Prinz Bernhard dazu. »Mit Rücksicht auf die große Erfahrung Montgomerys enthielten wir uns jedoch jeder Kritik und fanden uns mit allem ab.« Allerdings hatten die holländischen Generäle, nachdem sie erfuhren, auf welcher Straße das XXX. Korps von General Horrocks vorrücken wollte, jeden, der hören wollte, davor gewarnt, exponierte Deichstraßen zu solchen Zwecken zu benutzen. »Auf der Kriegsakademie sind solche Planspiele unzählige Male veranstaltet worden, und wir wußten ganz genau, daß Panzer auf diesen Straßen ohne ausreichenden Schutz durch Infanterie nicht operieren können«, bemerkte Bernhard. So wiesen denn holländische Offiziere Montgomerys Stab immer wieder darauf hin, daß der vorgesehene Fahrplan nur eingehalten werden könne, wenn die Panzer von Infanterie begleitet seien. General Doorman beschrieb anschaulich Manöver mit Panzern, die er persönlich vor dem Krieg in genau jener Gegend hatte ausführen lassen.

Bernhard meint dazu: »Die Engländer ließen sich von unseren Vorstellungen überhaupt nicht beeinflussen. Alle waren ungewöhnlich höflich, sie erledigten die Planung aber ganz allein und wollten unseren Rat nicht hören. Ihre Haltung war: nur keine Sorge, alter Knabe, wir machen das schon. Selbst jetzt noch, am 22. September, gab man dem Wetter die Schuld an allen Mißerfolgen. Meine Offiziere und ich hatten den Eindruck, daß die Engländer uns für schwachsinnig hielten, weil wir es wagten, an der Richtigkeit ihrer Strategie zu zweifeln. Außer bei einigen wenigen hohen Offizieren war ich im Hauptquartier von Montgomery nicht besonders beliebt, denn meine Warnungen erwiesen sich nun als nur allzu berechtigt, und kein Engländer kann es vertragen, von einem verdammten Ausländer bei einem Irrtum ertappt zu werden.«[6]

6 Leutnant Mahaffey von der Irischen Garde berichtet, daß, kurz nachdem die Panzer bei Elst zum Stehen gebracht worden waren, ein holländischer Offizier von der Brigade Prinzessin Irene in die Offiziersmesse gekommen sei, rund um den Tisch geblickt und gesagt habe: »Sie wären allesamt durchgefallen.« Er erläuterte dann, bei den Prüfungen der Generalstabs-

Von Brüssel aus hielt der Prinz die 64 Jahre alte Königin Wilhelmina und die holländische Exilregierung in London auf dem laufenden. »Auch sie konnte keinen Einfluß auf die Kriegsführung der Engländer nehmen. Weder die Königin noch die Regierung hätte in dieser Sache bei Churchill vorstellig werden können, weil dieser nie und nimmer in eine militärische Operation unmittelbar eingegriffen hätte. Dafür genoß Montgomery zu großes Ansehen. Wir waren also völlig hilflos.«

Königin Wilhelmina verfolgte die Ereignisse besorgt. Ebenso wie ihr Schwiegersohn hatte sie mit einer raschen Befreiung der Niederlande gerechnet, jetzt hingegen fürchtete sie, falls das Unternehmen »Market-Garden« fehlschlug, »die schreckliche Vergeltung, welche die Deutschen an unserem Volk üben würden. Die Königin verabscheute die Deutschen aus Herzensgrund und erwartete deshalb von ihnen keine Nachsicht.«

Zu Beginn der Operation hatte Bernhard die Königin wissen lassen, »daß wir demnächst wieder einige königliche Schlösser und Liegenschaften der Krone in Besitz nehmen werden«. Die Antwort der Königin lautete: »Alles niederbrennen.« Der verblüffte Bernhard fragte, ob er recht gehört habe, worauf Wilhelmina entgegnete: »Ich werde niemals meinen Fuß an einen Ort setzen, wo die Deutschen meine Zimmer und meine Möbel benutzt haben, niemals!« Bernhard versuchte, sie zu beschwichtigen. »Sie übertreiben vielleicht etwas, Mutter. Das sind schließlich sehr brauchbare Gebäude. Man kann sie ausräuchern und DDT streuen.« Die Königin blieb unerbittlich. »Alle Paläste niederbrennen«, kommandierte sie. »Ich betrete keinen mehr, keinen einzigen.« Der Prinz weigerte sich. »Die Königin war wütend, weil ich mit meinem Stab einen solchen Palast bezogen hatte, ohne sie vorher um Erlaubnis zu fragen. Wochenlang redete sie kein Wort mit mir, ausgenommen natürlich das amtlich Erforderliche.«

Bernhard und seinem Stab blieb also nur, »abzuwarten und zu hoffen. Wir waren verbittert und enttäuscht. Nie war es uns eingefallen, daß an der Spitze so kostspielige Fehler gemacht werden könnten.« Noch trauriger stimmte Bernhard das Schicksal, das Holland erwartete. »Ich wußte, daß dem holländischen Volk ein fürchterlicher Winter bevorstand, falls die Engländer bei Arnheim zurückgeworfen werden sollten.«

schule habe eine Frage stets gelautet, wie Arnheim von Nimwegen aus anzugreifen sei, und zwar auf einem von zwei Wegen: a) die Hauptstraße entlang. b) Nach drei Kilometern links von der Hauptstraße abbiegen, den Rhein überschreiten und von der Flanke gegen Arnheim vorstoßen. »Wer auf der Hauptstraße angreifen wollte, war durchgefallen.«

2

Oosterbeek, bislang eine ruhige Insel inmitten des Krieges, wurde nun selbst zum Schlachtfeld. In weniger als 72 Stunden – seit Mittwoch nämlich – war die Ortschaft verheert worden. Geschütz- und Granatwerferfeuer hatte sie in ein Ruinenfeld verwandelt, von der geordneten Heiterkeit war nichts geblieben. Statt dessen sah man eine zerstörte Landschaft, gespickt von Granattrichtern, zerschnitten von Splittergräben, bedeckt mit Brocken von Holz und Stahl, mit rotem Ziegelstaub und Asche. Von rauchgeschwärzten Baumstümpfen flatterten zerfetzte Vorhänge gespenstisch im Wind. Im knöchelhohen Staub blinkten Patronenhülsen und Kartuschen. Barrikaden aus ausgebrannten Fahrzeugen, Baumstämmen, Sandsäcken, Haustüren, Möbelstücken, Badewannen und Klavieren versperrten die Straßen. Hinter halbzerstörten Häusern und in Schuppen, an Straßenrändern und in umgewühlten Gärten lagen nebeneinander tote Soldaten und Zivilisten. Die Grünanlagen rings um die in Lazarette verwandelten Hotels waren übersät mit hinausgetragenen Möbeln, Gemälden und zerschlagenen Lampen; die bunten Markisen, welche den breiten Terrassen Schatten gespendet hatten, waren nur noch traurige Fetzen. Kaum ein Haus war unbeschädigt; manche waren niedergebrannt, und heile Fensterscheiben gab es kaum noch im Ort. In dieser Wüstenei versuchten die Holländer, insgesamt etwa 8000 bis 10 000 Frauen, Männer und Kinder, so gut es gehen wollte, zu überleben. In Kellern zusammengedrängt, ohne Gas, Wasser und Elektrizität und wie die meisten englischen Soldaten so gut wie ohne Nahrung, versorgten die Zivilisten ihre Verwundeten, die Verwundeten ihrer Befreier und, falls nötig, auch ihrer deutschen Besatzer.

Hendrika van Vlist, Tochter des Eigentümers des Hotels Schoonoord, jetzt ein Verbandsplatz unmittelbar in der Kampflinie, vermerkte in ihrem Tagebuch:

»Angst haben wir keine mehr, darüber sind wir hinweg. Ringsumher liegen Verwundete, manche davon sterbend. Warum sollten auch nicht wir sterben, wenn es sein muß? In dieser kurzen Zeit haben wir alles abgetan, woran wir uns bislang klammerten. Wir besitzen nichts mehr. Das Hotel ist beschädigt, doch daran denken wir nicht. Dafür haben wir keine Zeit. Sollte dieser Kampf nicht nur das Leben der Engländer, sondern auch das unsere fordern, dann wollen wir es drangeben.«

Die hohläugigen, übernächtigten Fallschirmjäger harrten in ihren Stellungen an Wegrändern, auf Feldern und Dächern, in Fensterhöhlen zerstörter Häuser nahe der Kirche von Oosterbeek und im Tierpark am beschädigten Hotel Hartenstein aus. Die Beschießung wurde fast ununterbrochen fortgesetzt, und der Lärm betäubte

Soldaten wie Zivilisten. Holländer und Engländer verfielen in Oosterbeek einer Art Benommenheit. Die Zeit hatte wenig zu bedeuten, Ereignisse wurden nur unscharf wahrgenommen. Und doch trösteten Soldaten und Zivilisten einander, hofften auf Rettung und waren zu erschöpft, um sich noch viele Gedanken zu machen. Oberst Payton-Reid, Kommandeur der Scottish Borderers bemerkt hierzu: »Am schwersten zu ertragen im Gefecht ist Schlaflosigkeit. Man erreicht irgendwann den Punkt, an dem einem alles einerlei ist, wenn man nur schlafen darf.« Hauptmann Clegg vom 10. Fallschirmjägerbataillon bestätigt das: »Ich erinnere mich besonders dieser Müdigkeit – man kam schließlich so weit, daß man sich den Tod wünschte, weil man würde schlafen können.« Gleiterpilot Goldthorpe war so erschöpft, »daß ich mir mehr als einmal wünschte, verwundet zu werden, nur um mich niederlegen und schlafen zu können«. Ruhe war aber niemandem gegönnt.

Überall in der Igelstellung, vom Hotel Dreyeroord im nördlichsten Zipfel des Brückenkopfes bis zur Kirche von Oosterbeek wurde verbissen gekämpft, wobei Angreifer und Verteidiger wechselseitig von den Hilfsmitteln des Gegners Gebrauch machten. Engländer benutzten deutsche Waffen und Munition, zerstörten deutsche Panzer mit deutschen Tellerminen, während die Deutschen in englischen Jeeps umherfuhren und sich mit dem aus der Luft abgeworfenen englischen Nachschub versorgten. »Eine so billige Schlacht hatten wir noch nie«, erinnert sich Obersturmbannführer Harzer. »Es gab reichlich Essen, Zigaretten und Munition, und alles umsonst.« Beide Seiten eroberten und räumten die Stellungen so oft, daß kaum jemand wußte, wer eigentlich die Nachbarstellung hielt, und besonders für die Holländer in den Kellern entlang der Kampflinie war das recht unangenehm.

Jan Voskuil, der schon erwähnte Ingenieur, brachte seine Angehörigen, also die Schwiegereltern, seine Frau Bertha und den neunjährigen Henri im Haus von Dr. Onderwater unter, weil er meinte, der mit Sandsäcken abgedeckte Keller des Arztes sei besonders sicher. Im Verlauf der Kämpfe nistete sich eine englische Pak im Erdgeschoß über ihnen ein. Bald darauf erschien ein SS-Offizier und wollte wissen, ob sich hier Engländer versteckt hielten. Der kleine Henri spielte mit einer englischen Patronenhülse, was der deutsche Offizier bemerkte, woraufhin er mit dem Ausruf: »Die gehört zu einer englischen Waffe!« alle Kellerinsassen nach oben befahl. Voskuil zweifelte nicht daran, daß alle erschossen werden sollten, deshalb sagte er eilig: »Diese Patronenhülse hat mein Sohn gefunden, er spielt doch nur damit.« Die Deutschen zogen ab und ließen die Holländer in Ruhe. Nicht lange, und wieder wurde die Kellertür aufgestoßen. Zur allgemeinen Erleichterung erschienen englische Fallschirmjäger, die, wie Voskuil fand »in ihren Tarnjakken und mit den Zweigen an den Helmen geradezu unirdisch aussahen. Wie der heilige Nikolaus teilten sie Schokolade und Zigaretten aus, die sie gerade von einem deutschen Lastwagen erbeutet hatten.«

Soldat Jones hatte ebenfalls verwirrende Erlebnisse. Jones, der mit anderen Angehörigen seines Zuges an einer Straßenkreuzung nahe dem Hotel Schoonoord lag, sah einen deutschen Kommandeurswagen kommen und schaute verblüfft zu, als der Wagen vor dem Haus nebenan hielt. »Der Mund blieb uns offenstehen, als der Fahrer die Tür aufmachte und vor einem Offizier salutierte, der ausstieg und ins Haus ging. Dann kamen wir aber zur Besinnung und schossen alle beide nieder.«

Gelegentlich ging es auch weniger unpersönlich zu. Leutnant Long vom Gleiterpilotenregiment stieß bei einer Patrouille nahe der Straßenkreuzung von Dennenkamp auf einen jungen Deutschen, der mit einer Maschinenpistole bewaffnet war. Long trug nur einen Revolver. Er rief seiner Patrouille zu, in Deckung zu gehen und schoß seinen Revolver ab, nicht ohne daß der Deutsche ihn vorher ins Bein geschossen hätte. Long fiel hin, der Deutsche jedoch hatte nur einen Streifschuß am Ohr erhalten. »Zu meinem Schrecken warf er eine Handgranate, die unmittelbar neben mir landete. Zum Glück konnte ich sie wegstoßen, so daß sie keinen Schaden anrichtete. Er nahm mir dann zwei Handgranaten ab, warf sie in den Wald, wo meine Patrouille liegen geblieben war, setzte sich seelenruhig auf mich und feuerte aus seiner MP.« Dabei fielen die heißen Patronenhülsen dem Leutnant in den Blusenausschnitt, was ihn nötigte, den Deutschen darauf hinzuweisen, daß ihm dies sehr unbehaglich sei. Der Deutsche änderte seine Stellung so, daß die leeren Hülsen nicht mehr auf den Leutnant fielen. Wenige Augenblicke später hörte er auf zu schießen und durchsuchte Long. Er wollte dessen Verbandspäckchen wegwerfen, doch Long deutete auf seine Beinwunde. Der Deutsche wiederum deutete auf seinen Streifschuß, woraufhin beide sich wechselseitig Verbände anlegten. Dann wurde der Leutnant in Gefangenschaft geführt.

Sergeant Baylis, jener Gleiterpilot, der eigens Tanzschuhe mitgebracht hatte in der Annahme, die Holländerinnen seien leidenschaftliche Tänzerinnen, wurde aus einem Splittergraben gescheucht, gegen eine Wand gestellt, durchsucht und befragt. Baylis beantwortete die Fragen seiner Bewacher nicht, vielmehr zog er einen Spiegel aus der Tasche, betrachtete sein verdrecktes, unrasiertes Gesicht und fragte: »Sie wissen wohl nicht zufällig, wo heute abend getanzt wird?« Man führte ihn weg.

Andere Fallschirmjäger bekamen tatsächlich Tanzmusik zu hören. Über Lautsprecher spielten die Deutschen einen der beliebtesten Schlager jener Zeit, Glenn Millers ›In the Mood‹, dem in englischer Sprache die Aufforderung folgte: »Soldaten der 1. Luftlandedivision! Ihr seid eingeschlossen. Ergebt euch!« Sergeant Overton vom Gleiterpilotenregiment hatte sich »damit abgefunden, nicht lebend aus Holland herauszukommen«. Overton und andere in seiner Nähe beantworteten die Aufforderung mit MG-Feuer. Auch Sergeant Goldthorpe hörte den Lautsprecher. Wenige Stunden zuvor hatte er sein Leben aufs Spiel gesetzt, um einen der abgeworfenen Nachschubbehälter zu ergattern, nur um dann feststellen zu müssen, daß dieser keine Munition enthielt und auch keine Lebensmittel, sondern rote Barette. Er erwiderte die Aufforderung, sich zu ergeben, seinerseits mit einer unfeinen Aufforderung an den Feind, der sich seine Nachbarn anschlossen. Von überall her richteten wütende Engländer ihre Gewehre in die Richtung des Lautsprechers und der verstummte ruckartig.

Die Deutschen waren der Meinung, es sei für die Engländer das einzig Vernünftige, sich zu ergeben, wie Major Stewart von der 1. Luftlandebrigade entdeckte. Man hatte ihn gefangengenommen und zu einem Gefechtsstand gebracht, als sich herausstellte, daß er Deutsch sprach. Er erinnert sich noch gut an den deutschen Kommandeur. Obergruppenführer Bittrich »war ein ziemlich großer, schlanker Mensch, so Mitte Vierzig. Er trug einen schwarzen Ledermantel und eine Mütze. Er fragte mich nichts, sondern sagte nur, ich solle meinem Divisionskommandeur klarmachen, daß er sich ergeben müsse, um die Division davor zu bewahren, völlig vernichtet zu werden.« Stewart lehnte dies ab. »Daraufhin hielt er mir eindringlich vor, wie es in meiner Macht liege, die Blüte der Nation vor dem Tode zu bewahren. Ich lehnte aber noch einmal ab.« Als Bittrich ihn zum drittenmal aufforderte, fragte Stewart: »Wie würden denn Sie an meiner Stelle antworten?« Bittrich schüttelte den Kopf und meinte: »Ich würde nein sagen.« Darauf Stewart: »Sehen Sie, das sage ich auch.«

Zwar meinte Bittrich, die Engländer schlügen sich bei Oosterbeek und Arnheim besonders hartnäckig, doch unterschätzte er immer noch ihre Entschlossenheit; er kam auch im Hinblick auf den Absprung der Polen bei Driel zu einem falschen Urteil. Er nahm zwar an, die Ankunft der Polen habe die Moral der angeschlagenen 1. Luftlandedivision gestärkt, doch glaubte er, Sosabowskis Auftrag sei, die 10. SS-Panzerdivision, die jetzt die Arnheimer Brücke zur Verfügung hatte, daran zu hindern, bis Nimwegen vorzustoßen. Die Bedrohung durch die Polen erschien ihm so ernst, daß er in die Operationen bei Oosterbeek eingriff und die Kampfgruppe Knaust, die jetzt mit 20 Tigern und 20 Panthern aufgefüllt worden war, nach

Süden in Marsch setzte, damit sie Elst verteidige und die Polen daran hindere, den Südzugang zur Arnheimer Brücke zu erreichen oder mit den Panzern von Horrocks Verbindung aufzunehmen. Ferner sollte die 10. SS-Panzerdivision umgruppieren und die Anglo-Amerikaner im Raum Nimwegen über den Waal zurückwerfen. In dem Vorstoß der Engländer von Nimwegen aus erblickte Bittrich den wichtigsten Teil ihrer Operation. Von der Division Urquhart erwartete er keinen bedeutenden Widerstand mehr, und daß die Polen Urquharts Brückenkopf verstärken sollten, kam ihm gar nicht in den Sinn. So ergriff er denn, zwar aufgrund unrichtiger Folgerungen, doch die richtigen Maßnahmen und besiegelte das Schicksal der 1. Luftlandedivision.

Als am Morgen des 22. September die letzten Panzer von Knaust in Elst ankamen, hörte General Urquhart endlich etwas vom Kommandeur des XXX. Korps, nachdem er während der Nacht den Stab der 2. Armee davon unterrichtet hatte, daß die Fähre nicht mehr vorhanden war. Horrocks wußte davon augenscheinlich nichts, denn er gab an Urquhart durch: »43. Division hat Befehl, ohne Rücksicht auf Verluste heute Entsetzung durchzuführen, und marschiert auf Fähre. Falls Lage rechtfertigt, sollten Sie aufs Südufer übersetzen.« Darauf Urquhart: »Herzlich willkommen.«

Im Weinkeller des beschädigten Hotels Hartenstein – »nur dort war es noch einigermaßen sicher« – beriet der General mit seinem Stabschef Mackenzie. »Wir wollten auf alle Fälle vermeiden, als Panikmacher dazustehen«, erinnert sich Urquhart, »aber mir war doch so, als müßte nun etwas für uns geschehen, und zwar recht bald.«

Draußen hatte unterdessen die morgendliche Beschießung mit Granatwerfern begonnen. Das Hotel bebte von nahen Einschlägen, und der geplagte Urquhart fragte sich, wie lange man das noch aushalten könne. Von den 10 005 Luftlandesoldaten – 8905 Männern der Division und 1100 Gleiterpiloten und Kopiloten –, die bei Arnheim gelandet waren, blieben ihm noch knapp 3000 Mann. In weniger als fünf Tagen hatte er mehr als zwei Drittel seiner Division eingebüßt. Zwar bestand jetzt Verbindung zu Horrocks und Browning, doch schien ihm, als begriffen diese Herren nicht recht, was vorging. »Ganz bestimmt wußte Horrocks nicht, wie schlimm es um uns stand, und es blieb mir gar nichts anderes übrig, als ihm reinen Wein darüber einzuschenken, wie verzweifelt unsere Lage war.« Er beschloß daher, Oberst Mackenzie und Oberstleutnant Myers, seinen Pionierführer, »der sich mit dem Übersetzen der Mannschaften und des Gerätes befassen sollte«, nach Nimwegen zu Browning und Horrocks zu schicken. »Er sagte uns«, berichtete Mackenzie, »es sei von größter Wichtigkeit, Horrocks und Browning klarzumachen, daß die Division aufgehört habe zu bestehen und daß es sich hier nur noch um Individuen handele, die sich mit letzter Kraft am Leben hielten.« Urquhart meinte, die Grenze des Erträglichen sei erreicht und Mackenzie müsse den Kommandeuren klarmachen, »daß es zu spät ist, wenn wir nicht Ersatz und Nachschub noch in dieser Nacht bekommen«.

Urquhart sah Mackenzie und Myers bei ihrem Aufbruch zu. Er wußte, daß deren Fahrt gefährlich, vielleicht gar unmöglich auszuführen war, doch nahm er an, daß sie ihren Weg nach Nimwegen finden würden, sobald sie am anderen Flußufer angekommen waren – immer vorausgesetzt, man durfte Horrocks glauben, daß die 43. Infanteriedivision wirklich wie vorgesehen zum Angriff angetreten war. Urquhart richtete dann noch »ein letztes Wort an Charles. Ich sagte ihm, er möge doch bitte alles tun, um dem Stab klarzumachen, wie schlecht es um uns stand. Charles versprach, sein Bestes zu tun, und ich glaubte es ihm.« Myers und Mackenzie luden ein Gummiboot auf ihren Jeep und machten sich auf den Weg nach Oosterbeek und ans Rheinufer.

Unterdessen saß im Raum Nimwegen nördlich des Waal der 26 Jahre alte Hauptmann Wrottesley in seinem Panzerspähwagen und war im Begriff, den Abmarsch zu befehlen. In der Nacht hatte seine Aufklärungsabteilung Befehl bekommen, an der Spitze der 43. Infanteriedivision vorzugehen und Verbindung mit den Luftlandetruppen aufzunehmen. Seit tags zuvor die Irische Garde zum Halten gezwungen worden war, wußte Wrottesley sehr wohl, daß er mit starken Feindkräften nördlich von Nimwegen zu rechnen hatte. »Da weder von der 1. Luftlandedivision noch von den Polen bei Driel etwas zu hören war, mußte jemand nachsehen, was da los war. Auftrag unserer Abteilung war, die feindlichen Stützpunkte nach Möglichkeit zu umgehen.« Wrottesley hoffte, daß er sich im Schutz des Morgennebels auf Nebenstraßen durch die feindlichen Stellungen mogeln könnte, und gab bei Morgengrauen ganz zuversichtlich Befehl abzurücken. Die vier Fahrzeuge seiner Abteilung verschwanden rasch im Nebel. Ihnen folgte in kurzem Abstand eine zweite Abteilung unter Leutnant Young. Bei der Ortschaft Oosterhout schwenkten die Fahrzeuge nach Westen ein und fuhren etwa zehn Kilometer am Waal entlang. Dann bogen sie nach Norden ein und rollten Richtung Driel. »Gelegentlich kamen wir an Deutschen vorbei, die waren aber noch mehr erschrocken als wir«, erinnert sich Wrottesley. Zweieinhalb Stunden später, Freitag, den 22. September, um 8:00 kam die erste Verbindung zwischen den Bodentruppen und der 1. englischen Luftlandedivision zustande. Aus den von Montgomery angesetzten 48 Stunden waren unterdessen vier Tage und 18 Stunden geworden. Wrottesley und Young waren nach Driel und an den Rhein gelangt, ohne auch nur einen einzigen Schuß abzufeuern, und übertrafen damit weit den Vorstoß der Gardepanzer vom Donnerstag.

Eine dritte Abteilung unter Leutnant Hopkins, die den beiden anderen folgte, hatte es weniger gut. Der Morgennebel hob sich überraschend, der kleine Verband wurde gesichtet und von feindlichen Panzern unter Feuer genommen. »Der Fahrer des ersten Spähwagens war sofort tot«, erinnert sich Hopkins. »Ich ging nach vorn, um zu helfen, der Spähwagen brannte aber, und wir bekamen unablässig Feuer von feindlichen Panzern. Wir mußten zurück.« Damit hatten die Deutschen zunächst einmal die Verbindung zu Urquharts 1. Luftlandedivision wieder unterbrochen.

Die merkwürdige Lähmung, die sich vom ersten Augenblick an in dieser Operation bemerkbar machte, nahm immer noch zu. Der langersehnte Vorstoß der 43. Infanteriedivision unter General Thomas, der den Gardepanzern bei Elst Luft verschaffen sollte, war für den frühen Freitagmorgen geplant. Die 129. Brigade sollte beiderseits des Straßendammes durch Elst auf Arnheim vorgehen; gleichzeitig sollte die 214. Brigade weiter westlich durch die Ortschaft Oosterhout auf Driel und die Fähre vorstoßen. Unerklärlicherweise hatte die 43. Division für die Strecke vom Scheldekanal bis nach Nimwegen fast drei Tage gebraucht, eine Entfernung von rund 100 Kilometern. Zum Teil lag dies daran, daß der Feind den Korridor unentwegt angriff, doch später wurden Vorwürfe gegen General Thomas laut, die seiner übermäßigen Behutsamkeit galten. Seine Division hätte diese Entfernung in Fußmärschen rascher zurücklegen können[7].

Nun wurde die 43. Division neuerlich vom Pech verfolgt. Zum Ärger von General Essame, dem Kommandeur der 214. Brigade, verirrte sich sein Spitzenbataillon und konnte daher in der Nacht zum 22. September nicht über den Waal gehen. Als das Bataillon schließlich eintraf, verlangte Essame von dessen Kommandeur zu erfahren, wo er denn gesteckt habe. Es stellte sich heraus, daß die Infanteristen von Straßensperren in Nimwegen und von befreiten Zivilisten aufgehalten worden waren. In der Verwirrung gingen etliche Kompanien über die falsche Brücke. Essame konnte sich für den Vorstoß nach Driel den Morgennebel nicht mehr zunutze machen und der gabelförmig angelegte Angriff begann daher erst um 8:30 Uhr. Der von den Aufklärungsabteilungen alarmierte Feind erwartete die Engländer gut vorbereitet bei vollem Tageslicht. Bei Oosterhout brachte es ein begabter deutscher Kommandeur

[7] Chester Wilmont: *Der Kampf um Europa*, S. 497.

fertig, die 214. Brigade ab 9:30 Uhr bewegungslos in der Deckung zu halten, indem er geschickt mit Panzern und Artillerie manövrierte, während die 129. Brigade auf dem Wege nach Elst ins massierte Feuer der Panzer der Kampfgruppe Knaust geriet, die von Bittrich den Auftrag erhalten hatte, den anglo-amerikanischen Vormarsch aufzuhalten. An diesem Freitag also, da nach Ansicht von Urquhart das Schicksal der 1. englischen Luftlandedivision davon abhing, daß ihr unverzüglich Entsatz zuteil wurde, gelang es der 43. Division erst am späten Nachmittag Oosterhout zu nehmen, viel zu spät also, um noch ausreichende Verstärkungen an die in Oosterbeek eingeschlossenen Luftlandetruppen gelangen zu lassen.

Nicht nur Essame ärgerte sich darüber, daß der Angriff so langsam voranging. Oberstleutnant Taylor, Kommandeur der 5th Duke of Cornwall's Light Infantry[8] begriff nicht, »warum es nirgendwo weiterging«.

Ihm war klar, daß die Bodentruppen bereits drei Tage Verspätung hatten, und er spürte, daß man auch in den höheren Stäben recht betreten war. Als er am Donnerstag dem General Horrocks über den Weg lief, fragte ihn dieser: »Was würden Sie jetzt unternehmen, George?« worauf Taylor wie aus der Pistole geschossen antwortete, er würde noch in der Nacht 2 ½-Tonner-Schwimmwagen mit Nachschub über den Rhein setzen lassen. »Das war so ein Schuß ins Blaue, aber Horrocks schaute mich verblüfft an und wechselte dann das Thema – wie ein Mensch, dem man einen unrealisierbaren Vorschlag gemacht hat.«

Im Augenblick erwartete Taylor ungeduldig den Befehl, mit seinem Bataillon über den Waal zu gehen, doch erst gegen Mittag überbrachte ein Offizier vom Korpsstab die Weisung, zwei mit Nachschub beladene, schwimmfähige 2 ½-Tonner nach Driel mitzuführen. Ferner sollte ihn eine Panzerschwadron der Gardedragoner begleiten. »In Arnheim ist dicke Luft«, erläuterte der Major, »deshalb sollen die Schwimmwagen heute nacht noch über den Rhein setzen.« Gegen 15:00 Uhr trafen die vollbeladenen Lkw ein, und Taylor fragte sich bei ihrem Anblick, ob das alles sei, was man der Division Urquhart zukommen lassen wolle. »Wir müssen doch wohl noch etwas mehr als nur das hinüberschaffen«, sagte er zu seinem Nachrichtenoffizier Leutnant Wilcox.

Als die Infanterie sich zum Aufbruch aus Nimwegen rüstete, kamen Oberst Mackenzie und Oberstleutnant Myers bei Sosa-

[8] Die Namen der beteiligten englischen Traditionsregimenter waren die Ursache weiterer überflüssiger Konfusion, insbesondere wenn sie abgekürzt wurden. So entzifferten die Amerikaner in einem Funkspruch das Kürzel DCLI nicht als Duke of Cornwall's Light Infantry, sondern als Duck Craft Landing Infantry.

bowski in Driel an. Die Rheinüberquerung war überraschend ereignislos verlaufen. »Man ballerte nur ein paarmal hinter uns her, und das noch viel zu hoch«, sagte Mackenzie. Am Südufer hingegen ging es viel munterer zu; hier mußten die Polen sich deutscher Infanteristen erwehren, die von Elst und Arnheim her angriffen. Mackenzie und Myers hatten am Ufer ein Weilchen auf die Polen gewartet, »denn man hatte unseren Besuch über Funk angekündigt. Aber es fand dort ein richtiges Gefecht statt, und Sosabowski hatte wohl alle Hände voll zu tun.« Man setzte sie schließlich auf Fahrräder und leitete sie zu Sosabowskis Gefechtsstand.

Hier schöpfte Mackenzie Mut aus der Tatsache, daß eine englische Aufklärungsabteilung bis zu Sosabowski durchgestoßen war, erfuhr aber auch, daß es keine Möglichkeit für ihn gab, zu Browning nach Nimwegen zu kommen. Lord Wrottesley und Leutnant Young schlossen aus dem Umstand, daß die Abteilung von Hopkinson ihnen nicht hatte folgen können, daß die Deutschen ihnen den Weg verlegt hatten; auch war der Angriff der 43. Division noch nicht weit genug gediehen. Mackenzie und Myers, so meinten sie, müßten sich gedulden, bis der Weg frei gemacht sei.

»Mackenzie wollte unbedingt sofort über mein Funkgerät mit dem Stab sprechen«, erinnert sich Wrottesley. Er ließ denn auch eine ellenlange Meldung an Horrocks und Browning los, ohne sich die Mühe zu machen, den Spruch zu verschlüsseln. Wrottesley, der dabeistand, hörte Mackenzie im Klartext sagen: »Wir haben keine Verpflegung, keine Munition, keine Medikamente mehr. Länger als 24 Stunden schaffen wir es nicht mehr. Wir können nur noch abwarten und beten.« Wrottesley wurde erst jetzt klar, »daß Urquharts Division offenbar in der Patsche saß«.

Mackenzie und Myers berieten sodann mit Sosabowski, wie man die Polen am schnellsten über den Rhein bringen könnte. »Jetzt zählt jeder einzelne Soldat«, versicherte ihm Mackenzie. Sosabowski zeigte sich einverstanden, fragte jedoch, woher er denn Boote oder Flöße nehmen solle. Man stellte ihm für den Abend Schwimmwagen in Aussicht, die angefordert worden seien. Bis dahin könne man die kleinen Gummiboote der Luftlandetruppen verwenden, die jeweils zwei Männer faßten. Man könne sie vielleicht an Seilen über den Fluß ziehen. Sosabowski »war ganz entzückt von diesem Einfall. Das wird zwar etwas langsam gehen, doch wenn uns niemand daran hindert, können wir während der Nacht vielleicht zweihundert Mann auf diese Weise übersetzen.« Myers bestellte über Funk beim Hotel Hartenstein die Gummiboote. Diese verzweifelte Operation sollte bei Dunkelwerden beginnen.

Urquharts Männer schlugen sich derweil jenseits des Rheins in ihrem Brückenkopf ungewöhnlich mutig und entschlossen. Allerdings wurden auch die entschlossensten Soldaten gelegentlich von Zweifeln befallen. Hier und dort machte sich das Gefühl bemerkbar, in verzweifelter Lage allein gelassen worden zu sein, und dieses Gefühl griff auch auf die holländischen Zivilisten über.

Douw van der Krap, ehemaliger holländischer Marineoffizier, kommandierte 25 holländische Widerständler, die Seite an Seite mit den Engländern kämpfen sollten und auf Initiative von Kapitän Wolters zusammengestellt worden waren, der Urquhart als holländischer Verbindungsoffizier diente. Jan Eijkelhoff, der am Montag geholfen hatte, das Hotel Schoonoord in ein Lazarett zu verwandeln, erhielt den Auftrag, deutsche Waffen für diese Gruppe zu beschaffen. Die Engländer waren bereit, jedem Holländer fünf Patronen zuzuteilen, falls Waffen beschafft werden konnten. Obwohl Eijkelhoff fast bis nach Wolfheze fuhr, fand er doch nur drei oder vier Gewehre. Van der Krap war anfangs begeistert, seine Begeisterung verflüchtigte sich jedoch schon bald. Falls seine Männer in Gefangenschaft gerieten, würde man sie nämlich standrechtlich erschießen. »Die Engländer hatten selbst kaum noch Munition, Verstärkungen waren nicht mehr zu erwarten, und man sah bereits, daß sie sich nicht würden halten können. Sie hatten weder Waffen noch Verpflegung für uns, deshalb löste ich die Gruppe lieber auf.« Er selbst blieb allerdings bei den Fallschirmjägern. »Ich wollte mich auf alle Fälle beteiligen, auch wenn ich nicht glaubte, daß wir noch Aussichten hatten.«

Anje van Maanen, die sich vor Freude über die Ankunft der Fallschirmjäger und die Aussicht auf »Montys Panzer« gar nicht hatte lassen können, war nun entsetzt angesichts der unaufhörlichen Beschießung und des ständig sich ändernden Frontverlaufes. »Der Lärm will und will nicht aufhören«, schrieb sie in ihr Tagebuch, »ich kann es gar nicht mehr aushalten. Ich habe große Angst und kann an nichts anderes denken als an Granaten und Tod.« Ihr Vater, der Arzt, half den englischen Ärzten im Hotel Tafelberg und hielt seine Angehörigen auf dem laufenden, für Anje jedoch nahm die Schlacht ganz unwirkliche Formen an. »Ich verstehe gar nichts mehr. Auf einer Straßenseite sind die Engländer, auf der anderen die Deutschen, und sie bringen sich gegenseitig um. Sie streiten um Häuser, um Zimmer, um Korridore.« Am Freitag trug Anje ein: »Die Engländer behaupten, Monty könne jeden Augenblick eintreffen. Ich glaube ihnen kein Wort. Von mir aus soll Monty der Teufel holen, er kommt ganz bestimmt nicht.«

Hendrika van der Vlist, die im Hotel Schoonoord arbeitete, wo alle Räume von englischen und deutschen Verwundeten belegt waren, konnte kaum glauben, daß es schon Freitag war. Das Hotel wechselte mehrfach den Besitzer. Am Mittwoch waren es die Deutschen, am Donnerstag die Engländer. Am Freitagmorgen waren es wieder die Deutschen. Wichtig war nicht, wer im Besitz des Hotels war, sondern zu verhindern, daß es unter Beschuß geriet. Vom Dach wehte eine große Rotkreuzflagge und ringsumher im Gelände waren weitere Flaggen aufgestellt worden, die aber häufig nicht zu sehen waren, weil soviel Staub und Dreck aufgewirbelt wurde. Sanitäter, Krankenschwestern und Ärzte waren unablässig an der Arbeit, augenscheinlich blind und taub für alles andere.

Hendrika hatte mehrere Nächte nur wenige Stunden angekleidet schlafen können, da sie immer gebraucht wurde, wenn Verwundete angeliefert wurden. Sie sprach fließend Englisch und Deutsch und war imstande, zu erkennen, daß anfangs bei den deutschen Verwundeten eine schlechte Stimmung geherrscht hatte, im Gegensatz zu der geduldigen Heiterkeit der Engländer. Nun jedoch schien es, als hätten sich diese stoisch mit ihrem Schicksal abgefunden. Als sie einem Engländer die winzige Essensportion reichte, die man den Verwundeten bereiten konnte, deutete er auf einen frisch eingelieferten Verwundeten und sagte zu Hendrika: »Geben Sie es ihm.« Als Hendrika die Decke abzog, sah sie, daß der Mann eine deutsche Uniform trug. »Ist es ein Deutscher?« fragte der Engländer, und als Hendrika nickte, sagte er: »Geben Sie es ihm trotzdem, ich habe gestern gegessen.« Hendrika starrte ihn verblüfft an. »Warum macht ihr überhaupt Krieg?« Er schüttelte matt den Kopf. Hendrika vertraute dem Tagebuch ihre privaten Ängste an: »Soll unsere Ortschaft denn wirklich ein blutiges Schlachtfeld werden? Warum kommt die richtige Armee nicht? Lange kann es nicht mehr so weitergehen.«

Frau Voskuil, die mit Mann und Kind und Eltern und weiteren zwanzig Holländern und Engländern in Dr. Onderwaters Keller saß, bemerkte jetzt, daß der Kellerboden blutverschmiert war. Während der Nacht hatten englische Soldaten zwei schwerverwundete Offiziere in den Keller gebracht, Major Warr und Oberst Smyth. Kurz darauf drangen Deutsche in den Keller ein, von denen einer eine Handgranate warf. Korporal Wyllie vom 10. Bataillon erinnert sich »an einen Blitz und eine betäubende Explosion«. Frau Voskuil, die hinter Major Warr saß, spürte »einen glühenden Schmerz« in den Beinen. Das Licht ging aus, ein Körper fiel schwer auf sie. Plötzlich wurde es ruhig und jemand machte eine Taschenlampe an. Frau Voskuil rief nach ihrem Mann, dann tastete sie nach ihrem Sohn Henri, der sich aber nicht rührte. Sie war überzeugt, er sei tot. »Plötzlich war mir alles egal«, sagt sie. »Es kam nun nicht mehr darauf an.«

Sie sah, daß Soldaten und Zivilisten schreckliche Wunden hatten, und hörte Schreien. Die Jacke von Major Warr »war blutverschmiert und aufgerissen«. Alle heulten und schluchzten. »Ruhe jetzt!« rief Frau Voskuil auf englisch. »Ruhe!« Der Mann, der auf sie gefallen war, bewegte sich; »es war ein junger Engländer, der noch merklich zitterte. Dabei gab er sonderbare animalische Geräusche von sich, wie ein Hund oder Wolf.«

Korporal Wyllies Benommenheit ließ nach. Jemand hatte eine Kerze angesteckt, und ein deutscher Offizier reichte Branntwein herum. Es entging Wyllie nicht, daß die Flasche ein rotes Kreuz mit der Inschrift ›His Majesties Forces‹ aufwies.

Der deutsche Offizier sagte zu Frau Voskuil, sie möge den Engländern sagen, sie hätten sich wacker geschlagen, aber nun sei es genug, sie sollten sich ergeben. Während die Fallschirmjäger einzeln nach oben geführt wurden, untersuchte ein deutsche Sanitäter den kleinen Henri. »Er ist bewußtlos«, sagte er zu Frau Voskuil, »er hat ein paar Schrammen am Bauch, die Augäpfel sind verfärbt und geschwollen, er kommt aber wieder in Ordnung.« Sie nickte nur stumm.

Major Warr, der noch einmal verwundet worden war, fluchte laut und wurde bewußtlos. Frau Voskuil befeuchtete ihr Taschentuch mit Spucke und wischte ihm das Blut von den Lippen. Ganz in der Nähe murmelte Oberst Smyth etwas vor sich hin, und auf die Frage eines Deutschen, was er wolle, antwortete Frau Voskuil: »Einen Arzt.« Der Soldat ging hinaus und kam mit einem deutschen Arzt zurück, der Smyth untersuchte und dann sagte: »Sagen Sie dem Offizier, daß ich ihm jetzt weh tun muß, er soll die Zähne zusammenbeißen.« Smyth verlor das Bewußtsein, als der Arzt seine Kleidung entfernte.

Als der Tag anbrach, wurden die Zivilisten aus dem Keller gewiesen. Zwei SS-Männer trugen Frau Voskuil und Henri auf die Straße hinaus, und ein holländischer Sanitäter schickte sie in den Keller des Zahnarztes Dr. Phillip Clous. Voskuils Schwiegereltern gingen nicht mit, sie wollten lieber nach Hause. Der Zahnarzt hieß seine neuen Gäste herzlich willkommen. »Nur keine Angst, Freunde, die Engländer gewinnen ganz bestimmt.« Voskuil, der neben seiner verwundeten Frau und dem Kind stand und noch die Schreckensbilder der Nacht vor Augen hatte, widersprach ganz gelassen: »Nein, das werden sie nicht.«

So ungern sie sich das auch eingestehen mochten, mußten viele Fallschirmjäger nun doch zugeben, daß sie sich nicht mehr lange halten konnten. Sergeant Pearson »hatte es satt, mich von den Deutschen herumschubsen zu lassen«. Am nördlichen Rand der Igelstellung waren er und seine Leute von Panzern in den Wald gejagt worden, hatten sich des Feindes mit Bajonetten erwehren müssen. Als die Stellung am Donnerstagabend noch weiter zurückgenommen wurde, bekam er Befehl, sich im Schutze von Rauchgranaten zurückzuziehen. Dabei stieß er im Unterholz auf einen MG-Schützen, der immer noch feuerte. »Hau ab hier, ich bin der letzte«, sagte Pearson, doch der MG-Schütze wollte nicht. »Ich bleibe hier und lasse keinen vorbei.« Pearson hörte den Mann noch eine Weile feuern. Er hielt die Lage für hoffnungslos und überlegte, ob es nicht besser sei, sich zu ergeben.

Gleiterpilot Miller hockte in einem Splittergraben beim Hotel Hartenstein, wo man auch den deutschen Gefangenen erlaubt hatte, zu ihrem eigenen Schutz Deckungsgräben auszuheben, und starrte auf die Leiche eines Kameraden, der nur wenige Schritte entfernt lag. Die Beschießung war so schwer, daß man nicht einmal die Gefallenen bergen konnte, und bei dem letzten Feuerüberfall war der Leichnam von Blättern und Ästen fast zugedeckt worden. Miller stierte unablässig dorthin und fragte sich, ob jemand die Gefallenen einsammeln käme. Er fürchtete, das Gesicht des toten Kameraden könnte sich verändern, und war überzeugt, starken Leichengeruch wahrzunehmen. Ihm wurde übel, und er weiß noch, daß er dachte: »Wenn nicht bald was geschieht, sind wir allesamt tot. Die Granaten holen einen nach dem andern, und schließlich ist hier nur noch ein Friedhof.«

Wieder andere Soldaten kamen zu der Überzeugung, daß man von ihnen Mut verlangt, sie aber über die Tatsachen absichtlich im unklaren ließ. Soldat O'Brien erinnert sich: »Jeden Abend kam ein Offizier vorbei und behauptete: ›Morgen früh kommt die 2. Armee, so lange müßt ihr noch aushalten.‹ Apathie war weit verbreitet. Man fragte sich, was man hier überhaupt zu suchen hatte und wo die beschissene 2. Armee blieb. Wir hatten die Schnauze voll.« Sergeant Mitchell, ein Gleiterpilot, ebenfalls nahe der Kirche in Stellung, erinnert sich: »Ein Soldat schloß sich in einem Schuppen ein und ließ keinen an sich ran. Von Zeit zu Zeit brüllte er: ›Kommt nur her, ihr Arschlöcher!‹ und schoß wild um sich.« Das ging stundenlang so weiter. Während Mitchell und seine Kameraden noch berieten, was man mit dem Mann machen könne, kam ein letzter Feuerstoß aus dem Schuppen, danach Stille. Der Fallschirmjäger hatte sich erschossen.

Völlig benommene, verwirrte Soldaten taumelten am Hotel Hartenstein vorüber, ohne sich im geringsten um den Gefechtsverlauf zu kümmern. Sanitäter Brace begegnete vielen von diesen bemitleidenswerten Gestalten, während er die Verwundeten versorgte. Er hatte kein Morphium mehr und verwandte Bandagen aus Papier. Den Verwundeten allerdings mochte er nicht sagen, daß er keine Medikamente mehr hatte. »Wozu brauchst du Morphium?

Morphium ist für Leute, die schwer verwundet sind. Dir geht es doch gut«, pflegte er zu den Schwerverwundeten zu sagen.

Plötzlich hörte er ein seltsames Geräusch hinter sich und bemerkte einen völlig nackten Fallschirmjäger, der die Arme hin und her bewegte »und Lokomotive spielte«. Dabei schimpfte er laut auf seinen Heizer. Anderswo hörte Brace einen Verwundeten leise singen. Als er ihm ermunternd zunickte, versuchte der ihn zu packen und zu erwürgen.

Neben diesen bejammernswerten, benommenen und verzweifelten Soldaten, die kein Vertrauen mehr hatten, gab es andere, die offenbar keine Angst hatten und sich weder von Wunden noch von Entbehrungen beeindrucken ließen. Major Lonsdale, der bei der Kirche von Oosterbeek kommandierte, schien überall gleichzeitig zu sein. »Er bot einen schreckenerregenden Anblick. Einen Arm hatte er in einer blutverschmierten Schlinge, um den Kopf trug er einen blutigen Verband und einen zweiten am Bein«, erinnert sich Sergeant Pearson. Der humpelnde Lonsdale führte einen Gegenangriff nach dem anderen.

Sergeant Callaghan hatte in einem Leichenwagen einen schwarzen Zylinder gefunden, und den setzte er jetzt auf. Er bezeichnete sich »als den Vertreter der Luftlandearmee bei Hitlers Beerdigung«. Er erinnert sich daran, daß Lonsdale vor seinen Leuten in der Kirche eine aufmunternde Rede hielt. Offiziere und Unteroffiziere hatten die Soldaten dort zusammengetrieben. »Das Dach war weg, und bei jedem neuen Einschlag rieselte der Kalk von den Wänden.« Die Soldaten lehnten lustlos an den Mauern, saßen rauchend oder schlafend im beschädigten Gestühl, als Lonsdale die Kanzel erklomm. Man starrte die wild aussehende, blutverschmierte Gestalt an. »Wir haben die Deutschen in Nordafrika, in Sizilien und Italien geschlagen«, rief Lonsdale, »und wir werden sie auch hier schlagen!« Hauptmann Corrie vom Regiment der Gleiterpiloten war beim Betreten der Kirche »von der allgemeinen Erschöpfung beeindruckt. Lonsdales Rede war aber aufrüttelnd. Ich selbst wurde davon gepackt und fühlte mich stolz. Die Soldaten waren völlig erschlagen in die Kirche gekommen, verließen sie aber mit neuem Mut. Das konnte man ihnen ansehen.«

Manche Männer bezwangen sogar die lähmende Furcht, die ein feindlicher Panzerangriff erzeugt. Da es an Panzerabwehrkanonen fehlte, waren die Soldaten so gut wie wehrlos gegen Panzer und Sturmgeschütze, die Stellung um Stellung zerschossen. Und trotzdem schlugen die Infanteristen zurück. Es wurden sogar Tiger zerstört, und zwar oft genug von Männern, die zum erstenmal Panzer bekämpften. Korporal Nunn, der sich auf Arnheim so gefreut hatte, weil er endlich von der Kaserne in England und dem Maulwurf weg wollte, der ihm nachts keine Ruhe ließ, sah sich äußerlich gefaßt einem viel übleren Alptraum gegenüber. Er und sein Kamerad Clarke hatten sich mit einem Gleiterpiloten angefreundet, der im Nachbargraben lag, und sie in einer Feuerpause darauf aufmerksam machte, daß rechts von ihnen ein Tiger aufgetaucht war. Clarke fragte Nunn: »Was sollen wir denn jetzt machen? Etwa Löcher reinbohren?«

Nunn lugte vorsichtig über den Grabenrand. Der Panzer wirkte gigantisch. Unweit im Gebüsch stand eine Pak, doch war deren Bedienung ausgefallen, und weder Nunn noch seine Kameraden waren an dieser Kanone ausgebildet. Trotzdem beschlossen Nunn und der Gleiterpilot hinzukriechen. Der Panzer feuerte mit seiner Kanone und ringsum stürzten Bäume krachend um. Die beiden richteten das Rohr und zogen ab. Es gab einen lauten Knall, und beide wurden zu Boden geworfen. »Als wir wieder bei uns waren, hörten wir lautes Lachen. Der Tiger brannte, seine Munition explodierte, und wir schüttelten uns feierlich die Hände. ›Dieser Satz geht an uns‹, sagte er.«

Viele erinnern sich auch an Major Cain, den Experten für Panzer und Sturmgeschütze. Es kam Cain so vor, als seien er und seine Leute vom ersten Augenblick an von Tigern verfolgt worden. Jetzt lag er in der Nähe der Kirche von Oosterbeek in der Wäscherei van Dolderen und war entschlossen, jeden Panzer zu knacken, der ihm vor die Augen kam. Das Haus van Dolderen schien ihm für seine Zwecke besonders geeignet, der Wäschereibesitzer war aber nicht willens, es zu räumen. Cain erklärte ihm: »Sie können das halten, wie Sie wollen, ich jedenfalls grabe mich hier ein, und Ihre Wäscherei wird mein Munitionslager.«

Cain bediente sich einer ofenrohrähnlichen panzerbrechenden Waffe mit der Bezeichnung Piat. Als am Freitag mehr und mehr in den Straßen gekämpft wurde, platzten ihm die Trommelfelle von dem ständigen Knallen seiner Waffe. Er ließ sich davon aber nicht abschrecken. Als er sich zwei Panzer gleichzeitig vornahm, erwiderten die das Feuer, bevor Cain von neuem laden konnte, und trafen das Gebäude in seinem Rücken. Trotz der dichten Staubwolken und der herumfliegenden Brocken schoß Cain noch drei Granaten ab. Die Besatzung des ersten Panzers stieg aus und wurde ein Opfer des MG-Feuers der Fallschirmjäger. Leider explodierte die nächste Granate des Majors bereits im Rohr, Cain warf die Arme in die Luft und fiel auf den Rücken. Als man ihm zu Hilfe kam, war sein Gesicht schwarz, und das erste, was er sagte, war: »Ich glaube, ich bin blind.« Sergeant Ashworth, einer der MG-Schützen, welche die deutsche Panzerbesatzung erledigt hatten, sah stumm zu, wie Cain weggeschafft wurde. »Ich konnte bloß denken: Du armer Hund.«

Cain gewann die Sehkraft innerhalb einer Stunde zurück, sein Gesicht aber war voll winziger Splitter. Er lehnte Morphium ab, und weil er meinte, er sei »nicht genug verwundet, um hier zu bleiben«, kehrte er ins Gefecht zurück, um weitere feindliche Panzer zu knacken. Freitag nachmittag konnte er bereits auf die stolze Zahl von sechs abgewehrten oder beschädigten Panzern und mehreren Sturmgeschützen zurückblicken.

Überall im Brückenkopf begingen wilde Männer bedenkenlos Heldentaten. Am Freitag gegen Abend sah Korporal Formoy vom Bataillon Fitch, wie Sergeant Calloway mit einer Piat auf einen Tiger losging und aus etwa fünfzig Meter Entfernung schoß. Die Granate traf die Panzerkette, und der Kampfwagen blieb stehen, doch Calloway wurde schon im gleichen Moment tödlich getroffen. »Es war ein Akt der Verzweiflung. Er wurde praktisch in Stücke geschossen, aber er rettete unser Leben.«

Soldat Jones erinnert sich eines Majors, der ihn und drei andere mitnahm, um außerhalb der Stellung nach Gewehren und Munition zu suchen, wobei man überraschend auf eine deutsche MG-Stellung stieß. Der Major stürzte sich mit Gebrüll auf den Feind, mußte aber hinter einem beschädigten Jeep Deckung suchen. Jones zog sich so unauffällig wie möglich zurück und sah den Major nicht wieder.

Höhere Offiziere, die sich gar nicht dessen bewußt waren, welchen Eindruck sie machten, gaben unvergeßliche Vorbilder. General Hicks lehnte es ab, einen Helm zu tragen, und so mancher Soldat erinnert sich an Hicks' rotes Barett, an dem er überall zu erkennen war. Man rief ihm zu, er solle endlich einen Helm aufsetzen, doch Hicks lehnte lächelnd ab. »Ich konnte es einfach nicht vertragen, beim Laufen dieses Ding auf dem Kopf zu haben.« Das kann man ihm nachfühlen, denn er mußte sich täglich auf Urquharts Gefechtsstand melden und den Weg konnte er nicht anders als im Laufschritt zurücklegen. »Nach dieser Rennerei fühlte ich jedesmal meine Jahre«, gesteht Hicks.

General Hackett, der sein 101. und 156. Bataillon nach Oosterbeek geführt hatte, als der Versuch mißlungen war, die deutschen Stellungen im Norden und Osten von Arnheim zu durchstoßen, besuchte seine Soldaten täglich und lobte sie ihrer Haltung wegen. Major Powell führte zwei Züge des 156. Bataillons im Nordabschnitt der Stellung. »Es fehlte uns an Verpflegung, Munition und Wasser, und Verbandszeug hatten wir auch kaum noch. Am Freitag erschien überraschend Hackett auf meinem Gefechtsstand, der praktisch in die deutschen Stellungen hineinreichte. Hackett sagte, er habe erst jetzt Zeit gefunden, uns zu besuchen, aber unseretwegen keine Sorge gehabt. Das freute uns natürlich. ›Bis jetzt habe ich erst einen Fehler gemacht‹, sagte ich zu ihm, ›ich habe nämlich den Gefechtsstand in einem Hühnerhof eingerichtet, und wir haben jetzt Flöhe.‹« Sergeant Pearson von der 4. Brigade respektierte Hackett dafür, »daß er alles mit uns teilte und keinen Rangunterschied machte. Er aß nur, wenn wir auch zu essen hatten, und besaß nicht mal ein eigenes Kochgeschirr. Freitag setzte er sich zu uns und aß mit den Fingern.« Pearson suchte ein Besteck für den General und wurde dabei verwundet. Trotzdem findet er: »Meiner Meinung nach hatte der General etwas Besseres verdient, als zu leben wie unsereins.«

Funker Pearce von der Artillerie, der dem Divisionsstab zugeteilt war, hat nicht vergessen, daß ihm ein Unbekannter half, eine der schweren Batterien auszutauschen, die den Strom für sein Funkgerät lieferten. Als er sich mit der Batterie abquälte, hörte er jemanden sagen: »Moment mal, ich fasse mit an.« Pearce zeigte dem Mann, wo er anfassen sollte, und beide schleppten das Ding zum Gefechtsstand. »Da ist noch eine«, sagte Pearce, »die müssen wir auch noch holen.« Der Mann half ihm auch die zweite Batterie tragen, und erst danach bemerkte Pearce die Generalsabzeichen. Als er sich stotternd bedankte, nickte General Urquhart gnädig. »Schon gut, mein Sohn«, sagte er.

Die Krise spitzte sich unaufhaltsam zu. An diesem Tag, den General Horrocks den schwarzen Freitag nannte, wollte nichts klappen. Die alliierten Flugzeuge wurden durch das Wetter in England und Holland am Boden gehalten und konnten keinen Nachschub fliegen. Auf Urquharts dringende Bitte um Luftunterstützung, erwiderte die RAF: ». . . nach gründlicher Prüfung sehen wir uns zu unserem Bedauern des Wetters wegen außerstande . . .« Und in dem Augenblick, da Horrocks jeden Mann, jeden Panzer und jede Tonne Nachschub brauchte, um Montgomerys Brückenkopf über den Rhein zu schlagen und zur 1. Luftlandedivision vorzudringen, schnitt Feldmarschall Model den Korridor endgültig ab. Mackenzie hatte im Auftrag von Urquhart gemeldet, daß der höchstens noch 24 Stunden aushalten könne; eine halbe Stunde später bekam Horrocks die Meldung, daß im Abschnitt der 101. US Luftlandedivision starke deutsche Panzerkräfte nördlich von Veghel den Korridor abgeschnitten hatten.

Einen geeigneteren Punkt und einen besseren Termin hätte Model dafür kaum finden können. Die Infanterie des englischen XII. und VIII. Korps, die beiderseits der Straße vorging, war noch keine zehn Kilometer im Bereich der 101. Division vorangekommen und stand erst bei Son. Gegen erbitterten Widerstand kam sie nur quälend langsam vorwärts. General Taylor, Kommandeur der 101. US Division, hatte erwartet, daß die Engländer seinen Sektor längst erreicht hätten; nachdem seine Truppen fünf Tage lang ohne Unterstützung hatten kämpfen müssen, war seine Front nur dünn besetzt. An manchen Stellen wurde die Straße nur von den englischen Verbänden geschützt, die sich darauf in nördlicher Richtung bewegten, an anderen Stellen verlief die »Front« praktisch entlang der Straße. Model hatte für seinen Gegenangriff mit Bedacht Veghel ausgesucht: Nirgendwo im Bereich des Unternehmens »Market-Garden« gab es auf engem Raum so viele Brücken wie dort, nämlich insgesamt vier, darunter eine große Kanalbrücke. Model hoffte mit einem einzigen Schlag die Lebensader der Alliierten abzuklemmen, und wäre nicht der holländische Widerstand gewesen, so wäre ihm das auch geglückt.

Während der Nacht und am frühen Morgen bemerkten die Holländer, daß östlich von Veghel deutsche Truppen bereitgestellt wurden, und sie meldeten das prompt telefonisch ihren Verbindungsoffizieren bei der 101. US Division. Die Warnung kam gerade noch rechtzeitig, denn massierte deutsche Panzerverbände erdrückten beinahe Taylors Truppen. Zweimal in vier Stunden versuchten sie, zu den Brücken vorzudringen, und es kam zu scharfen Gefechten entlang einem acht Kilometer langen Abschnitt des Korridors, in deren Verlauf Taylors Soldaten, von englischer Artillerie und den Panzern auf der Straße unterstützt, die Angriffe abwehren konnten. Sieben Kilometer weiter nördlich gelang es den Deutschen jedoch, bei Uden den Korridor zu sperren. Angesichts des Umstandes, daß er bei fortdauernden Kämpfen von seinem Nachschub abgeschnitten war, mußte Horrocks sich dazu entschließen, die eigentlich für den Vorstoß zu Urquhart bestimmten Panzer General Taylor zu Hilfe zu schicken, der sie im Augenblick noch dringender brauchte. Die 32. Gardepanzerbrigade rollte also nach Süden, um der 101. US Division bei der Rückeroberung der Straße zu helfen. Die tapfere 101. klammerte sich zwar an die Brücken, doch auch mit Hilfe der Garde war es nicht möglich, in den nächsten 24 Stunden einen einzigen Soldaten, Panzer oder Fahrzeuge mit Nachschub im Korridor nach Norden zu bewegen. Der Gegenangriff Models war zwar im Augenblick mißglückt, zahlte sich aber gleichwohl aus. Das Schicksal Arnheims wurde nämlich letzten Endes durch den Kampf um den Korridor entschieden.

Freitag, den 22. September, gegen 16:00 Uhr gelang es der englischen Infanterie, die sechs und eine halbe Stunde lang von deutschen Panzern und Artillerie aufgehalten worden war, sich ihren Weg durch Ooosterhout zu erkämpfen. Das Dorf stand in Flammen.

SS-Männer wurden in Gefangenschaft geführt. Man nahm an, daß die Nebenstraßen, die am frühen Morgen von der Aufklärungsabteilung auf der Fahrt nach Driel benutzt worden waren, jetzt frei oder doch nur von schwachen Feindkräften gehalten wären. Oberst Taylor stand mit seiner Infanterie und einer Panzerschwadron samt den kostbaren Schwimmwagen mit Nachschub bereit, gegen jeden Widerstand an den Rhein vorzustoßen. »Am liebsten hätte ich eigenhändig meine Infanteristen auf die Panzer gesetzt und wäre losgefahren.« Im letzten Augenblick sah er in der Ferne zwei Tigerpanzer. Zu Leutnant Wilcox sagte er: »Kein Wort jetzt. Erwähnen Sie die beiden Panzer nicht. Wir können nicht mehr warten.« Er dirigierte seine Kolonne eigenhändig auf die Straße. »Hätten wir noch fünf Minuten gewartet, wäre die Straße wieder gesperrt gewesen.«

Mit aufgesessener Infanterie rollte Taylors Kolonne mit Höchstgeschwindigkeit durch holländische Dörfer und Weiler. Überall wurde sie von überraschten, jubelnden Landleuten begrüßt, ließ sich aber nicht aufhalten. Taylor wollte einzig und allein an den Rhein. »Es zog mich dort unwiderstehlich hin. Jede Minute, die wir verloren, konnte dem Feind die Möglichkeit geben, einen Riegel vorzuschieben. Die Kolonne stieß aber nicht auf Widerstand, und als die Spitze in der Dämmerung Driel erreichte, war ich ungeheuer erleichtert.« 30 Minuten hatten sie für diese Strecke von 17 Kilometern gebraucht. Um 17:30 Uhr standen die ersten Panzer am Rhein und gingen dann am Ortsrand in Stellung. Taylor hörte eine Explosion und vermutete ganz richtig die Ursache: ein englischer Panzer war auf eine der Minen gelaufen, mit denen der vorsichtige Sosabowski seine Stellungen hatte sichern lassen.

Taylor kam erst bei Dunkelwerden auf Sosabowskis Gefechtsstand. Über die Lage der Division Urquhart wußte er so gut wie nichts. »Ich ahnte nicht, wo in Arnheim er stand und ob er die Brücke in Besitz hatte.« Auf alle Fälle wollte er Infanterie und Panzer sofort zur Brücke schicken, »denn der Nachschub sollte so schnell wie möglich hinüber, und es war natürlich einfacher, die Wagen über die Brücke zu fahren als sie durch den Rhein schwimmen zu lassen.« Einigermaßen erstaunt bemerkte er die Anwesenheit von Oberst Mackenzie und Oberstleutnant Myers, die ihm den Gedanken ausredeten, die Arnheimer Brücke benutzen zu wollen. Seit Mittwochabend gehe man davon aus, »daß an der Brücke nichts mehr zu holen ist«.

Taylor gab seinen Plan widerwillig auf und ließ statt dessen am Ufer nach einer Stelle suchen, wo die Schwimmwagen zu Wasser gebracht werden konnten. Sosabowskis Pioniere machten ihm keine großen Hoffnungen; man würde die ungefügen Lastwagen nur mit größter Mühe über Deiche und Böschungen an den Fluß schaffen können, vor allem in der Dunkelheit. Taylors Patrouille bestätigte wenig später die Auffassung der Polen. Der Fluß sei überhaupt nur auf einem sehr schmalen Damm zu erreichen, es sei jedoch möglich. Oberst Mackenzie, der noch immer nicht nach Nimwegen weiterfahren konnte, erklärte sich bereit, das Übersetzen der Schwimmwagen zu beaufsichtigen. Dies sollte um 2:00 Uhr am Samstagmorgen geschehen, am 23. September also. Dringender allerdings war es, Soldaten in den Brückenkopf einzuschleusen. Sosabowskis Polen sollten in kleinen Schlauchbooten übergesetzt werden.

Am Freitag um 21:00 Uhr begann das Unternehmen. Die polnischen Soldaten warteten geduckt am Ufer. Auf beiden Seiten standen Pioniere bereit, um unter Leitung von Oberst Myers die Schlauchboote an Leinen hin- und herzuziehen. Es waren nur vier Boote zur Verfügung – zwei für zwei Personen und zwei für jeweils eine – mithin konnten jedesmal nur sechs Soldaten übersetzen. Außerdem hatten die Polen noch mehrere kleine Flöße hergestellt, auf denen Gerät übergesetzt werden konnte. Sosabowski befahl die ersten sechs Männer in die Boote, und wenige Minuten später waren sie drüben, gefolgt von mehreren Flößen. Boote und Flöße wurden sofort wieder ans andere Ufer gezogen. »Es war eine mühsame und auch langsame Angelegenheit«, bemerkte Sosabowski, »aber anfangs merkten die Deutschen nichts.«

Dann allerdings stieg eine Leuchtkugel in den Himmel und gleich darauf eine Magnesiumfackel am Fallschirm, welche die ganze Gegend taghell erleuchtete, Maschinengewehre eröffneten das Feuer, und ihre Geschosse wühlten das Wasser auf. Gleich darauf fielen Werfergranaten zwischen die Polen. Minuten später waren zwei Schlauchboote durchlöchert, und ihre Insassen stürzten ins Wasser. Am Südufer liefen die Soldaten auseinander und feuerten auf die Magnesiumfackel. Sosabowski unterbrach die Operation, und alle suchten Deckung. Kaum aber war die Fackel ausgebrannt, setzten die nächsten über, und schon wurde auch die nächste Fackel entzündet. In dieser Art Versteckspiel ging das Übersetzen die ganze Nacht hindurch weiter, wobei die Polen schwere Verluste erlitten. In der Schule von Driel, wo Cora Baltussen aushalf, wurden die Verwundeten versorgt. »Wir kommen nicht rüber«, sagte ein Pole zu ihr. »Es ist die reine Schlächterei, nicht mal zurückschießen können wir.«

Um 2:00 Uhr früh begann man damit, die schwimmfähigen Lastwagen an den Fluß zu führen. Weil es tagsüber geregnet hatte, war die schmale Straße verschlammt. Als die Schwimmwagen, von 60 Männern eskortiert, sich langsam dem Ufer näherten, fiel dichter Nebel ein. Weder die Straße noch der Fluß waren zu sehen, und es gelang den Soldaten nur mit äußerster Anstrengung, die ständig wegrutschenden Lastwagen auf dem Weg zu halten. Man lud einen Teil der Ladung ab, doch nützte das wenig, und die schwerfälligen Fahrzeuge rutschten schließlich wenige Meter vom Rhein entfernt unrettbar in einen Straßengraben. »Es hat keinen Sinn«, sagte der verzweifelte Mackenzie zu Taylor, »es geht einfach nicht.« Um drei Uhr in der Frühe stellte man die Versuche ein. Nur 50 Soldaten und so gut wie überhaupt kein Nachschub waren über den Fluß in Urquharts Brückenkopf gelangt.

3

In der Nacht waren bereits englische Fahrzeuge auf Nebenwegen parallel zur Straße Nimwegen–Arnheim nach Driel gekommen, obwohl die Gegend keineswegs feindfrei war. Immerhin fand Lord Wrottesley, er könne es riskieren, Mackenzie und Myers nach Nimwegen abfahren zu lassen. Die Fahrt in mehreren Spähwagen war kurz, aber haarsträubend. An einer Kreuzung, die von einem beschädigten deutschen Halbkettenfahrzeug versperrt wurde, stieg Wrottesley aus, um seine Kolonne vorbeizudirigieren, und in diesem Augenblick erschien auf der Straße ein Tiger. Um einem Zusammenstoß zu entgehen, setzte Mackenzies Spähwagen zurück, doch gab plötzlich die Straßendecke unter ihm nach, und er stürzte um. Mackenzie und die Besatzung mußten sich vor deutscher Infanterie in einem Feld verstecken, während Wrottesley mit höchster Geschwindigkeit Richtung Nimwegen davonfuhr. Er griff sich hier einige englische Soldaten und fuhr mit ihnen zurück, um Mackenzie zu holen. Der deutsche Panzer war unterdessen verschwunden, und Mackenzie mit seinen Leuten kam aus dem Feld zum Vorschein. Myers, der in einem zweiten Spähwagen gefolgt war, ging in der Verwirrung verloren.

Als Oberst Mackenzie schließlich am Samstagvormittag bei General Browning in Nimwegen eintraf, war er »todmüde, durchgefroren und klapperte mit den Zähnen«, wie der Stabschef, General Walch, sich erinnert. Er wollte zwar sofort zum Kommandeur, man legte ihn aber erst mal in eine Badewanne, um ihn »aufzutauen«.

Der Kommandeur war naturgemäß sehr interessiert daran, mit Mackenzie zu reden. Wie sein Stab bemerkte, »hatte die Woche eine ganze Serie von niederschmetternden Rückschlägen gebracht«. Am schlimmsten für ihn war gewesen, daß er keine ausreichende Verbindung zu Urquhart gehabt hatte, und auch jetzt konnte er sich von dessen Lage kein zutreffendes Bild machen, obschon zwischen der 1. englischen Luftlandedivision und dem Korps Funksprüche hin und her gingen. Ursprünglich war vorgesehen, daß die 52. Infanteriedivision nach Arnheim geflogen werden sollte, sobald Urquhart einen brauchbaren Landeraum für sie gesichert haben würde – im Idealfall Donnerstag, 21. September. Als bekannt wurde, daß es um Urquhart schlecht stand, erbot sich der Kommandeur der 52. Division, General Smith, wenigstens einen Teil dieser Einheit mit Lastenseglern so nah als möglich an die Division Urquhart heranzubringen. General Browning lehnte Freitag vormittag dieses Anerbieten ab: »Danke für Ihren Funkspruch, doch ist Ihr Angebot überflüssig, denn die Lage ist besser, als Sie glauben . . . die 2. Armee beabsichtigt . . . sobald die Lage gestattet, Ihre Einheit nach Deelen zu verlegen.« Als General Brereton, der Kommandeur der 1. Alliierten Luftlandearmee, später im Kriegstagebuch auf diesen Funkspruch stieß, bemerkte er dazu: »General Browning war übertrieben otpimistisch und hat offenbar die Lage der Fallschirmjäger falsch eingeschätzt.« Im damaligen Zeitpunkt jedoch scheint Brereton ebenso schlecht unterrichtet gewesen zu sein wie Browning, denn in seinem Bericht an Eisenhower, der Freitag abend auch an General Marshall nach Washington durchgegeben wurde, heißt es: »Im Abschnitt Arnheim hat die Lage sich ganz wesentlich verbessert.«

Breretons und Brownings Optimismus verflüchtigte sich indessen schon nach wenigen Stunden. Der Kommandierende General scheint endgültig seine Meinung geändert zu haben, als er vernehmen mußte, daß niemand und nichts zu Urquhart durchkam. Seinem Stab zufolge »war er angewidert von General Thomas und dessen 43. Infanteriedivision«. Browning fand, die Infanterie hätte sich mehr beeilen müssen. Zu seinem Stab sagte er: »Thomas ist zu umständlich.« Kam hinzu, daß Brownings Kompetenzen nun an ihre Grenze gelangt waren, denn seit die englischen Bodentruppen in den Abschnitt Nimwegen eingetreten waren war die Leitung an General Horrocks übergegangen, den Kommandeur des XXX. Korps; fortan trafen Horrocks und sein Stabschef General Dempsey die Entscheidungen, und Browning konnte kaum noch etwas unternehmen.

Von dem wieder zum Leben erweckten Mackenzie hörte Browning nun erstmals, wie es wirklich um Urquhart stand. General Walch erinnert sich, daß Mackenzie sagte: »Die Division sitzt in einem ganz engen Kessel und hat kaum noch Verpflegung, Munition und Verbandszeug. Falls die 2. Armee sehr bald kommt, können wir uns noch halten, aber lange nicht mehr. Es ist kaum noch etwas da.« Browning hörte schweigend zu, versicherte

Mackenzie dann aber, er habe die Hoffnung keineswegs aufgegeben. Schon werde geplant, in der Nacht von Samstag auf Sonntag Nachschub und Ersatz in den Kessel zu bringen. General Walch erinnert sich aber auch: »Mir ist doch ganz so, als hätte Browning zu Charles gesagt, die Aussichten, Ersatz zu Urquhart zu bringen, sind nicht besonders groß.«

Auf dem Rückweg nach Driel wurde Mackenzie so recht deutlich, wie zwiespältig die Haltung beim Korpsstab war und welches Dilemma sich für ihn daraus ergab. Noch war offenbar über das Schicksal der Division Urquhart nicht entschieden, noch war das letzte Wort nicht gesprochen. Aber was sollte er nun eigentlich Urquhart sagen? »Ich kannte nun die Lage auf beiden Seiten des Rheins aus eigener Anschauung und war überzeugt davon, daß ein großes Übersetzmanöver von Süden her nicht gelingen würde. Das konnte ich Urquhart sagen. Ich konnte ihm aber auch sagen, was man mir aufgetragen hatte, nämlich, daß alle sich nach Kräften bemühten, uns zu helfen, daß man Verstärkungen über den Fluß bringen würde und daß wir auf alle Fälle durchhalten sollten. Was war wohl besser? Daß ich ihm sagte, meiner Ansicht nach bestünde nicht die geringste Aussicht auf Verstärkungen, oder aber, daß Hilfe unterwegs sei?« Mackenzie entschied sich für letzteres, er meinte nämlich: »Wenn ich es Urquhart so darstelle, dann wird es ihm leichter, die Soldaten zum Durchhalten zu überreden.«

Auch das alliierte Oberkommando erfuhr jetzt erstmals davon, daß es um die Division Urquhart nicht gut stand. Den Kriegsberichterstattern bei den Stäben von Eisenhower, Brereton und Montgomery wurde vertraulich mitgeteilt: »Die Lage ist ernst, es wird aber alles unternommen, um Urquhart zu helfen.« Diese kleine Einschränkung bedeutete bereits eine totale Umkehrung der bisherigen Haltung. Die Operation »Market-Garden« war vom ersten Augenblick in der Öffentlichkeit als ein ungeheuerer Erfolg dargestellt worden. Donnerstag, den 21. September, heißt es im Leitartikel einer englischen Zeitung unter der Überschrift »Vor uns ein Panzerparadies«: »Hitlers Nordflanke bricht zusammen. Unterstützt von der 1. Alliierten Luftlandearmee tritt Montgomery den Weg an die Ruhr an. Das Kriegsende ist in Sicht.« Selbst die zurückhaltende *Times* machte am Freitag mit der Schlagzeile auf: »Auf dem Weg nach Arnheim; Panzer überqueren den Rhein«; nur eine Unterüberschrift ließ ahnen, daß nicht alles in Butter war: »Schlacht um Arnheim steht bevor; Bewährung für Luftlandetruppen.« Den Berichterstattern war kein Vorwurf zu machen, denn es war einfach ausgeschlossen, zutreffend zu berichten, angesichts mangelnder Nachrichtenverbindungen und einer überoptimistischen Haltung der alliierten Kommandeure. Dann änderte sich das

Bild über Nacht. In der *Times* vom 23., also am Sonnabend, hieß es: »Zweite Armee stößt auf heftigen Widerstand; Luftlandetruppen in schwere Gefechte verwickelt«, und der *Daily Express* nannte Arnheim »eine kleine Hölle«.[9]

Immerhin bestand noch Hoffnung. An diesem Samstag, dem siebten Tag von »Market-Garden«, klärte das Wetter über England auf und die alliierten Flugzeuge konnten wieder starten[10]. Die letzten Verbände jener großen Armada von Lastenseglern, die seit Dienstag in der Gegend von Grantham bereitstanden, machten sich endlich mit 3385 Männern an Bord für Gavins 82. US Division auf den Weg – sein sehnlich erwartetes Infanterieregiment 325. Taylors angeschlagene 101. US Division wurde durch 3000 Mann auf Sollstärke gebracht. Der bei Driel heftig angegriffene Sosabowski jedoch bekam den Rest seiner Brigade nicht, vielmehr mußte diese im Bereich der 82. Division abspringen. Breretons Absicht, innerhalb von drei Tagen im Rahmen der größten Luftlandeoperation aller Zeiten 35 000 Mann zu bewegen, war gescheitert; er hatte dafür mehr als doppelt soviel Zeit gebraucht.

Während die Versorgung aus der Luft anderswo gut gelang, mußten Urquharts Männer in ihrem ständig schrumpfenden Kessel bei Oosterhout wiederum zusehen, wie ihr Nachschub dem Feind in die Hand fiel. Die Versorgungsmaschinen fanden die Abwurfzone beim Hotel Hartenstein nicht und gerieten überdies in dichtes Flakfeuer; von 123 Maschinen wurden immerhin 63 beschädigt, sechs abgeschossen. Urquhart berichtete darüber an das Korps:

231605 ... Versorgung aus der Luft; nur geringe Mengen aufgenommen. Alle Bewegungen im Gelände durch Scharfschützen erschwert. Straßen von gefällten

[9] Die Berichterstattung aus Arnheim war erstklassig. Bei der 1. US Luftlandedivision befanden sich Major Oliver als Presseoffizier; Leutnant Williams und Hauptmann Brett als Zensoren; die Kameramänner Louis und Walker; vom *Daily Express* Alan Wood; für die BBC Maxted und Byam; für Reuters Agentur Jack Smythe; und Swiecicki, ein polnischer Journalist, bei der Brigade Sosabowski. Alle durften nur sehr kurze Berichte durchgeben, doch waren die sämtlich sehr anschaulich. Keinen von ihnen habe ich auftreiben können, wahrscheinlich sind sie alle tot.

[10] Amtliche und halbamtliche englische Quellen möchten glauben machen, die Lufttätigkeit sei schlechten Wetters wegen am 23. September unterbunden gewesen. Bei den Meteorologen und bei der Luftwaffe weisen die Unterlagen jedoch aus, daß an diesem Samstag dank des günstigen Wetters mehr Einsätze geflogen wurden als an irgendeinem anderen Tag seit dem 19. Chester Wilmont irrt, wenn er in seinem halbamtlichen *Der Kampf um Europa* meint, »die Versorgung aus der Luft wurde durch schlechtes Wetter verhindert«. Von da an gerät bei ihm die Chronologie der Schlacht durcheinander, und andere, die von ihm abgeschrieben haben, übernahmen diesen Fehler.

Bäumen, Haustrümmern und Zweigen so blockiert, daß Jeeps nicht mehr zu gebrauchen sind. Jeeps ohnedies überwiegend beschädigt.

Auch die Luftunterstützung war unzureichend. Im Abschnitt Arnheim hatte den Vormittag über schlechtes Wetter geherrscht, weshalb nur wenige Jagdbomber der RAF Ziele in der Nähe des Kessels angriffen, und dies erst nachdem das Wetter gegen Mittag aufklarte. Urquhart war verblüfft. »Wenn ich bedenke, daß wir die absolute Luftüberlegenheit hatten, dann war dieser Mangel an Luftunterstützung doch eine rechte Enttäuschung«, bemerkte er später. Seine Soldaten jedoch, die seit dem vergangenen Sonntag überhaupt keine eigenen Jagdbomber zu Gesicht bekommen hatten, ermutigten schon diese wenigen Tiefangriffe. Die meisten wußten nun auch, daß eigene Truppen endlich bei Driel ans Rheinufer gekommen waren, und sie glaubten daher, Hilfe sei nahe.

Seit die Infanterie von General Thomas auf Nebenstraßen nach Driel marschierte, hoffte Horrocks, er könne trotz aller Mißgeschicke Urquhart doch noch Luft verschaffen. Als glänzender, einfallsreicher und entschlossener Truppenführer mochte Horrocks sich nicht dazu durchringen, alles aus der Hand zu geben, was man erkämpft hatte. Allerdings mußte er einen Weg finden, Soldaten und Nachschub in den Brückenkopf zu bringen. »Dies waren die schlimmsten Augenblicke meines Lebens«, hat er später darüber bemerkt. »Der Gedanke, daß jenseits des Rheins unsere Luftlandetruppen in ein verzweifeltes Gefecht verwickelt waren, brachte mich geradezu um den Schlaf.« Daß der Korridor seit Freitag nachmittag nördlich von Veghel gesperrt war, bedrohte übrigens die Fortführung des gesamten Unternehmens.

Es kam nun auf Stunden an. General Thomas war ebenso wie Horrocks entschlossen, Soldaten über den Fluß zu werfen. Seine 43. Infanteriedivision hatte zwei Angriffsziele: einmal sollte Elst genommen, zum anderen Driel erreicht werden. Zwar nahm jetzt kein Mensch mehr an, man könne die Brücke von Arnheim noch in die Hand bekommen – auf Bildern der Luftaufklärung war deutlich zu sehen, daß der Feind hier mit starken Kräften saß –, doch mußte die bei Elst endende rechte Flanke von Thomas abgedeckt werden, wenn man von Driel aus einen Vorstoß über den Rhein machen wollte. Horrocks hoffte, außer den Polen in der Nacht zum Sonntag auch englische Infanterie in den Kessel führen zu können.

Dies erwies sich als zu optimistisch. Als nämlich die beiden Brigaden von Thomas, jede etwa 3000 Mann stark, auf den gleichen Straßen teils nordöstlich nach Elst, teils nordwärts nach Driel vorgingen, verursachten sie eine gigantische Verstopfung. Feindliches Artilleriefeuer steigerte den Wirrwarr, und es war bereits dunkel, als die Spitze der 130. Brigade in Driel eintraf, zu spät also, um gemeinsam mit den Polen einen Übergang über den Rhein zu organisieren.

Sosabowskis Leute begannen kurz nach Mitternacht mit dem Übergang, diesmal von Artillerie unterstützt und in sechzehn jener Boote, welche vom Übergang der 82. US Division über den Waal noch vorhanden waren. Sie gerieten in schweres Feuer und hatten große Verluste. Ans Nordufer gelangten nur 250 Polen und in die Stellung Hartenstein nur 200.

An diesem traurigen Tag bekamen Horrocks und Thomas nur eine einzige gute Nachricht: Um 16:00 Uhr war der Korridor nördlich von Veghel wieder aufgemacht worden, und der Verkehr floß. Die Pioniere führten Sturmboote mit, und der hartnäckige Horrocks schöpfte sogleich wieder Hoffnung; vielleicht konnte man ja mit Hilfe dieser Boote schon in der Nacht zum Montag Infanterie über den Rhein setzen.

Würde die Division aber weitere 24 Stunden aushalten? Urquharts Lage verschlimmerte sich unaufhörlich, und in seiner Lagemeldung an Browning vom Samstagabend hieß es:

> 232015: Zahllose Angriffe von Infanterie, Sturmgeschützen, Panzern, auch solchen mit Flammenwerfern. Jeder Angriff von schwerem Werferbeschuß begleitet, Treffer auch im Stabsbereich. Kessel im wesentlichen unverändert, Stellungen aber dünner besetzt. Noch keine Verbindung zu eigenen Kräften am Südufer. Versorgung aus der Luft Fehlschlag, nur wenig Munition geborgen. Noch keine Verpflegung. Wegen Wassermangels alle Dienstgrade stark verschmutzt. Moral noch zureichend, doch schwerer Beschuß zeigt Wirkung. Werden aushalten, hoffen aber auf bessere Tage.

Daß am Nachmittag noch einmal alliierte Lastensegler landeten, überraschte Feldmarschall Model sehr. In diesem späten Stadium der Schlacht erwartete er nichts Derartiges. Daß Verstärkung eintraf, gerade als sein Gegenangriff in Schwung kam, konnte den Ausgang beeinflussen, vor allem, weil man nun mit weiteren Verstärkungen rechnen mußte. Zum erstenmal seit Beginn des alliierten Angriffs kamen Model Zweifel am guten Ende.

Er verlangte nun von Obergruppenführer Bittrich, das II. SS-Panzerkorps solle endlich mit den Engländern bei Oosterbeek Schluß machen, er brauche jeden verfügbaren Panzer und Soldaten. Ein Gefecht, »das schon seit Tagen hätte beendet sein müssen«, binde zu viele Kräfte. Bittrich sagt: »Model war ganz aufgeregt und sagte immer wieder: ›Wann werden Sie denn hier endlich fertig?‹ Ich erwiderte ihm, wir hätten alle Hände voll zu tun.« Die Kampfgruppe Knaust stellte sich bei Elst englischen Panzern und Infanterie entgegen, die auf Arnheim drängten, und deshalb konnte sie nicht auch gleichzeitig noch nach Westen die Polen und Engländer bei Driel angreifen. Die schweren Tigerpanzer konnten auf den Poldern nicht manövrieren. Bittrich erklärte Model daher, der Angriff Richtung Driel müsse von Infanterie und leichten Fahrzeugen gemacht werden. »Ausreden ließ Model nie gelten, aber in diesem Fall hatte er ein Einsehen. Er verlangte jedoch, daß die Engländer in spätestens 24 Stunden erledigt sein müßten.«

Bittrich fuhr zu Knaust, der in Sorge war, weil es so aussah, als nähmen die gegen ihn gerichteten Kräfte des Feindes unablässig zu. Er wußte zwar, daß die englischen Panzer die Hauptstraße nicht verlassen konnten, doch befürchtete er Angriffe von Westen her. Bittrich sagte: »Ein englischer Durchbruch muß mit allen Mitteln verhindert werden. Halten Sie hier noch 24 Stunden, während wir inzwischen Oosterbeek aufräumen?« Knaust versicherte, daß er das könne. Bittrich befahl nun der 9. Panzerdivision unter Harzer, »morgen den Angriff gegen die englischen Luftlandetruppen so zu verstärken, daß die Lage endgültig bereinigt wird«.

Für Harzer war das nicht einfach. Oosterbeek war zwar nun völlig eingeschlossen, doch in den engen Straßen konnten die Panzer nur schwer manövrieren, »insbesondere die Tiger, die den Straßenbelag so aufrissen, daß die Straßen aussahen wie Sturzäcker«. Harzer bemerkte ferner zu Bittrich: »Wenn wir auf den Kessel drücken, wird der englische Widerstand jedesmal ärger.« Bittrich riet ihm »von Osten und Westen entlang dem Rheinufer vorzustoßen und die Engländer vom Fluß abzuschneiden«. Auch die 10. SS-Panzerdivision, die den Auftrag hatte, die Alliierten im Abschnitt Nimwegen–Arnheim zurückzuwerfen, bekam Besuch von Bittrich. Dank der Unpassierbarkeit der Arnheimer Brücke hatte Brigadeführer Harmel die Division nicht so rechtzeitig umgruppieren können, daß beiderseits der erhöhten »Inselstraße« eine Riegelstellung eingerichtet werden konnte. Der englische Angriff bei Oosterbeek hatte seine Kräfte aufgespalten. Damals war nur ein Teil der Division westlich der Straße in Stellung gewesen, und was ihm nun noch an Soldaten und Ausrüstung verblieb, befand sich östlich der Straße. Elst würde gehalten, versicherte er Bittrich, auf der Hauptstraße sollten die Engländer nicht vorankommen. Ihren Vormarsch auf Driel jedoch könne er nicht verhindern. Bittrich blieb hart. Die nächsten 24 Stunden würden entscheidend sein, sagte er zu Harmel. »Die Engländer werden mit allen Mitteln versuchen, den Brückenkopf zu verstärken, und sie werden auch auf Arnheim drücken.« Harzer werde mit dem Angriff auf Oosterbeek Erfolg haben, vorausgesetzt, daß Harmel seine Stellung hielt. Bittrich sagte: »Den Nagel ziehen wir, den Finger amputieren müssen Sie.«

Die Geschütze des Artillerieregimentes 43 donnerten unablässig, und im Südwesten von Oosterbeek brannte ein Gasometer; die Flammen warfen ein gespenstisches, gelbliches Licht in die Nacht. Als Oberst Mackenzie am Nordufer aus dem Boot stieg, begriff er, warum man ihn angewiesen hatte, auf einen Melder zu warten. Das Ufer war nicht wiederzuerkennen; die in den Brückenkopf führende Straße war unter Wrackteilen, umgestürzten Bäumen und Granattrichtern verborgen; auf eigene Faust weitergehend, hätte er sich hier gewiß verirrt. So aber führte ihn ein Pionier zum Hotel Hartenstein.

Mackenzie hielt immer noch an seinem Plan fest, was den Inhalt seiner Meldung an Urquhart betraf. Während er darauf wartete, über den Fluß gesetzt zu werden, hatte er alles noch einmal bedacht. Trotz der Vorbereitungen, die er in Driel und anderswo am Südufer gesehen hatte, glaubte er nicht mehr, daß der Division rechtzeitig Hilfe gebracht werden würde, und er empfand ein gewisses Schuldgefühl, wenn er bedachte, was er vorhatte. Immerhin war nicht ausgeschlossen, daß er die Lage zu pessimistisch beurteilte.

Im Keller des schwer beschädigten Hotels Hartenstein übermittelte Mackenzie seinem Chef die amtliche Auffassung: »Hilfe ist unterwegs, wir sollen aushalten.« Mackenzie erinnert sich: »Urquhart hörte ausdruckslos zu, diese Nachricht schien ihn weder mutlos zu machen noch heiter zu stimmen.« Beide Männer fragten sich im stillen, wie lange sie denn noch aushalten sollten. Jetzt, in den Frühstunden des 24. September, des Sonntags also, und nach acht Kampftagen belief sich die geschätzte Kampfstärke der Division Urquhart auf weniger als 2500 Mann, und sie alle bewegte nur eine einzige Frage: Wann kommt Montgomery? Über nichts anderes wurde in Splittergräben und Feuerstellungen, auf Verbandsplätzen und in Lazaretten nachgedacht, wo die Verwundeten auf Strohsäcken, Matratzen oder blanken Dielen lagen.

Seit sie wußten, daß Infanterie am anderen Ufer stand, zweifelten die Fallschirmjäger nicht mehr daran, daß die 2. Armee schließlich übersetzen würde. Man fragte sich nur, ob dann noch jemand von der Division Urquhart am Leben wäre, um den sehnlich erwarteten Ersatz willkommen zu heißen. Man fürchtete jetzt die völlige Vernichtung und versuchte alles, um die eigene Moral einigermaßen hochzuhalten. Verwundete hielten in ihren Stellungen aus, und es wurden wahre Wunder an Tapferkeit vollbracht. Urquharts Soldaten waren stolz, und ihr Zusammengehörigkeitsgefühl war stärker als je zuvor oder nachher, wie sie sagten.

Im Hotel Schoonoord an der Straße Arnheim–Utrecht versorgten holländische Helfer und englische Sanitäter unter deutscher Bewachung Hunderte von Verwundeten. Hendrika von der Vlist schrieb in ihr Tagebuch:

»Sonntag, der 24. September. Dies ist der Tag des Herrn. Ringsum tobt der Krieg. Das Gebäude wackelt so sehr, daß die Ärzte nicht operieren können. Die Verwundeten kann man nicht waschen, denn niemand traut sich hinaus, Wasser zu holen. Der Feldgeistliche kritzelt in seinem Notizbuch, und ich frage ihn, wann er Gottesdienst halten will.«

Pater Pare hörte auf zu kritzeln und machte mit Hendrika einen Rundgang durch das Hotel. »Der Beschuß war besonders laut, ich konnte mein eigenes Wort nicht verstehen. Als ich aber in die Gesichter der Männer schaute, die ringsum auf dem Fußboden lagen, fühlte ich mich bewogen, dem Kampflärm dort draußen hier drinnen den Frieden Gottes entgegenzusetzen. Ich las aus dem Matthäusevangelium und stimmte einen Choral an. Anfangs hörte man stumm zu, dann wurde mitgesungen, und schließlich wetteiferten Hunderte verwundete und sterbende Choralsänger mit dem Kanonendonner außerhalb des Hotels.«

Kate ter Horst ließ ihre fünf Kinder und weitere elf Zivilisten in dem kleinen Keller ihres Hauses gegenüber der alten Kirche von Oosterbeek allein und begab sich zu den Verwundeten nach oben. Das zweihundert Jahre alte ehemalige Pfarrhaus mit seinen 14 Zimmern war nicht wiederzuerkennen. »Fenster gab es nicht mehr, und im Erdgeschoß, unter der Treppe und bis unter den Dachboden lag ein Verwundeter neben dem anderen«, erinnert sich Frau ter Horst. Auch in der Garage lagen welche, insgesamt waren es mehr als 300 und jede Minute kamen mehr dazu. Über dem Schlachtfeld hing dichter Dunst. »Der Himmel ist gelb«, schrieb sie in ihr Tagebuch, »und dunkle Wolken hängen wie nasse Fetzen herunter. Die Erde ist aufgerissen. Die Toten, unsere Toten, liegen starr und durchnäßt im Regen wie gestern und vorgestern schon, der Mann mit dem lockigen Bart, der mit dem schwarzen Gesicht, und viele, viele andere.« Man begrub schließlich 57 Tote im Garten, »darunter noch ein halbes Kind«. Dr. Martin, der einzige Arzt im Haus, erklärte Frau ter Horst, dieser Junge habe »sich mit voller Absicht den Schädel an einem Heizkörper eingerannt«.

Kate ter Horst bahnte sich behutsam einen Weg durch die Zimmer und dachte dabei an ihren Gatten Jan, der Dienstag abend zu einer Erkundungsfahrt losgeradelt war, von der er einem Artillerieoffizier Angaben über deutsche Stellungen mitzubringen hoffte. Die Engländer hatten ihre Igelstellung erst nach seinem Aufbruch eingerichtet, und Jan konnte der schweren Gefechte wegen nicht heimkommen. Noch zwei Wochen sollten vergehen, bevor sie einander wiedersahen. Frau ter Horst war kaum zum Schlafen gekommen, denn seit Mittwoch half sie den Sanitätern. Am Sonntag ging sie von Zimmer zu Zimmer und betete mit den Verwundeten.

In der Nacht waren Scharfschützen in die Stellung eingesickert, »die nun rücksichtslos in dieses Haus hineinschossen, aus dem doch kein einziger Schuß fiel. Kugeln flogen durch Zimmer und Korridore, wo wehrlose Menschen lagen.« Zwei Krankenträger wurden verwundet, als sie eine Trage an einem Fenster vorbeitrugen. Dann geschah, was man am meisten fürchtete: Dr. Martin wurde getroffen. »Ach, es ist nur mein Knöchel«, tröstete er Frau ter Horst, »am Nachmittag wird es schon wieder gehen.«

Infanteriefeuer ging nun in Artilleriefeuer über »und das Getöse der Einschläge war unbeschreiblich«. Soldat Grove fand: »Die Dame schien außerordentlich gefaßt.« Grove hatte eine Wunde am Bein und bekam nun noch einen Granatsplitter in den Fuß. Man verlegte ihn und andere Verwundete in aller Eile weg von den bis zum Boden reichenden Fenstern.

Korporal Morgans wurde mit einer Bein- und einer Knieverletzung just in dem Moment ins Haus ter Horst gebracht, als ein deutscher Panzer angerumpelt kam. Morgans hörte noch, daß man die Verwundeten hier kaum noch versorgen könne, weil man kein Verbandszeug und kein Morphium mehr habe, auch nichts zu essen und kaum Wasser, als die erste Panzergranate ins Haus schlug.

Aus einem Fenster im Oberstock sah Soldat Boldock, der in der Seite und im Rücken getroffen war, entsetzt, »wie der Panzer haltmachte. Er schoß anfangs nur mit MG, dann zischte hinter mir eine Granate durchs Zimmer. Viele Verwundete wurden von fallenden Trümmern getötet.« Sanitäter Boldon von der Artillerie geriet in heiligen Zorn und lief mit einer Rotkreuzfahne aus dem Haus und auf den Panzer los. Man hörte ihn deutlich schreien: »Macht, daß ihr hier wegkommt! Ihr seht doch wohl das rote Kreuz auf dem Dach!« Wirklich setzte der Panzer zurück. Boldon »kam ebenso wütend ins Haus zurück, wie er rausgelaufen war«, erinnert sich Morgans. »Als wir ihn fragten, was denn passiert wäre, sagte er, der Deutsche hätte sich entschuldigt und sei abgehauen.«

Das Haus kam nicht wieder unter Beschuß, doch ringsumher ging die Schießerei weiter. Kate ter Horst schrieb: »Rundherum sterben Menschen. Müssen sie denn wirklich den letzten Atemzug in solch einem Getöse tun? Gewähre uns doch einen Augenblick Stille, Herr, damit sie in Ruhe sterben können. Vergönne ihnen einen Augenblick heilige Ruhe beim Übergang in die Ewigkeit.«

Die übermüdeten Fallschirmjäger waren am Ende ihrer Kräfte angelangt, und überall brachen jetzt Panzer in die Stellungen ein. Mehrfach ereigneten sich unnötige Grausamkeiten – insbesondere durch die Verwendung von Flammenwerfern. Vier Deutsche, die einen Verwundetentransport anhielten, richteten ihren Flammenwerfer auf den Fahrer. Doch sowohl an der Arnheimer Brücke wie auch später in den Gefechten bei Oosterbeek gab es immer wieder Beispiele von vorbildlicher Ritterlichkeit.

In General Hacketts Abschnitt erschien ein deutscher Offizier mit weißer Fahne und fragte nach dem Kommandeur. Hackett erfuhr von ihm, »daß die Deutschen vorhatten, nach starker Artillerievorbereitung anzugreifen, und weil sie wußten, daß in diesem Abschnitt ein Verbandsplatz eingerichtet war, wollten sie, daß wir die Front um 600 Meter zurücknehmen sollten, weil sie nicht den Verbandsplatz beschießen wollten«. Darauf konnte Hackett natürlich nicht eingehen. »Hätten wir die Front so weit zurückgenommen wie die Deutschen forderten, wäre mein Gefechtsstand 200 Meter hinter die deutsche Front zu liegen gekommen«, schrieb General Urquhart später. Hackett blieb also, wo er war, hatte aber Gelegenheit festzustellen, daß der Verbandsplatz von dem vorbereitenden Artilleriefeuer ausgenommen blieb.

Stabsarzt Rigby-Jones, der durch einen Volltreffer im Hotel Tafelberg sein chirurgisches Besteck eingebüßt hatte, konnte seit dem Donnerstag nicht mehr operieren, obwohl im Hotel Petersburg ein behelfsmäßiger Operationsraum eingerichtet worden war. »Wir mußten zwischen 1200 und 1300 Verwundete versorgen, und dafür gab es weder die notwendigen Vorkehrungen noch das Personal. Zum Glück hatten wir reichlich Morphium. Die größte Schwierigkeit bot die Verpflegung, vor allem Wasser. Wir hatten schon das Wasser aus der Zentralheizung abgelassen. Seit ich nicht mehr operieren konnte, betätigte ich mich als Furier und versuchte, den Verwundeten Essen zu verschaffen.« Einer dieser Verwundeten, Major Waddy vom 156. Bataillon, wurde ein zweites Mal verwundet, als eine Werfergranate auf der Fensterbank explodierte, und ein weiteres Mal, als der Raum, in dem er lag, einen Volltreffer erhielt. Dr. Warrack lief auf die Straße hinaus und beschimpfte aus vollem Hals die Deutschen, weil sie nicht einmal ein Rotes Kreuz respektierten.

Im Hotel Tafelberg war die ganze Familie van Maanen unter Aufsicht des Vaters an der Arbeit. Der Sohn Paul, Medizinstudent, erinnert sich besonders an den Sonntag. »Der Sonntag war fürchterlich. Es kam mir so vor, als würden wir unentwegt getroffen. Vor den Patienten durften wir uns nicht anmerken lassen, daß wir Angst hatten, ich wäre aber am liebsten schreiend zum Fenster hinausgesprungen. Ich ließ es nur darum bleiben, weil die Verwundeten alles mit Fassung ertrugen.« Man trug die Patienten von einem Zimmer ins andere, um sie vor dem Beschuß in Sicherheit zu bringen, und Paul erinnert sich, »daß wir anfingen zu singen. Wir sangen für die Engländer, für die Deutschen, auch für uns selber. Ich glaube, alle haben mitgesungen, nur manche mußten aufhören, wenn ihnen die

Tränen kamen; dann sangen sie weiter.« Der romantische Traum von der Befreiung durch herrliche junge Männer, die vom Himmel herabschwebten, nahm für die junge Anje van Maanen ein trauriges Ende. Im Hotel Tafelberg starben viele Holländer an den erlittenen Verletzungen, darunter, wie Anje in ihrem Tagebuch vermerkt, »zwei ganz besonders reizende Mädchen in meinem Alter, sehr gute Schlittschuhläuferinnen. Die werde ich nie wiedersehen.« Auch Anje kam es so vor, als würde das Hotel unentwegt von Granaten getroffen. Sie ging in den Keller und weinte. »Ich habe Angst zu sterben«, schrieb sie. »Die Explosionen sind fürchterlich und jede Granate tödlich. Wie kann Gott das zulasssen?«

Am Sonntagmorgen um 9:30 Uhr fand Dr. Warrack, daß er dies jedenfalls nicht mehr zulassen könne. Die neun Verbandsplätze und Lazarette in seinem Bereich waren so überfüllt von Verwundeten beider Parteien, daß er meinte: »So kann man nicht weitermachen. Ärzte und Sanitäter arbeiten unter unerträglichen Bedingungen, es fehlt am Nötigsten.« Dank der zunehmend heftigeren deutschen Angriffe gab es mehr und mehr Ausfälle, darunter nun auch der mutige General Hackett, der um kurz vor 8:00 Uhr von Granatsplittern in die Beine und den Bauch getroffen worden war.

Warrack hatte einen Plan, er brauchte aber die Erlaubnis von General Urquhart und machte sich auf den Weg zum Hotel Hartenstein. »Ich sagte dem General, daß sämtliche Lazarette trotz der Kennzeichnung mit dem Roten Kreuz Treffer bekommen hatten, eines war sechsmal getroffen worden und brannte, und wir hatten in aller Eile 150 Verwundete evakuieren müssen. Überhaupt mußten die Verwundeten viel zu oft bewegt werden, und es war wirklich Zeit, zu einer Übereinkunft mit den Deutschen zu kommen.« Es war ausgeschlossen, Verwundete über den Rhein zu schaffen, doch Warrack nahm an, es könnten viele Leben gerettet werden, »falls man die Verwundeten den Deutschen übergab, damit sie in den Krankenhäusern von Arnheim gepflegt werden konnten«.

Soweit Warrack sich erinnert »nahm Urquhart meinen Plan resigniert auf, er bestand aber darauf, daß der Feind daraus nicht schließen dürfe, wir wären am Zusammenbrechen«. Warrack sollte den Deutschen klarmachen, daß es sich hier um eine rein humanitäre Maßnahme handelte. »Sie dürfen von mir aus verhandeln, wenn die Deutschen begreifen, daß Sie als Arzt für die Verwundeten sprechen, nicht aber als Beauftragter für die Division.« Warrack erhielt Erlaubnis, für den Nachmittag einen vorübergehenden Waffenstillstand auszuhandeln, »damit das Schlachtfeld von Verwundeten geräumt werden kann, ehe die Kämpfe wieder aufgenommen werden«.

Warrack besprach sich mit Kapitän Wolters, dem holländischen

Verbindungsoffizier, und Dr. van Maanen. Da Wolters, der den Dolmetscher abgeben sollte, holländischer Offizier war und als solcher vor den Deutschen nicht erscheinen durfte, verlieh Warrack ihm das Pseudonym »Johnson«. Alle drei machten sich nun auf den Weg zum Hotel Schoonoord, um sich mit dem deutschen Divisionsarzt in Verbindung zu setzen.

Dieser, der 29 Jahre alte Egon Skalka, war gleichzeitig zu derselben Einsicht gelangt wie Warrack. Auch er meinte an jenem Sonntagmorgen, »es müßte für die Verwundeten etwas geschehen, und zwar nicht nur für unsere eigenen, sondern auch für die der Engländer. Im Hotel Schoonoord lagen sie dicht an dicht auf dem Fußboden. Ich war schon unterwegs zu dem englischen Divisionsarzt, bevor Warrack ankam.« Wer immer nun auch als erster den Gedanken gehabt hatte, die Begegnung kam zustande. Auf Warrack wirkte der junge deutsche Arzt »etwas weibisch, aber recht sympathisch und offenbar bemüht, sich den Engländern angenehm zu machen – für den Fall eines Falles«. Warrack machte durch seinen Dolmetscher »Johnson« seine Vorschläge und wurde dabei von Skalka aufmerksam gemustert. »Er war ein langer, schlaksiger, dunkelhaariger Bursche, phlegmatisch wie alle Engländer. Er wirkte sehr müde, war aber sonst in gutem Zustand.« Skalka war im Prinzip einverstanden, »wir müssen aber erst bei meinem Kommandeur um Erlaubnis fragen«. Dr. van Maanen wollte er nicht mitnehmen. Skalka, Warrack und »Johnson« machten sich in einem erbeuteten Jeep auf den Weg nach Arnheim, Skalka am Steuer. »Ich fuhr sehr schnell, dauernd im Zickzack. Ich wollte nicht, daß Warrack sich orientieren konnte, und so wie ich fuhr, dürfte ihm das auch schwergefallen sein. Wir fuhren sehr schnell, zeitweise unter Beschuß und kamen schließlich in die Stadt.«

Wolters fand die kurze Fahrt nach Arnheim hinein »betrüblich und jammervoll«. Überall lagen Trümmer, Häuser waren eingestürzt oder brannten noch. Die Straßen waren stellenweise von Panzerketten aufgerissen und von Granattrichtern zersiebt. »Sie sahen aus wie Sturzäcker.« Den ganzen Weg fuhr man an zerstörten Geschützen, umgestürzten Jeeps, verbrannten Panzerwagen und Leichen vorbei. Skalka hatte den beiden Männern nicht die Augen verbunden, und Wolters hatte auch nicht den Eindruck, als bemühe er sich den Weg zu verheimlichen. Er hatte vielmehr den Eindruck, »diesem SS-Arzt in seiner eleganten Uniform war eher daran gelegen, uns die Stärke der Deutschen vorzuführen«. Skalka steuerte in Arnheim nach Nordosten und hielt vor dem Gymnasium am Hezelbergherweg, wo Obersturmbannführer Harzer sich einquartiert hatte.

Beim Stab war man über das Erscheinen von Warrack und

Wolters überrascht, Harzer war aber telefonisch unterrichtet worden und erwartete sie bereits. Skalka ging zunächst allein in das Zimmer seines Kommandeurs, der ziemlich wütend war. »Ich verstand nicht, daß Skalka den beiden nicht die Augen hatte verbinden lassen. Sie wußten nun also, wo mein Gefechtsstand war.« Skalka lachte aber nur. »So wie ich gefahren bin, wissen die bestimmt nicht, wo sie sind«, versicherte er Harzer.

Nun beriet man mit den englischen Abgesandten. »Der englische Arzt wollte seine Verwundeten aus der Stellung evakuieren lassen, weil er sie nicht mehr versorgen konnte«, berichtet Harzer. »Zu diesem Zweck mußte man für einige Stunden das Feuer einstellen. Ich erklärte mich damit einverstanden und sagte, ich bedauerte, daß unsere Länder Krieg gegeneinander führten.«

Wolters – ein Kanadier namens Johnson, wie Warrack ihn vorgestellt hatte – hat eine völlig andere Erinnerung an dieses Zusammentreffen. »Anfangs wollte der SS-Offizier von einer Feuerpause überhaupt nichts wissen. Es waren mehrere Stabsoffiziere anwesend, darunter der diensttuende Chef des Stabes, Hauptmann Schwarz, der schließlich zu Harzer sagte, das Ganze müßte mit dem General beredet werden. Die Deutschen gingen hinaus, und wir erhielten unterdessen belegte Brote und Schnaps. Warrack sagte, ich solle nicht auf leeren Magen trinken. Was auf den Broten war, weiß ich nicht, alles schmeckte nach Zwiebeln. Die Deutschen kamen dann wieder rein, alle sprangen auf und grüßten. Dann kam General Bittrich ohne Mütze in seinem langen schwarzen Ledermantel. Der blieb aber nur ein paar Augenblicke und sagte zu den beiden Abgesandten: ›Ich bedauere sehr diesen Krieg zwischen unseren Vaterländern.‹« Er hörte sich Warracks Vorschlag an und stimmte gleich zu. »Selbstverständlich habe ich zugestimmt«, sagte Bittrich später, »denn wenn man überhaupt menschliche Empfindungen hat, verliert man sie auch im erbittertsten Gefecht nicht.« Dann gab er Warrack eine Flasche Schnaps für Urquhart mit und ging.

Um 10:30 Uhr war man sich über eine begrenzte Feuereinstellung einig geworden, »nicht ohne daß die Deutschen Bedenken hatten. Das Hotel Tafelberg und das Hotel Schoonoord lagen nämlich unmittelbar in der Kampflinie, und die Deutschen konnten nicht dafür garantieren, daß dort keine Granaten mehr fallen würden.« Harzer befürchtete im wesentlichen, daß die Engländer ihre weittragenden Geschütze südlich des Rheins während der Evakuierung nicht ausreichend kontrollieren könnten. Skalka sagte, er habe einen Funkspruch von der 2 englischen Armee bekommen, »der einfach an den Divisionsarzt der 9. SS-Panzerdivision gerichtet war und in dem angefragt wurde, ob der Waffenstillstand ausgedehnt werden könnte, damit die Engländer Medikamente und Verbandszeug über den Rhein schaffen könnten. Ich antwortete: Wir brauchen Ihre Hilfe nicht, sondern wünschen einzig, daß Ihre Flugzeuge aufhören, unentwegt unsere Sanitätskraftwagen zu bombardieren. Darauf kam die Antwort: Solche Angriffe kommen bedauerlicherweise auf beiden Seiten vor. Das war absolut lächerlich.« Skalka funkte wütend zurück: »Von unserer Luftwaffe habe ich schon seit zwei Jahren nichts mehr gesehen.« Die englische Antwort lautete: »Halten Sie sich an die Vereinbarung.« Skalka wurde jetzt so böse, daß er, wie er behauptete, antwortete: »Leckt mich am Arsch.«

Die getroffene Vereinbarung sah vor, daß um 15:00 Uhr ein zweistündiger Waffenstillstand beginnen sollte. Die Verwundeten sollten auf einem genau bezeichneten Weg am Hotel Tafelberg vorbei evakuiert werden, und beide Seiten sollten sich bemühen, »das Feuer nach Möglichkeit ganz einzustellen«. Die Soldaten in den Stellungen wurden entsprechend informiert. Skalka ließ alle verfügbaren Wagen zusammenziehen, und Warrack und Wolters durften auf dem Rückweg so viel Verbandszeug und Morphium mitnehmen, wie sie tragen konnten. Wolters »war erleichtert wegzukommen, vor allem nachdem Schwarz zu mir gesagt hatte: ›Wie ein Engländer sprechen Sie nicht gerade Deutsch‹.«

Auf dem Rückweg, den sie unter einer Rotkreuzfahne und begleitet von einem anderen deutschen Arzt zurücklegten, durften Warrack und Wolters sich im St. Elisabethhospital über die dortigen Verhältnisse informieren und die englischen Verwundeten besuchen, darunter auch General Lathbury, der hier ohne Rangabzeichen als »Gefreiter« Lathbury lag. Begrüßt wurden sie von Dr. Kessel und Dr. Longland, beides englische Ärzte, sowie dem leitenden holländischen Chirurgen Dr. van Hengel, die sämtlich auf Neuigkeiten erpicht waren. Rings um das Hospital war schwer gekämpft worden, einmal sei es sogar innerhalb des Gebäudes zu einem Handgemenge gekommen, berichtete Kessel. Seit Donnerstag jedoch herrsche Ruhe, und Warrack konnte sich davon überzeugen, daß es den Verwundeten hier besser ging als denen in der Stellung. »Unsere Patienten lagen in Betten, sie hatten Laken und Decken und wurden von holländischem Personal gut versorgt.« Nachdem sie Kessel darauf vorbereitet hatten, daß er mit dem Zustrom vieler Verwundeter rechnen müsse, kamen, wie Warrack sich erinnert, »wir beide beim Hotel Tafelberg pünktlich in einen schweren Feuerüberfall«.

Die Feuereinstellung begann wie vereinbart um 15:00 Uhr. Die Schießerei nahm ab, plötzlich hörte sie ganz auf. Kanonier Parkes »hatte sich an den Lärm so gewöhnt, daß ich im ersten Augenblick dachte, ich wäre gestorben«. Deutsche und englische Sanitäter beluden alle verfügbaren Fahrzeuge mit Verwundeten. Sergeant Pearson wurde neben seinen General auf einen Jeep gehoben. »Da sind Sie ja, Pearson«, sagte Hackett. Pearson trug nur Hose und Stiefel. In seiner rechten Schulter klaffte ein großes Loch, und er trug einen dicken Verband darüber. Hackett war grau im Gesicht und litt offenbar starke Schmerzen von seiner Bauchverletzung. Unterwegs sagte Hackett: »Ich hoffe, Sie nehmen nicht an, daß ich meinen Dienstgrad herauskehre, Pearson, aber ich möchte im Krankenhaus als erster drankommen. Ich glaube, ich bin schlimmer dran als Sie.«[11]

Leutnant Glover, der mit seinem Parahuhn Myrtle abgesprungen war, litt große Schmerzen, als man ihn im St. Elisabethhospital einlieferte. Zwei Adern in seiner rechten Hand waren von einer Kugel durchschlagen worden, und auf dem Weg zum Verbandsplatz traf ihn ein Granatsplitter in den rechten Unterschenkel. Morphium war so knapp, daß nur die welches bekamen, die es unbedingt nötig zu haben glaubten. Glover lehnte ab. Myrtle war bereits tot. Während der Kämpfe war sie mal von ihm, mal von seinem Diener betreut worden, bis Glover plötzlich bemerkte, daß die Reisetasche mit Myrtle fehlte. »Wo ist Myrtle?« fragte er seinen Diener. »Da oben, Sir«, und Scott deutete zum Rand des Splittergrabens. Wirklich lag Myrtle dort oben in ihrem Behälter, leider aber auf dem Rücken und die Füße in die Luft gestreckt. In der Nacht bestatteten Glover und Scott das Huhn unter einer Hecke.

[11] Sowohl Hackett wie Lathbury verwandelten sich im Lazarett in »Gefreite«. Sergeant Morris, der Hackett Blut spendete, durfte dessen Identität nicht verraten. Lathbury war bereits seit dem 19. im Krankenhaus und erfuhr vom Schicksal der Division erst, als die Verwundeten aus Oosterbeek eintrafen, u. a. auch daß Urquhart sich zur Division durchgeschlagen und daß Frost mit seinen Leuten fast vier Tage an der Brücke ausgeharrt hatte. Beide Generäle konnten später mit Hilfe der Holländer fliehen und sich verstecken. Lathbury tat sich später mit Major Tatham-Warter zusammen, der in Zivilkleidung für den holländischen Widerstand tätig war »und ganz ungeniert umherspazierte. Er half sogar mal, einen deutschen Kommandeurswagen aus einem Graben ziehen.« Mit weiteren etwa 120 von den Holländern versteckten Sanitätern und Piloten und geführt von einem Holländer, gelangte Lathbury am 22. Oktober zu den Amerikanern südlich des Rheins. Der unglaubliche Tatham-Warter verhalf etwa 150 englischen Soldaten zur Flucht. Ich brauchte mehr als sieben Jahre, um ihn endlich aufzuspüren, und dann gelang es nur durch Zufall. Mein englischer Verleger traf ihn in Kenia, wo er seit Kriegsende lebt. Tatham-Warter bemerkte, er habe den Regenschirm »mehr zum Zwecke der Identifizierung als aus anderen Gründen getragen, denn ich vergaß meist die Parole«.

Hendrika van der Vlist schaute zu, als deutsche Krankenträger das Hotel Schoonoord von Verwundeten räumten. Plötzlich begann das Schießen von neuem, und einer der Deutschen rief: »Wenn das nicht aufhört, fangen wir auch wieder an, und keiner kommt hier lebend raus!« Hendrika achtete nicht darauf. »Immer schreien die jüngsten Soldaten am lautesten, und an deutsche Drohungen waren wir schon gewöhnt.« Das Feuer hörte wieder auf, und die Evakuierung wurde fortgesetzt.

Die Schießerei flackerte noch mehrere Male auf, als gehfähige Verwundete, Jeeps, Sanitätskraftwagen und Lastwagen den Weg nach Arnheim antraten. »Es kam selbstverständlich zu Mißverständnissen«, erinnert sich General Urquhart. »Eine Schlacht vorübergehend einzustellen, ist nämlich nicht einfach.« Im Hotel Tafelberg wurde es einigen Ärzten ungemütlich, als sie sich genötigt sahen, einige angriffslustige Deutsche zu entfernen. Und man erinnert sich noch gut daran, daß die erst kürzlich eingetroffenen Polen überhaupt nicht verstanden, wozu die Feuereinstellung gut sein sollte. »Die hatten noch alte Rechnungen zu begleichen«, sagt Urquhart, »und sahen keinerlei Grund das Feuer einzustellen. Schließlich konnten wir aber ihren Eifer dämpfen, bis die Evakuierung abgeschlossen war.«

Die Transporte liefen den Nachmittag über pausenlos weiter. Etwa 200 gehfähige Verwundete gingen in Gefangenschaft, über 250 wurden auf Kraftwagen evakuiert. »Die Zustände in Oosterbeek waren einzigartig«, meinte Skalka. »Nichts als Trümmer und Leichen.«

Leutnant Stainforth, der mit einer Brustverletzung im St. Elisabethhospital lag, hörte die Neuankömmlinge hereinkommen. »Ich war ganz aufgeregt und ungeheuer stolz. Als sie hereinkamen, packte uns übrige das Grauen. Alle waren seit einer Woche nicht rasiert, die Uniformen waren zerrissen und schmutzig, und alle hatten dreckige, blutgetränkte Verbände. Am schlimmsten wirkten ihre Augen, eingesunken und rot umrändert in den verdreckten Gesichtern, die völlig übermüdet waren. Und doch kamen sie unbesiegt herein. Man konnte ihnen zutrauen, daß sie im Handumdrehen das Hospital erobern würden.«

Als der letzte Transport aus Oosterbeek abgegangen war, bedankte sich Warrack bei Skalka. »Er schaute mich an und sagte: ›Würden Sie mir das schriftlich geben?‹« Warrack überhörte das. Um 17:00 Uhr ging das Gefecht weiter, als sei es nie unterbrochen gewesen.

Parkes, der nahe der Wäscherei Dolderen in einer Feuerstellung lag, meinte: »Es ging gleich wieder richtig los, die Deutschen hauten auf uns drauf, mit allem, was sie hatten.« Parkes empfand dies nach der vorangegangenen Ruhe als geradezu erleichternd. »Der Normalzustand war wiederhergestellt, und an den konnte ich mich gewöhnen. Ich war wieder im Geschäft.« Die Deutschen hatten die Waffenruhe dazu benutzt, in viele Abschnitte einzusickern, und der Kampf wurde sofort sehr intensiv aufgenommen. Parkes sah einen Panzer ein Kohlfeld durchqueren, auf den eine englische Pak das Feuer eröffnete. Bei dem Schußwechsel flogen Parkes zu seiner Verwunderung zahllose Kohlköpfe um die Ohren. Dann wurde der Panzer getroffen. Major Cain bediente zusammen mit einem Kanonier ein leichtes Feldgeschütz und schoß damit einen Tiger an. Als er ihm den Gnadenstoß geben wollte, stellte sich heraus, daß das Geschütz nicht mehr feuern konnte.

Im Hause ter Horst waren alle wie betäubt und benommen von der Kanonade. »Plötzlich gab es einen furchtbaren Schlag, man hörte Ziegelsteine fallen. Balken knackten, und von überall her hörte man unterdrücktes Schreien«, berichtete Kate ter Horst. Die Kellertür war durch den Luftdruck verklemmt. »Ich hörte Leute mit Spaten und anderem Gerät arbeiten . . . sie sägten Balken . . . durch Stuck und über Ziegelsteine trampelten Stiefel . . . schwere Gegenstände wurden hin und her gezogen.« Dann ging die Kellertür auf, und es gab Luft. Im Erdgeschoß waren die Außenmauern des Gartenzimmers zum Teil niedergelegt, und auch der Korridor lag frei. Überall lagen von der Explosion umgeworfene Menschen. Dr. Martin war neuerlich getroffen worden und konnte sich nicht mehr bewegen. Ein Soldat, der schon vor Tagen eingeliefert worden war, geisterte durchs Haus, blieb vor Kate ter Horst stehen und sagte: »Sie habe ich doch schon gesehen?« Sie führte ihn sanft in den Keller, wo er sogleich einschlief. Später wachte er für einen Moment auf, sagte zu ihr: »Wir können jetzt jeden Augenblick geholt werden«, und schlief wieder ein. An die Wand gelehnt und von ihren fünf Kindern umringt, wartete Kate, »daß die gräßlichen Stunden vorübergingen«.

Unweit der Stellung von Major Cain sah Sergeant Roullier noch einen Panzer erscheinen. Er und ein anderer Kanonier brachten dem Panzer einen Treffer bei, gerieten aber gleich darauf in MG-Feuer. Roulliers Kamerad wurde getroffen, und auch Roullier wurde an der linken Hand verletzt. Er bekam das Zittern in der Hand und nahm an, ein Nerv sei getroffen. Er warf den Kameraden über die Schulter und schleppte ihn in einen Graben. Vor dem Haus von ter Horst zögerte Roullier hineinzugehen, denn er hörte dort Verwundete um Wasser betteln und die Namen ihrer Angehörigen schreien. »Hier habe ich wohl nichts zu suchen«, überlegte Roullier noch, als der Kanonier Bolden auftrat. »Nun, lieber Freund«, sagte Bolden und betrachtete Roulliers zitternde Hand, »wir haben wohl etwas zuviel auf der Maschine geschrieben?« Roullier sagte, daß er Hilfe für einen Verwundeten brauche, und Bolden, der unterdessen Roulliers Hand verbunden hatte, erklärte sich bereit mitzukommen. Auf dem Rückweg erfüllte Roullier der Anblick der vielen Leichen im Garten des Hauses ter Horst mit Entsetzen. So viele Tote hatte er auf einem Platz noch nie gesehen. Manche Gesichter waren mit Jacken zugedeckt, »andere aber starrten nach allen Richtungen«. Die Toten lagen so dicht, daß man zwischen ihnen nicht hindurchgehen konnte.

Roullier wartete in dem Splittergraben bei seinem Kameraden, bis Bolden mit zwei Krankenträgern kam. »Nur keine Sorge«, sagte der zu Roullier, »das wird schon wieder.« Dieser Meinung war Roullier nicht. Der ehemalige Kanonier und jetzige Küchenunteroffizier, der in England hätte bleiben sollen, war nur auf fortgesetztes eigenes Drängen mitgenommen worden. Als er jetzt ringsumher übermüdete und halb verhungerte Kameraden sah, »machte es plötzlich klick in meinem Gehirn. Ich dachte nicht mehr an den Krieg, ich dachte nur noch daran, wie ich uns was zu essen verschaffen konnte.« Er suchte jedes einzelne Haus in der Nähe nach Eßbarem ab und fand auch irgendwo einen verzinkten Waschzuber. Dahinein warf er alles, was er fand – Zwiebeln, Karotten, Kartoffeln, Salz und Bouillonwürfel, auch ein letztes überlebendes Huhn stellte sich Roullier zur Verfügung.

Auf dem Steinfußboden eines zerschossenen Hauses richtete er eine Kochstelle her und machte aus Tapetenfetzen und Holzsplittern ein Feuer. Er merkte gar nicht, daß rings um ihn her das Gefecht weiterging, sondern machte sich nun auch auf die Suche nach Wasser. Richtig fand er auch welches. Dann schlachtete er das Huhn, rupfte es und warf es in den Zuber. Als das Stew bei Dunkelwerden gar war, wickelte er Gardinen um die heißen Griffe des Zubers und machte sich, von einem Helfer begleitet, auf den Weg zu den Gräben. Jetzt erst hörte er wieder die Einschläge der Werfergranaten. Die beiden sprangen zwischen Einschlägen vorwärts, und bei den Artilleristen angekommen, rief Roullier: »Antreten zum Essenempfang!« Verblüffte Soldaten krochen vorsichtig aus ihren Löchern, hielten verbeulte Kochgeschirre vor sich hin, murmelten ihren Dank und verschwanden, noch ganz benommen, in der Dunkelheit. Nach zehn Minuten war alles ausgeteilt, und Roullier hatte nur noch ein paar Kartoffeln übrig. Die spießte er auf und aß zum erstenmal an diesem Tag selbst etwas. Er fühlte sich sehr glücklich.

Beim Hotel Hartenstein saß Gleiterpilot Overton in einem Graben und starrte in die Dämmerung. Die vier Kameraden, die bei ihm gesessen hatten, waren weggegangen, doch plötzlich sah Overton dunkle Gestalten näher kommen. Es waren seine Nachbarn, und sie brachten auch etwas mit. In einer Gasplane hatten sie Regenwasser gesammelt, und damit kochten sie jetzt Tee. Overton schaute benommen zu. »Wir hatten an diesem Tag weder zu essen noch zu trinken bekommen, und am Samstag hatten wir zwei Hartkeks miteinander geteilt.« Zu seiner Überraschung boten die anderen ihm von ihrem Tee an, und er nahm dankend an. »Herzliche Glückwünsche«, sagte jeder einzelne zu ihm. Overton hatte ganz vergessen, daß der 24. September sein Geburtstag war.

Oberst Payton-Reid von den Scottish Borderers war nicht unglücklich darüber, »daß dieser 24. September sich seinem traurigen Ende näherte. Einer stillen Übereinkunft folgend, wurde vom rechtzeitigen Eintreffen des Entsatzes nicht mehr gesprochen.«

Am späten Samstagabend befahl General Urquhart den Nachrichtenspezialisten Leutnant Hay zu sich in den Keller des Hotels Hartenstein. »Er gab mir einen langen Funkspruch zum Verschlüsseln und sagte dabei, vielleicht brauche er ihn ja nicht abzuschikken.« Hay war betroffen, als er ihn las. »Er besagte im wesentlichen: Entweder ihr holt uns hier raus, oder wir sind alle im Eimer.« Er brachte Urquhart den verschlüsselten Funkspruch, der in der Originalfassung folgendermaßen lautet:

Urquhart an Browning. Falls wir nicht am 25. morgens Verstärkung bekommen, können wir nicht mehr halten. Schon leichte feindliche Aktionen können Auflösung bewirken. In solchem Fall ist Kapitulation ausgeschlossen. Feind verhindert derzeit jede Umgruppierung. Tun unser Bestes so lange wie möglich.[12]

Zwei Nächte hintereinander waren alle Versuche fehlgeschlagen, Urquhart mit Ersatz und Nachschub zu versorgen, und doch weigerte der Kommandeur des XXX. Korps sich standhaft, den Versuch abzubrechen. Falls man den Brückenkopf und die Reste der Division Urquhart retten wollte, mußte das diese Nacht noch geschehen. Wieder war das Wetter ungünstig: aus England war keine Luftunterstützung zu erwarten. Immerhin waren jetzt schon beachtliche Kräfte im Abschnitt Driel–Nimwegen, und nachdem Horrocks sein Korps die schmalen Straßen hinaufgejagt hatte, wollte er sich nicht von läppischen 400 Metern aufhalten lassen, die ihn von den Luftlandetruppen trennten, auch wenn dies der Rhein war. Er sah den Erfolg zum Greifen vor sich und befahl General Thomas, einen letzten Stoß zu führen: Das 4. Bataillon unter Oberst Tilly sollte

12 Diese Meldung wird in verschiedenen Versionen wiedergegeben, doch ist dies die Originalfassung. Leutnant Hay hat seine Funkkladde aufgehoben und sie mir zur Auswertung überlassen. Dafür bin ich ihm außerordentlich verbunden.

gemeinsam mit den am Südufer verbliebenen Polen um 22:00 Uhr mit dem Übergang in den Brückenkopf beginnen.

Das sollte nur ein erster Schritt innerhalb einer größeren Operation sein. »Falls alles gutging«, schrieb Horrocks später, »war vorgesehen, das Gros der Division weiter westlich über den Rhein zu bringen und mit ihm den Deutschen einen linken Haken zu versetzen, die Urquhart angriffen.« Die einzige andere Möglichkeit war der Rückzug der Division Urquhart, und an diesem achten Tag des Unternehmens »Market-Garden« wollte Horrocks den nicht einmal ins Auge fassen. Andere indessen überlegten schon sehr intensiv, wie ein Rückzug zu bewerkstelligen sei.

Seinem Stabschef General Walch zufolge sprach General Browning, der Kommandeur des 1. Luftlandekorps, bereits ganz offen von einem Rückzug. Solange die 43. Infanteriedivision noch auf dem Marsch nach Driel war, wurde nichts entschieden, »aber als die sich festlief, war Browning klar, daß er Urquharts Männer herausholen mußte«. Der Kommandeur der 2. englischen Armee, General Dempsey, war zu der gleichen Einsicht gelangt. Horrocks hatte er seit Beginn des Angriffes nicht gesehen; jetzt bestellte er ihn zu einer Besprechung nach St. Oedenrode. Montgomery hatte Dempsey mit der obersten Befehlsgewalt ausgestattet, er würde also zu entscheiden haben. Aufgezwungen allerdings wurde ihm diese Entscheidung von Feldmarschall Model.

Während Horrocks nach St. Oedenrode fuhr, bereitete Oberst Tilly den nächtlichen Flußübergang vor. Sein Bataillon war unterwegs nach Driel, und seit der Korridor wieder geöffnet war, durfte er auch mit Sturmbooten rechnen. Seine Anweisungen waren klar. Sein Chef, General Walton, hatte ihm befohlen, »die Basis des Brückenkopfes zu verbreitern«. Der Übergang sollte an der alten Lände stattfinden, etwa anderthalb Kilometer westlich von Oosterbeek. Das Bataillon Tilly müsse sich dort halten, bis Verstärkung nachgeführt wäre. Die Soldaten sollten nur Munition und Verpflegung für drei oder vier Tage mitnehmen. Der 35 Jahre alte Tilly faßte die Sache so auf, als sollte sein Bataillon die Spitze der 2. Armee bilden. Daß es unbedingt erforderlich war, Urquhart schnellstens zu Hilfe zu kommen, hatte er begriffen; offenbar war die Division im Begriff aufgerieben zu werden.

Am Sonntag beobachtete Tilly von dem beschädigten Kirchturm in Driel eingehend das Nordufer des Rheins, wo sein Bataillon an Land gehen würde. Den Nachmittag über wartete er ungeduldig auf sein Bataillon aus Homoet und auf die Sturmboote.

Kurz nach 18:00 Uhr ließ General Walton ihn kommen. Tilly erwartete eine weitere detaillierte Einweisung in die vorgesehene Operation, doch teilte Walton ihm mit, der Plan sei geändert worden. »Das ganze Unternehmen ist abgeblasen.« Gleichwohl sollte das Bataillon Tilly doch noch über den Rhein gehen, wenn auch zu einem anderen Zweck. Tilly hörte mit wachsender Mißbilligung, daß seine Männer den Rückzug der 1. Luftlandedivision von Urquhart decken sollten. Dazu solle er so wenige Männer wie möglich einsetzen, etwa 400 Mannschaften und 20 Offiziere. Er selbst brauche nicht mit überzusetzen, sondern könne das seinem Stellvertreter, Major Grafton überlassen. Tilly sagte zwar, er wolle sich das noch überlegen, war aber bereits entschlossen, seine Männer selbst zu führen. Er hatte den deutlichen Eindruck, daß man sein Bataillon verheizen wollte. Davon, wie und wann er seine Leute zurückbringen sollte, war mit keinem Wort die Rede gewesen. Es war ihm allerdings klar, daß auch General Walton an der Lage nichts ändern konnte. Was er nicht verstand war, warum der ursprüngliche Plan umgestoßen worden war.

Der Entschluß, Urquharts Division abzuziehen – der erst noch von Montgomery gebilligt werden mußte, was Montag, den 25. September, um 9:30 Uhr endgültig geschah –, wurde in St. Oedenrode von General Dempsey während der Besprechung mit Horrocks und Browning am Sonntagnachmittag gefaßt. Nachdem er sich Horrocks' Plan, den Rhein in voller Stärke zu überqueren, hatte vortragen lassen, lehnte Dempsey ab, er glaubte nämlich nicht, daß ein solcher Angriff Erfolg haben könnte. Er befahl Horrocks, die Division Urquhart abzuziehen, und fragte Browning, ob dieser damit einverstanden sei. Browning nickte stumm. Dempsey unterrichtete sogleich General Thomas in Driel. Noch während die Konferenz im Gange war, schnitten die Deutschen wiederum den Korridor nördlich von Veghel ab. Horrocks durchbrach die deutsche Front in einem Panzerspähwagen, um seinen Gefechtsstand in Nimwegen zu erreichen. Der Korridor sollte für die nächsten 40 Stunden gesperrt bleiben.

Unterdessen war das Bataillon Tilly großenteils in Driel eingetroffen. Der Oberst suchte persönlich die Soldaten aus, mit denen er über den Rhein setzen wollte, ohne aber bekanntzumachen, welchen Auftrag das Bataillon hatte. Es fiel Tilly nicht leicht, jene Leute auszusuchen, von denen er annehmen mußte, daß sie in den sicheren Tod gingen. Zu Major Grafton sagte er, soweit dieser sich erinnert: »Ich muß Ihnen etwas sagen, denn außer mir muß unbedingt noch jemand wissen, welchen Zweck dieser Rheinübergang wirklich hat.« Nachdem er Grafton die Einzelheiten erklärt hatte und den erstaunten Blick des Majors gewahrte, setzte er hinzu, niemand dürfe davon erfahren, »das wäre zu gefährlich«. Grafton verstand ihn. Falls man den Soldaten sagte, was ihnen bevorstand, würde das ihre Moral aufs schwerste erschüttern. Als sie sich trennten, sagte Tilly: »Ich hoffe, Sie können schwimmen, Jimmy.«

Als sich die von Tilly ausgewählten Soldaten gegen 21:30 Uhr am Ufer versammelten, war von den Sturmbooten nichts zu sehen. »Wie soll ich ohne Boote nach drüben kommen?« fragte Tilly seinen Pionieroffizier Oberstleutnant Henniker. Auch hatte er keine Verpflegung für seine Leute erhalten. Überaus gereizt, weil er wußte, was ihm und seinen Leuten bevorstand, sagte Tilly zu Oberst Coad, dem Kommandeur des 5. Bataillons: »Es klappt überhaupt nichts. Weder sind die Boote gekommen, noch haben wir Verpflegung empfangen. Wenn das so weitergeht, weigere ich mich überzusetzen.« Coad befahl seinem Verpflegungsoffizier, Tillys Leuten Rationen zuzuteilen.

Man wartete drei Stunden im kalten Regen auf die Sturmboote. Um Mitternacht hieß es, sie seien in Driel eingetroffen, es waren aber insgesamt nur neun, weil in der Dunkelheit einige Lastwagen auf feindliches Gebiet geraten waren. Zwei waren einen Deich hinuntergerutscht und verlorengegangen. Infanteristen trugen die Boote 600 Meter durch sumpfiges Gelände an den Wasserplatz, wozu sie über eine Stunde brauchten. Erst am 25. September gegen 2:00 Uhr früh war alles bereit.

Vor dem Übergang händigte Tilly seinem Stellvertreter zwei Schriftstücke für General Urquhart aus: einen Brief von General Browning und eine verschlüsselte Anweisung von General Thomas mit dem Rückzugsplan. Beide Schriftstücke waren in jeweils zwei Exemplaren vorhanden, den zweiten Satz trug Oberstleutnant Myers bei sich, Urquharts Pionieroffizier, der von Browning aus Nimwegen zurück war und nun ebenfalls darauf wartete überzusetzen. »Es ist Ihre Aufgabe«, sagte Tilly zu Grafton, »diese beiden Briefe Urquhart zu geben, es könnte sein, daß Myers es nicht schafft.« Besonders die verschlüsselte Anweisung müsse unbedingt an Urquhart gelangen.

Mittlerweile war es klar, daß die Deutschen sich auf ein weiteres Übersetzmanöver eingerichtet hatten. Verfügbar waren insgesamt 15 Wasserfahrzeuge, darunter drei Schwimmwagen und die Reste der rührenden kleinen Flotte, die in der vergangenen Nacht benutzt worden war. Man entschied sich im letzten Augenblick dafür, ein Ablenkungsmanöver ausfallen zu lassen, das die Polen weiter flußaufwärts hätten unternehmen sollen. Tillys Leute sollten in fünf Wellen mit jeweils drei Booten übersetzen. Bereits die Vorbereitungen wurden durch den Beschuß aus Granatwerfern und MG gestört, die unterdessen offenbar mit großer Umsicht am Ufer installiert worden waren. Oberst Tilly setzte sich in ein Boot, und die erste Welle ging nach drüben.

Zwar gewährte die gesamte englische Artillerie dem Bataillon Feuerschutz, doch wurde es gleichwohl schwer mitgenommen. Die leichten, aus Segeltuch und Sperrholz gebauten Boote wurden durchlöchert und abgetrieben, das von Major Grafton geriet sogar noch am Südufer in Brand. Grafton wechselte in ein anderes. In der Mitte des Stromes entdeckte er, daß seines das einzige noch vorhandene Boot dieser Welle war. Fünfzehn Minuten später war er drüben.

Jede der fünf Wellen erlitt in der Dunkelheit und im Regen schwere Verluste durch gutplazierte MG. Als ärgster Feind erwies sich jedoch die Strömung. Als ungelernte Bootsfahrer und verwirrt durch eine überraschend starke Strömung, die nach Mitternacht noch zunahm, wurden die Soldaten Tillys weit abgetrieben und fielen zum Teil dem Feind in die Hand. Wer sich retten konnte, war abgeschnitten. Von 420 Offizieren und Mannschaften erreichten nur 239 das Nordufer. Tilly wurde bei der Landung von Handgranaten empfangen, die ihm die Böschung herunter entgegenrollten, befahl aber gleichwohl seinen Leuten den sofortigen Bajonettangriff[13].

Das Bataillon konnte sich nicht als organisierter Verband der Division unterstellen. In die Stellung Hartenstein gelangten nur sehr wenige, darunter Major Grafton mit dem Rückzugsplan, der sich zum Abschnitt von Major Lonsdale bei der alten Kirche von Oosterbeek durchschlug. Oberstleutnant Myers war bereits mit den ihm übergebenen Dokumenten bei Urquhart angekommen. Was die verschlüsselte Anweisung von General Thomas bedeutete, wußte keiner von beiden, sie kannten auch nicht die Tarnbezeichnung des Rückzugsplanes. Man erinnert sich, daß Montgomery von General Eisenhower ursprünglich verlangt hatte, »mit zusammengefaßten Kräften einen Stoß nach Berlin zu führen und so den Krieg zu beenden«; Eisenhower hatte das abgelehnt, und das Unternehmen »Market-Garden« war der ausgehandelte Kompromiß gewesen. Die offizielle Tarnbezeichnung für den Rückzug der geschlagenen Division Urquhart lautete nun passenderweise »Unternehmen Berlin«.

4

Das Unternehmen »Market-Garden«, von dem Montgomery sich eine rasche Beendigung des Krieges erwartet hatte, ging unaufhaltsam dem Zusammenbruch entgegen. Auf einer Strecke von nahezu

[13] Tatsächlich detonierte eine Handgranate auf Tillys Helm, doch wurde er nur leicht verwundet und überlebte den Krieg als Gefangener.

100 Kilometern klammerten sich Männer an Brücken und kämpften um eine einzige Straße, den Korridor. Im Abschnitt von General Taylor nördlich von Eindhoven wehrten seine Soldaten, verstärkt durch englische Panzer und Infanterie, einen schweren Angriff nach dem anderen ab und versuchten die Straße zu öffnen, die bei Uden gesperrt war; im Abschnitt von General Gavin lag die große Waalbrücke unter unaufhörlichem Beschuß, und der Feind drängte mit wachsender Stärke aus dem Reichswald. Jetzt glaubte man nicht mehr, daß der Krieg so gut wie zu Ende sei. Man stellte feindliche Einheiten fest, von denen man geglaubt hatte, sie bestünden nicht mehr. Die Kriegsmaschine der Nazis, die man schon für zusammengebrochen hielt, produzierte wunderbarerweise 60 Tigerpanzer, die Model am 24. September übergeben wurden[14]. Der alliierte Angriff war ins Stocken geraten, und jetzt mußte man auch das Hauptangriffsziel aufgegen, den Brückenkopf über den Rhein, das Sprungbrett an die Ruhr. General Urquhart erhielt am 25. September um 6:05 Uhr den Rückzugsbefehl.

Bei der Planung der Operation hatte man ihm versichert, er werde nicht länger als 48 Stunden auf sich allein angewiesen sein. General Browning hatte schon einkalkuliert, daß die 1. Luftlandedivision vier Tage halten könne, wenn auch nicht länger. Urquharts Männer hatten sich doppelt so lange gehalten, und dies gegen einen zahlenmäßig und in der Bewaffnung überlegenen Gegner. Den mannhaften Schotten, der erstmals eine Luftlandedivision kommandierte, kam es bitter an, sich zurückziehen zu müssen, doch wußte Urquhart, daß ihm nichts übrigblieb. Er hatte jetzt weniger als 2500 Männer zur Verfügung und konnte diesen nicht mehr abverlangen, als sie schon geleistet hatten. Zwar erbitterte es ihn, daß ausreichende eigene Kräfte am anderen Rheinufer standen, doch fügte er sich, wenn auch widerstrebend, der Entscheidung seiner Vorgesetzten. Es war nun an der Zeit, die tapferen Männer von Arnheim herauszuholen.

Der einigermaßen erschöpfte Oberstleutnant Myers überreichte im Hotel Hartenstein beide Schriftstücke – den Brief Brownings und den Rückzugsbefehl von General Thomas. Browning hatte seinen Brief bereits vor 24 Stunden geschrieben und die darin enthaltenen Glückwünsche waren überholt. Es hieß da unter anderem: ». . . die Armee eilt Ihnen zu Hilfe, jedoch . . . reichlich spät« und »selbstverständlich bin ich nicht ganz so erschöpft und frustriert wie Sie, aber das Ganze geht mir mindestens so nahe wie Ihnen . . .«

14 »Die Panzer trafen am frühen Morgen ein«, heißt es in der Anlage 6 zu Harmels Kriegstagebuch am 24. September, und weiter: »Die meisten, insgesamt 45 Tiger, wurden der 10. Pz.Div. zugeteilt.«

Wirklich niederschmetternd war der Rückzugsbefehl, um so mehr als er ausgerechnet von Thomas kam, dem Urquhart ebensowenig wie Browning sein Zaudern verzeihen konnte. Thomas ließ ihn wissen, die 43. Division bekomme nun den Druck der feindlichen Angriffe mehr und mehr zu spüren und jede Hoffnung, einen Brückenkopf über den Rhein aufzubauen, müsse fahrengelassen werden; die 1. Luftlandedivision solle zu einem zwischen ihm und Urquhart abzustimmenden Termin zurückgenommen werden.

Urquhart überlegte. Das unentwegte Krachen der Einschläge war der beste Beweis dafür, daß dieser Termin feststand. Wollte er überhaupt noch welche von seinen Soldaten lebend herausbringen, mußte er so früh wie möglich, allerdings in der Dunkelheit liegen. Um 8:08 Uhr funkte er an General Thomas: »Unternehmen Berlin muß heute abend beginnen.«

Zwanzig Minuten später ließ Urquhart jenen Funkspruch an Browning absetzen, den Leutnant Hay in der Nacht für ihn verschlüsselt hatte. Der Inhalt war nicht überholt, insbesondere nicht jener Satz, in dem es hieß, daß schon geringe feindliche Angriffstätigkeit die völlige Auflösung herbeiführen könne. Urquharts Lage war in diesem Augenblick so verzweifelt, daß er sich fragen mußte, ob seine Leute überhaupt bis zum Dunkelwerden durchhalten könnten. In dieser Situation begann er den Rückzug zu planen, ein schwieriges Manöver, denn es gab nur einen einzigen Weg aus dem Kessel, den über den 400 Meter breiten Niederrhein nach Driel.

Urquhart hielt sich dabei an das Vorbild eines anderen klassischen englischen Rückzuges, den von Gallipoli im Jahre 1916. Dort hatte man nach monatelangen Kämpfen die Truppe mit Hilfe einer großangelegten Täuschung des Feindes abgezogen. Die Stellungen waren bis zuletzt von ganz wenigen Soldaten besetzt geblieben, die unablässig feuerten, während das Gros ungefährdet abzog. So wollte Urquhart es auch machen. Die im Norden der Igelstellung befindlichen Einheiten sollten in Nord-Süd-Richtung nacheinander an den Fluß marschieren und übersetzen, als letzte diejenigen, die dem Rhein am nächsten lagen. »Der Rückzug sollte vor sich gehen wie das Zusammendrücken einer Tüte. Ganz kleine Abteilungen sollten in ausgewählten Stellungen verbleiben und den Eindruck erwecken, als seien wir noch in voller Stärke anwesend, während die Division in Wirklichkeit entlang den Rändern auf den Fluß zurückging.«

Um den Eindruck der »Normalität« zu erwecken, durfte auch der Funkverkehr nicht abreißen. Die Artillerie würde bis zum letzten Augenblick feuern, und die Militärpolizei bei den Kriegsgefangenen auf den Tennisplätzen vom Hotel Hartenstein sollte bis zuletzt bleiben. Abgesehen von der Nachhut, würden auch andere zurückbleiben müssen – Ärzte, Sanitäter, nicht gehfähige Verwundete. Diese sollten in der Stellung bleiben.

Die Piloten der Lastensegler würden als Lotsen dienen. An manchen Stellen wurde der Weg durch weiße Bänder markiert. Stiefel und Ausrüstung sollten umwickelt werden, damit kein Lärm entstand, und am Fluß sollten Lademeister die Beladung der kleinen Rettungsflotte beaufsichtigen, die aus 14 motorisierten Sturmbooten bestand, gesteuert von kanadischen Pionieren und jedes fähig, vierzehn Männer aufzunehmen, sowie unterschiedliche kleinere Boote. Wieviel es genau waren, bleibt unbestimmt, denn auch die Lademeister erinnern sich nicht mehr daran. Immerhin weiß man, daß einige Schwimmwagen dabei waren und auch mehrere Paddelboote aus Segeltuch und Sperrholz.

Gefahr drohte bei dieser Operation nicht nur vom Feind, es war auch zu befürchten, daß auf dem jetzt nur noch gut 600 Meter langen Uferabschnitt eine grauenhafte Verstopfung entstand, falls die Organisation des Rückzuges nicht glänzend funktionierte. Auf so engem Raum am Ufer zusammengedrängt, konnte der Rest der Division völlig vernichtet werden. Nachdem es den Polen und dem Bataillon Tilly nicht gelungen war, heil in den Brückenkopf überzusetzen, erwartete Urquhart nicht, daß er seine Division unangefochten nach Driel würde bringen können. Zwar würden sämtliche Geschütze des XXX. Korps seinen Männern Feuerschutz gewähren, doch rechnete Urquhart damit, daß die Deutschen ihm noch schwere Ausfälle zufügten. Auch stand wenig Zeit für eine völlige Räumung zur Verfügung. Überdies mußte der Plan vorerst geheim bleiben, denn es konnten tagsüber noch Soldaten in Gefangenschaft geraten und vernommen werden. So erfuhren nur Stabsoffiziere und solche, die besondere Aufträge übernehmen mußten, was bevorstand.

Nachdem er sich über Funk mit General Thomas über den Rückzug verständigt hatte, berief Urquhart eine Besprechung ein, an der folgende Offiziere teilnahmen: General Hicks; Oberstleutnant Murray vom Regiment der Gleiterpiloten und derzeit anstelle des verwundeten Hackett mit dem Kommando betraut; Oberstleutnant Loder-Symonds, der Artillerieoffizier der Division; Oberst Mackenzie, Chef des Stabes; Oberstleutnant Myers, der Pionieroffizier, der die Räumung beaufsichtigen sollte. Kurz vor Beginn der Besprechung kam Dr. Warrack, der Divisionsarzt, und erfuhr als erster von Urquhart, was beabsichtigt war. Warrack war »niedergeschlagen und unglücklich. Und das nicht, weil ich zurückbleiben mußte – das war ich den Verwundeten schuldig –, sondern weil ich bis zuletzt erwartet hatte, die Division werde in kürzester Zeit entsetzt werden.«

Im Keller des Hartenstein eröffnete Urquhart seinen Offizieren, was bevorstand. »Heute nacht gehen wir zurück.« Er legte den Plan Zug um Zug dar. Der Erfolg würde von der pünktlichen Einhaltung des ausgearbeiteten Zeitplanes abhängen. Stauungen irgendwelcher Art konnten eine Katastrophe herbeiführen. Die Soldaten sollten unbedingt in Bewegung bleiben, sich nicht auf Scharmützel einlassen. »Sie sollen ausweichen, wenn sie Feuer bekommen, und nur zurückfeuern, wenn es gar nicht anders geht.« Als seine niedergeschlagenen Offiziere sich von ihm verabschiedeten, mahnte er sie, der Rückzugsplan müsse solange als möglich geheim bleiben und dürfe nur jenen eröffnet werden, die ihn unbedingt kennen müßten.

Überrascht waren die höheren Offiziere allerdings nicht. Sie wußten seit Stunden, daß die Lage hoffnungslos war, empfanden allerdings ebenso wie Warrack Erbitterung darüber, daß ihnen keine Hilfe gebracht worden war. Auch fürchteten sie, es könne ihren Soldaten bei der Evakuierung noch übler ergehen als jetzt in der Stellung. Funker Cockrill, der dem Divisionsstab zugeteilt war, hörte zufällig den Funkspruch: »Unternehmen Berlin beginnt heute abend.« Er wußte nicht, was das bedeuten sollte, an Rückzug dachte er überhaupt nicht, vielmehr meinte er, »die Division kämpft bis zum letzten Mann und bis zur letzten Patrone«. Also nahm er an, »Unternehmen Berlin« bedeute einen letzten Versuch, zur Brücke von Arnheim durchzubrechen, oder eine ähnliche Heldentat. Oberst Payton-Reid von den Scottish Borderers allerdings wußte Bescheid, als er hörte, wie General Hicks etwas von »wieder ein Dünkirchen« vor sich hin murmelte.

Die Deutschen versuchten den ganzen Tag über mit aller Macht, die Stellungen zu überrennen, doch die Fallschirmjäger hielten stand. Gegen 20:00 Uhr sickerte durch, daß man zurückgehen werde. Major Powell vom 156. Bataillon im nördlichsten Teil der Stellung empfand das »als einen furchtbaren Schlag. Ich dachte an all die Männer, die gefallen waren, und kam zu der Erkenntnis, daß alles für die Katz gewesen war.« Seine Männer hatten den weitesten Weg zurückzulegen, und Powell ließ sie um 20:15 Uhr abmarschieren.

Soldat Downing vom 10. Fallschirmjägerbataillon wurde zu seinem Sergeanten ins Hotel Hartenstein geschickt, der ihm einen Rasierapparat in die Hand drückte und ihm befahl, sich zu rasieren. »Und beeilen Sie sich gefälligst dabei, wir setzen jetzt über den Fluß, und zu diesem Zweck haben wir auszusehen wie englische Soldaten.«

Auch Major Cain rasierte sich in einem Keller. Er hatte irgendwo Wasser aufgetrieben, schabte die eine Woche alten Stoppeln ab und trocknete das Gesicht an seinem blutverschmierten, rauchgeschwärzten Kampfanzug. Dann trat er auf die Straße in den Regen hinaus und schaute zur alten Kirche von Oosterbeek. Die hatte als Windfahne einen goldenen Hahn, den Cain während der Gefechte häufig angeschaut hatte und der für ihn ein Glückssymbol darstellte. Solange der goldene Hahn blieb, würde auch die Division bleiben. Er war betrübt und überlegte, ob der Hahn wohl morgen auch noch da sein würde.

Major Toler von den Gleiterpiloten war ebenso wie anderen von Oberst Murray befohlen worden, sich zu säubern. Toler hatte keine Lust dazu. Er war so müde, »daß ich daran nicht mal denken mochte!« Murray reichte ihm seinen eigenen Rasierapparat: »Wir verschwinden jetzt hier, aber niemand soll uns deshalb für einen Haufen Landstreicher halten.« Also rasierte sich auch Toler. »Es ist wirklich erstaunlich, wieviel besser ich mich hinterher fühlte«, erinnert er sich. Der Stander mit dem Pegasus, mit dem Hacketts Leute die 2. Armee hatten begrüßen wollen, befand sich in Murrays Gefechtsstand. Toler schaute ihn nachdenklich an, dann rollte er ihn auf und steckte ihn weg.

In einer Artilleriestellung, wo zurückbleibende Kanoniere nun nach Gutdünken feuerten, um die Räumung zu verschleiern, hörte Kanonier Christie den Funker an den Batteriechef seine letzte Meldung durchgeben: »Ich mache jetzt hier Schluß, Ende.«

Sergeant Sullivan vom Vorauskommando, das die Division neun Tage zuvor hier erwartet hatte, geriet in Zorn, als er die Neuigkeit hörte. »Ich war der Meinung, daß wir sowieso nichts mehr zu bestellen hatten, und da hätten wir auch bis zum letzten Mann weiterkämpfen können.« Sullivans Stellung war in einer Schule, »wo Kinder was lernen sollten. Für die konnte es nicht gut sein, wenn wir einfach wegliefen. Wenigstens sollten sie erfahren, wie uns zumute war, und die Deutschen auch.« Er schrieb also an die Tafel in Großbuchstaben: »Wir kommen wieder!« und unterstrich das mehrmals[15].

Genau um 21:00 Uhr eröffnete die Artillerie des XXX. Korps das Feuer, und rund um den Kessel flammten Brände auf, als zahllose Granaten auf die Stellungen der Deutschen niederregneten. Eine dreiviertel Stunde später begann der Rückzug. Schlechtes Wetter, das während der Woche verhindert hatte, daß Verstärkungen und Nachschub in den Kessel gebracht werden konnten, wirkte sich

15 Die Kinder bekamen davon nichts zu sehen. Am 27. September ordneten die Deutschen als Vergeltungsmaßnahme die Räumung von Arnheim und Umgebung an. Niemand wohnte dort mehr, als in den allerletzten Kriegstagen, nämlich am 14. April 1945, kanadische Truppen einrückten.

zugunsten der Engländer aus; der Rückzug begann bei Regen und Wind, die zusammen mit der Beschießung den Rückzug deckten.

Mit geschwärzten Gesichtern, umwickelter Ausrüstung und Stiefeln kletterten die Überlebenden der Division Urquhart steif aus ihren Schützenlöchern und versammelten sich zu dem gefährlichen Marsch ans Ufer. Dunkelheit und Regen ließen nicht zu, daß die Soldaten mehr als die Hand vor Augen sahen. Man bildete also eine Kette, hielt einander an den Händen oder umklammerte die Tarnjacke des Vordermannes.

Gleiterpilot Thompson kauerte im Regen. Er sollte die Soldaten ans Ufer führen und bereitete sich auf eine lange, nasse Nacht vor. Als er die Kameraden in Reihe an sich vorbeiziehen sah, kam ihm der Gedanke: »Außer uns dürften wohl nur sehr wenige Leute wissen, was es bedeutet in einem Schlachthaus zu leben.«

Funker Cockrill wußte nun, was es mit dem »Unternehmen Berlin« auf sich hatte, ihm war nämlich aufgetragen worden, zurückzubleiben und sein Gerät zu bedienen, während die anderen abzogen. Sein Auftrag lautete, »das Gerät in Betrieb und den Funkverkehr aufrechtzuerhalten, damit die Deutschen glauben, es sei alles ganz normal«. Da saß er nun allein im Dunklen unter der Veranda vom Hotel Hartenstein »und hämmerte auf die Taste. Um mich her hörte ich alles mögliche sich bewegen, aber mein Befehl lautete, immer weiterzufunken.« Er zweifelte nicht daran, spätestens am nächsten Morgen ein Gefangener zu sein. Neben ihm lag sein Gewehr, es war aber unbrauchbar, denn die einzige ihm verbliebene Patrone war eine Attrappe, die den Schlüssel enthielt, den er beim Verkehr mit der 2. Armee verwendete.

Am Südufer des Rheins waren Sammelpunkte eingerichtet worden, wartete englisches und holländisches Sanitätspersonal. In Driel standen Fahrzeuge bereit, welche die Überlebenden der Division Urquhart nach Nimwegen bringen sollten. Nachdem Cora Baltussen drei Tage und Nächte Verwundete versorgt hatte, war sie so erschöpft, daß sie die Vorkehrungen in Driel für die Vorbereitung eines neuen Angriffes hielt. Sie selbst war von Granatsplittern am Kopf, an der linken Schulter und in der Seite getroffen worden, beachtete diese Verletzungen aber nicht, obschon sie schmerzhaft waren. Die Blutflecken in ihrem Kleid ärgerten sie viel mehr. Sie radelte nach Hause, weil sie sich umziehen wollte zum Empfang neuer Verwundeter, die sie mit Gewißheit erwartete. Unterwegs geriet sie in einen Feuerüberfall, fiel vom Rad und lag eine Weile unverletzt in einem schlammigen Graben, ehe sie weiterfuhr. Zu Hause wurde sie von Erschöpfung übermannt und legte sich im Keller schlafen. Sie schlief die ganze Nacht durch, ohne etwas von dem »Unternehmen Berlin« zu ahnen.

Die von kanadischen und englischen Pionieren bemannten Boote warteten unterdessen schon am Nordufer. Der Feind hatte noch keinen Verdacht geschöpft, im Gegenteil, man merkte deutlich, daß die Deutschen nicht wußten, was vorging. Sie richteten ihr Feuer jetzt auf Tillys verbliebene Männer, die westlich von Urquharts Stellung einen Ablenkungsangriff unternahmen. Auch feuerten deutsche Geschütze auf einen Bereich noch weiter im Westen, wo konzentriertes englisches Artilleriefeuer einen weiteren Flußübergang vortäuschte. Urquharts Plan schien sich zu bewähren.

An beiden Flanken der Stellung bewegten sich in strömendem Regen im Gänsemarsch Soldaten ans Ufer. Manche waren so erschöpft, daß sie sich verirrten und dem Feind in die Hand fielen. Niemand durfte stehenbleiben, jeder Aufenthalt war mit Geräusch verbunden, mit Verwirrung und tödlicher Gefahr.

Im düsteren Schein brennender Häuser versammelte Sergeant Kent seinen Zug in einem Kohlfeld, wo die Kompanie sich treffen sollte, und wartete. »Wir wußten, daß der Rhein südlich von uns war, aber wir kannten nicht die Stelle, an der wir in die Boote gehen sollten.« Plötzlich kamen rote Leuchtspurgeschosse aus südlicher Richtung und nach denen richtete man sich. Bald schon traf man auf weiße Markierungen und Gleiterpiloten, die als Lotsen dienten. Zur Linken hörte man MG-Feuer und Handgranaten. Major Wilson und eine andere Gruppe waren auf Deutsche gestoßen. Zwei Soldaten fielen noch bei dem heftigen Scharmützel, das sich in letzter Stunde entwickelte.

Wie üblich haben die Überlebenden an den Übergang ihre besonderen Erinnerungen – wehmütige, grausige, auch komische. Soldat Blyton vom 1. Bataillon traf einen Verwundeten, der am Boden lag und nach seiner Mutter rief. Niemand durfte stehenbleiben. Die Soldaten der Kampfgruppe Lonsdale hatten aus dem Hause ter Horst vor dem Abmarsch so viele Verwundete wie möglich abgeholt.

Gefreiter Nunn, der zusammen mit einem Gleiterpiloten einige Tage zuvor einen Tiger geknackt hatte, glaubte nicht, daß er es bis zum Ufer schaffen würde. Bei der Kirche, wo im Laufe des Tages Feuerstellungen der Artillerie von den Deutschen überrannt worden waren, kam es zwischen Scottish Borderers und Deutschen zu einem kurzen, aber harten Zusammenstoß. Nunn erlitt hier die erste Verwundung – herumfliegende Steine schlugen ihm einen Vorderzahn aus.

Sergeant Bentley vom 10. Bataillon hatte sich dem Nachrichtenspezialisten Leutnant Hay angeschlossen. »Von irgendwoher kriegten wir dauernd Feuer. Zwei Gleiterpiloten kamen aus der Deckung hervor, um das Feuer der Deutschen auf sich zu lenken, damit man endlich sehen konnte, woher es eigentlich kam.« Beide wurden tödlich getroffen.

General Urquhart samt Gefolge bereitete seinen Abzug aus dem Hotel Hartenstein vor. Das Kriegstagebuch wurde abgeschlossen, Papiere wurden verbrannt, dann umwickelte Urquharts Diener die Stiefel des Generals mit Streifen von Vorhängen. Alle knieten nieder, und der Kaplan sprach das Vaterunser. Urquhart fiel ein, daß sein Diener am Tage des Aufbruches eine Flasche Whisky eingepackt hatte. »Ich ließ sie rumgehen, jeder nahm einen Schluck. Danach ging ich zu den Verwundeten und verabschiedete mich von denen, die so weit bei Bewußtsein waren, daß sie begriffen, was vorging.« Viele standen unter Morphium und merkten nichts. Ein Soldat richtete sich auf und wünschte ihm Glück auf den Weg.

Kapitän Wolters, der holländische Verbindungsoffizier bei der Division, hielt sich dicht hinter dem General und bewahrte absolutes Schweigen. »Mit meinem Akzent hätte man mich glatt für einen Deutschen gehalten«, sagte er. »Einmal verlor ich den Mann vor mir aus den Augen, doch ging ich einfach weiter und betete, daß ich nicht vom Wege abweichen möchte.« Ihm war besonders übel zumute, denn er dachte an seine Frau und die Tochter, die er noch gar nicht kannte. Nicht einmal telefonieren können hatte er mit ihnen, obschon sie nicht weit vom Hotel Hartenstein entfernt wohnten. Die Uhr, die er seiner Frau in England gekauft hatte, trug er noch in der Tasche, der Teddybär für die Tochter lag allerdings irgendwo in einem beschädigten Gleiter. Falls es ihm gelingen sollte, über den Rhein zu kommen, würde er gewiß nach England zurückkehren müssen.

Unterdessen hatte man mit dem Übersetzen begonnen. Oberstleutnant Myers und seine Lademeister ließen die Boote besetzen, sobald sie ans Ufer kamen. Die Deutschen wußten zwar immer noch nicht, daß ein Rückzug stattfand, sie gewahrten jetzt aber im Licht von Leuchtkugeln den Bootsverkehr auf dem Wasser und begannen mit der Beschießung. Boote wurden durchlöchert und kenterten. Im Wasser strampelnde Männer riefen um Hilfe, tödlich Getroffene wurden weggeschwemmt, Verwundete klammerten sich an Wrackteile und versuchten, schwimmend das südliche Ufer zu erreichen. Nach einer Stunde etwa war die Hälfte der eingesetzten Boote zerstört, doch ging die Evakuierung weiter.

Als Major Powell mit seinen Leuten aus dem Ostabschnitt der Stellung am Ufer anlangte, hatte er den Eindruck, daß die Räumung schon beendet sei. Ein einziges Boot, das langsam absoff, war auf dem Wasser zu sehen. Powell stieg ins Wasser und zog das Boot heran; es war voller Löcher, und die Insassen waren sämtlich tot. Einige seiner Leute wateten schon ins Wasser, um hinüberzuschwimmen, da erschien plötzlich ein Boot aus der Dunkelheit.

Powell ließ einige seiner Soldaten einsteigen und wartete mit den übrigen darauf, daß das Boot zurückkam. Auf dem südlichen, erhöhten Ufer des Rheins blieb er dann einen Augenblick stehen und schaute zurück. »Jetzt erst begriff ich, daß ich drüben war. Ich konnte es nicht fassen, daß ich noch lebte.« Dann ließ er seine fünfzehn Mann antreten, marschierte mit ihnen zum Sammelplatz, kommandierte: »156. Bataillon, halt! Rechts um! Wegtreten!« Im Regen stehend, sah er ihnen nach. »Nun war es vorbei, aber wir gingen zurück, wie wir gekommen waren – stolz.«

General Urquharts Boot konnte nicht ablegen, weil es im Schlamm festsaß. Sein Diener Hancock sprang ins Wasser und drückte das Boot frei. »Er schob uns ab«, berichtete Urquhart. »Als er aber selbst wieder ins Boot klettern wollte, rief jemand: ›Loslassen! Wir sind schon überladen!‹ Hancock war darüber mit Recht gekränkt. Er hörte nicht darauf und zog sich mit letzter Kraft ins Boot.«

Auf halbem Wege setzte der Motor plötzlich aus, und das Boot trieb in der Strömung ab. »Es kam mir wie eine Ewigkeit vor, bis der Motor wieder ansprang.« Minuten später war man am Südufer angelangt. Urquhart blickte zurück und sah die feindlichen Geschosse ins Wasser einschlagen. »Ich glaube nicht, daß die Deutschen wußten, worauf sie da schossen.«

Entlang dem Rhein in Wiesen und Gebüschen warteten Hunderte von Soldaten, doch nun kam es zu der von Urquhart befürchteten Stauung, weil nur noch die Hälfte der Boote brauchbar war und der Feind MG-Feuer auf das Ufer richtete. Es trat also das unvermeidliche Chaos ein, und wenn man auch nicht von einer Panik sprechen kann, so drängten doch viele Soldaten nach vorn und konnten von Offizieren und Unteroffizieren kaum zurückgehalten werden. Der Gefreite Harris vom 1. Bataillon erinnert sich, daß »Hunderte und Aberhunderte darauf warteten, übergesetzt zu werden. Sie drängten in die Boote, die schnell überfüllt waren.« Werfergranaten schlugen am Ufer ein, und Harris beschloß wie viele seiner Kameraden zu schwimmen. Er zog Uniform und Stiefel aus und kam zu seiner Überraschung wohlbehalten am anderen Ufer an.

Andere hatten weniger Glück. Kanonier Pavey sah einen Mann, der sich ungeachtet der einschlagenden Granaten keuchend auf die Uferböschung zog und dabei sagte: »Gott sei Dank! ich bin drüben!« Ein anderer klärte ihn auf: »Du bist noch immer am gleichen Ufer, du Trottel.«

Sergeant Roullier, der am Sonntag Stew gekocht und verteilt hatte, machte sich nun daran, den Fluß zu durchschwimmen. Unweit vom Ufer sah er ein Boot neben sich erscheinen, jemand packte ihn am Kragen und rief: »Nur keine Sorge, wir holen dich schon.« Roullier wußte nicht mehr, wo er war, und meinte zu ertrinken. Dann hörte er die gleiche Stimme sagen: »Schon gut, schon gut«, und ein Kanadier zerrte ihn ins Boot. »Wo bin ich?« fragte der verwirrte Roullier. Der Kanadier erwiderte: »Schon beinahe zu Hause.«

Kurz vor Tagesanbruch hörte der Funker Cockrill unter der Veranda des Hotels Hartenstein jemanden gedämpft rufen. »Los, Chick, wir hauen jetzt ab.« Auf dem Weg zum Ufer wurde ihm die Maschinenpistole, die er auf dem Rücken trug, von einem Granatsplitter zerschlagen. Kurz vor dem Rhein traf er eine Gruppe Gleiterpiloten im Gebüsch. »Geht erst, wenn wir euch Bescheid sagen«, sagte einer der Piloten. »Die Deutschen schießen mit einem MG in Bauchhöhe genau auf diese Stelle hier.« Die beiden Funker liefen nacheinander zum Wasser, wobei Cockrill über mehrere Leichen fiel. »Da lagen mindestens zwanzig oder dreißig. Es waren auch Verwundete dort, die uns anflehten, wir sollten sie nicht liegen lassen, aber wir konnten nicht stehenbleiben.«

Über dem Wasser gingen Leuchtkugeln hoch, Maschinengewehre ratterten. Cockrill hörte, daß jemand die Nichtschwimmer sammelte. Er selbst drängte sich durch verängstigte Kameraden, die nicht wußten, ob sie schwimmen sollten oder nicht, ins kalte Wasser.

Plötzlich wurde er von einem Kanadier in ein Boot gezerrt, das gleich darauf auf Grund setzte. »Ich hätte beinahe losgeheult, als ich merkte, daß ich wieder am Nordufer war. Das Boot war nämlich nur losgefahren, um Verwundete aufzulesen.« Dann ging es aber wirklich los, und Cockrill erinnert sich, daß von überall her Soldaten zustiegen. Das Boot war zwar überladen und wurde auch beschossen, die Kanadier brachten es aber sicher ans südliche Flußufer. Cockrill war nach den Stunden unter der Veranda und der gespenstischen Fahrt über den Rhein einigermaßen benommen. »Plötzlich saß ich in einer Scheune, und jemand gab mir eine Zigarette.« Dann fiel ihm zu seinem Schrecken ein, daß er ja den Code bei sich führte, und fand nach einigem Suchen richtig die Patrone, in der er ihn aufbewahrte.

Kurz vor 2:00 Uhr früh wurden die noch vorhandenen Munitionsvorräte der 1. Luftlandedivision gesprengt. Oberst Thompsons Kanoniere feuerten die letzten Granaten ab und machten die Verschlüsse unbrauchbar. Kanonier Parkes und die übrige Geschützbedienung wurden zurückbefohlen. Parkes war überrascht. An Rückzug hatte er überhaupt nicht gedacht, vielmehr vermutet, er würde in der Stellung bleiben, bis die Deutschen sie einnahmen. Noch überraschter war er von dem Anblick, der sich am Ufer bot. Hier drängten sich Hunderte von Soldaten, und es hieß, alle Boote seien gesunken. »Jemand neben mir sagte, man werde wohl schwimmen müssen.« Parkes schaute auf den Fluß. »Er war sehr breit, und die Strömung schien recht schnell. Ich traute es mir eigentlich nicht zu. Immer wieder sprangen Kameraden völlig bekleidet ins Wasser und wurden stromab getrieben. Andere wurden noch totgeschossen, während sie drüben ans Ufer kletterten. Einer paddelte auf einem Brett hinüber und hatte sogar noch seine Packtasche bei sich. Da dachte ich: Was der kann, kannst du auch.«

Parkes zog sich bis auf die Unterhosen aus und warf alles weg, auch seine goldene Taschenuhr. Die Strömung zog ihm die Unterhosen aus, und als er drüben ankam, versteckte er sich hinter Gebüsch und in Gräben, bis er in einem verlassenen Bauernhaus etwas anzuziehen fand. Wenig später wurde er von einem Infanteristen an den Sammelplatz gewiesen, wo er Tee und Zigaretten bekam. Erst nach einer Weile begriff er, warum man ihn so merkwürdig anstarrte: er trug ein buntes Sporthemd und Damenhosen, die unter dem Knie geschnürt waren.

Soldat Dullforce vom 10. Bataillon kam nackt, allerdings noch mit der Pistole, am Südufer an, wo zu seiner peinlichen Überraschung zwei Damen auf ihn warteten. »Am liebsten wäre ich gleich wieder ins Wasser gesprungen.« Eine der Frauen hielt ihm einen Rock entgegen. »Sie zuckte nicht mit der Wimper, sondern sagte nur, sie wäre da, um uns zu helfen.« Mit einem Damenrock bekleidet, der ihm bis zu den Knien reichte und an den Füßen ein Paar Holzschuhe, bestieg Dullforce einen Lastwagen, der ihn und andere Überlebende aus dem Kessel nach Nimwegen brachte.

Das deutsche Feuer auf dem Wasserplatz wurde nun stärker. Kapitän Wolters' Gruppe erhielt einen Volltreffer. »Ich bekam keinen Kratzer ab, aber um mich her lagen acht Tote und ein Schwerverletzter.« Diesem verabreichte er eine Morphiumspritze und trug ihn zu einem Boot. Das war schon überladen, und Wolters fand darin keinen Platz mehr. Er ging also ins Wasser, hielt sich mit einer Hand am Bootsrand fest und wurde hinübergezogen. Mit Mühe erklomm er das Ufer und brach dort zusammen.

Beim Morgengrauen war von den Booten fast nichts mehr übrig, und doch setzten die Kanadier und englische Pioniere trotz schweren feindlichen Feuers in den wenigen verbliebenen Booten die Evakuierung fort. Soldat Shearwood vom 11. Bataillon sah zu, wie Kanadier ein kleines Boot mit Verwundeten beluden. Einer winkte ihn dann noch an Bord. Der Außenbordmotor wollte nicht mehr, und die Kanadier forderten alle Soldaten, die Gewehre bei sich hatten auf, mit den Kolben zu paddeln. Shearwood stieß den Mann an, der vor ihm saß, und sagte: »Los, fang schon an zu paddeln.« Dieser jedoch deutete auf seinen Verband und sagte: »Ich kann nicht, mir fehlt ein Arm.«

Major Cain hatte beim Morgengrauen alle seine Leute übersetzen lassen und wartete selbst mit seinem Hauptfeldwebel Robinson noch am Nordufer, doch erschienen nun keine Boote mehr. Jemand deutete auf ein beschädigtes Sturmboot, und man zog es an Land. Cain und Robinson paddelten mit Gewehrkolben, andere Soldaten schöpften mit Helmen Wasser. Am Südufer wurden sie von einem Militärpolizisten zu einer Scheune geleitet, und hier erkannte Cain als einen der ersten General Hicks. Hicks sagte erfreut: »Endlich mal ein Offizier, der sich rasiert hat.« Cain lächelte gequält. »Das ist eben meine gute Erziehung, Sir.«

Auf dem Nordufer kauerten noch Hunderte von englischen Soldaten im Regen unter dem Beschuß des Feindes. Zwar versuchten noch zwei oder drei Boote im Schutz von Rauchgranaten über den Rhein zu setzen, doch mußte jetzt bei Tageslicht die Evakuierung eingestellt werden. Einige Schwimmer wurden von der starken Strömung weggetragen oder von MG-Feuer getroffen, andere kamen noch hinüber. Verwundete saßen hilflos im strömenden Regen oder machten sich mühsam auf den Weg nach Norden, zurück in die alten Lazarette. Viele versteckten sich in der Hoffnung, in der folgenden Nacht noch einen Versuch zu machen, und das gelang auch manchen.

Am Südufer und in Driel suchten erschöpfte, verdreckte Männer nach ihren Einheiten oder deren Resten. Sergeant Sullivan, der auf der Schultafel seine kühne Ankündigung hinterlassen hatte, erinnert sich, daß jemand fragte: »Wo ist das 1. Bataillon?« und daß auf diese Frage ein Korporal aufstand und meldete: »Hier Sir«, wobei er auf eine Handvoll jämmerlicher Gestalten zeigte, die sich kaum noch aufrecht halten konnten. Kanonier Christie suchte vergeblich überall nach Kameraden aus seiner Batterie, bis er schließlich in Tränen ausbrach. Er glaubte, außer ihm habe von der 2. Batterie keiner überlebt.

Auf dem Weg nach Driel kam General Urquhart am Gefechtsstand von General Thomas vorüber. Er weigerte sich hineinzugehen, wartete vielmehr draußen im Regen darauf, daß man ein Kraftfahrzeug für ihn bereitstelle. Tatsächlich kam gerade jetzt ein von General Browning für ihn geschickter Jeep an, und ein Offizier begleitete Urquhart zum Korps. Man wies ihm und seiner Begleitung ein Haus am südlichen Stadtrand von Nimwegen an. »Major Cator, einer von Brownings Gehilfen, führte uns in ein Zimmer, wo wir uns frisch einkleiden sollten. Ich wollte aber, daß Browning uns in diesem Zustand sehen sollte. Tatsächlich kam er nach einer Weile und sah piekfein aus wie eh und je, so als käme er gerade von der Parade. Ich sagte, es täte mir leid, daß nicht alles so gegangen sei, wie wir uns das erhofft hatten, und Browning meinte, wir hätten getan, was in unserer Macht stand.« Browning bot ihm zu trinken an. Urquhart mußte dann später bemerken, daß der Schlaf, nach dem er sich so lange gesehnt, nicht kommen wollte. »Es gab zu vieles zu bedenken, und zuviel drückte mein Gewissen.«

Es gab tatsächlich viel zu bedenken. Die 1. englische Luftlandedivision war schlichtweg verheizt worden. Von ursprünglich 10 005 Männern kamen nur 2238 Engländer und 160 Polen zurück über den Rhein. Innerhalb von neun Tagen hatte die Division schätzungsweise 1200 Gefallene und 6642 Vermißte, Verwundete und Gefangene zu beklagen. Auch die Deutschen hatten hohe Verluste: rund 3300, davon 1100 Tote.

Das Abenteuer von Arnheim war vorüber, das Unternehmen »Market-Garden« zu Ende. Es blieb nun nur noch, sich zurückzuziehen und zu halten, was man erobert hatte. Der Krieg sollte noch bis zum Mai 1945 weitergehen. »So endete denn die größte Luftlandeoperation des Krieges mit einem völligen Fehlschlag«, schrieb ein amerikanischer Historiker später. »Montgomery behauptete zwar, sie sei zu 90 Prozent erfolgreich gewesen, das ist aber nichts weiter als Augenwischerei. Es waren zwar alle Angriffsziele bis auf Arnheim erreicht worden, aber ohne Arnheim waren die eben allesamt nichts wert. Die aufgewendeten Opfer brachten den Alliierten nichts weiter ein als einen 75 Kilometer langen Frontvorsprung, der ins Nichts führte.«[16]

Nun stellte sich noch heraus, daß für die völlig erschöpften Männer aus dem Kessel nicht einmal genügend Fahrzeuge bereitstanden – vielleicht weil man weniger Überlebende erwartet hatte. Viele von denen, die bereits übermenschlich gelitten hatten, mußten nun auch noch zu Fuß nach Nimwegen marschieren. Hauptmann Langton von der Irischen Garde stand im Regen an der Straße und sah die 1. Luftlandedivision vorbeimarschieren. Er konnte den Anblick der müden, verschmutzten Soldaten nicht ertragen. Er wußte, daß seine Panzer auf der Straße von Nimwegen nach Arnheim ihr Äußerstes getan hatten, »und doch war mir beklommen zumute, ich hätte nicht zu ihnen sprechen mögen«. Einer der vorbeikommenden Fallschirmjäger rief einem Korporal der Garde im Vorbeigehen zu: »Wo habt ihr denn gesteckt, ihr Säcke?« Der Korporal erwiderte: »Wir haben seit fünf Monaten gekämpft.« Darauf kam die Antwort: »Und habt ihr euch gut dabei amüsiert?«

Hauptmann Mackay, der mit seinen Pionieren so tapfer an der Brücke von Arnheim ausgehalten und sich nach Nimwegen durchgeschlagen hatte, stand ebenfalls stundenlang im Regen und suchte

16 John C. Warren: *Airborne Operations in World War II, European Theatre*, S. 146.

nach vertrauten Gesichtern. Von seinen Pionieren waren nur die wenigsten bis zur Brücke durchgekommen, darum musterte er hartnäckig alle, die jetzt aus Oosterbeek kamen. »Am schlimmsten sahen ihre Gesichter aus, sie wirkten unglaublich erschöpft. Hin und wieder erkannte man einen Veteranen an dem Gesichtsausdruck, der unmißverständlich sagte: mir kann keiner.« Mackay blieb die ganze Nacht bis zum frühen Morgen an der Straße. »Ich sah nicht ein einziges bekanntes Gesicht. Langsam fing ich an, einen fürchterlichen Haß zu empfinden, einen Haß auf die Leute, die uns dies eingebrockt hatten, einen Haß auf das Militär wegen seiner unverantwortlichen Stümperei, und ich dachte: was für ein Verbrechen, eine so gute Division einfach vor die Hunde gehen zu lassen. Und wofür eigentlich?« Es war schon heller Tag, als Mackay nach Nimwegen fuhr. Hier suchte er in allen Unterkünften und an allen Sammelplätzen nach seinen Leuten. Von seinen 200 Pionieren waren außer ihm noch vier zurückgekommen.

Auf der anderen Seite des Rheins blieben jene Soldaten und Zivilisten zurück, die ihre Verwundungen oder ihr Beruf dazu nötigten. Grüppchen von Soldaten, für die es zu spät geworden war, den Übersetzversuch zu wagen, bezogen wieder die verlassenen Stellungen. Für sie gab es keine Hoffnung mehr, sie erwarteten ihr Schicksal in rauchgeschwärzten Ruinen.

Der Sanitäter Brace fand das Ufer verlassen, als er mit den letzten gehfähigen Verwundeten dort ankam. Ein Hauptmann sprach ihn an: »Was machen wir jetzt? Der Schiffsverkehr ist eingestellt.« Brace erwiderte: »Ich kann die Verwundeten nicht allein lassen, ich muß bleiben.« Der Hauptmann reichte ihm die Hand und wünschte allen Glück. »Ich mache mal den Versuch rüberzuschwimmen«, sagte er dabei. Brace sah ihm nach, wie er ins Wasser watete, und rief dann hinter ihm her: »Alles Gute!«

Dr. Rigby-Jones, einer der Ärzte im Hotel Tafelberg, empfand es bitter, daß die Division abgezogen war, doch fuhr er in seiner Arbeit fort. Unter seiner Aufsicht räumten Sanitäter die umliegenden Häuser von Verwundeten, brachten sie ins Hotel, luden sie später auf deutsche Fahrzeuge und fuhren mit ihnen in die Gefangenschaft.

Im Hotel Schoonoord hatte Pater Pare die ganze Nacht durchgeschlafen. Jetzt wachte er auf in der Überzeugung, es sei etwas Schreckliches geschehen. Er merkte, daß es unnatürlich still war, sprang aus dem Bett und sah am Fenster einen Sanitäter stehen. »Die Division ist weg«, sagte dieser. Pare, dem man von dem Rückzugsplan nichts gesagt hatte, stierte ihn an. »Sie sind wohl verrückt!« Der Sanitäter schüttelte den Kopf. »Schauen Sie doch selbst, Sir. Wir sind praktisch schon Gefangene, unsere Leute mußten die Stellung räumen. Im übrigen möchte ich Sie bitten, das den Verwundeten zu eröffnen, ich habe dazu nicht den Nerv.« Der Pater machte die Runde durchs Hotel. »Man versuchte, das allgemein mit Fassung zu tragen, doch waren wir allesamt recht deprimiert.« In einem Saal, wo die meisten Verwundeten lagen, setzte sich nun ein Soldat ans Klavier und spielte Schlager. Wer konnte, sang mit, und auch der Pater fiel ein.

»Das war vielleicht befremdlich nach dieser höllischen Zeit«, meinte der Pater dazu, »und die Deutschen begriffen es auch nicht. Dabei ist es leicht genug erklärt. Das Gefühl, im Stich gelassen worden zu sein, bewirkte eine starke Reaktion, die anders nicht ausgedrückt werden konnte.« Er verabschiedete sich mit Bedauern von Hendrika van der Vlist und anderen holländischen Zivilisten, welche die Verwundeten in die deutschen Lazarette begleiteten. »Sie hatten schließlich mit uns gelitten, hatten Hunger und Durst geteilt und dabei keinen Augenblick an sich selbst gedacht.« Als die letzten Sanitätswagen verschwanden, luden Pare und die Sanitäter ihre mageren Habseligkeiten auf einen deutschen Lastwagen. »Die Deutschen waren uns dabei behilflich. Von Feindseligkeit war sonderbarerweise nichts zu spüren. Keiner hatte etwas zu sagen.« Aus dem abfahrenden Lastwagen starrte der Pater trübe auf die rauchgeschwärzten Trümmer des Hotels Schoonoord, »wo wahre Wunder bewirkt worden waren. Ich war fest davon überzeugt, daß es nur einen oder zwei Tage dauern würde, bis die 2. Armee den Rhein überschritt und diesen Abschnitt zurückeroberte.«

Kate ter Horst hatte sich von den Verwundeten verabschiedet, die jetzt allesamt Kriegsgefangene waren, und machte sich, von ihren fünf Kindern begleitet und einen Handwagen ziehend, zu Fuß auf den Weg nach Apeldoorn. Kurz hinter der Kirche blieb sie stehen und warf einen letzten Blick auf das alte Pfarrhaus, das ihr Heim gewesen war. »Ein Sonnenstrahl traf einen hellgelben Fallschirm, der vom Dach hing«, schrieb sie. »Hellgelb . . . ein Gruß der Luftlandetruppen . . . lebt wohl, Freunde . . . Gott segne euch.«

Anje van Maanen war ebenfalls auf dem Weg nach Apeldoorn und hielt nach dem Vater Ausschau. An ihr vorüber fuhren Krankenwagen mit Verwundeten vom Hotel Tafelberg. Anje, ihre Tante und ihr Bruder sahen lauter Gesichter, die ihnen im Laufe der Woche vertraut geworden waren. Dann kam der Vater in einem Lastwagen, der Wagen hielt an, Dr. van Maanen stieg aus und sammelte die Seinen um sich. »Nie sind wir so arm und zugleich so reich gewesen«, sagte er zu ihnen. »Wir haben unser Dorf verloren, unser Haus und unseren Besitz, aber wir haben noch einer den anderen und sind am Leben.« Dann verabredete er sich mit ihnen in Apeldoorn und stieg wieder in den Lastwagen zu den Verwundeten.

Ehe Anje mit vielen Hunderten von Flüchtlingen weiterwanderte, schaute sie noch einmal zurück. »Der Himmel war purpurn«, schrieb sie, »wie das Blut der Fallschirmjäger, die ihr Leben für uns gegeben hatten. Wir vier waren noch beisammen, doch diese schreckliche Kriegswoche hat einen tiefen Eindruck auf mich gemacht. Der Ruhm gebührt unseren lieben, tapferen Tommys und all denen, die ihr Leben dafür gaben, anderen zu helfen und sie zu retten.«

In Driel erwachte Cora Baltussen von der ungewohnten Stille am Vormittag des 26. September, einem Dienstag. Gepeinigt von ihren Verletzungen und verblüfft von der Ruhe, hinkte Cora vor das Haus. Sowohl in Driel als auch in Oosterbeek, jenseits des Flusses, waren noch Brandwolken zu sehen, der Gefechtslärm jedoch hatte aufgehört. Cora radelte langsam in den Ort. Die Straßen lagen verlassen, die Soldaten waren weg. In der Ferne sah sie gerade noch die letzten Lastwagen Richtung Nimwegen verschwinden. Nur einige Soldaten standen mit ihren Jeeps nahe bei einer der schwer getroffenen Kirchen von Driel. Jetzt erst wurde Cora klar, daß Engländer und Polen zurückwichen. Der Kampf war zu Ende, bald würden die Deutschen wiederkommen.

Als sie sich den Soldaten näherte, läutete die Glocke in dem beschädigten Kirchturm. Cora schaute hinauf. Im Glockenturm saß ein Fallschirmjäger mit verbundenem Kopf. »Was ist denn los?« rief Cora hinauf. »Es ist vorbei«, rief der Soldat zurück. »Es ist vorbei, die unseren sind abgehauen, wir sind die letzten.« Cora starrte ihn an. »Und warum läuten Sie dann die Glocke?« Der Soldat stieß noch einmal mit dem Fuß gegen die Glocke, der Klang breitete sich über das 1000jährige Driel aus und erstarb dann. Der Soldat schaute auf Cora hinunter und sagte: »Weil ich es passend finde.«

Die Verluste

Die Alliierten haben im Verlauf des Unternehmens »Market-Garden« größere Verluste erlitten als bei der eigentlichen Invasion in der Normandie. Die Mehrzahl der Historiker stimmt darin überein, daß in den 24 Stunden des 6. Juni 1944 die alliierten Verluste insgesamt zwischen 10 000 und 12 000 betrugen. In den neun Tagen des Unternehmens »Market-Garden« verloren die Luftlande- und Bodentruppen an Gefallenen, Verwundeten und Vermißten über 17 000 Mann.

Die höchsten Verluste hatten die Engländer, nämlich 13 226. Die Division Urquhart wurde fast völlig aufgerieben. Bei Arnheim gingen von 10 005 Mann – diese Zahl enthält auch die Polen und die Gleiterpiloten – insgesamt 7578 verloren. Dazu kommen noch an fliegendem Personal 294, wodurch die Gesamtzahl der Verwundeten, Toten und Vermißten auf 7872 steigt. Das XXX. Korps von Horrocks verlor 1480 Mann; das 8. und 12. Englische Korps verloren weitere 3874.

Die Amerikaner beziffern ihre Verluste mit 3974. Die 82. US Luftlandedivision von General Gavin verlor 1432 Mann; General Taylors 101. Division verlor 2118, und beim fliegenden Personal gab es Verluste in Höhe von 424.

Die deutschen Zahlen sind nicht bekannt, doch werden für Oosterbeek und Arnheim amtlich 3300 angegeben, davon 1300 Gefallene. Feldmarschall Model verlor im gesamten Operationsgebiet von »Market-Garden« jedoch erheblich mehr Leute. Es gibt, wie gesagt, keine aufgeschlüsselten Zahlen, doch nach meinen Gesprächen mit deutschen Kommandeuren möchte ich annehmen, daß die Heeresgruppe B vom Ausbruch aus dem Brückenkopf bei Neerpelt an in den Gefechten bei Nimwegen, Grave, Veghel, Best und Eindhoven zwischen 7500 und 10 000 Mann Verluste hatte, davon etwa ein Viertel Gefallene.

Wie groß waren nun die Verluste unter der holländischen Zivilbevölkerung? Angeblich hat es in Arnheim und Oosterbeek nicht viele Tote gegeben, weniger als 500, Genaues weiß man aber nicht. Man hat mir gegenüber die Zahl der Verluste – das heißt die der Toten, Verwundeten und Vermißten für die gesamte Operation »Market-Garden« und infolge der Zwangsräumung von Arnheim und den dadurch hervorgerufenen Entbehrungen in dem auf diesen Angriff folgenden schrecklichen Winter mit 10 000 angegeben.

»Ich bin zwar befangen, glaube aber nach wie vor, daß die Operation gelungen wäre, wenn wir nur von Anfang an mit genügend Flugzeugen, Bodentruppen und Nachschub unterstützt worden wären, und zwar trotz meiner Fehler, des schlechten Wetters und der Anwesenheit des II. SS-Panzerkorps bei Arnheim. Ich bleibe ein überzeugter Befürworter von MARKET-GARDEN.«

Feldmarschall Sir Bernhard Montgomery:
Memoiren, Montgomery of Alamain, S. 267

»Den Luxus eines weiteren Erfolges von Montgomery kann mein Land sich nicht noch einmal leisten.«

Bernhard, Prinz der Niederlande
zum Verfasser

Dank an die Mitarbeiter

Seit dem Ende des Zweiten Weltkrieges sind fast 30 Jahre vergangen, und für den zeitgenössischen Historiker, der überlebende Zeugen der Ereignisse aufzuspüren wünscht, mehren sich die Schwierigkeiten, obwohl Deutsche wie Alliierte umfangreiche Materialsammlungen besitzen. Von den führenden Persönlichkeiten leben viele nicht mehr, und damit besteht auch keine Hoffnung mehr, Unklarheiten aufzuhellen. Das Unternehmen »Market-Garden« war das bedeutendste, das nach der Invasion in Europa auf dem europäischen Kriegsschauplatz stattfand, doch in den USA ist davon so gut wie nichts bekanntgeworden, sehen wir einmal ab von einigen persönlichen Erinnerungen und kurzen Abschnitten in amtlichen oder halbamtlichen historischen Abrissen. Die englischen Darstellungen widmen den Erfolgen der 82. und der 101. US Luftlandedivision – insbesondere der Überquerung des Waal durch die Truppen General Gavins – kaum jemals mehr als einige Zeilen.

Dabei gehört das Ausharren der 1. englischen Luftlandedivision bei Arnheim zu den größten Waffentaten des 2. Weltkrieges, allerdings wurde eben auch eine schwere Niederlage daraus – ein zweites Dünkirchen. Und da die Bürokratien es blendend verstehen, ihr Versagen zu vertuschen, findet sich denn sowohl in den Archiven der Amerikaner als auch in denen der Engländer nur wenig zugängliches Material darüber. Sieben Jahre habe ich gebraucht, um die, wie ich glaube, erste vollständige Darstellung der Vorgänge vom Standpunkt der Alliierten, der Deutschen, der holländischen Zivilisten und des Widerstandes zusammenzustellen. In diesen Jahren habe ich mehr als einmal daran gezweifelt, daß ich mit dem Buch würde fertig werden, vor allem als ich schwer erkrankte.

Wie schon in meinen beiden früheren Büchern über den 2. Weltkrieg in Europa – *Der Längste Tag* und *Die Letzte Schlacht* – stammt das Material im wesentlichen von den Teilnehmern selbst – den alliierten Soldaten, ihren deutschen Gegnern und den mutigen holländischen Zivilisten. Insgesamt haben gegen 1200 Personen zum Entstehen des Buches beigetragen, mir großzügig ihre Zeit zur Verfügung gestellt, mich über das ehemalige Schlachtfeld geführt, Briefe, Tagebücher, Telefonaufzeichnungen, Monografien, Gefechtsberichte, Karten und Fotos zur Verfügung gestellt. Ohne solche Hilfe hätte das Buch nicht entstehen können.

Aus unterschiedlichen Gründen – u. a. um Wiederholungen zu vermeiden – sind nicht alle mir mitgeteilten persönlichen Erinnerungen aufgenommen worden. Von den ca. 1200 Beiträgen wurden über die Hälfte interviewt, und etwa 400 Berichte wurden verarbeitet. Doch ist das Gedächtnis nach 30 Jahren nicht unfehlbar, und deshalb mußte ich mich an ein bestimmtes System halten, das ich auch bei den beiden anderen

Büchern angewendet habe. Jede Behauptung und jedes Zitat sind belegt durch dokumentarischen Beweis oder die Bestätigung mehrerer Augenzeugen. Gerüchte oder die Wiedergabe von Äußerungen Dritter wurden nicht berücksichtigt. Ich habe in meinen Unterlagen Hunderte von Berichten, die sehr wohl zutreffend sein mögen, die ich aber nicht aufnehmen konnte, weil sie unbestätigt blieben. Aus Gründen der historischen Genauigkeit habe ich von ihnen keinen Gebrauch gemacht, und ich hoffe, die Beiträger werden das billigen.

Bei der Rekonstruktion der schrecklichen neun Tage des Unternehmens »Market-Garden« haben mir so viele Personen geholfen, daß ich nicht weiß, wo mit dem Dank beginnen. An erster Stelle soll mein Dank seiner Königlichen Hoheit Prinz Bernhard gelten, weil er mir sehr geholfen hat, die richtigen Leute zu finden, und weil er mir den Zugang zu holländischen und auch englischen Archiven öffnete. Ferner danke ich aufs herzlichste De Witt und Lila Wallace von *Readers Digest*, die nicht nur einen erheblichen Teil der Kosten meiner Forschungen bestritten, sondern mir auch die Dienste von Reportern und Ermittlern ihrer Auslandsbüros zur Verfügung stellten. Von diesen gebührt mein besonderer Dank vor allem: Heather Chapman in New York; Julia Morgan in Washington; Michael Randolph in London; John D. Panitza, John Flint, Ursula Naccache und Giselle Kayser in Paris; dem verstorbenen Arno Alexi in Stuttgart; Aad van Leuwen, Jan Heijin, Liesbeth Stheeman und Jan van Os in Amsterdam.

Besonderer Dank gebührt ferner dem unermüdlichen Frederic Kelly, der mir zwei Jahre lang zur Hand gegangen ist und in England, Holland und den USA unbezahlbare Dienste verrichtet hat.

Der Abteilung für Kriegsgeschichte im Verteidigungsministerium (O.C.M.H.) unter General Pattison gebührt ebenso Dank wie dem dort tätigen Herrn Finke und Frau Zeidlik, ferner Herrn MacDonald, dessen Monografie über den Westwall bereits eine sehr präzise Darstellung des Unternehmens »Market-Garden« enthält. Auch Martin Blumensons *Breakout and Pursuit*, erschienen in der Reihe der amtlichen Publikationen des O.C.M.H., war mir unentbehrlich, und noch einmal möchte ich Dr. Pogue dafür danken, daß er mir die Kommandostruktur in seiner Schrift *The Supreme Command* anschaulich gemacht hat.

Bei der Suche nach Veteranen und der Vereinbarung von Interviews waren mir behilflich in den USA wie in Europa die Herren Heiman, Burtyk, Webb, Pomrenze und Fräulein Urband.

Für den Zugang zu deutschen Quellen danke ich Dr. Krauskopf, den Herren Goldbeck, Hohmann, Aldridge, Avery und Frau Moore; ferner Herrn Livingston. Ohne die vorherige Lektüre der erhaltenen Kriegstagebücher und Monografien hätte ich mit den überlebenden deutschen Kommandeuren keine ergiebigen Interviews veranstalten können, schon gar nicht mit den SS-Kommandeuren Bittrich, Harmel und Harzer, die meines Wissens erstmals einem amerikanischen Autor über die Schlacht um Arnheim berichteten.

In den Niederlanden wurde mir und meinen Gehilfen seitens der holländischen Archivbediensteten jede Unterstützung zuteil. Mein Dank gilt besonders Professor de Jong vom Kriegsarchiv; Herrn Zwaan, Archivist, sowie Herrn und Frau Dr. Groeneveld. Herr van Oyen, Herr

Kneepkens, Herr Frackers und Herr Hielkema leisteten meinen Gehilfen bei der Arbeit in der Abteilung für Kriegsgeschichte der königlich niederländischen Armee Hilfe; man stellte mir sogar Spezialkarten, Fotos und Skizzen der einzelnen Brücken zur Verfügung. Besonders hilfreich erwies sich Herr Einthoven, nach dem Krieg Chef des holländischen Nachrichtendienstes, bei der Entwirrung der Tätigkeiten des holländischen Spions »King-Kong« Lindemans.

Wertvollste Hinweise fanden sich in den städtischen Archiven von Arnheim, Nimwegen, Veghel und Eindhoven. In Arnheim halfen mir die Herren Schaap, Stempher und Dr. van Iddekinge; in Nimwegen waren es die Herren Uijen und Sliepenbeek; in Veghel Herr Jongenseel und in Eindhoven Herr Kortie.

Von meinen holländischen Informanten muß ich besonders hervorheben Herrn und Frau ter Horst, Herrn und Frau Voskuil, alle aus Oosterbeek, die mir stundenlang Auskunft über die letzten schlimmen Tage des Unternehmens »Market-Garden« gaben. Herr Voskuil führte mich über das Schlachtfeld und ter Horsts klärten mich darüber auf, was es mit der Fähre von Driel für eine Bewandtnis gehabt hat. In Driel gab mir die Familie Baltussen erschöpfende Informationen. Für die notwendigen Übersetzungen aus dem Holländischen bin ich Herrn van der Linden vom Amsterdamer *Telegraaf* äußerst verbunden, denn der hat mich vor vielen Fehlern bewahrt. Verbunden bin ich auch Kapitän Wolters, jetzt Chef der Polizei von Rotterdam, der mir eine minuziöse Darstellung des Ablaufs der Ereignisse im Stabe von General Urquhart gab. Die Familie van Maanen stellte mir Tagebuchaufzeichnungen zur Verfügung, ebenso Frau van der Vlist, deren Eintragungen ein genaues Bild der damals auf den Verbandsplätzen und in den Lazaretten herrschenden Zustände geben. Ihre Aufzeichnungen und lebhaften Erinnerungen halfen mir die damalige Atmosphäre lebendig machen.

Von den Militärpersonen, die mir behilflich waren, sind zu erwähnen vor allem General Gavin, General Taylor, General Urquhart und Oberst Mackenzie, die sich geduldig immer wieder befragen ließen. Erwähnen möchte ich ferner General Frost, Oberst Mackay, General Hicks, General Hackett, General Chatterton, General Walch, Herrn Brian Urquhart, den verstorbenen General Sosabowski und Pater Pare, dessen Notizen ein ganz unvergeßliches, ergreifendes Dokument sind. Lady Browning (Daphne du Maurier) erwies sich als eine ganz entzückend geistvolle und sachliche Korrespondentin, die so manches Märchen, das sich um Arnheim gerankt hat, als solches entlarvte.

In Deutschland unterstützten mich bei der Suche nach Überlebenden und deren Befragung und im Auffinden vorhandener Kriegstagebücher und sonstiger Schriftstücke Herr Dr. Bliesener vom Presse- und Informationsamt der Bundesregierung; Herr Siegel vom Verteidigungsministerium; Herr Dr. von Groote und Herr Forwick von der Forschungsstelle für Kriegsgeschichte und Herr Dr. Stahl vom Bundesarchiv.

Und noch vielen, vielen anderen müßte ich dafür danken, daß dies Buch zustande gekommen ist, in erster Linie meiner Gattin Kathryn, die, selbst Schriftstellerin, das Material ordnete und redigierte. Erwähnen will ich auch, daß meine Freunde Dr. Neligan und Dr. Whitemore mich auf geradezu wunderbare Weise am Leben erhielten, als ich schwer erkrankte. Ich danke ferner den Herren Korn und Tower und Suzanne Gleaves, die das Manuskript sehr aufmerksam prüften, meiner bewährten Freundin Anne Bardenhagen sowie Judi Muse und Polly Jackson, die gelegentlich als Sekretärinnen tätig waren, wie ich auch meinen Agenten Paul Gitlin nicht vergessen will und auch die Herren Schwed und Korda vom Verlag Simon und Schuster nicht, für ihre anregenden Vorschläge, und auch nicht Herrn Lewis, den Direktor von *Readers Digest*, der mit unerschöpflicher Geduld dieser jahrelangen Arbeit zusah.

Bibliographie

Airborne Assault on Holland. Washington: U.S.A.F., Office of the Assistant Chief of Air Staff, 1945.

Allied documents from U.S., British and Dutch historical sources unpublished: plans, operational orders, logs, telephone und teletype messages, intelligence estimates, war diaries, commanders' reviews and after-action reports from *First Allied Airborne Headquarters; First British Airborne Corps; 1st British Airborne Division; 101st U.S. Airborne Division; 82nd U.S. Airborne Division;* Dutch underground messages, staff college studies, monographs and maps on "Operation Market-Garden"; *82nd and 101st Airborne Divisions* combat interviews.

Ambrose, Stephen E., *The Supreme Commander: The War Years of General Dwight D. Eisenhower.* New York: Doubleday, 1970.

Bauer, Cornelius, *The Battle of Arnhem* (on information supplied by Lieut. Col. Theodor A. Boeree). London: Hodder and Stoughton, 1966.

Bekker, Cajus, *The Luftwaffe War Diaries.* New York: Doubleday, 1968.

Bird, Will R., *No Retreating Footsteps: The Story of the North Nova Scotia Highlanders.* Nova Scotia: Kentville Publishing, 1947.

Blake, George, *Mountain and Flood: The History of the 52nd (Lowland) Division, 1939–46.* Glasgow: Jackson, Son, 1950.

Blumenson, Martin, *U.S. Army in World War II: Breakout and Pursuit.* Washington, D.C.: Office of the Chief of Military History, Dept. of Army, 1961.

Bradley, General Omar N., *A Soldier's Story.* New York: Henry Holt, 1951.

Brammall, R., *The Tenth.* Ipswich: Eastgate Publications, 1965.

Bredin, Lt. Col. A. E. C., *Three Assault Landings.* London: Gale & Polden, 1946.

Brereton, Lt. Gen. Lewis H., *The Brereton, Diaries.* New York: William Morrow, 1946.

Bryant, Sir Arthur, *Triumph in the West: The War Diaries of Field Marshal Viscount Alan Brooke.* London: Collins, 1959.

Bullock, Allan, *Hitler: A Study in Tyranny.* London: Odhams Press, 1952.

Butcher, Captain Harry C., *My Three Years with Eisenhower.* New York: Simon and Schuster, 1946.

By Air to Battle: Official Account of the British Airborne Divisions. London: H. M. Stationery Office, 1945.

Carter, Ross, *Those Devils in Baggy Pants.* New York: Appleton-Century-Crofts, 1951.

Chatterton, George S., *The Wings of Pegasus*. London: MacDonald, 1962.
Churchill, Winston S., *The Second World War* (Vols. 1-6). London: Cassell, 1955.
Clay, Maj. Ewart W., M.B.E., *The Path of the 50th: The Story of the 50th (Northumbrian) Division in the Second World War 1939–1945*. Aldershot: Gale & Polden, 1950.
Cole, Lieut. Col. Howard N., *On Wings of Healing*. London: William Blackwood & Sons, 1963.
Collis, Robert, and Hogerziel, Hans, *Straight On*. London: Methuen, 1947.
Covington, Henry L., *A Fighting Heart: An Unofficial Story of the 82nd Airborne*. Fayetteville, N.C.: Privately published, 1949.
Craig, Gordon A., *The Politics of the Prussian Army 1640–1945*. London: Oxford University Press, 1955.
Critchell, Laurence, *Four Stars of Hell*. New York: Macmillan, 1947.
Crosthwait, Maj. A. E. L., *Bridging Normandy to Berlin*. Hannover: British Army of the Rhine, 1945.
Cumberlege, G., editor, *BBC War Report, 6th June 1944 – 5th May, 1945*. Oxford: Oxford University Press, 1946.
D'Arcy-Dawson, John, *European Victory*. London: MacDonald, 1946.
Davis, Kenneth S., *Experience of War*. New York: Doubleday, 1965.
Dawson, W. Forrest, *Saga of the All-American* [82nd Airborne Div.]. Privately printed.
Deane-Drummond, Anthony, *Return Ticket*. London: Collins, 1967.
Dempsey, Gen. Sir Miles, *Operations of the 2nd Army in Europe*. London: War Office, 1947.
Ehrman, John, *History of the Second World War: Grand Strategy* (Vols. V and VI). London: H. M. Stationery Office, 1956.
Eisenhower, Dwight D., *Crusade in Europe*. New York: Doubleday, 1948.
Eisenhower, John S. D., *The Bitter Woods*. New York: G. P. Putnam's Sons, 1969.
Ellis, Maj. L. F., *Welsh Guards at War*. Aldershot: Gale & Polden, 1946.
Essame, Maj. Gen. Hubert, *The Battle for Germany*. New York: Charles Scribner's Sons, 1969.
–, *The 43rd Wessex Division at War*. London: William Clowes & Sons, 1952.
Falls, Cyril, *The Second World War*. London: Methuen, 1948.
Farago, Ladislas, *Patton*. New York: Ivan Obolensky, 1963.
First Infantry Division: Danger Forward, with introduction by Hanson Baldwin: H. R. Knickerbocker, Jack Thompson, Jack Belden, Don Whitehead, A. J. Liebling, Mark Watson, Cy Peterman, Iris Carpenter, Col. R. Ernest Dupuy, Drew Middleton and former officers. Atlanta: Albert Love Enterprises, 1947.
Fitzgerald, Maj. D. J. L., *History of the Irish Guards in the Second World War*. Aldershot: Gale & Polden, 1949.
Flower, Desmond, and Reeves, James, editors, *The War, 1939–45*. London: Cassell, 1960.

Foot, M. R. D., *Special Operations Executive*. London: H. M. Stationery Office, 1967.
Freiden & Richardson, editors, *The Fatal Decisions*. London: Michael Joseph, 1956.
Fuller, Maj. Gen. J. F. C., *The Second World War*. New York: Duell, Sloan and Pearce, 1949.
–, *The Conduct of War, 1789–1961*. London: Eyre & Spottiswoode, 1961.
Gavin, Lt. Gen. James M., *Airborne Warfare*. Washington, D.C.: Infantry Journal Press, 1947.
–, *War and Peace in the Space Age*. New York: Harper & Bros., 1958.
Gibson, Ronald, *Nine Days*. Devon: Arthur H. Stockwell, 1956.
Gilbert, Felix, editor, *Hitler Directs His War*. New York: Oxford University Press, 1950.
Gill, R., and Groves, J., *Club Route in Europe*. Hanover: British Army of the Rhine, 1945.
Godfrey, Maj. E. G., and Goldsmith, Maj. Gen. R. F. K., *History of the Duke of Cornwall's Light Infantry, 1939–1945*. Aldershot: The Regimental History Committee, 1966.
Goerlitz, Walter, *History of the German General Staff*. New York: Frederick A. Praeger, 1953.
Guingand, Maj. Gen. Sir Francis de, *Generals at War*. London: Hodder & Stoughton, 1964.
–, *Operation Victory*. London: Hodder & Stoughton, 1947.
Gunning, Capt. Hugh, *Borderers in Battle*. Berwick-on-Tweed, Scotland: Martin's Printing Works, 1948.
Hagen, Louis, *Arnhem Lift*. London: Pilot Press, 1945.
Hausser, Paul, *Waffen-SS im Einsatz*. Göttingen: Plesse, 1953.
Heaps, Capt. Leo, *Escape from Arnhem*. Toronto: Macmillan, 1945.
Heijbroek, M., *The Battle Around the Bridge at Arnhem*. Oosterbeek: The Airborne Museum Collection at Kasteel De Doorwerth, Oosterbeek, 1947.
Heydte, Baron von der, *Daedalus Returned: Crete 1941*. London: Hutchinson, 1958.
Hibbert, Christopher, *The Battle of Arnhem*. London: B. T. Batsford, 1962.
History of the 2nd Battalion, The Parachute Regiment. Aldershot: Gale & Polden, 1946.
Höhne, Heinz, *The Order of the Death's Head*. New York: Coward McCann, 1970.
Hollister, Paul, and Strunsky, Robert, editors, *D-Day Through Victory in Europe*. New York: Columbia Broadcasting System, 1945.
Horrocks, Lt. Gen. Sir Brian, *A Full Life*. London: Collins, 1960.
Horst, H. B. van der, *Paratroopers Jump*. Privately published, n.d.
Horst, Kate A. ter, *Cloud Over Arnhem*. London: Alan Wingate, 1945.
Howard, Michael, and Sparrow, John, *The Coldstream Guards 1920–1946*. London: Oxford University Press, 1951.
Ingersoll, Ralph, *Top Secret*. New York: Harcourt, Brace, 1946.

Ismay, Gen. Lord, *Memoirs*. New York: Viking Press, 1960.

Jackson, Lt. Col. G. S., *Operations of the VIII Corps*. London: St. Clements Press, 1948.

Joslen, Lt. Col. H. F., *Orders of Battle, Second World War, 1939–45*. London: H. M. Stationery Office, 1960.

Kahn, David, *The Code Breakers*. New York: Macmillan, 1967.

Keitel, Wilhelm, Field Marshal, *The Memoirs of Field Marshal Keitel;* Walter Görlitz, editor. New York: Stein & Day, 1965.

Lederrey, Col. Ernest, *Germany's Defeat in the East – 1941–45*. Charles Lavauzelle, France, 1951.

Lewin, Ronald, editor, *The British Army in World War II: The War on Land*. New York: William Morrow, 1970.

Liddell Hart, B. H., *History of the Second World War*. New York: Putnam's Sons, 1971.

–, *The Other Side of the Hill*. London: Cassell, 1948.

Liberation of Eindhoven, The. Eindhoven: The Municipality of Eindhoven, September, 1964.

Life, editors of, *Life's Picture History of World War II*. New York: Time, Inc., 1950.

Lord, W. G. II, *History of the 508th Parachute Infantry*. Privately printed, n.d.

MacDonald, Charles B., *Command Decision;* Kent Greenfield, editor. London: Methuen, 1960.

–, *The Mighty Endeavor*. New York: Oxford University Press, 1969.

–, *U.S. Army in World War II: The Siegfried Line Campaign*. Washington, D.C.: Office of the Chief of Military History, Dept. of the Army, 1963.

Mackenzie, Brig. C. D., *It Was Like This!* Oosterbeek: Adremo C. V., 1956.

Marshall, S. L. A., *Battalion & Small Unit Study No. 1: Kinnard's Operation in Holland*. Washington, D.C.: Office of the Chief of Military History, Dept. of the Army, 1945.

–, *Battle at Best*. New York: William Morrow, 1963.

–, *Men Against Fire*. New York: William Morrow, 1947.

–, Westover, John G., O'Sullivan, Jeremiah, Corcoran, George, *The American Divisions in Operation Market;* unpublished monograph, Washington, D.C.: Office of the Chief of Military History, Dept. of the Army, 1945.

Martens, Allard, *The Silent War*. London: Hodder & Stoughton, 1961.

Matloff, Maurice, *Strategic Plan for Coalition Warfare, 1941–2, 43–4*. Washington, D.C.: Office of the Chief of Military History, Dept. of the Army, 1953–59.

Milbourne, Andrew, *Lease of Life*. London: Museum Press, 1952.

Millar, Ian A. L., *The Story of the Royal Canadian Corps*. Privately printed.

Millis, Walter, *The Last Phase*. Boston: Houghton Mifflin, 1946.

Montgomery, Field Marshal Sir Bernard, *Despatch of Field Marshal The Viscount Montgomery of Alamein.* New York: British Information Services, 1946.
–, *The Memoirs of Field Marshal The Viscount Montgomery of Alamein, K.G.* London: Collins, 1958.
–, *Normandy to the Baltic.* Privately published by Printing & Stationery Service, British Army of the Rhine, 1946.
Moorehead, Alan, *Eclipse.* New York: Coward-McCann, 1945.
–, *Montgomery,* London: Hamish Hamilton, 1946.
Morgan, Gen. Sir Frederick, *Peace and War: A Soldier's Life.* London: Hodder & Stoughton, 1961.
Morison, Samuel Eliot, *The Invasion of France and Germany, 1944–45.* Boston: Little, Brown, 1959.
Nalder, Maj. Gen. R. F. H., *The History of British Army Signals in the Second World War.* Aldershot: Royal Signals Institution, 1953.
Newnham, Group Capt. Maurice, *Prelude to Glory: The Story of the Creation of Britain's Parachute Army.* London: Sampson Low, Marston, 1947.
Nicolson, Captain Nigel, and Forbes, Patrick, *The Grenadier Guards in the War of 1939–1945* (Vol. 1). Aldershot: Gale & Polden, 1949.
IX Troop Carrier Command in World War II. Washington, D.C.: U.S. Air Force, Historical Division, n.d.
Nobécourt, Jacques, *Hitler's Last Gamble: The Battle of The Bulge.* New York: Schocken Books, 1967.
North, John, *North-West Europe 1944–5. The Achievement of the 21st Army Group.* London: H. M. Stationery Office, 1953.
Not in Vain, Compilation by the People of Oosterbeek. Arnhem, Holland: Van Lochum Slaterus, 1946.
Orde, Roden, *The Household Cavalry at War: Second Household Cavalry Regiment.* Aldershot: Gale & Polden, 1953.
Otway, Col. Terence, *The Second World War 1939–45: Airborne Forces.* London: War Office, 1946.
Packe, M., *First Airborne.* London: Secker & Warburg, 1948.
Pakenham-Walsh, Maj. Gen. R. P., *History of the Corps of Royal Engineers. Volume IX, 1938–1948.* Chatham: Institution of Royal Engineers, 1958.
Patton, Gen. George S., Jr., *War as I Knew It.* Boston: Houghton Mifflin, 1947.
Paul, Daniel, with St. John, John, *Surgeon at Arms.* London: William Heinemann, 1958.
Phillips, Norman C., *Holland and the Canadians.* Holland: Contact Publishing Co., 1946.
Pictorial Biography of the U.S. 101st Airborne Division, A, Compiled by the 101st's Public-Relations Unit, Auxerre, France, 1945.
Pinto, Lt. Col. Oreste, *Spy-Catcher.* New York: Harper, 1952.
Pogue, Forrest C., *The Supreme Command.* Washington, D. C.: Office of the Chief of Military History, Department of the Army, 1946.

Rapport, Leonard, and Northwood, Arthur, Jr., *Rendezvous with Destiny: A History of the 101st Airborne Division.* Washington, D. C.: Washington Infantry Journal Press, 1948.

Reader's Digest, *Illustrated Story of World War II.* Pleasantville, N.Y.: The Reader's Digest Association, 1969.

Ridgway, Matthew B., Soldier: *The Memoirs of Matthew B. Ridgway.* New York: Harper & Bros., 1956.

Rosse, Captain the Earl of, and Hill, Col. E. R., *The Story of the Guards Armoured Division.* London: Geoffrey Bles, 1956.

Sampson, Francis, *Paratrooper Padre.* Washington: Catholic University of America Press, 1948.

Saunders, Hilary St. George, *The Fight Is Won: Official History Royal Air Force, 1939–1945* (Vol. III). London: H. M. Stationery Office, 1954.

–, *The Red Beret.* London: Michael Joseph, Ltd., 1950.

Seth, Ronald, *Lion With Blue Wings.* London: Victor Gollancz, Ltd., 1955.

Shirer, William L., *The Rise and Fall of the Third Reich: A History of Nazi Germany.* New York: Simon and Schuster, 1960.

Shulman, Milton, *Defeat in the West.* London: Secker and Warburg, 1947.

Smith, Gen. Walter Bedell (with Stewart Beach), *Eisenhower's Six Great Decisions.* New York: Longmans, Green, 1956.

Smythe, Jack, *Five Days in Hell.* London: William Kimber, 1956.

Snyder, Louis L., *The War: A Concise History, 1939–1945.* London: Robert Hale, 1960.

Sosabowski, Maj. Gen. Stanislaw, *Freely I Served.* London: William Kimber, 1960.

Stacey, Col. C. P., *The Canadian Army: 1939–45.* Ottawa: King Printers, 1948.

Stainforth, Peter, *Wings of the Wind.* London: Falcon Press, 1952.

Stein, George H., *The Waffen SS 1939–45.* Ithaca, N.Y.: Cornell University Press, 1966.

Sulzberger, C. L., *The American Heritage Picture History of World War II.* New York: American Heritage Publishing, 1966.

Swiecicki, Marek, *With the Red Devils at Arnhem.* London: Max Love Publishing, 1945.

Tedder, Lord, *With Prejudice: The Memoirs of Marshal of the Royal Air Force Lord Tedder.* London: Cassell, 1966.

Thompson, R. W., *The 85 Days.* New York: Ballantine Books, 1957.

Toland, John, *Battle.* New York: Random House, 1959.

–, *The Last 100 Days.* New York: Random House, 1965.

Trevor-Roper, H. R., editor, *Hitler's War Directives 1939–1945.* London: Sidgwick and Jackson, 1964.

Trials of German Major War Criminals, The (Vols. 1–26). London: H. M. Stationery Office, 1948.

Urquhart, Maj. Gen. R. E., *Arnhem.* New York: W. W. Norton, 1958.

Vandeleur, Brig. J. O. E., *A Soldier's Story.* Aldershot: Gale & Polden, 1967.

Verney, Maj. Gen. G. L., *The Guards Armoured Division*. London: Hutchinson, 1955.

Warlimont, Walter, *Inside Hitler's Headquarters 1939–1945*. London: Weidenfeld & Nicolson, 1964.

Warrack, Graeme, *Travel by Dark After Arnhem*. London: Harvill Press, 1963.

Warren, Dr. John C., *Airborne Operations in World War II, European Theatre*. Washington, D.C.: U.S. Air Force, Historical Division, 1956.

Watkins, G. J. B., *From Normandy to the Weser: The War History of the Fourth Battalion, the Dorset Regiment*. Dorchester: The Dorset Press, 1952.

Websters, Sir Charles, and Frankland, Noble, *The Strategic Air Offensive Against Germany, 1939–45* (Vols. 1–4). London: H. M. Stationery Office, 1961.

Weller, George, *The Story of the Paratroops*. New York: Random House, 1958.

Wheeler-Bennett, John, *Nemesis of Power*. New York: St. Martin's Press, 1954.

Wilmot, Chester, *The Struggle for Europe*. New York: Harper & Bros., 1952.

Ausgewählte Aufsätze

"Arnhem Diary", *Reconnaissance Journal*, Vol. 4, No. 1 (Autumn, 1947).

"Arnhem Was Their Finest Hour", *Soldier*, Vol. 13 (September 1957).

"Battle of Desperation, The", *Time* Magazine, October 2, 1944.

Best, C. E., M.M., "The Mediums at Arnhem", *Gunner*, Vol. 33, No. 1 (January, 1951).

Bestebreurtje, Maj. A. D., "The Airborne Operations in the Netherlands in Autumn 1944", *Allgemeine Schweizerische Militärzeitschrift*, Vol. 92 (1946), No. 6.

Breese, Maj. C. F. O., "The Airborne Operations in Holland, Sept. 1944", *The Border Magazine*, September, 1948 (Part I), and March, 1949 (Part II).

Burne, Alfred H., "Arnhem", *The Fighting Forces*, 1944.

Chatterton, Brig. G. J. S., "The Glider Pilot Regiment at Arnhem", *The Eagle*, Summer, 1954.

Colman, D. E., "The Phantom Legion", *The Army Quarterly*, April, 1962.

Courtney, W. B., "Army in the Sky", *Collier's*, November, 1944.

Cousens, Maj. H. S., "Arnhem 17th–26th September, 1944", from *The Spring of Shillelagh*, Vol. 28, No. 322 (Spring-Summer, 1948).

Exton, Hugh M., "The Guards Armoured Division in Operation Market-Garden", *Armoured Cavalry Journal*, 1948.

Falls, Cyril, "Arnhem – A Stage in Airborne Tactics", *Illustrated London News*, October, 1945.

Fijalski, Stanley, "Echoes of Arnhem", *Stand-to*, 1950.
Gellhorn, Martha, "Death of a Dutch Town", *Collier's*, December, 1944.
Greelen, Lothar van, "The Puzzle of Arnhem Solved", *Deutsche Wochen Zeitung*, 1964.
Herford, M. E. M., "All in the Day's Work" (Parts 1 and 2), *The Journal of the Royal Army Medical Corps*, 1952.
"How the Supplies Reached Arnhem", *Journal of the Royal Army Service Corps*, Vol. 69, No. 2 (November, 1944).
Intelligence Corps, "With the Airborne at Arnhem", *Notes of Interest*, Vol. 8 (1945).
Lister, Evelyn, "An Echo of Arnhem", *British Legion Journal*, September, 1950.
McCulloch, C. A., "The Epic of Arnhem", *Springbok*, September, 1955.
Mackay, Maj. E. M., "The Battle of Arnhem Bridge", *Blackwood's Magazine*, October, 1945.
Montgomery, Field Marshal Sir Bernard L. "21st [British] Army Group in the Campaign in North-West Europe, 1944–45", *The Journal of the Royal United Service Institution*, Vol. 90, No. 560 (November, 1945).
Packe, Michael St. J., "The Royal Army Service Corps at Arnhem", *The Journal of the R.A.S.C.*, November, 1945.
St. Aubyn, Lt. The Hon. Piers, "Arnhem", *The King's Royal Rifle Corps Chronicle*, 1946.
Smith, Robert, "With the R.A.M.C. at Arnhem", *Stand-to*, Vol. 1, No. 8 (October–November, 1950).
Stevenson, Lt. J., "Arnhem Diary", *Reconnaissance Journal*, Vol. 4, No. 1 (Autumn, 1947).
Tatham-Warter, Maj. A. D., D.S.O., "Escape from Arnhem", *The Oxfordshire and Buckinghamshire Light Infantry Chronicle*, Vol. 48 (1946).
Taylor, Lt. Col. George, D.S.O., "With 30 Corps to Arnhem", *Ça Ira*, Vol. 8, No. 2 (June, 1949).
Tompkins, Col. Rathvon McC., "The Bridge", *Marine Corps Gazette*, April, 1951, and May, 1951.
Tooley, Lt. Col. I. P., "Artillery Support at Arnhem", *The Field Artillery Journal*, April, 1945.
Watkins, Maj. Ernest, "Arnhem, the Landing and the Bridge", *British Army Bureau of Current Affairs*, No. 83 (1944).
Williams, F. Lt. A. A., "I Was at Arnhem", *The Royal Air Force Journal*, December, 1944.
Wilmot, Chester, "What Really Happened at Arnhem", *Stand-to*, Vol. 1, No. 8 (1950).
Winder, Sgt. F., "Postscript" in "Arnhem Diary", *Reconnaissance Journal*, Vol. 4, No. 1 (Autumn, 1947).
Wood, Alan, "How Arnhem Was Reported", *Pegasus*, July and October, 1946.
–, "News from Arnhem", *Pegasus*, October, 1949.

Wooding, F. B., "The Airborne Pioneers", *The Royal Pioneer*, Vol. 7, No. 30 (March, 1952).

Deutsche Manuskripte, militärische Studien und erbeutete Dokumente

Bittrich, SS General Wilhelm, CO II SS Panzer Corps., H.Q. Battle Orders; *Report on the Activities of the II SS Panzer Corps, Aug.-Nov. 1944*, together with maps; Bittrich's account of Arnhem Battle, September 17–26, 1944; Incoming reports from Commanders of 9th and 10th SS PZ Divisions; Personal papers, diaries and maps – as given to the author.

Blumentritt, General Gunther, *OB West, A Study in Command, Atlantic Wall to Siegfried Line*, Office of the Chief of Military History (hereafter referred to as O.C.M.H.), Department of Army, U.S.A., MS. B-344, Manuscripts, notes and maps as given to the author.

Buttlar, Major General Horst von, *OB West, A Study in Command, Atlantic Wall to Siegfried Line*, O.C.M.H., MS. B-672.

Christiansen, General Friederich, CO Luftwaffe, German Armed Forces in the Netherlands, Interrogation of, File No. 67 Nijmegen Archives; Testimony and trial proceedings, Dutch Ministry of Justice, July–August, 1948.

Feldt, General Kurt, *Corps. H. Q. Feldt und 406th Division from 17–21 September 1944*. O.C.M.H., MS. C-085.

Fullriede, SS Col. F. W. H., C.O. Replacement & Training Para. Brigade Hermann Göring. Utrecht. Personal Diary, September 1–October 5, 1944. Translated by Peter Ranger. Interrogation of, April 8, 1948, Nijmegen Archives, File 83.

Harmel, SS Major General Heinz, C.O. 10th SS PZ Division Frundsberg. Personal diary; maps, Orders of Battle; Operational Orders and pertinent sections of Official War Diary. All called the "Harmel Papers," as given to the author.

Harzer, SS Lt. Col. Walter, C.O., 9th SS PZ Division Hohenstaufen, H.Q. War Diaries, Operation Reports and Interrogations, all under "Harzer Papers." File No. 74; H.Q. Daily Reports, Document No. 78013/19. U.S., British and Dutch Archives.

Heichler, Lucien, *The Germans Opposite 30th Corps*, an account of the First Parachute Army on the Albert Canal. Research monograph. Washington, D.C.: O.C.M.H., Dept. of the Army, 1962.

Heydte, Lt. Col. Frederick von der, C.O., 6th Para. Regiment. *6 FS Jaeger Regiment in Action Against U.S. Paratroopers in the Netherlands, September 1944*; maps and overlays. O.C.M.H., MS. C-001.

Krafft, SS Major Sepp, C.O., Panzer Grenadier Depot Battalion 16 Netherlands, correspondence between Krafft and Heinrich Himmler; Krafft "War Diary"; "The Battle of Arnhem" as presented to Heinrich

Himmler; British Intelligence Corps translation of Krafft Diary, with commentary.
Mattenklott, General der Infanterie, Franz, Report on Military Area 6 and The Rhineland, 15 September, 1944–21 March 1945. O.C.M.H., MS. B-044.
Meindle, General Eugen, C.O., II Para. Corps. *The II Para. Corps, 15 September,* 1944. Document Nos. III H 15450 and 75145/5.
Model, Field Marshal Walter, OKW–AGpB War Diary, Operational Daily Reports, 1 September–15 October 1944. Document Nr. III H 15452/2; OKW–AGpB War Diary; Operations and Orders, September 1–September 30, 1944. Document No. III H 15453/2; AGpB–Situation and Weekly Reports; Telephone Log and Teletype Message Files, Proclamations for September, 1944. Document Nos. III H 15450 and 75145/5.
190th Infantry Division, Report of, Commitment 17 September, 1944–16 April, 1945. O.C.M.H., MS. B-195.
Poppe, Major General Walter, C.O., 59th Infantry Division. *2nd Commitment of the 59th Infantry Division in Holland, 18 September–25 November 1944.* O.C.M.H., MS. B-149; War Diary and Operational Orders as given to the author.
Rauter, SS Lt. Gen. Hans Albin, Trial proceedings, Dutch Ministry of Justice, 1952; Interrogations of and testimony in Dutch Historical Archives and in the *Netherlands in Wartime,* Vol. 4, No. 1 (March, 1949). Rauter's Proclamations, Nijmegen Archives.
Reinhard, Gen. Hans W., C.O. SS Corps, *Report of the Commander 6 June–21 December 1944,* O.C.M.H., MS. B-343 and MS. B-156.
Reinhardt, Maj. Gen. Hellmuth, C. of S. Wehrmacht Commander in Chief in Denmark. *Commitment of the 406th Division Against the Allied Airborne Assault at Nijmegen, September 17, 1944.* O.C.M.H., MS. C-085; Supplement to the Report, O.C.M.H., MS. C-085A.
Rundstedt, Field Marshal Gerd von, *OB West, Daily Reports of Commander in Chief West, September 2–30, 1944.* Document Nr. 34002; *OKW–OB West War Diary, September–October, 1944,* including Annex 2224–2476. British and Dutch archives; *OB West, A Study in Command, Atlantic Wall to Siegfried Line,* Vols. I, II, III, O.C.M.H., MS. B-633.
Scheidt, Wilhelm, *Hitler's Conduct of the War,* O.C.M.H., MS. ML-864.
Schramm, Major Percy E., *The West (1 April 1944–16 December 1944),* MS. B-034; *Notes on the Execution of War Diaries,* O.C.M.H., MS. A-860.
Skalka, SS Major Egon, Divisional Doctor, 9th SS Panzer Hohenstaufen, Official Headquarters Reports; Medical Estimate of the Arnhem Battle; Interrogation Reports. British and Dutch Archives. Diary, notes as given to the author.
Speidel, Lt. Gen. Dr. Hans, *OB West, A Study in Command, Atlantic Wall to Siegfried Line,* Vols. I, II, III, O.C.M.H., MS. B-718.
Student, Col. Gen. Kurt, C.O. 1st Para. Army, *Battles of the 1st Parachute*

Army on the Albert Canal; and *Allied Airborne Operations on 17 September, 1944.* O.C.M.H., MS. B-717. Manuscripts, notes and maps as given to the author. Statement in Nijmegen Archives, File 35.
–, "Arnhem – The Last German Victory," from *The Soldier Speaks,* No. 5, 1952.
Tettau, Lt. Gen. Hans von, *Combat Reports 17 September–26 September, 1944 of Units Committed in the Netherlands,* Document No. 40649H. Dutch Archives.
Warlimont, General Walter, *From the Invasion to the Siegfried Line, 1939–1945.* London: Weidenfeld & Nicolson, 1962.
Zangen, General Gustav von, *Battles of the Fifteenth Army Between the Meuse-Schelde Canal and the Lower Meuse, 15 September–10 November, 1944,* O.C.M.H., MS. B-475.
Zimmermann, Lt. Gen. Bodo, *OB West, A Study in Command, Atlantic Wall to Siegfried Line,* Vols. I, II, III, O.C.M.H., MS. B-308.

Kartenteil

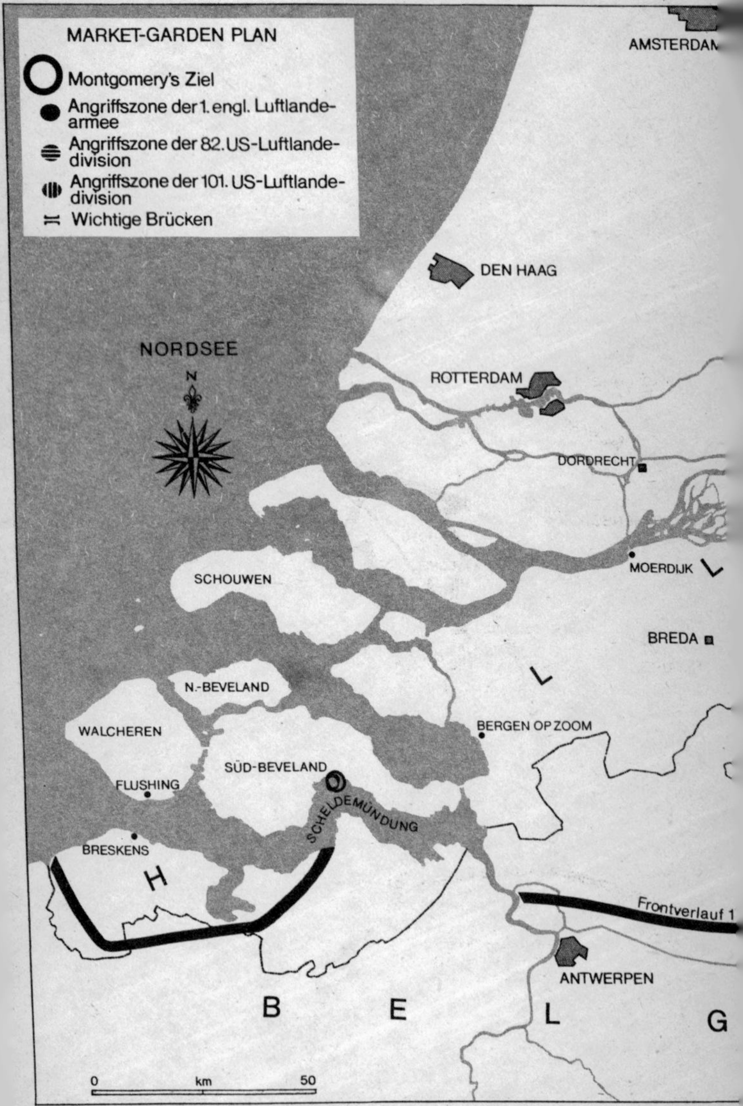
MARKET-GARDEN PLAN
Montgomery's Ziel
Angriffszone der 1. engl. Luftlandearmee
Angriffszone der 82. US-Luftlandedivision
Angriffszone der 101. US-Luftlandedivision
Wichtige Brücken
AMSTERDAM
DEN HAAG
NORDSEE
N
ROTTERDAM
DORDRECHT
MOERDIJK
BREDA
SCHOUWEN
N.-BEVELAND
WALCHEREN
BERGEN OP ZOOM
SÜD-BEVELAND
FLUSHING
SCHELDEMÜNDUNG
BRESKENS
H
L
Frontverlauf 1
ANTWERPEN
B
E
L
G
0
km
50

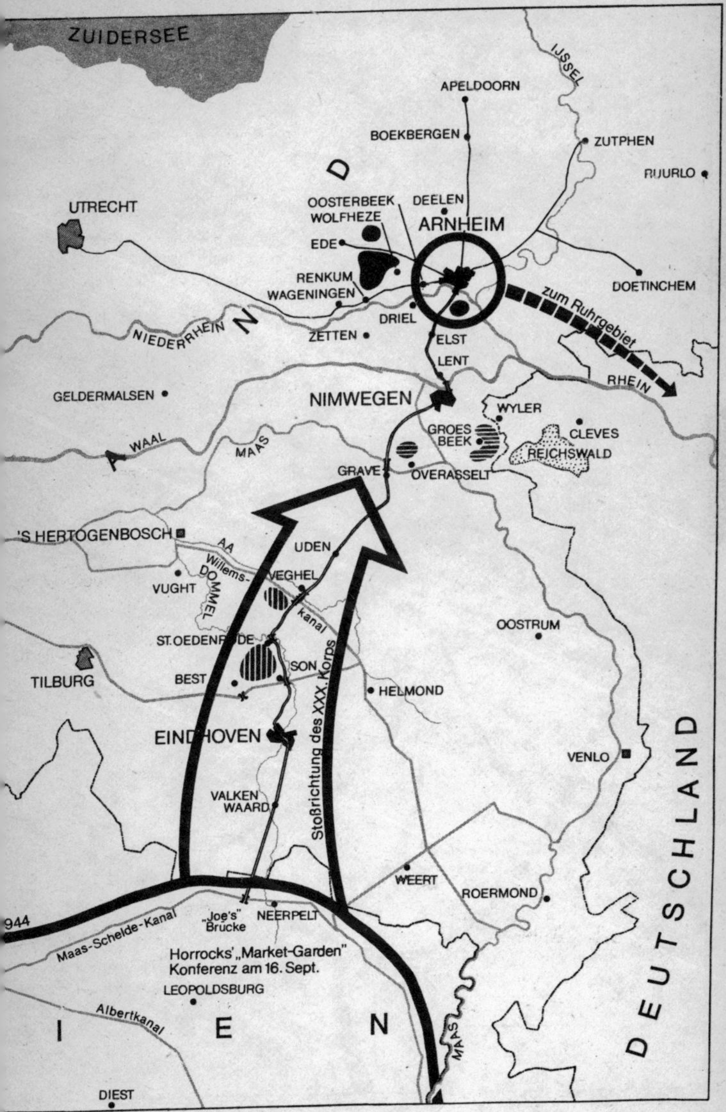
ZUIDERSEE
IJSSEL
APELDOORN
BOEKBERGEN
ZUTPHEN
RIJURLO
UTRECHT
OOSTERBEEK
DEELEN
WOLFHEZE
ARNHEIM
EDE
RENKUM
WAGENINGEN
DOETINCHEM
zum Ruhrgebiet
DRIEL
NIEDERRHEIN
ZETTEN
ELST
LENT
RHEIN
GELDERMALSEN
NIMWEGEN
WYLER
GROES BEEK
CLEVES
REICHSWALD
WAAL
MAAS
GRAVE
OVERASSELT
'S HERTOGENBOSCH
AA
UDEN
Willems-kanal
DOMMEL
VEGHEL
VUGHT
OOSTRUM
ST. OEDENRODE
SON
TILBURG
BEST
HELMOND
EINDHOVEN
Stoßrichtung des XXX. Korps
VENLO
VALKENWAARD
WEERT
ROERMOND
944
Maas-Schelde-Kanal
"Joe's" Brücke
NEERPELT
Horrocks' „Market-Garden" Konferenz am 16. Sept.
LEOPOLDSBURG
Albertkanal
MAAS
DIEST
D E U T S C H L A N D

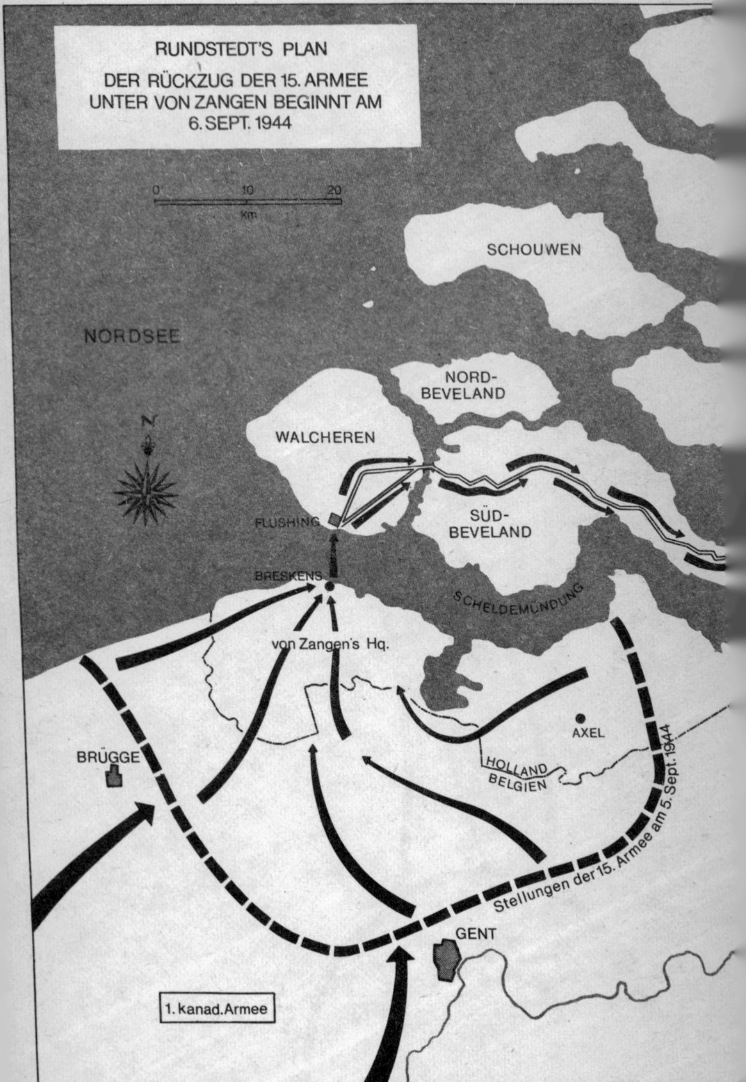
RUNDSTEDT'S PLAN
DER RÜCKZUG DER 15. ARMEE UNTER VON ZANGEN BEGINNT AM 6. SEPT. 1944
0
10
20
km
SCHOUWEN
NORDSEE
NORD-BEVELAND
WALCHEREN
N
FLUSHING
SÜD-BEVELAND
BRESKENS
SCHELDEMÜNDUNG
von Zangen's Hq.
AXEL
BRÜGGE
HOLLAND
BELGIEN
Stellungen der 15. Armee am 5. Sept. 1944
GENT
1. kanad. Armee

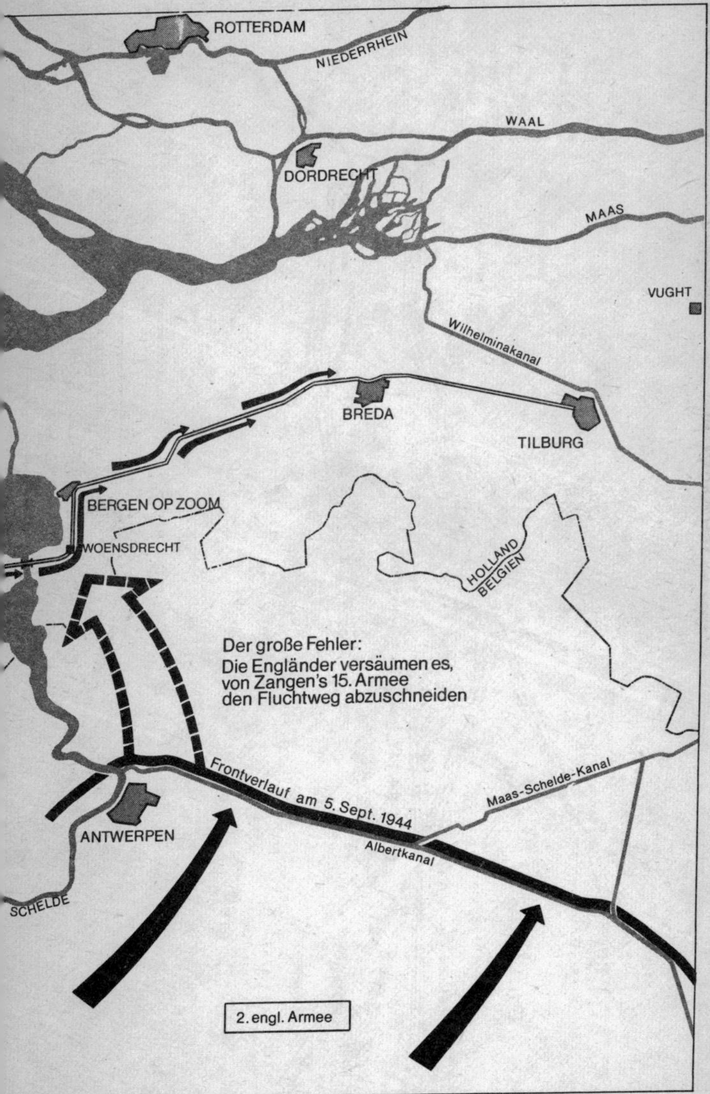
ROTTERDAM
NIEDERRHEIN
WAAL
DORDRECHT
MAAS
VUGHT
Wilhelminakanal
BREDA
TILBURG
BERGEN OP ZOOM
WOENSDRECHT
HOLLAND
BELGIEN
Der große Fehler:
Die Engländer versäumen es, von Zangen's 15. Armee den Fluchtweg abzuschneiden
Frontverlauf am 5. Sept. 1944
Maas-Schelde-Kanal
Albertkanal
ANTWERPEN
SCHELDE
2. engl. Armee

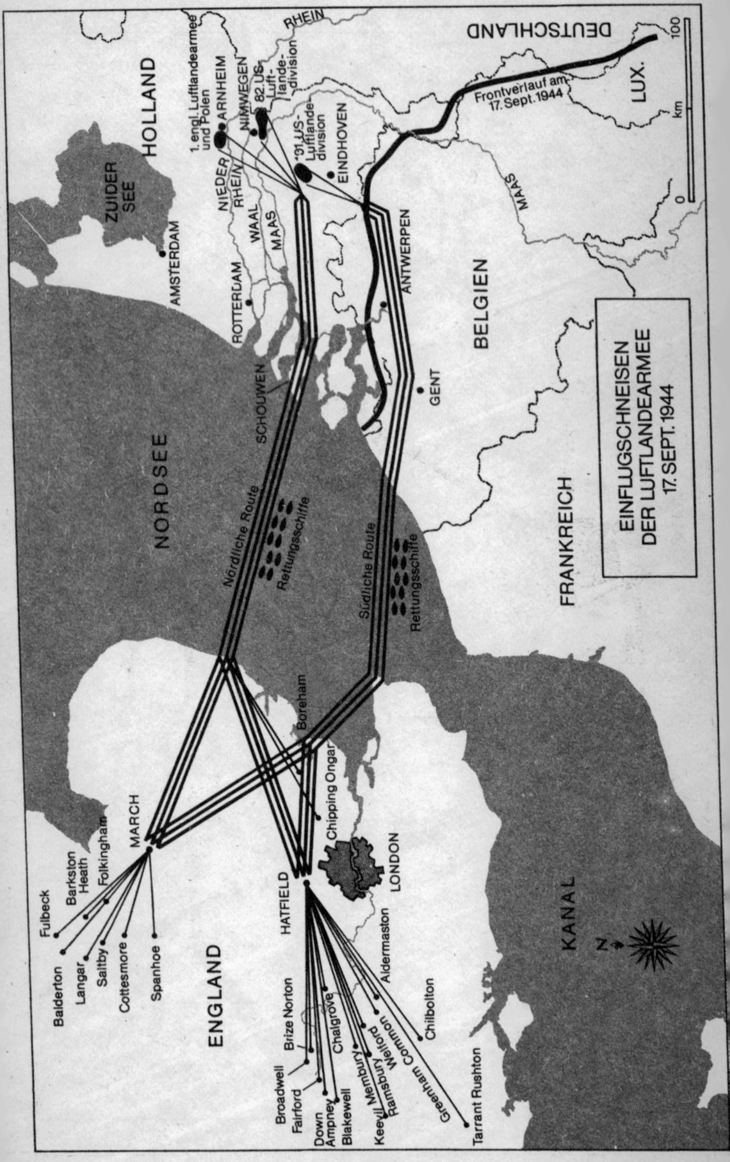
EINFLUGSCHNEISEN
DER LUFTLANDEARMEE
17. SEPT. 1944
NORDSEE
HOLLAND
ZUIDER SEE
AMSTERDAM
ROTTERDAM
SCHOUWEN
NIEDER RHEIN
WAAL
MAAS
RHEIN
1. engl. Luftlandearmee und Polen
ARNHEIM
NIMWEGEN
82. US-Luft-lande-division
101. US-Luftlande-division
EINDHOVEN
DEUTSCHLAND
Frontverlauf am 17. Sept. 1944
LUX.
0 km 100
MAAS
ANTWERPEN
BELGIEN
GENT
FRANKREICH
Nördliche Route
Rettungsschiffe
Südliche Route
Rettungsschiffe
KANAL
N
ENGLAND
MARCH
HATFIELD
LONDON
Boreham
Chipping Ongar
Fulbeck
Barkston Heath
Folkingham
Balderton
Langar
Saltby
Cottesmore
Spanhoe
Broadwell
Brize Norton
Fairford
Down Ampney
Blakewell
Chalgrove
Keevil
Membury
Ramsbury
Welford
Greenham Common
Chilbolton
Aldermaston
Tarrant Rushton

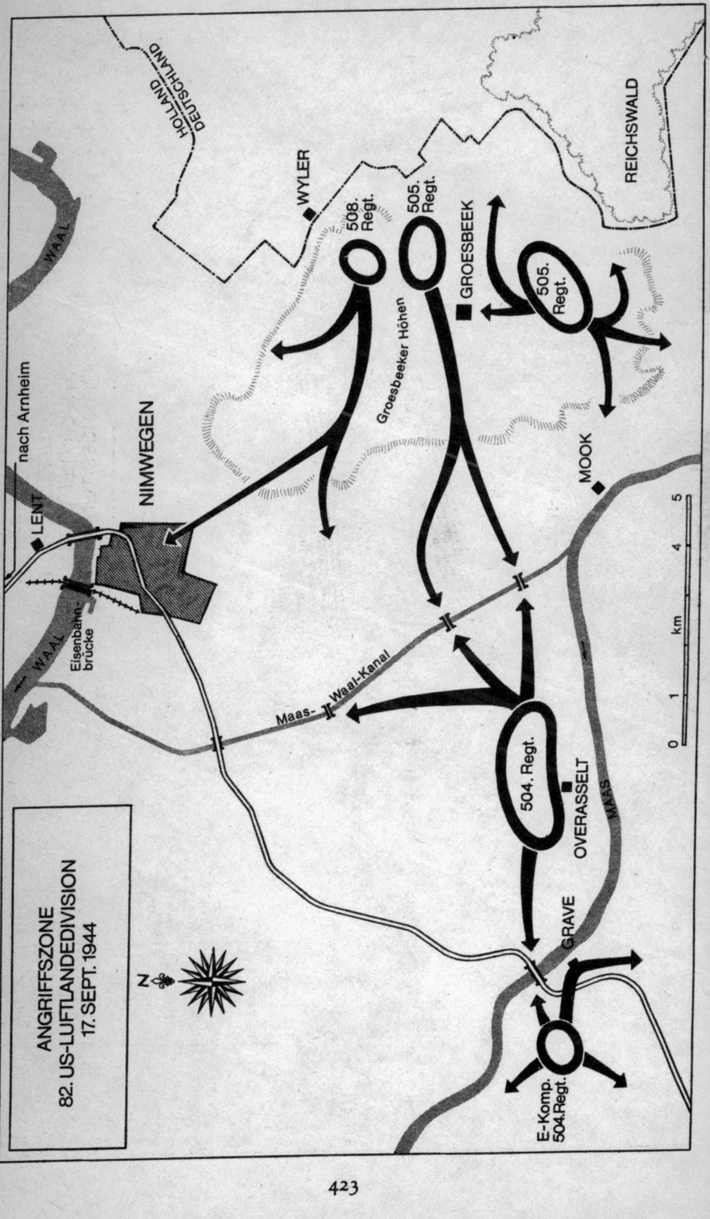
ANGRIFFSZONE
82. US-LUFTLANDEDIVISION
17. SEPT. 1944
N
nach Arnheim
LENT
NIMWEGEN
WAAL
WAAL
Eisenbahn-
brücke
Maas-
Waal-Kanal
HOLLAND
DEUTSCHLAND
WYLER
508.
Regt.
505.
Regt.
GROESBEEK
Groesbeeker Höhen
505.
Regt.
REICHSWALD
MOOK
504. Regt.
OVERASSELT
MAAS
GRAVE
E-Komp.
504.Regt.
0
1
km
4
5

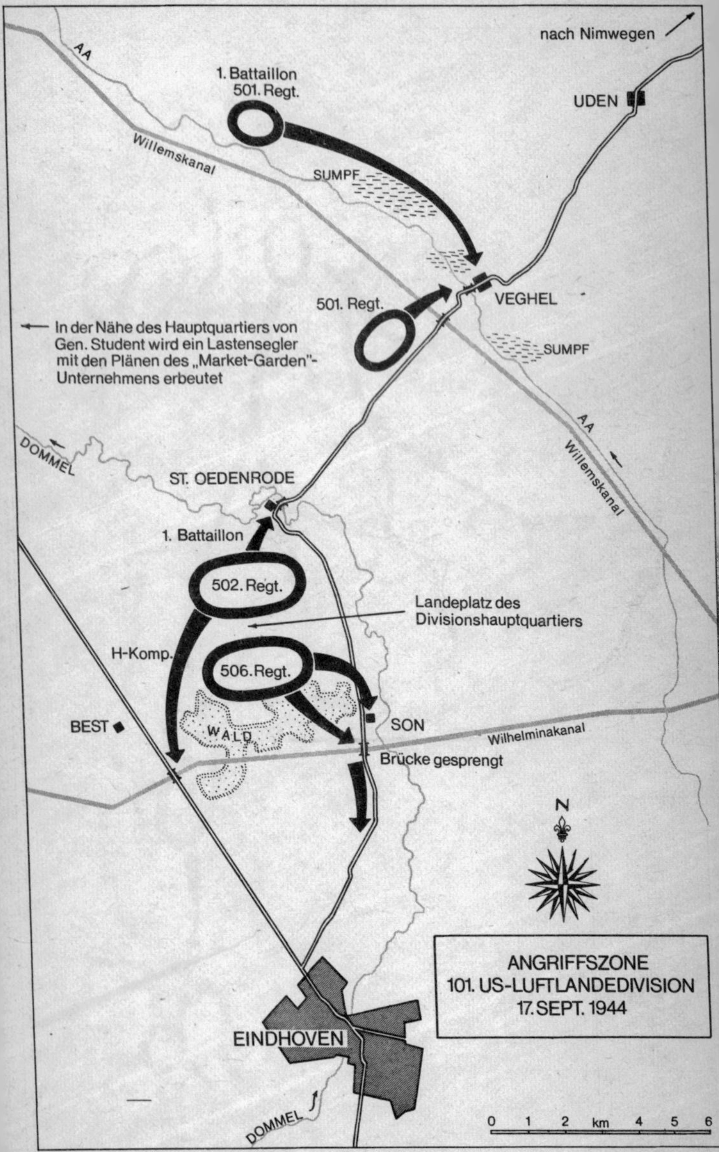

nach Nimwegen
AA
1. Battaillon
501. Regt.
UDEN
Willemskanal
SUMPF
501. Regt.
VEGHEL
In der Nähe des Hauptquartiers von Gen. Student wird ein Lastensegler mit den Plänen des „Market-Garden"-Unternehmens erbeutet
SUMPF
AA
Willemskanal
DOMMEL
ST. OEDENRODE
1. Battaillon
502. Regt.
Landeplatz des Divisionshauptquartiers
H-Komp.
506. Regt.
BEST
WALD
SON
Wilhelminakanal
Brücke gesprengt
N
ANGRIFFSZONE
101. US-LUFTLANDEDIVISION
17. SEPT. 1944
EINDHOVEN
DOMMEL
0 1 2 km 4 5 6

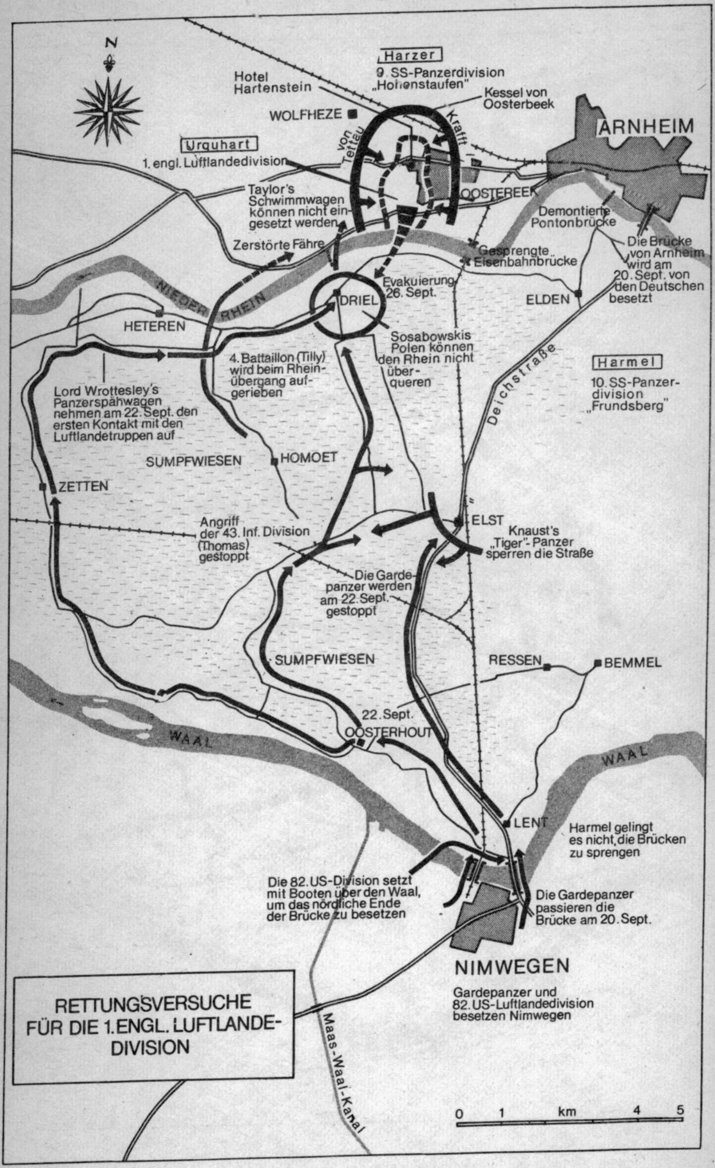
N
Harzer
9. SS-Panzerdivision
„Hohenstaufen"
Hotel
Hartenstein
Kessel von
Oosterbeek
WOLFHEZE
ARNHEIM
von Tettau
Krafft
Urquhart
1. engl. Luftlandedivision
Taylor's
Schwimmwagen
können nicht eingesetzt werden
OOSTERBEEK
Demontierte
Pontonbrücke
Zerstörte Fähre
Die Brücke
von Arnheim
wird am
20. Sept. von
den Deutschen
besetzt
Gesprengte
Eisenbahnbrücke
NIEDER RHEIN
Evakuierung
26. Sept.
DRIEL
ELDEN
HETEREN
Sosabowskis
Polen können
den Rhein nicht
überqueren
4. Battaillon (Tilly)
wird beim Rheinübergang aufgerieben
Deichstraße
Harmel
10. SS-Panzerdivision
„Frundsberg"
Lord Wrottesley's
Panzerspähwagen
nehmen am 22. Sept. den
ersten Kontakt mit den
Luftlandetruppen auf
SUMPFWIESEN
HOMOET
ZETTEN
ELST
Angriff
der 43. Inf. Division
(Thomas)
gestoppt
Knaust's
„Tiger"-Panzer
sperren die Straße
Die Gardepanzer werden
am 22. Sept.
gestoppt
SUMPFWIESEN
RESSEN
BEMMEL
22. Sept.
OOSTERHOUT
WAAL
WAAL
LENT
Harmel gelingt
es nicht, die Brücken
zu sprengen
Die 82. US-Division setzt
mit Booten über den Waal,
um das nördliche Ende
der Brücke zu besetzen
Die Gardepanzer
passieren die
Brücke am 20. Sept.
NIMWEGEN
Gardepanzer und
82. US-Luftlandedivision
besetzen Nimwegen
RETTUNGSVERSUCHE
FÜR DIE 1. ENGL. LUFTLANDE-
DIVISION
Maas-Waal-Kanal
0 1 km 4 5

1. Fallschirmjägerbrigade
(Hackett)
18. Sept.
Urquhart
1. engl. Luftlandedivision
1. Luftlandebrigade (Hicks)
1. Fallschirmjägerbrigade
(Lathbury)
4. Fallschirmjägerbrigade
(Hackett)
1. poln. Brigade (Sosabowski)
EDE-ARNHEIM
1. Fallschirm-
jäger-
brigade
(Lathbury)
17. Sept.
Dobie's 1. Battaillon (Leopard)
Ab-
wurfzone
für
Nachschub
WOLFHEZE
Krafft's 5. SS-Battaillon
1. Luftlandebrigade
(Hicks)
1. Fallschirmjägerbrigade
(Lathbury)
17. Sept.
Fitch's 3. Battaillon (Tiger)
Hotel Harte
stein
Frost's 2. Battaillon (Lion)
RENKUM
HEELSUM
Nebenstraße
Fähre
DRIEL

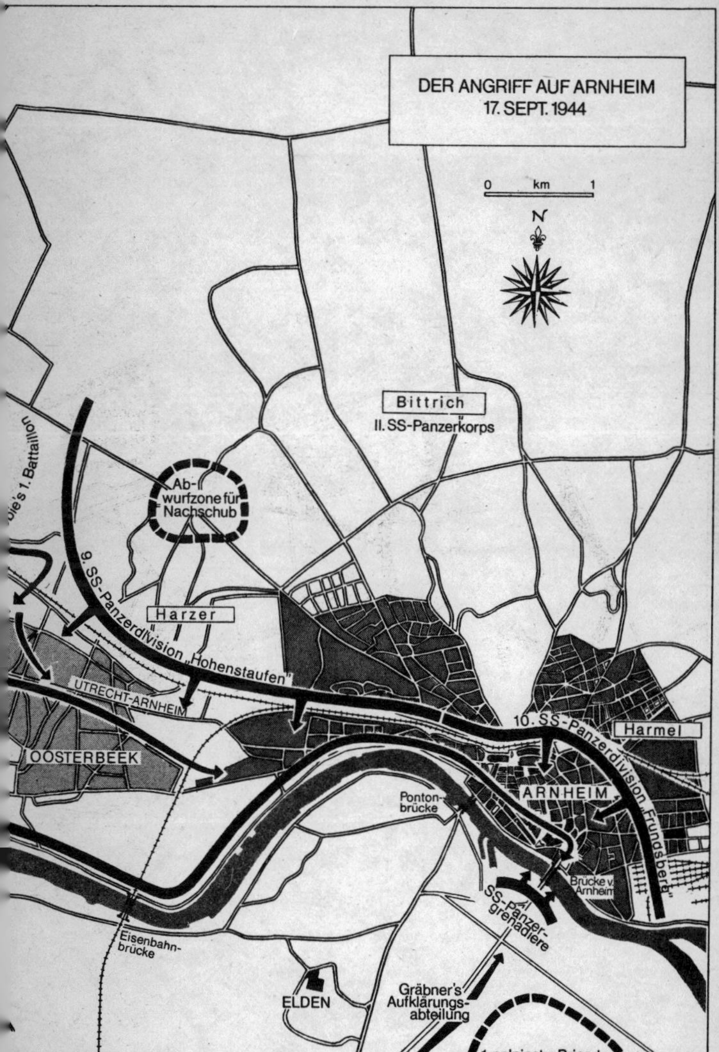
DER ANGRIFF AUF ARNHEIM
17. SEPT. 1944
0 km 1
N
Bittrich
II. SS-Panzerkorps
Ab-
wurfzone für
Nachschub
Harzer
9. SS-Panzerdivision „Hohenstaufen"
UTRECHT-ARNHEIM
OOSTERBEEK
10. SS-Panzerdivision „Frundsberg"
Harmel
ARNHEIM
Ponton-
brücke
Brücke v.
Arnheim
SS-Panzer-
grenadiere
Eisenbahn-
brücke
ELDEN
Gräbner's
Aufklärungs-
abteilung
1. polnische Brigade
(Sosabowski)
nach Nimwegen

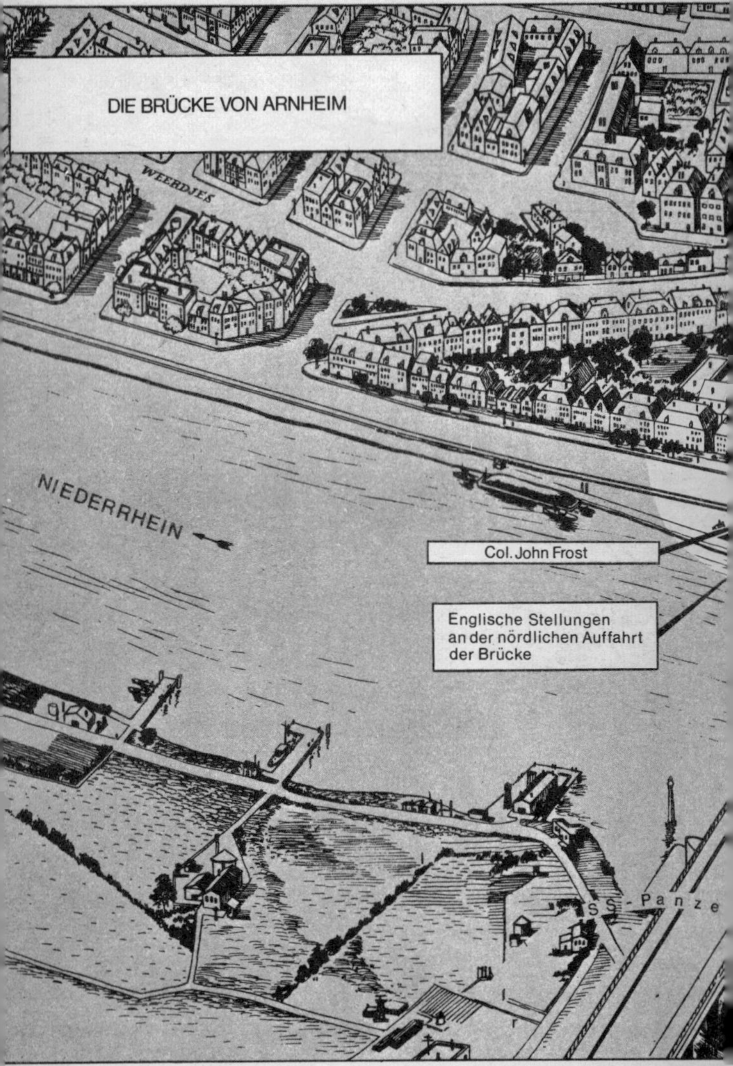
DIE BRÜCKE VON ARNHEIM
WEERDJES
NIEDERRHEIN
Col. John Frost
Englische Stellungen an der nördlichen Auffahrt der Brücke
SS-Panze

KADE
Nördliche Rampe
Böschung
Capt. Eric Mackay
N
Grenadiere

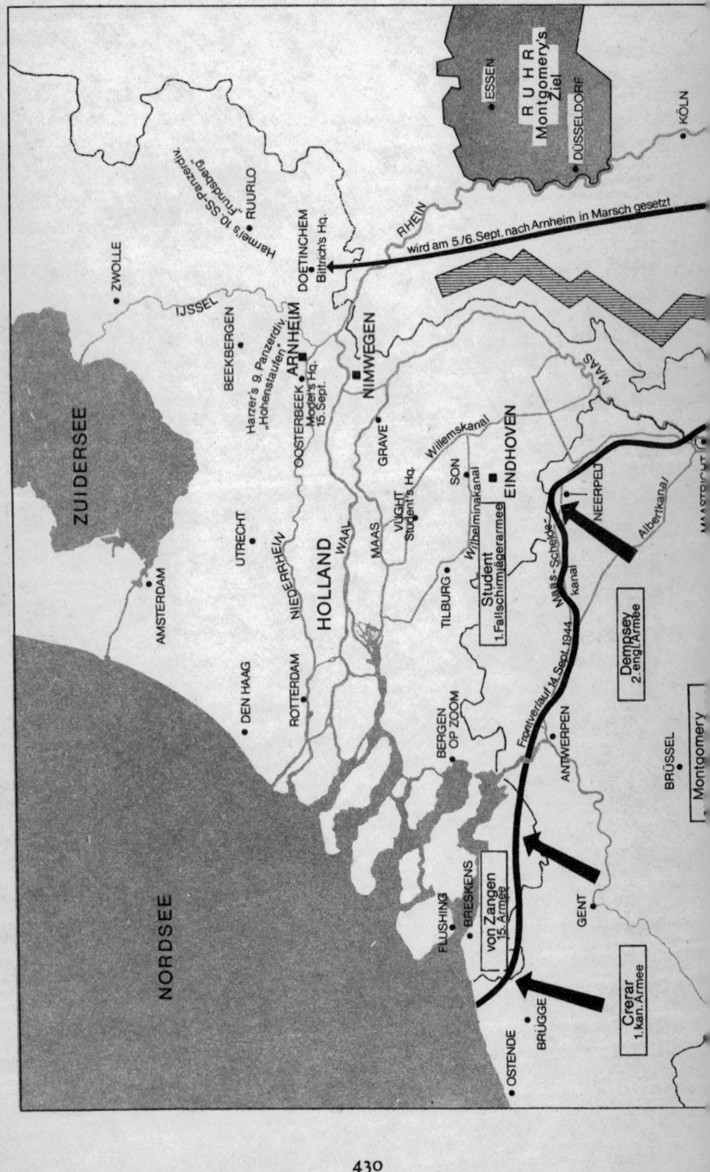

NORDSEE
ZUIDERSEE
HOLLAND
RUHR
Montgomery's Ziel
ESSEN
DÜSSELDORF
KÖLN
RHEIN
wird am 5./6. Sept. nach Arnheim in Marsch gesetzt
ZWOLLE
RUURLO
Harmel's 10. SS-Panzerdiv. „Frundsberg"
DOETINCHEM
Bittrich's Hq.
IJSSEL
BEEKBERGEN
ARNHEIM
Harzer's 9. Panzerdiv. „Hohenstaufen"
OOSTERBEEK
Model's Hq. 15. Sept.
NIMWEGEN
MAAS
GRAVE
Willemskanal
EINDHOVEN
SON
VUGHT
Student's Hq.
MAAS
WAAL
NIEDERRHEIN
UTRECHT
AMSTERDAM
DEN HAAG
ROTTERDAM
TILBURG
Wilhelminakanal
Student
1. Fallschirmjägerarmee
NEERPELT
Albertkanal
Maas-Schelde-kanal
Frontverlauf 14. Sept. 1944
Dempsey
2. engl. Armee
BERGEN OP ZOOM
ANTWERPEN
BRÜSSEL
Montgomery
FLUSHING
BRESKENS
von Zangen
15. Armee
GENT
Crerar
1. kan. Armee
BRÜGGE
OSTENDE

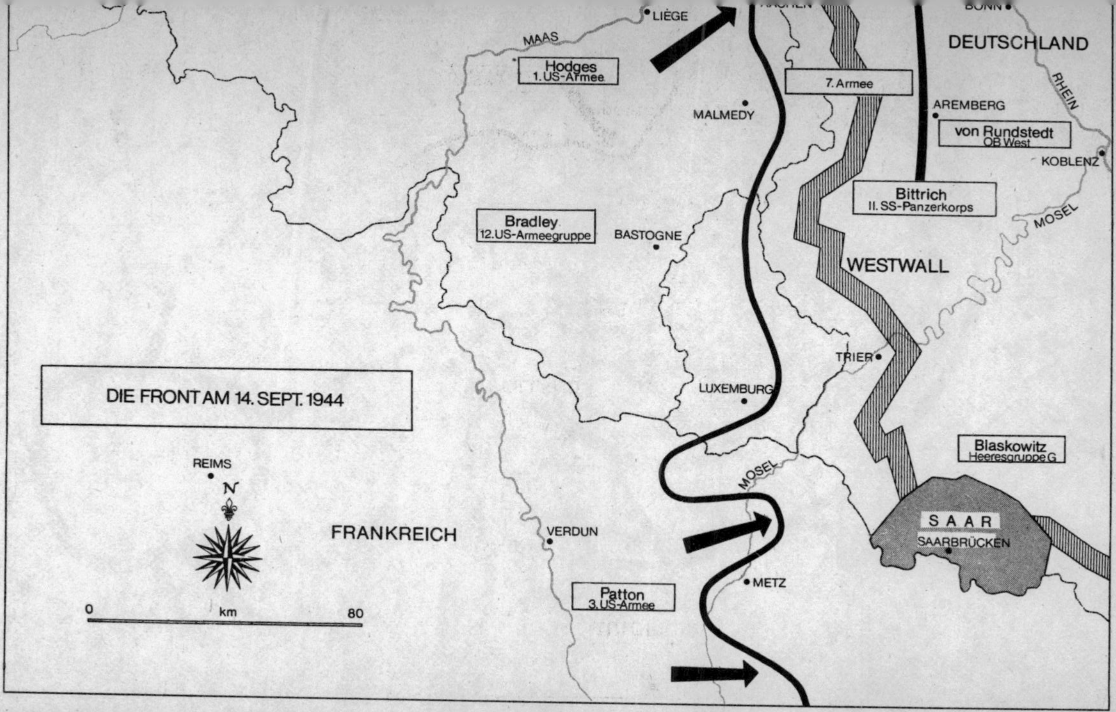
DIE FRONT AM 14. SEPT. 1944
DEUTSCHLAND
RHEIN
AREMBERG
von Rundstedt
OB West
KOBLENZ
MOSEL
Bittrich
II. SS-Panzerkorps
WESTWALL
7. Armee
LIÈGE
MAAS
Hodges
1. US-Armee
MALMEDY
Bradley
12. US-Armeegruppe
BASTOGNE
TRIER
LUXEMBURG
Blaskowitz
Heeresgruppe G
S A A R
SAARBRÜCKEN
MOSEL
METZ
VERDUN
Patton
3. US-Armee
FRANKREICH
REIMS
N
0
km
80

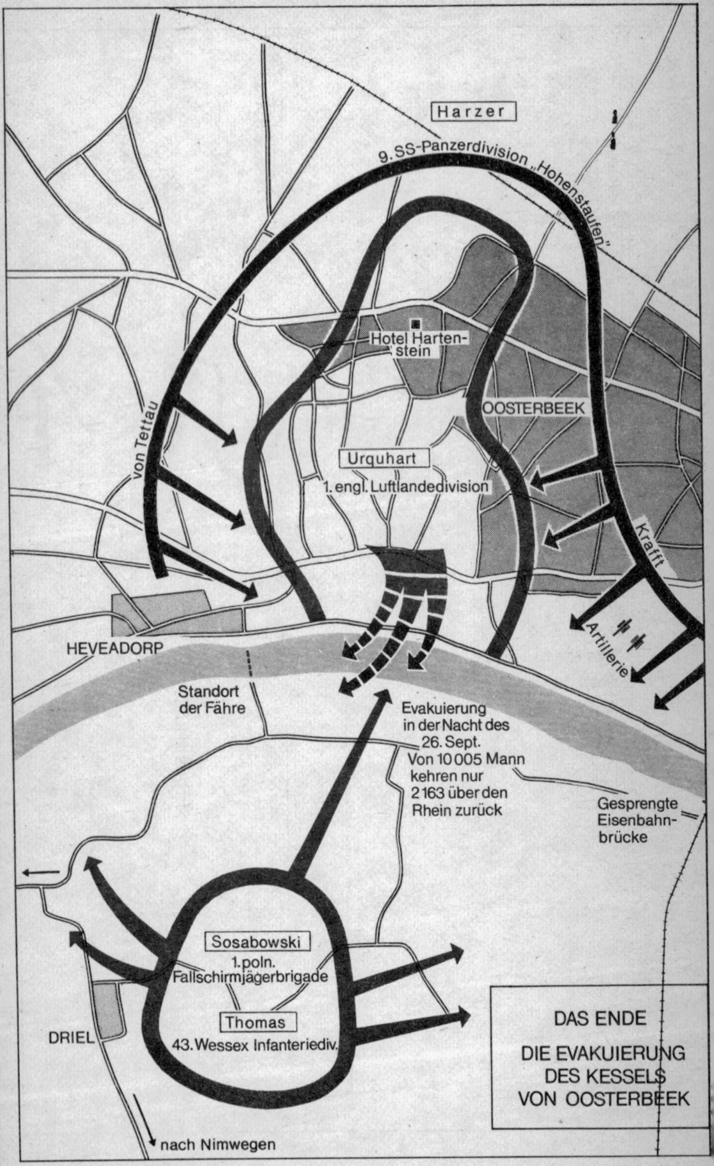
Harzer
9. SS-Panzerdivision „Hohenstaufen"
Hotel Hartenstein
OOSTERBEEK
von Tettau
Urquhart
1. engl. Luftlandedivision
Krafft
Artillerie
HEVEADORP
Standort der Fähre
Evakuierung in der Nacht des 26. Sept.
Von 10 005 Mann kehren nur 2 163 über den Rhein zurück
Gesprengte Eisenbahnbrücke
Sosabowski
1. poln. Fallschirmjägerbrigade
Thomas
43. Wessex Infanteriediv.
DRIEL
nach Nimwegen
DAS ENDE
DIE EVAKUIERUNG DES KESSELS VON OOSTERBEEK

Namen- und Sachregister

FISCHER WELTGESCHICHTE

17 **Indien**
Geschichte des Subkontinents von der Induskultur bis zum Beginn der englischen Herrschaft
18 **Südostasien** vor der Kolonialzeit
19 **Das Chinesische Kaiserreich**
20 **Das Japanische Kaiserreich**
21 **Altamerikanische Kulturen**
22 **Süd- und Mittelamerika I**
Die Indianerkulturen Altamerikas und die spanisch-portugiesische Kolonialherrschaft
23 **Süd- und Mittelamerika II**
Von der Unabhängigkeit bis zur Krise der Gegenwart
*24 **Das Zeitalter der Glaubenskämpfe**
1550–1648
*25 **Das Zeitalter der Aufklärung und des Absolutismus**
1648–1770
26 **Das Zeitalter der europäischen Revolution** 1780–1848
27 **Das bürgerliche Zeitalter**
28 **Das Zeitalter des Imperialismus**
29 **Die Kolonialreiche seit dem 18. Jahrhundert**
30 **Die Vereinigten Staaten von Amerika**
31 **Rußland**
32 **Afrika**
Von der Vorgeschichte bis zu den Staaten der Gegenwart
33 **Das moderne Asien**
34 **Das Zwanzigste Jahrhundert I**
1918–1945

* in Vorbereitung

Fischer Taschenbuch Verlag

FISCHER WELTGESCHICHTE

1 **Vorgeschichte**

2 **Die Altorientalischen Reiche I**
Vom Paläolithikum bis zur Mitte des 2. Jahrtausends

3 **Die Altorientalischen Reiche II**
Das Ende des 2. Jahrtausends

4 **Die Altorientalischen Reiche III**
Die erste Hälfte des 1. Jahrtausends

5 **Griechen und Perser**
Die Mittelmeerwelt im Altertum I

6 **Der Hellenismus und der Aufstieg Roms**
Die Mittelmeerwelt im Altertum II

7 **Der Aufbau des Römischen Reiches**
Die Mittelmeerwelt im Altertum III

8 **Das Römische Reich und seine Nachbarn**
Die Mittelmeerwelt im Altertum IV

9 **Die Verwandlung der Mittelmeerwelt**

10 **Das frühe Mittelalter**

11 **Das Hochmittelalter**

12 **Die Grundlegung der modernen Welt**
Spätmittelalter, Renaissance, Reformation

13 **Byzanz**

14 **Der Islam I**
Vom Ursprung bis zu den Anfängen des Osmanenreiches

15 **Der Islam II**
Die islamischen Reiche nach dem Fall von Konstantinopel

16 **Zentralasien**

Fischer Taschenbuch Verlag